社会福祉士の合格教科書 2025

飯塚事務所 飯塚 慶子 著 ― 福祉教育カレッジ 編

JN033172

M3 Education

福祉教育カレッジからのお知らせ

この度は、本書をご購入いただき誠にありがとうございます。福祉教育カレッジでは、皆様の合格をサポートする様々なコンテンツをご用意しております。ぜひご活用ください。

■無料！過去問 Web テスト

◆国試全科目約 5 年分
◆教科書＋Web 過去問で、シームレスにインプット＆アウトプット！
◆福祉教育カレッジの国試対策お得情報もゲット！
右記より、メールアドレスとお名前をご登録いただきますと、無料で過去問 Web テストをご利用いただけます。

無料過去問 web テスト

■まずは無料でご視聴ください！

◆合格教科書専用 web 講座のお試しサイト！
右記より、飯塚先生の web 講座が無料で視聴できます。数々の受験生を合格へ導いた先生の講義を、ぜひお試しください。

Web 講座お試し

はじめに

　2025 年 2 月の第 37 回から、社会福祉士国家試験が変わります。今までの方法が通用せず、試験の変化にあわせた新しい勉強法が求められます。これに伴い、合格教科書は今年「国家試験合格に一番近い教科書」として生まれ変わりました。新出題基準を短時間で攻略できるように効率よく反映し、他の教材にはない「合格の要点」をつかみます。

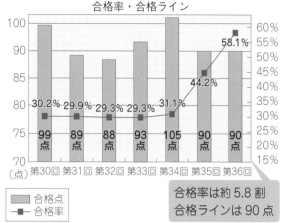

合格率・合格ライン

合格率は約 5.8 割
合格ラインは 90 点

　第 36 回試験は、受験者 34,539 人で、合格率が 58.1 % となりました。合格ラインは 90 点でした。新試験に移行しても高得点勝負を挑む福祉資格の最高峰と言えます。

■本書の合格戦略

　『社会福祉士の合格教科書 2025』では、忙しい社会人の方、学生の方が新試験で合格を勝ち取るための「解答力」を無理無駄のない 3 段階で養います。

　①重要キーワードに絞り込んだ本文で、基本事項を確認し、

　②これだけは解いておきたい過去問題で基礎力を定着させ、

　③合否を分ける暗記点を上乗せしていきます。

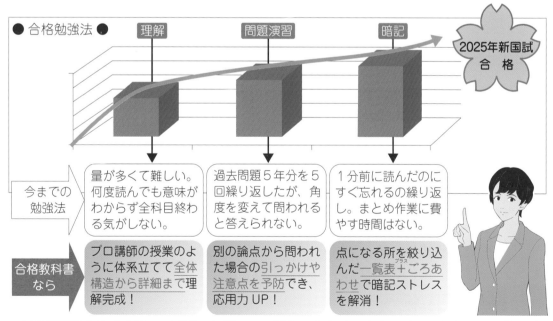

　本書が引導する「合格への近道」に乗って、迷うことなく、あきらめることなく、一緒に合格を目指しましょう。

2024 年 4 月

著者　飯塚慶子

目次

4　社会福祉の原理と政策

5　社会保障

11　ソーシャルワークの理論と方法（専門科目含む）

12　社会福祉調査の基礎

本書の利用法

① 合格勉強法

勉強法を合格に向けて、軌道修正！

忙しくても、仕事や学業と受験勉強を両立するためのひと工夫。

② 国試過去問題番号

復習する過去問がわかる！

第27回から36回までの過去10年間の過去問題番号を中項目ごとに掲載。36◀実施回、1◀問題番号

③ 基本 標準 応用

難易度をレベル分け！

「どこから始めたらいいか分からない」という初学者の悩みを解決。まずは 基本 からスタート。徐々に 標準 、 応用 と着実にレベルアップできます。

⇩

春スタートの受験者

レベル	学習時期（月）									
	4	5	6	7	8	9	10	11	12	1
基本										
標準										
応用										

📖 模試までに基本・標準を終わらせましょう

秋スタートの受験者

レベル	学習時期（月）									
	4	5	6	7	8	9	10	11	12	1
基本										
標準										
応用										

📖 模試までに基本を終わらせましょう

※秋スタートの受験生は、年末までに基本・標準を終わらせましょう！

④ 用語解説

専門用語の意味をすっきり解説！

用語の意味を一番知りたいときに理解し、知識を深めます。

赤シート
重要キーワードが消せる付属の赤シートで効率 UP！

⑤ これだけ！マーク

試験直前はここだけ復習しよう！

試験の直前期（1月以降）は、迷わずこのマークの箇所を復習しましょう。

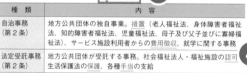

Ⅱ　福祉行財政システム

① （合格勉強法）福祉行政を支える仕組みについて、2つ以上の項目の対比や相違点が出題される。専門用語が多く煩雑なので、文章ではなく図表で整理しよう。

② `36 44, 34 44, 32 42, 30 42, 29 46`

1　国の役割

1. 標準 **自治事務と法定受託事務** □□□

1 地方分権一括法　2000（平成12）年4月に施行された「地方分権一括法」により、③機関委任事務制度④ 任事務制度が廃止され、地方自治法において、地方公共団体による事務を自治事務と法定受託事務に再構成し、関連規定を整備した（表1）。

表1　自治事務と法定受託事務 🔊これだけ！⑤

種類	内容
自治事務（第2条）	地方公共団体の独自事業。措置（老人福祉法、身体障害者福祉法、知的障害者福祉法、児童福祉法、母子及び父子並びに寡婦福祉法）、サービス施設利用者からの費用徴収、就学に関する事務
法定受託事務（第2条）	地方公共団体が受託する事務。社会福祉法人・福祉施設の認可、生活保護法の保護、各種手当の支給

👧 **ごろあわせ** 自治事務の内容

■ 自治事務　措置　費用徴収　➡　すべて「ち」がつく

2 法定受託事務　都道府県などが受託する第1号と市町村などが受託する第2号の2つの事務がある（表2）。

表2　法定受託事務の種類

種類	説明	例
第1号法定受託事務	国が本来やるべき事務であるが、都道府県、市町村、特別区が処理している事務	生活保護の決定・実施、精神障害者の入院措置、健康診断および就業制限、パスポートの発給などに関する事務など
第2号法定受託事務	都道府県が本来やるべき事務であるが、市町村、特別区が処理している事務	地方選挙に関わる事務

✏️ **過去問チェック！** ↑

Q：児童扶養手当の給付事務は、自治事務である。（36-44）
A：× 児童扶養手当の給付事務は、法定受託事務である。
Q：生活保護法に規定される生活保護の決定及び実施は、法定受託事務に当たる。（34-44）
A：○ なお、精神障害者の入院措置事務も法定受託事務である。
Q：都道府県が処理する社会福祉に関する事務は、機関委任事務である。（32-42）
A：× 機関委任事務は廃止された。

➡過去問プラス！『国試対策2025』（共通科目編）p.146, 147

174 ●

地方分権一括法
「地方分権の推進を図るための関係法律の整備等に関する法律」。1999年公布2000年4月施行。地方自治法を主とした地方分権に関する法規の改正に関する法律。機関委任事務の廃止などにより事務における地方分権が実現。

④ **機関委任事務制度**
旧地方自治法に規定されていた事務執行形態の一つ。都道府県知事や市町村長を国の出先機関として国の事務を処理させる仕組み。

地方自治法
1947年成立。日本国憲法第92条に基づき制定された法律。地方公共団体の組織および運営に関する事項を定める。

自治事務
法定受託事務以外の地方公共団体の行う事務。法律に規定されているものと規定されていないものがある。

❿

⑥ **6 よく出るマーク**

よく出るマークで短期効率アップ！
今まで出題され今後も出題されそうなポイントです。
皆さんの得点源になります。

⑦ **学習チェック ■■■**

自学のペースと苦手を把握！
学習が終わったら☑を入れ振り返りの
目安にします。

福祉行財政システム

2．[応用] 国の関与の基本類型 □□□ **⑦**

国は事務を都道府県や市町村に任せたものの、一定の範囲で関与する
ことが認められている（表3）。国が処理基準を定めることができる。

表3 国の関与の範囲

種　類	関与の範囲	関与レベル
自治事務	助言・勧告・資料の提出の要求・協議・是正の要求	緩い
法定受託事務	助言・勧告・資料の提出の要求・協議・同意	緩い
	許可・認可・承認・指示・代執行*	厳しい

> 法定受託事務には国の厳しいレベルの関与が認められている。

ごろあわせ 法定受託事務に対する
厳しい国の特別な関与

■ 許可・承認・認可・指示・代執行

　巨　匠の　人気　次　第

2 地方自治体の役割

1．[標準] 地方公共団体の種類 □□□

地方公共団体（＝地方自治体）は、地方自治法により普通地方公共団
体と特別地方公共団体に大別される（表4）。

⑩ 表4　地方公共団体の種類 🔊 これだけ！

種　類		内　容	**⑧**
普通地方公共団体	都道府県		
	市（中核市、政令指定都市を含む）、町村		
特別地方公共団体	特別区	東京23区	
	組合	広域連合*、一部事務組合	
	財産区		

> **注意！** 大阪、神奈川などにあるのは、「行政区」。

❶ 特別区と行政区 都における区を特別区といい、地方自治法に規定さ
れた特別地方公共団体である。それに対し、政令指定都市（以下、指
定都市）における区は条例で区域を分けて設置される行政区である。

過去問チェック！ **⑪**

Q：地方公共団体の事務は、自治事務、法定受託事務、団体委任事務、機関委任事務の4つに分
類される。（36-44）
A：× 団体委任事務、機関委任事務は2000（平成12）年に廃止された。
⇒過去問プラス！『国試対策2025』（共通科目編）p.164

● 175

代執行
国が代わりに行動を
起こすこと。もともと都道府県などに事務を任せているものなので都道府県が必要な事務を行わないなど特殊な場合だけ国が代わりを務める。

32 42, 29 46,
27 44

7
地域福祉と包括的支援体制

+α **⑨**

基礎的自治体
市町村・特別区のこと。これに対して都道府県を広域的自治体という。

広域連合
都道府県知事または総務大臣の許可を得て設けることができる特別地方公共団体のこと。普通地方公共団体および特別区が広域にわたる処理を行うことが適当と認めた事務を処理する。

---

⑧ **注意！**

合否に直結する
戦略ポイント！
国試では「AにはBを含む」点
だけでなく「AにはCを含まな
い」点が出題されます。試験
当日問われる「引っかけ」を
解説文とマッチングして学習
しましょう。

⑨ **+α**

プラスアルファで点数UP！
傾向分析から重要事項を加えま
した。プラスの知識として、理
解しておきましょう。

まとめて攻略

■ NPO法人
⇒福祉サービス
の組織と経営
p.415～416

← **キーワード**

■は同科目でも出
題される内容です
が、⇒の科目に記
述があります。あわ
せて学習します。

科目名

---

⑩ **合格MAP・図表**

知識の混同を体系的に整理！
重要な相違点、類似点、論点は整理された図
表を見るだけ。まとめ作業は不要。図でイメー
ジ、脳にインプット。これが試験当日、最大
の得点力を発揮します。

⑪ **過去問チェック！**

国試の感覚をつかむ！
最適なタイミングで「これだけは解いておきたい
過去問題」が解けます。さらに『国試対策過去問
題集2025』をプラスすることで、過去問題の演習
範囲を効率よく広げていけます。

第36回社会福祉士国家試験　傾向と対策

第36回試験の合格基準点は90点となりました。科目ごとに難易度の差が大きく、満点を狙えた科目もあれば、2〜3点しか得点できない科目もありました。全科目を同じ勉強法で押し通すのではなく、新しい科目特性に合わせて合格に最適な対策を組まなければなりません。

●科目間の相乗効果を合格点につなげる

第36回試験では、科目をまたいだ出題が見られました。出題範囲が重複する科目については同時期に学習することで、理解が進み学習負担が軽減されます。本書は、各科目間で共通するポイントをリンクさせることで、短い学習時間でも相乗効果を発揮できる仕組みになっています。

●インプット・アウトプットの反復で解答力をあげる

第36回試験では、知識を理解しているレベルから一歩踏み込み、その知識を試験問題にどう活用するか、解法テクニックが頻繁に要求されました。本書では、落とし穴にはまらないための注意点、理解の直後に解いておきたい過去問題などアウトプットの機会を豊富に用意しています。1冊の中で消化できるので、無理なくレベルアップが可能です。

●科目特性を意識して、学習効率をあげる

科目特性・難易度に応じて勉強の順番を工夫すると、仕組み→細部へ、知識を積み重ねやすくなります。1例を紹介しましょう。

勉強する順番

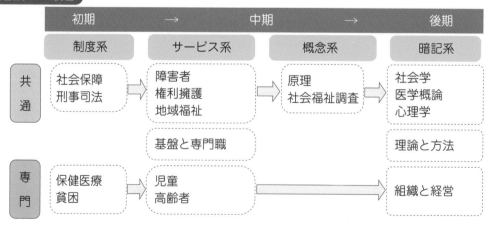

過去問題の使い方

　過去問題は使い方を失敗すると、合格への「回り道」になります。過去問題は二度と同じようには出ません。また、繰り返し解いて正解を覚えても意味がありません。大事なのは過去問題で出た「キーワードの暗記」です。以下の問題で練習してみましょう。

> 36回-44　地方公共団体の事務に関する次の記述のうち、正しいものを1つ選びなさい。
> 2　児童扶養手当の給付事務は、自治事務である。

 解　説

正答：×

種　類	内　容
自治事務 （第2条）	地方公共団体の独自事業。措置（老人福祉法、身体障害者福祉法、知的障害者福祉法、児童福祉法、母子及び父子並びに寡婦福祉法）、サービス施設利用者からの費用徴収、就学に関する事務
法定受託事務 （第2条）	地方公共団体が受託する事務。社会福祉法人・福祉施設の認可、生活保護法の保護、各種手当の支給

児童扶養手当の給付事務は法定受諾事務である。

 　ここで終わらないように！過去問題のうち、「もう一度出る」のはキーワードです。各キーワードの意味を何も見ずに説明できるようにします。

キーワードチェック

地方公共団体の事務よく出ます。次は角度が変わるかもしれません。今回の過去問では問われていませんが、頻出ポイントも押さえておきましょう。

■ 自治事務　措置　費用徴収　　➡　　すべて「ち」がつく

翌日、もしくは次の学習の機会に、

自治事務、法定受諾事務、を説明してみてください。スラスラと説明できれば合格です。説明できないと、試験では思い出すことができません。もう一度暗記に臨みましょう。

知識のインプット ⇨ 暗記 ⇨ 定着したかどうかの確認

> **過去問題は「正解できたかどうか」よりもこれをきっかけに**
> **「知識を定着すること」が重要。地方公共団体の事務はp.174へ**

合格勉強法

忙しい社会人、大学生のための時間別合格カリキュラム

　短期間で国家試験に合格するためには、時期に合わせた勉強法を確立することが必須です。たくさんの参考書やたくさんの勉強時間は要りません。本書に沿って勉強すれば、理解力を高めながら、同時に過去問も攻略できる、いわば合格への近道を邁進できるのです。本書を手にした日から、毎日の勉強は合格の方角へ軌道修正されます。迷いは捨て、自信をもって合格勉強法を進めていきましょう。

✔ 模試までに全科目を制覇できる**春スタート**

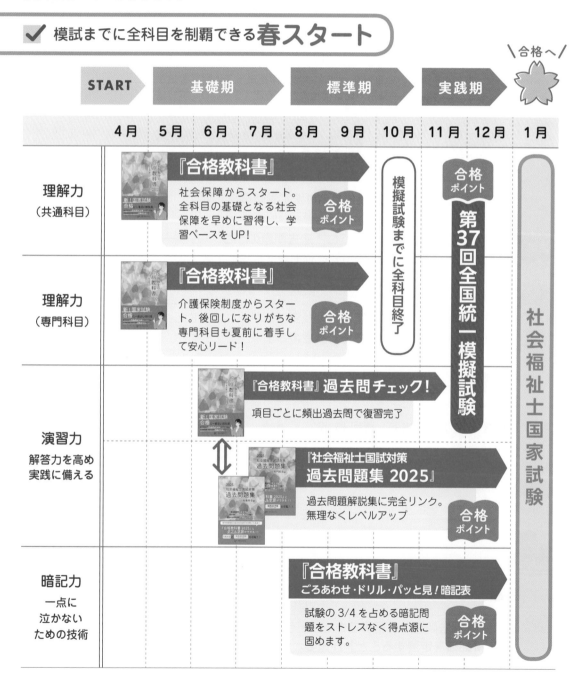

\合格へ/

	START	基礎期	標準期	実践期
	4月 5月 6月 7月	8月 9月	10月 11月 12月	1月

理解力（共通科目）
『合格教科書』
社会保障からスタート。全科目の基礎となる社会保障を早めに習得し、学習ペースをUP！
合格ポイント

理解力（専門科目）
『合格教科書』
介護保険制度からスタート。後回しになりがちな専門科目も夏前に着手して安心リード！
合格ポイント

演習力
解答力を高め実践に備える
『合格教科書』過去問チェック！
項目ごとに頻出過去問で復習完了
『社会福祉士国試対策 過去問題集 2025』
過去問題解説集に完全リンク。無理なくレベルアップ
合格ポイント

暗記力
一点に泣かないための技術
『合格教科書』
ごろあわせ・ドリル・パッと見！暗記表
試験の3/4を占める暗記問題をストレスなく得点源に固めます。
合格ポイント

模擬試験までに全科目終了

合格ポイント
第37回全国統一模擬試験

社会福祉士国家試験

福祉教育カレッジの社会福祉士合格シリーズ　〜合格勉強法のための対策教材〜

『社会福祉士の合格教科書2025』(本書)

「① 重要ポイントの理解 → ② 頻出過去問題の演習 → ③ 暗記の強化」を1冊で完成させる最強の社会福祉士テキスト。初めてでも、一人でも、効率的に解答力・得点力をアップさせます。web講座(別売)との連動で理解を深めます。

『社会福祉士国試対策過去問題集2025』(共通科目編・専門科目編)

第33〜35回の国試全問題と厳選過去問題を徹底解説。本書とリンクした過去問題解説集。項目ごとに解くべき過去問題のページ数がわかります。試験の出題パターンに慣れ、解法テクニックをマスターします。

2024年度 社会福祉士全国統一模試(日本社会福祉士会後援)

最新の出題傾向を分析した全国規模の公開模擬試験。厳選された予想問題に挑戦し、成績表で弱点科目を確認。本書で復習することにより、苦手を克服し、本番での合格点クリアを確実なものにします。

✔ まだ間に合う短期集中の秋スタート

\合格へ/

START	基礎期・標準期	実践期

	10月	11月	12月	1月

理解力(共通科目)

第37回全国統一模擬試験

合格ポイント

『合格教科書』
模試で判明した苦手科目から着手。試験での落とし穴を意識しながら、つまずきを解消し、重要項目の類似点・相違点を立体的にインプットします。

理解力(専門科目)

『合格教科書』過去問チェック!
模試で判明した苦手科目から着手。試験での落とし穴を意識しながら、つまずきを解消し、重要項目の類似点・相違点を立体的にインプットします。

合格ポイント

演習力
解答力を高め実践に備える

『社会福祉士国試対策 過去問題集2025』

暗記力
一点に泣かないための技術

『合格教科書』 ごろあわせ・ドリル・パッと見!暗記表
整理した表を見て覚え、スピーディに暗記完了。

合格ポイント

社会福祉士国家試験

合格目標点

　国家試験では満点を取ろうとするとストレスになりますから、4問中3問得点を目標にしてみましょう。過去問題の難易度と新しい科目特性に合わせて、第37回の目標点を設定してみました。

　「点が伸びる科目」は得点源に、「点が伸びにくい科目」は苦手科目にならないように、学習の意識を変えることが重要です。

● 第37回試験出題数と合格目標点

分類	科　目	第37回試験出題数	目標点
共通科目	医学概論	6	4
	心理学と心理的支援	6	4
	社会学と社会システム	6	4
	社会福祉の原理と政策	9	7
	社会保障	9	7
	権利擁護を支える法制度	6	4
	地域福祉と包括的支援体制	9	7
	障害者福祉	6	4
	刑事司法と福祉	6	3
	ソーシャルワークの基盤と専門職（共通）	6	4
	ソーシャルワークの理論と方法（共通）	9	7
	社会福祉調査の基礎	6	4
	共通科目小計	84	59
専門科目	高齢者福祉	6	4
	児童・家庭福祉	6	4
	貧困に対する支援	6	4
	保健医療と福祉	6	4
	ソーシャルワークの基盤と専門職（専門）	6	4
	ソーシャルワークの理論と方法（専門）	9	7
	福祉サービスの組織と経営	6	4
	専門科目小計	45	31
第37回国家試験合格基準点予想*		129	77
合計		129	90

＊第36回国家試験と同じ6割と仮定した場合

> 7割得点して
> 合格ラインは余裕突破！

1
医学概論

（人体の構造と機能及び疾病）

範囲が広いので、本書で身体構造とその疾病はセットで学習すると効果的。同じ問題で迷うことがありません。試験はほとんどが一行問題。ヒントが少ないので、確実な暗記が正解を導きます。

科目の特徴

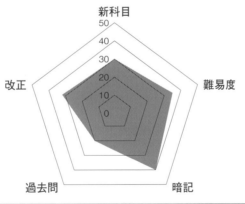

新科目：新科目として相当な準備が必要かどうか
難易度：問題が正解しにくいかどうか
暗記：暗記の重要性が高いかどうか
過去問：過去問題を活用する際に工夫が必要かどうか
改正：法律・制度の改正が多いかどうか

過去問題の使い方

解いておくべき過去問	活用法
3回分 ◎	過去問題を最大限に活用しましょう。DSM-5 は本書で自閉スペクトラム症などの頻出用語を学習してください。

Ⅰ　心身の変化と健康課題

 合格勉強法 加齢に伴い身体機能を示す値はほとんどが低下するが、「残気量」や「脈圧」など上昇する値もあるので、表2で落とし穴に気を付けながらインプットしよう。成長曲線は、2.の①〜④のピークを把握しておくとよい。

1 心身の成長・発達

36 1, 35 1, 33 1,
30 1, 29 1

1．標準 新生児の発達 □□□

新生児には、音の刺激で上肢を開き抱きつこうとするモロー反射など、原始反射が見られる。生後3か月頃には中枢神経の成熟により消失する。

① 体重：生後3〜4か月で2倍になる、② 身長：3〜4歳で2倍になる

③ 頭蓋骨：頭頂に近い大泉門は1歳6か月頃、後頭部に近い小泉門は生後6か月頃に閉じる

乳幼児期の発達
▶p.41

 ごろあわせ

体重
3〜4か月で2倍
身長
3〜4歳で2倍

2．標準 身体の成長 □□□

スキャモン（Scammon, R.）の発育曲線では、20歳を100％として、発達をグラフ化している。身体の各器官により、成長の速さやピークが異なる。

① 一般型：身長・体重・筋肉や骨の成長は緩やかなS字曲線を描く

② 神経型：脳・脊髄・感覚器官などは、出生直後から急激に発育し4、5歳頃までに成人の80％程度に発達する

③ リンパ型：10〜12歳に20歳時の2倍になる

④ 生殖型：生殖器は思春期以降急激に発達する

3．標準 第一次性徴・第二次性徴 □□□

生まれてすぐにわかる第一次性徴と思春期の第二次性徴がある（表1）。

図1　スキャモンの発育曲線

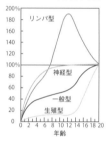

表1　第一次性徴・第二次性徴

性　徴	時　期	特　徴
第一次性徴	胎児期	男子は精巣や陰茎が発育する。女子は子宮、卵巣や外性器が発育する。
第二次性徴	思春期	男子は精巣容量の増大→陰茎増大→陰毛発生と進む。女子は乳房・骨盤の発育→陰毛発生→初経と進む。

2 心身の加齢・老化

34 1, 7, 32 2, 129, 30
4, 29 2, 28 5, 26 1

1．基本 高齢者の変化 □□□

■ 老　化　皮膚のシワや白髪、老眼などの生理的老化と、高血圧、骨粗鬆症などの病的老化の2つに大別される。

■ 高齢者の身体的特徴　① 病気の症状が非典型的である。② 筋肉量が減少し脂肪量が増えるため、体内の水分貯蔵量が減少する。③ 廃用症候群が見られる。④ 口渇を感じにくく脱水に陥りやすい、など。

■ フレイル　日本老年医学会が2014（平成26）年に提唱した概念。「Frailty（虚弱）」に由来する。健康な状態と要介護状態の中間に位置し、身体的機能や認知機能の低下が見られる状態をさすが、リハビリテーションを行うことで要介護状態に進まずにすむ可能性がある。

生理的老化の
4原則
① 普遍性　② 内在性
③ 進行性　④ 有害性

表2　高齢者の変化

器官・項目		現　象
骨	骨　量	低下 → 骨粗鬆症の増加
循環器	生理機能	心疾患がなければ生理機能自体はあまり低下しない。
	心臓の重さ	あまり変化しない。
	心　室	大きくなる。
	血　圧	収縮期（最高）血圧が上昇 拡張期（最低）血圧は低下
	脈　圧	大きくなる。脈圧とは、収縮期血圧と拡張期血圧の差をさす。
	心拍出量	1回の拍動で拍出する血液の量（安静時）は変化なし。運動負荷時の心拍出量は低下する。
	免　疫	胸腺（胸中央部に位置する免疫機能を司る臓器）が萎縮し、免疫機能が低下する。
呼吸器	肺全体の容量	変化なし。
	肺の弾力性	低下
	肺胞数	減少
	肺活量	減少。特に努力肺活量（意図的にたくさん吸って吐く量）が低下する。
	一秒率	減少。努力肺活量のうち最初の一秒間に吐き出された量の割合
	残気量	増加 → 肺活量が減少する。
脳	知　能	結晶性知能は維持、流動性知能は低下（p.44）。
	最大神経伝導速度	低下
消化器	基礎代謝率	低下。基礎代謝とは生命維持に必要な最小限のエネルギー量＝何もしなくても消費するエネルギー量のこと。
	蠕動運動	低下 → 便秘になりやすい。
	腸	カルシウムの吸収力が低下する。
	胃液の分泌	低下。過酸症になりにくい。
泌尿器	糸球体ろ過量	低下
	腎血流量	低下
	電解質	水・電解質バランスは維持する。
内分泌	ホルモンの分泌	成長ホルモン・甲状腺ホルモンの分泌は低下する。
感覚器	視　覚	白内障、加齢黄斑変性症、緑内障（中途失明1位）などで視力低下を招きやすい。
		水晶体 黄色化
		受光量 低下し、物や色がはっきり見えなくなる。
	聴　覚	高音域から低下。内耳に原因がある感音性難聴が多い（p.20）。
	味　覚	全般的にあまり変化はないが、塩味は低下することがある。
生活	睡　眠	深いノンレム睡眠が減り、浅いレム睡眠が増えるため、中途覚醒が増加する。

加齢に伴って生じる骨格筋量と骨格筋力の低下をサルコペニアという。

収縮期血圧が上昇し、若い頃以上に強く動脈血を拍出しなければならないので、心室（特に左心室）が増大する。

肺・腎臓は老化による生理的機能の低下が激しい。

注意

甲状腺機能低下症は浮腫の原因となる。

✏️ **過去問チェック！**

Q：成熟時の発達を100％としたスキャモン（Scammon, R.）の臓器別発育曲線において、神経型は12歳頃に最も発達する。（36-1）

A：✕　**神経型は出生直後に最も発達する。**

➡️ **過去問プラス！**『国試対策2025』（共通科目編）p.4

2．基本 廃用症候群（生活不活発病） 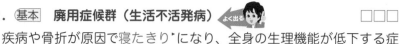 よく出る □□□

疾病や骨折が原因で寝たきり*になり、全身の生理機能が低下する症候。骨粗鬆症、筋萎縮、関節拘縮、起立性低血圧、静脈血栓塞栓症、肺塞栓症、肺炎、褥瘡、低体温症、無為無欲状態、認知症などがある。

30 4, 7, 28 2, 5, 26 2

寝たきり
6か月以上続く臥床状態。

3．標準 骨粗鬆症 □□□

骨密度が低下し、鬆が入ったように骨の中がスカスカの状態になること。わずかな衝撃でも骨折しやすくなる。女性ホルモン「エストロゲン」の分泌が低下した閉経後の女性に多い。

 注意 閉経後の女性の骨折は、骨粗鬆症が主な原因。骨軟化症*が原因ではない。

骨軟化症
骨や軟骨が石灰化することで類骨（石灰化していない骨器質）が増加する疾患。

4．基本 骨 折 □□□

高齢者が転倒時に骨折しやすい部位は、大腿骨頸部（太もものつけ根）、橈骨遠位端*（手首）、脊椎（背骨）、上腕骨頸部（腕のつけ根）である。

橈骨遠位端
手首のこと。手をついて転倒すると骨折しやすい部位である。手術やギプス固定で治療する。

5．標準 褥 瘡 □□□

1 原 因 体位変換がうまくできず、体重や寝具によって皮膚の一部が圧迫されて起こる血流障害である。皮膚が乾燥していない状態や栄養低下状態が続くとできやすくなる。

2 よくできる部位 仙骨部、大転子部、足関節部など。車いすでは、座位を取っていても褥瘡ができやすい。

合格MAP ▶ 褥瘡ができやすい部位

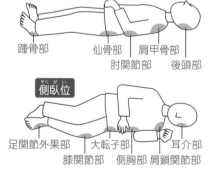

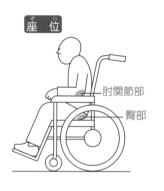

過去問チェック！

Q：成熟時の発達を100％としたスキャモン（Scammon, R.）の臓器別発育曲線において、身長など一般型はS字型カーブを示す。(36-2)
A：○ **一般型とは身長のほか体重、筋肉や骨の成長を含む。**
Q：踵骨部の褥瘡は、仰臥位で起こる。(28-2)
A：○ **仙骨部も仰臥位で起こる。**

➡過去問プラス！『国試対策2025』（共通科目編）p.4

Ⅱ 健康及び疾病の捉え方

合格勉強法 ICF は定番ポイントである。まずは合格 MAP で全体をつかみ、「活動」と「参加」を説明できるようにしておこう。

1 健康や疾病の概念

33 3, 31 4, 30 3, 28 27, 26 3

1. 応用 健康の概念 □□□

1 WHO 憲章における健康の定義 「肉体的、精神的及び社会的に完全に良好な状態であり、単に疾病又は病弱の存在しないことではない」

2 アルマ・アタ宣言 1978 年にソ連のアルマ・アタで WHO と UNICEF（ユニセフ）の共催で行われた国際会議における宣言。プライマリ・ヘルスケアの基本を示し「西暦 2000 年までに地球上のすべての人びとに健康を」を目標としている。

3 健康日本 21

① 厚生労働省では、生活習慣病等に関する課題について目標等を選定し、国民健康づくり対策として健康日本 21 を推進している。2024（令和 6）年度から健康日本 21〈第 3 次〉が開始される。

② 第二次最終評価報告書（2022 年 10 月厚生労働省発表）によれば、「健康寿命の延伸（日常生活に制限のない期間の平均の延伸）」は改善したが、「メタボリックシンドロームの該当者及び予備群の減少」、「睡眠による休養を十分とれていない者の割合の減少」などは悪化した。

2 国際生活機能分類（ICF）

36 2, 35 2, 34 2, 32 4, 31 3, 28 3, 57, 27 2

1. 基本 国際生活機能分類（ICF） よく出る □□□

ICF は、人間の生活機能と障害の分類法として、2001（平成 13）年 5 月、世界保健機関（WHO）において採択された。

世界保健機関（WHO）▶p.26

1 ICF と ICIDH

① ICF は障害者だけでなく、すべての人の健康状態を分類する。

② 従来の国際障害分類（ICIDH）がマイナス面を分類していたのに対し、ICF は生活機能というプラス面から分類するように視点を転換した（表 1）。さらに環境因子、個人因子等の観点を加えた。

表 1 国際障害分類（ICIDH）から国際生活機能分類（ICF）へ

ICIDH		ICF	
機能障害	➡	心身機能・構造（機能障害）	解剖学的、生理学的な身体の状況
能力障害	➡	活動（活動制限）	個人の課題や行為の実行
社会的不利	➡	参加（参加制約）	生活・人生場面へのかかわり

注意

違いに注意！
活動：個人的なこと
参加：社会との接点

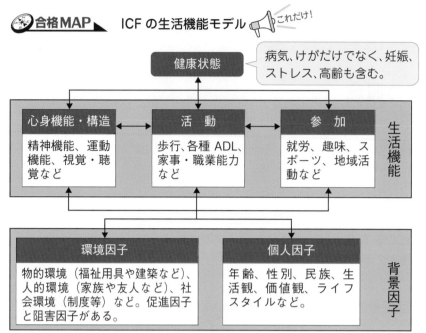

合格MAP ICFの生活機能モデル これだけ！

健康状態 病気、けがだけでなく、妊娠、ストレス、高齢も含む。

心身機能・構造	活　動	参　加	
精神機能、運動機能、視覚・聴覚など	歩行、各種ADL、家事・職業能力など	就労、趣味、スポーツ、地域活動など	生活機能

環境因子	個人因子	
物的環境（福祉用具や建築など）、人的環境（家族や友人など）、社会環境（制度等）など。促進因子と阻害因子がある。	年齢、性別、民族、生活観、価値観、ライフスタイルなど。	背景因子

資料：「特別支援学校学習指導要領解説自立活動編」文部科学省（著者まとめ）

3 公衆衛生の概要

1. 基本 健康の社会的決定要因（SDH） □□□   30 26

SDHとは、Social Determinants of Healthの略で、健康には生物学的な要因だけでなく、社会的要因が存在することを示している。

WHOは、SDHに関して①社会格差、②ストレス、③幼少期、④社会的排除、⑤労働、⑥失業、⑦社会的支援、⑧薬物依存、⑨食品、⑩交通の10種類に分類している。

SDHは社会的公正（social justice）に基づく取り組みと位置付けられている。

✏️ 過去問チェック！

Q：ICFにおいて、手すりに伝って歩くことは「活動」に分類される。(36—2)
A：○　設問の内容は「歩行」であり、「活動」に分類される。
Q：ICFにおいて、デイサービスの利用は「環境因子」に分類される。(36—2)
A：×　デイサービスの利用は参加である。
Q：1978年にWHOが採択したアルマ・アタ宣言では、先進国と開発途上国間における人々の健康状態の不平等について言及している。(32—5)
A：○　プライマリ・ヘルスケアの基本を示した宣言である。
➡過去問プラス！『国試対策2025』（共通科目編）p.6

Ⅲ　身体構造と心身機能及び疾病

合格勉強法

本科目の中で最大の範囲となる。生命にとって欠かせない心臓・呼吸器から着手すると得点効率が上がる。本書の並び順に従い、心身機能と身体構造を学習したすぐ後で、その部位の疾病をセットで学習しよう。

1 各器官等の構造と機能

33 2, 32 1, 29 3

1．基本 全身　□□□

 合格MAP　人体の各部位の名称

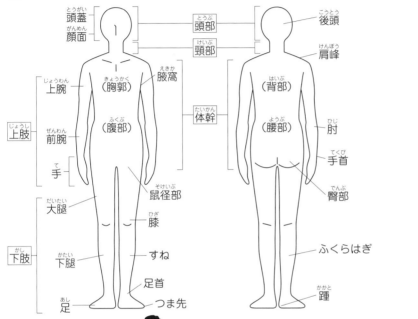

頭蓋（とうがい）
顔面（がんめん）
頭部（とうぶ）
後頭（こうとう）
頸部（けいぶ）
肩峰（けんぽう）
上腕（じょうわん）
腋窩（えきか）
胸郭（きょうかく）
背部（はいぶ）
上肢（じょうし）
前腕（ぜんわん）
腹部（ふくぶ）
体幹（たいかん）
腰部（ようぶ）
肘（ひじ）
手（て）
手首（てくび）
鼠径部（そけいぶ）
臀部（でんぶ）
大腿（だいたい）
膝（ひざ）
下肢（かし）
下腿（かたい）
すね
ふくらはぎ
足首
足（あし）
つま先
踵（かかと）

合格勉強法

試験によく出るのは心臓・肺。ここから学習を始めると効率がよい。

僧帽弁（そうぼうべん）・三尖弁（さんせんべん）
左心房と左心室の間にあるのが僧帽弁、右心房と右心室の間にある弁が三尖弁。開いたり閉じたりしながら、血液が逆流しないように機能している。

2．基本 循環器　よく出る　□□□

1 心　臓

① 心筋という筋肉でできている。心筋が収縮と拡張を繰り返す拍動によって、全身に血液を送り出すポンプとしての役割を果たしている。

合格MAP

心臓における血液循環

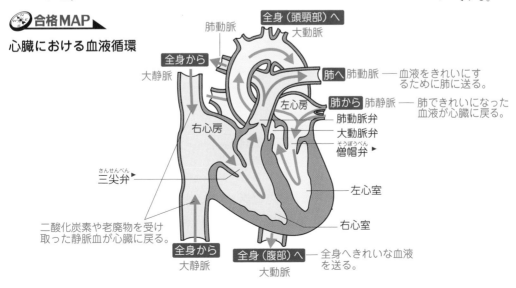

肺動脈
全身（頭頸部）へ　大動脈
全身から
大静脈
肺へ 肺動脈 ── 血液をきれいにするために肺に送る。
左心房
肺から 肺静脈 ── 肺できれいになった血液が心臓に戻る。
肺動脈弁
大動脈弁
右心房
僧帽弁（そうぼうべん）▶
三尖弁（さんせんべん）▶
左心室
二酸化炭素や老廃物を受け取った静脈血が心臓に戻る。
右心室
全身から　大静脈
全身（腹部）へ　大動脈 ── 全身へきれいな血液を送る。

② 血液循環には体循環と肺循環がある。血液は、肺や全身の毛細血管（動脈と静脈をつなぐ細い血管）まで入り込み、ガス交換（酸素を取り込み、二酸化炭素を排出する）を行う。

③ 血液が全身をめぐっているのは、酸素と二酸化炭素を交換するためである。

合格MAP　体循環と肺循環　これだけ！

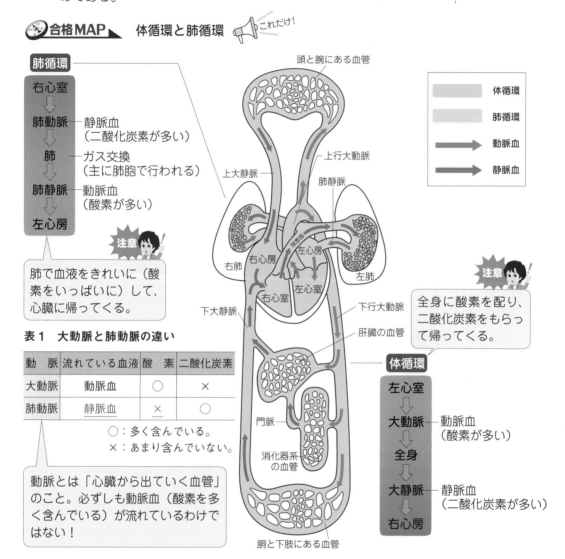

肺循環

右心室
↓
肺動脈 ── 静脈血（二酸化炭素が多い）
↓
肺 ── ガス交換（主に肺胞で行われる）
↓
肺静脈 ── 動脈血（酸素が多い）
↓
左心房

注意
肺で血液をきれいに（酸素をいっぱいに）して、心臓に帰ってくる。

頭と腕にある血管

上行大動脈
上大静脈
肺静脈

右肺　右心房　左心房　左肺
右心室　左心室
下大静脈　下行大動脈
肝臓の血管

門脈
消化器系の血管

胴と下肢にある血管

体循環
動脈血　肺循環
動脈血
静脈血

注意
全身に酸素を配り、二酸化炭素をもらって帰ってくる。

体循環

左心室
↓
大動脈 ── 動脈血（酸素が多い）
↓
全身
↓
大静脈 ── 静脈血（二酸化炭素が多い）
↓
右心房

表1　大動脈と肺動脈の違い

動　脈	流れている血液	酸　素	二酸化炭素
大動脈	動脈血	○	×
肺動脈	静脈血	×	○

○：多く含んでいる。
×：あまり含んでいない。

動脈とは「心臓から出ていく血管」のこと。必ずしも動脈血（酸素を多く含んでいる）が流れているわけではない！

過去問チェック！

Q：血液は、左心室から大動脈へと流れる。(33-2)
A：○　左心室から大動脈へと流れ、全身に酸素等を配る。
Q：肺でガス交換された血液は、肺動脈で心臓へと運ばれる。(32-1)
A：×　肺動脈ではなく、肺静脈が正しい。
Q：心臓から末梢に向かって血液を送り出す血管を動脈といい、静脈血は流れない。(24-2)
A：×　肺動脈には二酸化炭素を多く含む静脈血が流れている。後半部分が誤り。動脈の説明は正しい。

2 血 液

① 主に全身の細胞に栄養分や酸素を運搬し、二酸化炭素や老廃物を運び出す役割を果たす。

② 液体成分である血漿（けっしょう）と有形成分である血球に分かれる。

③ 成人の全血液量は 4.5〜5.0 リットルで、体重の 1/13 前後である。

3 免 疫

① 白血球に含まれるリンパ球には T 細胞と B 細胞があり、特異的免疫（ある特定の異物に効果がある免疫）の役割を果たしている。

② 人は 3 段階の防御壁により、ウイルス・細菌の侵入を防いでいる。
　⑴物理的な防御壁（ぼうぎょへき）：皮膚・粘膜
　⑵自然免疫（非特異的免疫）：生まれ持った免疫
　⑶獲得免疫（特異的免疫）：感染して体内に産生される抗体など。
　　　　　　　　　　　　　自然免疫と比べて強力。

4 予 防　予防には一次予防、二次予防、三次予防がある（表 2）。

表 2 予 防 これだけ！

	内　容	例
一次予防	健康増進、疾病予防、特殊予防	生活習慣の改善、予防接種
二次予防	早期発見、合併症予防	特定健康診査、早期の治療
三次予防	社会復帰	リハビリテーション

3．基本 循環器の疾患　□□□

1 虚血性心疾患　心臓に十分な血液が行き渡らない虚血状態（きょけつ）の疾患。狭心症や心筋梗塞（こうそく）、動脈硬化や心不全などがある（表 3）。狭心症と心筋梗塞の症状は、どちらも締めつけられるような胸の痛みが特徴的である。狭心症の痛みは 15 分程度でおさまるのに対して、心筋梗塞の痛みは 30 分以上続く。

2 高血圧 よく出る

① 高血圧は原因がわからない本態性高血圧（一次性高血圧）と、原因がわかっている続発性高血圧（二次性高血圧）がある。「高血圧症ガイドライン」によれば、本態性高血圧が 8〜9 割を占める。

② 血液の圧力が常に高い状態で、血管に刺激がかかっている。その結果、動脈が傷みやすくなり動脈硬化が起こる。

特殊予防
職業病対策、公害防止対策など傷害の発生を予防する。

31 5

合格勉強法

身体を学習したらすぐにその疾患を勉強すると無駄がない。本書では「身体の構造 → その疾患」がセットで掲載されているので、順番通りに進めばよい。

高血圧（表 4）
代表的な生活習慣病の一つ。最高血圧 140 mmHg 以上、あるいは最低血圧 90 mmHg 以上である状態。正常血圧は最高血圧が 120 mmHg 未満、かつ最低血圧が 80 mmHg 未満。

表3　虚血性心疾患の種類

病　名	内　容
狭心症	① 心臓を取り囲むように走っている冠状動脈の内側にコレステロール（脂肪）などが沈着して狭くなり、流れる血液量が減少すると、十分な酸素や栄養素を心筋に供給できなくなり、胸痛を招く。 ② 通常は15分程度でおさまる。治療はニトログリセリンや硝酸薬を投与する。
心筋梗塞	① 冠状動脈の一部が完全につまり心筋が壊死した（死んだ）状態。胸痛は30分以上続く。冷や汗や吐き気、呼吸困難を伴うことがある。 ② 心筋梗塞の発症は早朝に多く、また冬場に多い。死亡者の半数以上が、発症から1時間以内に集中する。
動脈硬化	① 生活習慣などで動脈内にコレステロールが蓄積して内壁が厚く硬くなった状態。 注意　「硬くなると丈夫になってよいのでは？」と誤解しない。動脈はもともと弾力性に富んだ組織。 ② 内側にできたアテローム性（粥状）のプラーク（隆起）は、長い時間をかけて成長し血液を流れにくくしたり、突然破れて血管内で血液が固まり（血栓）、動脈の内腔（血液の流れるところ）を塞いだり、あるいは血栓が飛んでさらに細い動脈に詰まったり（塞栓）することがある。 動脈硬化 正常な動脈　血栓　プラーク ③ 血流を遮断し臓器への酸素や栄養成分の輸送に障害をきたした状態は、発生した臓器ごとに脳梗塞、心筋梗塞などと称する。
心不全	心臓のポンプ機能が故障し、必要な血液を全身に送ることができなくなった状態。 原因は問わず、疾患名ではなくあくまでも病態をいう。

アテローム
血中の余分な中性脂肪とコレステロールが糊状になって血管内膜に付着したもの。

+α

メタボリックシンドローム（内臓脂肪症候群）
内臓肥満に加えて、①血清脂質異常、②血圧異常、③血糖値異常のうち2つ以上が合併した状態。診断基準（血圧）は、収縮期血圧130 mmHg以上、拡張期血圧85 mmHg以上のどちらかまたは両方。

表4　高血圧の基準（成人）　これだけ！

種　類		基　準
最高血圧	収縮期血圧　心臓が全身に血液を送り出すため収縮した状態	140 mmHg以上
最低血圧	拡張期血圧　全身から戻った血液が心臓にたまり心臓が拡張している状態	90 mmHg以上

過去問チェック！

Q：高血圧の診断基準は、収縮期（最高）血圧160 mmHg以上あるいは拡張期（最低）血圧90 mmHg以上である。（31-5）

A：×　収縮期（最高）血圧140 mmHg以上あるいは拡張期（最低）血圧90 mmHg以上。

③ 貧　血

① 赤血球の中にあるヘモグロビンが一定値以下の状態をさす。

② 酸素の運搬役のヘモグロビンが減るため、体内に酸素が不足し、疲れやすくなり、起立性低血圧（急に立ち上がったときの立ちくらみ）が起きる。

④ 不整脈　正しく心臓が動かなくなり、脈が乱れる状態のこと。心電図により検査する（表5）。

表5　不整脈の基準

種　類	症　状
徐脈性不整脈	脈が途絶える、または遅くなる。徐脈性不整脈で病的なものは洞不全症候群といい、治療にはペースメーカを設置し、心臓に電気信号を送ることで心臓機能の向上を図る。
頻脈性不整脈	脈が速くなり動悸を感じる。治療には、原因となっている血管を高周波電流で焼き切るアブレーションという治療が行われる。
心房細動	不規則な電気信号が発生し、心房全体が小刻みに震え、心房が正しい収縮と拡張ができなくなる不整脈。高齢者に多い。心室の拡張期に十分な血液が入らないため、心臓機能が低下する。

4．基本　呼吸器 よく出る　　　□□□　　32 1, 30 2, 27 1

① 呼吸運動

体内に酸素を取り入れ二酸化炭素を出す運動のこと。随意運動であるが、脳幹にある延髄の呼吸中枢で自動的に制御されるため、睡眠中も不随意な呼吸運動が保たれる。

・呼吸運動

肋間筋と横隔膜の働きによる外呼吸を行うための運動。横隔膜は肺の下、胃の上あたりに位置し、上下することで呼吸を助ける。

・随意運動

意思・意図に基づく運動のこと。自己の意思によらない、あるいは意思と無関係な運動を不随意運動・反射運動と呼ぶ。

✐ 過去問チェック！↑

Q：特定健康診査は一次予防である。(35−3)

A：×　**特定健康診査は二次予防である。**

Q：加齢に伴い収縮期血圧と拡張期血圧の差は縮小する。(29−2)

A：×　**加齢に伴い収縮期血圧が上昇するため、両者の差が拡大する。**

➡過去問プラス！『国試対策2025』（共通科目編）p.15

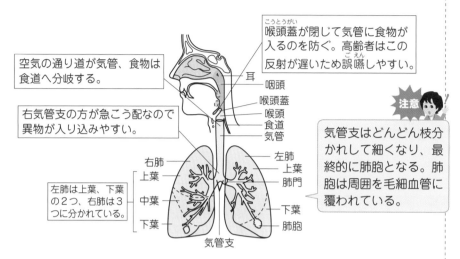

喉頭蓋が閉じて気管に食物が入るのを防ぐ。高齢者はこの反射が遅いため誤嚥しやすい。

空気の通り道が気管、食物は食道へ分岐する。

右気管支の方が急こう配なので異物が入り込みやすい。

注意

気管支はどんどん枝分かれして細くなり、最終的に肺胞となる。肺胞は周囲を毛細血管に覆われている。

左肺は上葉、下葉の2つ、右肺は3つに分かれている。

耳
咽頭
喉頭蓋
喉頭
食道
気管

右肺
上葉
中葉
下葉

左肺
上葉
肺門
下葉
肺胞

気管支

5. 基本 呼吸器の疾患

□□□ 34 3

肺炎や、慢性閉塞性肺疾患（COPD）がある（表6）。

表6 呼吸器の疾患の種類

病 名	内 容
肺 炎	① 2022（令和4）年の死因では5位である。 ② 初期症状としては咳、痰、発熱が一般的だが、発熱が全くないこともある。意識レベルの低下が続くこともある。高齢者などでは誤嚥性肺炎が起こりやすい。
慢性閉塞性肺疾患（COPD）	慢性気管支炎と肺気腫をさす。合併することもあり、ともに原因の大部分は喫煙。介護保険法の特定疾病の一つ。 • 慢性気管支炎：一定期間、咳・痰が続く。喘鳴（ヒューヒュー、ゼーゼーという雑音）は少ない。 • 肺気腫：痩せる。吐く息が増える。チアノーゼ（血液中の酸素濃度が低下して爪床や口唇周囲が青紫色になる状態）。鼓音（ポンポンと太鼓のような音）。喘鳴。男性に多い。

死因（2022年）
1位 悪性新生物
2位 心疾患
3位 老衰
4位 脳血管疾患
5位 肺炎

気管支喘息の慢性化ではない。

6. 基本 脳の疾患 よく出る

□□□

35 6, 33 5, 31 6,
27 5, 26 2, 4

脳の障害部位によって、症状が異なる（表7）。

表7 脳の障害部位と症状

脳の障害部位	症 状
大 脳	半球の反対側の片麻痺や半側性の感覚障害
小 脳	運動失調
脳 幹	複視、言語障害、嚥下障害
大脳皮質や皮質下の白質	失語、失認、失行や半側空間無視など

脳の構造
▶p.29, 30

片麻痺
右か左、どちらかの上下肢にみられる運動麻痺。脳血管障害により片麻痺が出現する場合は、脳の障害部位の反対側に現れる。

1 失　語　大脳のウェルニッケ中枢、ブローカ中枢が傷害されると失語症が起こる（表8）。

ウェルニッケ中枢
ブローカ中枢
▶p.30

 発音が正しくできない「構音障害」と「失語」を区別する！

表8　失語の種類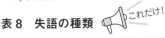

種　類	障害される部位	障害	症　状
感覚性失語	<u>ウェルニッケ</u>中枢	入力	他人の話すことは理解できないが、自分は話すことができる。
運動性失語	<u>ブローカ</u>中枢	出力	他人の話すことは理解できるが、自分の思っていることを言語に表現できない。

① 大脳の言語中枢は、左半球にあることが多い。

② <u>優位半球</u>とは、右脳と左脳のうち言語や計算など
　を司る半球のことである。右脳は体の左半分を制御し、左脳は右
　半分を制御しているので、右利きならば左脳が優位半球になる。

 言語中枢が左半球にあると右利きとなる。

2 失　行　運動障害はないが、行為や動作を理解していながらその動作を正しくすることができない状態のこと。観念失行、着衣失行、運動失行などがある。

<u>観念失行</u>とは、物の名前や用途は説明できるが、使用できないことをいう。例えば、歯ブラシの用途は答えられるのに、使うことができない場合である。優位半球の頭頂葉の病変で出現する。

3 高次脳機能障害　脳血管疾患、交通事故などの<u>外傷性脳損傷</u>により脳が損傷されて起きる障害。<u>失語</u>、記憶障害、<u>観念失行</u>、遂行機能障害、<u>球麻痺</u>などを呈す。

球麻痺
延髄の嚥下中枢の麻痺。誤嚥性肺炎の原因になる。

4 脳血管疾患

脳血管疾患には閉塞性（脳血管が詰まる）の<u>脳梗塞</u>と、出血性の<u>脳出血</u>、<u>くも膜下出血</u>などがある。

✏️**過去問チェック！**

Q：肺炎はレジオネラ菌によるものが最も多い。（34−3）

A：×　**肺炎の主な原因菌は肺炎球菌である。特に高齢者は肺炎球菌による肺炎などを予防することが重要である。**

Q：外傷性脳損傷による注意力の低下は、高次脳機能障害の症状の一つである。（33−5）

A：○　**外傷性脳損傷は交通事故などで起きる。**

➡**過去問プラス！『国試対策2025』（共通科目編）p.16**

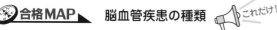 **合格MAP** ▸ 脳血管疾患の種類 これだけ！

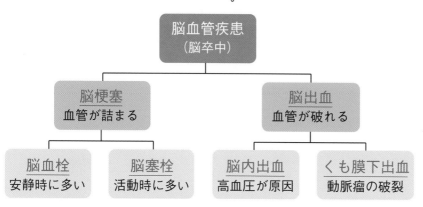

+α

多発性脳梗塞
同時に複数の脳血管が小さな血栓によって詰まり起きる脳梗塞。パーキンソン症候群などの原因となる。

① 脳梗塞

　意識障害を伴うことは少ない。脳血栓と脳塞栓に分類される（表9）。脳血栓は表10のとおり分けられる。

表9　脳梗塞の種類

種　類	経　緯	発　症	後遺症
脳血栓	脳の動脈硬化でできた血栓が脳の血管をふさぐ。	ゆっくり	片麻痺
脳塞栓	心臓の心房細動などでできた血栓が脳の血管をふさぐ。	急激	片麻痺、失語症

片麻痺
▸p.12

表10　脳血栓

脳血栓	発症部位
アテローム血栓性脳梗塞	太い動脈
ラクナ梗塞	細い動脈

② 脳出血

・**脳内出血**　脳の中の細い血管（動脈）が切れて脳内に出血し、意識障害、運動麻痺、感覚障害などが発症する。高血圧と深く関係がある。

高血圧
▸p.9, 10

・**くも膜下出血**　脳のくも膜（表面近く）で脳動脈瘤が破裂し、頭蓋内圧亢進（頭蓋内の圧が異常に高くなる状態）が起こる。高血圧や加齢とはあまり関係がなく、壮年期でも発症する。突然の頭痛、意識障害で始まる。

✏️ **過去問チェック！** ↑

Q：パーキンソン病は、脳内のドーパミンが増加して発症する。(35-5)
A：×　脳内のドーパミンが減少することで発症する。

➡ **過去問プラス！『国試対策2025』（共通科目編）p.17**

7. 応用 神経疾患 □□□ 35 5, 30 5, 26 4

主な神経疾患は表 11 のとおり。多くは難治・進行性である。

表 11　神経疾患の種類 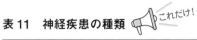 これだけ！

疾患名	症状・特徴等
パーキンソン病	① 指定難病の一つ。 ② ドーパミンの不足により起きる運動機能障害。ドーパミンには、脳を覚醒させ集中力を高め、感情を生み出す働きがある。 ③ 脳内の中脳の一部である黒質でドーパミン神経細胞の変性・消失が起こる。 ④ 四大運動症状として（1）安静時振戦、（2）筋固縮、（3）無動、（4）姿勢反射障害がある。このほか（5）同時に二つの動作をする能力の低下、（6）自由にリズムを作る能力の低下や、精神症状などの非運動症状も見られる。
筋萎縮性側索硬化症（ALS）	① 原因は不明。指定難病の一つ。 ② 筋肉がだんだんやせて力がなくなっていき、上肢の機能障害、歩行障害、構音障害、嚥下障害、呼吸障害などが生じる。 注意 筋肉そのものが病気になるのではなく、筋肉を動かす神経（運動ニューロン）が障害をうけ、脳から命令が伝わらず、筋肉がやせてしまう。 ③ 知能、視力や聴力、内臓機能などは末期まですべて保たれる。
脊髄小脳変性症	① 指定難病の一つ（多系統萎縮症を除く）。 ② 進行の遅い運動失調を主症状とする神経変性疾患。小脳性運動失調として、ろれつが回らない、上肢が震える、歩行のふらつき（平衡感覚障害）がある。パーキンソン病様の症状、自律神経症状。治療は運動療法が主で、対症薬物療法も行う。
てんかん	① 突然けいれんが現れ、局所的にピクピク動く局所性てんかん、あるいは全身が緊張して意識を失い全身をがくがく震わせる全身性てんかんのいずれかが起こる。抗てんかん薬の投与によりおさまる。 ② 発作後の服薬管理とともに単独外出注意などの危険防止に努める。
後縦靭帯骨化症（OPLL）	① 指定難病の一つ。 ② 後縦靭帯が骨に変化（靭帯骨化）する病気。原因は不明。靭帯が骨化して、年齢とともに厚みを増してくると、脊柱管が狭くなり、脊髄の圧迫症状を起こす。
多発性硬化症	① 指定難病の一つ。 ② 脳や脊髄を侵す脱髄疾患であり、女性に多い。四肢の運動麻痺、歩行障害、排尿障害、感覚障害、小脳性運動失調などが現れる。
ギラン・バレー症候群	① 複数の末梢神経が障害される自己免疫疾患。 ② 感冒や胃腸症状に続いて1、2週間後に急速な四肢の筋力低下と運動麻痺が出現する運動神経炎。放置すると呼吸筋麻痺で死亡する。
本態性振戦	動作時に手が震える以外の症状がなく、10年以上経過する。特に書字や食事に際して震えが出て日常生活を妨げる。
シャイ・ドレーガー症候群	① オリーブ橋小脳萎縮症、線条体黒質変性症とともに多系統萎縮症（指定難病）の一種。 ② 起立性低血圧、排尿障害などの自律神経症状が初期からあり、小脳性運動失調症状やパーキンソン病様症状が加わって数年で自立困難となる。
クロイツフェルト・ヤコブ病（CJD）	① プリオン病（指定難病）の一つ。 ② 脳に異常なプリオン蛋白が蓄積して神経細胞が変質することにより、認知症、けいれん、意識障害が急速に進行し、発病後1〜2年で呼吸麻痺、肺炎などで死亡する。遺伝性のものと、患者の脳硬膜や角膜を移植されて感染し発症した例がある。

1 難病とは 「難病の患者に対する医療等に関する法律（以下、難病法）」によると、発病の機構が明らかでなく、かつ、治療方法が確立していない希少な疾病であって、当該疾病にかかることにより長期にわたり療養を必要とするものをいう。

2 指定難病 2014（平成26）年に難病法が成立し、自己負担割合が現行の3割から2割に引き下げられた。医療費助成の対象となる指定難病は、2024（令和6）年4月時点で、341である。

難病法等が改正され、難病患者及び小児慢性特定疾病児童等に対する医療費助成について、助成開始の時期を申請日から重症化したと診断された日に前倒しされた（2023（令和5）年10月施行）。

8．標準 消化器・消化管 □□□

1 消化器 食物を吸収しやすいように変化させる働きがある。消化管は口腔 → 咽頭 → 食道 → 胃 → 小腸 → 大腸 → 肛門の順にたどる。十二指腸を小腸の一部とする説が主流である。

① 高齢に伴い消化機能は低下して、疾患や異常をきたす。

② 消化には、咀嚼などによる機械的消化と、消化酵素によって加水分解する化学的消化の二段階がある。

2 小腸 十二指腸、空腸、回腸からなり、無数の腸絨毛によって、栄養素、水分を吸収している。小腸は6〜7mで大腸よりも細長い。

3 大腸 盲腸、結腸（上行、横行、下行、S状結腸）、直腸からなり、水分の吸収を行う。大腸は約2mで小腸よりも短く太い。

4 肝臓 栄養分を調整し、貯蔵する。脂肪を消化する働きのある胆汁を作る。なお、胆汁は胆のうで貯蔵される。

9．標準 消化器・消化管の疾患 □□□

1 肝機能障害 主な原因は肝炎、アルコール性肝炎、肝硬変、肝臓がんである。ウイルス性肝炎には、表12のものがある。

表12 ウイルス性肝炎の種類

A型肝炎	ウイルスを含む食物（生ガキなど）・水による経口感染。治りがよい。
B型肝炎	産道での母子感染、性行為、輸血などの血液・体液で感染。
C型肝炎	予防接種時の針の使い回しなどが感染源。肝硬変、肝臓がんへ進行する危険がある。抗ウイルス療法を行う。

✏️過去問チェック！↑

Q：胆汁は、胆のうで作られる。(32−3)
A：× **胆汁は肝臓で作られ、胆のうで蓄えられる。**

難 病
▶p.200

32 1, 3, 30 2

咽頭
口腔と食道の中間にある食物の通り道。喉頭は空気の通り道で、喉頭口の前部に喉頭蓋があり、嚥下時には、喉頭蓋が閉じることによって誤嚥を防止している。

肝硬変
慢性肝炎の結果、肝臓が小さく硬くなった状態のこと。生きている肝細胞が減り機能障害を起こす。いったん肝硬変になると治癒できず進行し、高い確率で肝臓がんを発症する。

10. 応用 腎臓・泌尿器 □□□

1 泌尿器

腎臓 → 尿管 → 膀胱 → 尿道 → 尿道口とたどる。その役割は体液（血液）から老廃物などの不要な物質をろ過し、蓄積しながら体外へ出すことである。

2 腎臓

ネフロン（糸球体*とそれに続く1本の尿細管*の組み合わせ）が200万個あり、各ネフロンでろ過、再吸収、分泌、濃縮が行われ、原尿が作られる。高齢者は腎臓による水の再吸収能力が低下する。

糸球体
ボーマン嚢に囲まれた毛細血管の塊。老廃物の除去、排出を行う際の栄養成分の分類を行う。

尿細管
血液をろ過した原尿から栄養成分を再吸収し、不要なものを集めて腎盂に送る。

11. 標準 腎臓・泌尿器の疾患 □□□

1 腎不全

急性と慢性があり（表13）、腎糸球体のろ過機能が低下して起こる。

表13 腎不全の種類

種　類	原　因	治癒可能性
急性腎不全	脱水、薬物、手術、急速進行性糸球体腎炎	可逆的（元に戻る）
慢性腎不全	糖尿病性腎症、慢性糸球体腎炎、腎硬化症	不可逆的（治らない）

2 尿失禁

自分の意思とは関係なく尿がもれ、社会的・衛生的に支障が生じる状態をさす。以下のとおり分類される（表14）。

＋α

慢性腎臓病（CKD）
「蛋白尿などの腎障害の存在を示す所見」もしくは「腎機能低下」が3か月以上続く状態。脳梗塞・心筋梗塞などのリスクが上昇し、糖尿病や高血圧に匹敵する、心血管疾患の強い危険因子である。

表14 尿失禁の種類

理由と患者の違いに注意。

種　類	失禁が起こる理由	患　者
反射性尿失禁	尿がたまったことを脳が感知できず失禁する。	脊髄損傷
機能性尿失禁	トイレの場所がわからない、排泄自体に時間がかかるなど、間接的な理由で失禁する。	認知症高齢者
腹圧性尿失禁	咳、くしゃみなど急に腹圧がかかると失禁する。骨盤底筋体操（ケーゲル体操）が有効。	経産婦 中高年女性
切迫性尿失禁	急にトイレに行きたくなり、我慢できず失禁する。	高齢者
溢流性尿失禁（奇異性尿失禁）	膀胱に尿がいっぱいになり、尿道から少しずつあふれてしまう。	前立腺肥大症

前立腺肥大症
膀胱の下にある前立腺が肥大して尿道を圧迫し、排尿障害を起こす。尿がすぐに出ない、時間がかかるなどの膀胱刺激期、残尿感などの残尿発生期、昼夜問わずトイレに行く回数や排尿にかかる時間が増加する慢性尿閉期がある。

✏️ **過去問チェック！**

Q：高齢女性の尿失禁の多くは、溢流性尿失禁である。（23−2）
A：×　溢流性尿失禁は前立腺肥大症の男性に多い。中高年女性に多いのは腹圧性尿失禁である。

35 4, 33 4, 5, 31 5, 6,
29 5, 27 3

合格勉強法

どんな疾病も、体内の何かが異常に「増える」か「減るか」で起こる。「増加」か「減少」までしっかり覚えること。

2 主な疾病の概要

1. 標準 悪性新生物 □□□

2022（令和4）年の人口動態統計によれば、がんで死亡した者の数は約39万人であり、1981（昭和56）年以来、死因の1位である。

1 男女別の死亡数が多い部位（「令和4年（2022）人口動態統計月報年計（概数）の概況」）。

男性：① 肺、② 大腸、③ 胃、④ 膵臓、⑤ 肝臓
女性：① 大腸、② 肺、③ 膵臓、④ 乳房、⑤ 胃

> 男女ともに胃がんが減少

2. 標準 生活習慣病 □□□

食習慣、運動習慣、休養、喫煙、飲酒などの生活習慣が発症原因に深く関与していると考えられている疾患の総称。糖尿病（1型糖尿病を除く）、脂質異常症、高血圧、高尿酸血症などがあげられる。

注意！

> 喫煙は、膀胱がんの危険因子の一つ。

1 糖尿病

膵臓から分泌されるインスリンの欠乏・低下、インスリン作用不足のために起こる、高血糖状態と関連した代謝異常をさす（表15）。

① 若年者に多い1型糖尿病と中高年以上に多い2型糖尿病に分けられる。

② 糖尿病の合併症（下記の合併症は介護保険法の特定疾病の一つ）

- 糖尿病性腎症 ：透析を開始した原因疾患の1位である。
- 糖尿病性網膜症 ：中途失明の3位を占める（1位は緑内障）。
- 糖尿病性神経障害：末梢神経系が影響を受ける。

インスリン
膵臓のランゲルハンス島にあるβ細胞から分泌されるホルモンの一種。血液中のブドウ糖を臓器に取り込む役目がある。インスリンが不足することで、血液中にブドウ糖が置き去りにされ、あふれてしまう状態が高血糖状態。多飲・多尿・口渇などの症状が出る。

表15 糖尿病の種類

項　目	1型	2型
状　態	インスリン分泌の欠乏状態	インスリン分泌の低下・作用不足状態
治　療	インスリン注射	・運動、食事による生活習慣の改善 ・服薬治療、インスリン注射
発症年齢	若年	中高年以上
合併症	腎症、網膜症、神経障害	
低血糖	インスリンなどの治療薬は、血糖値を厳しく管理するために低血糖になりやすい。	
診断基準	血糖値、HbA1c（グリコヘモグロビン）	

3. 応用 メタボリックシンドローム（内臓脂肪症候群） □□□

内臓脂肪型肥満に加えて、高血糖、高血圧、脂質異常のうちいずれか2つ以上をあわせもった状態のこと。

HbA1c
赤血球のヘモグロビンとブドウ糖が結合したもの。血糖値が高ければ高いほど増加する。

メタボリックシンドローム ▶p.10

✏️ 過去問チェック！ ↑

Q：糖尿病性網膜症では失明は起こらない。(36-4)
A：× 失明する危険があるため、定期的に眼科を受診する。

➡ **過去問プラス！**『国試対策2025』（共通科目編）p.18

4. [応用] 感染症

1 主な感染症　ウイルス、細菌などの病原体への感染により発症する主な感染症は表16のとおり。なお感染症は、感染症の予防及び感染症の患者に対する医療に関する法律（感染症法）により、表17のとおり分類されている。

表16　主な感染症

感染症	概　要
新型コロナウイルス感染症（COVID-19）	① 発熱、空咳、倦怠感が主な症状。飛沫感染、接触感染が多い。高齢者と基礎疾患がある者は重症化しやすい。 ② 感染可能性期間は、発症の2日前から発症後7〜10日間程度。（「新型コロナウイルスに関するQ&A」厚生労働省）
腸管出血性大腸菌感染症	① 下痢、嘔吐、腹痛が主な症状である。 ② 大腸菌の中でもO-157が病原体の場合、毒素（ベロ毒素）により溶血性尿毒症症候群（HUS）を合併し、死亡することもある。
MRSA（メチシリン耐性黄色ブドウ球菌感染症）	① 多くの抗菌薬に耐性を示す（抗菌薬が効かない）黄色ブドウ球菌が原因で、高齢者や新生児、術後の患者など免疫力の低下した者に発症しやすい。 ② 手指や医療器具を介して院内感染の原因になる。
疥癬	① ヒゼンダニを原因として強いかゆみを引き起こす。 ② 治療は硫黄剤、軟膏などの塗布、内服薬を投与する。
ノロウイルス感染症	① 二枚貝に生息する。下痢、嘔吐、発熱が主な症状である。 ② 予防には、一般的なエタノールや逆性石けんは効果がなく、次亜塩素酸ナトリウム、加熱、流水手洗いが有効とされる。

注意　保菌者に対して介護サービスなどの利用を拒否することはできない。

表17　感染症法における感染症の分類　これだけ！

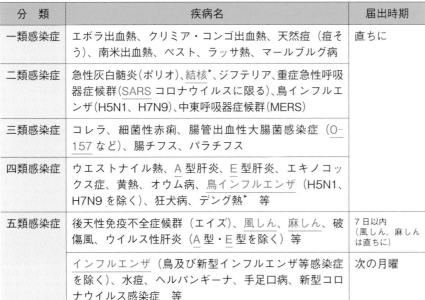

分　類	疾病名	届出時期
一類感染症	エボラ出血熱、クリミア・コンゴ出血熱、天然痘（痘そう）、南米出血熱、ペスト、ラッサ熱、マールブルグ病	直ちに
二類感染症	急性灰白髄炎(ポリオ)、結核、ジフテリア、重症急性呼吸器症候群(SARSコロナウイルスに限る)、鳥インフルエンザ(H5N1、H7N9)、中東呼吸器症候群(MERS)	
三類感染症	コレラ、細菌性赤痢、腸管出血性大腸菌感染症（O-157など）、腸チフス、パラチフス	
四類感染症	ウエストナイル熱、A型肝炎、E型肝炎、エキノコックス症、黄熱、オウム病、鳥インフルエンザ（H5N1、H7N9を除く）、狂犬病、デング熱 等	
五類感染症	後天性免疫不全症候群（エイズ）、風しん、麻しん、破傷風、ウイルス性肝炎（A型・E型を除く）等	7日以内（風しん、麻しんは直ちに）
	インフルエンザ（鳥及び新型インフルエンザ等感染症を除く）、水痘、ヘルパンギーナ、手足口病、新型コロナウイルス感染症　等	次の月曜

* 2024（令和6）年1月時点

結　核
空気中に浮遊する結核菌が体の中に入り、増えることによって起こる感染症（空気感染）。

デング熱
ヒトスジシマカ（やぶ蚊）など蚊によって媒介されるデングウイルスによる感染症。人から人へ直接感染はない。

Ⅳ　疾病と障害の成り立ち及び回復過程

36 3, 4, 33 5, 31 6, 30 5

合格勉強法　36回試験では、「目の構造と病気」が出題された。表1の中でも、特に高齢者の多くが罹患する白内障は定番のポイントなので、最初に着手しよう。

1　障害の概要

1．標準　視覚障害　□□□

　世界保健機関（WHO）の定義によれば、矯正視力により①盲と②弱視*に分類される。身体障害者福祉法では、視力障害と視野障害などに分類されている。視力低下以外にも、視野が限定される視野狭窄や、視野の中に島のような部分ができる暗点などもある。主な眼疾患は、以下のとおり（表1）。

弱　視
ロービジョン（低視覚）とも呼ばれる。

表1　主な眼疾患

疾患名	内　容
白内障	レンズの役目をしている水晶体が濁る疾患。視力低下、羞明（まぶしさを感じる）が起こる。先天性は指定難病。
緑内障	眼圧が高いために視神経が障害され萎縮し、視野が損なわれ、視力も低下する疾患。
網膜色素変性症	光を感知する網膜の中に異常な色素が沈着し、光の明るさを感じとる細胞が障害を受ける疾患。指定難病。
視神経萎縮	視神経の外傷、網膜疾患、緑内障などにより、視神経が変性萎縮し、その機能を失った状態。
ベーチェット病	眼症状、皮膚症状を主症状とする全身性炎症性疾患（指定難病）。眼症状では眼痛、充血、羞明などが見られる。網脈絡膜炎を起こすと発作的に視力が低下し、失明することがある。

2．標準　聴覚障害　□□□

　難聴は、伝音性難聴、感音性難聴、混合性難聴に分けられる（表2）。

表2　難聴の種類

難　聴	原　因	補聴器の効果
伝音性難聴	中耳〜外耳の鼓膜などに至る伝音系の病変により起こる。	高い
感音性難聴	内耳〜聴覚中枢に至る感覚系の病変により起こる。	低い
混合性難聴	伝音性難聴、感音性難聴の混合	―

老人性難聴は感音性難聴

身体の内側に原因があるので、補聴器の効果が届かない。

✐ 過去問チェック！↑

　Q：緑内障は眼圧が下がって視野障害を来す。(36-4)
　A：×　眼圧が上がって、視野が損なわれる。
　→過去問プラス！『国試対策2025』（共通科目編）p.18

3．[基本] 肢体不自由　□□□

　先天性、後天性などの発生原因を問わず、四肢（手足）や体幹（胴体）に永続的な障害がある状態をさす。

4．[基本] 脊髄損傷　□□□

　脳と身体をつなぐ中枢神経である脊髄に大きな外傷を受け、脊椎が骨折、脱臼を起こした際に生じる障害である。外傷以外に、ヘルニアや腫瘍が脊髄を圧迫した際も同じような病態になる。

■1 症　状　脳からの情報が身体に正確に伝わらなくなり、損傷を受けた部位や程度によって、運動麻痺、知覚麻痺、呼吸不全、膀胱・直腸機能障害（排尿障害）などをきたす。

■2 脊髄と脊椎　脊髄は脳の延長で中枢神経に属し、脊髄神経は脊髄から発して全身に向かう末梢神経である。この脊髄を守る骨（背骨）が脊椎である。脊椎は、頸椎（7個）、胸椎（12個）、腰椎（5個）、仙椎（仙骨）に分類される。

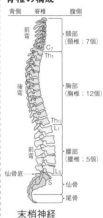

脊椎の構成

末梢神経
▶p.29

5．[基本] 内部障害　□□□

■1 内部障害とは　身体障害者福祉法に定める、① 心臓機能障害、② 腎臓機能障害、③ 呼吸器機能障害、④ 膀胱・直腸機能障害、⑤ 小腸機能障害、⑥ ヒト免疫不全ウイルスによる免疫機能障害（エイズ）、⑦ 肝臓機能障害の 7 つの障害に分けられる。2009（平成 21）年の身体障害者福祉法施行令の改正により、⑦肝臓機能障害が追加された。内部障害者は、身体障害者手帳所持者のうち約 1/3（28.9%）を占める（平成 28 年生活のしづらさなどに関する調査）。

6．[標準] 心臓機能障害　□□□

■1 心臓機能障害とは　狭心症、心筋梗塞、不整脈、虚血性心疾患などによる心臓の機能の障害であり、日常生活活動に著しく制限を受ける。

■2 治　療　疾患の種類によって、人工ペースメーカの植込みやステント留置法が行われる（表 3）。

表 3　心臓機能障害の治療法

治療法	方　法	適応する疾患
人工ペースメーカ	心筋に電気刺激を与え、必要な心収縮を起こす。	徐脈性不整脈（房室ブロック、洞不全症候群など）
ステント留置法	金属製の網状チューブを血管内に留置して血流を確保する。	狭心症、急性心筋梗塞

+α

対麻痺
主に左右両側の下肢の麻痺をさす。脊髄損傷によるものが代表的である。

房室ブロック
心房から心室に刺激が伝わらない、または刺激伝導が遅延する病態。

✏️過去問チェック！↑

Q：脊髄損傷では、排尿障害が起こりやすい。(30—5)

A：○　**膀胱・直腸機能障害（排尿障害）**などをきたす。

7. 基本 認知症 よく出る

34 129, 32 6, 29 6, 27 4, 26 5

1 **認知症** 「生後いったん正常に発達した種々の精神機能が慢性的に減退・消失することで、日常生活・社会生活を営めない状態」と厚生労働省では定義している。

2 **代表的な認知症** アルツハイマー型認知症と脳血管性認知症があり、あわせて全体の約8割を占める（表4）。

+α
若年性認知症
65歳未満で発症した認知症を若年性認知症という。

表4 アルツハイマー型認知症と脳血管性認知症 これだけ！

項　目	アルツハイマー型認知症	脳血管性認知症
原　因	不明	脳血管疾患、生活習慣病
経　過	原因不明の脳萎縮による大脳皮質が変性する。	多発性脳梗塞により脳機能が低下する。
人　格	平板化	感情失禁
特　徴	全般的な認知症	まだら認知症（記憶力は低下するが、判断力・理解力は維持される）
症　状	記憶障害、視空間認知機能障害	神経症状（片麻痺、言語障害）
病　識	ないことが多い。	ある。
性　差	女性に多い。	男性に多い。
好　発	70歳以降	50歳以降
治　療	ドネペジル塩酸塩により進行を遅らせる。	脳血管疾患の再発予防

① 一般的に認知症は完治が難しいが、可逆性認知症（治る認知症）として、うつ病の仮性認知症と薬物による認知症様状態がある。

② HIVウイルス、プリオン（悪性の蛋白質）、スピロヘータ（細菌）などによる感染症、正常圧水頭症が認知症の原因となりうる。

③ 認知症の症状は、中核症状と周辺症状に分けられる（表5）。

感情失禁
ささいなことで急に泣いたり、笑ったり、怒ったりするなど感情が過度に表出される状態。

視空間認知機能障害
空間の中の位置関係を把握できなくなる。アルツハイマー型認知症では大脳が障害されるため、視空間認知機能障害を伴う。

正常圧水頭症
加齢により脳室に髄液がたまって脳室が拡大し、脳が圧迫されることで認知症の症状が現れる。外科手術（髄液シャント手術）により症状が回復することがある。難病。

表5 中核症状と周辺症状

種　類	症　状
中核症状	① 記憶障害、② 見当識障害（時間・場所・人物などがわからない）、③ 失認・失語・失行、④ 理解・判断力の障害、⑤ 実行機能障害、⑥ 感情表現の変化
周辺症状	不安焦燥、うつ状態、幻覚妄想、せん妄、徘徊、暴力、不潔行為など

BPSD（行動・心理症状）　　夜間に多い。

「忘れる」範囲が拡大していく。

✏️ **過去問チェック！**

Q：次のうち、脳血管性認知症の特徴的な症状として、適切なものを2つ選びなさい。(32−6)
　　1　パーキンソン病　　2　まだら認知症　　3　幻視　　4　感情失禁　　5　常同行動
A：2，4　感情失禁は怒る、泣く、笑うなど感情が過度に表出される状態。

3 レビー小体型認知症

① レビー小体型認知症は、<u>パーキンソン病に似た症状</u>と、進行性の認知症が特徴である。注意力、判断力も低下する。

② 初期より<u>幻視</u>が現れ、「壁に虫が這っている」「子どもが枕元に座っている」などの生々しい幻視や錯視を呈する。

4 前頭側頭葉変性症

① 初老期に発症し、大脳の前頭葉や側頭葉を中心に神経変性をきたす。

② <u>人格変化・行動障害</u>と、<u>言語の障害</u>が二大症状として出現する。

8. 基本 知的障害　　　　　　　　　　　□□□

1 **厚生労働省の定義**　知的障害者福祉法では知的障害の定義を定めていない。厚生労働省の定義では、「<u>先天性</u>、出生時、または出生後初期における何らかの原因により、<u>精神発達</u>が持続的に遅滞した状態。心身の発達期（概ね 18 歳まで）に現れた生活上の適応行動を伴っている知的機能の障害を示す状態」としている。

2 **アメリカ知的・発達障害学会の定義**　「①概ね IQ が 70～75 以下、②社会適応スキルに支援が必要である、③発症年齢が 18 歳までに明らかになっていること」と定義している。

9. 標準 発達障害　　　　　　　　　　　□□□

1 **定　義**　2005（平成 17）年に施行された発達障害者支援法では、発達障害を<u>自閉症</u>、<u>アスペルガー症候群</u>その他の<u>広汎性発達障害</u>、<u>学習障害</u>、<u>注意欠陥多動性障害</u>（ADHD*）その他これに類する脳機能の障害であってその症状が通常<u>低年齢</u>において発現するものとして政令で定めるものと定義している。

発達障害は、複数の障害が重なって現れることがあり、自閉スペクトラム症（ASD）と注意欠如・多動症（ADHD）が併存することがある。

2 **自閉スペクトラム症**

重い自閉症からアスペルガー症候群まで、広汎性発達障害を連続的に捉えた総称である。<u>知的障害</u>を伴うことが多く、注意欠如・多動症（ADHD）、発達性協調運動症（DCD）、学習障害（限局性学習症）が併存することがある。女児よりも<u>男児に多い</u>。診断基準には、非言語的コミュニケーションの障害や反復的な運動動作や物体の使用、話し方、同一性へのこだわりなどがある。

> **注意**
> 誤嚥性肺炎の合併が多い。

36 5, 6, 35 7, 34 6, 33 6, 11, 26 6

> 法律上の定義に知的障害は含まれない。

ADHD
不注意、多動性、衝動性などの症状が見られる障害。症状を改善する薬としてメチルフェニデートなどを用いる。女児よりも男児の方が有病率が高い。多動性の症状は青年期および成人期には改善することが多い。

✏️ **過去問チェック！**

Q：自閉スペクトラム症（ASD）は、通常、6 歳以降に発症する。(33−11)

A：×　**診断される年齢で最も多いのは 3 歳である。**

10. 標準 精神障害

36 12, 34 5, 33 6, 12, 30 6, 29 68, 28 7, 27 4, 6

1 統合失調症 幻覚や妄想を主症状とする精神疾患。神経伝達物質の異常が関係し、陽性症状と陰性症状を引き起こす（表6）。

表6 陽性症状・陰性症状

> 薬はドーパミンに効果がある。

症　状	具体的な症状	神経伝達物質	抗精神病薬
陽性症状	幻覚、妄想、思考の障害、激しい興奮、まとまりのない発語	ドーパミンの分泌異常	効果が高い
陰性症状	感情の鈍麻、引きこもり、意欲の低下、落ち込み	セロトニンの分泌異常	効果が低い

① DSM（精神疾患の診断と統計マニュアル）に基づき、統合失調症の診断が定められている。

② 妄想としては、迫害妄想、関係妄想、注察妄想、追跡妄想などの被害妄想や誇大妄想が認められる。「考えていることが聞こえてくる（考想化声）」「誰かに操られている（作為体験）」「考えが世界中に知れわたる（考想伝播）」などもみられる。

③ 思考や行動を「自分が行っている」という感覚が損なわれてしまう自我障害が、症状の背景にある。

2 うつ病と双極性障害 DSM-5 では、うつ病と双極性障害は別々のカテゴリーである（表7）。

表7 うつ病と双極性感情障害

		主な症状
うつ病		抑うつ気分、思考制止、自信の欠乏、睡眠障害、食欲低下（過食もある）、自殺企図、妄想（罪業妄想・貧困妄想・心気妄想）、日内変動（特に朝は調子が悪い）
双極性障害（躁うつ病）		躁状態と上記のうつ状態を繰り返す　躁状態：観念奔逸、誇大妄想、多動多弁
	Ⅰ型	うつ状態＋激しい躁状態
	Ⅱ型	うつ状態＋軽い躁状態

> 大うつ病は、2週間以上の深刻な抑うつ気分が特徴。

> Ⅱ型の方が軽い躁状態である。

DSM
▶p.26

統合失調症の診断
以下の症状の持続的な徴候が2つ以上あり、各々が1か月ほとんどいつも存在し、6か月以上その症状が続いているなど。
① 妄想
② 幻覚（幻聴、幻視など）
③ まとまりのない発語
④ 緊張病性の行動など
⑤感情の平板化、意欲欠如など

罪業妄想
「自分はまわりに迷惑ばかりかけているダメな人間だ」という悲観的な妄想。

＋α
気分変調症
抑うつ気分が2年間以上続いている状態。

✏️過去問チェック！

Q：双極性障害の躁状態には症状として思考途絶がある。(34-5)

A：×　思考途絶は統合失調症の症状である。躁状態の特徴的な症状として誇大妄想がある。

Q：精神疾患の診断・統計マニュアル（DSM-5）において、「統合失調症」と診断するための症状に抑うつ気分が含まれる。(30-6)

A：×　抑うつ気分はうつ病の主な症状である。

➡過去問プラス！『国試対策2025』（共通科目編）p.12

3 神経症性障害

心因性（心理的なことが原因）による精神障害には表 8 のものがある。

表 8　神経症性障害

疾患名	主症状・治療法
パニック障害 （パニック症）	① 動悸、呼吸困難などの自律神経症状、発作が起こる。 ② 予期不安（また発作が起こる不安）がある。 ③ 脳機能障害やストレスが原因とされる。 ④ 薬物療法や認知行動療法が用いられる。
社会恐怖 （社交不安障害）	日常生活に強い不安を感じ、社会生活を避けるようになる。薬物療法により改善することが多い。
広場恐怖症	自宅の外、人混み、バス・列車など、パニック発作が生じた場合、逃げられない場所にいることに不安を感じる。
適応障害	重大な生活上の変化、ストレスに適応できず、日常生活が続けられなくなる状態。ストレス耐性を強化する。
強迫性障害 （強迫症）	強迫観念が続き、以下のような強迫行為を呈する。 ① 確認行為：戸締りやガスの元栓をしめたかどうかが気になり、何回も確認する。 ② 不潔恐怖：潔癖症、ドアノブが触れない。 ③ 不完全恐怖：机や敷物が垂直になっていないと気がすまない。
転換性障害 （変換症）	いわゆる「ヒステリー」。器質的原因がないにもかかわらず、手足の麻痺、失声などの症状が出る。
心的外傷後ストレス障害（PTSD）	災害、事故、犯罪など心的外傷的な出来事が、反復的に苦痛な想起として再体験され続ける。 ① 再体験・フラッシュバック（侵入的回想）・悪夢、② 思い出す場所・行動の回避、③ 覚醒亢進（入眠困難、警戒心、易怒性）が心的外傷的出来事から 3 か月以内に出現し、1 か月以上慢性的に続く。

4 アルコール依存症

① 身体的依存と精神的依存が生じ、アルコールを飲まずにいられない状態が続く依存症である。

② 飲酒によりビタミン B_1 が不足し、ウェルニッケ症候群゛や、その後遺症であるコルサコフ症候群゛をきたす。

③ アルコールの過剰摂取により、アルコール性肝炎や肝硬変をきたす。

 A 型肝炎、B 型肝炎、C 型肝炎は感染症なのでアルコール摂取では生じない。

④ 断酒による離脱症状としては、振戦せん妄、幻覚、妄想などがある。

⑤ 自助グループとして AA゛や断酒会゛がある。

ウェルニッケ症候群
ビタミン B_1 の欠乏によって起こる眼球運動障害、運動失調。早期回復が可能。

コルサコフ症候群
ビタミン B_1 の欠乏によって起こる記憶障害。治療が困難。

AA／断酒会
AA（アルコホーリク・アノニマス）はアメリカで創設された自助グループ。原則、匿名で参加する。断酒会は AA の影響を受け、日本で創設された自助グループ。例会を主な活動とする。

11. 応用 精神疾患の診断・統計マニュアル（DSM）□□□

36 6, 34 6, 33 6, 11, 31 7, 30 6, 29 7, 28 7, 27 6

1 DSM アメリカ精神医学会（APA）が定めた患者の精神医学的問題を診断する際の指針。DSM-IV は 1994（平成 6）年発行。2013（平成 25）年には DSM-5 が発表された。変更点は表 9 のとおり。物質関連障害および嗜癖性障害群として、アルコール・大麻・タバコ・ギャンブル（躁病を除外）等を分類している。

表 9 DSM-IV から DSM-5 の変更点

項　目	DSM-IV	DSM-5 *
ディメンション評価	―	新しく導入
多軸診断	5 軸の多軸診断を採用	廃止
パーソナリティ障害	「パーソナリティ障害」の表題	「パーソナリティ障害群」に変更。パーソナリティ機能を重視
自閉性障害 アスペルガー障害	「広汎性発達障害群」のなかに配置	「自閉スペクトラム症」に統一
アルツハイマー型	「認知症アルツハイマー型」の表題	「アルツハイマー病による認知症または軽度認知障害」に変更
性同一性障害	「性同一性障害」の表題	「性別違和」に変更

* APA（DSM）ホームページ英語版に基づき和訳

2 世界保健機関（WHO）が定めた診断分類 疾病及び関連保健問題の国際統計分類（ICD-10）である。ICD-10 は精神疾患だけでなくあらゆる疾患を分類している。

① わが国では ICD を統計法に基づく統計基準として告示し、公的統計（人口動態統計等）において適用している。

② 2018 年、ICD-10 への改訂（1990 年）以来、約 30 年ぶりに ICD-11 として改訂された。免疫系の疾患、睡眠・覚醒障害、性保健健康関連の病態などが追加された。

ごろあわせ
世界保健機関（WHO）
ICD-10

末尾が
「O（オー）」と「0（ゼロ）」

ディメンション評価
DSM-5 では、ディメンション（多元的）評価（診断）が導入された。患者が経験しているすべての症状をもとに、患者を系統的に評価する方法である。

自閉スペクトラム症（ASD）
▶p.23

✏ 過去問チェック！↑

Q：神経性やせ症（神経性無食欲症）は、精神疾患の診断・統計マニュアル（DSM-5）において、物質関連障害及び嗜癖性障害群に分類される。（34−6）
A：× **食事行動及び摂食障害群に分類される。**
Q：「精神疾患の診断・統計マニュアル（DSM-5）」に基づくと、自閉スペクトラム症（ASD）は、通常、6 歳以降に発症する。（33−11）
A：× **自閉スペクトラム症（ASD）は 3 歳以降が好発年齢とされるが、DSM-5 では明確な年齢規定はされていない。**
Q：「精神疾患の診断・統計マニュアル（DSM-5）」に基づくと、注意欠如・多動症（ADHD）は、男児よりも女児の方が有病率が高い。（33−11）
A：× **男児の方が多い。**

➡ **過去問プラス！**『国試対策 2025』（共通科目編）p.13

2
心理学と心理的支援

（心理学理論と心理的支援）

どこから始めるか迷う科目です。まずは勉強しやすい発達段階から着手します。心理療法は数が多いので、半分ずつ途中で切り上げても構いません。イラストもイメージを広げるのに役立ちます。

科目の特徴

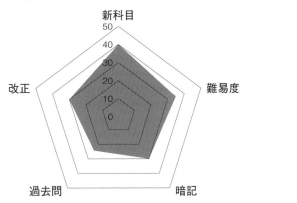

新科目：新科目として相当な準備が必要かどうか
難易度：問題が正解しにくいかどうか
暗記：暗記の重要性が高いかどうか
過去問：過去問題を活用する際に工夫が必要かどうか
改正：法律・制度の改正が多いかどうか

過去問題の使い方

解いておくべき過去問	活用法
3回分 ◎	改正が少ない科目ですから、過去問題を有効活用できます。第36回試験では、7問中7問が暗記力を要求する問題でした。用語の意味を問う問題に慣れておきましょう。

Ⅰ　心理学の視点

心理学の中でも新試験から難化するポイントである。公認心理師、臨床心理士と連携する際に「知らない」「わからない」ということにならないように、主要な人物名と理論は押さえておきたい。

1　心理学の発展過程

1. 応用　心理学の発展過程　□□□

　1879 年、ドイツの生理学者ヴント（Wundt, W.）が心理学実験室を開設したことをきっかけに、心理学が誕生する。ヴントが主張する要素主義への批判から、行動主義心理学、ゲシュタルト心理学、精神分析学が発展する（図 1）。

図 1　心理学の発展過程

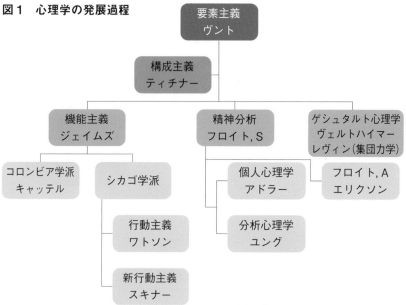

資料：『よくでる人物・年号』飯塚事務所

2. 応用　20 世紀の 3 大潮流　□□□

　20 世紀の心理学は、アメリカの行動主義心理学、ドイツのゲシュタルト心理学、オーストリアの精神分析学が 3 大潮流である（表 1）。

　ヴントの実験心理学は「意識」を対象としていたが、その意識を細かく要素に分けて考えることに批判が集まる。

表 1　20 世紀の 3 大潮流

人　物	心理学	特　徴
ワトソン	行動主義心理学	ヴントが研究した「意識」は観察できないため、客観的に観察できる「行動」を研究対象として絞った。
ヴェルトハイマー	ゲシュタルト心理学	人の複雑な心理を細かく要素に分解するのは困難で、大切なのはあくまでも全体性であると主張した。
フロイト	精神分析学	意識よりも、知識や感情の集まりである「無意識」に注目した。

Ⅱ　人の心理学的理解

合格勉強法　欲求階層説、学習などの理論は説明できるときちんと点が取れるようになる。「知覚の恒常性」「暗順応」など一般名詞に近い用語こそ、意味が難しいので素通りしないようにしよう。

1　心の生物学的基盤

32 1、31 2、29 8

1．標準　心の生物学的基盤 □□□

　神経系は、情報を分析・判断し指令をくだす中枢（ちゅうすう）神経系と、中枢神経に情報を送り、そこからの指令を自律神経などに伝達する末梢（まっしょう）神経系に分かれる。

1 神経系の分類

　脳は神経の一つで、最も複雑で大きな組織である。大きく大脳、小脳、間脳、脳幹の4つに分けられる。大脳の下には後部に小脳が付随し、中心部に間脳があり脳幹が伸びている。

合格MAP　神経系の分類

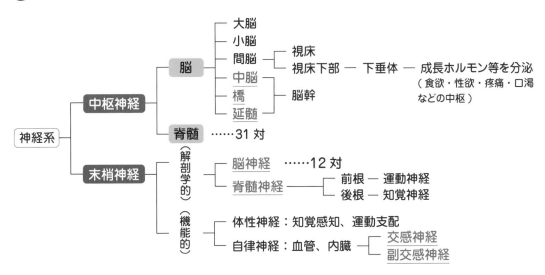

2 大脳（終脳）

　中枢神経系の一部で、頭蓋骨（とうがいこつ）の直下に位置し、人では非常に発達している。中でも前頭葉は意欲、判断など高次精神活動に関係する。

ごろあわせ　大脳の機能

■前は　意欲的な　運動部の　四角い　コート

+α

手足の運動と感覚
それぞれ反対側の大脳半球が担当している。
左半球
言語、計算のほか、左右の手の習慣的な行為を担う。
右半球
空間、風景、顔などの認知に優れている。

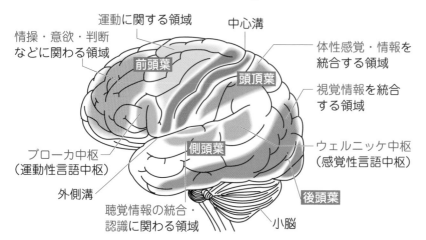

🔵合格MAP ▶ 大脳の各葉とその機能 📢 これだけ！

運動に関する領域
中心溝
情操・意欲・判断
などに関わる領域
前頭葉
頭頂葉
体性感覚・情報を
統合する領域
視覚情報を統合
する領域
ブローカ中枢
（運動性言語中枢）
側頭葉
ウェルニッケ中枢
（感覚性言語中枢）
外側溝
後頭葉
聴覚情報の統合・
認識に関わる領域
小脳

3 脳　幹

中枢神経系を構成する器官集合体のこと。中脳、橋（きょう）、延髄を合わせて脳幹と呼ぶ（表1）。

表1　脳幹の部位

部位	役　割
中脳	対光反射（光刺激を与えたときの瞳孔の反応）、姿勢反射、歩行リズム、眼球運動
橋（きょう）	中枢神経系と末梢神経系をつなぐ神経線維（神経細胞の軸）の中継点
延髄	心拍・呼吸の調節、血管の収縮拡張、嚥下・嘔吐の反射

4 小　脳

小脳は知覚と運動機能を統合している。このため損傷を受けると、運動や平衡感覚に異常をきたし、歩行時は酒に酔ったようにフラフラしてしまうなどの運動失調が起こる。

5 末梢神経

① 中枢神経（脳と脊髄）から出て、体の各部に分布する神経線維である。体性神経＊と自律神経＊がある。

② **自律神経**には、交感神経＊と副交感神経＊があり、拮抗性（同じ器官に対して正反対の作用）がある。

> 交感神経：緊張、運動、興奮しているときに働く
> ⇕　正反対に作用する
> 副交感神経：落ち着いているとき、睡眠時に働く

🔵合格MAP ▶ 脳の構造

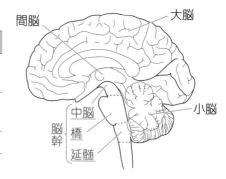

間脳
大脳
中脳
脳幹
橋
延髄
小脳

体性神経
体の骨組みに分布し、知覚神経と運動神経からなる神経。

自律神経
内臓に分布し、交感神経と副交感神経からなる神経。

交感神経
胸椎から腰椎に交感神経の中枢がある。

副交感神経
脳幹と仙骨に副交感神経の中枢がある。

2 欲求・動機づけと行動

1. 応用 欲求階層説—マズロー よく出る ☐☐☐

マズロー（Maslow, A. H.）は人間の欲求を5つの階層に整理した。下図は⑤から①へ、より高度な欲求を満たすために、生理的な欲求から上層の欲求へと高まっていくことを示している。

ごろあわせ

マズローの欲求階層説

自己実現
承認　社会的
安全　生理的

自己ベスト
勝　者　の
あ　せ

これだけ！ マズローの欲求階層説

> 各階層の欲求は、低次の欲求と関係なく生じるのではなく、低次の欲求が満たされると次の欲求が生じる。

成長欲求 自分以外では満たすことができない。

欠乏欲求 自分以外の人や物事により満たされる。

① 自己実現欲求　個性、挑戦、理想
② 承認欲求　肩書き、昇格、賞賛、自尊心
③ 社会的欲求　社会や組織への所属
④ 安全欲求　安全・安心な生活、健康
⑤ 生理的欲求

欠乏欲求
最上位以外の欲求は身体的、精神的に欠乏状態にあるため、欠乏欲求と位置づけられる。

動機づけ
行動を起こさせ、その行動を一定の目標に向けて持続して導いていく心理過程。つまり、動機づけには欲求から動機が生まれ、目標に向けて行動を起こすといった一連の過程が含まれている。

2. 基本 動機づけ理論 ☐☐☐

動機づけに関する理論には、将来を重視する考えの「価値期待説」と、現在を重視する考えの「動因低減説」がある。

1 価値期待説 後から得られる結果への期待と、成果の価値の高さにより、人は行動するという考え方。肉よりも野菜を選んで食べるのは、野菜の方が身体に良いから、といった行動をさす。

2 動因低減説 とりあえず目の前の問題（＝生体恒常性（ホメオスタシス）の不均衡）を解決するために人は行動するという考え方。お腹が空いたので何か食べる、といった行動をさす。

生体恒常性
身体の中のバランスを保とうとする動き。キャノンが名づけた。

外発的動機づけ
オペラント条件づけの強化子（p.34）と関連が深い。報酬のために手伝いの行動が強化されれば「正の強化」となり、叱られるのが嫌なので手伝いの行動が強化されれば「負の強化」となる。

3. 応用 内発的動機づけと外発的動機づけ ☐☐☐

動機づけには、報酬や賞罰といった外部からの外発的動機づけと、興味や好奇心といった体の内部からの内発的動機づけがある。

✏ 過去問チェック！

Q：マズロー（Maslow, A.）による人間の欲求階層又は動機づけに関する理論によれば、各階層の欲求は、より上位の階層の欲求が充足すると生じる。(33—8)

A：× **欲求は、より下位の階層の欲求が充足すると生じる。**

1 **動機づけの例** 興味をもったので社会保障の勉強を始めた、家事の手伝いそのものに楽しみを見いだした、などは内発的動機づけ、おこづかいをもらえるので家事の手伝いをした、などは外発的動機づけの例である。

（右上吹き出し）「部屋が暑いので窓を開けた」という行動は生理的欲求であり、内発的動機づけではないので注意。

3 感覚・知覚

1．基本 感覚 □□□

感覚のうち、五感とは視覚、聴覚、触覚（皮膚感覚）、味覚、嗅覚をさす。感覚器官で感じる刺激は以下の2つに分けられる（表2）。感覚と刺激量に応じて、刺激閾、刺激頂、弁別閾などで説明される。

36 11, 33 9, 31 9, 29 10, 27 8

感 覚
外界からの刺激を感じとる動き。

刺激閾
感覚が生じる最小の刺激量のこと。

刺激頂
刺激がそれ以上増加しても、感覚が増加しなくなる刺激量。

弁別閾
2つの刺激の明るさや大きさなど、その違いを感じ取ることができる最小の刺激差。丁度可知差異ともいう。

表2 刺激の種類

種 類	説 明	例
適刺激	最もよく感覚器官が受容できる刺激。効率よく作用する刺激が感覚器官ごとに決まっている。	目における光、耳における音波
不適刺激	適刺激以外の刺激。不適刺激であっても電気信号に変換されることにより、感覚器官も対応した刺激となる。（注意）感覚器官が受け付けない刺激のことではない。	眼を圧迫することで脳が光を感じとる。

1 **感覚モダリティ** 感覚様相と訳される。五感といわれる「視覚、聴覚、嗅覚、味覚、皮膚感覚（触覚（圧覚）、痛覚、温覚、冷覚）」をいう。また、感覚受容器を特定できない感覚を「第六感」とよぶ。

2 **アフォーダンス** 「afford（提供する）」に基づいた造語であり、アメリカの心理学者ギブソン（Gibson, J. J.）が提唱した。「人と環境との間に存在する関係性」を示す概念である。

✏️過去問チェック！⬆️

Q：「投資に偶然興味を持ったので、勉強した」は、内発的動機づけの例である。(35−8)
A：○ **内発的動機づけは、興味や好奇心など体の内部からの動機づけである。**
Q：二つの異なる刺激の明るさや大きさなどの物理的特性の違いを区別することができる最小の差異を、刺激閾という。(33−9)
A：× **設問は弁別閾のことである。**
Q：試験に失敗したときに生じる原因帰属として、「問題が難しかったことに原因がある」と考えるのは内的帰属の例である。(30−8改)
A：× **内的帰属の例として「勉強不足に原因がある」と考えることがあげられる。**
Q：目や耳などの感覚器には、光や音以外にも「眼球をおすと光が見える」などの感覚を生じさせる刺激があり、こうした刺激を適刺激という。(27−8)
A：× **適刺激ではなく、不適刺激が正しい。**

➡️**過去問プラス！** 『国試対策2025』（共通科目編）**p.24**

例えば、道路を歩くときは、平たくて安全な道を選んで歩くように、何か行動するときに、環境がどのような行動に向いているのかという情報を人間に提供してくれることをいう。

❸ 原因帰属理論 成功や失敗に至った因果関係を、特定の原因に帰属させることである。ワイナー（Weiner, B.）は2次元の帰属理論を提唱した（表3）。

表3 帰属理論

統制 安定・不安定	安　定	不安定
内的統制	もっている能力が原因。 例）もともと頭が悪いから	努力が原因。 例）勉強しなかったから
外的統制	課題の難しさが原因。 例）試験が難しかったから	運が原因。 例）運が悪かったから

2. 応用 知　覚 □□□

感覚器官を通して、外界の様子や身体内部の状態を知る働きのこと。知覚のうち、8割が視覚情報といわれている。

❶ 知覚の機能 ゲシュタルト心理学の創始者であるヴェルトハイマー（Wertheimer, M.）は、知覚の機能をまとめた（表4）。

表4 知覚の機能（ヴェルトハイマー）

機　能	説　明	例
知覚の体制化	① 複数の刺激をバラバラではなく、相互に関連づけて1つの全体へとまとめあげる働き。 ② 「ルビンの杯」（右図）：白い部分に注目すると「杯」に見え、黒い部分に着目すると「向かい合った人間の顔」に見える。この時、見えたほうを「前景（図）」、見えなかったほうを「背景（地）」という。網膜像から対象物の形を知覚するには、「図と地の分離」が必要である。	 「ルビンの杯」
仮現運動 （ベータ運動）	異なる場所にある2つの静止対象を短い時間間隔で継続的に呈示すると、あたかもその対象間に実際の運動が生じているように見える現象のこと。 **注意** 動いてみせるには適度な時間差ではなく、一定の速い速度が必要。	1コマごとの映画のフィルムを連続して見せると動いているように見える。

ごろあわせ

ゲシュタルト心理学

ヴェルトハイマー

仮現運動

夏至（げし）の日に

うえを見上げれば

下弦の月

 **過去問チェック！**

Q：馴化による行動として、うまくできたら褒（ほ）めることで、ピアノの練習に取り組むようになった。（32−8）
A：× **オペラント条件づけの説明である（p.34）。**

① 知覚の恒常性とは、感度の強度・特性が変化しても知覚はあまり変化しないことである。例）斜め上からコーヒーカップのふちを見たとき、その人の網膜像は楕円であるにもかかわらず、人は「そのコーヒーカップのふちは円形をしている」と認識する。大きさの恒常性、形の恒常性、明るさの恒常性、色の恒常性などがある。

② 暗順応とは、はじめは暗闇で見えなかったものが見えるようになることである。対して、まぶしさに慣れることを明順応という。

③ 馴化（じゅんか）とは、ある刺激が繰り返されることによって、その刺激への反応が徐々に消え、慣れることである。例）同じ大きな音が繰り返されるにつれて、驚愕（驚く）反応が小さくなる。

注意
知覚の恒常性と錯視（さくし）は異なるので間違えないこと。

錯視（さくし）
目の錯覚のこと。下図の3本の線は、異なる長さに見えるが、実は同じ長さである。脳の中枢での推論過程や刺激の物理的要素の影響による。

36 9, 10、34 8, 9, 32 8, 11、31 10, 30 9, 10、29 11, 28 9, 26 9

4 学習・記憶・思考

1. 基本 学 習 □□□

心理学でいう学習とは、経験に基づき「行動が変わること」である。勉強することに限定されない。次は学習に関する代表的な理論である。

1 レスポンデント条件づけ －パブロフ（Pavlov, I. P.）

犬にメトロノームの音（条件刺激）とともに餌を与えていたら、犬はその音を聴いただけで唾液（条件反応）を出すようになった。これを条件反射、レスポンデント条件づけ（古典的条件づけ）という。

2 オペラント条件づけ －スキナー（Skinner, B. F.）

バーを押すと餌が出るように仕掛けが施（ほどこ）してあるスキナー箱で、ネズミは餌が欲しいので、一生懸命にバーを押すようになる。このように餌という報酬（強化子）を得ることでバーを押す行動が活発化することをオペラント条件づけという。

3 試行錯誤説 －ソーンダイク（Thorndike, E. L.）

ネコが餌をとる実験に基づき、失敗を繰り返すことで無駄な反応が少なくなり、満足をもたらす反応だけに絞り込まれていく過程を試行錯誤説（さくご）と唱えた。満足する反応は起こりやすくなり、不快な反応は起こりにくくなるという効果の法則に基づいている（表5）。

条件反応
梅干しやレモンを見ただけで唾液が分泌されるのは条件反応である。「梅干しは酸っぱい」という学習がないとこの反応は起こらない。一方、梅干しを食べると唾液が出るのは無条件反応である。

子どもが一度ほめられると何度もその行動を繰り返すのはその一例。

強化子
ほめられるとその行動が強化される「正の強化子」だけでなく、叱られたのでいたずらなどの行動が減少する「負の強化子」もある。

✎ **過去問チェック！**

Q：病院で受けた注射で痛い経験をした子どもが、予防接種のときに医師の白衣を見ただけで怖くなって泣き出したのは、オペラント条件づけの事例である。(36-9)

A：× **レスポンデント条件づけの事例である。**

➡過去問プラス！『国試対策2025』（共通科目編）p.25

表5　効果の法則（ソーンダイク）

法　則	効　果
満足の法則	満足する反応は、状況と強く結び付き、起こりやすくなる。
不満足の法則	不快な反応は、状況との結び付きが弱く、起こりにくくなる。
強度の法則	満足や不快の程度が強いほど、状況と結び付く力は大きくなる。

4 洞察 ―ケーラー（Köhler, W.）

チンパンジーが檻の外の手の届かないバナナを棒で取ろうとする行動から、このときチンパンジーには解決のための見通し（＝洞察）が働いていると考えた。

5 インプリンティング(刷り込み) ―ローレンツ（Lorenz, K. Z.）

ハイイロガンなどの鳥類が、孵化直後の臨界期に出会った動物体に対して、後追い行動をする現象のこと。

2.　標準　記　憶　□□□

1 記憶の過程　記憶は以下の3つの過程をたどる。

① 記銘：情報を入力する（符号化）

② 保持：情報を貯蔵する。

③ 想起：情報を探して思い出す。

2 記憶の種類　記憶は短期記憶と長期記憶に分けられ（表6）、長期記憶は言葉で説明しやすい陳述記憶と言葉で説明できない非陳述記憶に分類される（表7）。

表6　記憶の種類　これだけ！

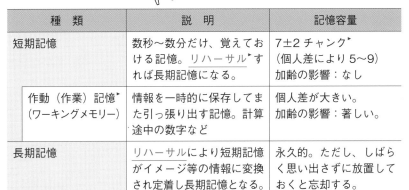

種　類	説　明	記憶容量
短期記憶	数秒～数分だけ、覚えておける記憶。リハーサルすれば長期記憶になる。	7±2チャンク（個人差により5〜9）加齢の影響：なし
作動（作業）記憶（ワーキングメモリー）	情報を一時的に保存してまた引っ張り出す記憶。計算途中の数字など	個人差が大きい。加齢の影響：著しい。
長期記憶	リハーサルにより短期記憶がイメージ等の情報に変換され定着し長期記憶となる。	永久的。ただし、しばらく思い出さずに放置しておくと忘却する。

合格勉強法

試験用の知識は長期記憶として定着させないと試験までに忘れてしまう。

リハーサル
記憶する内容を何度も唱えること。

チャンク
記憶の単位は本来「チャンク」と数える。1度に覚えられる記憶の塊のこと。

作動記憶
ラジオを聴きながら運転するには、ラジオと地図と二種類の記憶を交互に思い出さなくてはならない。作動記憶の一つである。

📝過去問チェック！

Q：ワーキングメモリー（作動記憶）は、カラスは鳥であるなど、一般的な知識に関する記憶である。（36―10）

A：×　**意味記憶の説明である。**

➡**過去問プラス！『国試対策2025』（共通科目編）p.26**

表7　長期記憶の種類 よく出る

種　類		説　明	例	加齢の影響
陳述記憶	エピソード記憶	イベント記憶。ある期間と場所での出来事についての記憶	昨日の夕飯は寿司を食べた。	○
	自伝的記憶	幼い頃の自分自身の記憶・思い出	小学校3年生の夏休みに家族で熱海へ行った。	―
	意味記憶	一般常識・客観的事実や数式・定義など	イヌはワンワンと吠える、「1+1=2」である、みかんは柑橘類の一つ。	×
非陳述記憶	手続き記憶	技能・やり方などいわゆる「身体で覚える」記憶	自転車の乗り方、ピアノの演奏、スポーツ	×
展望的記憶		これから行う予定についての記憶	友人と遊園地に行く約束をしていたので、朝から出掛けた。	―

○：加齢の影響を受けやすい。×：加齢の影響を受けにくい。―：諸説ある。

5　人格（パーソナリティ）

35 9, 33 10, 32 9, 27 9

　人格に関する理論には、「似た者同士」を集めて人格をパターン化する類型論と、人格のもつ要素を組み合わせて人格を説明する特性論がある。

1.　標準　類型論　□□□

❶ クレッチマー（Kretschmer, E.）

　精神病患者の発病前の人格の特徴と体格の関連性に注目し、体格と気質を以下の3つに分類した（表8）。

表8　体格と気質

型	気　質	多く見られる疾患
肥満型	循環気質（社交的・キレやすい・平穏）	躁うつ病
細長型	分裂気質（非社交的・神経質・正直）	⇒ 統合失調症
闘士型	粘着気質（執着・怒りっぽい・几帳面）	てんかん

❷ シュプランガー（Spranger, E.）

　生活領域において、人が何に最も興味をもつかによって① 理論型、② 経済型、③ 審美型、④ 宗教型、⑤ 権力型、⑥ 社会型の6つに分類した。

❸ ユング（Jung, C. G.）

　リビドー（心的エネルギー）が自分の外側の世界に向いている外向型と、自分の内側の世界に向いている内向型の2つに分類した。

類型論
典型例が明示され、パーソナリティを直感的・全体的に把握するのに役立つ。

ユングの類型論
ユングは精神活動を理論型、感情型、感覚型、直感型の4領域に分け、これに外向型、内向型の基本軸を重ねあわせることで、人の生活態度（性格類型）を、外向理論型、内向理論型などの8つに分類した。

④ シェルドン（Sheldon, W. H.）
成人の身体の各部を測定し、その発達部分の度合いによって① 内臓緊張型、② 身体緊張型、③ 頭脳緊張型に分類した。

2. 標準 特性論

① オールポート（Allport, G. W.）
行動の観察から心誌（サイコグラフ）を作成し 14 の人格特性を総合的に示した。

② キャッテル（Cattell, R. B.）
因子分析法を用いて表面特性（見た目）、根源特性（内面）を抽出した。

③ ギルフォード（Guilford, J. P.）
因子分析により性格特性を抽出し、矢田部・ギルフォード性格検査の基礎となるモデルを作成した。

④ ゴールドバーグ（Goldberg, L. R.）
提唱したビッグファイブ（5 因子モデル）によれば、人間の性格は5 つの特性（① 外向性、② 神経症傾向、③ 誠実性、④ 調和性、⑤ 経験への開放性）によって説明できる。

3. 応用 力動論

心のエネルギーが愛や欲望などに変化し、相互に作用して行動や人格に現れるという考え方。フロイト（Freud, S.）のエス、自我、超自我の区別と相互作用説が根拠である。

4. 応用 心理的効果

① ピグマリオン効果　人間は期待されたとおりに成果を出す傾向をいう。教師期待効果とも呼ばれる。

② ハロー効果　ハロー（halo）とは後光を意味する。肩書きや容姿といった特徴によって、相手を過大評価すること。

③ 単純接触効果　頻繁に接触する人に対し好意を持ちやすくなること。

④ ステレオタイプ　人種や性別、職業などによって、人となり、趣味、嗜好などを思い込むこと。

特性論
一貫して現れる行動傾向を「特性」とみなし、その特性の組み合わせや程度により、個人のパーソナリティを捉える。

 ごろあわせ
オルポート
サイコグラフ

折れ線
　グラフ

外向性
外向性が高い人は他者との交流を好み、目標に対して積極的で野心がある。

フロイト
▶p.46

過去問チェック！

Q：頻繁に接触する人に対して、好意を持ちやすくなることを、単純接触効果という。(33—10)
A：○　**社会的関係において生じる現象の一つである。**
Q：クレッチマー（Kretschmer,E.）は、特性論に基づき、体格と気質の関係を示した。(32—9)
A：×　**特性論ではなく、類型論に分類される。**

6 集　団

　一人でいるときと、集団でいるときでは、人は異なる行動をとるように
なる。その違いが集団の影響である。以下の **1**〜**3** で説明する。

1．基本　集団の影響　□□□

1 **集団で行うことによる影響**　能率が上がる影響と下がる影響、怠け
たり逆にがんばったりする影響がある。

① 社会的促進とは、同じ作業でも一人より集団で行う方が、動因水
準*が高まり能率が上がること。例）独学＜勉強会

② 社会的抑制とは、集団で行うとかえって能率が下がること。未学
習で複雑な課題に取り組むときは、集団で行うと一人よりもぎこ
ちなくなり効率が下がること。

③ 社会的手抜きとは、集団でいると「自分一人ぐらいさぼって
もいいだろう」と考えること。それぞれの人がどのくらい努
力したかが目立たない状況だと、一人当たりの努力が低下す
る現象である。

④ 社会的補償とは、他人の分までがんばって成果をあげようとする
こと。

2 **集団極性化現象**　意思決定において、個人と集団では異なった方向
を示すという現象。意思決定はより危険な方向か、またはより安全
な方向に向かう。

① リスキー・シフト：意思決定において個人よりも集団の方が危険
でより大胆な方向へ傾くこと。

② コーシャス*・シフト：より安全な方向へ傾くこと。

3 **傍観者効果**　まわりに傍観者がいればいるほど、行動を起こさなく
なるという心理。みんなが動かないのだから緊急ではない、何もし
ない、まわりに同調*すれば責任を免れる、など。

2．標準　リーダーシップ 　□□□
　三隅二不二によれば、リーダーシップの機能には、「目標達成への働
きかけ（P 機能）」と「人間関係維持機能（M 機能）」がある。

7 防衛機制

1．標準　防衛機制　□□□

1 **防衛機制**　環境に適応する方向で働けば適応機制となるが、適応で
きず依存・固執が過ぎると環境への不適応機制となってしまう。後
者は神経症患者に多く見られる（表9）。

動因水準
動因とは「人をある
行動に駆り立てる
力」のことである。

コーシャス
用心深いという意味。

同　調
集団の多数派の意見
や期待に影響され
て、同じ意見や行動
をとること。

三隅二不二
▶p.425

31 11, 29 12, 27 10

防衛機制
欲求が何らかの理由
で阻止され、満足さ
れない状態（フラス
トレーション）に陥った
とき、自分が傷つか
ないように無意識に
働く心のメカニズム。

表9　防衛機制

名　称	説　明	例
合理化	都合のよい理屈で自分を正当化すること。	キツネがおいしそうなブドウを見つけるが手が届かないので「あれはすっぱいブドウだ」と口実を作る物語（イソップ童話）。
退　行	今より前の発達段階へさかのぼり未熟な行為を始めること。	弟か妹ができたお兄ちゃんが、母親の気をひきたくて、急に赤ちゃん返りを始める。
抑　圧	不快な記憶や観念を意識の外へ押し出そうとすること。	心的外傷体験（トラウマ体験）等つらい体験をすると、その体験に関する記憶があいまいになる。
逃　避	苦痛や不安から逃れるため、他の現実へ逃げること。	白昼夢や空想の世界にひたる、病気になることなどで逃避する。
同一視	夢をかなえている人に自分の姿を重ね、かなわぬ夢を達成しようとすること。	テレビに出ているアイドルを見て、自分も同じようになりきる。
代　償	当初の目標と類似した目標を達成することで、ある程度の満足を得ること。	本当はハワイに行きたいが、近場の温泉で我慢する。
補　償	コンプレックス（劣等感）を他の得意な分野で穴埋めすること。	算数が苦手なので、体育で挽回しようとする。
投　影	相手も自分と同じ感情を抱いていると決めてかかること。	自分が嫌がっている上司から、自分も嫌われていると思い込む。
置き換え	憎しみ・愛情などの感情を本来の対象とは別の対象に置き換えて表現すること。	上司に対する不満を、部下に八つ当たりする。
昇　華	社会的に認められない欲求を社会的に認められる形に転換すること。	ライバルに競争心が高まり攻撃したくなったが、ボクシングの練習に打ち込んだ。
反動形成	本心とは正反対の態度や発言をすること。	好きな異性に対して無関心を装う。

試験で落ちたのは隣人がうるさかったから、と言い訳をするのも一例。

✏️ **過去問チェック！**

Q：チームで倉庫の片付けに取り組んだが、一人ひとりが少しずつ手抜きをした結果、時間までに作業が完了せず、残業になってしまったのは、傍観者効果の事例である。(35−10)

A：×　**設問は、社会的手抜きの事例である。**

Q：退行とは、苦痛な感情や社会から承認されそうもない欲求を、意識の中から閉め出す無意識的な心理作用のことをいう。(29−12)

A：×　**抑圧の説明である。退行とは本来の発達段階より下の段階の言動を行うこと。**

➡過去問プラス！『国試対策2025』（共通科目編）p.28

Ⅲ　人の心の発達過程

合格勉強法
人間の発達についての項目である。身近な例が登場し、理解の進みが早いので、本科目で最初に着手するとよい。発達段階など、出るポイントがほぼ定まっているので得点しやすい。

1　発　達

35 1, 11, 34 10, 11, 32 10, 107, 31 1, 30 1, 12, 28 1, 12, 101, 102

1．基本　発達の概念　□□□

　人間の発達要因には遺伝説、環境説、輻輳説がある。「遺伝か、環境か」と論じられてきたが、最近は遺伝と環境の両者であるという結論（輻輳説）に落ち着いている（表 1）。

輻　輳
物事が四方八方から集中すること。

表1　遺伝説・環境説・輻輳説

理　論		人　物	発達に重要なもの	考え方
遺伝説	成熟優位説	ゲゼル	レディネス（学習への準備）	発達するのを待ってから訓練した方がよい。
環境説	環境優位説	ワトソン	周囲からの働きかけ	早くから訓練・しつけを開始するべき。
輻輳説		シュテルン	発達に影響を与える要因は、遺伝と環境である。	

2．標準　発達段階　□□□

1　ピアジェ（Piaget, J.）

　認知発達理論では、誕生から青年期までの知能（思考・認知）の発達は以下の順番をたどると考えた（表 2）。

①感覚運動期→②前操作期→③具体的操作期→④形式的操作期

ごろあわせ

発達段階
① 感覚運動期　か
② 前操作期　　ぜ　ひいて
③ 具体的操作期　グ　ッタリ
④ 形式的操作期　ケロリ

表2　ピアジェの発達段階説　　これだけ！

発達段階	年　齢	特　徴
感覚運動期	0〜2歳頃	・見たり触れたりして、感覚に頼って知識を増やす時期 循環反応：ある環境への働きかけを繰り返し行うこと。 対象の永続性：生後すぐは物を隠されると、もはや物は存在しないと考えるが、感覚運動期終盤には物を隠されても、その陰に存在することがわかるようになる。
前操作期	2〜4歳頃	・象徴的・前概念的思考の段階。「見立てて遊ぶ」ごっこ遊びが盛んになる。例）積木を家に見立てる。
	4〜7歳頃	・直観的思考の段階 アニミズム：無生物にも感情があると思い込む。例）太陽に顔を描く。 自己中心性：自分の視点を中心にして物事を捉え、他人の視点に立つことが難しい。発達とともに社会化し柔軟な姿勢がとれるようになる。
具体的操作期	7〜11歳頃	・思考の可逆性：例えば積み木を重ねた後に元の状態に戻すための手順をイメージできるようになる。 ・保存概念：見かけの変化に惑わされなくなり、「数→量・長さ→重さ」の順番で保存概念が成立する。
形式的操作期	11〜15歳頃	・論理的思考：具体的な事物が目の前になくても、イメージで自由に論理的思考を行えるようになる。

2 ボウルビィ（Bowlby, J.）

子どもと特定の養育者との親密な関係を<u>アタッチメント</u>（愛着）と呼び、子どもが社会的、精神的に正常に発達するためになくてはならない関係であるとした。

> アタッチメントは、学習による行動ではなく、生得的なものである。

3 エリクソン（Erikson, E. H.）

発達段階説において、人間は生涯発達すると考え、その生涯を8段階に区分し、段階ごとに心理－社会的<u>発達課題</u>をあてはめた（表3）。

表3　エリクソンの発達段階

段階	時　期	年　齢	発達課題	キーワード
1	乳児期	0〜1歳	<u>信頼感</u> 対 不信	母親との関係・基本的信頼
2	幼児前期	1〜3歳	<u>自律感</u> 対 恥、疑惑	しつけ・自己管理
3	幼児後期	3〜7歳	<u>自発性</u> 対 罪悪感	自発的行動学習
4	児童期	7〜12歳	<u>勤勉性</u> 対 劣等感	学校などの課題達成
5	青年期	12〜20歳	<u>同一性</u> 対 同一性拡散	アイデンティティ
6	成年初期	20〜30歳	<u>親密性</u> 対 孤立	結婚・家族の形成
7	成年中期	30〜65歳	<u>生殖性</u> 対 停滞	仕事・子育て
8	成年後期	65歳〜	<u>統合感</u> 対 絶望	人生の意味・新たな方向性

3. 応用　乳幼児期の発達 □□□

個人差はあるものの、一般的には表4のような発達をたどる。

表4　乳幼児期の発達　これだけ！

> 2語文は、2歳前後で始まる。

種　類	生　誕	半　年	1年
言　語	2か月―喃語 → 7か月―喃語増加		
	6か月―音声模倣 → 11か月―初語 → 1歳半〜―語彙急増		
情　緒	2〜3か月―主要な情緒が出現 → 1歳		
	6か月―社会的参照	分離不安 8か月〜1歳半	
身　体	4か月―首がすわる → 6か月―一人で座る 第一次性徴　　　　　　　　　共同注意の発達		
	5か月―寝返り → 8か月―ハイハイ		
	9か月―つかまり立ち → 1歳半―一人歩き 1歳6か月〜―コップを使って水を飲む 2歳〜―スプーンを使う・走る		

1 身体的発達　首→胸→腰→脚→足首→足指という<u>頭部</u>から<u>尾部</u>への方向性と、肩→腕→手首→指先という<u>中軸部</u>から<u>末梢部</u>への方向性をとる。

+α

内的ワーキングモデル

乳幼児期において、愛着の形成により獲得される関係・経験。親とのふれあいや情緒的な対応のこと。後の対人関係に大きく影響する。

+α

母性剥奪（マターナル・デプリベーション）

養育者との愛着形成が著しく阻害された状態。

同一性

自分は自分であるという確信や確認。

統合感

人生の過去と未来がきちんとつながっている感覚。

喃語

乳児が初語の前に発する意味のない声。最初は「あっあっ」「あうー」など母音を使った言葉から始まる。

社会的参照

大人の表情を手がかりにして行動するようになること。

第一次性徴

生まれてすぐに分かる男女の身体的特徴の違い。第二次性徴は思春期に出現（p.2）。

共同注意

乳幼児が、母親が見ている対象を自分も見ようとする行動や心の動き。

Ⅳ　心理的支援の方法と実際

新出題基準から難化が予想される。数が多いので、聞いたことがある検査から着手し、図表を使って攻略しよう。

1 心理検査

35 13, 34 13, 33 13, 31 13, 27 12

心理検査には人格検査、知能検査、発達検査などがある。人格検査は投影法、質問紙法、作業検査法に分類できる（表1）。

1. 基本 人格検査

□□□

人格検査では「何を使って検査をするか」に着目して整理しよう。イラストでイメージすると試験のときに思い出しやすい。

1 投影法 あいまいな設問などにより回答者の内面や性質を明らかにしようとする手法。被験者が示した反応について専門家が分析的に検討する「ロールシャッハテスト」、図版を見て物語を空想する「TAT」、図版の吹き出しにセリフを入れパーソナリティを判断する「P-Fスタディ」などがある。

2 質問紙法

①「矢田部ギルフォード性格検査」では、社会的適応に関する12特性の測定結果が、下記の5つのタイプに分けられる。

　　A：平均的－主導性が低い　B：不安定－積極的　C：安定－消極的
　　D：安定－積極的　E：不安定－消極的

②「日本版CMI」は、身体面と精神面の自覚症状を回答させる。簡便な検査のため、学校・病院などでスクリーニングとして使われる。

③「MMPI（ミネソタ多面的人格目録）」は、多くの質問に対して「そう」「ちがう」で答えてもらい、多面的に人格を測定する。

3 作業検査法 特定の課題を行ってもらい、その結果から個人の特性を知る手法。課題に対する意欲の有無が検査の結果に影響する。代表的なものに、「内田クレペリン精神作業検査」がある。

🖊 過去問チェック！↑

Q：頭部外傷後の認知機能を測定するため、PFスタディを実施した。(35—13)
A：×　**PFスタディは、欲求不満場面での反応などをみる投影法による人格検査である。**
Q：投影法による性格検査を実施することになったので、矢田部ギルフォード（YG）性格検査を実施した。(33—13)
A：×　**矢田部ギルフォード（YG）性格検査は、質問紙法に分類される。**
Q：MMPIでは、単語理解のような言語性の知能を測定する。(31—13)
A：×　**MMPIは、人格を多面的に捉えることができる検査である。**
Q：CMIでは、視覚認知機能を測定する。(31—13)
A：×　**全般的な身体自覚症状と精神自覚症状を把握できる検査である。**

➡過去問プラス！『国試対策2025』（共通科目編）p.34

表1　主な人格検査

種類	名称	方法	
投影法	ロールシャッハテスト ロールシャッハ	① ほぼ左右対称のインクのしみを図版（10枚）とし、しみが何に見えるかをたずね、その反応を総合的に分析する方法。 ② 対象は幼児〜成人。	
	バウムテスト コッホ	「一本の実のなる木を描いてください」と教示し、描画の内容からパーソナリティを把握する。	
	TAT （主題統覚検査） モルガン / マレー	① 人物の描かれた図版を見て、登場人物の性格・感情などを空想し、語る方法。 ② 欲求・圧力理論を基に分析し、隠された欲求やコンプレックスの存在を明らかにする。	
	P-F スタディ （絵画欲求不満テスト） ローゼンツァイク	① 欲求不満場面を図版で示し、空白の吹き出しにセリフを入れ、パーソナリティを判断する。攻撃性の方向と「型」の組み合わせで分析する。 ② 対象は児童〜成人。	
質問紙法	（矢田部ギルフォード（YG）性格検査） ギルフォード/ 矢田部達郎ら	① 120の質問（12の人格特性×10項目）に回答し、社会的適応に関する12特性を測定。A〜E型の5タイプに分ける。 ② 対象は学童〜一般まで範囲が広い。	
	MMPI* （ミネソタ多面的人格目録） ハサウェイ/マッキンレー	① 550の質問に回答し、臨床尺度と検査の妥当性を測る。実施・解釈がより客観的で、人格特徴を多種多様な角度から把握できる。 ② 対象は15歳以上。 ＊335問の新版あり。	
	日本版 CMI 健康調査表 （コーネル・メディカル・インデックス） コーネル大学	① 身体面と精神面の自覚症状を「はい」「いいえ」で回答。心身両面にわたる自覚症状を比較的短時間で把握することができるので、初診時のスクリーニングテストとして活用される。 ② 男性用と女性用があり、対象は14歳〜成人。	
	東大式エゴグラム （TEG）	① 53の質問に「はい」「いいえ」「どちらでもない」で回答する。 ② 交流分析理論に基づき、「5つの心」の強弱から性格特徴を把握する。 ③ 新版 TEG 3 東大式エゴグラム Ver. Ⅲ の対象は16歳以上。	
作業検査法	内田クレペリン精神作業検査 内田勇三郎 クレペリン	① 簡単な1ケタの足し算を1分毎に行を変えながら、各15分間ずつ合計30分間行う検査。 ② 全体の計算量（作業量）、1分毎の計算量の変化の仕方（作業曲線）と誤答から、能力面と性格・行動面の特徴を測定。 ③ 幼児型、児童型、標準型（中1〜成人）。	→ 5 7 8 9 ・・・ 　　 2 5 7 例 5+7＝12 など、となりあう数字を足して下1ケタの数字を上図のように記入していく。
認知機能検査	改訂長谷川式簡易知能評価スケール(HDS-R)	認知症のスクリーニングテスト。口頭質問のみ。	20点以下が認知症疑い。
	MMSE（ミニメンタルステート検査）	口頭質問以外に文章の記述や図形描写がある。	20点以下が認知症疑い。

＊ MMPI：Minnesota Multiphasic Personality Inventory

過去問チェック！

Q：投影法による人格検査を依頼されたので、東大式エゴグラムを実施した。(35-13)

A：× **東大式エゴグラムは、質問紙法による人格検査である。**

➡ 過去問プラス！『国試対策 2025』（共通科目編）p.34

2. 基本 知能検査 □□□

知能偏差値（DIQ）の算出方法により、2種類の検査がある（表2）。

表2　知能検査

名　称	特　徴
ウェクスラー式	① 同一年齢集団内での知能水準（知能偏差値 DIQ）がわかる。 ② 「言語理解」「知覚推理」「ワーキングメモリー」「処理速度」の4群に分けた下位検査の各指標を合計して総合的な指標（全検査 IQ*）を算出する。 ③ 低年齢児用（WPPSI-Ⅲ：2歳6か月〜7歳3か月）、児童用（WISC-Ⅴ：5歳0か月〜16歳11か月）、成人用（WAIS-Ⅳ：16歳0か月〜90歳11か月）がある。
ビネー式	① 精神年齢、生活年齢（暦年齢）から知能指数を算出する。短時間で実施が可能である。対象は幼児〜成人である。 ② 日本版には田中・ビネー式*、鈴木・ビネー式がある。

36 13, 35 13, 34 13, 33 13, 31 13, 30 10

IQ
知能指数（IQ）＝
$$\frac{精神年齢（MA）}{生活年齢（CA）} \times 100$$

田中・ビネー式
14歳以上では知能指数ではなく、知能偏差値（DIQ）を採用し、同年齢集団内での相対評価を行う。チップ差し、はめこみ板、文字カード、図版などを使用する。

3. 標準 結晶性知能と流動性知能 □□□

知能には結晶性知能と流動性知能がある。ウェクスラー式知能検査（WAIS 成人用）で測定された知能をグラフにすると図1のとおり。

32 11

図1　結晶性知能と流動性知能の変化 これだけ！

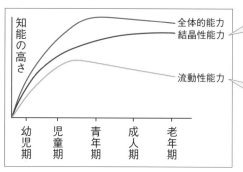

結晶性知能
知識や経験と深く結び付いた能力
高齢者　：維持される
測定方法：数・言葉

流動性知能
新しいことを学習する能力
高齢者　：低下する
測定方法：図形・符号

資料：「平成9年度厚生労働白書」厚生労働省（著者まとめ）

結晶性知能
流動性知能
▶p.3

36 14, 35 14, 34 14, 33 14, 32 14, 31 14, 30 14, 29 13, 28 14, 27 13, 14

2 心理療法

1. 標準 心理療法 よく出る □□□

心理療法とは、人が抱える様々な心理的問題に対し、言語や言語以外の手段を用いて問題解決につなげる技法である（表3）。

合格勉強法

各心理療法の方法と目的は「セット覚え」。

✏️ 過去問チェック！ ↑

Q：幼児の知能を測定するため、WPPSI を実施した。（35−13改）
A：○　**WPPSI の対象年齢は、2歳6か月〜7歳3か月である。**
➡ **過去問プラス！** 『国試対策2025』（共通科目編）**p.34**

表3 主な心理療法 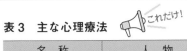 これだけ！

名　称	人　物	方　法
箱庭療法 （サンドプレイセラピー）	考案：ローエンフェルト 発展：カルフ	砂の入った箱の中にミニチュアを置くことで自分の内面世界を表現する。
クライエント中心 療法　よく出る	ロジャーズ	クライエントの話を傾聴し、一人の人間として尊重することで成長を目指すカウンセリング技法。カウンセラーには自己一致、共感的理解、無条件の肯定的関心が求められる。
行動療法	―	学習理論に基づき不適応行動を修正し、再学習により段階的に行動を変えていく治療法。
認知行動療法　よく出る	―	行動療法に基づき、思い込みなどの不適切な認知を適切な認知に変えていく療法。他者の行動観察を通して行動の変容をもたらすモデリングも含まれ、精神障害を対象としたSST（社会生活技能訓練）などに用いられている。
社会生活技能 　訓練（SST）	リバーマン	クライエントが役割を演じることを通して、対人関係で必要な技能の習得を目指していく。
認知療法	ベック	ものの考え方や受け取り方を知り、感情や行動をコントロールし、社会への適応性を高めていく心理療法。
論理療法	エリス	エリスはある「出来事」が起こるとそれが「信念」に影響し、「結果」をもたらすと考える。出来事→結果に直結するのではなく、間にある信念を変えることで、結果も変えられると考える。
系統的脱感作法	ウォルピ	不安や緊張の原因となる場面を想像してもらい、同時にリラックス法を実施して不安や緊張の消去・克服を目指す。
森田療法	森田正馬	不安をあるがままに受け入れられるように支援していく療法。 ① 精神相互作用（悪循環）が神経症の原因と考え、抑圧の解消を図る。 ② 主に神経症の治療に用いられる。入院による場合は、横になっている臥褥期、軽い作業を行う時期、手芸などを行う作業期、外出も行う生活訓練期を経る。症状の回復と同時進行で作業に取り組む。
内観療法	吉本伊信	身近な人との関わりを繰り返し思い出し、自分や他者への理解を深め、価値を見直すことで、社会生活の改善につなげる。
自律訓練法	シュルツ	全身をリラックスさせる療法。「動作」という心理活動を通して、身体の不調を言語化させる。ストレス解消、心身症、神経症などに効果がある。
動作療法	―	動作の改善から心の改善や日常生活全体の活性化を図る臨床動作法。肢体不自由児や認知症高齢者などに幅広く適用。
ブリーフセラピー	―	ブリーフとは「短い」という意味。短期集中療法。クライエントの過去よりも、現在や未来に焦点を当てて解決を目指す。
家族療法	ミニューチン：構造派 ヘイリー：戦略派 サティア：成長促進派	家族成員に生じた問題は、家族全体の問題として治療する。原因と結果を直線的ではなく、循環的として考える。
心理劇 （サイコドラマ）	モレノ	演劇形式の集団心理療法。台本のない即興劇で役割を演じ、演者が自分の問題を見つめ直し解決を目指す。劇終了後は演技に対して意見を語るシェアリングを実施。
回想法	バトラー	高齢者が昔の経験を語り、人生を見直し、肯定的に捉える療法。「現実逃避」として否定せず、共感して受容する対応が重要。

演者だけでなく観客も重要な役割を果たす。

2. 標準 精神分析

1 フロイト（Freud,S.）

Freud, S.

オーストリアの精神科医、神経病理学者。精神分析を考案した。

① フロイトの精神構造論によれば、エス*は本能的欲望、超自我は良心・道徳心であり、その間の調整役が自我である。

② フロイト（Freud, S.）のエス、自我、超自我の区別と相互作用説は、パーソナリティに関する力動論の根拠となっている。

エス
フロイトの精神分析用語。心的装置の一つの場所をさす。イド（id）ともいう。

2 精神分析療法

① 精神分析療法では無意識のエス（イド）の活動と、意識の自我（エゴ）の活動とが適切に関連するよう援助する。

② 無意識の領域を自由連想によって意識化して治療を行う。精神分析理論を用いた心理療法である。

③ 神経症の原因には無意識の欲求の抑圧があると考え、クライエントの抑圧の解消を図ることで症状を取り去ろうとする。

精神分析療法の目的は「抑圧の解消」であり、無意識（エス）の行動を抑圧することではない。

✏️ 過去問チェック！

Q：ブリーフセラピーは、クライエントの過去に焦点を当てて解決を目指していく。(35−14)
A：× **原因が何かという過去よりも、現在や未来に焦点を当てる。**

Q：森田療法は、クライエントが抑圧している過去の変容をめざしていく。(35−14)
A：× **森田療法は、あるがままを受け入れ、抑圧の解消を図ることで症状を取り去るための療法である。**

Q：臨床動作法は、「動作」という心理活動を通して、身体の不調を言語化させる療法である。(34−14)
A：× **設問は自律訓練法のことである。**

Q：認知行動療法は、他者の行動観察を通して行動の変容をもたらすモデリングが含まれる。(33−14)
A：○ **認知の歪みにより生じる、つらい感情等を軽減するために、認知や行動の変容を促す。**

Q：回想法は、高齢者の自動思考を修正することを目的としている。(32−14)
A：× **修正ではなく、肯定的に捉え受容する。**

Q：行動療法では、不安喚起場面に繰り返し曝すことで、クライエントの不安感を低減させる。(31−14)
A：○ **不安障害に多く用いられる行動療法の一つで、曝露療法と言われる。**

Q：ブリーフセラピーでは、即興劇において、クライエントが役割を演じることによって、課題の解決を図る。(30−14)
A：× **設問はサイコドラマのこと。ブリーフセラピーとは短期間で効果を導く治療法をさす。**

Q：行動療法では、恐怖症のような不適応行動を誤って学習された行動と考え、それを修正するための再学習を行うことが重要である。(26−14)
A：○ **適応行動を再学習する過程が、行動療法の特徴である。**

➡️過去問プラス！『国試対策2025』（共通科目編）p.36, 37

3
社会学と社会システム

（社会理論と社会システム）

人物と理論は数をこなすのではなく、よく出る人物に絞って、①着眼点と②相違点を整理します。少子高齢化の動向は本書で頻出数値を攻略しましょう。

科目の特徴

新科目：新科目として相当な準備が必要かどうか
難易度：問題が正解しにくいかどうか
暗記：暗記の重要性が高いかどうか
過去問：過去問題を活用する際に工夫が必要かどうか
改正：法律・制度の改正が多いかどうか

過去問題の使い方

解いておくべき過去問	活用法
3 回分 ◎	過去問題は 3 回分を目安に活用しましょう。暗記のハードルが高いため、知識をインプットしたらすぐに過去問題で定着させます。第 36 回では 7 問中 5 問で用語の意味が問われました。

Ⅰ　社会構造と変動

社会システムに関する幅広い理解が求められる。社会学の中心を担う研究対象であり、理論の数も多い。各理論が他の理論とどこが違うのかを軸に学習するとよい。

1　社会システム

34 15, 31 16, 63,
29 15, 28 26,
27 15, 63

1. 標準　社会システムの概念　□□□

　社会システムとは、社会を一つの全体的なシステムとして捉える考え方、またはその仕組みのことである。社会学としてシステム論を確立した人物にパーソンズがいる。

パーソンズ
▶p.65

１ パーソンズ（Parsons, T.）

「構造＝仕組み」「機能＝働き」と置き換えると問題が解きやすくなる。

　　① 「構造―機能」分析では、社会全体を生命体のような自己維持を目指す一つのシステムとして捉え、社会の各構造がどのように社会全体を維持しているのかを解明しようとした。

　　・「構造」とは、社会システムの中でも比較的変わらない「社会の骨組み」のことであり、「機能」とは、社会システムを維持するための働きや作用のことである。

　　② 社会システム理論をさらに発展させ、社会システムを維持するのに必要不可欠な機能要件を AGIL 図式としてまとめた（表1）。この中でパーソンズは、近代社会では「A＝適応、G＝目標達成、I＝統合、L＝潜在的パターン維持」の4つの機能に対応した下位システムが分出すると主張した。

表1　AGIL 図式

	機　能	分　担	役　割
A	Adaptation 適応機能	経　済	外部との関係で必要な資源を調達する。
G	Goal attainment 目標達成機能	政　治	全体の共通目標に向かって指導する。
I	Integration 統合機能	法　律	システムの構成単位間の相互調整を行う。
L	Latency 潜在的パターン維持機能	動機づけ・文化	全体の基本的なプログラムを維持する。

 **ごろあわせ**　AGIL 図式

■ **適応**　**目標達成**　**統合**　**潜在**　**経済**　**政治**　**法律**　**動機づけ**

| 敵 | も | 当 | 選。 | 消 | せ！ | 報 | 道 |

　　③ パーソンズの社会的行為論として、主意主義的行為理論とは、個人の行為は客観的な条件（行為者のおかれた環境）に規定されつつも、主観的観点（行為者の意志）を重視するという理論である。

2 マートン（Merton, R.）

パーソンズと同様に「構造―機能主義」を主導した人物である。<u>機能主義</u>の立場で、以下の社会システムの機能の分析に注力した。

- ・<u>順</u>機能：結果が望ましくプラスの効果を及ぼす機能
- ・<u>逆</u>機能：目標達成や社会システムの存続にマイナスに働く機能
- ・<u>顕在</u>的機能：社会全体で認知されている機能
- ・<u>潜在</u>的機能＊：社会では認知されていない機能

2. 標準 社会指標 □□□

国民の福祉の状態を<u>総合的</u>に測定しようとする「ものさし」のこと。例えば、<u>国内総生産（GDP）</u>などの経済的な指標もあれば、住宅の面積や高等教育人口など、その他の分野の指標も含まれる。

1 社会指標の目的 ① 国民の<u>福祉水準</u>の全体的な判定、② <u>社会報告</u>の作成、③ <u>社会計画</u>の策定である。

2 不平等指標 所得格差や不平等の度合いを示す指標のこと。<u>ジニ係数</u>や<u>アトキンソン</u>指数がある。

① ジニ係数は、その数値が大きくなるほど所得分布が不平等である（表2）。

表2 ジニ係数

ジニ係数	所得格差	特　徴
0に近い	小さい	平和な状態。先進国に多い。
1に近い	大きい	暴動が起きる。発展途上国に多い。

② 日本は、世帯単位でみた当初所得ジニ係数＊が 0.570、所得の再分配後のジニ係数が 0.381 である（「令和3年版所得再分配調査（厚生労働白書）」）。

③ アトキンソン指数は、所得格差の程度を<u>社会的厚生</u>に関する評価との関連からみる指標。

✏️ 過去問チェック！

Q：スペンサー（Spencer, H.）は、近代社会では適応、目標達成、統合、潜在的パターン維持の四つの機能に対応した下位システムが分出すると主張した。(35-16)

A：× **設問は、パーソンズの理論である。**

Q：コミュニケーション的行為論は、パーソンズ（Parsons, T.）の社会的行為論の一つである。(32-19改)

A：× **ハーバーマス（Habermas, J.）の理論である。コミュニケーション的行為論は、自分の考えに対して、相手に自由な承認・納得を求める行為をいう。**

Q：ジニ係数は、−1 から＋1 の値をとる。(31-16)

A：× **ジニ係数は、0 から 1 の値をとる。**

➡ **過去問プラス！** 『国試対策2025』（共通科目編）p.47

マートン
▶p.63

潜在的機能
マートンは雨乞いを例に挙げ、雨を降らせようとする顕在的機能のほかに、儀式を行う集団の連帯意識を高めるという潜在的機能があると説明した。潜在的機能まで考慮すると雨乞いが合理的な活動であるとわかる。

3 社会学と社会システム

➕α

幸福度指数
2011（平成23）年に内閣府が主観的な幸福感を把握するため幸福度指標を提案した。「世界幸福度報告書」（2023年版）では、日本の幸福度ランキングは47位。

当初所得ジニ係数
所得の再分配前のジニ係数。所得の再分配により、ジニ係数は下がる。

所得再分配
▶p.106

3. 応用 社会移動 □□□

1 社会階層 社会階層とは、社会的地位の同じ人々が集まる階層のこと。社会階層がつらなっている状態を社会成層という。

2 社会的地位 社会的地位とは、社会の中で個人が占める位置のこと。社会的役割とは、その地位にふさわしい行動のことである。一つの社会的地位には役割群（多種類の役割）が含まれる。

3 社会移動（階層移動） 階層間の移動により社会的地位が変わること。原因と過程によって、表3の社会移動に分けられる。

表3 社会移動

純粋移動	本人の意思、努力など内的要因による社会移動
強制移動	経済、人口など外的要因による社会移動
競争移動	競争に勝って上昇していく社会移動（例：アメリカ）
庇護移動	選抜されたエリートの中で、保障された上昇を達成していく社会移動（例：イギリス）
構造移動	産業構造や人口動態の変化によって社会的地位の移動を余儀なくされること（例：親は農業を営んでいたが、農家自体が少なくなり、子はサービス業に就く）
世代間移動	親と子の間で社会的地位が変わる社会移動
世代内移動	一人の生涯において社会的地位が変わる社会移動

4 社会 属性主義を主流とする伝統的社会から、業績主義（能力＋努力主義＝メリトクラシー）を主流とする近代的社会に移行した（表4）。

表4 属性主義と業績主義

時 代	主 流	説 明	職業選択の自由
伝統的社会	属性主義	生まれながらにして職業が決まり、生得的地位が評価される社会	低 い
近代的社会	業績主義	本人の能力や努力に基づき職業が選択され、獲得的地位が評価される社会	高 い

5 SSM調査 社会階層や不平等、社会移動、職業、教育、社会意識などに関する社会調査。職業威信スコアでは各職業の評価を点数で算出する。10年に一度行われる。

社会的地位
社会的地位には、人が生まれたときから有する血縁関係、人種、階級などの生得的地位と、個人の能力、努力、業績によって得た獲得的地位がある。

庇 護
かばって守ること。庇護移動とは、大衆から隔離され、エリートの中で守られながら、上昇していくことである。

✐ 過去問チェック！↑

Q：世代間移動とは、一個人の一生の間での社会的地位の移動のことをいう。(34−15)

A：× **一個人の一生の間での社会的地位の移動は、世代内移動である。世代間移動は、親子間での社会的地位の移動をさす。**

Q：純粋移動とは、あらかじめ定められたエリートの基準に見合うものだけが育成され、エリートとしての地位を得ることをいう。(34−15)

A：× **設問は庇護移動の説明である。**

➡過去問プラス！『国試対策2025』（共通科目編）p.42

2 社会変動

35 16, 34 17, 19, 33
21, 32 15, 31 20, 23,
29 19, 28 15

1. 基本 社会変動の概念 □□□

1 社会変動 社会の構造が変わることをいう。社会の構造とは、個人と個人のつながりである小さな人間関係から、組織や制度といった大きな仕組みまで、社会を構成する様々な要素をさす。

2 社会変動に関する理論 社会学の創設期、確立期において、大きく展開された。

2. 標準 社会学の創設期 □□□

社会学は 19 世紀の半ばに誕生する。創設期の社会学を支えたコント（Comte, A.）とスペンサー（Spencer, H.）は、同じ社会有機体説（社会を生き物として捉える考え方）に立ちながら、コントは実証主義、スペンサーは自由放任主義の立場から、社会変動を唱えた。

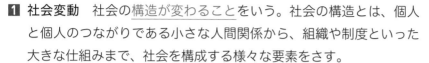 合格MAP 社会学発展の流れ これだけ!

		社会有機体説	
19世紀半ば	創設期	コント (p.51) スペンサー (p.52) 実証主義 自由放任主義	
1890年 ↓ 1920年	世紀の転換期	ミクロな視点 ヴェーバー (p.53) ジンメル (p.54) 理解社会学 形式社会学	マクロな視点 デュルケム (p.53) 社会分業論
1930年 ↓	機能主義の発展期	構造-機能分析 パーソンズ (p.48) マートン (p.49) 社会システム論 機能主義 ↓影響 ハーバーマス (p.55) ルーマン (p.55) コミュニケーション的行為 社会システム論	シカゴ学派 オグバーン (p.55) ワース (p.60) バージェス (p.61) 都市社会学

1 コント（Comte, A.）

① 産業革命後の混乱した時代に生きたコントは、社会秩序の回復のために、社会生活を実証的に観察する学問として社会学を立ち上げた。その実証主義に基づいた社会変動の考え方として「三段階の法則」をまとめた。

 合格勉強法

社会変動は ① → ②
→ ③ という形で時系列に整理すると覚えやすい。

② 三段階の法則として、人間は精神の変化に従って、「神学的（想像的）── 形而上学的／哲学的（論理的）── 実証的（観察、科学的）」という過程をたどり、社会組織は「軍事的（物理的な防御を重視）── 法律的（基礎的な規則を重視）── 産業的」という過程をたどり、発展すると唱えた（表5）。

表5　三段階の法則（コント）

コント	人間	神学的 現象の原因を神話によって説明しようとする段階	➡	形而上学的 合理的な人間の理性によって現象を説明しようとする段階。ただし頭の中の抽象的な概念にとどまる（哲学）	➡	実証的 観察できる事実に認識の焦点をあわせようとする段階
	社会	軍事的	➡	法律的	➡	産業的

> スペンサーの理論は法律的社会がない。

 **ごろあわせ**　三段階の法則

■ **コント**　**三段階の法則**　　　**神学的→形而上学的→実証的**

今度、　三　階に（配属になりました）、新米　刑　　事です

③ 社会有機体説の立場に立ち、有機的全体としての社会を把握するために、社会学の研究対象を社会静学と社会動学に区別した（表6）。

表6　社会学の研究対象

社会静学	社会を構成する要素の相互作用や秩序など、社会の構造を研究する。
社会動学	社会の歴史的な発展を解明するもので、変化を研究する。

合格勉強法
「社会静学＝社会の構造」「社会動学＝社会の変化」と置き換えるとわかりやすい。

2 スペンサー（Spencer, H.）

① 思想の根本には、個人が自分の利益を追求することが社会全体の利益につながるという、功利主義的個人主義がみられる。それぞれの人間が自分の能力を発揮する自由を得れば完全社会の状態が生まれ、この状態が有機体に似ていると考え、コントと同じ「社会有機体説」の立場をとった（表7）。

② スペンサーは、産業化は社会の進化であると考えた（産業主義）。経済には介入せず、自由に放任することで発展するという自由放任主義（＝レッセフェール）の立場から「社会進化論」を唱えた。

表7　スペンサーの理論

社会有機体説	単純で類似した構造	➡	複雑で異質な構造
社会進化論	軍事型社会：個人が強制的に社会に協力する社会	➡	産業型社会：個人が自由に産業にかかわる社会

3. 標準 社会学の転換期 □□□

コント、スペンサーの目指した総合社会学は壮大である反面、緻密性に欠け、発展途上に終わった。その業績から影響を受けた、デュルケム、ヴェーバー、ジンメルはさらに社会学を発展させようと試みた。社会を全体として捉えるマクロな視点に立ったのがデュルケムであり、ミクロな立場に立ち個人に注目したのがヴェーバー、ジンメルである。

1 デュルケム（Durkheim, E.）

① 社会分業論として、社会における人々の協力体制（分業）に注目し、機械的連帯から有機的連帯という社会の変化をまとめた（表8）。

Durkheim, E.

表8 機械的連帯・有機的連帯 これだけ！

連 帯		機械的連帯 ➡	有機的連帯
	特 徴	類似による連帯：農村ではみんなが農業を営むように、没個性的な協力体制のこと	分業による連帯：個人の強みを活かし、役割分担によって組織される社会のこと
社 会		環節的社会 ➡	組織的社会

合格勉強法

「機械的＝ロボット＝類似」、「有機的＝人間＝個性的」と覚えよう。

② アノミーとは、経済の発展による社会的連帯の変化に伴い、従来の社会規範が緩んだり崩壊したりすることで「無規範状態」に陥り、人々の行為や欲求に規制が加えられなくなることである。

③ 自殺論では、病理的な社会の状態の中で規範による規制を欠いた欲求が膨れあがり、その欲求が原因となって、アノミー的自殺に追いやると説明した。

注意 マートンもアノミー理論を唱えており、「文化的目標」とそれを達成するための「制度的手段」との不一致によって逸脱が生じる（社会規範が弱まる）社会状態を指すと指摘した。

マートン
▶p.49, 63

2 ヴェーバー（Weber, M.） よく出る

「社会は個人の集合に過ぎない」と考える社会名目論の立場をとる。

① 社会実在論に基づくデュルケムと対照的である（表9）。

② 個人の行為の動機（内面）を理解することに注力する方法論的個人主義を採用し、理解社会学を大成させた。

Weber, M.
社会実在論
▶p.54

表9 デュルケムとヴェーバーの理論の比較

人 物	立 場	主 義	研究対象
デュルケム	社会実在論▶	方法論的集合主義▶	社会的事実
ヴェーバー	社会名目論	方法論的個人主義	個人の行為の動機

③ ヴェーバーは支配の正当性に注目し、支配される者が支配の正当
性をどのように考えるかによって、3類型に分けた（表10）。

表10　支配の正当性

カリスマ的支配	支配者の人格や天が与えた資質（呪術的能力や英雄的行為）など、情緒的帰依（拠り所）に魅かれて服従する。例）預言者、軍事的英雄による支配
伝統的支配	かつてからある秩序と支配権力の神聖性を信じる信念に基づき服従する。例）家父長制
合法的支配	法律や命令など、形式的に正しい手続きを経て定められた法に基づいていることを理由に、支配者を含む全員が服従する。例）官僚制

④ 人間の行為をその主観的意味から、表11のように類型化した。

表11　人間の行為

行　為	説　明	理解社会学
目的合理的行為	目的のための手段として行う行為	対　象
価値合理的行為	信仰、倫理や美的価値のための行為	対　象
伝統的行為	伝統や慣習にならって行う行為	対象ではない
感情的行為	感情にかられて行われる行為	対象ではない

⑤ プロテスタンティズム（プロテスタントの信仰の在り方）が資本
主義の発展に作用したと分析した。プロテスタントの中に「資本
主義のエートス（勤勉に働き利益を得ることこそが人生の目的だ
という考え）」を見いだし、これが資本主義を成立させたと考えた。

3 ジンメル（Simmel, G.）

① 社会的地位によって結ばれる上下関係、愛情による親密な関係な
ど、個人と個人が関わり合う様式（形式）を研究する、新しい特
殊科学である形式社会学を提唱した。

②『社会分化論』（1890年）の中で、社会的な分化が進むと、個人
がいろいろな社会圏に所属するようになると論じている。

4 マルクス（Marx, K.）

資本主義に批判的な立場をとり、社会変動論を展開した。

① マルクスは、階級闘争が社会変動を起こし、歴史を動かしている
と考えた。すなわち、個人の人間の判断には関係なく、社会全体
の経済活動のあり方次第で社会構造は変化すると考える。

② 階級を、生産手段をもつ資産家階級と、生産手段をもたない労
働者階級に区別した。

③ 唯物史観（社会の歴史的発展は物質的生産（経済活動）に基づく
という考え）に基づき、個人主義に基づく資本主義を批判し、よ
り公正で平等な社会主義の実現を目指すマルクス主義を確立した。

合格勉強法

デュルケムは
〔個人＜社会〕
ヴェーバーは
〔社会＜個人〕
にそれぞれ注目した。

社会実在論
社会は個人を超えた
独自の存在であり、
個人を拘束する実体
であるという考え。

方法論的集合主義
社会を個人に還元で
きない独自の存在と
見て、社会全体を考
察の出発点とする立
場。

伝統的行為
昔から家族や地域共
同体などで行われて
きたもので、季節の
行事や慣習的な行為
などを意味する。

社会的な分化
社会が複雑になり、
同じ要素から構成さ
れていた社会が、
様々な要素によって
構成されるようにな
ること。

社会圏
個人が活動し、興味
を抱いている社会集
団のこと。

生産手段
原材料や工場、機械
など商品を生産する
ための手段。

4．応用　シカゴ学派の台頭 □□□

1 オグバーン（Ogburn, W. F.）

① 20 世紀前半に活躍したシカゴ学派*の代表的人物。

②「文化遅滞説」において、制度や概念などの非物質的文化（制度的文化）は、道具や技術などの物質的文化に比べて遅れており、そのために様々な不適応、混乱、不安をもたらすと指摘した。

5．応用　現代社会学 □□□

1 ベル（Bell, D.）『イデオロギーの終焉』（1960 年）では、脱工業社会*の到来により資本主義と社会主義によるイデオロギー（考え方）の対立が終わり、プラグマティック（実用的）な社会問題の解決が実現すると唱えた。

2 ハーバーマス（Habermas, J.）　言語を媒介とした自己と他者の間で、相互了解に基づく合意形成を目指す行為を「コミュニケーション的行為」と呼んだ。

3 ルーマン（Luhmann, N.）　パーソンズのもとで社会学を学び、社会システム理論にオートポイエーシス*の考え方を導入した。

4 トフラー（Toffler, A.）『第三の波』（1980 年）の中で、大きな社会変動を「波」に例えて、社会の推移を 3 段階に分けた（表 12）。

表 12　第三の波

第一の波	（農耕社会）	狩猟採集社会から農耕社会へ変動する。
第二の波	（産業社会）	18〜19 世紀の産業革命による社会システムの転換。規格化、標準化の原則により生産と消費を分離する。
第三の波	（脱工業社会・情報社会）	情報革命により到来する。生産者と消費者が統合されたプロシューマー*が登場する。

シカゴ学派
石油王ロックフェラーの資金により 1890 年にシカゴ大学が創立された。その社会学部を中心に形成された社会学の学派の一つ。バージェス、ワースら、都市社会学者が主流。

脱工業社会
産業社会からさらに発展し、情報・サービスなどを扱う第三次産業の占める割合が高くなった社会のこと。

オートポイエーシス
ギリシャ語で「自ら作り出す」という意味。社会システムがその一部を自分で生産し、組織化すること。

プロシューマー
生産者（producer）と消費者（consumer）を組み合わせたトフラーの造語。

✎ 過去問チェック！

Q：ヴェーバー（Weber, M.）の合法的支配において、法は、伝統的に継承されてきた支配体制を正当化するための道具である。(35—15)

A：×　設問は、ヴェーバーの支配の三類型の一つである伝統的支配のことである。

Q：パーソンズ（Parsons, T.）は、同質的な個人が並列する機械的連帯から、異質な個人の分業による有機的な連帯へと変化していくと主張した。(35—16)

A：×　設問は、デュルケムの理論である。

Q：デュルケム（Durkheim, E.）は、言語を媒介とした自己と他者の間で相互了解に基づく合意形成を目指す行為を「コミュニケーション的行為」と呼んだ。(34—19)

A：×　設問はハーバーマスの社会行為論の一つである。

➡ 過去問プラス！『国試対策 2025』（共通科目編）p.43, 46, 47

5 マクルーハン（McLuhan, M.）　電子メディアの発展・普及により、人々は距離を超えて情報に関わり合い、地球はまるで小さな村のような環境「グローバル・ヴィレッジ（地球村）」になると例えた。

6.　標準　第2の近代　□□□

『リスク社会*』の著者ベック（Beck, U.）は1980年代後半から90年にかけて「第2の近代」という概念を提唱した（表13）。

表13　第2の近代

		特　徴
第1の近代	単純な近代化	前近代的な状態が、近代的な状態に移行する過程。
第2の近代	再帰的近代化	人やモノ、制度などが必要に応じて修正されていく過程。例えば、女性の社会進出により、単純だった企業の雇用形態が崩壊して、多様に再構築されている様など。

リスク社会
産業社会の発展に伴う環境破壊等によって人々の生活や社会が脅かされ、何らかの対処が迫られている社会を示す概念。

3　人　口

1.　基本　少子高齢化　これだけ！　□□□

36 26，35 29，34 18，
33 15，49，84，31 18，
30 49，29 29，28 18，
28，49

1 **65歳以上の高齢者人口**　過去最高の3,624万人（前年3,621万人）であり、総人口1億2,495万人に占める65歳以上人口の割合（高齢化率）は過去最高の29.0%（前年28.9%）となった（「令和5年版高齢社会白書」内閣府）。

高齢者人口、高齢化率ともに過去最高である。

①65歳以上を男女別にみると、男性は1,573万人、女性は2,051万人で、性比（女性人口100人に対する男性人口）は76.7である。

②「65〜74歳人口」（前期高齢者）は1,687万人、総人口に占める割合は13.5%、「75歳以上人口」（後期高齢者）は1,936万人、総人口に占める割合は15.5%である。

後期高齢者の方が前期高齢者よりも多い。

③高齢化率は先進諸国の中で最も高い。2070（令和52）年に38.7%となり、2.6人に1人が65歳以上になると予測されている。

2 **高齢化の速度**　高齢化率が7%を超えてからその倍の14%に達するまでの所要年数（倍加年数*）によって比較する。日本は、1970（昭和45）年に7%を超えると、その24年後の1994（平成6）年には14%に達している。

3 **平均寿命**　女性87.09年（世界1位）、男性81.05年（世界4位）である（「令和4年簡易生命表」）。なお、2070（令和52）年には、男性85.89年、女性91.94年となり、女性の平均寿命*は90年を超えると予測されている（「令和5年版高齢社会白書」内閣府）。

倍加年数
日本　　　　　24年
フランス　　 115年
スウェーデン　85年
ドイツ　　　　40年
イギリス　　　46年
日本の高齢化のスピードが速いことがわかる。

平均寿命
その年生まれた0歳児があと何年生存するかを示す平均余命のことである。

2. 標準 年齢別人口 よく出る

1 人 口 年少人口、生産年齢人口、老年人口（高齢者人口）に分けられる（表14）。

① 1997（平成9）年に老年人口が年少人口を上回って以来差は広がっている。

② 2018（平成30）年に初めて、生産年齢人口の割合が6割を割り込んだ。

表14 年少人口・生産年齢人口・老年人口 これだけ！

総人口	年少人口（0〜14歳）	生産年齢人口（15〜64歳）	老年人口（65歳〜）
約1億2,435万人	1,417万人	7,395万人	3,623万人
	11.4%	59.5%	29.2%

資料：「人口推計（2023（令和5）年10月1日現在）（確定値）」総務省

2 年齢別人口に基づく指数 以下のように計算される。

注意！

- 年少人口指数＝年少人口÷生産年齢人口×100
- 老年人口指数＝老年人口÷生産年齢人口×100
- 従属人口＝年少人口＋老年人口
- 従属人口指数＊＝（年少人口＋老年人口）÷生産年齢人口×100

全人口ではなく生産年齢人口で割る。

＊従属人口指数
生産年齢人口が年少人口と老年人口を何人支えているかを示す値。2020（令和2）年は68.0%。2039年には80.1まで上昇すると予測されている（日本の将来推計人口（2023（令和5）年推計））。

3. 標準 人口増減

1 人口増加 自然増加（出生数－死亡数）＋社会増加（流入数－流出数）で計算される。社会増加とは結婚、就職などの社会的条件によって人口が増加することである。

2 社会淘汰 社会淘汰とは生活様式や制度、収入などの社会的条件によって、人間の寿命や出生率・死亡率が影響される現象のことである。

3 人口転換 人口の自然増加が多産多死型から多産少死型へ、さらに少産少死型へと変化することである。

4 人口ボーナス 生産年齢人口の割合が上昇し、経済成長が促進されることを人口ボーナスという。逆に生産年齢人口の割合が減少、従属人口が増加し、経済成長を阻害することを人口オーナスという。オーナス（onus）は重荷、負担という意味。

✏️ 過去問チェック！

Q：日本の人口は、高度経済成長期以降、減少が続いている。(31−18)

A：× **国勢調査によれば、2010年の1億2,808万人をピークに、それ以降は減少傾向。**

Q：総務省の「人口推計（令和4年10月1日現在）」によれば、全国でみると、65歳以上人口の割合は、年少人口の割合の2倍を超えた。(28−49改)

A：○ **年少人口は1,420万人、65歳以上人口は3,623万人となった。**

Q：2023年（令和5年）の平均寿命は、男女とも85歳を上回っている。(28−18改)

A：× **85歳を上回っているのは女性のみ（87.09年）。男性は81.05年。**

4. 応用 出 生 これだけ！ □□□

1 合計特殊出生率 一人の女性が生涯（<u>15</u>〜<u>49</u> 歳の間）に何人の子どもを産むのかを推計した値である。

① 1975（昭和 50）年に初めて 2.0 を下回り、1989（平成元）年には 1966（昭和 41）年の 丙午 の 1.58 を下回る <u>1.57</u> まで下降した。2005（平成 17）年には過去最低の <u>1.26</u> を記録している。

② 2022（令和 4）年の合計特殊出生率は <u>1.26</u> で過去最低に並んだ（「令和 4 年人口動態統計（確定数）の概況」厚生労働省）。

2 人口置換水準 現在の人口を維持できる合計特殊出生率の目安。2021（令和 3）年時点では <u>2.07</u> である（「人口統計資料集（2023 年改訂版）」国立社会保障・人口問題研究所）。これを下回ると人口の減少が始まると考えられる。1970 年代半ば以降、合計特殊出生率は人口置換水準を下回っている。

3 完結出生児数 結婚持続期間 15〜19 年夫婦の平均出生子ども数であり、夫婦の最終的な平均出生子ども数とみなされる。2010（平成 22）年に 2 人を割り込み、2021（令和 3）年は 1.90 人。

4 団塊の世代 第二次世界大戦直後の 19<u>47</u>（昭和 22）年から 19<u>49</u>（昭和 24）年の <u>第一次</u>ベビーブームで生まれた世代のこと。

5 ベビーブーム 日本は第二次世界大戦後、1940 年代後半と 1970 年代前半（1971 年〜1974 年）に 2 回のベビーブームを経験した。

6 生涯未婚率 「45〜49 歳」と「50〜54 歳」未婚率の平均値から、「<u>50</u> 歳時」の未婚率を算出したもの。2020（令和 2）年の生涯未婚率は男性が <u>28.3</u>%、女性は <u>17.8</u>%（「令和 2 年国勢調査」総務省）。

5. 標準 国勢調査 よく出る □□□

1 人口動態 2 つの時点間における出生、死亡、婚姻、離婚、死産、特定の疾病の発生などに関する統計のこと。<u>人口静態</u>とは、人口やその基本属性を、特定の時点で捉えた結果のこと。日本で最大の人口静態の調査が国勢調査である。

人口を知る統計には①と②があり、一般的に人口の基準は①を使う。

合格勉強法

合計特殊出生率、平均寿命は、小数点以下まできちんと覚えよう。

丙午

干支の一つ。丙午に生まれた女性は気性が荒いという俗信があり、出産を控える傾向がある。60 年に 1 回到来し、次回は 2026（令和 8）年。

+α

2012 年問題
2012（平成 24）年に団塊の世代が労働市場から本格的に引退することで予想される労働力の低下や熟練技能の断絶などの問題。

2025 年問題
2025（令和 7 年）に団塊の世代が全員 75 歳以上の後期高齢者となる。

📝 過去問チェック！↑

Q：人口推計によれば生産年齢人口の割合は、1992（平成 4）年から横ばいで推移している。
（29−29）

A：×　**1992（平成 4）年の 69.8% をピークに現在まで低下し続けている。**

① 国勢調査は、統計法に基づき、日本に住んでいるすべての人（外国人も含む）を対象とする統計調査で、5年ごとに行われている。世帯を「一般世帯」と「施設等の世帯」の2種類に区分している。

② 住民基本台帳による人口は、住民基本台帳法に基づき、住民登録されている人の数を集計したものである。2012（平成24）年7月から、外国人住民も住民基本台帳制度の対象となった（表15）。

表15　国勢調査・住民基本台帳

方　式	単　位	外国人	使用例
国勢調査	世　帯	含む	人口の把握、社会福祉施設の設置、行政計画の策定、生命表の作成、人口推計の計算
住民基本台帳	個　人	含む	選挙人名簿への登録、介護保険などの被保険者の資格確認、生活保護・予防接種に関する事務

2　世　帯　住居（家）と生計（財布）が同じ者、または独立して住居を維持する単身者、独立して生計を営む単身者をさす。単身赴任や進学のため別居している者は世帯に含まないが、同居し、生計をともにする里子や住み込みのお手伝いさんは世帯に含む。

+α

核家族世帯
① 夫婦のみの世帯、② 夫婦と未婚の子のみの世帯、③ ひとり親と未婚の子のみの世帯をさす。

6.　基本　国民生活基礎調査 よく出る □□□

国勢調査から調査対象地区を抽出し、保健、医療、福祉、年金、所得など国民生活の基礎的事項を調査する。全数調査である国勢調査に対して、標本調査である（表16、17）。

表16　国勢調査・国民生活基礎調査

調　査	調査の種類	頻　度		目　的
			大規模調査	
国勢調査	全数調査（悉皆調査）	5年に1回		男女、年齢、配偶関係などの人口の基本的属性や産業、職業などの経済的属性、住宅、人口移動、教育に関する事項を把握する。
			10年に1回	
国民生活基礎調査	標本調査（層化無作為抽出法）	1年に1回		保健、医療、福祉、年金、所得など国民生活の基礎的事項を調査する。
			3年に1回	

✏️ **過去問チェック！**

Q：国勢調査においては、世帯を「一般世帯」と「非親族世帯」の二つに大きく分類している。(34-18)

A：× **非親族世帯ではなく、施設等の世帯が正しい。**

Q：世帯には非親族員は含まない。(27-18)

A：× **生計をともにする住み込みのお手伝いさんなども含まれる。**

➡ **過去問プラス！『国試対策2025』（共通科目編）p.57**

表 17　国民生活基礎調査の概況

分野	項目		結果
全体	世帯構造別割合		①「単独世帯」（全世帯の 32.9%） ②「夫婦と未婚の子のみの世帯」（同 25.8%）┐ ③「夫婦のみの世帯」（同 24.5%）┘─核家族世帯 ④「三世代世帯」（同 3.8%）＜減少。1986（昭和 61）年は 15% を占めていた。
世帯*1	世帯数		1975（昭和 50）年：3,287 万 7 千世帯 2022（令和 4）年：5,431 万世帯　＜約 1.7 倍
世帯*1	世帯規模（1 世帯当たり人員）		1975（昭和 50）年：3.35 人 2022（令和 4）年：2.25 人　＜3/4 に縮小
高齢化	65 歳以上の者のいる世帯	推移	1986（昭和 61）年：26% ➡ 2022（令和 4）年：50.6%
高齢化	65 歳以上の者のいる世帯	割合	①「夫婦のみの世帯」：65 歳以上の者のいる世帯の 32.1% ②「単独世帯」：同 31.8% ③「親と未婚の子のみの世帯」：同 20.1%　＜①②をあわせると半分を超える。
介護	同居の介護者の状況	性別	男：31.1%、女：68.9%　＜介護者の 7 割が女性
介護	同居の介護者の状況	続柄	①「配偶者」：22.9% ②「子」：16.2% ③「子の配偶者」：5.4%*2
介護	同居の介護者の状況	年齢	「70～79 歳」の要介護者等の介護者：「70～79 歳」が最多（60.8%） 「80～89 歳」の要介護者等の介護者：「80 歳以上」が最多（30.4%）
少子化	児童のいる世帯	推移	1986（昭和 61）年：46.2% ➡ 2022（令和 4）年：18.3%（全世帯に占める割合）

＊1 1975 年の数字：平成 14 年版より引用　　資料：「2022 年国民生活基礎調査の概況」厚生労働省
＊2 同居（45.9%）の内訳

33 16, 32 17, 27 17, 38

4 地　域

1. 標準　都市化・過疎化　□□□

シカゴ学派では、都市を「社会学的実験室」として捉え、都市に生きる人間の生態を調査研究する都市社会学が大成した。代表的な人物にはワース、バージェスがいる。

1 ワース（Wirth, L.） アーバニズム（都市において特徴的な生活様式）に関する理論の中で、都市化に伴い第一次的関係よりも第二次的関係が優位になると唱えた。

① 第一次的関係：直接的で密接な関係。例）家族、友人

② 第二次的関係：利害や打算（ださん）に基づく関係。例）会社　＜優位になる。

過去問チェック！

Q：65 歳以上の者のいる世帯のうち、世帯数の多い上位 2 つは何世帯か。（30−18 改）

A：**1 位が夫婦のみの世帯、2 位が単独世帯である（2022 年国民生活基礎調査）。**

Q：ワースは、都市では人間関係の分節化と希薄化が進み、無関心などの社会心理が生み出されるとする、アーバニズム論を提起した。（33−16）

A：○　**第一次的関係、第二次的関係も説明できるようにしておこう。**

2 バージェス（Burgess, E.） 都市の拡大過程に関して、それぞれ異なる特徴を持つ地帯が同心円状に構成されていくとする、<u>同心円地帯理論</u>を提起した。

3 **限界集落** 過疎化と高齢化により人口の <u>50%</u> 以上が <u>65</u> 歳以上の高齢者となり、社会的共同生活の維持が困難になっている集落のこと。限界集落は、2019（令和元）年 4 月時点で <u>2 万</u>集落を超えている。

4 **過疎地域** 人口の著しい減少に伴い地域社会における活力が低下し、生産機能及び生活環境の整備等が他より 滞 （とどこお）っている地域。総務省が過疎地域自立促進特別措置法により原則として<u>市町村単位</u>で指定する。

2． 基本 **町内会・自治会** □□□

> 収益事業は課税対象となる。

世帯単位で任意加入する地縁による団体である。地方自治法によれば、<u>市町村長</u>の認可により法人格の取得が可能だが、地方公共団体などの行政組織の一部ではないと解釈されている。

5 社会集団及び組織

35 16, 34 17, 33 17, 31 19, 30 17, 28 19, 32, 28 15, 19

1． 標準 **社会集団**  □□□

社会集団では、自分が集団の成員（メンバー）であることを認知しており、他者からもその認知があり、また成員間の相互作用（働きかけ）や共通の目標がある。

1 テンニース（Tönnies, F.）

近代化を、ゲマインシャフトからゲゼルシャフトへの移行の過程であると説明した（表 18）。

表 18 テンニースの近代化

ゲマインシャフト	<u>本質意志</u>（愛情や信頼など）により結合する共同社会のこと。	例）<u>家族</u>、村落
ゲゼルシャフト	<u>選択意志</u>（利害など）により結合する利益社会のこと。	例）大都市、国家
<u>ゲノッセンシャフト</u>	自由意志に基づく契約によって形成される職人組合や協同組合など。テンニースが理想とした社会集団のこと。	

2 マッキーヴァー（MacIver, R. M.）

人間の態度と利害関心を基礎概念にして、コミュニティとアソシエーションの類型に基づく社会集団の理論を展開した。

① <u>コミュニティ</u>：社会の発展とともに拡大する自然発生的な集団。同じ場所に住み、同じ社会的特徴をもち、一定レベルの生活を自足する。例）村落、都市

Tönnies, F.

合格勉強法

各理論の違いを見極めるのは「家族」が ① と② のどちらに分類されたのかに注目するとよい。

② アソシエーション：特定の目的のために人為的に（人工的に）結集される集団。コミュニティから派生する。例）家族、学校

注意

家族は人為的に結合されるアソシエーションに分類。

3 クーリー（Cooley, C.）

個人と集団の接触の度合いや親密度に注目し、以下に分類した。

① 第一次集団：直接的接触に基づく親密な関係の社会集団。対面的で、連帯感が強い。例）家族、近隣、仲間

② 第二次集団：間接的接触に基づく派生的な社会集団。非対面的で、関係が希薄である。例）会社、政党

合格勉強法

「関係が濃い＝集団の名前に『一』が付く」「関係が薄い＝集団の名前に『二』が付く」で大枠を押さえよう。

4 サムナー（Sumner, W.）

成員の帰属意識に注目し、集団を① 内集団と② 外集団に分けた。

① 内集団：成員が帰属意識や一体感をもち、集団の存続・発展を願う「われわれ」集団。社会的アイデンティティの基盤を形成する役割があり、精神的な安定をもたらす。例）家族、隣人、取引先

② 外集団：敵対し、帰属感の希薄な「彼ら」集団

5 準拠集団

人の価値観、行動、態度などに強い影響を与える集団である。ハイマン（Hyman, H.）が初めて使用し、マートンによって体系化された。例）家族や友人、近隣などに存在する。

注意

本人が所属していない集団が準拠集団となることもある。

6 高田保馬

結合の仕方によって、社会集団を① 基礎社会と② 派生社会に分けた。

① 基礎社会（基礎集団）：血縁や地縁といった自然的な直接的な絆によって結合した社会。例）家族、村、小都市、民族

② 派生社会（派生集団）：基礎社会の機能を効果的に果たすため、人為的に結合した社会。例）学校、会社

注意

近代社会では、派生社会の方が拡大する。

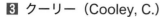

✏️ **過去問チェック！**

Q：準拠集団とは、共同生活の領域を意味し、地域社会を典型とする集団を指す。(33-17)

A：×　共同生活の領域を意味しない。自分にとって規範や比較の基準となる集団をいう。

Q：内集団とは、個人にとって嫌悪や軽蔑、敵意の対象となる集団を指す。(33-17)

A：×　外集団の説明である。内集団は家族など帰属意識や一体感をもつ、われわれ集団をさす。

Q：第一次集団とは、家族や親族などの第二次集団とは異なる、会社や学校などの社会集団である。(28-19)

A：×　第一次集団が「家族や親族」のことであり、第二次集団は「会社や学校」のことである。

2. 標準 官僚制 □□□

　行政組織に限らず、規模の大きい組織における管理・運営の体系をさす。官僚制の順機能を唱えた<u>ヴェーバー</u>に対して、<u>マートン</u>や<u>ブラウ</u>は逆機能を指摘している。

1 ヴェーバー（Weber, M.）

近代化における官僚制を<u>合法的支配</u>の類型として捉えている。① <u>権限</u>の原則、② <u>階層</u>の原則(ヒエラルヒー)、③ <u>専門性</u>の原則、④ <u>文書</u>主義、⑤ <u>非人格的</u>な人間関係など、官僚制の<u>合理性</u>に注目した。

2 マートン（Merton, R.）

官僚制の形式を過度に遵守しようとすると、実質合理性を失いかえってマイナスの効果「<u>逆機能</u>」が生まれると指摘した。

① 規則や命令を過剰に重視すると、それさえ守りすればよいということになり、<u>形式</u>主義、<u>事なかれ主義</u>、<u>繁文縟礼</u>（礼儀や規則・形式などが細かく煩わしいこと）となる。また、<u>臨機応変の処置</u>がとれなくなる。

② 権限の原則、専門化がいきすぎると、自分たちの利害にこだわり、<u>セクショナリズム</u>（縦割り）、<u>秘密</u>主義、責任の回避、<u>権威</u>主義といった弊害を生みやすい。

> ヴェーバー
> ▶p.53, 54
> 逆機能
> ▶p.49

3
社会学と社会システム

> ヴェーバーは官僚制の伝統的性格には注目していない。

6 環　境

1. 応用 環境問題 □□□

① 日本では高度成長期に、水俣病などの健康被害を引き起こす公害が表面化したことから1967（昭和42）年、<u>公害対策基本法</u>が制定された。1993（平成5）年、<u>環境基本法</u>が制定され、廃止される。

② 環境問題では、低所得層や人種的マイノリティなど社会的弱者に対して被害が集中することがある。このような不平等を是正し、あわせて環境からの便益の分配における不平等も是正しようという考え方を<u>環境正義</u>という。

③ 1997（平成9）年、気候変動に関する国際連合枠組条約の<u>京都議定書</u>において、先進国の温室効果ガス排出量について、法的拘束力のある数値目標を各国毎に設定した。

36 15

> 注意
> アメリカは京都議定書を批准していない。

✏️ **過去問チェック！**↗

Q：官僚制は組織目的を効率的に達成するために、職務を専門化することなく、口頭での連絡を重視する。(26-18)

A：×　**官僚制は専門化を重視し、口頭での連絡ではなく文書主義をとる。**

④ 循環型社会の形成に向け、日本では容器包装廃棄物の 3R 活動、すなわち排出抑制（Reduce）、再使用（Reuse）、再生利用（Recycle）の推進が提唱されている。

⑤ 生活環境主義とは、生活上の知識や経験の集成である生活文化や地域に固有の環境への働きかけの伝統をもとに、当該地域の居住者の生活の立場から環境問題の所在や解決方法を考えようとする立場である。

2. 基本 持続可能な開発目標（SDGs：Sustainable Development Goals） □□□

① 2001 年に策定されたミレニアム開発目標（MDGs）の後継である。

② 2015 年 9 月の国連サミットで加盟国の全会一致で採択された。

③ 持続可能で多様性と包摂性（ほうせつ）のある社会の実現のため、2030 年を年限とする 17 の国際目標である（その下に、169 のターゲット、231 の指標が決められている）（表 19）。

表 19　世界を変えるための 17 の目標

1	貧困をなくそう	10	人や国の不平等をなくそう
2	飢餓をゼロに	11	住み続けられるまちづくりを
3	すべての人に健康と福祉を	12	つくる責任つかう責任
4	質の高い教育をみんなに	13	気候変動に具体的な対策を
5	ジェンダー平等を実現しよう	14	海の豊かさを守ろう
6	安全な水とトイレを世界中に	15	陸の豊かさも守ろう
7	エネルギーをみんなにそしてクリーンに	16	平和と公正をすべての人に
8	働きがいも経済成長も	17	パートナーシップで目標を達成しよう
9	産業と技術革新の基盤をつくろう		

資料：外務省

✏ **過去問チェック！**

Q：持続可能な開発目標（SDGs）は、1989 年にアメリカのオレゴン州で策定された、行政評価のための指標である。(36—15)

A：×　**設問は「オレゴンシャインズ」のことである。1980 年代の経済不況の中、経済と職業訓練を中心とした行政評価として策定された。**

➡**過去問プラス！『国試対策 2025』（共通科目編）p.41**

Ⅱ　生活と人生

合格勉強法 家族は昔の理論と現在の理論が選択肢にミックスされて出題される。国勢調査の
ページの家族・世帯の違いも確認しよう。

1 家　族

1．標準　家族の概念　□□□

家族は同居のあり方によって、夫婦家族制、直系家族制、複合家族制
に大別される（表1）。

表1　夫婦家族制・直系家族制・複合家族制

家族形態	内　容	同居
夫婦家族制	結婚によって成立する夫婦を中心とする家族で、夫婦の一方か双方の死亡で消滅する。夫婦一代限りの家族のこと。	な　し
直系家族制	親が1組の子ども夫婦と同居する家族形態。一般的には跡継ぎ夫婦と同居を繰り返し、家系が直系的に維持される。	1 組
複合家族制	複数の子の家族と同居する。	複　数

1 マードック（Murdock, G. P.）

家族の基本的な単位は、核家族であるとして、その組み合わせにより拡大家族、複婚家族を定義した。

① 核家族：夫婦と未婚の子。家族の基本的な単位

② 拡大家族：既婚者の核家族がその親の核家族と同居により結び付き、2つ以上の核家族が存在する家族

③ 複婚家族：一夫多妻など、1人の配偶者を中心に結合する家族

核家族は(1)性的機能、(2)経済的機能、(3)生殖的機能、(4)教育的機能の基本的な4機能をもつため、どの社会においても普遍的に存在する、という核家族普遍説を唱えた。

2 リトウォク（Litwak, E.）

核家族の存在を見直し、修正拡大家族を定義した。同居はしていないが、いつでも助け合える強い親族ネットワークを築く家族をさす。

3 パーソンズ（Parsons, T.）

家族の機能として、① 子どもの一次的社会化、② 成人のパーソナリティの安定化をあげた。また、家族の性別役割分業モデルを以下のように提唱した。

① 手段的役割：家族と社会をつなぎ、目標達成を図る（父の役割）

② 表出的役割：家族内部を調整し、人間関係を維持（母の役割）

4 オグバーン（Ogburn, W. F.）

「家族機能縮小論」の中で、愛情の重要性が高まったと唱えた。

+α

家族周期
夫婦の結婚により家族が誕生し、夫婦が死亡するまでの過程。

+α

ライフコース
個人がたどる多様な人生のあり方を捉える概念。
ライフサイクル
各段階に応じた発達課題を達成していく過程。

修正拡大家族
親族との適度な距離感を俗に「スープの冷めない距離」と表現するが、それに近いイメージである。

合格勉強法 パーソンズのように現在でも通用する昔の理論は出題率が倍になるので注意。

「表出的役割＝家族を社会（表）に出す役割」ではないので混同しないこと。

オグバーン
▶p.55

Ⅲ　自己と他者

社会化、社会的役割の概念、社会的ジレンマから出題される。特に社会的役割の概念は学習しやすく点にもつながりやすいので先に攻略しよう。

1　社会的役割

1.　標準　社会的役割の概念　よく出る

35 19, 34 20, 33 19,
30 19, 29 17, 20,
27 21, 121

合格勉強法

最頻出ベスト3
「役割期待」
「役割距離」
「役割葛藤」
を最初に学習しよう。

　人は他者からの期待（役割期待）を受け、それを認知（役割認知）し、受け入れて（役割取得）、実行している。実行の仕方には、役割距離、役割交換、役割猶予などの種類がある（表1）。

表1　役割概念　これだけ！

概　念	説　明	例
役割期待	個人の行動パターンに対する他者の期待をさす。規範的な意味をもつ。	赴任先の学校ではベテラン教師として、学年の取りまとめを期待されている。
役割距離	他者からの期待と少しずらした行動を取り、平静心を保ち自己の主体性を表現すること。ゴッフマンの用語。	緊張する手術中に執刀医が鼻歌を歌う、冗談を言うことで、まわりからの期待や緊張で自分を見失わないようにする。
役割交換	親と子、夫と妻、教師と生徒など、お互いの役割を交換して演じることで、相手の立場や気持ちを理解すること。	家出した娘が母親の役を演じ、母親が娘の役を演じる。娘は母親の心配に気づき、母親は自分の干渉に気づく。
役割猶予（モラトリアム）	大人になる前にいろいろな自分を試してみること。自分探しの時期。エリクソンの用語。	社会人になる前に、就職活動中のインターンやアルバイトを通じ、自分に合った職業を探す。
役割取得	他者からの期待を自分の内部に取り込むことで、役割を取得すること。さらに適応することを役割適応という。	子どもが「医者になって欲しい」という親の期待に応えて、医者を目指す。ミードによれば、子どもは役割取得を通じて社会化する。
役割認知	他者からの期待をそのまま実行するのではなく、自分なりの解釈を加えて実現すること。	親は都会の医者になれと期待しているが、過疎地で必要とされている診療科を見つけそれを目指す。
役割葛藤	複数の矛盾する期待に板ばさみになり、心理的な緊張が起こること。	父は医者になれと期待し、母は会社員になれと期待しており、どうしていいのか決めかねている。

注意

役割距離とは、個人が担う複数の役割を両立させていく際の困難さを規定するものではない。

注意

役割葛藤とは、親と子ども、ソーシャルワーカーと利用者などのように、立場の異なる者の間で役割の分担や調整がうまくいかないことではない。

✏️ 過去問チェック！

Q：役割期待とは、個人が他者からの期待と少しずらした形で行為をすることで、自己の主体性を表現することを指す。(35—19)

A：×　設問は、役割距離のことである。ゴッフマン（Goffman, E.）が提唱した。

➡️過去問プラス！『国試対策 2025』（共通科目編）p.63

2．基本 社会化 ☐☐☐

　子どもがその社会の規範、文化、価値、判断基準を身に付けること。生まれもったものではなく、社会化の担い手により、後天的に獲得される。時期により一次的社会化、二次的社会化の2段階で推移する（表2）。

表2　一次的社会化・二次的社会化

社会化	時　期	習得するもの	担い手
一次的社会化	乳幼児期〜児童期	言語、生活習慣、善悪の区別、ジェンダー規範の内面化▸	家族
二次的社会化	児童期後期〜成熟期	社会的役割、社会規範	学校、職場

3
社会学と社会システム

ジェンダー規範の内面化
言葉づかいや身なりなど、男の子らしい、女の子らしい行動パターンを身に付けること。思春期よりも早い段階で身に付く。

2　社会関係

1．応用 ソーシャルキャピタル（社会関係資本） ☐☐☐

　信頼、規範、ネットワークなど、人々や組織の調整された諸活動を活発にする資源をさす。

1 パットナム（Putnam, R.）

　ソーシャルキャピタルを構成する要素は、① 信頼感、② 互酬性▸の規範、③ 水平的な人間関係▸である。

　信頼、規範、ネットワークなどによる人々のつながりの豊かさを表す概念として「文化資本」を提唱した。文化資本とは、習得した知識や技能、資格、学歴などをさす。

36 20, 34 38, 33 20, 31 33, 27 20

互酬性
何かをしてもらったら、お返しすること。ボランティア活動や社会参加は互酬性に基づいている。

水平的な人間関係
厳しい上下関係のように垂直的な人間関係ではなく、平等な社会的ネットワークのこと。

✎ 過去問チェック！↑

Q：ソーシャルキャピタル（社会関係資本）とは、道路や上下水道、社会福祉施設など住民が共同で利用することができる地域の公共的な資源のことをいう。(34−38)

A：× **社会や地域における人々の信頼関係やネットワークなどを表す概念。インフラを意味する社会資本とは異なる。**

Q：子どもが、ままごとのような「ごっこ」遊びで親の役割などをまねることを通して自己を形成し、社会の一員となっていく過程を示す概念を役割取得という。(30−19 改)

A：○ **個人が他者からの期待を自ら取り入れ、行為を形成することをさす。さらに適応することを役割適応という。**

Q：個人が他者や集団の観点から自身を見て自らの行為のあり方を形成していく過程を「役割取得」という。(25−20)

A：○ **他者からの期待を自分の内部に取り込むことで、役割を取得することである。**

Q：社会化の過程でジェンダー規範の内面化が始まるのは、思春期である。(22−19)

A：× **思春期よりも早い、幼児期〜児童期に始まる。**

➡ **過去問プラス！**『国試対策 2025』（共通科目編）p.136

3 社会的ジレンマ

1. 応用　社会的ジレンマの考え方　□□□

　社会的ジレンマとは、個人の合理的な選択や利益（個人的合理性）が、社会としての最適な選択や利益（社会的合理性）と一致せず、ジレンマが生じている状態をいう（表3）。

36 21, 35 20, 33 20,
32 20, 31 20, 21,
30 11, 20, 28 20

合格勉強法

社会的ジレンマは「事例と理論」を結び付ければ正解できる。

表3　社会的ジレンマ

囚人のジレンマ		参加者全員で協力すれば全員が得をするのに、自分の利益だけを優先するばかりに、お互いに裏切り合って逆に全員が損をしてしまうというジレンマ。ゲーム理論の一つ。
非ゼロサムゲーム		参加者の得点と失点の合計（サム）が0にならないゲームのこと。ゲーム参加者が全員得をしたり、逆に全員損をしたりすることがある。囚人のジレンマはその一例である。
共有地（コモンズ）の悲劇		集団のメンバーの多くが合理的な判断の下で自己利益を追求した結果、集団全体としては不利益な状況を招いてしまうこと。ハーディン（Hardin, G.）の理論であり、同時に共有地における管理の重要性を訴えた。
フリーライダー		経済学者のオルソン（Olson, M.）が合理的選択理論の立場から提起した言葉である。「ただ乗り」のこと。社会で広く共有されるべき公共財において、コストや負担は他人に負わせ、ただで利用する人をさす。
	合理的選択理論	人間は自分の利益を最大化するために行動するという考え。
選択的誘因		協力的行動を行うと報酬を得るが、非協力的行動を行うと罰を受ける状況を指す。オルソンが唱えた理論。

🖊 過去問チェック！ ↗

Q：囚人のジレンマとは公共財の供給に貢献せずに、それを利用するだけの成員が生まれる状況をいう。(36−21)

A：×　**設問は、オルソンが指摘した「フリーライダー」の説明である。**

Q：「囚人のジレンマ」とは、非協力的行動を行うと罰を受け、協力的行動を行うと報酬を得ることで、協力的行動が促される状況を指す。(32−20)

A：×　**設問は、オルソンの選択的誘因のことである。**

Q：社会的ジレンマとは、集団的な討議を行うことによって、より安全志向な結論が得られやすくなることをいう。(30−11)

A：×　**設問はコーシャス・シフト（p.38）のことである。**

➡**過去問プラス！『国試対策2025』（共通科目編）p.61**

Ⅳ 社会問題の理解

合格勉強法 分化的接触論など専門的な理論は一見難解だが、日常的な言葉に置き換えると一気に理解が進むので、苦手意識をもたずに着手しよう。

1 社会問題の捉え方

35 21, 33 21, 32 21, 29 21

1. 応用 社会病理・逸脱　　　　　　　　□□□

1 サザーランド（Sutherland, E. H.）

分化的接触理論（差異的接触理論）は、犯罪行動が学習によって引き起こされるという「文化学習理論」を前提としている。

① 犯罪行動は遺伝せず、犯罪的文化にどれぐらいの頻度・期間、接触するかによって、発生率の差異が生じると考える。

② ホワイトカラー犯罪とは、会社の経営陣・管理職など、社会的地位の高い者による犯罪をさす。職務の過程において行われる横領、脱税、インサイダー取引など。

2 構築主義

社会問題は、ある状態を解決されるべき問題とみなす人々のクレイム申立てとそれに対する反応を通じて作り出されるという捉え方。つまり、自明なものとして存在するのではなく、人々が主張することを通して認識される問題である。

> **分化的接触理論**
> ここでいう「分化」とは、学習を通じて犯罪行動への特殊性が芽生えるという意味。接触により犯罪行動を起こす人間になってしまうと読み替える。

✐過去問チェック！↑

Q：ラベリング論は、社会がある行為を逸脱とみなし統制しようとすることによって、逸脱が生じると考える立場である。（35−21）

A：○　**ベッカーは、ある人々の行為やその人々に対してレッテルを貼る（ラベルを貼る）ことによって、逸脱が生まれると考えた。**

Q：「分化的接触理論」では、被差別的な関係性に置かれることが逸脱の生成要因であると考える。（21−59）

A：×　**逸脱（犯罪）の発生は「被差別的な関係性」ではなく、「犯罪的文化とどんな関係があったか」が大きく関与する。**

➡**過去問プラス！**『国試対策2025』（共通科目編）p.54

3 ベッカー（Becker, H. S.）

ラベリング論とは、周囲からマイナスイメージのレッテル（ラベル）を貼られることにより、逸脱行動*が生み出されると考えることである。

逸脱行動
社会的規範から外れた行動。

4 社会統制論

社会統制（人々を社会の規範に服従させる働き）が弱くなると、犯罪や非行などの逸脱行動が生まれる。社会的 絆 理論（ソーシャルボンド理論）がその代表である。

・ソーシャルボンド理論

ハーシ（Hirschi, T.）は社会的絆として、「愛着、投資、巻き込み、信念」の４つをあげている。これらの絆が弱まると、逸脱行動が起きると考えた。

5 アファーマティブアクション

積極的改善措置、積極的差別是正措置などともいう。社会的な差別によって不利益を感じる人々に対し、一定の範囲内で特別措置をとる暫定的な取り組みを指す。具体的には性別や人種などにおけるマイノリティに対する差別を救済していこうとする取り組みなど。

✏️ **過去問チェック！**

Q：社会問題は、ある状態を解決されるべき問題とみなす人々のクレイム申立てとそれに対する反応を通じて作り出されるという捉え方がある。このことを示す用語として、最も適切なものを１つ選びなさい。（精神32−21）

1. 社会統制論
2. 緊張理論
3. 文化学習理論
4. 構築主義
5. ラベリング論

A：4　**構築主義は、その事実は問題であるとするクレイム申立てに対して、人々がそれに反応することで、社会問題として構築されるとという考え方である。**

4
社会福祉の原理と政策

（現代社会と福祉）

社会保障、地域福祉と包括的支援体制と出題が重複する科目です。3科目を連続して学習すると効率が高まります。また、外国に関する問題は難問です。日本の歴史、特に福祉制度の発達過程で暗記点を確実に取りましょう。

科目の特徴

新科目：新科目として相当な準備が必要かどうか
難易度：問題が正解しにくいかどうか
暗記：暗記の重要性が高いかどうか
過去問：過去問題を活用する際に工夫が必要かどうか
改正：法律・制度の改正が多いかどうか

過去問題の使い方

解いておくべき過去問	活用法
3回分 ◎	改正に気を付けて3回分を目安に活用しましょう。範囲が広いので過去問題から出題範囲を網羅します。第36回は定番のポイントを、第35回、第34回は新出動向を押さえるのに最適です。

I　社会福祉の歴史

合格勉強法　社会福祉法は多科目で出題される基本ポイント。表１の条文は狙われやすいので、「誰が何をする規定か」を押さえよう。社会福祉基礎構造改革は20年以上も前のことだが、いまだによく出題される。

1　福祉制度の概念と理念

35 49, 34 22, 33 22, 50, 32 22, 49, 31 30

1．標準　社会保障制度の定義　□□□

1 1950（昭和25）年の社会保障制度審議会＊勧告（以下、50年勧告）
以下の①、②、③を合わせて、社会保障と定義した。

① 病気やけが、出産、老齢、障害、失業といった生活上困窮を引き起こしかねない事態に対して、保険的方法（社会保険）か直接公の負担による方法（社会扶助）を用いた経済保障で対応すること。

② 現に生活に困窮している者に対しては、国家扶助（生活保護制度）によって最低限度の生活を保障すること。

③ ①、②の方法と合わせて公衆衛生及び社会福祉の向上を図ること。

> **社会保障制度審議会**
> 1949（昭和24）年に総理府（現・内閣府）に設置。社会保障制度に関して政府に勧告する権能をもつ。2001（平成13）年に廃止され、社会保障審議会（厚生労働省）に引き継がれた。

> ①だけ、②だけではなく、①、②、③を合わせて社会保障と定義される。

2．基本　社会福祉の定義　□□□

「50年勧告」では、社会福祉を「国家扶助の適用を受けている者、身体障害者、児童、その他援護育成を要する者が、自立してその能力を発揮できるよう、必要な生活指導、更生指導、その他の援護育成を行うこと」と定義している。

> 対象者が「自立してその能力を発揮できるよう」にという社会福祉の目的が提示されている。

3．基本　社会福祉を支える法律　□□□

社会福祉法を土台として、介護保険法や児童福祉法など、対象者別に各法律が定められ、福祉全体を支えている。

合格MAP▶　社会福祉の法体系

高齢者		障害者					児童	困難女性	低所得者	
		障害者総合支援法								
介護保険法	老人福祉法	身体障害者福祉法	知的障害者福祉法	精神保健及び精神障害者福祉に関する法律	発達障害者支援法	児童福祉法	母子及び父子並びに寡婦福祉法	困難女性支援法	生活保護法	生活困窮者自立支援法
社会福祉法										

35 36, 37, 34 32, 33,
32 47, 31 30, 30 48,
119

2 社会福祉法

1. 基本 社会福祉法　□□□

　1951（昭和 26）年に社会福祉事業法として制定され、社会福祉基礎構造改革を経て 2000（平成 12）年に社会福祉法に改称された。

１ 主な規定　① 社会福祉サービスの定義・理念、② 福祉事務所などの行政組織、③ 社会福祉法人、④ 社会福祉協議会や共同募金に関する規定が盛り込まれている（表 1）。

表 1　社会福祉法の内容

目　的	福祉サービスの利用者の利益の保護、地域福祉の推進、社会福祉事業の公明かつ適正な実施の確保、社会福祉を目的とする事業の健全な発達を図り、もって社会福祉の増進に資すること。
地域福祉の推進	地域福祉の推進は、地域住民が相互に人格と個性を尊重し合いながら、参加し、共生する地域社会の実現を目指して行わなければならない。 地域住民、社会福祉事業経営者、社会福祉に関する活動を行う者は、福祉サービスを必要とする地域住民があらゆる分野の活動に参加する機会が確保されるように、地域福祉の推進に努めなければならない。 地域福祉の推進として以下について定めている。 包括的な支援体制の整備、地域福祉計画、社会福祉協議会、共同募金
社会福祉事業経営者	社会福祉事業経営者は、利用者の意向を尊重し、保健医療サービス等との有機的な連携を図り、総合的に提供することができるように努めなければならない。 社会福祉事業経営者の規定 努力義務：① 事業内容等の情報提供、② 契約内容等の説明、③ 福祉サービスの質の評価、④ 福祉サービスの質の向上のための措置等、⑤ 社会福祉事業の経営者による苦情の解決 義　務：利用契約成立時の書面の交付 禁　止：誇大広告
国・地方公共団体の責務	国及び地方公共団体は、地域生活課題の解決に資する支援が包括的に提供される体制の整備その他地域福祉の推進のために必要な各般の措置に講ずるよう努めるとともに、保健医療、労働、教育、住まい及び地域再生に関する施策等との連携に配慮するよう努めなければならない。
福祉事務所	●都道府県・市：設置義務 ●町村　　　　：設置できる

包括的な支援体制の
整備
▶p.74
地域福祉計画
▶p.190
社会福祉協議会
▶p.167
共同募金
▶p.168

2. 標準 社会福祉基礎構造改革 　□□□

　1951（昭和 26）年の社会福祉事業法制定以来大きな改正が行われていなかった社会福祉事業、社会福祉法人、措置制度など社会福祉の共通基盤制度について、見直しが行われた。

　「社会福祉基礎構造改革について（中間まとめ）」は 1998（平成 10）

4

社会福祉の原理と政策

年に発表された。介護保険の円滑な施行、成年後見制度の導入などが目的である。

1 社会福祉事業法等の改正　社会福祉基礎構造改革を受け、2000（平成12）年、社会福祉の増進のための社会福祉事業法等の一部を改正する等の法律が施行され、社会福祉事業法が社会福祉法に改称された。

3. 標準 2000（平成12）年社会福祉法の改正　□□□

1 創設された制度　利用者保護の観点から、以下の制度が創設された。

① 地域福祉権利擁護事業（現・日常生活自立支援事業）が、認知症高齢者など自己決定能力の低下した者の福祉サービス利用を支援するため、民法の成年後見制度を補完する仕組みとして制度化され、都道府県社会福祉協議会などにおいて実施された。

② 福祉サービスに対する利用者の苦情や意見を幅広く汲み上げ、サービスの改善を図る観点から、苦情解決の仕組みが導入された。

4. 標準 地域共生社会の実現のための社会福祉法等の一部を改正する法律（2021（令和3）年4月施行）　□□□

地域共生社会の実現を図るため、介護保険法などとともに改正が行われた。

1 地域住民の複雑化・複合化した支援ニーズに対応する市町村の包括的な支援体制の構築の支援【社会福祉法、介護保険法】

市町村において、すべての地域住民を対象とする包括的支援の体制整備のため、重層的支援体制整備事業を行うことができる。内容は①包括的相談支援事業、②参加支援事業、③地域づくり事業とし、また実施にあたり重層的支援体制整備事業実施計画を策定するよう努める。

2 地域の特性に応じた認知症施策や介護サービス提供体制の整備等の推進【介護保険法、老人福祉法】

① 認知症施策の地域社会における総合的な推進に向けた国及び地方公共団体の努力義務を規定

日常生活自立支援事業
▶p.157

苦情解決の仕組み
① 社会福祉事業経営者の苦情解決の責務を明確化、② 第三者が加わった施設内における苦情解決の仕組みの整備、③ 解決が困難な事例に備え、都道府県社会福祉協議会に、苦情解決のための委員会（運営適正化委員会p.157）を設置。

✏️**過去問チェック！**

Q：社会福祉法は、2000年（平成12年）の社会福祉基礎構造改革の際に、社会福祉事業法の題名が改められたものである。（31−30）

A：〇　**身体障害者福祉法、児童福祉法、生活保護法など関連する7つの法律が改正された。**

Q：社会保障制度審議会は、「1950年の勧告」で、社会保障制度とは、疾病、負傷、分娩、廃疾、死亡、老齢、失業、多子に対し、保険的方法又は直接公の負担において経済保障の途を講ずることであると規定した。（22−22）

A：✕　**国家扶助（生活保護制度）によって最低限度の生活を保障すること、公衆衛生及び社会福祉の向上を図ることが抜けている。**

② 市町村の地域支援事業における関連データ活用の努力義務を規定

③ 介護保険事業（支援）計画への、市町村の人口構造の変化の見通しの勘案、高齢者向け住まい（有料老人ホーム・サービス付き高齢者向け住宅）の設置状況の記載事項への追加、有料老人ホームの設置状況に係る都道府県・市町村間の情報連携の強化

3 医療・介護のデータ基盤の整備の推進【介護保険法ほか】

① 厚生労働大臣は、介護サービスの内容の情報、地域支援事業の情報の提供を求めることができるようになる。

② 社会保険診療報酬支払基金等が被保険者番号の履歴を活用し、正確な連結に必要な情報を提供することができる。

4 介護人材確保及び業務効率化の取組の強化【介護保険法、老人福祉法、社会福祉士及び介護福祉士法等の一部を改正する法律】

① 介護保険事業（支援）計画の記載事項として、介護人材確保及び業務効率化の取組の追加

② 有料老人ホームの設置等に係る届出事項の簡素化を図るための見直し

5 社会福祉連携推進法人制度の創設【社会福祉法】（2022（令和4）年施行）

社会福祉事業に取り組む社会福祉法人やNPO法人等を社員として、相互の業務連携を推進する社会福祉連携推進法人制度を創設した。

合格MAP　社会福祉連携推進法人のイメージ

社会福祉連携推進法人

合同説明会の開催、合同職員研修、社員間の人事交流

（社員）
特別養護老人ホームA　特別養護老人ホームB　特別養護老人ホームC

資料：厚生労働省

介護施設での福祉・介護人材確保に活用する場合、合同で実施することによりコストの軽減や、新たな視点を得られるなどの資質の向上などが期待できる。

過去問チェック！

Q：社会福祉法に基づき、市町村社会福祉協議会は、災害ボランティアセンターを整備しなければならない。（35−36）

A：×　**設置している市町村は多いが、設置義務の規定はない。**

Q：社会福祉法では福祉サービスの基本的理念として、全ての国民が、障害の有無にかかわらず、等しく基本的人権を享有するかけがえのない個人として尊重されると規定されている。（33−23）

A：×　**障害者基本法の規定である。**

➡過去問プラス！『国試対策2025』（共通科目編）p.143

3 近現代の福祉制度・政策発達過程

1. 標準 明治から平成 よく出る □□□

1 明 治

① 明治初期はキリスト教の影響を受けた慈善事業が普及した。産業化が進むにつれて、労働者の貧困や下層社会の問題が浮き彫りにされる。

② 1890 年代になると産業化が進み、労働者の貧困や都市下層社会の問題が発生した。

③ 1908（明治41）年に中央慈善協会が設立され、国内外の救済事業の 調査、慈善団体や慈善家の連絡調整・指導 奨 励事業を行った。

④ 日露戦争後には、政府は、地方行政による地域改良の進展を図るために、感化救済事業講習会を開催した。当時は防貧だけでなく救貧の必要性が強調されていた。

2 大 正

① 社会事業行政の全国統一を目指して、1917（大正6）年に内務省に救護課が設置され、その後社会課、社会局へと発展した。厚生省が設置されたのは 1938（昭和13）年である。

② 大正時代後半になると、デモクラシーの思想が高まり、社会連帯を基盤とする新たな社会運動や社会事業が展開された。

3 昭 和

① 戦後は生活困窮者の保護、戦災孤児や夫を戦争で亡くした母子家庭の救済が求められた。福祉三法体制、福祉六法体制が相次いで確立する。

② 1970 年代には2度にわたるオイルショックを経て、高度経済成長期が収束し、安定期に到達する。

③ 1970（昭和45）年、高齢化率が7％を超え、高齢化社会が到来した。

④ 1973（昭和48）年の「福祉元年」に、年金の給付水準を調整するため物価スライド制が導入された。

4 平 成

① 1994（平成6）年、高齢化率が 14％ を超え、高齢社会に到達した。日本の倍加年数は 24 年であり、高齢化のスピードが速い。

② 1990 年代後半には、経済、家族などの変化により、福祉ニーズの多様化が進んだ。

③ 1997（平成9）年には介護保険法が成立し、5種の社会保険がそろう。

2. 基本 高齢者福祉施策 □□□

35 127, 34 41, 33 127, 32 47, 127, 30 126, 131, 29 46, 127, 27 126

1 高齢者施策、認知症施策は、表2、3のとおり変遷している。

表2 高齢者福祉施策

年号	プラン	正式名称	内　容
1989 （平成元）	ゴールドプラン	高齢者保健福祉推進十カ年戦略	市町村の役割重視、施設サービス・在宅サービスの充実、ねたきり老人ゼロ作戦
1994 （平成6）	新ゴールドプラン	新・高齢者保健福祉推進十カ年戦略	介護サービスの目標引き上げ
1999 （平成11）	ゴールドプラン21	今後5か年間の高齢者保健福祉施策の方向	「ヤング・オールド作戦」の推進など

表3 認知症施策

年号	プラン	正式名称	内　容
2012 （平成24）	オレンジプラン （2013～2017年度）	認知症施策推進5か年計画	認知症ケアパスの作成・普及、認知症初期集中支援チームの設置など
2015 （平成27）	新オレンジプラン （2015～2025年度）	認知症施策推進総合戦略～認知症高齢者等にやさしい地域づくりに向けて～	若年性認知症、認知症の人や家族の視点の重視などを柱とする
2017 （平成29）	新オレンジプラン改訂	認知症施策推進総合戦略	数値目標の引き上げなど
2019 （令和元）	認知症施策推進大綱 （2019～2025年度）		認知症の人や家族の視点を重視しながら「共生」と「予防」を車の両輪として施策を推進

認知症初期集中支援チーム
継続的な医療サービスの利用に至るまでの支援や認知症の重症度に応じた助言、生活環境などの改善などの支援を行う。医療や介護サービスを受けていない者等が対象。チーム員は医療福祉専門職、専門医等。

2 認知症施策推進総合戦略（新オレンジプラン）

① 認知症への理解を深めるための普及・啓発の推進

・認知症サポーターの養成と活動の支援

② 認知症の容態に応じた適時・適切な医療・介護等の提供

・認知症初期集中支援チームの設置

・行動・心理症状（BPSD）や身体合併症等への適切な対応

③ 若年性認知症施策の強化

④ 認知症の人の介護者への支援

⑤ 認知症の人を含む高齢者にやさしい地域づくりの推進

⑥ 認知症の予防法、診断法、治療法、リハビリテーションモデル、介護モデル等の研究開発及びその成果の普及の推進

⑦ 認知症の人やその家族の視点の重視

・認知症初期集中支援チーム等による早期診断・早期対応

・認知症カフェ等の設置

3. 標準 障害者福祉施策 よく出る □□□

　障害者福祉施策は図1のような変遷をたどっており、図2のようにプランと計画が入り組んでいる。

図1　障害者福祉施策の変遷

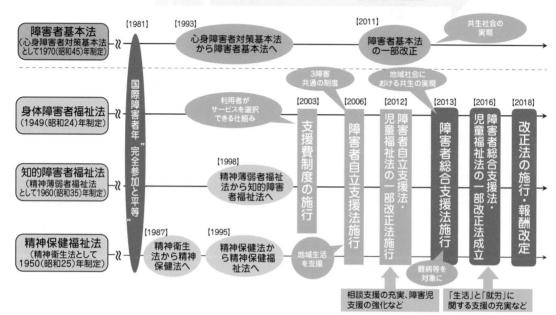

資料：「令和元年度障害福祉施策の動向について」厚生労働省

図2　障害者福祉関連のプランと計画

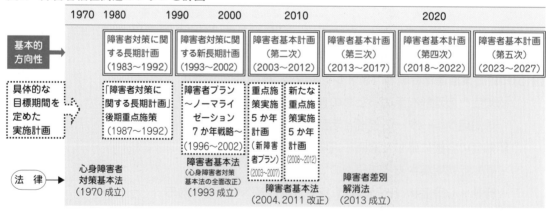

資料：内閣府資料（著者まとめ）

✏️ **過去問チェック！**

Q：1981年（昭和56年）の国際障害者年では、「Nothing about us without us（私たち抜きに私たちのことを決めるな）」というテーマが掲げられた。（35—56）

A：✕　国際障害者年のテーマは「完全参加と平等」。設問は、障害者権利条約のテーマである。

➡️ **過去問プラス！**『国試対策2025』（共通科目編）p.186

4．応用　児童福祉施策

33 140, 32 47, 29 136, 27 48

　1994（平成6）年にエンゼルプランが策定されて以来、新エンゼルプラン、子ども・子育て応援プランを経て、2010（平成22）年の子ども・子育てビジョンに至る。また2003（平成15）年には次世代育成支援対策推進法、少子化社会対策基本法の2つの法律が施行された（表4）。

表4　児童福祉関連のプラン・ビジョン

年号	プラン	正式名称	内容	期間
1994 （平成6）	エンゼルプラン 新ゴールドプラン策定と同年。	今後の子育て支援のための施策の基本的方向について	21世紀福祉ビジョンに基づき策定。子育て支援社会を構築するねらい。	10年
	緊急保育対策等5か年事業	エンゼルプランのうち緊急に整備すべき保育所の量的拡大、地域子育て支援センターの整備などを盛り込む。		5年
1999 （平成11）	新エンゼルプラン	重点的に推進すべき少子化対策の具体的実施計画について	保育サービスに、雇用、母子保健・相談、教育などの事業も加えた幅広い内容。	5年
2002 （平成14）	少子化対策プラスワン	少子化対策推進基本方針の下で、もう一段の少子化対策を推進。「男性を含めた働き方の見直し」などが追加。		—
2003 （平成15）	次世代育成支援対策推進法	少子化対策プラスワンに基づき制定。地方公共団体や事業主が次世代育成支援のための行動計画を策定することを定める。		10年*
	少子化社会対策基本法	内閣府に少子化社会対策会議を設置することを定める。		—
2004 （平成16）	子ども・子育て応援プラン	少子化社会対策大綱に基づく重点施策の具体的実施計画について	少子化社会対策大綱の重点課題にならい、若者の自立とたくましい子どもの育ちなどを盛り込む。	5年
2010 （平成22）	子ども・子育てビジョン	男性の育児休業の取得促進（パパ・ママ育休プラス）などが盛り込まれる。		5年
2012 （平成24）	子ども・子育て関連3法	3法（子ども・子育て支援法、認定こども園法の一部改正、上記2法の施行に伴う関係法律の整備法）が成立。2015（平成27）年から施行された。		—

＊有効期限が2025（令和7）年3月末日まで予定の時限立法である。

注意　策定時は10年だったが、新プラン策定で5年となる。

注意　少子化対策プラスワンに基づき制定されたのは「次世代育成支援対策推進法」。「少子化社会対策基本法」ではない。

✏️過去問チェック！

Q：「認知症施策推進総合戦略（新オレンジプラン）」（2017年（平成29年）改訂（厚生労働省））の7つの柱において、若年性認知症の人の特性に配慮した就労・社会参加支援等の推進が掲げられた。（32−127）

A：○　**65歳未満で発症する「若年性認知症」を支援する。**

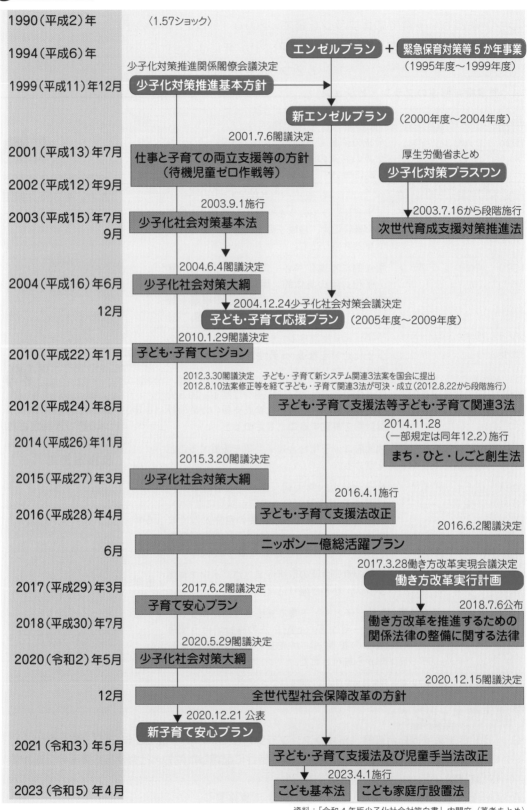

1990（平成2）年	〈1.57ショック〉
1994（平成6）年	エンゼルプラン ＋ 緊急保育対策等5か年事業（1995年度～1999年度）
	少子化対策推進関係閣僚会議決定
1999（平成11）年12月	少子化対策推進基本方針
	新エンゼルプラン（2000年度～2004年度）
	2001.7.6閣議決定
2001（平成13）年7月	仕事と子育ての両立支援等の方針（待機児童ゼロ作戦等）　厚生労働省まとめ
2002（平成12）年9月	少子化対策プラスワン
	2003.9.1施行　2003.7.16から段階施行
2003（平成15）年7月 9月	少子化社会対策基本法　次世代育成支援対策推進法
	2004.6.4閣議決定
2004（平成16）年6月	少子化社会対策大綱
12月	2004.12.24少子化社会対策会議決定　子ども・子育て応援プラン（2005年度～2009年度）
	2010.1.29閣議決定
2010（平成22）年1月	子ども・子育てビジョン
	2012.3.30閣議決定　子ども・子育て新システム関連3法案を国会に提出 2012.8.10法案修正等を経て子ども・子育て関連3法が可決・成立（2012.8.22から段階施行）
2012（平成24）年8月	子ども・子育て支援法等子ども・子育て関連3法
2014（平成26）年11月	2014.11.28（一部規定は同年12.2）施行　まち・ひと・しごと創生法
	2015.3.20閣議決定
2015（平成27）年3月	少子化社会対策大綱
	2016.4.1施行
2016（平成28）年4月	子ども・子育て支援法改正
	2016.6.2閣議決定
6月	ニッポン一億総活躍プラン
	2017.3.28働き方改革実現会議決定　働き方改革実行計画
2017（平成29）年3月	2017.6.2閣議決定
	子育て安心プラン
	2018.7.6公布
2018（平成30）年7月	働き方改革を推進するための関係法律の整備に関する法律
	2020.5.29閣議決定
2020（令和2）年5月	少子化社会対策大綱
	2020.12.15閣議決定
12月	全世代型社会保障改革の方針
	2020.12.21 公表
2021（令和3）年5月	新子育て安心プラン　子ども・子育て支援法及び児童手当法改正
	2023.4.1施行
2023（令和5）年4月	こども基本法　こども家庭庁設置法

資料：「令和4年版少子化社会対策白書」内閣府（著者まとめ）

Ⅱ　社会福祉の原理、思想、哲学、倫理

合格勉強法　出題率から考えて、外国人の理論を優先的に学習しよう。エスピン―アンデルセンの福祉国家レジームは表1を活用して、各レジームの代表国と制度の違いを押さえること。

1　外国の理論

36 28, 34 24, 29,
28 22, 23, 27 31

社会福祉理論に関する外国の主要な理論は以下のとおり。主に福祉国家の発展、類型化に関する理論が目立つ。

1. 基本　福祉国家レジーム　□□□

当時の福祉国家に関する研究は「対 GDP*に占める社会保障給付費の割合」に関心が集まっていたが、エスピン-アンデルセン（Esping-Andersen, G.）はその考え方を覆し、① 労働力の脱商品化*、② 社会的階層化*、③ 脱家族化*という 3 つの視点から、福祉国家を表1の3類型に分けた。

表1　福祉国家レジーム これだけ！

<table>
<tr><th rowspan="2" colspan="2">レジーム
（モデル）</th><th rowspan="2">代表国</th><th rowspan="2">社会保障
の特徴</th><th rowspan="2">中心的
な役割</th><th rowspan="2">サービス
の提供</th><th rowspan="2">労働力の
脱商品化</th><th rowspan="2">社会的
階層化</th><th rowspan="2">脱家
族化</th></tr>
<tr></tr>
<tr><td rowspan="3">日本はこの中間に位置する。</td><td>自由主義
（リベラル）</td><td>アメリカ
カナダ</td><td>低所得者
のみを対
象とする。</td><td>市場</td><td>選別主義</td><td>低い</td><td>高い</td><td>中間</td></tr>
<tr><td>保守主義
（コーポラ
ティズム）</td><td>ドイツ
フランス</td><td>職業によ
って給付
が不平等
である。</td><td>家族
職場</td><td>普遍主義
選別主義</td><td>中間</td><td>中間</td><td>低い</td></tr>
<tr><td>社会民主主
義（普遍主
義的）</td><td>スウェー
デン
フィンラ
ンド</td><td>全市民に
高福祉を
給付する
ため税金
が高い。</td><td>国家</td><td>普遍主義</td><td>高い</td><td>低い</td><td>高い</td></tr>
</table>

資料：「平成 24 年版厚生労働白書」厚生労働省（著者まとめ）

1 自由主義レジーム（アメリカ、カナダ）

① 資力調査（ミーンズテスト）により、低所得者に重点的に福祉が支給される。

② 社会保障の中では低所得者向けの公的扶助（アメリカではメディケア、メディケイド）の占める割合が高くなる。福祉の水準は低い。

③ 社会保障制度に占める選別主義的制度の割合が高く、低所得者だけに社会保障が給付されるため、福祉の受給には強いスティグマ感を伴う（福祉を受給する人＝低所得者というレッテルを貼られる劣等感を伴う）。

GDP
国内総生産。1 年間に国内で生産された物やサービスの付加価値（もうけ）を合計した額。

労働力の脱商品化
労働から離れても（仕事を辞めても）、国家からの給付や支援だけで生活を維持できるかを示す指標。例えば脱商品化の高い北欧では、介護のために仕事を辞めても社会保険で生活は維持できる。

社会的階層化
福祉国家の政策が市民の間に階層化（格差）をどのくらい生み出しているかを示す指標。例えば階層化の高いアメリカでは、低所得者だけに社会保険を給付することで格差が生まれている。

脱家族化
福祉国家の政策によって、育児や介護など家族の負担がどの程度軽減されているかを示す指標。

メディケア、メディケイド
▶p.128

スティグマ
▶p.91

4

社会福祉の原理と政策

④ 1970年～1980年代末までのアメリカは、国際比較の視点から見ると失業率が<u>高く</u>、社会保障支出の割合は<u>低い</u>という特徴が見られた。

2 保守主義レジーム（ドイツ、フランス）

① 社会保険制度は<u>職業別</u>、<u>地位別</u>に設定されており、給付の<u>不平等</u>が生じている。

② 自由主義レジームと比べれば、スティグマ感は解消されるが、<u>所得再分配</u>*の機能が低下する。

③ 社会保険は<u>普遍主義</u>であるが、公的扶助などは<u>選別主義</u>である。

3 社会民主主義レジーム（スウェーデン、フィンランド）

① <u>普遍主義</u>に基づき、すべての市民に対して普遍的に高い品質の福祉を提供するため、税金による<u>高負担</u>が強いられる。

② <u>労働力の脱商品化</u>が促進され、かつ<u>完全雇用</u>が約束されている。

2．標準 福祉の原理をめぐる理論（外国の理論） □□□

1 アダム・スミス（Smith, A.）

主著『<u>国富論</u>』において、市場経済においては個人が自己利益を追求すれば、（神の）<u>見えざる手</u>に導かれて社会全体が豊かになると唱えた。

2 ティトマス（Titmuss, R.）

① 「福祉の社会的分業」*の考え方に基づき、福祉制度を<u>財政福祉</u>、<u>社会福祉</u>、<u>企業福祉</u>の３つに分け、第二次世界大戦後は<u>社会福祉</u>から<u>企業福祉</u>へと変化しつつあると唱えた。

② <u>普遍的サービス</u>*を供給できる体制を作り、特別なニーズをもつ者や地域に対して<u>権利</u>として<u>選別的サービス</u>*を提供する。つまり、選別的サービスを促進するにはその土台として<u>普遍的サービス</u>が必要であると主張した。

③ 普遍主義の立場から、社会福祉政策を表２の３つのモデルに分類した。

表2 社会福祉政策の類型

① 残余的福祉モデル	介護等の福祉ニーズに対して、家族の力だけでは足りない場合に福祉政策で補う。
② 産業的業績達成モデル	産業的に成功した者（高所得者）ほど高い給付が受けられる。
③ 制度的再分配モデル	保険料などの負担を高所得者には重く、低所得者には軽くすることで、所得を再分配する。

所得再配分
税制や社会保障などを通じて、高所得者から低所得者へ富を移転させること（p.106）。

社会的分業
社会の様々な産業部門や分野が、細分化されること。戦前は社会全体で福祉サービスを供給してきたが、第二次世界大戦後は企業が供給する福祉サービスが主流になってきた。

普遍的サービス
普遍主義に基づき、すべての市民に提供されるサービス。

選別的サービス
選別主義に基づき、一部の対象者に重点的に提供されるサービス。

3 ハイエク（Hayek, F.） ［福祉国家に批判的であった。］

『自由の条件』（1960 年）では、新自由主義*の立場から、国家は経済に介入するべきではなく、市場は自由にしておくべきだと主張した。そのうえで、福祉国家を実現する「大きな政府」が中央集権化し、市場に深く介入してくることを批判した。

4 ローズ（Rose, R.）

インフォーマルサービスを組み込んだ福祉ミックス論*の立場から、福祉の総量（TWS：Total Welfare in Society）は、H（Household：家族福祉）と M（Market：市場福祉）と S（State：国家福祉）の総量（TWS＝H＋M＋S）であると唱えた。

 **ごろあわせ** ローズの理論

■ **ローズ** H（家族福祉） M（市場福祉） S （国家福祉）

バラの香りの家々（HO ME S）

5 ギデンズ（Giddens, A.）

① イギリスの労働党政権であるブレア政権において、社会民主主義、新自由主義以外の「第三の道」という考え方を提唱して、福祉政策のあり方に影響を与えた。

② 保守党政権が新自由主義として、サッチャー政権に象徴される市場原理主義に基づく「小さな政府」を掲げたのに対し、社会民主主義的な「大きな政府」の中に、この新自由主義を取り入れた「第三の道」を労働党政権の柱として提示し、ポジティブ・ウェルフェア*を導入した。

 **ごろあわせ** ギデンズの第三の道

■ **社会民主主義的** **新自由主義** **第三の道** **ギデンズ**

坂のない 新しい 道から 来てます

新自由主義
新自由主義（しんじゆうしゅぎ、英：neoliberalism、ネオリベラリズム）とは、国家による福祉・公共サービスの縮小（小さな政府、民営化）と、大幅な規制緩和、市場原理主義の重視を特徴とする経済思想。

福祉ミックス論
家族、ボランティアからのインフォーマルな福祉サービスと、行政、事業者などからのフォーマルな福祉サービスを組み合わせて、サービスを構築する理論。

ポジティブ・ウェルフェア
金銭給付よりも、教育や職業訓練によって人的資本への投資を重視した。参加型社会保障ともいう。

4
社会福祉の原理と政策

✎ **過去問チェック！**

Q：ローズ（Rose, R.）は、経済成長、高齢化、官僚制が各国の福祉国家化を促進する要因であるという収斂理論を提示した。（34−24）

A：× **ウィレンスキーの理論である。**

➡ **過去問プラス！**『国試対策 2025』（共通科目編）p.81

6 ジョンソン（Johnson, N.）

福祉の混合経済という枠組みの中で、NPM（ニューパブリックマネ
ジメント）や分権化、参加について、各国の例を取り上げながら論じ
た。

NPM
▶p.94

7 ウィレンスキー（Wilensky, H.）

① 国内総生産（GDP）に占める社会保障支出の割合を指標として、
福祉国家の発展は、⑴経済成長、⑵高齢化、⑶制度の経過年数
という３つの要因に規定されることを明らかにした。

② 経済成長に伴って福祉国家が発展するという福祉国家 収 斂説を
　　　　　　　　　　　　　　　　　　　　　　　　　　 しゅうれん
唱えた。その一方で、福祉国家の発展には、イデオロギー（考え
方・信条）、政治体制などは大きな影響を与えないと指摘した。

8 マーシャル（Marshall, T.）

① シティズンシップ（市民の権利）を⑴市民的権利（自由権や裁判
に訴える権利など）、⑵政治的権利（参政権）、⑶社会的権利
（文明市民として生活を送る権利、所得保障を要求する権利など）
の３つに区分した。この３つの権利を重視する国家を福祉国家
と定義している。

②「市民権と社会階級」という論文において、福祉国家を「⑴資本
主義—⑵民主主義—⑶福祉」という３つの構成要素の関係で捉
えるとするハイフン連結社会という概念を唱えた。

✎ 過去問チェック！🔺

Q：ウィレンスキー（Wilensky, H.）は、福祉の給付を「社会福祉」「企業福祉」「財政福祉」に
区別した福祉の社会的分業論を提示した。(34—24)

A：× **ティトマスの説明である。**

Q：エスピン-アンデルセン（Esping-Andersen, G.）は、自由主義・保守主義・社会民主主義
という３類型からなる福祉レジーム論を提示した。(34—24)

A：○ **労働力の脱商品化、社会的階層化、脱家族化の視点から福祉国家を３類型に分けた。**

Q：「ベヴァリッジ報告」では、従来の社会民主主義とも新自由主義とも異なる「第三の道」路
線を選択するように勧告した。(32—25)

A：× **ギデンズの第三の道の説明である。ベヴァリッジ報告は p.98 を参照。**

Q：マーシャル（Marshall, T.）のシティズンシップの分類に従えば、福祉国家は、市民的権利
や政治的権利と並び、社会的権利を重視する国家ということになる。(26—23)

A：○ **各権利の内容も押さえておこう。**

Q：エスピン-アンデルセン（Esping-Andersen, G.）の福祉国家の類型化によれば、社会民主
主義レジームでは市場の役割が大きいとされる。(26—23)

A：× **社会民主主義レジームでは、国家の役割が大きい。市場の役割が大きいのはアメリカな
どの自由主義レジームである。**

➡ 過去問プラス！『国試対策 2025』（共通科目編）p.81

2 日本の理論

32 24, 99, 31 94,
30 93

1. 応用 福祉の原理をめぐる理論（日本の理論）　□□□

　社会福祉理論に関する日本の主要な理論は以下のとおりである。主に
社会事業の位置づけに関する理論が目立つ。

1 岡村重夫（おかむらしげお）

① 個人が、その基本的要求を充足するために利用する社会制度との
　関係を「社会関係」と呼び、その主体的側面（利用者側）に立つ
　ときに見えてくる生活上の困難を社会福祉固有の対象領域とした。

② 人は社会制度を利用することで、社会生活を支える基本的要求
　を充足させている。

2 大河内一男（おおこうちかずお）

社会政策と社会事業を以下のように区別した。

① 社会政策＝労働政策であり、資本主義社会における労働力確保の
　ために必要である。

② 社会事業＝資本主義社会の経済活動に参加できない貧困者「経済
　秩序外的存在」を対象とする。彼らのことを「被救恤的窮民
　（救済を受ける人々）」と称した。

3 孝橋正一（こうはししょういち）

大河内一男の理論を批判し、社会政策と社会事業の関連性を強調し
た。それぞれの対象を「社会問題」と「社会的問題」に区別した。

① 社会政策＝資本主義の基本問題である社会問題を対象とする。

② 社会事業＝「関係的・派生的な社会的問題」を対象とする。社会
　政策の補充が目的である。

4 竹内愛二（たけうちあいじ）

人間関係を基盤にした専門的な援助技術の体系を「専門社会事業」
と呼び、社会事業概念の中心に位置づけた。

5 真田是（さなだなおし）

社会福祉の問題を「① 対象としての社会問題、② 政策主体（政策を
決める政府）、③ 運動（住民運動）」の三者の力動関係によって把握
し、そこから「福祉労働」を規定した。

6 仲村優一（なかむらゆういち）

機能主義ケースワークの立場に立ち、公的扶助において、自己決定
の原理を尊重したケースワークの必要性を主張した。

基本的要求
①経済的安定
②職業的安定
③家庭的安定
④医療の機会
⑤教育の機会
⑥社会参加の機会
⑦文化の機会

4

社会福祉の原理と政策

7 岸　勇
<small>きし　いさむ</small>

貧困の原因は個人ではなく、社会の中で追究すべきであると考え、公的扶助からケースワークを除外すべきであると主張し、仲村優一の公的扶助におけるケースワークの重要性を批判した。

8 一番ヶ瀬康子
<small>いちばんがせやすこ</small>

社会福祉は、生活権を保障するための制度であることを前提とし、生活権を起点に据えた実践論・運動論を組み入れた社会福祉学が総合的に体系化されなければならないと論じた。

9 三浦文夫
<small>みうらふみお</small>

社会福祉の供給組織を、行政型供給組織・認可型供給組織・市場型供給組織・参加型供給組織に区分し、社会福祉の供給主体の多元化を主張した（供給体制論）。

2．応用　各アプローチの位置づけ　□□□

地域福祉施策の研究に関しては、牧里毎治が制度を重視する構造的アプローチと要援護者を重視する機能的アプローチに大別している。
<small>まきさとつねじ</small>

合格MAP▶ 構造的アプローチ・機能的アプローチ

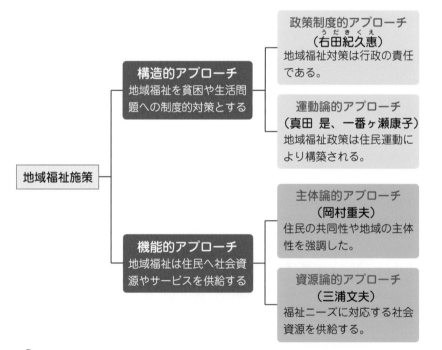

運動論的アプローチでは「運動」を「住民運動」と置き換えるとイメージしやすい。

三浦文夫のニード論
▶p.87

過去問チェック！↑

Q：岡村重夫は、生活権を起点に据えた実践論・運動論を組み入れた社会福祉学が総合的に体系化されなければならないと論じた。(32-24)

A：×　**設問は、一番ケ瀬康子の運動論的アプローチのことである。**

3 需要とニーズの概念

36 25, 35 27, 32 24,
31 105, 29 27, 28 25,
27 22, 26

1. 基本 ニード論 □□□

ニード(必要)を充足する資源は、フォーマルな部門からだけでなく、家族や友人などインフォーマル部門や企業などの民間営利部門からも供給される。

1 三浦文夫 社会福祉を政策を支える枠組みとして捉え、そのアプローチの方法として、ニード論や供給体制論を展開した(表3)。

ニード
対象者がどのような社会資源やサービスを求めているのかを示すもの。ニーズはその複数形であるが、一般的には大差なく用いられている。

供給体制論
▶p.86

表3　三浦文夫のニード論

ニード	内　容
貨幣的ニード ↓移行	ニードそのものが経済的要件に規定され、貨幣的に測定されるものであり、さらにそのニードの充足は主として金銭給付によって行われているというものである。
非貨幣的ニード	貨幣で測定することが困難であり、また貨幣の給付のみでは満たされず、物品や人的サービスなどの現物給付により充足するのが適当とみなされるものである。

2 ブラッドショー(Bradshaw, J.)

ブラッドショーは、ニードに関する判断の主体や基準に着目し、ニードを以下の4つに分類した(表4)。

表4　ブラッドショーのニード分類

ニード	内　容	特　徴
感得されたニード (フェルト・ニード)	本人が感知しているニードだが、まだ表明されていないニード	潜在的
表明されたニード (エクスプレスト・ニード)	「感得されたニード」を本人が申し出ることで表明されるニード	顕在的
規範的ニード (ノーマティブ・ニード)	専門職や行政官などが、社会的な規範や基準との対比において判断したニード	潜在的
比較ニード (コンパラティブ・ニード)	サービスを利用している人と受けていない人を比べてその必要性が判断されるニード	潜在的

+α
必要原則・貢献原則
必要原則とは、ニーズ(必要)充足のために平等な資源の量を分配すべきであるという考え方。一方、貢献原則では、人々の貢献度や能力に応じて、経済的分配が各個人に与えられる。

🖊 過去問チェック！

Q：ブラッドショーのニード類型を踏まえたニードの説明によれば、他人と比較してニードの有無が判断されることはない。(36-25)

A：× **他人と比較した比較ニードが判断されることがある。**

Q：利用者のフェルト・ニードとは、専門職が社会基盤に照らして把握する福祉ニードのことである。(29-27)

A：× **規範的ニードのこと。感得されたニードは、本人が感知しているがまだ表明されていないニードをさす。**

➡過去問プラス！『国試対策2025』(共通科目編)p.71

社会的包摂は言葉の意味を押さえただけでは正解できない。どこの国で発祥し、倫理綱領ではどんな倫理責任に位置づけられているか、細かく押さえる。

1 現代における社会問題

34 23, 26, 33 32, 31
33, 30 28, 29 22, 25,
28 33, 27 22, 63

1．基本 貧　困 □□□

1 **タウンゼント（Townsend, P.）** 貧困を「相対的剥奪」という視点から、社会の標準的な食事、活動、慣習に参加できない場合、快適に生活するために必要な社会資源が足りていない場合、全人口の中で貧困の状態にあると定義した。エイベル―スミス（Abel-Smith, B.）とともに、イギリスの貧困世帯が増加していることを 1960 年代に指摘し、それが貧困の再発見*の契機となった。

2 **ルイス（Lewis, O.）** 『貧困の文化―メキシコの "五つの家族"』（1959 年）の中で、「貧困の文化」という概念を打ち出し、経済的に困窮した社会集団は、貧しい状態を運命として捉え、貧困から抜け出す努力を怠るため、次の世代にもまた貧困の状態が受け継がれるというサイクルを見いだした。生活保護世帯の子どもが成長し、再び生活保護世帯になる連鎖が日本でも確認されている。

3 **ギデンズ（Giddens, A.）** 貧困と社会的排除を区別し、社会的排除の観点を① 経済的排除、② 政治的排除、③ 社会的排除にまとめた。

4 **スピッカー（Spicker, P.）** 『貧困の概念』（2007 年）の中で、「貧困の家族的類似」という図を作成し、「貧困」の意味を、「物質的状態」「経済的境遇」「社会的地位」に整理した。さらに 3 つの中心には「容認できない困難」という共通項を位置づけた。

5 **リスター（Lister, R.）** スピッカーの「貧困の家族的類似」の図を改訂し、「貧困の車輪モデル」を提唱した。車輪の主軸には物質的困難があり、外輪には「スティグマ」「人権の否定」といった非物質的で社会的文化的な困難が伴い、主軸と外輪は連動していると捉えた。

貧困の再発見
ラウントリー（Rowntree, B. S.）が 1950 年の第三回目貧困調査で、イギリスでは貧困が解消されていると報告したのに対し、タウンゼントらは 1960 年代に、貧困の存在を再認識し「貧困の再発見」を主張した。

ギデンズ
▶p.83

スティグマ
▶p.91

過去問チェック！

Q：リスター（Lister, R.）は、「ノーマティブ・ニード」に加えて、「フェルト・ニード」を提案した。（27─22）
A：× **ニードの分類をしたのはブラッドショー（p.87）である。**
Q：タウンゼント（Townsend, P.）は、貧困者には共通した「貧困の文化（culture of poverty）」があることを明らかにした。（27─22）
A：× **ルイスの説明である。**
Q：ルイスは「相対的剥奪」の概念を精緻化することで、相対的貧困を論じた。（27─22）
A：× **タウンゼントの説明である。相対的剥奪指標を用いて相対的貧困を分析した。**

6 セン（Sen, A.）『福祉の経済学―財と潜在能力』（1985 年）の中で、人間のニード充足を財の消費からもたらされる効用によって定義する学説を批判し、よい人生のために達成できる機能の集合である「潜在能力（ケイパビリティ）」によって評価すべき、とする理論を提唱した。

> 豊かな社会の中で貧しいことは、潜在能力の障害となる、とした。

2. 基本 社会的排除（ソーシャルエクスクルージョン）　□□□

　貧困、差別、障害など多次元的な要因によって引き起こされる「状態」であるとともに、そこに至る「過程」に注目した概念である。

　①「社会との関係」の側面を重視し、社会や地域に参加できないだけでなく、雇用、教育の機会が得られないことをさす。

　② 社会的排除が原因で、弱い立場（社会的弱者）に追いやられることをヴァルネラビリティという。

3. 基本 社会的包摂（ソーシャルインクルージョン）　□□□

　すべての人々を孤独や孤立、排除や摩擦から援護し、社会との関係を確立することで、社会のメンバーとしてお互いに支え合う考え方である。社会参加の促進だけでなく所得の保障なども含む。

　① 1970 年代から 1980 年代にかけて、フランスを中心に失業者や外国人に対する社会的排除が問題視され、その是正を求めて提起された理念である。

　② 日本社会福祉士会の倫理綱領では、「社会に対する倫理責任」としてソーシャルインクルージョンを位置づけている。

　③「社会的な援護を要する人々に対する社会福祉のあり方に関する検討会」報告書（2000 年旧・厚生省）では、ソーシャルインクルージョンの理念を進めることを提言している。

✎ 過去問チェック！

Q：セン（Sen, A.）が提唱した「潜在能力（capabilities）」について、困窮した生活を強いられていてもその人がその境遇に納得しているかどうかという心理的尺度が、最終的な潜在能力の評価の基準となる。（29−22）

A：×　**心理的尺度のみでなく、選択したくともできない事情といった選択機会も含まれる。**

Q：日本社会福祉士会倫理綱領では、「社会に対する倫理責任」としてソーシャルインクルージョンを位置づけている。（24−26）

A：○　**設問は「クライエントに対する倫理責任」ではないので注意。**

4. 標準 自殺

35 47, 33 40, 29 28, 27 37

合格勉強法
社会問題では特に、自殺の動向を押さえておこう。

自殺者は1998（平成10）年に急増し、以降3万人を上回ってきたが、2012（平成24）年に3万人を下回り、2022（令和4）年の自殺者数は、総数2万1,881人、男性1万4,746人、女性7,135人となっている。男性が13年ぶりに増加へ転じ、女性も3年連続で増加した（「令和4年中における自殺の状況」警察庁）。

男性が約7割を占めている。

① 年齢階級別の自殺死亡率の推移を見ると、「50歳代」「40歳代」「70歳代」の順に多く、男性女性ともに50歳代が多い。近年、女性の20～40歳代で増加傾向にある。

② 2022（令和4）年の10～39歳の各年代の死因の1位は自殺である。10～19歳の若い世代で死因の1位が自殺となっているのは先進7か国では日本のみで、その死亡率も他の国に比べて高い。小中高生の自殺は514人で過去最多となり、自殺報道により自殺が増加する「ウェルテル効果＊」が指摘されている。

③ 職業別自殺者数では、「無職者」が自殺者の全体の53.8%を占める。「無職者」の内訳をみると、「年金・雇用保険等生活者」が多い。（「令和5年版自殺対策白書」）

④ 2007（平成19）年以降の原因・動機別の自殺の状況をみると、「健康問題」が最も多い。

⑤ 自殺対策基本法＊の基本理念では、自殺は個人的な問題としてのみ捉えられるべきでなく、その背景に様々な社会的な要因があることを踏まえて、自殺対策を生きることへの包括的な支援と捉えている。

ウェルテル効果
ゲーテの代表作『若きウェルテルの悩み』からとられた現象。出版後、主人公をまねて自殺する若者が増えたことに由来する。

1 自殺対策基本法

2006（平成18）年6月制定。2016（平成28）年3月の改正に伴い、自殺対策推進業務が内閣府から厚生労働省に移管。都道府県および市町村は、それぞれ自殺対策計画の策定が義務づけられた。

過去問チェック！

Q：自殺対策基本法に基づく自殺対策計画は、市町村に策定が義務づけられている。(35-47)

A：○ **自殺対策計画の策定は、都道府県、市町村ともに義務づけられている。**

Q：地域自殺対策強化事業におけるゲートキーパー養成研修の対象には、民間企業等の管理職、かかりつけ医、民生委員・児童委員、地域住民等が含まれる。(33-40)

A：○ **ゲートキーパーとは、悩んでいる人に気づき、傾聴、見守り、声かけ等、適切な対応ができる人のことである。**

Q：市町村自殺対策計画には、計画の実績について評価を行うと明記されている。(32-46改)

A：× **市町村自殺対策計画には、法律に実績評価を行う旨は記載されていない。**

→過去問プラス！『国試対策2025』（共通科目編）p.158

Ⅳ　福祉政策の構成要素と過程

合格勉強法 普遍主義・選別主義は、スティグマの言葉の意味と一緒に、表1でその違いを整理する。福祉供給過程では、英語、カタカナ用語が多く登場するが、「どんな場面でどんな意味で使われるか」を平易な日本語で押さえること。

1 福祉政策の論点

　福祉政策を企画、立案、実施、見直しをしていくうえで重要な論点として、普遍主義・選別主義やジェンダーという視点がある。

1．基本　普遍主義・選別主義 　よく出る　□□□

　普遍主義は、すべての人を対象とする考え方である。対象者を広く設定するため、財政上の負担が大きい欠点をもつ。これに対して、選別主義は、資力調査を実施し対象者を選別するが、強いスティグマ感を伴う欠点をもつ（表1）。

表1　普遍主義と選別主義の相違点 これだけ！

項　　目	普遍主義	選別主義
対象者	すべての人	特別なニーズをもつ人
資力調査	実施しない。	実施する。
スティグマ感	なし。もしくは弱い。	強い。
財政負担	大きい。	小さい。
レジーム	社会民主主義レジーム	自由主義レジーム
代表国	スウェーデンなど	アメリカなど

合格勉強法　ジェンダーは多科目で出題される重要ポイント。理解に苦しむところではないので、年号と言葉の意味を暗記すれば得点源になる。

2．標準　スティグマ　□□□

1 スティグマ　他と比べて劣っているというレッテルを貼られること、またはそこから生じる劣等感や社会的不利のことである。

　①もともと奴隷や犯罪者に押し付けられた肉体的刻印のことであり、社会学者ゴッフマン（Goffman, E.）が『スティグマの社会学』（1963年）の中で用いた。

　②福祉制度の利用に伴うスティグマ付与の要因を排除するには、普遍主義に基づいてすべての人に福祉サービスを導入する方法がある。

3．基本　ジェンダー　□□□

1 ジェンダー　社会的、文化的に構築された性差のこと。

　①社会政策におけるジェンダー・バイアスとは、男性が安定的に雇用され、女性が労働市場に参入しないことを標準とみなすようなバイアス（偏見）のことである。

　②ジェンダー主流化（ジェンダー・メインストリーミング）とは、あ

注意　ジェンダーとは生物学的な性差ではない。

1995年に北京で開かれた第4回国連世界女性会議で強調された。

らゆる政策や事業等の中心に男女平等の視点を据えることである。

2 シャドーワーク シャドーワーク（shadow work）とは、家事、育児、通勤など、生活の基盤を支えるために必要不可欠な無報酬の労働をさす。イリイチ（Illich, I.）が唱えた造語である。

3 ジェンダー指数

① GII ジェンダー不平等指数。日本は 193 か国中第 22 位（0.078）であり、男女平等化が進んだ国に位置づけられている（「人間開発報告書 2023/24」国連開発計画）。

② GGI ジェンダー・ギャップ指数。経済・政治・教育・健康の 4 分野における各国のジェンダー平等度を示す指数のことである。日本は 146 か国中第 125 位である（「ジェンダーギャップ指数 2023」世界経済フォーラム WEF）。

4 男女共同参画社会 日本は 1985（昭和 60）年、女子差別撤廃条約を締結し、同年に男女雇用機会均等法が制定された。

> 男女同一賃金の原則が規定されているのは労働基準法であり、男女雇用機会均等法ではない。

日本では男女共同参画社会を実現するために、1999（平成 11）年男女共同参画社会基本法が制定され、2001（平成 13）年には内閣府に男女共同参画局が設置された（表 2）。この法律に基づき、国は男女共同参画基本計画を策定する。都道府県は都道府県男女共同参画計画を定めなければならない。

> 男女共同参画局は厚生労働省ではなく、内閣府である。

表 2 ジェンダー・男女共同参画に関する歴史

年号	出来事
1975	国際婦人年
1979	女子差別撤廃条約が第 34 回国連総会で採択
1985	女子差別撤廃条約を日本が締結
	男女雇用機会均等法制定
1999	男女共同参画社会基本法制定
2001	内閣府に男女共同参画局を設置
2015	女性活躍推進法制定

ごろあわせ 男女共同参画に関する年号

- 1985 年　男女雇用機会均等法制定　➡ 「ご」「こ」が共通
- 1999 年　男女共同参画社会基本法制定　➡ 9 がさん≒さんかく

✏️ **過去問チェック！**

Q：男女共同参画社会基本法は、都道府県が都道府県男女共同参画計画を定めるように努めなければならないとしている。(33−28)

A：✕　**都道府県男女共同参画計画の策定は義務である。なお、市町村は努力義務である。**

シャドーワーク
シャドー（陰で支える）＋ワーク（労働）という意味。

GII（Gender Inequality Index）
2010 年より国連開発計画（UNDP）が発表している。性と生殖に関する健康、エンパワメント、労働市場への参加の 3 つの側面における男女の不平等を示す指標。

男女共同参画基本計画
2020 年代の可能な限り早期に指導的地位に占める女性の割合が 30% 程度となるよう目指して取組みを進める。

+α
セクシュアルハラスメント
男女雇用機会均等法では職場のセクシュアルハラスメント対策について、雇用管理上必要な対策が事業主に義務づけられる。派遣労働者には、派遣元と派遣先の事業主も対策をとらなければならない。

5 女性活躍推進法（女性の職業生活における活躍の推進に関する法律）

女性の職業生活における活躍を推進し、豊かで活力ある社会の実現を図る。常時雇用労働者 101 人以上の事業主は、一般事業主行動計画の策定・届出義務及び自社の女性活躍に関する情報公表が義務である。なお、2022（令和 4）年の制度改正で、常時雇用する労働者が 301 人以上の事業主は、「男女の賃金の差異」を情報公開の必須項目として含めることになった。

> 一般事業主行動計画の策定・情報公表は義務。

2 福祉供給部門

措置制度が主流であった時代は、公的サービスが独占的となり、質の低下を招くことなどが問題視されていた。現在は市場の原理を導入し、サービス事業者同士が競争することにより、効率的で高品質のサービス提供が展開されている。

36 22, 35 27, 34 29, 28 29

1. 標準 福祉多元主義 □□□

1 ウルフェンデン（Wolfenden, J.F.）　福祉サービスがインフォーマル部門、ボランタリー部門、法定（公定・公共）部門、民間営利部門という 4 つの部門によって多元的に供給されるという福祉多元主義の考え方を示した。

ウルフェンデン報告
▶p.164

2. 基本 準市場 よく出る！ □□□

1 ルグラン（Le Grand, J.）　「準市場」という概念を打ち出し、民間企業における市場競争を公共のサービスにも取り込み、国民にとって効率的で質の高いサービスが提供されることが望ましいと主張した。

> 準市場の参加者には、営利事業者の参入も認められているので注意。

2 準市場（疑似市場）　医療・福祉などの公的サービスの提供において部分的に市場メカニズムを取り入れた方式のこと。日本の介護保険制度における介護サービスの提供には、準市場（疑似市場）の要素が導入されている。

3 福祉供給過程 これだけ！

> 割当は「市場を通さない」「市場メカニズムに影響されない」点が特徴である。

35 27, 34 29

福祉サービスは、社会資源が限られているため割当（ラショニング）が原則であるが、NPM（ニューパブリックマネジメント）の台頭により、PFI や指定管理者制度が導入され、供給の手法が多様化している。

NPM
▶p.94
PFI
▶p.94
指定管理者制度
▶p.94

1. 応用 割当（ラショニング） □□□

福祉サービスの資源が必要量に対し不足しているときや、価格メカニズムによる資源配分の調整ができなかったり望ましくなかったりする場合に、市場を通さずに資源供給を行う方法。これにより、希少な資源を

必要とする人々に、より確実に供給できる。

① 割当の例としては、保育所の待機児童を、申込み順や抽選で入所させることなどがある。

② ジャッジ（Judge, K.）によれば、ラショニングは<u>財政</u>と<u>サービス</u>の２種類に分けられる。

２．標準 NPM（ニューパブリックマネジメント） □□□

公的サービスに市場のメカニズムや民間企業経営の理念を取り入れ、サービスの効率化・活性化を図る手法。<u>1980</u>年代半ば、<u>イギリス</u>や<u>ニュージーランド</u>などで形成された。３つの基本原則として、① <u>競争原理</u>、② <u>成果主義</u>、③ <u>行政</u>による計画立案と実施の分離がある。

合格勉強法

指定管理制度や PFI
は、NPM の具体的
な手法である。

３．応用 指定管理者制度 □□□

地方公共団体が、住民の福祉を増進することを目的に設置する<u>公の施設</u>の管理権限を、<u>条例</u>に定めた手続きによって、指定した<u>民間事業者</u>に委託できる制度。

① 公の施設の管理に民間のノウハウを活用しながら、市民サービスの向上と経費の節減を図ることを目的に、<u>管理委託</u>制度に代わって、2003（平成 15）年、<u>地方自治法</u>の改正により創設された。

② 公の施設の管理は、⑴民間への業務委託を含む<u>直営</u>、⑵<u>指定管理者</u>による管理のいずれかにより行われる。

注意！

指定管理者は社会福
祉法人などに制限さ
れず、民間事業者で
もよい。

４．応用 PFI（プライベート・ファイナンス・イニシアティブ） □□□

公共サービスの効率的かつ効果的な供給を目指し、<u>民間</u>の資金、経営能力、技術的能力を活用して、<u>公共施設</u>などの建設や運営を行う。

PFI は、<u>1990</u>年代に<u>イギリス</u>で誕生した。日本では PFI 法が<u>1999</u>（平成 11）年に制定され、その後ケアハウスを中心とする社会福祉施設の建設・運営に活用されている。

PFI

プライベート＝民間
企業、ファイナンス
＝資金・能力、イニシ
アティブ＝主導とい
う意味である。

過去問チェック！

Q：ジャッジ（Judge, K.）は、福祉ニーズを充足する資源が不足する場合に、市場メカニズムを活用して両者の調整を行うことを割当（ラショニング）と呼んだ。(35—27)

A：× **ジャッジが示した割当（ラショニング）は、市場のメカニズムを活用しないことが特徴である。**

Q：準市場では、行政主導のサービス供給を促進するため、非営利の事業者間での競争を促す一方で、営利事業者の参入を認めないという特徴がある。(34—29)

A：× **準市場とは営利事業者の参入のもと部分的に市場メカニズムを取り入れた方式である。**

➡**過去問プラス！**『国試対策 2025』（共通科目編）p.72, 83

V　福祉政策の動向と課題

合格勉強法　新出題基準には「地域包括」という言葉が10か所以上登場します。国家試験の大きなテーマです。専門科目「高齢者福祉」でもねらわれるポイントになります。

1　地域包括ケアシステム構築のプロセス

1. 標準　地域包括ケアシステム　□□□

35 32, 34 127

　市町村では、2025（令和7）年に向けて、3年ごとの介護保険事業計画の策定・実施を通じて、地域の自主性や主体性に基づき、地域の特性に応じた地域包括ケアシステムを構築する。

合格MAP　市町村における地域包括ケアシステム構築のプロセス

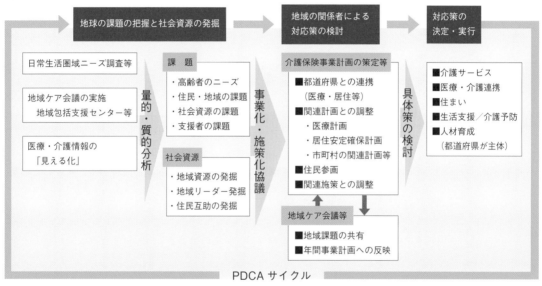

資料：「地域包括ケアシステムの構築プロセス」厚生労働省

2. 標準　外国人材の受入れ・共生のための総合的対応策　□□□

　外国人材の適正・円滑な受入れの促進に向けた取組みとともに、外国人との共生社会の実現に向けた環境整備を推進する。

　　① 介護など人材の確保が必要な特定産業分野に新たな在留資格を創設。

　　② 外国人への情報提供及び相談を行う一元的な窓口として、地方公共団体に「多文化共生総合相談ワンストップセンター」を設置する。

　　③ 住宅セーフティネット法に基づき、外国人を含む住宅確保要配慮者の入居を拒まない賃貸住宅の登録や住宅情報を提供。

3. 標準　性同一性障害者の性別の取扱いの特例に関する法律　□□□

　性同一性障害者において、特定の要件を満たす者（18歳以上、未婚、生殖腺がないことなど）につき、家庭裁判所の審判によって、法令上の性別の取扱いや、戸籍上の性別記載を変更できる。2003（平成15）年7月成立、翌年施行。

+α

LGBT
L：女性の同性愛者（Lesbian：レズビアン）、G：男性の同性愛者（Gay：ゲイ）、B：両性愛者（Bisexual：バイセクシャル）、T：こころの性とからだの性との不一致（Transgender：トランスジェンダー）の頭文字をとった用語。

Ⅵ　福祉政策と関連施策

共通科目の中でもカタカナ用語が数多くねらわれるポイントである。カタカナ用語をみて意味を短く説明できることをゴールにしよう。

1 関連政策

36 31, 91, 35 143, 33 30, 135, 143, 31 138, 30 30, 69, 28 143, 27 31

1．標準 福祉と就労をめぐる政策 □□□

諸外国の福祉と就労をめぐる政策では、表1の用語が用いられる。

これだけ!

表1　福祉と就労をめぐる政策

キーワード	意　味
アクティベーション	保育所や職業訓練などの公的なサービスを拡充しながら、所得保障と雇用を連関させる政策。失業給付や公的扶助が寛大になり過ぎると、就労可能な者が給付に依存してしまう問題点がある。
ディーセント・ワーク	「働きがいのある人間らしい仕事」。ILO（国際労働機関）は、ディーセント・ワーク実現のための4つの戦略目標を掲げている。
アンペイドワーク	賃金や報酬が支払われない労働や活動のこと。家族による無償の家事、育児、介護が含まれる。
ベーシックインカム	福祉と就労を切り離した政策。最低限の所得保障。国がすべての国民に対して、最低限の生活に必要とされる現金（所得）を無条件で支給する政策。① 無条件である点、② 個人単位である点が特徴である。
フレキシキュリティ	flexibility（柔軟性）と security（安全・保障）を組み合わせた造語。この政策では、企業は柔軟に従業員を解雇しやすくなるが、手厚い失業手当、充実した職業訓練などを講じて、労働者の生活の安全を守らなければならず、雇用者、被雇用者双方に利点がある。
ワークフェア	① 労働（work）と福祉（welfare）の合成語である。生活保護など福祉の受給者に対して、一定の就労を義務づけ、労働の対価として給付を行う公的扶助の政策である。 ② 目的は、生活保護受給者などの精神的自立を促し、就労を通じて、経済的自立の基盤となる技術・技能を身に付けることにある。 ③日本のワークフェア政策には、一定時間以上の労働を条件とする強制力の強いハードなプログラムと、教育訓練などを通じてエンプロイヤビリティ（雇用されうる能力）を高めてから就労を促すソフトなプログラムがある。

2．標準 福祉の住宅政策 □□□

1 住生活基本法　1966（昭和41）年制定の住宅建築計画法が廃止され、2006（平成18）年に制定された。国および都道府県に住生活基本計画の策定を定めている。

2 公営住宅法　公営住宅（地方公共団体が低額所得者に賃貸(ちんたい)する住宅）について定める法律。入居には所得制限があり、家賃は毎年度、事業主体（地方公共団体）により入居者の収入などに応じて決定される。

3 住宅セーフティネット法　「住宅確保要配慮者*に対する賃貸住宅の供給の促進に関する法律」のこと。民間賃貸住宅を賃貸する事業者は、住宅確保要配慮者の円滑な入居促進施策に協力するよう努めなければならない。

住宅確保要配慮者
国土交通省の定めによると、低額所得者、被災者、高齢者、障害者、子育て世帯、省令で住宅の確保に特に配慮を要すると定める者（外国人など）。

5
社会保障

社会保険料を払ったことのない学生の方が特に苦手とする科目です。必出の年金は国民年金被保険者の1号と2号の違いをまず整理しましょう。労災保険、雇用保険は範囲が狭いので着手しやすい項目です。

科目の特徴

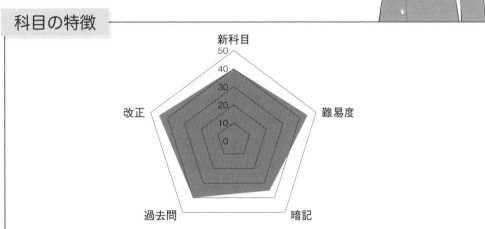

新科目：新科目として相当な準備が必要かどうか
難易度：問題が正解しにくいかどうか
暗記：暗記の重要性が高いかどうか
過去問：過去問題を活用する際に工夫が必要かどうか
改正：法律・制度の改正が多いかどうか

過去問題の使い方

解いておくべき過去問	活用法
3回分 ◎	予想問題を活用しながら、過去問題は改正点に着目し、最新の解説とともに演習しましょう。第36回、第35回試験では社会保険の仕組みを問う基本問題が数多く出題されています。

I　社会保障の概念や対象及びその理念

合格勉強法

歴史を問う問題はほとんどが一行問題なのでヒントが少ない。流れだけではなく制定年まで正確に覚えておこう。外国も日本も同じ頻度で出題されるが、他科目でも頻出なのは外国の歴史である。先に覚えておこう。

1 社会保障制度の発達

36 23, 34 26, 33 25,
27, 32 25, 31 24, 55,
30 27, 29 55, 28 24,
27 50

1．[標準] 社会保障制度の発達（外国編）　☐☐☐

　世界で最初の社会保険制度は、ビスマルクが導入した1883年の疾病保険法（1884年災害保険法、1889年養老・疾病保険法）である（表1）。

1 社会保障法　世界で最初に社会保障という言葉が用いられた法律は、世界恐慌の中、アメリカのルーズベルト大統領のもと、1935年に制定された社会保障法である。医療保険の一種であるメディケアは、1965年に加えられた。

注意

世界で最初に社会保障制度が制度化されたのはイギリスではなくドイツ。

2 ベヴァリッジ報告（1942年）

① 欠乏・疾病・無知・不潔・無為の「五つの巨悪（巨人）」を克服するために、包括的な社会保障制度の整備を主張した。

② 社会保障計画は三つの方法（社会保険、国民扶助、任意保険）で構成されるという考え方を示した。

③ ナショナル・ミニマム、定額拠出（保険料）の原則に基づき、児童手当、包括的な保健サービス、雇用などを目標とした。

ベヴァリッジ報告
▶p.104

合格勉強法

日本と比較してよく出題されるのはイギリス、ドイツ！世界恐慌後のアメリカにも注目！

3 ILO（国際労働機関）　1919年創設。基本的人権の推進、労働・生活条件の向上、雇用機会の増進のための国際的な政策や計画の策定などを行う、国際連合の専門機関。近年、ディーセント・ワークの実現を目指した活動を行っている。戦略目標は「仕事の創出、仕事における諸権利の保障、社会的保護の拡充、社会対話の促進」の4つ。

ディーセント・ワーク
▶p.96

4 『社会保障への途』　1942年ILOにより刊行。社会保障とは「社会的な危険に対して国民に提供される保障」である、また、社会保障の給付や扶助は「権利として請求できるもの」であると定義している。

社会保障への途
医療、年金、社会手当、雇用のすべてを包括するニュージーランドの社会保障制度を新しいモデルとして紹介した。

ごろあわせ　疾病保険法ほか

■ ビスマルク　アメとムチ　1883年　1884年　1889年　疾病保険法　災害保険法　養老（老齢）

ビスケットにアメ、	歯みがき よ	く	しな	さい	よ

📝 過去問チェック！↑

Q：マルサス（Malthus, T.）は、欠乏・疾病・無知・不潔・無為の「五つの巨悪（巨人）」を克服するために、包括的な社会保障制度の整備を主張した。（35—24）

A：×　ベヴァリッジ報告で提唱された社会保障政策である。

➡過去問プラス！『国試対策2025』（共通科目編）p.77

表1　社会保障制度の発達（外国編） これだけ！

年	法律等	国	説　明
1601	エリザベス救貧法	イギリス	救貧税の徴収
1795	スピーナムランド制度	イギリス	救貧院の収容から院外救済まで広げた。パンの価格をもとに基本生活費を計算
1834	新救貧法	イギリス	院外救済を撤廃、劣等処遇の原則
1883	疾病保険法	ドイツ	ビスマルク（鉄血宰相）により世界初の社会保険が制度化。「アメとムチ」政策。アメ：社会保険を制度化。ムチ：社会主義者鎮圧法
1884	災害保険法	ドイツ	
1889	養老・疾病保険法	ドイツ	
1884	フェビアン協会設立	イギリス	ウェッブ夫妻らが参加。福祉国家に影響を与える社会改良主義。
1897	『産業民主制論』	イギリス	ウェッブ夫妻がナショナル・ミニマムの概念を初めて提案
1908	老齢年金法	イギリス	無拠出（保険料なし）
1911	国民保険法	イギリス	世界初の失業保険＋医療保険
1919	ワイマール憲法	ドイツ	世界で初めて生存権を規定
1920	『大英社会主義社会の構成』	イギリス	ウェッブ夫妻がナショナル・ミニマムの概念を展開
1929	世界恐慌	イギリス	ケインズ理論
		アメリカ	ニューディール政策
1935	社会保障法	アメリカ	世界恐慌の中、ニューディール政策の一環としてルーズベルトが制定（世界初の社会保障と名が付く法律）
1942	ベヴァリッジ報告	イギリス	定額給付、定額拠出に基づく社会保障計画（社会保険・国民扶助・任意保険）を提案
	『社会保障への途』	ILO（国際労働機関）	社会保障の定義。ニュージーランドの社会保障法をモデルとして紹介
1945	ラロック委員会報告書	フランス	全国民を対象とした総合的な社会保障計画「ラロック・プラン」を提唱
	第二次世界大戦終結	—	ヨーロッパを中心に福祉国家成立

 ごろあわせ　新救貧法

■ 新救貧法　　1834 年　　劣等処遇の原則

 貧しいときは馬刺しの冷凍食品

劣等処遇の原則
救済されている貧民の生活レベルは、救済を受けず自活している労働者よりも低くなければならないという原則。

フェビアン協会
ウェッブ夫妻などが参加。革新的な社会変革をめざすマルクス主義に対抗し、階級闘争を否定した平和な社会改良主義。イギリス福祉国家の形成に影響を与えた。
ウェッブ夫妻
▶合格ドリル p.26

ナショナル・ミニマム
国民の最低限の生活条件を国や地方自治体が確保すること。最低賃金、最長労働時間、衛生安全、義務教育の提供を提唱した。

ケインズ理論
大恐慌の中、政府は積極的に市場に介入し、公共事業などを増やすことで雇用が増え失業が解消すると考えた。「市場に政府は関与しない」という従来の理論を覆し、「大きな政府」を唱えた。

ラロック・プラン
従来は被用者対象であった社会保障制度を全国民対象に拡大した。

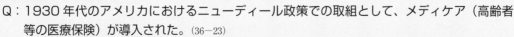 過去問チェック！

Q：1930 年代のアメリカにおけるニューディール政策での取組として、メディケア（高齢者等の医療保険）が導入された。（36−23）
A：×　**社会保障法が制定された。**

➡**過去問プラス！**『国試対策 2025』（共通科目編）p.70

2. 標準 社会保障制度の発達（日本編）

35 42, 49, 34 49, 32 26, 49, 31 53, 30 52, 29 49, 28 127, 27 50

1961（昭和36）年に国民皆保険・皆年金の実現に至るまで、まず医療保険制度（1922（大正11）年健康保険法）、次に公的年金制度（1941（昭和16）年労働者年金保険法）が整備された（表2）。

表2　社会保障制度の発達（日本編）

年号	法律等	説明
1922	健康保険法	当初は工場などの事業所で働く従業員本人のみを対象
1938	国民健康保険法	任意加入。保険者は国民健康保険組合を任意で設立
1939	職員健康保険法	会社で働くホワイトカラーを対象。1942年に健康保険法と統合され、家族給付などが法定化
	船員保険法	2010年船員保険事業は全国健康保険協会に運営交代
1941	労働者年金保険法	1942年全面施行。当初は工場や炭鉱で働く男性労働者のみ。1944年に事務系の男性と、女性にも拡大し、厚生年金保険法に改称。1954年に全面改正
1947	労働者災害補償保険法	当初は業務災害のみ。1973年に通勤災害まで拡大
	失業保険法	1974年全面改正、雇用保険法に改正
1950	社会保障制度に関する勧告生活保護法	社会保障制度の定義の中で、生活困窮者に対して国家扶助による最低限度の生活を保障
1958	国民健康保険法	全面改正。強制加入。1961年、国民皆保険が実現
1959	国民年金法	非被用者（勤め人以外）を対象にした年金制度の誕生。1961年、国民皆年金が実現
1973	老人福祉法改正	老人医療費の無料化→1982年老人保健法により廃止
1981	難民条約加入	社会保険は外国人も対象となる。
1982	老人保健法	翌年施行。2006年に高齢者医療確保法に改称・改正
1995	社会保障制度審議会勧告	介護サービスの供給制度の運用に要する財源は、公的介護保険を基盤にすべきと提言
1997	介護保険法	2000年施行。年金保険・医療保険・雇用保険・労災保険・介護保険の5つの社会保険が完成
2004	年金制度	保険料水準固定方式・マクロ経済スライドを導入。基礎年金の国庫負担割合の引き上げを開始
2006	老人保健法改正	2008年の高齢者の医療の確保に関する法律の施行により、後期高齢者医療制度を導入

注意
厚生年金は創設当時、女性労働者を対象としていなかった。

注意
改正前は国民の1/3が無保険者

難民条約
外国人に対する差別を禁じる条約。日本の条約加入に伴い国民年金、児童手当法、児童扶養手当法、特別児童扶養手当法では国籍要件が撤廃され、国内に住所のある外国人も対象となった。

📝 過去問チェック！

Q：社会保険制度として最初に創設されたのは、健康保険制度である。（35−49）
A：○　**創設当初は工場で働く従業人本人のみを対象としていた。**
Q：1973年（昭和48年）に、国の制度として老人医療費の無料化が行われた。（34−49）
A：○　**その後1982年に老人保健法が制定（翌年施行）され、無料化は廃止された。**

➡**過去問プラス！**『国試対策2025』（共通科目編）p.97, 98

2 社会保障の理念や対象

1. 標準 社会保障制度審議会 □□□

　1949(昭和24)年に設置された社会保障制度審議会は、1950(昭和25)年、1962(昭和37)年、1995(平成7)年に勧告を行っており、いずれも日本の社会保障の重要な転換点に位置している。社会保障制度審議会は中央省庁の再編により廃止され、2001(平成13)年、社会保障審議会*等に移管された。

1 **1950(昭和25)年の「社会保障制度に関する勧告」**　社会保険制度と公の負担による経済保障と、それを国家扶助(生活保護制度)が補完するシステムの構築を提案した。社会保障を社会保険、公的扶助、社会福祉、公衆衛生の4部門から成り立つものと定義している。この勧告で示された保険的方法または直接公の負担において対応すべき経済的困窮の原因とは、疾病、負傷、分娩、廃疾、死亡、老齢、失業、多子その他である。

2 **1962(昭和37)年の勧告**　国民を貧困階層、低所得階層、一般所得階層に分け、社会福祉対策を「低所得階層の対策」と位置づけた。また、救貧・防貧の目的で社会保障制度が組み直された。

3 **1995(平成7)年の勧告**　国民の自立と社会連帯の考えが社会保障を支える基盤になると強調した。また、介護サービスの供給制度の運用に要する財源は公的介護保険を基盤にすべきと提言された。

2. 標準 社会保障制度改革国民会議報告書 □□□

　2012(平成24)年8月に成立した社会保障制度改革推進法に基づき、内閣府に社会保障制度改革国民会議が設置され、2013(平成25)年にとりまとめられた。

1 **「1970年代モデル」から「21世紀(2025年)日本モデル」へ**　主として高齢者世代を給付の対象とする社会保障から、切れ目なく全世代を対象とする社会保障への転換を目指し、相互に支え合う仕組み、子ども・子育て支援の充実、成熟社会の構築へのチャレンジなどを改革の方向性として指摘している。

社会保障審議会
厚生労働大臣の諮問機関。社会保障制度全般や社会保障制度のあり方について審議・調査し、意見を答申する。

> 経済的困窮の対象として、怠惰や粗暴は含まれない。社会保障制度において5つの巨悪を示したベヴァリッジ報告(p.98)と混同しない。

合格勉強法
勧告の中では1950年勧告が最頻出である。一番時間を割いて学習しよう。

合格勉強法
1962年勧告は「救貧・防貧」を目印にして見分けよう。

合格勉強法
1995年勧告は「国民の自立と社会連帯」を目印にして見分けよう。

✏ 過去問チェック！ ↑

Q：1950年(昭和25年)の社会保障制度審議会の勧告では、日本の社会保障制度は租税を財源とする社会扶助制度を中心に充実すべきとされた。(35-49)

A：× **社会保険と社会扶助を中心として、国家扶助が補完する。**

Q：1995年(平成7年)の社会保障制度審議会の勧告で、介護サービスの供給制度の運用に要する財源は、公的介護保険を基盤にすべきと提言された。(32-49)

A：○ **この勧告の2年後に介護保険法が成立する。**

➡過去問プラス！『国試対策2025』(共通科目編) p.97

Ⅱ 社会保障と財政

合格勉強法

社会保障給付費は毎年出題される定番問題。まずは表1で頻出ポイント、数字を覚えておこう。対国民所得、国民負担率は国際比較で問われる。ヨーロッパ、アメリカと比べて日本がどの位置にあるのか、把握しよう。

1 社会保障給付費の概要

34 50, 32 50, 30 50,
29 50, 28 51, 27 27,
51

1. 応用 社会保障給付費と社会支出の違い □□□

社会保障制度に関する1年間の支出は、「社会保障給付費」と「社会支出」の二通りで調べることができる（表1）。金銭・サービス（現物）を含む。

社会保障関係費と社会保障給付費
▶p.182

表1 社会保障給付費と社会支出

> 範囲が広いので社会支出の方が高い

名　称	範　囲	総　額	項　目	基　準
社会保障給付費	個人に対する給付費	約139兆円	部門別・機能別	ILO
社会支出	個人に対する給付費＋施設整備費等	約143兆円	政策分野別	OECD

「令和3（2021）年度社会保障給付の概要」国立社会保障・人口問題研究所
資料：「過去問よくでるキーワード」飯塚事務所

合格勉強法

「部門別」「機能別」「政策分野別」は単なる分け方なので、違いは深く考えなくてよい。

2. 応用 社会保障給付費 □□□

① 2021（令和3）年度の総額は138兆7,433億円（過去最高、対前年度増減率4.9%）、対GDP比は25.20%、人口一人当たり110万5,500円であった。

② 給付を部門別でみると、(1)年金、(2)医療、(3)福祉その他の順番、機能別でみると(1)高齢、(2)保健医療、(3)家族の順番である。社会保障費用統計は機能別が重要である（図1）。

> 高齢者の「年金」「福祉費」は「高齢」に含まれる。

図1 社会保障給付費 これだけ！

【給付】
部門別

社会保障給付費 2021（令和3）年度 138.7兆円（対GDP比25.20%）

年金　55.8兆円（40.2%）	医療 47.4兆円（34.2%）	福祉その他（介護、子ども・子育てを含む）35.5兆円（25.6%）

機能別

高齢　58.7兆円（42.3%）	保健医療 45.9兆円（33.1%）	家族 13.1兆円（9.4%）	その他

【負担】

保険料　75.5兆円（46.2%）	公費　66.1兆円（40.4%）	積立金の運用収入等

被保険者拠出 39.8兆円（24.3%）	事業主拠出 35.7兆円（21.9%）	国庫負担 47.8兆円（29.3%）	他の公費負担 18.3兆円（11.2%）
年金，医療，介護などの社会保険料		国（一般会計）社会保障関係費等	都道府県，市町村（一般財源）

資料：「令和3（2021）年度社会保障費用統計」国立社会保障・人口問題研究所（著者まとめ）

3. 応用 社会支出 □□□

① 社会保障給付費と比べて集計範囲が広く、直接個人に帰着されない施設整備費や管理費などが含まれる。

② 2021（令和3）年度の総額は 142 兆 9,802 億円（過去最高、対前年度増減率 4.9%）、対 GDP 比は 25.97%、人口一人当たりの社会支出は 113 万 9,300 円であった（図2）。

図2 社会支出（政策分野別）

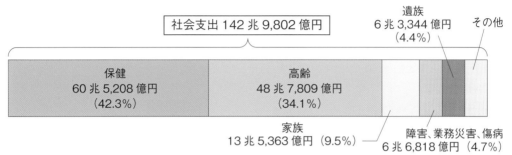

社会支出 142 兆 9,802 億円

遺族 6 兆 3,344 億円（4.4%）

その他

保健 60 兆 5,208 億円（42.3%）

高齢 48 兆 7,809 億円（34.1%）

家族 13 兆 5,363 億円（9.5%）

障害、業務災害、傷病 6 兆 6,818 億円（4.7%）

資料：「令和3（2021）年社会保障費用統計」国立社会保障・人口問題研究所（著者まとめ）

③ 政策分野別にみると、(1)保健、(2)高齢、(3)家族の順番である。
社会支出は政策分野別が重要である。

■ 社会支出の国際比較 日本の社会支出は、先進国の中では低い方である（図3）。

図3 社会支出の国際比較（対 GDP 比）（2020 年度）

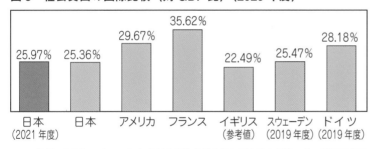

日本（2021 年度）	日本	アメリカ	フランス	イギリス（参考値）	スウェーデン（2019 年度）	ドイツ（2019 年度）
25.97%	25.36%	29.67%	35.62%	22.49%	25.47%	28.18%

資料：「令和3（2021）年度社会保障費用統計」国立社会保障・人口問題研究所

✏️ **過去問チェック！**

Q：「令和3年度社会保障費用統計」に関して、国民一人当たりの社会保障給付費は、150万円を超過している。（34—50 改）

A：× **人口一人当たり 110 万 5,500 円である。150 万円を超過していないが増加しており、令和2年度に初めて 100 万円を超え、令和3年度では 110 万円を超えた。**

Q：「令和3年度社会保障費用統計」に関して、社会保障財源をみると、公費負担の内訳は国より地方自治体の方が多い。（34—50 改）

A：× **国が 29.3%、地方自治体その他 11.2% で、国の方が多い。**

➡**過去問プラス！『国試対策2025』（共通科目編）p.99**

5
社会保障

4. 応用 国民負担率

国民負担率は、国民所得に対する「租税負担率＋社会保障負担率」で計算される。税金（国税・地方税）と社会保障を国民がどれだけ負担しているのかがわかる（図4）。国民負担率に財政赤字の対国民所得比を足したものを潜在的国民負担率という。

① 日本の国民負担率は、2024（令和6）年度見通しで45.1%である。

② 日本の国民負担率を先進国と比較すると下位に位置づけられ、アメリカより高くヨーロッパより低い。フランスは6割を超え、アメリカの約2倍以上である。

図4 国民負担率の国際比較 ［国民負担率＝租税負担率＋社会保障負担率］

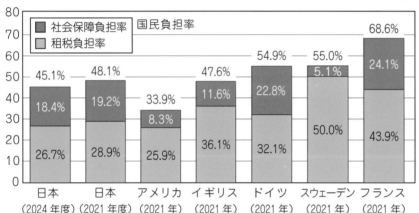

資料：「令和6年度国民負担率の国際比較」財務省（著者まとめ）

過去問チェック！

Q：「令和3年度社会保障費用統計」の機能別（「高齢」、「保健医療」、「家族」、「失業」など）の社会保障給付費の構成割合をみると、「高齢」の方が「家族」よりも高い。（34-50改）

A：○ 機能別でみると、①高齢、②保健医療、③家族の順番である。

Q：2021年度（令和3年度）における社会支出の国際比較によれば、日本の社会支出の対国内総生産比は、フランスよりも高い。（32-50改）

A：× 社会支出の対国内総生産比は、フランスが最も高い。

Q：2023年度（令和5年度）の国民所得に対する租税及び社会保障負担の割合は、約25%であった。（30-50改）

A：× 日本の国民負担率は、2023（令和5）年度（実績見込み）で46.1%である。

Q：財務省は、社会保障負担額と財政赤字額の合計が国民所得に占める割合を国民負担率として公表している。（27-27）

A：× 国民負担率は、租税負担率と社会保障負担率の合計である。

➡ 過去問プラス！『国試対策2025』（共通科目編）p.99

Ⅲ　社会保障制度の体系

本項目は保健医療サービスなどの他科目でも出題されるので、学習初期に終わらせておくと、そのあとの学習に迷いがなくなる。5種類の社会保険制度が混乱してきたら、「表2 社会保険の範囲」に戻ろう。

合格勉強法

1 わが国の社会保障制度

36 29, 34 51, 33 50,
32 49, 31 50, 29 67,
28 50

1．基本 社会保障制度の全体像　□□□

　日本の社会保障は大きく社会保険と社会扶助に分けられる。下図のように社会保険には年金、雇用、医療、介護、労働者災害補償があり、社会扶助には生活保護や各種手当などが含まれる。

 合格MAP 社会保障制度の全体像 これだけ！

```
社会保障
    ├─ 社会保険 ──  社会保険はドイツと同じ5種類
    │              ・年金保険　　・介護保険
    │              ・医療保険　　・雇用保険
    │              ・労働者災害補償保険
    │              財源：保険料
    │              条件：保険事故にあうと給付開始
    │
    └─ 社会扶助 ──  ・公的扶助（生活保護）
                   ・社会手当（児童扶養手当など）
                   ・各サービス（高齢者、障害者など）
                   財源：税金
                   条件：所得制限、資力調査に適合すれば
                   　　　給付開始
```

保険事故
介護保険の保険事故は「要介護・要支援状態になること」である。その事実が発生した状態になると保険が給付される。

給付・反対給付均等の原則
事故発生の確率が高いほど保険料が高くなる民間保険の原則。例えば20歳代と70歳代では70歳代の方が病気や死亡の可能性が高いので、保険料を高くする。

2．標準 日本の社会保険　□□□

　1961（昭和36）年に発足した国民皆保険・皆年金は、現在強制加入を原則とする。民間の保険と比較して、① 加入、② 保険給付の仕組みなどに違いがある（表1）。

表1　社会保険と民間保険の比較 これだけ！

項　　目	社会保険	民間保険
① 加　入	強制	自由
② 保険給付	現金・現物	現金
保険給付額の決定	社会的にみて平均的な必要量が決定される。	給付・反対給付均等の原則により決定される。
所得再配分	あり	なし

1 保険料　国・地方公共団体、事業主が保険料の一部を負担・補助することがある。民間の保険は収支相等の原則に従い、支出はすべて加入者からの保険料収入とその運用益でまかなわれる。

まとめて攻略

■ 介護保険制度
　⇒高齢者福祉
　　p.306～322
■ 医療保険制度
　⇒保健医療と福祉
　　p.390～399

2 社会保険の範囲　公的社会保険制度は、年金保険、医療保険、労働者災害補償保険、雇用保険、介護保険の5つ（表2）。

表2　社会保険の範囲

対象 ＼ 保険		年金保険	医療保険	労働保険		介護保険
				労災保険	雇用保険	
非被用者 （自営業者等）		国民年金	国民健康保険	特別加入の対象*	対象外*	介護保険
被用者	一般企業勤務者	国民年金 厚生年金	協会けんぽ 組合管掌健康保険	労働者災害補償保険	雇用保険	
	船員		船員保険			
	私学教職員		日本私立学校振興・共済事業団			
	公務員 国家公務員		国家公務員共済組合	国家公務員災害補償制度	国家公務員退職手当制度	
	公務員 地方公務員		地方公務員共済組合	地方公務員災害補償制度	条例で定める	

＊労働者を1人でも雇用すれば、原則として労働保険が適用される。

3 所得再分配　所得の格差を縮小して生活の安定を図るため、医療サービス等の現物給付、現金給付などの社会保障制度を通じて、高所得者から低所得者へ富(所得)を移転させることを<u>所得再分配</u>という。表3のような所得再分配機能がある。

表3　所得再分配機能

水平的再分配	児童手当や年金など。同水準の所得層内で再分配。
垂直的再分配	生活保護など。高所得層から低所得者へ再分配。

4 ジニ係数　日本は、当初所得ジニ係数（所得の再分配前のジニ係数）が約0.570だが、所得の再分配を行うことでジニ係数が約0.381まで下がる。（令和3年所得再分配調査（厚生労働白書））。

🖊 **過去問チェック！**

Q：民間保険の原理の一つである給付・反対給付均等の原則は、社会保険においても必ず成立する。（35−50）

A：×　**必ず成立するとはいえない。民間保険は、給付・反対給付均等の原則にならい事故発生の確率が高いほど保険料が高くなる。**

Q：国民健康保険は、保険料を支払わないことで自由に脱退できる。（35−50）

A：×　**社会保険は強制加入である。**

Q：社会保険は特定の保険事故に対して給付を行い、公的扶助は貧困の原因を問わず、困窮の程度に応じた給付が行われる。（34−51）

A：○　**社会保険は保険事故にあうと給付が開始される。**

➡**過去問プラス！『国試対策2025』（共通科目編）p.101, 103**

Ⅳ　年金保険制度

35 51, 54, 55, 34 55,
76, 33 55, 32 55, 31
52, 30 51, 52, 57, 29
52, 53, 78, 28 52, 53,
67, 27 54

合格勉強法　「年金」は多くの受験生が苦手とするが、毎年 2 問以上は出題される頻出ポイント。一番よく出る「老齢基礎年金」「老齢厚生年金」から先に終わらせよう。保険料は数字と単位（円か％）をセットで学習する。

1　年金保険制度の概要

1．基本　年金保険制度の全体像　□□□

　日本の年金制度は 2 層に分かれている。1 階部分はすべての人が加入する国民年金、2 階部分は会社員や公務員などが加入する厚生年金である。

合格MAP　年金制度の仕組み（2 階建て構造）　これだけ！

	3 階				企業年金▶	共済年金は厚生年金に一元化	
	2 階	国民年金基金▶（任意）		厚生年金		なし	
	1 階	国民年金（基礎年金）					

	第 1 号▶	第 2 号	第 3 号▶
対象者	非被用者：自営業者、農業従事者、20 歳以上の学生、無業者	被用者：民間企業に勤めるサラリーマン、公務員、私立学校の教職員など	第 2 号被保険者の被扶養配偶者：専業主婦など。日本国内に住所を有する者
被保険者数（令和 4 年度末）	1,405 万人	4,618 万人	721 万人
保険料納付期間	20 歳以上 60 歳未満（40 年間）	最大 70 歳未満（働いた期間）	20 歳以上 60 歳未満（被扶養の期間）
保険料	月額 16,980 円（令和 6 年度）	標準報酬月額×18.3%（固定）	第 3 号本人の負担なし。扶養者が加入する厚生年金制度が負担
受給開始	原則 65 歳（60〜64 歳に繰り上げ・66〜75 歳に繰り下げ可能）		

資料：「令和 4 年度 厚生年金保険・国民年金事業の概況」厚生労働省

2．基本　老齢年金・障害年金・遺族年金　□□□

　年金保険には、老齢年金、障害年金、遺族年金の 3 種類がある。

1 老齢年金　原則 65 歳以降、国民年金から老齢基礎年金を生涯（死亡するまで）受け取ることができる。また、厚生年金に加入していた場合は老齢厚生年金が上乗せされる。保険料を納めた期間が長いほど、受け取る年金額も多くなる。

2 障害年金　病気やけがで障害が残ったとき、障害の程度に応じて国民年金から障害基礎年金を受け取ることができる。また、厚生年金に加入していた場合は障害厚生年金が上乗せされる。

5
社会保障

企業年金
第 2 号被保険者の 3 階部分に相当する。厚生年金基金、確定給付企業年金、確定拠出年金がある。確定拠出年金には企業型と個人型（iDeCo（イデコ））がある。

国民年金基金
第 1 号被保険者が基礎年金に上乗せする公的な年金制度。2 階部分に相当し、第 1 号被保険者の老後の所得保障の役割を担う。ただし加入は任意。

被用者年金一元化法
▶p.116

第 1 号被保険者
自営業者の他、20 歳以上の学生、無業者も含まれる。自営業者のためだけの区分ではない。

第 3 号被保険者
年収が 130 万円未満で、扶養者の収入の 1/2 未満の者。性別要件はなく、扶養されていれば夫も対象となる。

3 遺族年金　一家の働き手が死亡したとき、子のある配偶者または子は国民年金から遺族基礎年金を受け取ることができる。また、死亡した者が厚生年金に加入していた場合は遺族厚生年金が支給される。

2 国民年金と厚生年金の対象

36 52, 55, 35 54, 34 55, 29 78, 28 67

1．標準　国民年金の対象　□□□

1 国民年金とは　日本の年金制度を支える基礎となる制度。日本国内に住所を有する20歳以上60歳未満のすべての者が加入する。老齢・障害・死亡により年金の給付を受ける。受け取るときは「基礎年金」という名称になる。

2 被保険者　第1号被保険者、第2号被保険者、第3号被保険者の3種類。それぞれ保険料の定め方が異なる。

> 要件を満たす外国人も国民年金法が適用。

> **第2号被保険者**
> 厚生年金保険の被保険者、共済年金保険の被保険者であり、国民年金にも同時に加入している。国民年金に加入しなくてよいわけではない。

2．応用　厚生年金の対象　□□□

1 被保険者　厚生年金保険適用事業所（表1）に常時使用される70歳未満の者。「常時使用される」とは働いた賃金を受け取る使用関係が毎日続くことをいう。

2 パート等短時間労働者　1週間の労働時間または1か月の労働日数が一般社員の4分の3以上で適用要件を満たすと被保険者となる。

3 適用拡大　2022（令和4）年10月から、特定適用事業所（従業員101人以上、2024（令和6）年10月からは51人以上）に勤務する短時間労働者の社会保険の適用範囲が拡大された。

> 国民年金とは異なり、20歳未満であっても「常時使用される」関係になれば被保険者である。

> **短時間労働者の適用要件**
> 以下の①～③すべてに該当する者
> ①所定労働時間週20時間以上、②月額賃金8.8万円以上、③学生でないこと。

表1　厚生年金の適用事業所

事業所	規模・手続き	
強制適用事業所	法人：すべて対象	個人：従業員が常時5人以上は対象
任意適用事業所	従業員の半数以上が同意し、厚生労働大臣の認可を受ける。	

表2　国民年金と厚生年金の比較

		国民年金（基礎年金）	厚生年金（被用者年金）
窓　口		市町村	会社（管轄：年金事務所）
保険料		定額	定率（報酬比例）
	保険料	1万6,980円/月（令和6年度）	標準報酬月額×保険料率18.3%
	負担	本人のみ	労使折半（本人と事業主で折半）
	納付方法	振込・振替・窓口	給料から天引き
被保険者	加入期間	20～60歳未満	入社時～70歳未満
	支給開始	65歳	65歳
	繰上げ	○	○
	繰下げ	○	○

> **注意** 入社したら20歳未満でも加入する。

3 国民年金と厚生年金の給付の種類

1. 標準 老齢年金・障害年金・遺族年金の給付内容 □□□

それぞれの給付内容については表3のとおり。 これだけ！

表3 年金保険の内容

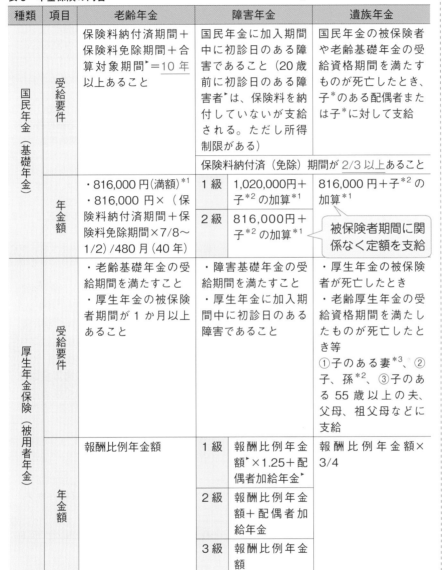

種類	項目	老齢年金	障害年金		遺族年金
国民年金（基礎年金）	受給要件	保険料納付済期間＋保険料免除期間＋合算対象期間▶＝10年以上あること	国民年金に加入期間中に初診日のある障害であること（20歳前に初診日のある障害者▶は、保険料を納付していないが支給される。ただし所得制限がある）		国民年金の被保険者や老齢基礎年金の受給資格期間を満たすものが死亡したとき、子*のある配偶者または子*に対して支給
			保険料納付済（免除）期間が2/3以上あること		
	年金額	・816,000円（満額）*1 ・816,000円×（保険料納付済期間＋保険料免除期間×7/8〜1/2）/480月（40年）	1級	1,020,000円＋子*2の加算*1	816,000円＋子*2の加算*1
			2級	816,000円＋子*2の加算*1	被保険者期間に関係なく定額を支給
厚生年金保険（被用者年金）	受給要件	・老齢基礎年金の受給期間を満たすこと ・厚生年金の被保険者期間が1か月以上あること	・障害基礎年金の受給期間を満たすこと ・厚生年金に加入期間中に初診日のある障害であること		・厚生年金の被保険者が死亡したとき ・老齢厚生年金の受給資格期間を満たしたものが死亡したとき等 ①子のある妻*3、②子、孫*2、③子のある55歳以上の夫、父母、祖父母などに支給
	年金額	報酬比例年金額	1級	報酬比例年金額×1.25＋配偶者加給年金▶	報酬比例年金額×3/4
			2級	報酬比例年金額＋配偶者加給年金	
			3級	報酬比例年金額	

＊1 68歳以上の年金額は計算方法が異なる。　※年金額は2024（令和6）年4月時点のもの
＊2 子、孫：18歳になって最初の年度末までの子または20歳未満で障害基礎年金の障害等級1・2級の子
＊3 子のない30歳未満の妻は5年間の有期給付

36　52,54,55,　35　55,
34　55,　33　55,　32　51,
52,55,　31　52,　30　52,
29　52,53

合算対象期間
海外に居住のため国民年金に任意加入しなかった期間など、国民年金には未加入（＝保険料未納）なのだがある一定の言い訳が通用する期間。10年の受給資格期間には合算できるが、年金額には反映されないので「カラ期間」とも呼ばれる。

20歳までに初診日のある障害者
20歳前に障害の状態になっても、受給は20歳まで待つ。

報酬比例年金額
厚生年金の保険料を支払った期間の報酬とその加入期間に基づいて計算される年金額。

加給年金
65歳未満の配偶者、18歳未満の子、障害等級1級、2級の20歳未満の子がいる場合に支給される年金のこと。

5 社会保障

1 在職老齢年金

70歳以上の者が厚生年金保険の適用事業所に勤務した場合などには、老齢厚生年金の額と給与や賞与の額（総報酬月額相当額）に応じて、年金の一部または全額が支給停止となる場合がある。2023（令和5）年から在職老齢年金の支給停止基準額は48万円である。

2 特別支給の老齢厚生年金

1986（昭和61）年の年金制度改正により、老齢厚生年金の支給は65歳からになったが、一定の受給要件を満たせば、60歳から64歳までの間、特別に老齢厚生年金が支給される（特別支給＊）。

① 「報酬比例部分」と「定額部分」がある。

② 受給要件は、⑴老齢基礎年金の受給資格期間を満たしていること、⑵厚生年金保険などに1年以上加入していたこと、⑶60歳以上であることなど。

2. 標準 国民年金の独自給付（第1号被保険者） □□□

1 寡婦年金＊ 夫が年金を受け取らず亡くなったときに、妻がもらえる年金である。支給要件などは以下のとおり。

① 夫の被保険期間が10年以上、婚姻期間が10年以上

② 支給額は、夫が本来受け取るはずであった老齢基礎年金の3/4の額

③ 国民年金の第1号被保険者である夫が、老齢基礎年金を受け取らずに死亡したときに、その妻に60〜65歳になるまでの5年間支給され、その後は通常、本人の老齢基礎年金の支給となる。

老齢基礎年金は支給停止されない。

特別支給の老齢厚生年金
1986（昭和61）年の年金制度改正時、急に開始年齢が引き上げられたことで混乱を招かないように設けられた制度。

寡婦年金と死亡一時金
国民年金の独自の給付。遺族基礎年金との併給はできない。

注意！

60〜65歳の間に妻自身が老齢基礎年金を繰上げ受給してしまうと寡婦年金は支給されなくなる。

✏️ 過去問チェック！

Q：老齢基礎年金の受給者が、被用者として働いている場合は、老齢基礎年金の一部又は全部の額が支給停止される場合がある。（35－55）

A：× **老齢基礎年金は支給停止されない。**

Q：国民年金の第三号被保険者は、日本国内に住所を有する者や、日本国内に生活の基礎があると認められる者であること等を要件とする。（34－55）

A：○ **なお、第三号被保険者は、第二号被保険者に扶養されている配偶者で、20歳以上60歳未満の者である。**

Q：障害基礎年金には、配偶者の加算がある。（33－55）

A：× **配偶者加給年金の加算があるのは障害厚生年金である。**

Q：障害等級2級の受給者に支給される障害基礎年金の額は、老齢基礎年金の満額の1.25倍である。（29－53）

A：× **2級は満額＋子の加算。1級は老齢基礎年金の満額×1.25＋子の加算。**

Q：国民年金の第一号被保険者である夫（40歳）の被扶養配偶者である妻（37歳）は、国民年金の第三号被保険者である。（28－52）

A：× **妻は第一号被保険者である。第三号被保険者とは第二号被保険者の被扶養者をさす。**

➡️**過去問プラス！『国試対策2025』（共通科目編）p.104, 106**

2 死亡一時金 年金を受け取らずに死亡したとき、遺族に支給される一時金である。支給要件は以下のとおり。

① 国民年金の第1号被保険者として年金保険料を3年以上納付していた者が、老齢基礎年金や障害基礎年金を一度も受け取らずに死亡したとき

② もらえる優先順位は、配偶者、子、父母、孫、祖父母、兄弟姉妹の順。遺族年金とは異なり、兄弟姉妹も遺族の範囲になる。

3 付加年金 第1号被保険者は、定額保険料に加えて付加保険料（月額400円）を納めると、老齢基礎年金に付加年金が上乗せされる。

> 寡婦年金と死亡一時金は併給できない。

4 年金保険の保険料

1．基本 国民年金の保険料 □□□

1 第1号被保険者 保険料は定額制。月額1万6,980円（2024（令和6）年度）。

2 第2号・第3号被保険者 厚生年金保険料に含まれている。

① 第3号被保険者の国民年金保険料は扶養者（第2号）が加入する厚生年金制度が負担する。

② 第2号、第3号被保険者の国民年金保険料は、厚生年金制度が国民年金制度に基礎年金拠出金を交付する。

2．標準 国民年金の保険料の免除 □□□

第1号被保険者には法定免除と申請免除がある。免除期間は受給資格期間に足すことはできるが、年金額は保険料を納めている人に比べれば減額される。

36 49, 51, 35 55, 34 54, 33 55, 32 51, 55, 31 52, 30 54, 29 52, 53, 28 53, 27 54

+α
産前産後期間の免除
2019（平成31）年4月より第1号被保険者は産前産後期間（出産予定日または出産日がある月の前月から4か月間）の保険料が免除される。多胎妊娠の場合は6か月。

+α
免除期間は保険料を払っていないのに、なぜ年金がもらえるのか。
年金のうち国庫が負担している分はもらえる。ただし、未納・滞納の場合は国庫負担分でさえも、もらえないので注意する。

5
社会保障

📝 過去問チェック！⤴

Q：国民年金の第一号被保険者の保険料は、前年の所得に比例して決定される。（33−55）
A：✕ **第一号保険料は定額である。**
Q：障害基礎年金を受給していると、国民年金の保険料納付は免除される。（33−55）
A：○ **障害基礎年金の受給者は、国民年金の保険料が自動的に全額免除される（法定免除）。**
Q：国民年金の第一号保険者を対象とする独自の給付として、付加年金がある。（31−52）
A：○ **第1号被保険者は、月400円の付加保険料を納めると、老齢基礎年金に付加年金が上乗せされる。**
Q：基礎年金の給付に要する費用に対する第三号被保険者の負担は、第一号被保険者全体の保険料負担から拠出されている。（28−53）
A：✕ **基礎年金拠出金として、第二号被保険者の保険料などから拠出されている。**

1 法定免除（全額免除のみ）

保険料が自動的に全額免除される。年金は本来もらえる満額の 1/2 が支給される（国庫負担分のみ）。

① 障害基礎年金または障害厚生（共済）年金を受給している。障害厚生（共済）年金受給者 1 級、2 級は免除。3 級は免除の対象外。 遺族年金は対象外。

② 生活保護の生活扶助を受けている。

③ ハンセン病療養所などで療養している。

2 申請免除

申請により 4 段階の免除制度がある。免除の年金反映割合は表 4 のとおり。

表 4　国民年金の免除

	全額免除	3/4 免除	半額免除	1/4 免除
年金反映割合	1/2	5/8	3/4	7/8

* 2009（平成 21）年 3 月分までは免除割合が異なる

3．標準　国民年金の国庫負担　□□□

① 老齢基礎年金、障害基礎年金、遺族基礎年金には国庫負担（国の税金）が含まれている。なお、厚生年金に国庫負担はない。

② 国庫負担の割合は、年金機能強化法により、従来の 1/3 から 1/2 に引き上げられた。

③ 申請免除は所得以外に以下の要件等を満たした場合、対象となる。

　⑴生活保護法による生活扶助以外の扶助を受けている。

　⑵未婚ひとり親家庭、障害者、寡婦で所得が一定額以下。

　⑶天災・DV・失業等のため保険料の納付が著しく困難な場合。

④ 50 歳未満の第 1 号被保険者で一定所得以下の場合に猶予される納付猶予制度と、学生などを対象とした学生納付特例制度がある。両者ともに申請により猶予される。追納 することができる。

年金機能強化法
▶p.115

学生納付特例制度では、両親の所得額は関係なく猶予される。

追納しない場合
10 年以内に追納しないと年金額には 1 円も反映されないが、年金を受け取るために必要な期間（受給資格期間）には算入される。

✎ 過去問チェック！

Q：基礎年金に対する国庫負担は、老齢基礎年金、障害基礎年金、遺族基礎年金のいずれに対しても行われる。(35−55)

A：○　**老齢基礎年金、障害基礎年金、遺族基礎年金には国庫負担が含まれている。**

Q：納付猶予制度により、保険料納付の猶予を受けた者が保険料を追納しなかった場合、当該期間の国庫負担分のみが老齢基礎年金の支給額に反映される。(28−53 改)

A：×　**10 年以内に追納しないと年金額にはまったく反映されない。**

4. [標準] 厚生年金の保険料

厚生年金保険の保険料は、毎月の給料（標準報酬月額＊）と賞与（標準賞与額）に同じ保険料率を掛けて計算される（表5）。

表5 保険料の計算

種　類	保険料の計算方法	設　定
毎月の給料	標準報酬月額×約18%＊	給料を1〜32等級に区分
賞　与	標準賞与額　×約18%＊	150万円までの賞与が対象

＊厚生年金保険料率は2017（平成29）年9月を最後に引上げが終了し、以降の厚生年金保険料率は18.3%で固定（一般の被保険者）

1 標準報酬月額

厚生年金では、保険料を計算するときに給料そのものの金額ではなく、区切りのよい幅で区分した「標準報酬月額」を使用する。計算をなるべく簡単にするためである。

① 厚生年金：1等級(8万8千円)から32等級(65万円)までの32等級
② 健康保険：1等級(5万8千円)から50等級(139万円)までの50等級

 **ごろあわせ** 健康保険の標準報酬月額

■ 1等級（5万8千円）〜50等級（139万円）

イチ　　ゴ　　は　　（味が）濃　　い　サンキュー

2 積立方式・賦課方式

日本の公的年金は、個人が納めた保険料を積み立ててその運用益とともに個人に返す（＝積立方式）のではなく、現役世代の納める保険料によって高齢者の年金給付をまかなう、世代間扶養の仕組み（＝賦課方式）によって成り立っている。

標準報酬月額
賃金、給料、手当、賞与など、どんな名称であっても、被保険者が労務の対償として受けるものすべてを含む。

合格勉強法
健康保険でも標準報酬月額が採用されている。厚生年金とセットで暗記攻略しよう。

注意
大入り袋や見舞金のような臨時金は含まない。

5
社会保障

過去問チェック！

Q：国民年金の第1号被保険者の月々の保険料は、その月の収入に応じて決まる。（36−51）
A：×　**定額である。なお、2024（令和6）年度の保険料は月額16,980円である。**

Q：厚生年金保険の保険料は、所得にかかわらず定額となっている。（35−55）
A：×　**定額ではなく定率である。給料と賞与の額によって保険料は異なり、所得が高くなれば保険料も高くなる。**

Q：健康保険法及び厚生年金保険法で定める標準報酬月額の上限は、同一である。（26−52）
A：×　**標準報酬月額の上限は、健康保険が139万円、厚生年金が65万円で、同一ではない。**

➡過去問プラス！『国試対策2025』（共通科目編）p.100, 104

3 保険料の免除

育児休業を取得期間中の者は、子が 3 歳に到達するまでの間、被用者年金の保険料や健康保険の保険料が免除される。また、産前産後の期間も免除される。

4 産休・育休中の保険料免除

① 健康保険や厚生年金保険などの社会保険料は、被保険者と事業主が折半する。ただし、産前産後休業中や育児休業中等の期間は事業主の申請により、被保険者と事業主両方の保険料が免除となる（表6）。

② 国民年金第 1 号被保険者が出産した際に、産前産後期間の国民年金保険料が免除される制度が 2019（平成 31）年 4 月から始まった。

> 免除には申請が必要

表 6　保険料の免除

種　　類	年金保険		医療保険	
	国民年金	厚生年金	国民健康保険	健康保険
期　　間	産前産後期間*¹	産前産後休業中*² 育児休業中	産前産後、育児中	産前産後休業中*² 育児休業中
被保険者本人	免除	免除	免除なし	免除
事業主	―	免除	―	免除

＊1 出産予定日または出産日がある月の前月から 4 か月間
＊2 産前産後休業期間（産前 42（多胎妊娠 98 日）、産後 56 日のうち、妊娠・出産を理由として労務に従事しなかった期間）

✏️過去問チェック！

Q：障害基礎年金を受給しているときは、国民年金保険料を納付することを要しない。(36—51)

A：〇　**障害基礎年金の受給者は、国民年金保険料が免除される。**

Q：国民年金の第三号被保険者は、日本国内に住所を有する者や、日本国内に生活の基礎があると認められる者であること等を要件とする。(34—55)

A：〇　**2020（令和 2）年 4 月以降、第 3 号被保険者については「日本国内に住む（または日本国内に生活の基礎があると認められる）」ことが要件となった。**

Q：遺族基礎年金は、死亡した被保険者の孫にも支給される。(32—52)

A：×　**遺族基礎年金は、子のある配偶者または子に対して支給され、孫は含まれない。**

Q：老齢基礎年金は、25 年間保険料を納付して満額の支給が受けられる。(31—52)

A：×　**25 年ではなく、40 年以上である。**

Q：国民年金の保険者は、日本年金機構である。(30—51)

A：×　**国民年金の保険者は国である。日本年金機構は国から委託を受け、厚生年金および国民年金に係る一連の運営業務を行う。**

Q：遺族基礎年金の受給権を有する妻の遺族厚生年金の受給権は、受給権を取得した日から 5 年を経過したときに消滅する。(29—53)

A：×　**子のある妻に対する遺族厚生年金の受給権は 5 年を経過しても消滅しない。**

➡過去問プラス！『国試対策 2025』（共通科目編）p.100, 106

5. 標準 社会保険管理運営機関　□□□

1 日本年金機構

国民年金・厚生年金の被保険者の適用、保険料の徴収給付事務など
を行っているのは日本年金機構である。国から委託を受け、厚生年
金および国民年金に係る一連の運営業務を担う特殊法人である。

2 社会保険の管理運営

全国健康保険協会、社会保険診療報酬支払基金、国民健康保険団体
連合会などが行っている。

- **全国健康保険協会（協会けんぽ）**　中小企業の労働者を対象とした
  健康保険の保険者。旧政府管掌健康保険。健康保険の給付などの
  業務を行う。
- **社会保険診療報酬支払基金**　診療報酬の審査・支払い、後期高齢
  者医療制度の拠出金の徴収、交付などの業務を行う。都道府県ご
  とに支部がある。
- **国民健康保険団体連合会**　診療報酬（国民健康保険など）、介護保
  険などの審査・支払業務を行う。都道府県ごとに設置。

5 年金制度の改正について

　2012（平成24）年度、「社会保障・税一体改革」の一環として、年
金関係の以下の4つの法律が成立した。また、高齢化にともなう社会
保障費の増大や、労働者の減少への対応などを目的として「年金制度機
能強化のための国民年金法等の一部を改正する法律」が2020（令和2）
年に成立し、2022（令和4）年に施行された。

1. 標準 2012（平成24）年改正　□□□

1 年金強化法

年金機能強化法（公的年金制度の財政基盤及び最低保障機能の強化
等のための国民年金法等の一部を改正する法律）は、公的年金制度
の最低保障機能を強化するため、2012（平成24）年8月に成立し
た（表7）。

社会保障・税一体改革
2012年度の改革で
は、全世代対応型の
社会保障に転換を図
り、社会保障の費用
の主な財源となる消
費税の充当先を従
来の高齢者向けの3
経費から子育てを含
む社会保障4経費
に広げた。

＋α
消費税の充当先
【改革前】
高齢者3経費
・基礎年金、老人
　医療、介護
↓
【改革後】
社会保障4経費
・年金、医療、介
　護、子育て

表7　年金機能強化法の改正点

項　　目	改正前	改正後
年金の受給資格期間	25 年	10 年
基礎年金の国庫負担	—	1/2 に固定
産休期間中の厚生年金、健康保険などの保険料	保険料負担	保険料免除
短時間労働者の厚生年金、健康保険の適用	週 30 時間以上の労働で適用	週 20 時間以上の労働で適用
遺族基礎年金（父子家庭）	対象外	対象

2 被用者年金一元化法

　被用者年金制度の一元化等を図るための厚生年金保険法等の一部を改正する法律。厚生年金保険と共済年金の制度的な違いを解消するため、2012（平成 24）年 8 月に成立した。厚生年金に公務員および私学教職員も加入し、2 階部分の年金は厚生年金に統一する（表 8）。

表8　被用者年金一元化法の改正点（2015（平成 27）年 10 月施行）

項　　目	改正前	改正後
被用者年金	厚生年金・共済年金に分かれている。	厚生年金に統一
保険料率	共済年金の方が低い。	厚生年金の保険料率（2017（平成 29）年 9 月分以降 18.3%）で固定
公的年金としての 3 階部分（職域部分）	共済年金のみ。厚生年金にはない。	改正後は廃止。代わりに退職等年金給付が創設

+α

年金確保支援法
2011（平成 23）年成立。無年金者や低所得者の発生を防止するため、国民年金の納付可能期間を平成 24 年 10 月から 3 年間に限り、2 年から 10 年に延長する等の改正が行われた。

3 国民年金法等一部改正法

　国民年金法等一部改正法（国民年金法等の一部を改正する法律等の一部を改正する法律）は、安定財源の確保などを目的として、2012（平成 24）年 11 月に成立した。

📝 過去問チェック！

Q：基礎年金に対する国庫負担は、老齢基礎年金、障害基礎年金、遺族基礎年金のいずれに対しても行われる。(35—55)

A：○　**なお、老齢厚生年金、障害厚生年金、遺族基礎年金に対しては、国庫負担は行われない。**

Q：老齢基礎年金の給付に要する費用は、その 4 割が国庫負担で賄われている。(34—52)

A：×　**国庫負担割合は 5 割である。**

Q：老齢基礎年金は、給付に要する費用の 3 分の 2 が国庫負担で賄われている。(31—49)

A：×　**2 分の 1 が正しい。**

➡**過去問プラス！**『国試対策 2025』（共通科目編）p.100, 104

① 基礎年金国庫負担割合２分の１の維持・恒久化

年金機能強化法に基づき、消費税が引き上げられることにより、2014（平成26）年度以降、基礎年金における国庫負担割合を恒久的に２分の１とすることになった。

② ２年金額の特例水準の解消

物価の下落により2000（平成12）年度から一定期間、特例水準（2.5％高い水準）で計算されていたが世代間の公平を図るため解消された。

4 年金生活者支援給付金法（年金生活者支援給付金の支給に関する法律）

年金受給者のうち、低所得高齢者・障害者などに福祉的な給付を行うため、2012（平成24）年11月に成立した。2019（令和元）年10月の同法施行に伴い、老齢・障害・遺族基礎年金の受給者のうち、公的年金等の収入や所得額が一定基準額以下である等の要件を満たす場合に、年金生活者支援給付金を年金に上乗せして支給する。給付額は月額5,140円（2023（令和5）年10月時点）を基準に、保険料納付済期間等に応じて算出される。

2. 標準 2020（令和2）年改正 □□□

1 年金制度の機能強化のための国民年金法等一部改正

以下の改正が2022（令和4）年に施行された。

①被用者保険の適用拡大　短時間労働者を被用者保険の適用対象とすべき事業所の企業規模要件について、段階的に引き下げる。

②在職中の年金受給の在り方の見直し　在職中の老齢厚生年金受給者（65歳以上）の年金額を毎年定時に改定する。

③受給開始時期の選択肢の拡大　現在60歳から70歳の間である年金の受給開始時期の選択肢を、60歳から75歳の間に拡大した。

④確定拠出年金の加入可能要件の見直し等　確定拠出年金の加入可能年齢を引き上げるとともに、受給開始時期等の選択肢を拡大した。

過去問チェック！

Q：「社会保障・税一体改革」の内容には、安定財源を確保することにより、基礎年金の国庫負担２分の１を恒久化するという内容が含まれている。(26−44改)

A：○　**2014（平成26）年度以降、基礎年金における国庫負担割合は恒久的に２分の１となった。**

Q：従来60歳から70歳の間であった年金の受給開始時期が、2022（令和4）年から60歳から65歳の間に縮小された。(予想問題)

A：×　**60歳から75歳に拡大された。**

Ⅴ　労働保険の概要

労災と雇用保険は、毎年いずれかから1問が出題されている。出題率が高い雇用保険から着手しよう。事例問題で出る可能性が高い項目なので「どんなときに何がもらえるのか」を中心に制度を理解しよう。

1 労災・雇用保険制度の具体的内容

36 53, 35 53, 54, 144, 34 54, 70, 33 52, 53, 76, 32 51, 143, 31 49, 51, 54, 30 51, 53, 29 52, 54, 78, 28 54, 67

　労働保険とは、<u>労働者災害補償保険制度（労災保険）</u>（表1）と<u>雇用保険</u>をさす。保険料を集める流れは同じであるが、保険の給付は別々に行う。

1. 標準　労働者災害補償保険制度　□□□

1 業務災害・通勤災害により労働者が負傷、疾病、障害が残る、死亡するなどの場合に、被災労働者や遺族に対し保険給付や社会復帰促進事業などを行う（表2）。

これだけ！

業務災害・通勤災害
通勤災害に対する給付は「補償」の二文字がなくなる。例えば、業務災害ならば療養補償給付、通勤災害ならば療養給付が支給される。

表1　労働災害補償保険制度

保険者	<u>政府（厚生労働省）</u>。都道府県ではない。窓口は都道府県労働局、労働基準監督署。
適用事業所	労働者を一人でも雇用している事業所はすべて対象。労働者ごとではなく事業所ごとに加入する。
適用労働者 （被保険者）	適用事業所に使用される労働者は正社員、パート、アルバイトなど、雇用されて賃金を支給される者<u>すべてを対象</u>とする。外国人労働者にも適用される。
保険給付	業務災害と通勤災害に対し、同じ内容の給付を行う。複数事業労働者の場合の労災保険給付は、すべての就業先の賃金額を合算した額を基礎として、保険給付額を決定する（2020（令和2）年9月施行）。
保険料	<u>全額事業主（会社）</u>が負担する。
保険率	賃金の1,000分の<u>2.5</u>～<u>88</u>の間（2024（令和6）年度）で、業種ごとに厚生労働大臣が定める。

注意　雇用保険制度と異なり、立場による給付の差はない。

外国人労働者
国籍や在留資格の有無をとわず、帰国しても受給権を失わない。

注意 国家公務員には<u>国家公務員災害補償法</u>があり、地方公務員には<u>地方公務員災害補償法</u>があるので、労働者災害補償保険制度は適用されない。

2 特別加入制度　労働者が<u>5人未満</u>の個人経営農業・水産業などは、暫定任意適用事業として<u>任意</u>で加入できる。また、労災保険の適用を受けない労働者を対象に特別加入制度がある。

特別加入制度の対象
業務実態などから必要性が認められる者は、中小事業主とその家族従業者、特定作業従事者など。

過去問チェック！

Q：労働災害補償保険制度の保険料は、事業主と労働者が折半して負担する。(35−53)
A：×　**保険料は全額事業主が負担する。**
Q：労働者災害補償保険法は、就労目的での在留資格を有していない外国人労働者に適用されることはない。(29−78)
A：×　**留学中にアルバイトをしていて事故にあった場合などにも適用される。**

➡過去問プラス！『国試対策2025』（共通科目編）p.108

表2　労働者災害補償保険の種類と給付内容

状　況		保険給付	内　容
傷病を療養（治療）する場合		療養（補償）給付	労災病院・労災指定医療機関、その他医療機関などで療養する場合（特別支給金なし）
傷病を療養（治療）したが治ゆ*しない場合		傷病（補償）年金	災害から1年6か月経過しても治ゆせず（症状が安定せず）障害の程度が傷病等級1〜3級に該当する場合（特別支給金あり）
休業する場合		休業（補償）給付	療養のため労働できず賃金を受けられない日が4日以上続く場合（特別支給金あり）
障害が残った場合（治ゆした場合の給付）	重度	障害（補償）年金	傷病が治ゆしたときに障害等級第1級から7級までの障害が残った場合（特別支給金あり）
	軽度	障害（補償）一時金	傷病が治ゆしたときに障害等級第8級から14級までの障害が残った場合（特別支給金あり）
介護が必要な場合		介護（補償）給付	障害（補償）年金または傷病（補償）年金の受給者で介護を要する場合（特別支給金なし）
死亡した場合		遺族（補償）年金	労働者が業務上死亡したときに、年金を受け取る遺族*がいる場合（特別支給金あり）
		遺族（補償）一時金	労働者が業務上死亡したときに、遺族（補償）年金を受け取る遺族がいない場合（その他の遺族に支給）*（特別支給金あり）
		葬祭料（葬祭給付）	葬祭を行う場合（特別支給金なし）
健康診断で異常が見つかった場合		二次健康診断等給付（特定保健指導）	定期健診等のうち、直近のもの（一次健康診断）において脳血管疾患・心臓疾患に関連する検査で、いずれの項目にも異常の所見があった場合

【吹き出し】業務災害なら療養補償給付が、通勤災害なら療養給付が支給される。

【吹き出し】障害基礎年金・障害厚生年金と併給する場合、障害補償年金が減額される。

*一時金を受給できる遺族の順位は、1位が配偶者、2位が生計を維持していた子・父母・孫・祖父母、3位がその他の子・父母・孫・祖父母、4位が兄弟姉妹。

注意
指定医療機関以外でも給付される。ただし償還払い。

注意
「年金」という給付だが年金保険から給付されるわけではない。

治ゆ
症状が固定しこれ以上よくならない状態。災害前の状態に回復したわけではない。

5
社会保障

注意
遺族には兄弟姉妹も入る。

遺族（補償）年金を受給できる遺族
妻以外の遺族は、被災労働者の死亡時に一定の高齢または年少であるか、一定の障害の状態にあることが必要。この条件に該当しない場合は遺族（補償）一時金の対象になる。

✏️ **過去問チェック！**

Q：会社に勤めている人が業務災害による療養のため休業し、賃金を受けられない日が4日以上続く場合は、労働者災害補償保険による休業補償給付が受けられる。(32-51)

A：○　**療養のため労働できず賃金を受けられない日が4日以上続く場合に受けられる。**

3 メリット制　保険料負担の公平を図り、事業主の災害防止努力をより一層促進するため、災害の頻度に応じて労災保険料を上げ下げする制度。災害防止に努めた事業主は保険料が安く、災害が多発してしまった事業主は保険料が高くなる。

4 二次健康診断等給付　定期健康診断などで、過労死などに関連する検査項目（血圧測定、血中脂質検査、血糖検査、腹囲またはBMI（肥満度））のすべてに異常があった場合、労働者の請求に基づき、二次健康診断や特定保健指導（医師などによる保健指導）が受けられる。

2．基本　雇用保険制度　□□□

1 雇用保険制度　労働者が失業した場合に必要な給付を行い、労働者の生活、雇用の安定を図り、再就職の援助を行う制度である（表3）。

表3　雇用保険制度 これだけ！

保険者	政府（厚生労働省）。窓口は公共職業安定所（ハローワーク）。
適用事業所	・労働者を雇用する事業所は、業種・規模などを問わずすべて適用となる（ただし、農林水産業のうち5人未満の労働者を雇用する個人事業については、当分の間、暫定任意適用事業とされる）。 ・労働者ごとではなく事業所ごとに加入する。被保険者になったときは、事業主が届出を行う。届出を忘れた場合でも必要書類の確認ができれば、遡及（さかのぼって保険が適用）になる。
適用労働者（被保険者）	・正社員、パートなど、一定時間以上雇用されている者。アルバイトなど短時間就労者は対象外（表4）。ここは労災保険と異なる点として注意が必要である。 ・一般被保険者（短時間就労者も一般被保険者に一本化）、高年齢被保険者、短期雇用特例被保険者、日雇労働被保険者に分かれる。 ・育児休業給付金は、休業開始前の賃金支払基礎日数などの要件を満たすと受給できる。有期雇用の場合は、加えて契約期間満了日が要件となる。 ・雇用保険法などの改正により、65歳以降に新たに雇用される者や継続して雇用される者（高年齢被保険者）も支給対象となった。

+α

労働災害補償保険法改正
複数事業労働者は、1つの事業場で労災認定できない場合であっても、複数の事業場の業務上の負荷（労働時間やストレス等）を総合的に評価して労災認定できる場合は保険給付が受けられることになった（2020（令和2）年9月施行）。

35　50、54、34　52、53、54、33　54、32　54、31　49、30　54、29　51、28　67、27　52

大企業は中途採用比率の公表をしなければならない（2021（令和3）年4月施行）。

国家公務員には国家公務員退職手当法が、地方公務員には地方公共団体ごとに条例があるので、雇用保険法は適用されない。

過去問チェック！

Q：雇用保険の被保険者に、国籍の要件は設けられていない。(35−50)
A：○　**外国人労働者にも適用される。**
Q：週所定労働時間が20時間以上30時間未満の労働者は、雇用保険に加入することはできない。(35−54)
A：×　**雇用保険に加入することができる。**
Q：雇用保険は、従業員が5人以下の事業所は任意加入とされている。(26−31)
A：×　**労働者を雇用する事業は、すべて適用事業である。ただし、「農林水産業のうち5人未満の労働者を雇用する個人事業」については、当分の間、暫定任意適用事業とされる。**

➡過去問プラス！『国試対策2025』（共通科目編）p.101, 102

120 ●

表4　雇用保険の被保険者（求職者給付）

被保険者の種類		要件	保険給付
一般被保険者		1週間の所定労働時間が20時間以上で、31日以上引き続き雇用見込みのある者	基本手当他
	かつての短時間就労者も含む		
高年齢被保険者（2017（平成29）年1月より）		65歳以上で雇用されている者（65歳以降で新たに雇用される者）	高年齢求職者給付金
短期雇用特例被保険者		季節労働者や雇用期間が1年未満の者	特例一時金
日雇労働被保険者		日々雇用される者、30日以内の期間で雇い入れられる者	日雇労働求職者給付金

2 **被保険者に対する基本手当の受給要件**

①「失業の状態（被保険者が離職し、労働の意思及び能力を有するにもかかわらず、職業に就くことができない状態）」にあること

② 離職日以前の2年間に、被保険者期間が通算して12か月以上あること。手当額は「基本手当×90〜360日」に基づき、年齢、被保険者期間、離職理由などにより決定する。

3 **特定受給資格者**　一般被保険者のうちリストラ（倒産・解雇など）で離職した受給資格者。自己都合に比べ手厚い給付日数となる。

4 **雇用保険の保険料率**（表5）

表5　雇用保険の保険料率（一般の事業、2024（令和6）年度）

事業の種類＼負担者	①労働者負担（失業等給付・育児休業給付の保険料率のみ）	②事業主負担	失業等給付・育児休業給付の保険料率	雇用保険二事業の保険料率	①＋②雇用保険料率
一般の事業	6/1,000	9.5/1,000	6/1,000	3.5/1,000	15.5/1,000

5 **雇用調整助成金**　従業員の雇用維持を図るために、労使間の協定に基づき、休業等を実施する事業主に対して休業手当などの一部を助成する。雇用安定事業の一つ。

6 **教育訓練給付**　英会話や資格取得対策講座など厚生労働大臣が指定する講座を受講した際に、経費の一部を助成する制度である。

① 専門実践教育訓練（社会福祉士・介護福祉士など）、特定一般教育訓練（介護職員初任者研修など）、一般教育訓練の3種類がある。

基本手当
雇用保険で受給できる1日当たりの金額。離職日前6か月に支払われた賃金合計を180で割って算出した金額×50〜80%（60歳〜64歳は45〜80%）。賃金が低いほど率は高くなる。

高年齢被保険者
2019（令和元）年度までは雇用保険料が免除されていたが、2020（令和2）年度から納めることになった。

日雇労働求職者給付金
仕事がない日はハローワークへ求職の申し込みに行き、その場で失業認定された場合、その日分が支給される。

5
社会保障

② 被保険者期間 3 年以上（初めて給付を受けようとする場合は 1 年以上）などが要件となる。なお、現在働いていないが、以前雇用保険に加入していた場合も対象となる。離職後一定期間内は妊娠、出産などが理由であれば期間を延長"できる。

適用対象期間延長の改正
妊娠、出産などが理由であれば最大 20 年まで延長可能。

7 **雇用継続給付**　高年齢雇用継続給付、介護休業給付がある（表6）。

表6　雇用継続給付の種類と要件

名　称	要件等	支給額
高年齢雇用継続給付	① 被保険者であった期間が 5 年以上ある 60 歳以上 65 歳未満の者 ② 60 歳以降の賃金が 60 歳時点に比べて、75% 未満に低下した状態で働き続ける場合	賃金の低下率に準じて 0.44 ～ 15% に相当する額
介護休業給付 対象は 2 週間以上常時介護を必要とする状態	① 介護休業開始日前 2 年間に被保険者期間が 12 か月以上ある者。 ② 対象家族 1 人につき、3 回を上限として通算 93 日まで支給	休業開始時賃金日額×支給日数の 67% に相当する額

8 **育児休業給付**　雇用保険法改正により、育児休業給付を失業等給付（雇用継続給付）から独立させ、休業した労働者の生活、雇用の安定のための給付とする。また、育児休業給付の保険料率（4/1000：2024（令和6）年度）を設定する（2020（令和2）年4月施行）（表7）。2025（令和7）年には 5/1,000 への引き上げが予定されている。

表7　育児休業給付 これだけ！

名　称	要件等	支給額
育児休業給付	1 歳までの子を養育するために育児休業を取得した被保険者。父母ともに育児休業を取得する「パパ・ママ育休プラス制度」は 1 歳 2 か月まで。さらに保育所に入れないなどの場合は 1 歳 6 か月または 2 歳まで。	育児休業開始から 180 日目までは、休業開始時賃金日額×支給日数の 67%。181 日目からは、休業開始時賃金日額×支給日数の 50%。2 回まで分割して取得可能。
出生時育児休業給付	子の出生日から 8 週間までに、4 週間（28 日）以内の期間を定めて、産後パパ育休（出生時育児休業）を取得した被保険者	休業開始時賃金日額×支給日数の 67%。2 回まで分割して取得可能。

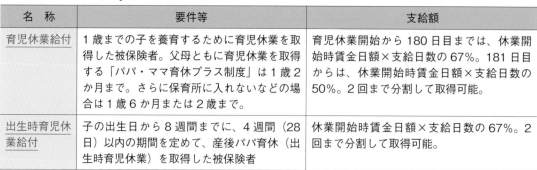

✏️**過去問チェック！**↗

Q：育児休業給付金は、最長で子が 3 歳に達するまで支給される。（36—50）

A：×　3 歳ではなく、最長 2 歳までである。

➡**過去問プラス！**『国試対策 2025』（共通科目編）p.108

合格MAP 雇用保険制度の体系 これだけ！

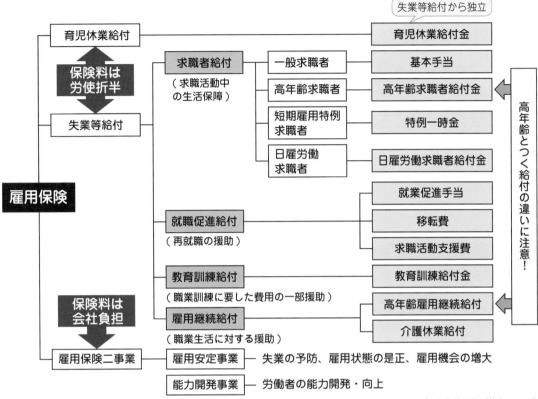

資料：「雇用保険制度の概要」厚生労働省（著者まとめ）

3. 応用 求職者支援制度 □□□

雇用保険を受給できない求職者に対し、訓練を受講する機会を確保し、一定の場合には訓練期間中に職業訓練受講給付金を支給する。ハローワークが中心となり早期の就職を支援する。

1 対象者

・雇用保険を受給できない者で、就職を希望し、支援を受けようとする者
・雇用保険の受給終了者、受給資格要件を満たさなかった者
・雇用保険の適用がなかった者
・新規学卒者で就職できない者、自営廃業者 など

求職者支援制度
職業訓練の実施などによる特定求職者の就職の支援に関する法律（求職者支援法）に基づく制度。2011（平成23）年成立。

職業訓練受講給付金
特定求職者が求職者支援訓練や公共職業訓練を受講し一定の要件を満たす場合、国から支給される

過去問チェック！

Q：新規学卒者が就職できない場合には、失業者に該当し、雇用保険の被保険者でなくても基本手当を受給することができる。(27-52)

A：× 雇用保険の基本手当ではなく、求職者支援制度の対象である。

Ⅵ　家族手当

合格勉強法　児童手当を筆頭に多科目でよく出る項目。各手当をバラバラに学習せず、表4を活用し、手当と対象者をきちんとつなげられるようにしよう。児童手当は費用負担などのポイントを表2で押さえておこう。

1 家族手当制度の具体的内容

1.　応用　児童手当 □□□

1 児童手当

① 児童手当は、2024（令和6）年10月分の支給から所得制限を撤廃する（表1）。

② 支給期間が従来の「中学校修了まで」から「高校修了まで」に延長し、0〜2歳に月1万5000円、3歳〜高校生に月1万円、第3子以降は月3万円が支給される（表3）。

35 140, 33 54, 139, 32 54, 30 54, 55, 29 140, 141, 27 53, 137, 140

合格勉強法

児童手当は必出!!

児童手当
児童手当法に基づき1972（昭和47）年より実施。児童を養育する保護者に対し事業主や国、地方自治体などが一定額の手当を支給する制度。

表1　所得制限

手　当	子ども手当	児童手当	
年　度	2010（平成22）年〜2012（平成24）年	2012（平成24）年〜2024（令和6）年9月	2024（令和6）年10月（予定）〜
所得制限	なし	あり	なし

表2　児童手当の概要

実施主体	市区町村（法定受託事務）公務員は所属庁で実施する。
受給資格者	児童を養育する父母等。施設入所児童は施設の設置者等
費用負担	（下記参照）

受給資格者
児童手当を受けようとする者は、実施主体である市区町村（公務員の場合は所属庁）の認定が必要。

被用者
・0〜3歳未満

事業主 21/45	国 16/45	地方 8/45

> 注意　事業主負担はここだけ。

> 事業主負担の残りを国と地方が2：1で負担

・3歳〜中学校修了

国 2/3	地方 1/3

非被用者（全年齢）

国 2/3	地方 1/3

公務員（全年齢）

所属庁 100%

📝 過去問チェック！

Q：児童手当の費用は、国と地方自治体が50%ずつ負担している。(30−55)

A：×　**児童手当の費用負担は、被用者、非被用者、公務員によって異なる（表1参照）。**

Q：児童手当の支給に要する費用の一部には、事業主からの拠出金が充てられる。(26−141)

A：○　**0〜3歳未満の児童をもつ被用者に対し、事業主が一部負担する。**

Q：児童手当を受けようとする父母等は、都道府県知事の認定が必要である。(26−141)

A：×　**実施主体である市町村長（公務員の場合は所属庁）の認定が必要である。**

表3　児童手当額

〈現行〉

児童の年齢	月額（1人あたり）		所得制限
	第1子・第2子	第3子以降*	
3歳未満	1万5,000円		あり
3歳以上小学校修了まで	1万円	1万5,000円	
中学生	1万円		

＊第3子以降とは、高校卒業（18歳の誕生日後の最初の3月31日）までの養育している児童のうち3番目以降をいう。

〈2024（令和6）年10月～〉

児童の年齢	月額（1人あたり）		所得制限
	第1子・第2子	第3子以降*	
3歳未満	1万5,000円		なし
3歳以上高校卒業まで（18歳の誕生日後の最初の3月31日まで）	1万円	3万円	

＊第3子以降とは、22歳の誕生日以降最初の3月31日までの養育している児童のうち3番目以降をいう。

2 家族手当　家族の扶養や監護に特別な需要をもつ家庭（ひとり親家庭や障害児・者など）に対し支給（表4）。2021（令和3）年4月より児童扶養手当、特別児童扶養手当、障害児福祉手当が増額された。

表4　家族手当等の種類　これだけ！

名称	受給対象者		所得制限	支給額（全額支給の場合）（2024年4月時点）	児童・障害者・障害児		
					施設入所	在宅	年齢
児童扶養手当	ひとり親家庭（父子家庭・母子家庭）の親または養育者〔児童手当と併給可能〕	父母	あり	月額45,500円 2人目加算額10,750円 3人目以降加算額6,450円*3	×*1	○	18歳まで*2
特別児童扶養手当	精神・身体に障害を有する20歳未満の児童を家庭で監護、養育している父母など		あり	1級55,350円 2級36,860円	×*1	○	20歳未満
特別障害者手当	精神・身体に著しく重度の障害を有し常時特別の介護を必要とする状態の者	本人 在宅20歳以上	あり	28,840円	×	○	20歳以上
障害児福祉手当		在宅20歳未満	あり	15,690円	×	○	20歳未満
特別障害給付金	国民年金に任意加入していなかったことにより障害基礎年金などを受給できない障害者		あり	1級55,350円 2級44,280円〔年金関係の手当〕	－	－	－

＊1　母子生活支援施設等に親子で入所している場合は手当を受給できる。　　○：対象、×：児童が施設に入所していると対象外
＊2　18歳になって最初の年度末までの子または20歳未満で障害の状態にある子
＊3　2024（令和6）年11月以降10,750円予定

3 特別障害給付金　国民年金に任意加入していなかったため、障害基礎年金などを受給できない障害者を対象に、福祉的措置として創設された。受給するためには、厚生労働大臣の認定が必要になる。

注意　特別障害給付金は、無年金障害者を対象としており、障害基礎年金、障害厚生年金等と併給することはできない。

児童扶養手当
2021（令和3）年3月分より、児童扶養手当法の一部を改正し、児童扶養手当の額と障害年金の子の加算部分の額との差額を児童扶養手当として受給できるようになった。

Ⅶ　諸外国における社会保障制度

合格勉強法

２年に１回のペースで出題されるポイント。各国の制度が「保険料」と「税金」のどちらを財源としているのか、日本との違いと一緒に整理しておこう。オバマ元米大統領の医療保険改革法は注目度が高い。

1 諸外国の社会保障制度

34 26, 33 25, 27,
32 25, 31 24, 55,
30 27, 29 55, 28 24

1. 基本 スウェーデン　　　　　　　　　□□□

コミューンとレギオンという自治体が国民の医療・福祉・介護サービスの役割を分担している。日本と大きく異なるのは、医療・介護のサービスが社会保険に含まれず、保険料ではなく、税金と患者の一部負担金によりまかなわれている点である（表1、2）。

表1　医療・福祉サービスの運営主体 これだけ!

運営主体	日本での例	役　割
コミューン	市町村	介護サービス、福祉サービス 高齢者、障害者の医療と福祉 注意 1992年エーデル改革で、医療のうちナーシングホームなどをコミューンに移した。
レギオン	都道府県	保健・医療サービス（現物給付）
国	国	社会保険、所得保障 （年金、児童手当、疾病給付、失業給付）

表2　スウェーデンの年金・医療の給付など

分類	給　付	財　源	日本との相違点
年金	積立年金、所得比例年金、最低保証年金の組み合わせ 老齢年金：拠出制の所得比例年金 ＜支給開始年齢＞ 所得比例年金・積立年金：63歳 （2026年度までに64歳以降に引き上げ予定）以降本人が選択／保証年金：66歳（2023年時点）	保険料は固定。保証年金は全額が国庫負担	税方式による公営医療サービス
医療	無料・低料金で利用	税金＋自己負担	

注意

スウェーデンの福祉・医療サービスは、国が運営する全国一本の制度ではない。福祉サービスはコミューンが、医療サービスはレギオンが運営する。

注意

介護保険はない。

保証年金
低年金者、無年金者に対する一般税を財源とする年金のこと。

📝 過去問チェック！

Q：スウェーデンの社会サービス法では、住民が必要な援助を受けられるよう、コミューンが最終責任を負うこととなっている。（33—27）

A：○　**サービスの種類、供給体制、自己負担額などはコミューンに任されている。**

Q：スウェーデンの老齢年金は、完全積立の財政方式に移行している。（29—55）

A：×　**積立年金、所得比例年金、最低保証年金方式の組み合わせによる。**

Q：スウェーデンの医療保障制度は、税を財源とし、国が運営する全国一本の制度となっている。（24—55）

A：×　**スウェーデンの医療は、レギオンにより運営されている。**

2. 標準 イギリス □□□

　日本との大きな違いは、全国民が無料で医療を受けられる国営の<u>国民保健サービス</u>（<u>NHS</u>：National Health Service）である。これまでは税金で運営してきたが、近年は財政赤字から保険料収入にも頼っている（表3）。

表3　イギリスの年金・医療の給付など

分類	給　付	財　源	日本との相違点
年金	国家年金（定額・一層型）* ＜支給開始年齢＞ 66歳（段階的に68歳に引き上げ予定）	保険料	医療は原則無料 （処方薬の一部や歯科診療の一部は自己負担）
医療	国民保健サービス（NHS）	税金＋保険料	
介護	—	—	介護保険はない。

＊2014年の年金法の成立により、2016年4月から現行の基礎年金と国家第二年金に代えて、定額・一層型の年金制度（国家年金）が創設された（2016年4月6日以降に支給開始年齢に到達する者が対象）。

注意　介護保険はない。国民保健サービスの一部、国・地方自治体の社会サービス（福祉）、自費で購入するものの3種類がある。

3. 標準 フランス □□□

　フランスの社会保障制度は、<u>職域</u>によって異なる制度が数多く分立していることに特徴がある（表4）。

表4　フランスの年金・医療・介護の給付など

分類	給　付	財源	日本との相違点
年金	<u>法定年金</u> 無年金・低年金者：<u>高齢者連帯手当</u> ＜支給開始年齢＞ 62歳（満額拠出期間を満たさない場合は67歳） 　　　　　無業者は任意加入	保険料 一部公費負担	財源に国庫補助がほとんどない。
医療	社会保険方式で、職域ごとの医療保険 国民の8割が加入（償還払いが基本）	保険料 目的税	
介護	<u>高齢者自立</u>手当（APA） 　　介護保険はない。	税金 事業主負担	・実施主体は<u>県</u> ・社会保険ではなく<u>社会扶助</u>の位置づけ

＋α

フランスのラロック・プラン
1945年に策定されたラロック・プランにより、被用者中心であった制度がすべての国民を対象とする社会保障制度に普遍化された。

過去問チェック！

Q：フランスでは、連帯思想が社会保険制度の段階的な充実につながり、1930年には、ラロック・プランに基づく社会保険法が成立した。（26─50）

A：×　**社会保険法の成立は1930年、ラロック・プランは1945年に策定された。**

Q：財源を租税とする医療保障制度をもっているのは、フランスとスウェーデンである。（22─55）

A：×　**フランスは社会保険方式であり、スウェーデンは「租税＋自己負担」が財源である。**

5
社会保障

4．標準 ドイツ □□□

　日本と同様に、年金保険、医療保険、労働者災害補償保険、雇用保険、介護保険の5つの社会保険制度がある（表5）。1994年に成立した介護保険は、日本とは異なりサービス利用料が定額である。

表5　ドイツの年金・医療・介護の給付など

分類	給　付	財　源	日本との相違点
年金	<u>一般年金保険</u>、<u>鉱山労働者年金保険</u>、一部自営業者年金（<u>農業者老齢保障等</u>）が適用。自営業者は任意加入 <支給開始年齢> 66歳 （段階的に67歳に引き上げ）	保険料 国庫負担	職域に基づく制度
医療	一般医療保険、農業従事者保険の2種類 高所得者層以外は強制加入	保険料	
介護	<u>在宅介護給付</u>、<u>短期入所施設介護給付</u>、<u>完全収容施設介護給付</u>、<u>介護者</u>への給付 注意 医療保険加入者全員が対象	保険料	・家族介護 　⇒現金給付 ・サービス利用料 　⇒定額制 ・年齢制限がない 　（0歳から適用）

5．基本 アメリカ □□□

　<u>医療保険改革法</u>により、オバマ元米大統領は2010年3月、民間医療保険制度などへの加入を義務づけた（表6）。

表6　アメリカの年金・医療の給付など

分類	給　付	財　源	日本との相違点
年金	老齢・遺族・障害年金保険（OASDI）を連邦政府が運営。労働者と一定所得以上の自営業者に強制適用 <支給開始年齢> 66歳 （段階的に67歳に引き上げ）	社会保障税	国民の自己責任により民間保険に加入する。 注意 介護保険はない。
医療	<u>メディケア</u>（連邦政府の健康保険） 高齢者・障害者向け医療保険 <u>メディケイド</u>（州政府の医療扶助） 低所得者向け医療扶助	社会保障税 補助金 保険料	

6．基本 韓　国 □□□

　国民年金、国民健康保険、高齢者長期療養保険などがある。公的扶助制度として、国民基礎生活保障制度がある（2000年施行）。なお、高齢者長期療養保険（2008年施行）は、日本やドイツの介護保険制度を参考にした社会保険制度である。

✎ **過去問チェック！**↑

Q：アメリカの公的医療保障制度には、低所得者向けのメディケアがある。(33—27)
A：× **低所得者向けはメディケイドである。**

128 ●

+α

ドイツのワイマール憲法
1919年制定、世界で初めて生存権を規定した憲法。日本では日本国憲法第25条で生存権が規定されている。

注意 オバマ元米大統領は、すべての国民を対象とした公的医療保険制度の創設を目指したが、実現はしていない。

6
権利擁護を支える法制度

（権利擁護と成年後見制度）

出題範囲は民法、行政法、憲法に分かれます。民法の「成年後見制度」と憲法で平均点を確保し、難解な行政法とその他民法は、本書でポイントと出題傾向をつかみ、ボーナス点を狙います。

科目の特徴

新科目：新科目として相当な準備が必要かどうか
難易度：問題が正解しにくいかどうか
暗記：暗記の重要性が高いかどうか
過去問：過去問題を活用する際に工夫が必要かどうか
改正：法律・制度の改正が多いかどうか

過去問題の使い方

解いておくべき過去問	活用法
3回分 ◎	過去問題は、憲法や成年後見制度の復習には有効です。民法、行政法は年差が激しいので用語の意味を問う基本問題から始めましょう。

Ⅰ 法の基礎

規範における複数の要素が重なりあって「法」という概念を構成している。国家試験では数多くの法律が登場するが、第○条の数字まで問われることはないので、法律の名前を優先して覚えよう。

1 法の基礎

1．[標準] 社会規範　□□□

社会規範とは、社会生活のなかで人間が守るべきルールである。法のほか、道徳・礼儀・宗教・慣習（習俗）などがある。

2．[標準] 法律の基礎知識、法の解釈　□□□

１ 法律条文の構造

条文は「条」と「項」からできている。項は条文の段落のことである。「条、項、号」の順で条文が構成されているのではなく「号」は、いくつかの事柄を列記するときに使われる。号の内容をさらに細かく列記したいときには「イ、ロ、ハ」を使い、なお細かくしたいときには「(1)、(2)、(3)」を使う。

2 裁判の種類、判決の種類

1．[応用] 司 法　□□□　35 82

１ 違憲審査権　日本のすべての法律、命令、規則、処分が憲法に適合するかどうか決定する権限のこと。最高裁判所の権限だが、下級裁判所（高等裁判所、地方裁判所、簡易裁判所、家庭裁判所）にも認められている。

２ 裁判所で取り扱う内容

三審制が導入されており、原則２回まで上級の裁判所に不服を申し立てることができる。最初の裁判（第一審）は事件の内容により、地方裁判所、家庭裁判所、簡易裁判所のいずれかで行われる。

① 地方裁判所：民事裁判や刑事裁判など

② 家庭裁判所：家事審判・家事調停、少年審判、人事訴訟

③ 簡易裁判所：金額が比較的少額の民事裁判、比較的軽い罪の刑事裁判のほか、民事調停など

④ 高等裁判所：地方裁判所、家庭裁判所、簡易裁判所の裁判に対してされた不服申立て（控訴など）

⑤ 最高裁判所：高等裁判所などの裁判に対してされた不服申立て（上告など）

> 人事訴訟は、離婚や認知など、夫婦や親子等の争いのこと。

合格MAP　三審制の仕組み

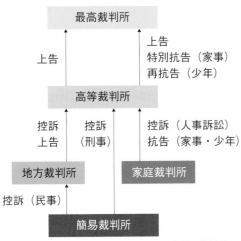

資料：裁判所 HP

2.　応用　刑事事件と民事事件　□□□

刑事事件と民事事件の違いは、表1のとおりである。

表1

	刑事事件	民事事件
目　的	犯罪の有無や刑罰を判断する	私人（個人・団体）間のトラブルを解決する
金銭の補償	なし	あり
和　解	なし	あり
裁判を起こす人	検察官	原　告
当事者の呼称	検察官、被告人、代理人	原告、被告、代理人（原告・被告）

3.　応用　調停・審判・裁判　□□□

家事事件の手続きには、調停・審判・裁判がある（表2）。

表2

手続き	流　れ	解決方法
調　停	民間から任命された「調停委員」が中心となって当事者から話を聞きながら手続を進める。離婚や遺産分割などの事件が対象。	双方の合意が得られない場合は事件が終了する。審判官（裁判官）や調停委員による決定はない。
審　判	審判官が書類を読み、当事者の話を聞いた上で決定する。	審判官が決定という形で判断をくだす。裁判に似ている。
裁　判	家事調停で解決ができない場合には、裁判（人事訴訟）を起こすことになる。	人事訴訟は、裁判官の判決によって争いを解決する。和解による解決もある。

■1 判　例　判例とは、裁判の先例となる過去の判決のことである。裁判では法解釈などで過去の判決を参考にすることがある。

Ⅱ　ソーシャルワークと法の関わり

憲法はシンプルで理解しやすく覚えやすいが、民法・行政法はかなりの理解力と暗記力が必要である。憲法→民法→行政法の順番で学習しよう。

合格勉強法

1　日本国憲法の基本原理の理解

36 77, 35 77, 34 143,
33 77, 32 143, 31 77,
30 77, 27 77

1. 基本　日本国憲法　☐☐☐

　国家の統治の基本を定めた法典である。日本国の最高法規に位置づけられ（第 98 条）、日本国憲法に反する法令や国家の行為は、原則として無効とされる。憲法は改正のしにくさ、しやすさによって硬性憲法、軟性憲法に分かれる（表 1）。

+α

守るべき優先順位
憲法＞条約＞法律
＞政令＞条例

+α

**日本国憲法
国民の 3 つの義務**
教育（第 26 条）
勤労（第 27 条）
納税（第 30 条）

表 1　改正手続き基準の分類

種　類	改　　正	例
硬性憲法	厳格な手続きが必要	日本国憲法
軟性憲法	他の法律と同じ手続きで可能	イギリス憲法

> イギリス憲法は文書化されていない不文憲法でもある。

2. 基本　生存権をめぐる訴訟 　☐☐☐

① 朝日訴訟と堀木訴訟

　生存権をめぐる訴訟の中でも朝日訴訟と堀木訴訟が有名。いずれの訴訟も勝訴していないが、後世に残した影響が大きい（表 2）。

表 2　生存権保障訴訟

訴　訟	内　容	結　果
朝日訴訟	当時の生活保護基準はあまりにも低く、「健康で文化的な生活を営む権利（生存権）」を侵害すると訴えた裁判。人間裁判とも呼ばれる。	1967（昭和 42）年に最高裁判決。最高裁は憲法第 25 条に関する国の責務を宣言した。朝日氏死亡により終結（生活保護受給権は一身専属の権利であり、被保護者の死亡により消滅した）。
堀木訴訟	朝日訴訟につぐ第 2 の生存権保障訴訟。無拠出障害福祉年金を受給していた堀木氏が児童扶養手当と併給ができず、この併給禁止規定の違憲性を訴えた裁判。	1982（昭和 57）年最高裁判決。堀木氏の敗訴。第 25 条の具体化に関してはその後、児童扶養手当法が改正され併給が認められる。

朝日訴訟判決
何が健康で文化的な最低限度の生活であるかの認定判断は、一応、厚生大臣の合目的な裁量に委されており、その判断は、当不当の問題として政府の政治責任が問われることはあっても、直ちに違法の問題を生じることはない（最大判昭和 42 年 5 月 24 日民集 21 巻号（抜粋））。

① 生活保護法における保護基準は、生存権を規定する憲法第 25 条「健康で文化的な最低限度の生活を営む権利」に由来する（表 3）。

② 行政裁量には、自由裁量と法規の解釈に基づく羈束裁量がある。

③ 外国人が憲法に規定する基本的人権の保障の対象となるか否かの問題について、最高裁は基本的人権の保障は外国人に対しても等しく及ぶものとした（1978（昭和 53）年最高裁マクリーン事件判決）。ただし、外国人に参政権はない。

3. 標準 基本的人権

基本的人権は憲法で定める永久の権利である（第11条）。

表3 基本的人権

規　定	内　容	第25条
社会権	生存権：人間としての最低限度の生活を国に保障してもらう権利	
	教育を受ける権利：教育を受ける環境と機会を国に保障してもらう権利	
	勤労の権利、児童酷使禁止（第27条）	第26条
	労働三権　団結権　｜労働組合を作る権利	
	団体交渉権　｜労働組合が経営者と話し合う権利	
	団体行動権（争議権）｜労働組合がストライキなどを起こす権利	
自由権	精神の自由、身体の自由、経済活動の自由（職業選択の自由、居住・移転の自由、財産権）	
平等権	法の下に平等であって、人種、信条、性別、社会的身分又は門地により、政治的、経済的又は社会的関係において差別されない権利（第14条）	
請求権（受益権）	国家賠償請求権　｜公務員の業務中による不法行為で損害を受けたとする者が、国や地方自治体の賠償責任を問う権利	
	裁判を受ける権利　｜誰もが裁判所による裁判を受けられる権利	
	刑事補償請求権　｜逮捕されて抑留・拘禁されていた者が、無罪の判決を受けたとき、補償を求める権利	
	請願権　｜国に対して自分の意見や苦情を言える権利	
参政権	選挙権　｜選挙で投票する権利　｜被選挙権　｜政治家に立候補する権利	
	国民投票制　｜最高裁判所裁判官の任命に関する国民審査、地方公共団体の特別法に関する住民審査	

1 選挙権

日本国籍を有する18歳以上の男女すべてがもつ権利である。ただし、一部制限される者がいる（表4）。

2013（平成25）年には公職選挙法が改正され、国政選挙を含むすべての選挙において、成年被後見人の選挙権が回復した。

表4 選挙権の有無

対象者		選挙権	取締役[*1]
18歳以上		○	○
外国籍の者		×[*2]	○
成年後見制度	成年被後見人	○	×
	被保佐人	○	×
	被補助人	○	○
任意後見を受けた者		○	○

*1　法人の取締役になれるかどうかの欠格事由。会社法などで規定されている。

*2　住民投票条例などには国籍条項がない場合もある。

過去問チェック！

Q：憲法では、勤労者は団体行動をしてはならないと明記している。（34-143）

A：×　**ストライキを起こす権利等として団体行動権を明記している。**

➡過去問プラス！『国試対策2025』（共通科目編）p.113

33 77, 78, 80, 32 78,
29 79, 83

2 民法の理解

1. 基本 民法の構成 □□□

　民法は、私法*の一般法について定めた法律である。① 総則、② 物権、③ 債権*、④ 親族、⑤ 相続で構成される。

合格MAP　民法の構成

1 2020（令和2）年民法の改正ポイント

　「国民一般に分かりやすい民法」とする観点からの検討項目として以下が改正された（2017（平成29）年改正、2020（令和2）年4月施行）。

① **意思能力制度**　認知症等により意思能力を有しない者がした法律行為は<u>無効</u>となる。意思能力は、行為の結果を判断するに足るだけの精神能力をいう。<u>成年後見制度</u>は家庭裁判所の審判が必要だが、本制度は成年後見制度の利用を条件としていない。

② **賃貸借契約**　賃貸借終了時のルールとして、賃借人の<u>原状回復義務</u>及び収去義務、<u>敷金</u>に関するルールなどが明確化された。

2. 応用 成 年 □□□

1 成年年齢
民法が定める成年年齢は、父母の親権に服さなくなる年齢であり、ひとりで契約をすることができる年齢である。

合格勉強法

民法は私法の一般法。明治時代の法律なので内容が古い上に1,050条もある。まずは本書の内容（出るところ）に絞って攻略していく。

私 法
私人と私人の関係を規律する法。民法や商法。ちなみに公法とは国家などの公権力と私人の関係を規律する法。憲法や行政法。

債 権
債務者に何かをしてもらえる権利のこと。債権をもっている人が債権者。立場上は債務者より優位である。

親権
▶p.137

過去問チェック！

Q：生存権に係るこれまでの最高裁判例の主旨では、公的年金給付の併給調整規定の創設に対して、立法府の裁量は認められない。(31−77)
A：× **立法府の広い裁量に委ねられている（堀木訴訟）。**
Q：生存権に係るこれまでの最高裁判例の主旨では、生活保護受給中に形成した預貯金は、原資や目的、金額にかかわらず収入認定しなければならない。(31−77)
A：× **生活保護の認定判断は厚生労働大臣の裁量に任されている（朝日訴訟）。**
Q：日本国憲法には国民の義務として、憲法尊重が明記されている。(30−77)
A：× **国民の義務として、子女に普通教育を受けさせる義務、勤労の義務、納税の義務が明記されている。**

2 成年年齢引き上げ

① 2022（令和 4）年 4 月、成年年齢を 20 歳から 18 歳へ引き下げた。あわせて女性が結婚できる年齢は 16 歳から 18 歳に引き上げ、男女ともに 18 歳にそろえた。「18 歳成年」を定める主要国が多い中で、若者の自立を促すことがねらい。なお、少年法の適用年齢は 20 歳であり、引き下げにはならない。

② 社会福祉主事（社会福祉法）や人権擁護委員・民生委員（公職選挙法の一部を改正する法律）なども年齢要件が 18 歳以上に変更となり、法改正が必要となる。ただし、養子を迎える年齢▶や国民年金の加入年齢は 20 歳のまま変更はない。

3 不法行為 故意または過失によって他人の権利・利益などを侵害すること。交通事故が代表例である。損害賠償請求ができる。時効▶の取り決めがあり、過ぎると損害賠償を請求する権利が消える。

福祉施設等の事故においては、被害者は職員に対して不法行為責任を追及できるとともに、施設に対しても使用者責任を追及できる可能性がある。

① 所有権をはじめとする物権のほか、債権、特許権などがある。

② 法律や条例で制限することができる。法律・条例は、国民・住民に選ばれた議員によって民主的に作られたものだからである。政令・省令は行政が作ったものなので、法律の委任がない限り、財産権の制限はできない。

例）奈良県ため池条例 ため池を有する奈良県は災害を未然に防止するために、ため池の保全に関する条例を制定。使用する権利に著しい制限を加えるものであるが、公共の福祉▶のため、使用者は受忍（じゅにん）しなければならない。

3. 標準 契約 よく出る 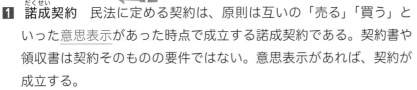 □□□

1 諾成契約（だくせい） 民法に定める契約は、原則は互いの「売る」「買う」といった意思表示があった時点で成立する諾成契約である。契約書や領収書は契約そのものの要件ではない。意思表示があれば、契約が成立する。

2 典型契約 典型契約とは、売買、贈与など 13 種類の名称をもつ有名契約である（表 5）。非典型契約は、契約の定型（典型契約）にあてはまらない契約のことで、「売買」などの名称がないことから無名契約とも呼ばれる。福祉サービスは非典型契約に分類される。

まとめて攻略

■ 少年法
⇒刑事司法と福祉
p.234〜236

養子を迎える年齢
特別養子縁組の場合は、夫婦の一方が 25 歳以上、もう一方が 20 歳以上。

不法行為に基づく損害賠償請求の時効
損害・加害者を知ったときから 3 年、もしくは発生から 20 年。民法改正により、上記に加え、人の生命または身体を害する不法行為による損害賠償請求権は、5 年間行使しないとき時効により消滅する。

公共の福祉
社会全体に共通する利益のこと。基本的人権の一部（特に財産権などの社会権）は「公共の福祉」による制約を受ける。

6

権利擁護を支える法制度

表 5 典型契約

	契約	説明	例
財産権移転	売買	当事者の一方の売主が<u>財産権</u>の移転をし、相手方の買主がこれに対して<u>代金</u>を支払う契約	文房具屋で 1 冊 100 円のノートを買う。
	交換	当事者が<u>互い</u>に「金銭の<u>所有権以外</u>」の財産権を移転する契約	鉛筆とノートを交換する。
	贈与	相手に対して<u>無償</u>で財産を与える契約	不動産を息子に生前贈与する。
貸借	消費貸借	当事者の一方（借主）が種類、品質、数量の同じ物をもって<u>返還</u>することを約束し、相手方（貸主）から金銭等を受け取る契約	銀行から金銭を借りる。
	使用貸借	一方が相手方から物を受け取り、その物を<u>無償</u>で使用をした後に、その同一の物を<u>返還</u>することを約束する契約	知人から本を借りて読み、それを返す。
	賃貸借	一方（貸主、賃貸人）が相手方（借主、賃借人）にある物の<u>使用</u>させることを約束し、相手方がこれに対してその<u>賃料</u>を支払うことを約束する契約	賃貸アパートを借りる。親戚宅の空いている部屋に居候（いそうろう）するのは「<u>使用貸借</u>」である。
労務提供	雇用	一方が相手方に対して<u>労働</u>することを約束し、相手方が<u>報酬</u>を与えることを約束する契約	会社で就労し、給料を得る。
	請負	一方（請負者）がある仕事を<u>完成</u>させることを約束して、相手方（注文者）がその仕事の<u>結果</u>に対してその<u>報酬</u>を支払うことを約束する契約	スーツをオーダーメードで仕立ててもらう。既製品を注文するのは「売買」である。
	委任	一方が<u>法律行為</u>をすることを相手方に委託して、相手方がこれを<u>承諾</u>することを約束する契約	弁護士の顧問契約委任は原則<u>無償</u>なので、<u>特約</u>がなければ受任者は委任者に対して報酬を請求できない。
その他	寄託	当事者の一方が相手方のために<u>保管</u>を約し、物を受け取る契約	有償：倉庫業無償：知人宅に荷物を置かせてもらう。
	組合	<u>複数</u>の当事者が出資をして<u>共同事業</u>を営む契約	家族による家業経営、映画などの製作委員会、建設業における共同事業体など。
	終身定期金	当事者の一方が相手方の<u>死亡</u>に至るまで、定期的に金銭などを給付する契約	公的年金や民間の個人年金保険は各法律に基づいており、民法上の規定は形骸化している。
	和解	当事者が<u>互い</u>に譲歩をして争いをやめることを約束する契約	お互いが譲歩した結果、和解した示談。

4. 基本 親 族 □□□

民法上の親族とは「6親等内の<u>血族</u>、配偶者＋3親等内の<u>姻族</u>」である。<u>姻族</u>とは婚姻をきっかけに親戚になる人たちのことで、たとえ夫婦の一方（例えば夫）が死亡しても、生存している配偶者（妻）の意思表示がない限り姻族関係は終わらない。

1 親 権 未成年の子に対して、父母に与えられた身分上および財産上の権利義務の総称。親権は<u>身上監護</u>、<u>財産管理</u>を含む。

① 婚姻中は夫婦が<u>共同</u>して親権を行うが、離婚後は<u>一方</u>の単独親権となる。協議離婚の場合は協議で親権者を定めることができる。なお、家庭裁判所が15歳以上の子の親権者を定めるときは、子の陳述を聴かなければならない。

② 父母が協議上の離婚をするときに協議で定める「子の監護について必要な事項」の具体例として「父又は母と子との面会及びその他の交流」（<u>面会交流</u>）及び「子の監護に要する費用の分担」（<u>養育費</u>の分担）が明示されている。

③ 非嫡出子の親権は、原則として<u>母</u>が行う。父が子を認知し、父母の協議で父を親権者と定めた場合に父が行う。

④ 従来の親権を奪う「<u>親権喪失</u>」に加え、最長2年間、一時的に親権の行使を制限する「<u>親権停止</u>」がある。

⑤ 2022（令和4）年4月、民法が定める成年年齢が<u>18</u>歳に引き下がったことにより、18歳に達した者は、一人で有効な契約をすることができ、また、父母の<u>親権</u>に服さなくなる。

2 離 婚 <u>協議</u>離婚、<u>調停</u>離婚、<u>審判</u>離婚、<u>裁判</u>離婚がある。日本では協議離婚が全体の約9割を占める。調停離婚、審判離婚、裁判離婚は家庭裁判所で行われ、時間や費用がかかることなどから少ない。

3 扶養の義務 <u>直系血族</u>および<u>兄弟姉妹</u>は、互いに扶養をする義務がある。家庭裁判所は、特別の事情があるときは、3親等内の親族間においても扶養の義務を負わせることができる。原則、金銭による扶養である。

> 親権をもたない親も子の扶養義務を負う。

身上監護
子が一人前になるように、身の回りの世話、教育、しつけや身分行為の代理人になること。

財産管理
子に代わって子の名義の財産の管理や、財産に関する法律行為を行うこと。

＋α

特有財産
婚姻前から夫婦の一方が所有していた財産や、婚姻後夫婦の一方が自分の名義で相続や贈与により取得した財産のこと。共有財産とはならず、夫婦の一方が単独で所有する。

6
権利擁護を支える法制度

✐ 過去問チェック！ ↑

Q：成年年齢に達した学生である子の親は、その子が親の同意なく行った契約を学生であることを理由に取り消すことができる。(34−81)

A：× **学生であるかどうかに関わらず、子が成年年齢に達した場合、親の同意なく契約でき、親はその契約を取り消すことができない。**

Q：父母が離婚し、子との面会交流について父母の協議が調わないときは、家庭裁判所がそれを定める。(34−81)

A：○ **2011（平成23）年民法の改正で定められた。**

➡過去問プラス！『国試対策2025』（共通科目編）p.116

5. 標準 養子 よく出る

36 141, 31 78, 140, 29 97, 28 81

養子縁組には、特別養子縁組と普通養子縁組がある（表6）。

1 特別養子縁組の改正 児童養護施設等に入所する子の中には、特別養子縁組を利用し、家庭での養育が適切な子も多いと指摘されていた。そこで民法改正により、特別養子縁組の成立要件を緩和する等で、特別養子制度の利用を促進する（2020（令和2）年4月施行）。

特別養子縁組における養子となる者の年齢の上限を原則6歳未満から原則15歳未満に引き上げる。

表6 特別養子縁組と普通養子縁組 これだけ！

項 目	普通養子縁組	特別養子縁組
養子縁組の成立	当事者の合意と届出で成立	家庭裁判所の審判を受けて成立
養子縁組の離縁	縁組当事者の協議で、離縁が可能	原則できない。虐待など特別な事情がある場合に限り、家庭裁判所が審判により判断する。
実親子関係	継続	終了
養親子関係	養親子関係	実親子関係に準じた関係
養 親	20歳以上。単身でも養親になれる。	25歳以上。配偶者がいることが必要
養 子	年齢制限なし。養親より年下であること。	15歳未満

> **+α 配偶者居住権**
> 民法改正により、被相続人の遺言等によって、配偶者に居住権を取得させる制度が創設された。配偶者は自宅での居住を継続しながらその他の財産も取得しやすくなる（2020（令和2）年4月施行）。

> 未成年者を養子とする場合には家庭裁判所の許可等が必要。

2 養子縁組と里親制度 養子縁組は養親と養子との間に法律上の親子関係を生じさせる。里親は法律上の親子関係を生じさせるものではない。

> アパートの賃借権なども相続の対象となる。

6. 応用 相続 よく出る

36 78, 79, 80, 35 77, 34 81, 33 78, 79, 28 79, 27 78

被相続人（亡くなった人）が相続人に財産を承継する制度。対象は自然人（個人）のみで、法人は相続できない。財産には現金だけでなく、所有権、損害賠償請求権、賃借権などの権利も含まれる。これらのプラスの財産だけではなく、金銭債務（借金を返す義務）などのマイナスの財産も含まれる。

1 法定相続 遺言がなく、法律に定められた割合（表7）に従って相続する方法のこと。遺言で法定相続分と異なる割合で相続する場合は、遺産分割協議で相続人全員が合意しなければならない。

過去問チェック！

Q：特別養子縁組の制度において、養子となることができる子の年齢上限は、6歳である。(36−141)

A：× 従来6歳であったが、2020（令和2）年から15歳に引き上げられた。

➡ **過去問プラス！**『国試対策2025』（専門科目編）p.34

表7　法定相続分

相続順位	法定相続人	割合	例）1,200万円相続する場合の相続分	代襲相続
―	配偶者のみ	全部	1,200万円	―
1位	配偶者	1/2	600万円	―
	子	1/2	600万円	孫・ひ孫
2位	配偶者	2/3	800万円	―
	直系尊属（父母・祖父母）	1/3	400万円	―
3位	配偶者	3/4	900万円	―
	兄弟姉妹	1/4	300万円	甥や姪

> 甥や姪も代襲相続ができる。

相続順位
優先順位のこと。例えば配偶者と子が生存していれば、父母や兄弟姉妹は法定相続人にならない。

代襲相続
相続人が死亡している場合、相続から廃除された場合にその人の直系卑属（子や孫）が代わって相続すること。

① 子どもが複数いる場合は平等に分けられる。出生順は関係ない。胎児も相続人になれる。

② 特別養子と普通養子は、実子と同じ扱いになる。なお、普通養子は養親の死亡時、実親の死亡時ともに法定相続人になる。非嫡出子等の相続分は表8のとおりである。

③ 連れ子は、被相続人と養子縁組をしていない限り相続人にはなれない。半血兄弟（父母の一方のみ同じ兄弟姉妹）は、父母の双方が同じ兄弟の1/2である。非嫡出子（内縁関係にある男女の子）は、嫡出子の相続分と同等である。

④ 母親と未成年の子が、父親（夫）の遺産を相続する場合や、成年後見人と成年被後見人が兄弟で、親の遺産を相続する場合などは利益相反となるため、特別代理人を選任しなければならない（表9）。

利益相反
複数の当事者間で、一方が有利になることで他方が不利益を被ること。遺産相談でいえば、相手が多く相続すると、自分の相続がその分少なくなるような事態。

表8　子の相続分

子	相続分
特別養子・普通養子	実子と同じ
非嫡出子（内縁関係にある男女の子）	嫡出子と同じ
連れ子（被相続人と養子縁組していない場合）	なし
半血兄弟（父母の一方が同じ兄弟姉妹）	父母双方が同じ兄弟の1/2

表9　利益相反時の特別代理人選任

事　例	対　応	申立て
母と未成年の子が父親（夫）の遺産を相続する	利益相反となるので、特別代理人を選任する	母
兄（成年被後見人）と弟（成年後見人）が父の遺産を相続する場合		弟（成年後見人）

2 遺 言 満15歳以上（義務教育終了時頃）が行える。相続人から虐待を受けていた場合など、遺言で対象者を相続人から廃除することができる。または本人が生前に家庭裁判所に審判を請求することで廃除の申立てを行う。

① 遺言には、以下の3種類がある（表10）。

遺言内容を実行する場合に必要

表10　遺言の種類

遺　言	作成方法	証人	注意点	家裁の検認
自筆証書遺言	全文自筆。記名、日付、押印が必要。	×	必ず自筆。手軽であるが無効の可能性あり。	○
公正証書遺言	本人が公証人に口頭で伝え公証人が筆記する。	○	手話が可能。	×
秘密証書遺言	内容は秘密のまま遺言書の存在のみ公証人に証明してもらう。	○	自筆でなくてもよい。	○

○：必要、×：不要

② 成年被後見人が遺言を行う場合、成年後見人の取消権はなく、保佐人、補助人の同意も不要。事理弁識能力（＝法律行為の結果による利害得失を判断する能力）を一時的に回復し、そのときに医師が2名以上立ち会えば遺言を作成できる。なお、遺言は身分行為なので、成年後見人等が代わりに作成することはできない。

③ 民法改正（2018（平成30）年）により、自筆証書による遺言の場合でも、財産目録（財産の一覧）は自書せずに、パソコン入力等でもよいことになった。財産目録の各頁に署名押印が必要。また、法務局における自筆証書遺言書の保管制度が創設された。

＋α

遺言執行者
遺言執行者は、遺言の内容を実現するために選ばれた相続人の代理人である。被相続人が遺言で指定する場合と、家庭裁判所が選任する場合がある。

検　認
相続人に対し遺言の存在及びその内容を知らせるとともに、遺言書の内容を明確にして、遺言書の偽造・変造を防止するための手続き。遺言の有効・無効を判断する手続きではない。

遺言が複数見つかり、前の遺言が後の遺言と抵触するときは、後の遺言内容の方が有効。

医師は精神保健指定医である必要はない。

📝 過去問チェック！

Q：自筆証書遺言を発見した相続人は、家庭裁判所の検認を請求しなければならない。(36-79)
A：○　**なお、公正証書遺言の場合は、検認は必要ではない。**
Q：公正証書遺言は、家庭裁判所の検認を必要とする。(33-79)
A：×　**家庭裁判所による検認は必要ではない。**

➡過去問プラス！『国試対策2025』（共通科目編）p.117

3 遺留分 遺族の生活を保障するために約束された相続財産の一部を相続できる権利。配偶者、子、直系尊属（父母など）だけに認められ、兄弟姉妹にはこの権利がない。

① 「全財産をA大学に寄付する」という遺言があった場合、法定相続人の遺留分を侵害しているが、それを理由に遺言自体が無効になることはない（図1）。

② 法定相続人が「配偶者1人」の場合、「遺留分」は「法定相続分」の1/2なので、A大学に対し「全財産の1/2」を請求することができる。

③ 話し合いで解決しなければ、家庭裁判所の調停で解決する。

遺留分の請求
2018（平成30）年の民法改正により、財産が不動産などの場合、相当する金銭を求できるようになった。

注意！
審判ではない！

図1　法定相続と遺留分

相続人	法定相続分①		総体的遺留分割合②	遺留分の割合①×②	
配偶者のみ		1	1／2		1／2
配偶者＋子1人	配偶者	1／2	1／2	配偶者	1／4
	子	1／2		子	1／4

✐ **過去問チェック！**

Q：遺言に相続人の遺留分を侵害する内容がある場合は、その相続人の請求によって遺言自体が無効となる。(36−75)

A：**×　無効とはならない。遺留分を侵害された者は、遺贈や贈与を受けた者に対し、遺留分侵害額に相当する金銭の請求をすることができる。**

Q：事例を読んで、Hの相続における法定相続分に関する次の記述のうち、正しいものを1つ選びなさい。(36−78)

〔事　例〕

　Hは、多額の財産を遺して死亡した。Hの相続人は、配偶者J、子のK・L・M、Hよりも先に死亡した子Aの子（Hの孫）であるB・Cの計6人である。なお、Lは養子であり、Mは非嫡出子である。Hは生前にMを認知している。

1　配偶者Jの法定相続分は3分の1である。
2　子Kの法定相続分は6分の1である。
3　養子Lの法定相続分は7分の1である。
4　非嫡出子Mの法定相続分は8分の1である。
5　孫Bの法定相続分は7分の1である。

A：**4　非嫡出子は嫡出子の法定相続分と同等のため、非嫡出子Mの法定相続分は8分の1である。**

➡ 過去問プラス！『国試対策2025』（共通科目編）p.116,（専門科目編）p.79

3 行政法の理解

34 77, 33 66, 32 79,
31 79, 30 78,79,
29 80, 28 77, 27 79

1. 応用 行政行為 □□□

　許可、認可、通知、受理など、行政庁が国民に行う働きかけのこと。行政処分（行政庁の処分）とほぼ同じ意味である。

1 行政争訟と国家補償　行政行為が違法・不当に行われた場合、国民に対する救済制度として行政争訟と国家賠償がある（表11）。

表11　国民に対する救済制度

目 的	方法	具体的な対応	場 所	根拠法
違法状態の解決	行政争訟	行政不服申立て ・行政行為が違法や不当な場合 ・訴訟よりも簡単	行政機関	行政不服審査法
		行政事件訴訟 ・行政行為が違法な場合 ・時間、お金がかかる	裁判所	行政事件訴訟法
金銭	国家補償	国家賠償	違法の場合	国家賠償法
		損失補償	適法の場合	憲法、個別法

2 公定力　行政行為の場合、違法であっても直ちには無効とはならず、一定の手続を経て取り消されるまでは有効なものとして扱われる。この効力のことを公定力という。

3 不可争力　一定期間が経過すると行政行為の効力を争うことができなくなることである。不服申立て期間（3か月以内）、出訴期間（6か月以内）を過ぎた行政行為は、もはやその効果を争うことができない。

2. 応用 行政争訟 □□□

　行政不服申立てと行政事件訴訟があり、原則はどちらを選んでもよい（表11）。ただし、介護保険法や生活保護法のように不服の多い制度では、多くの人が訴訟を起こすと裁判所が支障をきたすため裁判所に行く前にまず不服申立てを行う不服申立て前置主義（審査請求前置主義）がとられている。

3. 標準 行政不服申立て □□□

　審査請求・再審査請求の方法がある（表12）。処分（行政庁が行ったこと）のほかに不作為（行政庁が何もしないこと）も対象になる。異議申立ては2014（平成26）年の行政不服審査法の改正により廃止された。

表12　不服申立ての方法

方 法	相 手	期 限
審査請求・再審査請求	上級行政庁（上司）	3か月以内

国家賠償
国家賠償法に基づき、公務員が違法に加えた損害や、公の営造物（道路、河川など）の設置管理の瑕疵（問題点）に基づく損害に対して、国や地方公共団体が賠償すること。

ただし、行政行為に重大かつ明白な瑕疵（問題点）がある場合は、公定力・不可争力ともに認められない。

出訴期間
無効等確認訴訟(p.147)など、出訴期間が制限されていない訴訟もある。

処 分
行政庁が行ったこと。例）生活保護の申請を却下された。

行政庁
市町村や都道府県。

不作為
行政庁が何もしないこと。例）生活保護を申請したが、何も対応してくれない。

異議申立て
処分庁または不作為庁に直接、不服を申し立てる方法である。上級行政庁がない場合はこの方法をとっていた。

上級行政庁
上司に当たる行政庁。例）市町村にとっての都道府県。

1 審査請求

① 不服申立てを行う方法の一つ。根拠法は<u>行政不服審査法</u>（表13）。処分を行った行政庁（処分庁）や不作為に関係する行政庁（不作為庁）に直接、不服を申し立てるのではなく、<ruby>直近<rt>ちょっきん</rt></ruby>上級行政庁に対して「あなたの部下の行政庁が出した処分について審査してください」と申し出る方法である。処分があったことを知った日の翌日から起算して3か月以内に行う。

② 審査請求に対して行政庁は、請求のあった日から期間内（生活保護法では50日以内。各制度により異なる）に<u>裁決</u>*を行わなければならない。審査請求人は、この期間内に裁決がないときは、審査請求が<ruby>棄却<rt>ききゃく</rt></ruby>されたものとみなし、次の手段を講じる。

③ <u>介護保険審査会</u>のように、上級行政庁ではなく、第三者機関として審査をする特別な機関が定められている制度もある（表13）。

2 再審査請求

① 審査請求の裁決（返事）の結果、なお不服がある場合に、審査請求の裁決があったことを知った日の翌日から起算して30日以内に行う。

② 再審査請求に対して行政庁は、請求のあった日から期間内（生活保護法では70日以内。各制度により異なる。行政不服審査法には具体的な定めがない）に<u>裁決</u>を行わなければならない。再審査請求人は、この期間内に裁決がないときは、再審査請求が<u>棄却</u>されたものとみなし、次の手段を講じる。

> **裁　決**
> 審査請求や再審査請求に対して行われる裁断行為（返事・判断）である。

> **6**
> 権利擁護を支える法制度

合格MAP　行政不服申立て・行政事件訴訟の流れ

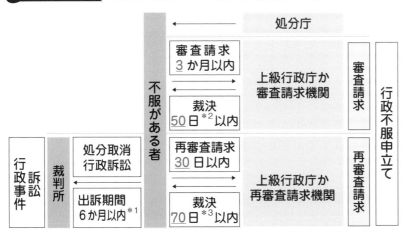

*1　処分・裁決があったことを知った日から正当な理由がなく6か月以内、または処分・裁決の日から正当な理由がなく1年以内。

*2　生活保護法に基づき、審査請求を受けた都道府県知事は50日以内に採決を行う。50日以内に裁決がなされない場合、審査請求人は棄却されたとみなされる。

*3　生活保護法に基づき、再審査請求を受けた厚生労働大臣は70日以内に裁決を行う。70日以内に裁決がなされない場合、再審査請求人は棄却されたとみなされる。

表 13　各制度の審査請求機関・再審査請求機関

制　度	審査請求機関	再審査請求機関
障害者総合支援法	障害者介護給付費等不服審査会*	―
介護保険	介護保険審査会	―
国民年金、厚生年金 健康保険、船員保険	社会保険審査官	社会保険審査会
国民健康保険	国民健康保険審査会	―
労働者災害補償保険	労災保険審査官	労働保険審査会
雇用保険	雇用保険審査官	労働保険審査会

＊審査の実施主体は都道府県知事である。都道府県知事は、条例で定めるところにより、審査請求の事件を取り扱わせるため、障害者介護給付費等不服審査会を置くことができる。

4. 応用　行政不服申立て等の改正　□□□

　行政不服審査法関連三法（行政不服審査法、行政不服審査法の施行に伴う関係法律の整備等に関する法律（2014（平成 26）年 6 月成立、2016（平成 28）年 4 月施行）、行政手続法の一部を改正する法律（2015（平成 27）年 4 月施行））が整備・拡充され、処分に関し国民が行政庁に不服を申し立てる制度（不服申立て）が、以下のとおり見直された。

① 公正性の向上　〜点検の強化（審理の見える化）〜

　不服申立ては、審査請求人と処分庁の主張を審理したうえで、審査庁（大臣等）が裁決を行う手続きとした。また、審理において、職員のうち処分に関与しない者（審理員*）が、両者の主張を公正に審理することとなった。

審理員
審理を中心となって行う者。従来は、処分に関与した者が審査請求の審理を行うことも有りうる状態だったが、改正により、審査庁に属する職員のうち処分に関与していない者が、審査庁から独立して、審理員として公正に審理するものとされた（2016（平成28）年施行）。

🖋過去問チェック！↑

Q：生活保護法に定める不服申立てについて、審査請求に対する裁決が 50 日以内に行われないときは、請求は認容されたものとみなされる。(33－66)

A：×　**請求は棄却されたものとみなされる。**

Q：「障害者総合支援法」の介護給付費等の支給に不服があるときは、運営適正化委員会に審査請求することができる。(28－43)

A：×　**審査請求は都道府県知事に対して行う。障害者介護給付費等不服審査会は、条例で設置できる機関であり、必ず設置されているわけではない。**

Q：生活保護の決定に不服がある場合、市町村長に審査請求することができる。(28－43)

A：×　**生活保護制度では、都道府県知事に審査請求を行う。**

Q：介護保険法における介護保険給付に関する処分に不服がある場合には、都道府県知事に審査請求を行うことができる。(24－70 改)

A：×　**都道府県知事ではなく、介護保険審査会に対して審査請求を行う。**

2 使いやすさの向上 〜国民の利便性〜

① 審査請求をすることができる期間を 60 日から <u>3 か月</u> に延長

② 不服申立ての手続を <u>審査請求</u> に一元化

・「異議申立て」をなくし「<u>審査請求</u>」に一元化する。

🌏合格MAP▶ 不服申立ての見直し

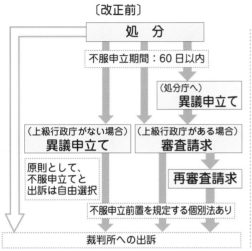
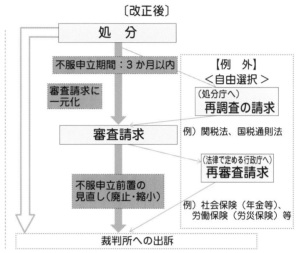

資料：総務省（著者まとめ）

6

権利擁護を支える法制度

・不服申立てが大量にあるもの（国税、関税など）について、例外的に、「<u>再調査の請求</u>」手続きを設ける。申立人は、再調査の請求をすることなく、審査請求をすることができる。

・審査請求を経た後の救済手続として異議（不服）がある場合（社会保険、労働保険など）には、例外的に <u>再審査請求</u> ができる。

③ 不服申立前置の見直し

・行政の処分に不服がある場合に、不服申立てをするか、直ちに出訴するかは、国民が選択できることが原則。ただし、不服申立てに対する裁決を経た後でなければ出訴ができない旨（<u>不服申立前置</u>）を定める <u>個別法</u> がある。

・大量の不服申立てがあり、直ちに出訴されると裁判所の負担が大きくなると考えられる場合は、不服申立前置を全部もしくは一部続ける（表 14）。

再調査の請求
処分庁が簡易な手続で事実関係を再調査することにより処分の見直しを行う手続き。「審査請求のあとに行われる調査」ではないので、注意。

行政事件訴訟法ではなく、個別の法律で定めている。

✏️過去問チェック！↑

Q：生活保護法に定める不服申し立てに置いて、審査請求は、市町村長に対して行う。(33—66)

A：× **都道府県知事に対して行う。**

表 14　不服申立前置の廃止および存置

対　応	例
全部廃止（自由選択）	子ども・子育て支援法、児童扶養手当法
一部廃止 （再審査請求の前置を廃止）	国民年金法、労働者災害補償保険法
全部続ける	生活保護法、介護保険法、障害者総合支援法

3 国民の救済手段の充実・拡大　～行政手続法の改正～

　不服申立ては、行政処分により不利益を受けた場合に、行政に不服を申し出る仕組みであるが、それ以外にも①（法令違反の事実を発見すれば）是正のための処分等を求めることができる、②（法律の要件に適合しない行政指導を受けたと思う場合に）中止等を求めることができる、法律上の仕組みが位置づけられた。

31 79, 30 78

5. 応用　**行政事件訴訟**　　　　　　　□□□

　違法な行政行為などにより侵害された権利や利益の救済を求める訴訟である。裁判所による独立した司法権の立場から審査を受ける。処分の取消訴訟などが含まれる。

1 抗告訴訟　行政庁の公権力の行使（処分や裁決）に対する不服の訴訟。抗告訴訟には処分の取消訴訟、無効等確認訴訟などがある（表15、16）。

公権力の行使
公務員が国民に対して「○○しなさい」と命令する行為。
例）行政処分、行政行為。

表 15　抗告訴訟の対象

不服の対象	例	抗告訴訟
処　分	要介護認定の結果、保険料徴収	対　象
サービス	介護保険サービス	対象ではない

✎ **過去問チェック！** ↑

Q：重大かつ明白な瑕疵のある行政行為であっても、取り消されるまでは、その行政行為の効果は否定されない。(34−77)

A：**重大かつ明白な瑕疵のある行政行為はもともと無効である。取り消されなくても、最初から行政行為の効果はない。**

Q：処分庁に上級行政庁がない場合は、処分庁に対する異議申立てをすることができる。(32−79)

A：× **審査請求に一元化されている。**

Q：審査請求に関わる処分に関与した者は、審査請求の審理手続きを主宰する審理員になることができない。(32−79)

A：○ **審理員は職員のうち処分に関与しない者が該当する。**

⇒ **過去問プラス！**『国試対策 2025』（共通科目編）p.118

表16　主観訴訟・客観訴訟の種類

種　類		内　容
主観訴訟	抗告訴訟	**処分及び裁決の取消訴訟** 行政庁の処分または裁決に不服がある場合に、その取消しを求める訴訟
		無効等確認訴訟 処分・裁決があるかないか、またはその効力があるかないか、確認を求める訴訟
		不作為の違法確認訴訟 処分・裁決をすべきであるにもかかわらず、これをしないことについての違法の確認を求める訴訟
		義務付け訴訟 行政庁が一定の処分を行うように、裁判所に義務づけてもらう訴訟
		差止訴訟 行政庁が一定の処分をしないように、裁判所に差し止めてもらう訴訟
	当事者訴訟	処分・裁決を争う抗告訴訟に対し、直接利害関係のある当事者が争う訴訟。公営住宅の明け渡し訴訟や、懲戒免職を受けた公務員の地位確認訴訟といった実質的当事者訴訟、土地収用法などの公法上の法律関係に関する形式的当事者訴訟がある。
客観訴訟		自分のためではなく世の中の人のために争う訴訟。<u>民衆訴訟</u>と<u>機関訴訟</u>がある。
	民衆訴訟	国・地方公共団体の機関の法規違反の是正を求める訴訟 （例）地方自治法の住民訴訟、公職選挙法の当選訴訟など
	機関訴訟	国・地方公共団体の機関同士の紛争 （例）都道府県知事と都道府県議会との権力争いなど

注意

行政処分の瑕疵(かし)が重大かつ明白な場合、取消訴訟の出訴期間経過後であっても、無効確認訴訟により行政処分の違法性を争うことが可能。

注意

介護保険法や生活保護法では、取消訴訟の前にまず行政不服申立てをする。

行政不服申立て
▶p.142

6

権利擁護を支える法制度

過去問チェック！

Q：行政行為の無効確認訴訟の出訴期間は、一定期間に制限されている。(34-77)

A：×　**無効確認訴訟出訴は、出訴期間の制限は受けない。**

Q：介護保険制度において、行政訴訟法上の取消訴訟で争い得るものとして、居宅介護支援計画の内容があげられる。(30-78)

A：×　**設問は介護保険法の審査請求の対象となる処分に該当しないため、行政庁の公権力の行使にあたらないことから、取消訴訟の対象にならない。なお、要介護認定の結果は市町村が行う行政処分であり、取消訴訟で争い得るものである。**

➡過去問プラス！『国試対策2025』（共通科目編）p.118

Ⅲ　権利擁護の意義と支える仕組み

合格勉強法
運営適正化委員会、国民健康保険団体連合会、介護保険審査会の違い（①設置、②苦情の対象、③手続き）を説明できるように仕上げよう。

1　権利擁護の意義

1．標準　権利擁護の意義　□□□

認知症等により物事の判断が適正にできなくなると、悪徳商法などの被害にあうなど、権利が侵害されやすくなる。このような権利侵害から、対象者を守ることが権利擁護の目的である。

2　権利擁護関連の制度や法律

28 124, 27 124

1．基本　苦情解決　　□□□

1 苦情解決の流れ　まず、① 事業者に苦情を申し出、話し合いを行う。それでも解決が困難な場合は、② 都道府県社会福祉協議会に設置された運営適正化委員会に苦情を申し出、事情調査・あっせんなどの解決に向けた支援を依頼する。

2 経営者の義務　社会福祉法では、社会福祉事業の経営者は、提供する福祉サービスについて、利用者などからの苦情の適切な解決に努めなければならないと定めている。

注意
経営者の苦情解決は努力義務である。

合格MAP▶　苦情解決の流れ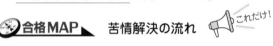

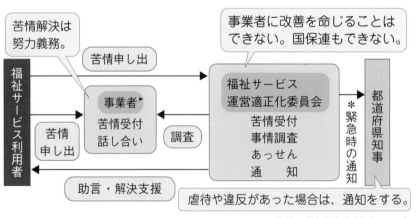

資料：厚生労働省（著者まとめ）

国民健康保険団体連合会（国保連）
▶p.208, 329, 338

事業者
「社会福祉事業者による福祉サービスに関する苦情解決の仕組みの指針」（厚生労働省）では、事業者に対して苦情解決体制として、
①苦情解決責任者
②苦情受付担当者
③第三者委員の設置
を求めている。

✎ 過去問チェック！↑

Q：国民健康保険団体連合会は、介護サービスの苦情処理等の業務や事業者・施設への指導・助言のための機関として、運営適正化委員会を設置する。（33—132 改）

A：×　**運営適正化委員会を設置するのは、都道府県社会福祉協議会である。**

3 福祉サービスの苦情解決　主に表1の方法がある。

表1　苦情解決の方法

窓口	設置	苦情の対象	手続き
運営適正化委員会	都道府県社会福祉協議会	福祉サービス全般	苦情解決・相談
国民健康保険団体連合会	全国各都道府県に設置	介護保険サービス	苦情相談等
介護保険審査会	都道府県	介護保険法に基づく処分	不服申立て、審査請求

苦情相談等
▶p.329
不服申立て
▶p.142, 330
審査請求
▶p.329

2.　標準　虐待防止法　□□□

　2011（平成23）年に障害者虐待防止法が制定され、児童、高齢者、障害者を対象に虐待防止法が網羅された（表2）。児童虐待防止法は、主に養護者による虐待を対象としており、児童福祉施設における虐待は児童福祉法か障害者虐待防止法が適用になる（表3、4）。

35 138，34 37，33 62，
137，31 36, 57, 83，30
183，29 77, 28 139, 27
137

児童虐待防止法
▶p.353〜355
障害者虐待防止法
▶p.200〜201

表2　虐待防止法

制定年	根拠法	対象者	通報・通告の義務
2000（平成12）年	児童虐待防止法	18歳未満	義務
2005（平成17）年	高齢者虐待防止法	65歳以上の高齢者	生命・身体に重大な危険が生じている場合は義務。それ以外は努力義務
2011（平成23）年	障害者虐待防止法	身体障害、知的障害、精神障害（発達障害を含む）その他の心身機能障害がある者	義務

高齢者虐待防止法の対象は65歳以上の者である。

保育所、学校、病院は虐待定義の対象外である。

手帳所持者に限らない。18歳未満も含む。

高齢者虐待のみ義務規定が二段階。

表3　立ち入り調査する者

児童虐待	児童委員または児童の福祉に関する事務に従事する職員
高齢者虐待	市町村の職員
障害者虐待	市町村の職員

✎過去問チェック！

Q：「児童虐待防止法」（2000年（平成12年））では、小学校や中学校の長に、教職員、児童、生徒に対して、就学する障害児に対する虐待を防止するための必要な措置を講ずることを義務づけている。（26−25）
A：×　就学する障害者・児に対する規定は、障害者虐待防止法にある。

6
権利擁護を支える法制度

表4　虐待の発生場所における虐待防止法の適用範囲

年　齢	在　宅	施　設				企　業	保育所学　校病　院
		介護保険施設	障害者支援施設	児童福祉施設			
				障害児通所支援事業所	障害児入所施設		
18歳未満	児童	―	障害者	障害者	児童福祉法	障害者	障害者
18～65歳未満	障害者	―	障害者	―	―		
65歳以上	障害者高齢者	高齢者	障害者	―	―		

児童虐待防止法ではない。

高齢者：高齢者虐待防止法が適用される。障害者：障害者虐待防止法が適用される。
児　童：児童虐待防止法が適用される。
資料：「市町村・都道府県における障害者虐待の防止と対応」厚生労働省（著者まとめ）

35 41, 34 93, 32 127

3 意思決定ガイドライン

1. 基本 意思決定ガイドライン □□□

1 障害福祉サービス等の提供に係る意思決定支援ガイドライン

意思決定支援とは、自ら意思を決定することに困難を抱える障害者が、日常生活や社会生活に関して自らの意思が反映された生活を送ることができるように、可能な限り本人が自ら意思決定できるよう支援し、本人の意思の確認や意思及び選好（せんこう）を推定し、支援を尽くしても本人の意思及び選好の推定が困難な場合には、最後の手段として本人の最善の利益を検討するために事業者の職員が行う支援の行為及び仕組みをいう。

職員が行う支援も含まれる

2 人生の最終段階における医療・ケアの決定プロセスに関するガイドライン

医師等の医療従事者から適切な情報の提供と説明がなされ、それに基づいて医療・ケアを受ける本人が多専門職種の医療・介護従事者から構成される医療・ケアチームと十分な話し合いを行い、本人による意思決定を基本としたうえで、人生の最終段階における医療・ケアを進めることが最も重要な原則である。

3 認知症の人の日常生活・社会生活における意思決定支援ガイドライン

意思決定支援とは、認知症の人の意思決定をプロセスとして支援するもので、通常、そのプロセスは、本人が意思を形成することの支援と、本人が意思を表明することの支援を中心とし、本人が意思を実現するための支援を含む。

+α
公益通報者保護法
公益通報を理由とする公益通報者の解雇の無効や公益通報に関し事業者・行政機関がとるべき措置を定める（2004（平成16）年制定）。養介護施設等で虐待を通報した職員にも適用される。

Ⅳ　権利擁護に関わる組織、団体、専門職

成年後見制度を含む権利擁護の制度においては、様々な機関や専門職の連携・関与によって対象者をサポートする体制が構築されている。専門職としては社会福祉士以外に、弁護士や司法書士に注目して学習しよう。

1　権利擁護に関わる組織、団体の役割

1.　[標準]　権利擁護に関わる組織、団体の役割　□□□

1 **法務局**　不動産登記や法人登記および登記簿謄本の発行、交付をはじめ、戸籍、国籍、公証、人権擁護等の事務処理を行う。

成年後見登記制度では、利用者の事項（成年後見人などの権限、任意後見契約の内容等）を登録し、証明書によって公示する。

2 **権利擁護支援の地域連携ネットワークの中核機関**

権利擁護支援を必要としている人も含めた地域に暮らす全ての人が、尊厳のある本人らしい生活を継続し、地域社会に参加できるようにするため、地域や福祉、行政などに司法を加えた多様な分野・主体が連携する仕組みである。権利擁護支援チーム、協議会、中核機関の３つの仕組みからなる。

合格MAP　権利擁護支援の地域連携ネットワーク

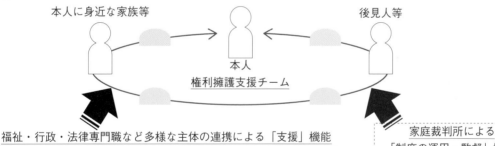

本人に身近な家族等　　本人　権利擁護支援チーム　　後見人等

福祉・行政・法律専門職など多様な主体の連携による「支援」機能
①権利擁護の相談支援、②権利擁護支援チームの形成支援、③権利擁護支援チームの自立支援

家庭裁判所による「制度の運用・監督」機能

資料「権利擁護支援の地域ネットワークについて」厚生労働省

3 **弁護士**　弁護士法第１条「弁護士は基本的人権を擁護し、社会正義を実現することを使命とする」に基づき、権利擁護に携わる。児童相談所では弁護士配置または準ずる措置が法定化されている。

4 **司法書士**　司法書士法第１条「登記、供託、訴訟その他の法律事務の専門家として、国民の権利を擁護し、自由かつ公正な社会の形成に寄与することを使命とする」

過去問チェック！

Q：日本司法支援センター（法テラス）は、成年後見登記事項証明書の交付事務を取り扱う組織である。(29－82)

A：×　**法務局が正しい。**

V　成年後見制度

 合格勉強法 成年後見制度は民法、行政法よりも範囲が狭く毎年2問以上は出題されるので得点源にしたい。後見→保佐→補助の順番で相違点を意識して学習しよう。

1 成年後見の概要

1. **基本** **成年後見制度** □□□

　精神上の障害（認知症、精神障害等）により判断能力（事理弁識能力）が低下した者を保護するため、本人の行為能力を制限するとともに、本人のために財産管理と身上監護に関する法律行為を代行する者を定める制度である。

1 法定後見と任意後見

　① 判断能力が低下した後に裁判所の審判により始まる「法定後見」と、判断能力が低下する前に契約を交わして備える「任意後見」がある。

合格MAP▶ 成年後見制度 これだけ！

```
                                任意後見制度 ── 判断能力低下前に申立て
        成年後見制度                      ┌─────────────┐
                                          │   後　見   │
                                法定後見制度─┤   保　佐   │
後見制度                                   │   補　助   │
                                          └─────────────┘
        未成年後見制度 ── 身寄りのない未成年者
```

　② 成年後見制度は民法、任意後見契約に関する法律、後見登記等に関する法律に基づく制度である。2000（平成12）年の民法改正により、後見の利用を登記して公示することになった。それまでは戸籍に記載されていた。

2 未成年後見人

　① 従来、個人しか選任できなかったが、2012（平成24）年4月から社会福祉法人などの法人や複数の者を選任できるようになった。仕事の内容を分担し、未成年後見人の負担を軽減できる。

　② 未成年後見は成年後見とは異なり登記制度が存在せず、未成年後見人の情報は未成年者の戸籍に登録される。

3 障害者虐待防止法・高齢者虐待防止法 国・地方公共団体に対して、成年後見制度の利用促進のために措置を講じることを規定している。

> 36 82, 35 60, 78, 79, 80, 82, 83, 34 78, 79, 80, 83, 33 81, 82, 83, 32 77, 80, 81, 31 80, 30 62, 79, 80, 81, 82, 83, 135, 29 81, 82, 28 36, 78, 80, 81, 82, 83, 27 80, 81, 83

成年後見制度
2000（平成12）年4月、介護保険制度と同時に施行。根拠法は民法。旧来の禁治産・準禁治産制度に代わり設けられた。

＋α
市民後見人
市町村等が実施する養成研修等により、成年後見制度に関する一定の知識を身に付け、家庭裁判所から選任された一般市民による後見人。

✏ **過去問チェック！**⤴

Q：障害者虐待防止法では、国及び地方公共団体に、成年後見制度の利用促進のための措置を講じることを求める規定は定められていない。(25―83)

A：× **障害者虐待防止法のほか、高齢者虐待防止法でも規定している。**

2. 標準 法定後見制度

本人の判断能力が低下した場合に、家庭裁判所の審判で成年後見人などが決定され開始する。法定後見は判断能力が低い順に、後見、保佐、補助に分かれている（表1）。

> 後見及び補佐開始の審判では原則鑑定が必要。補助開始の審判では原則診断書で足りる。

表1　法定後見制度の種類（民法）

類　型	保護する者	保護される者	状　態
後　見 （第7条）	成年後見人	成年被後見人	判断能力が欠けているのが通常の状態で、日常の買い物も自分ではできない程度の状態
保　佐 （第11条）	保佐人	被保佐人	判断能力が著しく不十分な状態で、日常の買い物程度は一人でできるが、不動産売買など法律で定められた一定の重要な行為は困難な状態
補　助 （第15条）	補助人	被補助人	判断能力が不十分な状態であって、大体のことは自分で可能。重要な取引は可能だが一人では不安のある状態

 合格MAP　法定後見制度利用の流れ　これだけ！

申立て
- 本人の住所地の家庭裁判所に審判を申し立てる。

申立人：**本人、配偶者、4親等内の親族、市区町村長、検察官、成年後見人、保佐人、補助人　等**

 注意

> 身寄りがないなどの理由で市区町村長も申立て可能。（老人福祉法等）

審判
- 家庭裁判所が審判を行う。

選任
- 家庭裁判所が成年後見人、保佐人、補助人を選ぶ。

開始
- 法定後見が開始される。

選任
- 必要に応じて成年後見監督人が選任される。

> 選任の決定には不服申立てを行うことができない。

1 成年後見人

① 社会福祉法人などの法人や複数の者が選任されることもある。

②「誰を成年後見人等に選任するか」については、家庭裁判所が職権で判断することであり、申立人の希望する者が選任されるとは限らない。また、弁護士などの専門家が選任された場合には、本人の財産から報酬を支払うことになる。報酬の支払いが困難な場合は、成年後見制度利用支援事業による助成の対象である。

2 法務局

法務局において、本人、配偶者、4親等内の親族等は、成年後見人が記録された登記事項証明書の交付を受けることができる。

成年後見監督人
成年後見人が不正行為を行わないように監督する役割を担う。親族などからの申立てによって選任されるが、家庭裁判所が申立てを待たずに職権で選任することもある。

成年後見制度利用支援事業
障害者総合支援法に基づく市町村地域生活支援事業の必須事業、介護保険法に基づく地域支援事業の任意事業。成年後見人などに対する報酬費用を負担することが困難で、一定要件を満たす場合は、報酬費用を助成する。

3. 標準 成年後見人等の役割　□□□

成年後見人等の役割は「財産管理」と「身上監護」である。

1 財産管理　被後見人等の財産を適正に管理・処分すること。高い厳格性が求められるが、処分（売ること）もできる。

2 身上監護　被後見人等の住居の確保、生活環境の整備、施設などへの入退所契約、病院への治療および入院手続きなどの支援。直接的な身体介護などは職務ではない。

 注意　身分行為（＝婚姻、離婚、養子縁組など、身分が変わるような法律行為）は対象外。また、遺言を代わりに書くことはできない。

「法律行為」だけを行い「事実行為」は行わない。介護サービスの契約（法律行為）は行うが、介護（事実行為）はしない。

3 義務　成年後見人等は、善良な管理者の注意をもって委任事務を処理する善管注意義務と、本人の意思を尊重し、心身の状態および生活の状況に配慮する身上配慮義務という2つの義務を負う。

4. 標準 後見・保佐・補助の概要 　□□□

1 後見の場合　成年後見人は、本人の代理により契約などの法律行為を行う。本人または成年後見人は、本人による不利益な法律行為を後から取り消すことができる。

> ただし日常生活に関する行為は取り消しの対象外である。

2 保佐の場合　申立て時に本人が選択した特定の法律行為の代理権や同意権・取消権によって支援する。民法第13条第1項の行為について、保佐人に同意権・取消権が与えられる。

3 補助の場合　申立て時に本人が選択した特定の法律行為の代理権や同意権・取消権によって支援する。民法第13条第1項の行為の一部について、補助人に同意権・取消権が与えられる。

4 後見（保佐、補助）監督人　家庭裁判所は、必要と認めるとき、後見（保佐、補助）監督人を選任する。監督人は、成年後見人等が行う事務や成年被後見人等の財産の状況を調査することができる。なお、成年後見人等の配偶者、直系尊属、兄弟姉妹は監督人になれない。

5 同意権・取消権、代理権の範囲と手続き方法

① 同意権・取消権、代理権の範囲は登記される。

② 成年後見・保佐開始の審判には、本人の同意が必要とされないが、補助開始の審判には、本人の同意が必要（表2）。

＋α
成年後見制度利用促進法
2016（平成28）年4月成立。家庭裁判所の審判を得て、郵便物の転送など、成年後見人の後見事務が明文化された。

法律行為
意思表示に基づき法律効果が生じる行為。例）介護サービスの契約や支払い。意思表示が必要。

事実行為
意思表示を必要とせず法律効果を生じる行為。例）介護サービス。意思表示をせずに法律効果が生じる。

民法第13条第1項の内容
① 貸金の元本の返済、預貯金の払戻し
② 金銭の借り入れ、保証人
③ 不動産など重要な財産についての売買
④ 民事訴訟で原告となる訴訟行為
⑤ 贈与、和解・仲裁合意
⑥ 相続の承認・放棄、遺産分割
⑦ 贈与・遺贈の拒絶、不利な贈与や遺贈
⑧ 新築・改築・増築や大修繕
⑨ 長期の賃貸借契約

表2 後見・保佐・補助の概要

項目		後見	保佐	補助
開始の手続き		審判	審判	審判
	本人の同意	×	×	○
同意権・取消権	対象範囲	日常生活行為以外すべて（日常生活行為はひとりでできる）	民法第13条第1項に定める借金、訴訟、相続、新築など*。	審判で定める「特定の法律行為」（民法第13条1項の行為の一部）*
	付与	開始の審判と同時に付与		開始の審判以外に同意権付与の審判が必要
	本人同意	×	×	○
代理権	対象範囲	財産に関するすべての法律行為	審判で定める「特定の法律行為」	
	付与	開始の審判と同時に付与	開始の審判以外に代理権*付与の審判が必要	
	本人同意	×	○	○

＊日用品の購入など日常生活に関する行為は除く。 ○：必要、×：不要

5. 基本 任意後見制度 □□□

1 任意後見制度 将来、判断能力が不十分な状態になった場合に備えて、あらかじめ自ら事前の契約によって任意後見人を決めておく制度（表3）。その際、公正証書で契約を締結し、登記する。契約の効力は、契約時は発揮せず、任意後見監督人の選任を家庭裁判所に申立てした時点で初めて発揮する。契約の解除は、任意後見監督人選任前であれば書面で、選任後は正当な理由のあるときに限り家庭裁判所の許可を得て行われる。

2 任意後見監督人

① 本人の判断能力が低下した後、任意後見人が、家庭裁判所が選任する任意後見監督人の監督のもと本人を代理して契約などを行う。

② 任意後見受任者本人や、任意後見受任者の配偶者、直系血族および兄弟姉妹は任意後見監督人にはなれない。弁護士、社会福祉士等の専門職や法人などが選ばれることが多い。

> **保佐人の代理権**
> 保佐人には保佐開始の審判と同時に同意権・取消権が付与されるが、代理権はない。例えば、保佐人が土地の売却を代理で行う場合は、保佐開始の審判とは別に、その土地を売却するための代理権の付与の審判を受けなければならない。

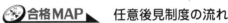

合格MAP▶ 任意後見制度の流れ

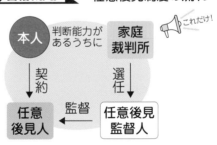

これだけ！

過去問チェック！

Q：本人は、任意後見監督人選任の請求を家庭裁判所に行うことはできない。（33−82）

A：× **本人も請求できる。**

Q：任意後見人の配偶者は任意後見監督人になることができないが、兄弟姉妹は任意後見監督人になることができる。（26−81）

A：× **任意後見受任者本人や配偶者、その近い親族は、任意後見監督人にはなることはできない。**

6 権利擁護を支える法制度

表3　法定後見と任意後見の違い

項　目		法定後見	任意後見
契約方法		契約ではない。法律による。	公正証書で契約する要式契約
類　型		後見、保佐、補助	将来型▸、移行型▸、即効型▸
保護者	権利	同意権、取消権、代理権	代理権のみ
	保護する範囲	法律行為のみ。事実行為はしない。範囲は家庭裁判所が決める。	法律行為のみ。範囲は本人が決める。事実行為を委託するならば、通常の委任契約で追加。
選任	保護者	家庭裁判所が選ぶ。	本人が判断能力低下前に選んでおく。
	保護者監督人	家庭裁判所が選ぶ。	家庭裁判所が選ぶ。
開　始		審判により保護者を選任	審判により任意後見監督人を選任
終　結		本人、保護者の死亡	本人、保護者の死亡、契約の解除

6. 標準 成年後見制度の動向 □□□

1 申立人　市区町村長が最も多く全体の約23.6%を占め、次いで本人約22.2%、本人の子が約20.0%の順となっている。市区町村長が申し立てたものは全体の約1/4を占め、身寄りのない認知症高齢者の増加を物語る（「成年後見関係事件▸の概況（令和5年1月～12月）」最高裁判所）。

2 成年後見人等　配偶者、子等を含む親族以外の第三者が成年後見人等に選任されたものは、全体の約81.9%であり、親族（約18.1%）が成年後見人等に選任されたものを上回っている。親族以外の内訳は司法書士（35.9%）、弁護士（26.8%）、社会福祉士（18.4%）の順である。親族の内訳は、子が最も多く53.5%を占めている。

3 申立ての動機　預貯金等の管理・解約（財産管理）が最も多く、次いで身上保護、介護保険契約の順となっている。

7. 標準 家庭裁判所の役割 □□□

1 家庭裁判所

成年後見人（職権）と後見監督人（請求又は職権）の選任・解任、任意後見人の解任、任意後見監督人（請求）の選任・解任、後見、保佐または補助開始の審判などの役割を担う。

家庭裁判所は他に、家庭に関する事件の審判（家事審判）、調停（家事調停）、少年の保護事件の審判（少年審判）、離婚や認知など、夫婦や親子等の争いを解決する人事訴訟を扱う。

将来型
判断能力が低下する前に任意後見の契約を結び、判断能力が低下したときに後見を開始させる方法。最も一般的。

移行型
後見が開始するまでの間、財産管理などの必要なサポートだけを委任しておく方法。一時的に体調が優れないときなどに有効。

即効型
任意後見の契約を結び、直ちに後見を開始させる方法。本人の判断能力が低下しつつあり、速やかに後見を開始したい場合に有効。

成年後見関係事件
申立て件数は合計で40,951件。このうち約7割が後見開始の申立てである。

35 82

Ⅵ　日常生活自立支援事業

 合格勉強法 多科目で連続出題される重要ポイント。「実施主体、専門員・生活支援員の役割」「援助内容」を押さえておく。成年後見制度とのミックス問題で問われる可能性も高い。表１の比較表で違いを明確にしよう。

35 81, 34 67, 82, 133, 33 37, 40, 60, 32 82, 31 81, 30 36, 135, 29 79, 28 39, 41, 27 41, 82

1 日常生活自立支援事業の概要

1. 基本　日常生活自立支援事業の概要 　□□□

　日常生活自立支援事業は、認知症高齢者、知的障害者、精神障害者などのうち判断能力が低下した者が地域において自立した生活が送れるよう、利用者本人との契約に基づき支援を行うものである。

 利用者本人に契約能力が残されていないと利用できない。家族との契約はできない。

> 注意
> 障害者手帳を所持していなくても利用できる。

1 実施主体　都道府県・指定都市社会福祉協議会である。事業の一部を市町村社会福祉協議会、社会福祉法人、NPO法人などに委託できる。

> 市町村社協は実施主体ではない。都道府県・指定都市社協から委託を受け窓口業務を実施。

①　適正な運営を確保するために第三者的機関である「運営適正化委員会」が監督を行う。

②　国庫補助事業の一つで、第二種社会福祉事業に規定された福祉サービス利用援助事業に該当する。

> 日常生活自立支援事業は、地域包括支援センターの地域支援事業ではない。

2 援助内容

①　福祉サービスの利用援助、苦情解決制度の利用援助、住宅改造、居住家屋の貸借、日常生活上の消費契約

②　住民票の届出等の行政手続に関する援助など

③　預金の払い戻し、預金の解約、預金の預け入れの手続など、利用者の日常的金銭管理

④　定期的な訪問による生活変化の察知

3 利用の流れ　利用希望者は、実施主体に対して申請（相談）を行う。実施主体は、利用希望者の生活状況や希望する援助内容を確認するとともに、本事業の契約の内容について判断し得る能力の判定を行う。支援計画の作成や契約の締結に関する業務を専門員＊が、実際のサービス提供を生活支援員＊がサポートする。

専門員
原則、社会福祉士、精神保健福祉士などであって、一定の研修を受けた者。

生活支援員
専門員の指示を受けて、支援計画に基づいて具体的な支援を行う。

過去問チェック！

Q：福祉サービス利用援助事業は、第一種社会福祉事業である。(32−22)
A：×　**第二種社会福祉事業である。**
Q：精神障害者保健福祉手帳を所持していなければ、日常生活自立支援事業を利用することができない。(27−82)
A：×　**手帳を所持していなくても利用できる。**
Q：住民票の届出に関する援助は、日常生活自立支援事業の対象外である。(27−82)
A：×　**事業の対象である。**

6
権利擁護を支える法制度

注意

契約締結審査会では、契約締結判定ガイドラインで契約能力の有無が判断できない者のみ審査する。全員を審査するわけではない。

申請・相談	• 利用希望者は実施主体に申請・相談する。相談は無料。
能力判定	• 実施主体は利用希望者本人に契約能力があるかどうか、ガイドラインで判断できない場合のみ、契約締結審査会にて判定を実施する。
支援計画	• 専門員が作成。定期的な見直しが必要。
契約締結	• ここまでは専門員が担当する。
利用開始	• ここからは生活支援員が担当する。

2. 標準 成年後見制度と日常生活自立支援事業 □□□

　成年後見制度と日常生活自立支援事業ともに判断能力が低下した者に対する支援である。併用もできる。

1 併用する方法　本人に契約能力がないと日常生活自立支援事業は利用できないが、成年後見制度を利用し、成年後見人などの保護者が実施主体(都道府県社会福祉協議会)と契約を締結すれば利用できる(表1)。

注意

事業の一部を市区町村社会福祉協議会や社会福祉法人などに委託可。

表1　成年後見制度と日常生活自立支援事業

類　型	成年後見制度	日常生活自立支援事業
根拠法	民法	社会福祉法
位置づけ	法律の定めによる制度	第二種社会福祉事業 (福祉サービス利用援助事業として規定)
対象者	判断能力が低下した者	判断能力は低下しているが契約能力はある者
保護者(援助者)	成年後見人、保佐人、補助人、任意後見人	専門員、生活支援員
支援の内容	財産管理・身上監護	日常的な法律行為と事実行為
利用の開始	家庭裁判所に申立て	実施主体に申込み

📝 過去問チェック！ ↑

Q：福祉サービス利用援助事業に基づく福祉サービスの利用援助のために、家庭裁判所は補助人・保佐人・後見人を選任しなければならない。(35−30)

A：×　**設問は成年後見制度のことである。併用も可能である。**

Q：本人は認知症であるため、本人に代わって、介護支援専門員が日常生活自立支援事業における支援計画の変更を行った。(32−82改)

A：×　**支援計画は本人の承諾を得て、日常生活自立支援事業の専門員が作成・変更する。**

Q：日常生活自立支援事業の利用について、成年後見人による事業の利用契約の締結は、法律で禁じられている。(31−81)

A：×　**法律では禁じられていない。対象者本人のほか、成年後見制度を利用し、成年後見人などが利用契約を締結する場合もある。**

Q：日常生活自立支援事業の実施主体は、地域包括支援センターである。(28−41)

A：×　**実施主体は都道府県社会福祉協議会または指定都市社会福祉協議会である。**

➡過去問プラス！『国試対策2025』(共通科目編) p.84

7
地域福祉と包括的支援体制

（地域福祉の理論と方法、福祉行財政と福祉計画）

「地域福祉の理論と方法」と「福祉行財政と福祉計画」が統合された科目です。地域福祉の範囲の方が点数が取りやすいので、民生委員、共同募金などの定番ポイントから開始しましょう。

科目の特徴

新科目：新科目として相当な準備が必要かどうか
難易度：問題が正解しにくいかどうか
暗記：暗記の重要性が高いかどうか
過去問：過去問題を活用する際に工夫が必要かどうか
改正：法律・制度の改正が多いかどうか

過去問題の使い方

解いておくべき過去問	活用法
3回分 ◎	過去問題3回分を目安に活用しましょう。歴史の問題は過去問題で十分に対策可能です。暗記をしたらすぐに過去問題で知識の定着をはかりましょう。

I　地域福祉の基本的な考え方

合格勉強法 地域福祉に関する日本人の理論は理解に時間がかかるうえ、近年は出題率も低い。イギリスやアメリカのセツルメントの歴史や地域福祉の推進主体（共同募金や民生委員）などから先に学習すると効率がよい。

1　地域福祉の概念と範囲

30 93, 29 32

1.　標準　地域福祉の概念　□□□

　1970年代になるとコミュニティ形成を促す施策として地域福祉政策が方向づけられるようになり、これに伴いコミュニティ理論が展開された。コミュニティケア*の形成と国民生活の向上を結び付け、地域福祉施策推進のきっかけを作ったのは、中央社会福祉審議会答申『コミュニティ形成と社会福祉』（1971年）である。社会福祉の対象を、収容施設での保護から地域社会（＝居宅）での保護にまで枠を広げた。

合格勉強法

コミュニティ理論は難解でかつ類似しているので、長文ではなく、特徴的なキーワード（短文）で見分けよう。

コミュニティケア
援助を必要とする対象者が地域で円滑に生活するために、行政、地域住民、ボランティア等が連携して支援する活動。1960年代イギリスにおける精神障害者医療・福祉施策の施設重視から社会復帰への転換を示す言葉として登場した。

1　岡村重夫
（おかむらしげお）

　一般的コミュニティ、福祉コミュニティの理論を展開した。

① 地域福祉の構成要素として、(1)地域組織化活動、(2)コミュニティケア（直接的具体的な援助活動）、(3)予防的社会福祉の3要素をあげた。

②地域組織化活動を表1のように、一般的地域組織化活動と福祉組織化活動に区別した。

表1　地域組織化活動

地域組織化活動	目　的	
一般的地域組織化活動	一般的なコミュニティを作る。	幅広く地域福祉を実現する。
福祉組織化活動	福祉コミュニティを作る。	要援護者などの特定少数者を支持する。

└ 一般的コミュニティの下位コミュニティに位置づけられる。

合格勉強法

福祉コミュニティはその中身が問われるので、一般的コミュニティよりも細かく学習しておこう。

✏️ 過去問チェック！↗

Q：コミュニティケアとは、地域の特性や地域における課題やニーズを把握し、地域の状況を診断することをいう。（35−32）

A：×　**設問は、地域診断や地域アセスメントのことである。**

Q：岡村重夫は、生活課題を貨幣的ニードと非貨幣的ニードに分類し、後者に対応する在宅福祉サービスを充実することを重視した。（29−32）

A：×　**記述は三浦文夫（p.87）のニード論である。**

Q：岡村重夫によれば、地域福祉の構成要素は、コミュニティ・ケア、一般地域組織化活動と福祉組織化活動、予防的社会福祉からなる。（22−32）

A：○　**一般的地域組織化活動と福祉組織化活動の関係も上記の表1で押さえておこう。**

→過去問プラス！『国試対策2025』（共通科目編）p.136

2 阿部志郎
（あべしろう）

地域福祉を住民参加による福祉活動の基盤として、行政機関、施設などの社会資源を動員し、地域の福祉を高める公私協働の体系であると唱えた。

3 右田紀久惠
（うだきくえ）

「自治」を地域福祉の規定要素とし、自治型地域福祉論を展開した。地域福祉の基礎要件を(1)地域福祉計画、(2)住民主体、住民参加、住民運動を内容とする地域組織化、(3)制度サービスの体系化、(4)サービス配置基準の体系化、にまとめた。

4 奥田道大
（おくだみちひろ）

地域住民の価値意識が「普遍的なものか、閉鎖的な特殊なものか」という意識体系の軸と、地域住民の活動が「主体的なものか、要求的なものか」という行動体系の軸を交差させ、地域社会を(1)地域共同体モデル、(2)伝統的アノミーモデル、(3)個我モデル、(4)コミュニティモデルの4つのモデルに分類した。

5 牧里毎治
（まきさとつねじ）

地域福祉理論を構造的アプローチ（構造的概念）と機能的アプローチ（機能的概念）という2つのアプローチ論に分類した（表2）。

表2　牧里毎治の2つのアプローチ論

アプローチ	考え方	内　訳
構造的アプローチ	地域福祉を貧困などの生活問題への制度的対策と捉える。	政策制度的アプローチ 運動論的アプローチ
機能的アプローチ	地域福祉の対象を要援護者に絞り、在宅福祉などの構成要素によって体系化する。	主体論的アプローチ 資源論的アプローチ

6 岡本栄一
（おかもとえいいち）

主な地域福祉理論の相違点から、以下の4つの志向軸を類型化した。
① コミュニティ重視志向軸（岡村重夫、阿部志郎）
（おかむらしげお　あべしろう）
② 政策制度志向軸（右田紀久惠、井岡勉、真田是）
（うだきくえ　いおかつとむ　さなだなおし）
③ 在宅福祉志向軸（永田幹夫、三浦文夫）
（ながたみきお　みうらふみお）
④ 住民の主体形成と参加志向軸（大橋謙策、渡邉洋一）
（おおはしけんさく　わたなべよういち）

2．標準　地域福祉の範囲　□□□

1 「これからの地域福祉のあり方に関する研究会」報告書（2008年厚生労働省）

地域福祉推進に必要な条件の一つとして、適切な圏域を単位とすることをあげ、活動が活発な地域では圏域を重層的に設け、圏域設定のイメージを示した。他にも様々な圏域や区が設定されている（表3）。

7

地域福祉と包括的支援体制

合格勉強法

構造的、機能的の意味がわかりにくいので、「構造的＝制度重視」「機能的＝要援護者重視」と置き換えるとイメージしやすい。

33 34, 32 39, 31 32,
30 35, 29 41, 28 39

合格勉強法

圏域・区は何のために、どこからどこまでを範囲とするのかを整理しよう。

表3　地域福祉における圏域・区の範囲 これだけ！

圏域・区		範　囲	目　的	根　拠	年
老人福祉圏域		都道府県ごとに設定。市町村の区域を超える範囲	地域ケア体制の整備の推進	地域ケア体制の整備指針	—
			高齢者保健福祉サービスを効果的合理的に進めるため。	都道府県介護保険事業支援計画	—
日常生活圏域		地理的条件、人口、交通事情、施設の整備の状況などを総合的に勘案して定める。		市町村介護保険事業計画	—
		市町村から小地域	在宅（非専門的）ケアの配置	在宅福祉サービスの戦略	1979
利用圏域		複数の市町村	専門的ケアの配置		
住民に身近な圏域		自治会等のレベルから、小学校区や中学校区、行政区域や市町村域へ広がる。		地域共生社会の実現に向けた地域福祉の推進について	2017
福祉圏域		1層：自治会町内会の班 2層：自治会・町内会 3層：学区・校区 4層：市町村の支所 5層：市町村全域		地域福祉のあり方に関する研究会報告書	2008
地域自治区		地域の住民の意見を反映させるため市町村が条例により設置する区域 地域福祉に関する事項は市町村長に意見を言う権利（具申権）がある。		地方自治法	2004
医療圏	一次	市町村	日常的な医療が提供される区域	—	—
	二次	複数の市町村	一般の入院に係る医療の提供が求められる区域。特殊な医療を除く。	医療法	—
	三次	都道府県	特殊な医療が提供される区域		

注意　市町村に地域自治区を置く場合、全域に置かなければならない。

医療圏
▶p.404, 407

✏️ **過去問チェック！**

Q：市町村は、二次医療圏において、特殊な医療が提供できる体制を構築することとされている。（29—41）

A：×　特殊な医療が提供できるのは、三次医療圏である。

Q：介護保険事業計画において、市町村が諸条件を総合的に勘案して定める区域を「福祉区」という。（22—36）

A：×　「福祉区」ではなく、「日常生活圏域」である。

35 24, 34 26, 33 94, 32 25, 29 33, 27 33

2　地域福祉の歴史

1．[標準]　発展過程　　よく出る　□□□

1 イギリスの地域福祉政策　1800 年代のイギリスでは慈善組織協会（COS）の設立、発展を軸に地域福祉政策が表 4 のように展開した。

表 4　イギリスの地域福祉政策に関する展開　　これだけ！

年	出来事	内　容
1819	隣友運動（グラスゴー）	民間の慈善活動を軸にした活動。牧師のチャルマーズは教区での友愛訪問や社会資源を活用した組織的な援助などの慈善活動を開始。慈善組織協会（COS）に継承される。
19 世紀後半	資本主義社会	産業革命後、貧富の格差が拡大し、都市への貧民の流入と貧困地区の出現、失業と貧困、劣悪な労働環境と病気など、資本主義社会がもたらした社会問題が急速に深刻化した。
1869	慈善組織協会（ロンドン）	それまでバラバラに活動していた慈善組織を 1 つにまとめ、貧困層への救済の乱救・重複防止を目的として設立された。
1884	トインビーホール（ロンドン） Toynbee, A.	バーネット夫妻によって、セツルメント活動（スラム街などの貧困地域に知識人が住み込み、貧困層の自覚を促すなどの社会改良運動）の拠点となるセツルメントハウスが設立された。 Barnett, S.

2 アメリカのセツルメントハウス　1800 年代のアメリカでは、代表的なセツルメントハウスとしてネイバーフットギルド、ハルハウスが設立された（表 5）。

表 5　アメリカのセツルメントハウス　これだけ！

セツルメントハウス	年	設立者	設立地
ネイバーフッドギルド	1886	コイト, S.	ニューヨーク
ハルハウス	1889	アダムス, J.	シカゴ

Addams, J.

慈善組織協会（COS）
1869 年ロンドンにおいて設立。友愛訪問員の広い知識と社会的訓練によって友愛訪問活動の科学化を追求。また、友愛訪問活動の実践を基にケースワーカーに共通する知識、方法が確立された。アメリカでは 1877 年に誕生した。

+α
日本のセツルメント運動
アダムス, A. による岡山博愛会（1891 年）、片山潜による東京・神田のキングスレー館（1897 年）が最も早いものとして知られている。ほかには長谷川良信によるマハヤナ学園（1919 年）や大学セツルメントとして東京帝大セツルメント（1924 年）が設立された。

7
地域福祉と包括的支援体制

✎ 過去問チェック！

Q：コイト（Coit, S.）が創設したハル・ハウスは、アメリカにおけるセツルメント活動に大きな影響を及ぼした。（33-94）

A：×　**コイトが創設したのは、ネイバーフッド・ギルドである。ハル・ハウスはジェーン・アダムスらによって設立されたセツルメント。**

Q：日本におけるセツルメント運動は、アダムス（Adams, A.）が岡山博愛会を設立したことに始まるとされている。（28-34）

A：○　**アダムス, A. は、1891 年に来日したアメリカの女性宣教師である。**

3 報告書 1900年代になるとイギリス、アメリカでは、各種の報告書がまとめられ、法律の制定や福祉改革に影響を及ぼした（表6－1、2）。

表6－1 イギリス・アメリカの報告 1930年代～1970年代 これだけ！

年号	報告書	内 容
1939	レイン報告（アメリカ）	・コミュニティ・オーガニゼーション（地域組織化活動）をソーシャルワークに位置づけた。 ・地域社会のニーズと社会資源を効果的に調整することの重要性を主張。「ニーズ・資源調整説」に基づいた報告書。
1942	ベヴァリッジ報告（イギリス）	・第二次大戦後のイギリスにおける社会保障の理論的支柱。ナショナル・ミニマムの保障などを掲げた。 ・『ボランタリー・アクション』（1948年）では制度的な救済とボランタリー活動との分業体制を提案した。
1968	シーボーム報告（イギリス）	・高齢者や障害者に対するソーシャルワークが障害など利用者ごとの分野別に提供されていたことを問題視。 ・コミュニティや家族の状況を考慮して、社会サービスを統一的に提供できるように地方自治体のソーシャルワーク担当部局の再編成を提案。社会サービス部が設置された。

Beveridge, W.

注意！ シーボーム報告をきっかけに「利用者ごとの分野別部局体制」が再編成され、社会サービスが統一的に提供されるようになった。「分野別部局体制」が強化されたわけではない。

地方自治体社会サービス法

1970年。地方自治体社会サービス法が成立し、コミュニティケア推進体制が確立。

ごろあわせ 社会サービス法

■社会サービス法　シーボーム報告

ビスがささって風船しぼむ

注意！ 1980年にスウェーデンで制定された法律は社会サービス法。

1969	エイブス報告（イギリス）	ボランティアの役割は、新しい社会サービスを開発することであると唱えた。
1978	ウルフェンデン報告（イギリス）	福祉の多元化をめざし、福祉システムにおけるボランタリー・セクターの役割に注目。福祉ニーズを充足する部門を、インフォーマル、ボランタリー、法定（公定、公共）、民間営利の4つに分類した。

ごろあわせ ウルフェンデン報告

■1978年　多元主義　ウルフェンデン　ボランタリー

納屋の　元気な　ウルフと　オランウータン

多元化
イギリスはオイルショックで打撃を受けたため、行政（法定）による福祉だけに頼らず、複数の供給元により福祉ニーズを充足させる体制。

表6−2　イギリスの報告　1980年代〜1990年代

年号	報告書	内　容
1982	バークレイ報告（イギリス）	ソーシャルワーカーの役割と任務について再検討。コミュニティ・ソーシャルワークの業務は社会的ケア計画とカウンセリングであるとまとめた。 **ごろあわせ**　バークレイ報告 ■ コミュニティ・ソーシャルワーク　バークレイ報告 混み　　　そうな　　　ハンバーグ屋
1988	グリフィス報告（イギリス）	サッチャー政権下コミュニティケアの混迷期にケアマネジメントの重要性、コミュニティケア計画の策定、高齢者施設の財源を国から地方へ移譲することなどを提言した。 **ごろあわせ**　グリフィス報告 ■ グリフィス報告　サッチャー政権　混迷期　ケアマネジメント　国民保健サービス 栗は　　　さわっちゃ　ダメ　　あまくなるまで　ほっとけ
	国民保健サービス及びコミュニティケア法	1990年。グリフィス報告を受け、イギリスの公的医療制度である国民保健サービス（NHS）とコミュニティケアの推進を目的とする法律が成立。福祉多元主義に基づき、医療の民営化、ケアマネジメントの徹底などを推進した。

✎ **過去問チェック！**↑

Q：「ウルフェンデン報告（Wolfenden Report）」は、福祉ニーズを充足する部門を、インフォーマル、ボランタリー、法定（公定）の三つに分類した。(35−27)

A：×　**インフォーマル、ボランタリー、法定（公定）、営利の四つに分類した。**

Q：福祉の多元化とは、全ての人々を排除せず、健康で文化的な生活が実現できるよう、社会の構成員として包み支え合う社会を目指すことをいう。(35−32)

A：×　**設問は社会的包摂（ソーシャルインクルージョン）の説明である。**

Q：イギリスのNHS及びコミュニティケア法では、地方自治体が必要なサービスを多様な供給主体から購入して、継ぎ目のないサービスを提供することを目標としていた。(26−32)

A：○　**それまでNHSは国営で行われていたが、患者に必要な医療サービスを、供給主体から購入し、サービスを提供する体制に移行した。**

Q：「バークレイ報告」を受けて、「社会サービス法」が成立し、より包括的なノーマライゼーションなどの理念に基づくコミュニティケアが推進された。(23−33)

A：×　**バークレイ報告ではなく、シーボーム報告を受けて、地方自治体社会サービス法が成立した。**

➡過去問プラス！『国試対策2025』（共通科目編）p.72, 136

2. 応用 コミュニティ・オーガニゼーション理論 □□□

36 108, 32 101, 29 35

　地域福祉において発生する問題を、地域社会が自主的に解決する<u>地域組織化活動</u>に関する理論である。

1 代表的な理論　レイン報告、ニューステッター、ロスマンの3つのモデル、ロスの『コミュニティ・オーガニゼーション』である（表7）。

表7　コミュニティ・オーガニゼーション理論に関する人物

人　物	理　論
レイン (Lane, R.)	「ニーズ・資源調整説」を提唱。1939年アメリカで全米社会事業会議第三部会報告書（レイン報告）を公表。
ニューステッター (Newstetter, W.)	インターグループワーク説を提唱。関連する団体の代表者の討議の場を設定し、グループ間の関係調整を行うことで各集団の団結、組織化をより活性化させる技術。
ロス (Ross, M.)	住民組織化説を提唱。コミュニティ・オーガニゼーションを、地域社会が団結・協力して実行する態度を養い、育てる過程と定義した。日本の地域福祉、特に社会福祉協議会の実践に大きな影響を与えた。 注意 ロスマンとロスは名前が似ているが、業績が全く異なる。「社会福祉協議会」と出てきたらロスの説明であると、目印を付けておこう。
ロスマン (Rothman, J.)	小地域開発モデル：地域住民参加を助長し、地域社会の組織化と合わせてコミュニティの活動能力向上を目指すモデル。
	社会計画モデル：社会問題解決が最優先。そのために資源の分配を行いニーズの充足を図るモデル。
	ソーシャルアクションモデル：コミュニティにおける基盤を改革するために、権力や資源を再分配し、問題を抱える人々の自己決定を助ける。

レインは「ニーズ」と「資源」を調整し、ニューステッターは「グループ間」を調整した。二人は同年代に活躍した人物。

🖊 過去問チェック！↑

Q：小地域開発モデルとは、不利な立場に置かれた人々が直面する状況を自らの力では変革できない時に、同じ問題意識を共有する人々と連帯し、権力構造に対して政治的に働きかける方法である。(36−108)

A：× **設問はソーシャルアクションモデルの説明である。**

Q：ロス（Ross, M.）によればコミュニティ・オーガニゼーションとは、地域社会を構成するグループ間の協力と協働の関係を調整・促進することで地域社会の問題を解決していく過程であるとされている。(26−32)

A：× **ニューステッターが提唱した「インターグループワーク説」である。**

Q：「シーボーム報告」を受けて、「地方自治体社会サービス法」が成立し、地方自治体において利用者ごとの分野別部局体制が強化された。(23−33)

A：× **従来の分野別部局体制が問題視され、社会サービスを統一的に提供できるように社会サービス部が設置された。**

➡過去問プラス！『国試対策2025』（共通科目編）p.265

36 32, 35 36, 34 33,
35, 36, 33 36, 32 36,
31 39, 30 36, 27 40

3 地域福祉の推進主体

1．基本 社会福祉法 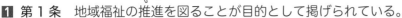 これだけ！ ☐☐☐

1 **第1条** 地域福祉の推進を図ることが目的として掲げられている。

2 **第4条（第2項）** 地域福祉の推進では<u>地域住民</u>、<u>社会福祉事業経営者</u>、<u>社会福祉に関する活動を行う者</u>は、福祉サービスを必要とする地域住民が地域社会を構成する一員として日常生活を営み、社会、経済、文化その他あらゆる分野の活動に<u>参加する機会</u>が確保されるように、地域福祉の推進に努めなければならない、と<u>努力義務</u>を規定している。

3 **第6条** 国及び地方公共団体は、地域福祉の推進のために必要な各般の措置を講じなければならない。

> 「社会福祉に関する活動を行う者」には、ボランティアなどが想定されている。

社会福祉法
▶p.73

34 32, 33 33, 32 32,
37, 31 34, 35, 37, 30
32, 35, 28 34

2．標準 社会福祉協議会 よく出る ☐☐☐

　地域住民や社会福祉関係者の参加により、地域の福祉推進の中核としての役割を担う非営利の民間組織である。1951（昭和26）年に制定された社会福祉事業法（2000年社会福祉法に改称）に基づき、全国、都道府県、市町村単位で組織されている。

1 **社会福祉協議会の規定**　都道府県社会福祉協議会と市町村社会福祉協議会の規定、役割の違いは表8および表9のとおり。

表8　社会福祉協議会の規定

社会福祉協議会	法制化	参加者	関係行政庁の職員の役員規定
都道府県社会福祉協議会	1951年	市町村社会福祉協議会の過半数、社会福祉事業・更生保護事業経営者の過半数	あり＊
市町村社会福祉協議会	1983年	社会福祉事業・更生保護事業経営者の過半数	あり＊

> 参加者規定の違いはここ。

> 関係行政庁の役員規定がある。

＊関係行政庁の職員は、<u>役員</u>となることができるが、役員の総数の5分の1を超えてはならない。

全国社会福祉協議会
1908（明治41）年に設立された中央慈善協会（初代会長渋沢栄一）が源流。日本社会事業協会、全日本民生委員連盟、同胞援護会の3団体が合併して、1951（昭和26）年に全国社会福祉協議会が設立された。さらに1955（昭和30）年に全国社会福祉協議会が都道府県社会福祉協議会と同様に法制化されている。

7

地域福祉と包括的支援体制

🖊過去問チェック！↑

Q：社会福祉事業法の改正（1983（昭和58）年）により、市町村社会福祉協議会が法制化され、地域福祉におけるその役割が明確になった。(34-32)

A：○　**なお、都道府県社会福祉協議会は1951（昭和26）年に法制化された。**

➡**過去問プラス！**『国試対策2025』（共通科目編）p.137

表9 社会福祉協議会の役割

社会福祉協議会	役　割
都道府県 社会福祉協議会	① 市町村社協のうち、各市町村を通ずる広域的な見地から行うことが適切なもの

都道府県社協は、市町村社協の仕事を広域的な見地から行う。

	② 社会福祉を目的とする事業の<u>従事者</u>の養成・研修 ③ 社会福祉を目的とする事業の<u>経営</u>に関する指導・助言 ④ 市町村社会福祉協議会の相互の連絡および事業の調整
市町村 社会福祉協議会	① 社会福祉を目的とする事業の企画・実施 ② 社会福祉に関する活動への住民の参加のための援助 ③ 社会福祉を目的とする事業に関する調査、普及、宣伝、連絡、調整、助成 ④ 社会福祉を目的とする事業の健全な発達を図るために必要な事業

② 社会福祉協議会と各事業の関連性

① 都道府県・指定都市社会福祉協議会は、日常生活自立支援事業の<u>実施主体</u>である。

市町村社会福祉協議会は、実施主体ではなく委託先である。

② 都道府県社会福祉協議会は、共同募金会から実施に当たり事前に意見を聴取される。また、区域内に都道府県社会福祉協議会が存在しない場合、共同募金会は設立できないなど、両者の関連は深い。一方、市町村社会福祉協議会は、共同募金会に関して社会福祉法上規定されている役割はない（表10）。

表10 社会福祉協議会と各事業の関連性

社会福祉協議会　＼　事業	日常生活自立支援事業	共同募金
都道府県社会福祉協議会	実施主体	意見を聴取される
市町村社会福祉協議会	委託先	規定なし

3. 基本 共同募金 よく出る □□□

1 **共同募金**　地域福祉の推進を図るため、都道府県を単位として行われる<u>第一種</u>社会福祉事業である。共同募金事業は共同募金会が行う。1921（大正10）年、<u>長崎県</u>で日本における最初の共同募金が行われた。第1回の共同募金運動が全国的に展開されたのは1947（昭和22）年で、1951（昭和26）年の社会福祉事業法（現・社会福祉法）により制度化された。

合格勉強法
都道府県社協の仕事は、従事者・経営を目印に見分けよう。

注意
福祉活動専門員が配置されているのは市区町村社協

福祉活動専門員
法人格を有する市区町村社協に配置され、社会福祉の推進や連絡、調整、企画などを行う。1966年度に国庫補助により設置。1999年度より一般財源化。

日常生活自立支援事業（p. 157, 158）
認知症高齢者、知的障害者、精神障害者などのうち判断能力が不十分な人が地域において自立した生活が送れるよう、利用者との契約に基づき、福祉サービスの利用援助事業などを行う。

合格勉強法
「共同募金会と関連が深いのは都道府県社会福祉協議会」と頭に入れておこう。

35　33, 38, 43、34　53,
33　39、32　22, 32, 35,
38, 39、31　35、30　33,
35, 38、29　42

全国展開は、関東大震災後ではなく戦後である。

2 2000（平成 12）年の共同募金に関する社会福祉法の改正

① 共同募金の<u>過半数配分</u>の廃止

都道府県内にある社会福祉事業・更生保護事業を経営する者の過半数に配分しなければならないとする原則。法人数が多いため、ほぼ一律になってしまい重点的な配分ができなかった。

② 共同募金会への<u>配分委員会</u>設置義務化

> 配分委員会の委員にも評議員（社会福祉法人）の資格が適用される。

③ 寄附金の積み立て可能

④ 共同募金の配分期限を規定

3 寄附金　翌年度の末日までに都道府県内の地域福祉団体などに配分される。具体的には、高齢者や障害者などを対象として行う食事・入浴サービス事業、住民全般向けの各種福祉研修・講座開催事業、機材整備資金など。配分対象経費として、事業に伴う職員の人件費や食事を伴うことを要件とする活動の食事代などは認められている。

4 配　分　共同募金は、社会福祉を目的とする事業を経営する者以外の者に配分してはならない。寄附金の配分を行うにあたっては、配分委員会の承認を得なければならない。

5 積立金　共同募金では、災害時に被災地で活動する NPO・ボランティアなどの支援を行うため、「<u>災害等準備金</u>」の積み立てを行っている。積立金だけでは不足が生じる場合には、他の都道府県共同募金会が被災県共同募金会に拠出できる（この拠出金は寄附するわけではなく後に返還される）。

 注意　地域福祉基金と共同募金は別のものである。

6 地域福祉基金　自治体が設置する。<u>地方交付税交付金</u>の運用益などを財源とし、民間のボランティア活動や自主的な地域福祉活動を助成する。

7

地域福祉と包括的支援体制

まとめて攻略
■ NPO 法人
⇒福祉サービスの組織と経営
p.415〜416

✏️ 過去問チェック！ ↑

Q：共同募金を行うには、あらかじめ都道府県の承認を得て、その目標額を定める。(35−38)
A：×　**共同募金会は、配分委員会の承認を得て目標額、受配者の範囲や配分方法を定める。**
Q：共同募金によって集められた資金は、市町村、社会福祉事業・社会福祉を目的とする事業を経営する者などに配分されている。(33−39)
A：×　**社会福祉法に社会福祉を目的とする事業を経営する者以外の者に配分してはならないと規定されている。**
Q：共同募金会は、関東大震災によって被災した人々を援助するために、政府の呼び掛けによって設立された。(32−32)
A：×　**設立は震災後ではなく、戦後である。**
⇒過去問プラス！『国試対策 2025』（共通科目編）p.143

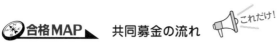 **合格MAP** ▶ 共同募金の流れ これだけ！

公 告

- 都道府県を単位とした都道府県共同募金会*が都道府県社会福祉協議会の意見を聴き、配分委員会の承認を得て、目標額などを公告しなければならない。

都道府県共同募金会
共同募金会と社会福祉協議会とは、地域福祉推進に当たり緊密な関係にあり、共同募金会の設立にはその都道府県に都道府県社会福祉協議会があることを要件とする。年1回。

実 施

- 一般募金：10 月 1 日〜翌年 3 月 31 日
- 歳末たすけあい募金：12 月 1 日〜12 月 31 日

> 期間は厚生労働大臣が定める。

注意！ 一般募金と歳末たすけあい募金を合わせて「共同募金」である。共同募金とは別に、歳末たすけあい募金を実施するわけではない。

実 績

- 募金総額は 1998（平成 10）年度以降、減少傾向である。

職域募金4.2%

戸別募金*69.3%	法人募金 12.2%	その他
約168億円		

※2022（令和4）年度募金実績額（一般募金＋歳末たすけあい募金）

戸別募金
募金ボランティアが各家庭を訪問し寄附を依頼する方法。最近では寄附の自発性から「封筒募金」に取り組むところが増えている。戸別の「戸」は「玄関の戸」とイメージするとよい。

注意！ 法人募金は法人（企業、社長）からの募金、職域募金は社員からの募金。

決 定

- 共同募金を配分するときは、以下のルールがある。
  ① 社会福祉を目的とする事業経営者以外の者に配分してはならない。
  ② 配分を受けた者はその後 1 年間、他の寄附金を募集してはならない。
  ③ 配分には、配分委員会の承認を得なければならない。
  ④ 国及び地方公共団体は、寄附金の配分について干渉してはならない。

使いみち

住民全般を対象とする活動事業 43.0%	高齢者福祉 21.1%	障がい者・児福祉 12.5%	児童・青少年福祉 12.4%	その他

※2022（令和4）年度共同募金統計

注意！ 使い道の第 1 位は「高齢者福祉」ではなく、「住民全般を対象とする活動」である。ちなみに民生委員の相談件数第 1 位は「高齢者」である。

✏️ **過去問チェック！**

Q：共同募金の募金方法別実績で、最も割合が高いのは街頭募金である。(35—38)
A：× **2022 年度の実績で最も割合の高い募金方法は、戸別募金（約 7 割）である。**

➡️ **過去問プラス！**『国試対策 2025』（共通科目編）p.143

4. 標準 民生委員 よく出る

36 36, 34 25, 36, 42, 33 32, 33, 96, 32 32, 38, 69, 31 37, 30 31, 34, 96, 29 38, 28 39, 27 36

民生委員は社会奉仕の精神をもって、常に住民の立場に立って相談に応じ、必要な援助を行い、社会福祉の増進に努める（表11）。

表11　民生委員の役割と要件 これだけ!

項　目	説　明
根拠法	民生委員法
任　期	3年（3年に一度一斉改選）、再任可能
着　任	都道府県知事が推薦、厚生労働大臣が委嘱
指揮監督	都道府県知事、指定都市長・中核市町
身　分	非常勤特別職の地方公務員、無償のボランティア
給　与	無報酬（ただし活動費は市町村から支給）
委嘱数	約23万人（2022（令和4）年12月改選後）
配置基準	一定世帯数ごとに1人
兼　任	児童福祉法に基づき児童委員を兼任。1994（平成6）年に主任児童委員制度が創設（2001（平成13）年法定化）、児童委員から厚生労働大臣が指名。
所　管	児童委員・主任児童委員制度はこども家庭庁に移管。民生委員制度は引き続き厚生労働省が所管。
行政機関との関係性	行政機関の協力機関
民生委員協議会	職務に関する意見を行政に具申する（具体的に言う）権利をもつ。設定区域は原則、市は複数、町村は1つ。
職務内容	① 必要に応じて住民の生活を把握 ② 援助を必要とする者の自立生活支援 ③ 福祉サービス情報の提供 ④ 社会福祉事業経営者・活動者との連携・支援 ⑤ 福祉事務所などへの協力 ⑥ 地域住民の福祉の増進を図るための活動
義　務	個人情報の守秘義務、職務上の地位を政治的に利用することは禁止
相談件数	高齢者に関することが最多

注意　市町村長ではない。

注意　民生委員の指導訓練も実施しなければならない。

注意　民生委員の名誉職規定は、2000（平成12）年民生委員法改正により撤廃された。

民生委員ではなく、民生委員協議会が具申できる。

注意　民生委員は住民全員ではなく、必要に応じて生活状態を把握する。

7 地域福祉と包括的支援体制

過去問チェック!

Q：民生委員法において、民生委員協議会は、民生委員の職務に関して、関係各庁に意見を具申することができる。（36-36）

A：○　**具申できるのは民生委員協議会である。民生委員ではないので注意する。**

Q：民生委員の定数は厚生労働大臣の定める基準を参酌して、市町村の条例で定められる。（34-36）

A：×　**都道府県の条例で定められる。**

Q：児童福祉法に定める児童委員は、本人の申出によって、民生委員との兼務を辞退することができる。（29-38）

A：×　**児童福祉法に基づき、児童委員のみを辞退し、活動を続けることはできない。**

Q：共同募金において寄附金を募集する区域は都道府県を単位とし、募集期間は都道府県知事が定めるとされている。（26-36）

A：×　**区域は都道府県が単位であるが、期間は厚生労働大臣が定める。**

→過去問プラス！『国試対策2025』（共通科目編）p.141, 143

表 12 　民生委員の歴史 📢 これだけ！

年　号	出来事
1917（大正 6）	済世顧問制度が岡山県で笠井信一（かさいしんいち）知事により創設
1918（大正 7）	方面委員制度が大阪府で林市蔵知事（民生委員の父）・小河滋次郎（おがわしげじろう）（政治顧問）により創設
1936（昭和 11）	方面委員令公布。全国に普及
1946（昭和 21）	方面委員を民生委員と改称。行政機関の補助機関　民生委員令公布。
1947（昭和 22）	児童福祉法により児童委員を兼ねる。
1948（昭和 23）	民生委員法制定
1950（昭和 25）	行政機関の補助機関から協力機関に変更
1968（昭和 43）	全国の民生委員が社会福祉協議会と協力し「居宅寝たきり老人実態調査」を実施
2000（平成 12）	民生委員法改正。名誉職規定廃止

> ドイツのエルバーフェルト制度＊を参考にした。

現在は協力機関

エルバーフェルト制度
1852 年からドイツのエルバーフェルトで実施された救貧制度。ボランティアが地区の貧困者の調査、救済を行い、地区を統轄する組織も設置された。

5. 標準 ボランティアコーディネーター ☐☐☐

ボランティア活動を行いたい人と支援を受けたい人をつなぐ専門職。ボランティアセンターや関連施設などに配置される。

① 1993（平成 5）年、中央社会福祉審議会「ボランティア活動の中長期的な振興方策について」の意見具申を受けて配置が進められた。

② 社会福祉協議会の場合、ボランティアコーディネーターは職員が兼務するか、もしくは嘱託職員などが任命される。なお、配置は義務ではない。

28 37, 27 40

✏️過去問チェック！↗

Q：エルバーフェルト制度では、全市を細分化し、名誉職である救済委員を配置し、家庭訪問や調査、相談を通して貧民を減少させることを目指した。(35—93)

A：○　**エルバーフェルト制度は、済世顧問制度などの参考とされた。**

Q：民生委員は、旧生活保護法で補助機関とされていたが、1950 年（昭和 25 年）に制定された生活保護法では実施機関とされた。(33—33)

A：×　**補助機関から協力機関に変更となった。**

Q：方面委員制度は、岡山県で発足した済世顧問制度を始まりとし、後に方面委員令により全国的な制度として普及した。(32—32)

A：○　**大阪で創設され、方面委員令により全国に普及した。**

Q：「方面委員制度」は、イギリスの慈善組織協会（COS）よりも早く始まっていた。(30—31)

A：×　**COS は 1869 年、方面委員制度は 1918（大正 7）年に創設された。**

Q：2000 年（平成 12 年）の民生委員法の改正により、民生委員の任期は 3 年から 5 年に延長されている。(26—35)

A：×　**民生委員の任期は 3 年である。**

➡過去問プラス！『国試対策 2025』（共通科目編）p.225

35 125, 34 133, 33 41,
31 124, 30 29, 41, 124

4 地域福祉の推進方法

1. 応用 福祉サービスの評価方法　　　　□□□

福祉サービス評価には、福祉サービス第三者評価など4種類がある（表13）。

1 **第三者評価と行政監査**　第三者評価は、公正中立な第三者機関が専門的・客観的な立場から評価を行う仕組み。一方、行政監査では法令が求める最低基準を満たしているか否かを定期的に所轄行政庁が確認する。第三者評価と行政監査は、その目的が根本的に異なる。

表13　福祉サービス評価の種類

評価方法	根拠法令	運営	ガイドライン	義務規定
福祉サービス第三者評価事業	社会福祉法	都道府県	全国社会福祉協議会	義務規定はないが積極的に受審することが望ましい。自己評価のみ努力義務。
社会的養護関係施設*	児童福祉法（児童福祉施設の設備及び運営に関する基準）			3年に1回以上第三者評価を受けなければならない。またその間（年度）の自己評価も義務
介護保険地域密着型サービス外部評価	介護保険法（指定地域密着型サービスの事業の人員、設備及び運営に関する基準）			認知症対応型共同生活介護事業所のみが対象*。指定小規模多機能型居宅介護事業所・指定看護小規模多機能型居宅介護事業所・指定定期巡回・随時対応型訪問介護看護事業所は自己評価を行い、運営推進会議等に報告し、評価の結果を公表する。
介護サービス情報の公表	介護保険法			すべての介護サービスで公表は義務。原則6年に1回訪問調査を実施

*原則1年に1回実施。一定要件を満たせば2年に1回になる。

2 「福祉サービス第三者評価の指針」に基づく「福祉サービス第三者評価基準ガイドライン」　調査項目の中に「地域との交流、地域貢献」として、ボランティアに関する項目が設けられている。

合格勉強法

第三者評価では、社会的養護関係施設は3年に1回以上評価を受け、介護サービス情報の公表では6年に1回以上訪問調査を実施する。3年、6年の違いに注意。

社会的養護関係施設
乳児院、児童養護施設、児童自立支援施設、児童心理治療施設、母子生活支援施設（なお、自立援助ホーム、ファミリーホームは努力義務で評価を受ける）。

介護サービス情報の公表
都道府県知事は事業者からの報告を公表し、必要があれば事業者に対し調査を行うことができる。

7

地域福祉と包括的支援体制

過去問チェック！

Q：児童養護施設は、福祉サービス第三者評価を定期的に受審すること及び結果の公表が義務づけられている。（35-125）

A：〇　**児童養護施設等の社会的養護関係施設は、3年に1回以上評価を受けなければならない。**

➡過去問プラス！『国試対策2025』（専門科目編）p.140

Ⅱ 福祉行財政システム

合格勉強法 福祉行政を支える仕組みについて、2つ以上の項目の対比や相違点が出題される。専門用語が多く煩雑なので、文章ではなく図表で整理しよう。

1 国の役割

36 44, 34 44, 32 42,
30 42, 29 46

1. [標準] 自治事務と法定受託事務　　　　　　　　☐☐☐

❶ 地方分権一括法　2000（平成12）年4月に施行された「地方分権一括法」により、機関委任事務制度、団体委任事務制度が廃止され、地方自治法において、地方公共団体による事務を自治事務と法定受託事務に再構成し、関連規定を整備した（表1）。

表1　自治事務と法定受託事務 📢これだけ！

種　類	内　容
自治事務 （第2条）	地方公共団体の独自事業。措置（老人福祉法、身体障害者福祉法、知的障害者福祉法、児童福祉法、母子及び父子並びに寡婦福祉法）、サービス施設利用者からの費用徴収、就学に関する事務
法定受託事務 （第2条）	地方公共団体が受託する事務。社会福祉法人・福祉施設の認可、生活保護法の保護、各種手当の支給

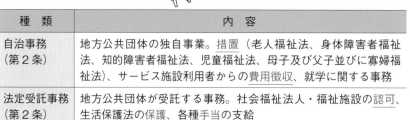

ごろあわせ　自治事務の内容

■ **自治事務　措置　費用徴収** ➡ **すべて「ち」がつく**

❷ 法定受託事務　都道府県などが受託する第1号と市町村などが受託する第2号の2つの事務がある（表2）。

表2　法定受託事務の種類

種　類	説　明	例
第1号 法定受託事務	国が本来やるべき事務であるが、都道府県、市町村、特別区が処理している事務	生活保護の決定・実施、精神障害者の入院措置、健康診断および就業制限、パスポートの発給などに関する事務など
第2号 法定受託事務	都道府県が本来やるべき事務であるが、市町村、特別区が処理している事務	地方選挙に関わる事務

✏️過去問チェック！⬆

Q：児童扶養手当の給付事務は、自治事務である。(36−44)
A：× **児童扶養手当の給付事務は、法定受託事務である。**
Q：生活保護法に規定される生活保護の決定及び実施は、法定受託事務に当たる。(34−44)
A：○ **なお、精神障害者の入院措置事務も法定受託事務である。**
Q：都道府県が処理する社会福祉に関する事務は、機関委任事務である。(32−42)
A：× **機関委任事務は廃止された。**

➡️過去問プラス！『国試対策2025』（共通科目編）p.146, 147

地方分権一括法
「地方分権の推進を図るための関係法律の整備等に関する法律」。1999年公布2000年4月施行。地方自治法を主とした地方分権に関する法規の改正に関する法律。機関委任事務の廃止などにより事務における地方分権が実現。

機関委任事務制度
旧地方自治法に規定されていた事務執行形態の一つ。都道府県知事や市町村長を国の出先機関として国の事務を処理させる仕組み。

地方自治法
1947年成立。日本国憲法第92条に基づき制定された法律。地方公共団体の組織および運営に関する事項を定める。

自治事務
法定受託事務以外の地方公共団体の行う事務。法律に規定されているものと規定されていないものがある。

２．[応用] 国の関与の基本類型　　　□□□

国は事務を都道府県や市町村に任せたものの、一定の範囲で関与することが認められている（表3）。国が処理基準を定めることができる。

表3　国の関与の範囲

種　類	関与の範囲	関与レベル
自治事務	助言・勧告・資料の提出の要求・協議・是正の要求	緩い
法定受託事務	助言・勧告・資料の提出の要求・協議・同意	緩い
	許可・認可・承認・指示・代執行▸	厳しい

> 法定受託事務には国の厳しいレベルの関与が認められている。

代執行
国が代わりに行動を起こすこと。もともと都道府県などに事務を任せているものなので都道府県が必要な事務を行わないなど特殊な場合だけ国が代わりを務める。

32 42, 29 46, 27 44

ごろあわせ　法定受託事務に対する厳しい国の特別な関与

■ 許可・承認・認可・指示・代執行

巨　　匠の　人気　次　　第

2　地方自治体の役割

１．[標準]　地方公共団体の種類　　　□□□

地方公共団体（＝地方自治体）は、地方自治法により普通地方公共団体と特別地方公共団体に大別される（表4）。

+α

基礎的自治体
市町村・特別区のこと。これに対して都道府県を広域的自治体という。

表4　地方公共団体の種類　これだけ！

種　類	内　容	
普通地方公共団体	都道府県	
	市（中核市、政令指定都市を含む）、町村	
特別地方公共団体	特別区	東京23区
	組合	広域連合▸、一部事務組合
	財産区	

> **注意**　大阪、神奈川などにあるのは、「行政区」。

広域連合
都道府県知事または総務大臣の許可を得て設けることができる特別地方公共団体のこと。普通地方公共団体および特別区が広域にわたる処理を行うことが適当と認めた事務を処理する。

1 特別区と行政区　都における区は特別区といい、地方自治法に規定された特別地方公共団体である。それに対し、政令指定都市（以下、指定都市）における区は条例で区域を分けて設置される行政区である。

過去問チェック！

Q：地方公共団体の事務は、自治事務、法定受託事務、団体委任事務、機関委任事務の4つに分類される。（36-44）

A：×　**団体委任事務、機関委任事務は2000（平成12）年に廃止された。**

➡過去問プラス！『国試対策2025』（共通科目編）p.164

7

地域福祉と包括的支援体制

2. 標準 大都市特例

地方自治法は大都市行政の特殊性に対応するため、一般の市町村とは異なる特例を定めている（表5）。

表5　大都市の種類 📢これだけ！

名　称*	分　類	人口要件	事　務
特別区	特別地方公共団体	―	市町村が行う事務を行うとともに都が必要な市の事務の一部を担う。
指定都市	普通地方公共団体	50万人以上	都道府県が行う事務の一部を行う。
中核市	普通地方公共団体	20万人以上	

*地方自治法の一部改正により、特例市は廃止された（2015（平成27）年4月施行）。

+α
都・府
大都市行政の観点から、県とは異なる特例が設けられているのは都だけである。府には特例がなく、県と同等の扱いである。

3. 標準 地方公共団体の組合

組合は、複数の普通地方公共団体や特別区が、サービスや事務の一部を共同で行うために設置する組織である。広域連合と一部事務組合があり、広域連合には選挙管理委員が置かれるなど権限が強い（表6）。

表6　広域連合と一部事務組合

名　称	業務内容例	設立要件
広域連合	介護保険に関する事務、後期高齢者医療制度の運営	都道府県知事または総務大臣の許可
一部事務組合	消防、ゴミ処理、学校・施設運営、公営競技（地方競馬など）の運営	

注意
広域連合は、広域での事務処理を目的に設立される公法人である。私法人ではなく、複数の地方公共団体が共同出資する第3セクターの一つではない。

4. 応用 都道府県と市町村の違い

1 都道府県の役割

都道府県が処理する事務は、地方公共団体が処理する事務のうち、①広域にわたるもの（広域事務）、②市町村に関する連絡調整に関するもの（連絡調整事務）、③その規模または性質において一般の市町村が処理することが適当でないと認められるもの（補完事務）である。

2 市町村の役割

市町村が処理する事務は、地方公共団体の事務のうち都道府県が処理するものを除く事務である。ただし、「補完事務」については、市町村は規模・能力に応じて、処理することができるとされている。

📝 過去問チェック！ ↑

Q：中核市の指定要件として、人口数は50万以上と定められている。(32-42)
A：×　**20万人以上が正しい。**
Q：広域連合は、介護保険事業に関する事務を処理できないとされている。(32-42)
A：×　**介護保険事業に関する事務を処理できる。**

5. 応用 三位一体改革と地域主権改革一括法 □□□

1 三位一体改革

2002（平成14）年から推進された、① 国庫補助負担金改革、② 税源移譲、③ 地方交付税*交付金の見直しの3つを一体として行う改革のことである。国庫補助負担金改革では約4.7兆円、税源移譲では約3兆円、地方交付税の見直しでは約5.1兆円の成果をあげた。

2 地域主権改革一括法

地域主権改革一括法*により、介護保険施設、居宅サービス、児童福祉施設、障害者支援施設などの設備・運営基準が、厚生労働省令から都道府県の条例に委任されることとなった。

 **ごろあわせ** 地方交付税の財源

■ 地方法人税、法人税、酒税、所得税、　消費税

　地方で　　法事。　酒の　トックリを消費

6. 応用 税 金 □□□

税金には、国税と地方税があり、国税は以下のように分かれている。

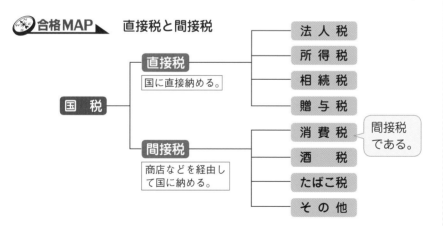

合格MAP▶ 直接税と間接税

- 国 税
  - 直接税（国に直接納める。）
    - 法 人 税
    - 所 得 税
    - 相 続 税
    - 贈 与 税
  - 間接税（商店などを経由して国に納める。）
    - 消 費 税 → 間接税である。
    - 酒 税
    - たばこ税
    - その他

🖉 過去問チェック！↱

Q：近年の政府による福祉改革の基調となっている「地域共生社会」が目指すのは、「地方にできることは地方に」という理念のもと、国庫補助負担金改革、税源移譲、地方交付税の見直しを一体のものとして進めることである。(35―22)

A：×　設問は三位一体の改革の説明である。地域共生社会の説明は、p.74 を参照。

Q：1990年（平成2年）以降の行財政等の動向として、「三位一体の改革」によって、国庫補助金及び地方交付税が削減された。(29―46)

A：○　他に税源移譲の見直しが行われた。

➡過去問プラス！『国試対策2025』（共通科目編）p.87

地方交付税
国から地方公共団体に交付される使い道を特定しない交付金。財源は所得税、法人税、酒税、消費税の一定割合、地方法人税の全額の合算額が充てられる。

地域主権改革一括法
地域の自主性及び自立性を高めるための改革の推進を図るための関係法律の整備に関する法律。2011（平成23）年制定。

7

地域福祉と包括的支援体制

7. 応用 消費税 □□□

1 非課税対象

以下のサービスは非課税である。

① 介護保険法の規定に基づく居宅サービス、施設サービス、地域密着型サービスなど（ただし、住宅改修など課税されるサービスもある）

② 第一種社会福祉事業、第二種社会福祉事業

2 税 率

① 2019（令和1）年10月1日より消費税は10%に増税された。同時に「酒類・外食を除く飲食料品」と「週2回以上発行される新聞（定期購読契約に基づくもの）」には軽減税率制度が実施された（図1）。

図1 標準税率と軽減税率

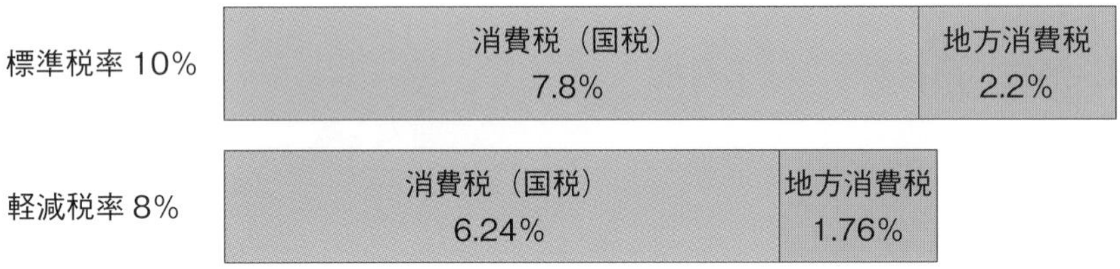

標準税率10%	消費税（国税）7.8%	地方消費税 2.2%

軽減税率8%	消費税（国税）6.24%	地方消費税 1.76%

② 地方消費税は、最終的に消費された都道府県の収入になるよう都道府県間で清算され、清算された額の2分の1が、市町村へ交付される。

3 納税義務者（個人事業者と法人）

① 納税義務者は、個人事業主と法人である。

② インボイス発行事業者は、課税売上高が1,000万円以下となった場合であっても免税事業者にはならず、消費税及び地方消費税の申告義務が生じる。

4 社会保障・税一体改革

社会保障・税一体改革において、消費税率の引き上げによって得られた財源は、従来の高齢者向けの3経費から、社会保障4経費（年金、医療、介護、子育て）に広げられた。

インボイス制度
売手が、買い手に対し正確な適用税率や消費税額等を伝えるための制度

社会保障・税一体改革
▶p.362

✏️ **過去問チェック！** ↗

Q：地方消費税は、市町村税である （27−44）

A：× **都道府県税である。**

Q：介護保険法の規定に基づく居宅介護サービス費の支給にかかる居宅サービスは、消費税の対象とならない。（27−44）

A：○ **通所系・入所系のサービスにおける日常生活費についても非課税となる。**

3 相談機関及び専門職の役割

1. 標準 相談機関の役割 □□□

福祉事務所*を筆頭に、都道府県や市町村には各種の相談機関が設置されている。都道府県に設置される相談機関では、市町村では対応できない複雑なケースや、専門的知識・技術を要するケースに対応している（表7）。

表7 各相談機関の役割 よく出る

組　織		役　割
福祉事務所 （社会福祉法） **注意** 地方自治法ではない。	都道府県	生活保護法、児童福祉法、母子及び父子並びに寡婦福祉法の援護・育成・更生の措置事務
	市町村	生活保護法、児童福祉法、母子及び父子並びに寡婦福祉法、老人福祉法、身体障害者福祉法、知的障害者福祉法の援護、育成または更生の措置事務 **注意** 精神保健福祉法以外。 市町村福祉事務所は精神保健福祉法の業務の規定がない。
身体障害者更生相談所 （身体障害者福祉法）		市町村相互間の連絡調整、情報提供、相談・指導（専門的知識・技術を要するもの）、医学的・心理学的・職能的判定、補装具の処方と適合判定、巡回業務　等
知的障害者更生相談所 （知的障害者福祉法）		市町村相互間の連絡調整、情報提供、相談・指導（専門的知識・技術を要するもの）、医学的・心理学的・職能的判定（18歳以上の知的障害者）、巡回業務　等
精神保健福祉センター （精神保健福祉法）		相談・指導（複雑困難なもの）、精神医療審査会の事務、自立支援医療費・精神保健福祉手帳の事務（専門的知識・技術を要するもの）、障害者総合支援法の介護給付費等の支給決定に意見を述べること、市町村へ技術的事項への協力、調査研究　等
女性相談支援センター* （困難女性支援法）		相談・調査、医学的・心理学的・職能的判定、婦人保護事業　等
児童相談所 （児童福祉法）		相談業務、連絡調整・情報提供、介護給付費等の支給要否決定に関する意見、巡回業務、必要な調査　等
児童家庭支援センター （児童福祉法）		① 地域・家庭からの相談、② 市町村への技術的助言や援助、③ 施設退所後間もない児童など、継続的な指導措置が必要な児童・家庭について、指導措置を受託して指導を行う、④ 里親等への支援　等

＊2024（令和6）年4月施行の困難女性支援法により婦人相談所（売春防止法）から改称。

 **ごろあわせ** 都道府県福祉事務所の役割 これだけ！

■ **福祉事務所** **都道府県** **母子及び父子並びに寡婦福祉法** **児童福祉法** **生活保護法**

無　事に　トドの　親　　　　　　　　　子を　　　保護した

---

36 46, 35 45, 96, 34 46, 33 44, 96, 32 42, 67, 31 67, 30 45, 66, 29 45, 63, 28 44

福祉事務所
社会福祉法に規定される社会福祉行政の第一線の現業機関。都道府県、特別区、市は設置義務、町村は任意設置。

都道府県の福祉事務所は、老人福祉法、身体障害者福祉法、知的障害者福祉法の業務の規定がない。

 注意
身体障害者更生相談所、知的障害者更生相談所は障害者基本法に基づく機関ではない。

 注意
配偶者暴力相談支援センターの機能を果たすこともできる。

7
地域福祉と包括的支援体制

2. 標準 各相談所の設置義務及び職員 □□□

相談機関は、地方公共団体に設置義務（義務・任意・可能）が課されている。また、各相談機関の役割に応じて専門職が配置されている（表8）。

表8 設置義務と主な職員の配置 よく出る  これだけ！

行政機関	設置		職員	配置	
福祉事務所	都道府県	○	査察指導員、現業員、事務員	○	
	市・特別区・中核市・指定都市	○	身体障害者福祉司▸ 知的障害者福祉司▸ 婦人相談員▸ 母子・父子自立支援員	△ △ △ *1 △	任意
	町村	△			
児童相談所	都道府県	○	児童福祉司▸ 児童心理司 精神科医 保健師 弁護士	○ △ ○（2022年〜） ○（2022年〜） ○ *3	
	指定都市	○			
	特別区 *2・中核市	△			
身体障害者更生相談所	都道府県	○	身体障害者福祉司▸ 心理判定員 身体障害者相談員▸	○ △ △	
	指定都市	△			
知的障害者更生相談所	都道府県	○	知的障害者福祉司▸ 心理判定員 知的障害者相談員▸	○ △ △	
	指定都市	△			
精神保健福祉センター	都道府県	○	精神保健福祉士 臨床心理技術者 精神保健福祉相談員	○ ○ △	
	指定都市	○			
女性支援センター *5	都道府県	○	婦人相談員 判定を司る職員	△ *1 ○	
	指定都市	△ *4			
女性自立支援施設 *6	都道府県	△	婦人相談員 相談員	△ *1 ○	
	市町村	―			

○：義務、△：任意・可能、―：規定なし

＊1 都道府県では義務配置、市区では任意配置である（売春防止法第35条第1項第2項）。
＊2 2016（平成28）年児童福祉法の改正により、特別区（東京23区）も設置可能となった。
＊3 都道府県は、弁護士の配置または準ずる措置を行う。
＊4 第4次一括法により指定都市も設置可能となった。
＊5 困難女性支援法（2024年施行）により「婦人相談所」から改称。
＊6 困難女性支援法（2024年施行）により「婦人保護施設」から改称。

過去問チェック！↰

Q：中核市は、精神保健福祉センターを設置しなければならない。（35-45）
A：× **都道府県と指定都市への設置は義務。ちなみに精神保健福祉相談員の配置は任意。**
Q：指定都市（政令指定都市）は、児童相談所を設置しなければならない。（35-45）
A：○ **都道府県と指定都市に設置義務があり、児童福祉司も配置義務がある。**
Q：都道府県の福祉事務所に配置される社会福祉主事は、老人福祉法、身体障害者福祉法、知的障害者福祉法に関する事務を行う。（34-46）
A：× **母子及び父子並びに寡婦福祉法、児童福祉法、生活保護法に関する事務を行う。**

➡過去問プラス！『国試対策2025』（共通科目編）p.150, 151

＋α

福祉事務所長
教育委員のように議会の同意を必要とする特別職の公務員ではない。行政職員が人事異動で配置される。自ら指導監督を行うとき査察指導員を置かなくてもよい。

婦人相談員
都道府県の婦人相談員は、原則、婦人相談所長の指揮監督を受け、市の婦人相談員は原則、福祉事務所長の指揮監督を受ける。

児童福祉司
定数は政令で定める基準を標準として都道府県が定める。

身体障害者福祉司
知的障害者福祉司
社会福祉士は実務経験を問わず、その資格だけで任用。ただし、社会福祉主事は関連業務に2年以上の実務経験が必要である。

身体障害者相談員
知的障害者相談員
更生援護に関する相談・指導などを行う民間の協力者。精神保健福祉相談員と異なり、専門職ではない。

4 福祉行財政の動向

36 43, 45, 35 44,
34 45, 33 46, 32 44,
31 43, 30 43, 28 45,
27 42, 51

1. 標準 福祉サービスの利用方式 □□□

　福祉サービスの利用方式には、契約、措置＊、保護などがある（表9）。契約方式が主流であるが、依然として措置の制度も続いている。

表9 各サービスの負担・対象

サービス	方式	負担方法	負担・対象
介護保険サービス	契約	定率負担	サービス利用料の1割（第1号被保険者のうち高所得者は2〜3割を負担。第2号被保険者は所得に関わらず1割負担）と食費、居住費、日常生活費を負担する。
障害福祉サービス	契約	定率負担	自立支援給付を利用した場合、原則としてサービスの提供に要した費用の1割を負担する。所得に応じて負担上限額が設定され、ひと月に利用したサービス量にかかわらず、それ以上の負担は生じない（応能負担）。また、食費・光熱水費も、在宅で生活する人との公平を図るため、実費負担となる。
生活保護	保護	負担なし	措置と異なり負担がない。
措置制度	措置	応能負担	対象：在宅サービス、養護老人ホーム（老人福祉法）、児童福祉施設（児童養護施設）、障害福祉サービスなど
保育所等	利用	応能負担	対象：保育所、母子生活支援施設、助産施設　児童福祉施設のうち親に利用決定権がある施設

2. 基本 措置費 □□□

　各法律に基づく福祉の措置に要する経費のこと。社会福祉施設利用の措置費には、利用者サービスに必要な人件費・維持管理費などを内容とする事務費と、利用者の生活費などの事業費がある。国、都道府県、市町村が負担する（施設に直接支払われる）。

3. 標準 国の動向 □□□

　国会で成立した予算により、歳出の内訳、つまり税金の使い道が決まる。

　①国の財政は、一般会計と特別会計＊に分けられ、一般会計として国の歳出のうち3割以上を占めるのが、社会保障関係費である（図2、表10）。

措置
行政処分の一つ。対象者が福祉サービスを受ける要件を満たしているかを都道府県や市町村が判断し、措置決定に基づき利用を開始する。対象は在宅サービス、児童福祉施設、障害者・児施設（虐待などで利用する場合）、養護老人ホームなど。

合格勉強法

介護保険は応益負担、障害福祉は応能負担。ここから覚えよう！

＋α 要保護児童の措置
都道府県は、要保護児童に対して児童自立支援施設または児童養護施設に入所させる措置を行う。

特別会計
一般会計とは別に、特別の法律に基づいて設置された国や地方公共団体の会計のこと。国民健康保険事業、後期高齢者医療事業、介護保険事業などは特別会計事業に含まれる。

7
地域福祉と包括的支援体制

✎ 過去問チェック！ ↑

　Q：要保護児童に対する児童福祉施設への入所等への措置は、市町村が行う。(26-42)

　A：× **市町村ではなく、都道府県が行う。**

図2　令和6年度一般会計予算　歳出・歳入の構成

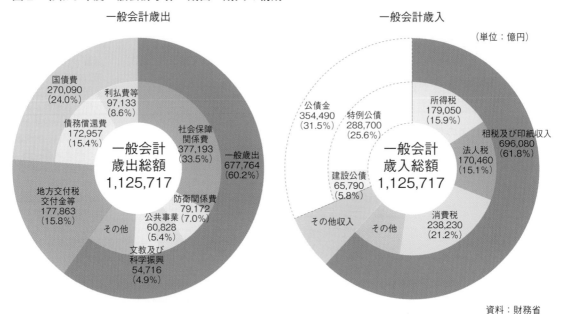

一般会計歳出

国債費 270,090 (24.0%)
利払費等 97,133 (8.6%)
債務償還費 172,957 (15.4%)
社会保障関係費 377,193 (33.5%)
一般会計歳出総額 1,125,717
一般歳出 677,764 (60.2%)
地方交付税交付金等 177,863 (15.8%)
防衛関係費 79,172 (7.0%)
その他
公共事業 60,828 (5.4%)
文教及び科学振興 54,716 (4.9%)

一般会計歳入

（単位：億円）
公債金 354,490 (31.5%)
特例公債 288,700 (25.6%)
所得税 179,050 (15.9%)
租税及び印紙収入 696,080 (61.8%)
一般会計歳入総額 1,125,717
法人税 170,460 (15.1%)
建設公債 65,790 (5.8%)
その他収入
その他
消費税 238,230 (21.2%)

資料：財務省

表10　社会保障関係費と社会保障給付費

種　類	内　容	財　源
社会保障関係費	国が社会保障に出している予算	国が集めた税金
社会保障給付費	社会保障のために支払われたお金の総額	国・地方が集めた税金＋保険料

② 2024（令和6）年度一般会計予算（112兆5,717億円）の社会保障関係費は、37兆7,193億円であり、一般会計予算の33.5%。前年度当初予算比で8,506億円の増額となり、過去最大（図3）。

図3　社会保障関係費の内訳

（単位：億円）
介護給付費 37,188
保健衛生対策費 4,444
年金給付費 134,020
医療給付費 122,366
雇用労災対策費 440
生活扶助等社会福祉費 44,912
少子化対策費 33,823

資料：「令和6年度社会保障関係予算のポイント」財務省

✏️ **過去問チェック！** ↑

Q：2023年度（令和5年度）の国の一般会計歳出予算の社会保障関係費の中で、予算額が最も多いのは介護給付費である。(31-43改)

A：× **年金給付費である。**

4. 応用 地方の動向 □□□

国庫支出金（表11）と地方交付税は、ともに国が地方公共団体に交付するお金の総称。使い道が限定されるかどうかに違いがある（表12）。

地方交付税
▶p.177

表11 国庫支出金

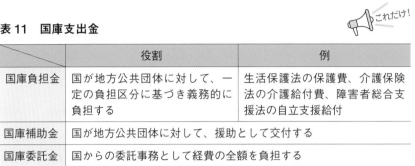

	役割	例
国庫負担金	国が地方公共団体に対して、一定の負担区分に基づき義務的に負担する	生活保護法の保護費、介護保険法の介護給付費、障害者総合支援法の自立支援給付
国庫補助金	国が地方公共団体に対して、援助として交付する	
国庫委託金	国からの委託事務として経費の全額を負担する	

表12 国庫支出金と地方交付税の違い よく出る

種　類	異なる点	共通点
国庫支出金	使い道を国が限定する	国が地方公共団体に交付するお金
地方交付税*	使い道は限定されない	

＊財源は所得税、酒税、法人税、消費税、地方法人税である。

① 地方公共団体の歳入は 1/3 以上が地方税（住民税や固定資産税など）に頼っている（図4）。歳出（使い道）の1位は民生費で25.4％を占める（図5）。

地方税
住民税や固定資産税など。道府県税、市町村税に分かれ、それぞれに費用が特定された目的税と特定されない普通税がある。

7
地域福祉と包括的支援体制

図4 歳入（入ってくるお金）　　**図5 歳出（出ていくお金）**

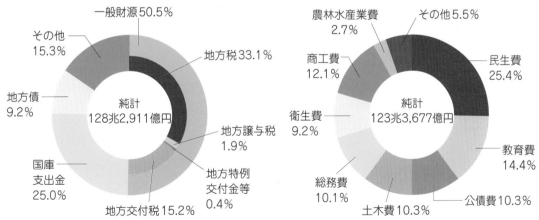

資料：「令和5年版地方財政白書」（令和3年度の地方財政の状況）総務省

② 使われた費用を性質別に分類すると、支出が義務づけられ、任意に削減することが困難な「義務的経費」（人件費、扶助費、公債費）、「投資的経費」（普通建設事業費など）、「その他の経費」に分けることができる。

合格勉強法

国よりも地方の財政が細かく問われる傾向がある。特に歳出に注意する。

5. 標準 民生費 よく出る

1 都道府県、市町村において福祉のために使っているお金のことで、社会福祉の財政は民生費として計上される（図6）。

> 目的別＝対象者、性質別＝使い道、と区別するとよい。

図6 民生費の目的別・性質別内訳（令和5年版地方財政白書）

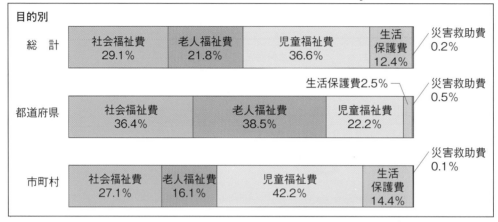

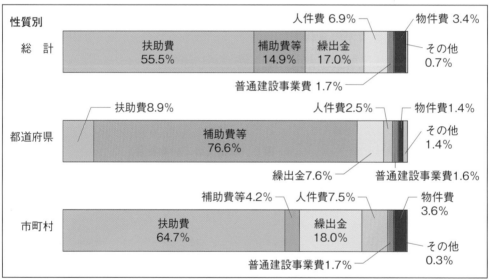

2 扶助費は生活保護費や障害者総合支援法の給付費など福祉に係る経費、繰出金は一般会計から特別会計に支出される経費、補助費等は助成金、補助金や交付金、一部事務組合への負担金などをいう。

6. 応用 地方財政の果たす役割

日本の内政を担っているのは地方公共団体である（表13）。

表13 国と地方との行政事務（福祉）の分担

担　当		福　祉
国		社会保険、医師等免許、医薬品許可免許
地方	都道府県	生活保護（町村の区域）、児童福祉、保健所
	市町村	生活保護（市の区域）、児童福祉、国民健康保険、介護保険、上水道、ごみ・し尿処理、保健所（特定の市）

資料：「地方財政関係資料」総務省（著者まとめ）

7. 応用 社会保障財源　　　　　　　　□□□

　わが国は社会保険方式を採りながら、基礎年金、国民健康保険、後期高齢者医療、介護保険の5割を公費でまかなうなど、公費負担に相当程度依存している。公費の負担増をまかなう財源を確保できないと、給付と負担のバランス（社会保障制度の持続可能性）が損なわれ、将来世代に負担を先送りすることになる。

合格MAP▶ 社会保障財源の全体像（2023（令和5）年度）

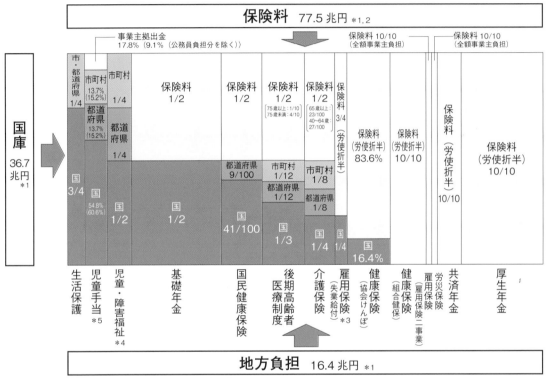

7

地域福祉と包括的支援体制

(注)　*1 保険料、国庫、地方負担の額は2023年度当初予算ベース。
　　　*2 保険料は事業主拠出金を含む。
　　　*3 雇用保険（失業給付）の国庫負担割合については、雇用情勢及び雇用保険財政の状況に応じ、1/4又は1/40となるとともに、一定の要件下で一般会計からの繰入れが可能。
　　　*4 児童・障害福祉のうち、児童入所施設等の措置費の負担割合は、原則として、国1/2、都道府県・指定都市・中核市・児童相談所設置市1/2等となっている。
　　　*5 児童手当については、2023年度当初予算ベースの割合を示したものであり、括弧書きは公務員負担分を除いた割合である。
　　　　　　　　　　　　　　　　　　　　　　　　　　　　　　　　　　資料：厚生労働省

✎ 過去問チェック！↗

Q：「令和5年度版地方財政白書」における民生費の目的別歳出の割合は、市町村では児童福祉費よりも老人福祉費の方が高い。(36-45)

A：×　**市町村では児童福祉費が一番高い。**

Q：「令和5年版地方財政白書」における2021年度民生費について、都道府県の目的別歳出では生活保護費よりも老人福祉費の方が高い。(34-45改)

A：○　**都道府県では老人福祉費が最も高い。市町村の場合は児童福祉費が最も高い。**

➡ **過去問プラス！**『国試対策2025』（共通科目編）p.153, 155

Ⅲ　福祉計画の意義と策定

合格勉強法　福祉計画は多くの科目で出題される得点源ポイントである。① 計画の根拠法、② 計画に盛り込む内容を軸に、各計画の違いを見極めながら学習しよう。

1　福祉計画

1. 応用　福祉計画の種類 これだけ！

都道府県と市町村が策定する主な福祉計画は表 1 のとおり。

表 1　各計画の種類と根拠法

分類	計画	義務		期間 （1 期）	根拠法
		都道府県	市町村		
高齢者	介護保険事業計画　一体	○	○	3 年	介護保険法
	老人福祉計画	○	○	―	老人福祉法
障害者	障害者計画　調和	○	○	―	障害者基本法
	障害福祉計画	○	○	3 年 *1	障害者総合支援法
児童	子ども・子育て支援事業計画	○	○	5 年	子ども・子育て支援法
	次世代育成支援行動計画	◇ *2	◇ *2	5 年	次世代育成支援対策推進法
	障害児福祉計画	○	○	3 年	児童福祉法
地域	地域福祉計画	△	△	― *3	社会福祉法
	健康増進計画	△	△	― *4	健康増進法
医療	医療計画	○	―	6 年 *5	医療法
	医療費適正化計画	○	―	6 年 *5	高齢者の医療の確保に関する法律
住居	高齢者居住安定確保計画	◇	◇	―	高齢者居住安定確保法
	住生活基本計画	○	―	10 年 *6	住生活基本法

注意　地域福祉計画は努力義務

―：規定なし、○：義務、△：努力義務、◇：任意

＊1　基本指針（第 87 条第 1 項）関係として定めがある。
＊2　子ども・子育て支援法の施行に伴い、2015（平成 27）年 4 月より策定は◇（任意）に変更
＊3　規定はないが、おおむね 5 年を一期として 3 年ごとに見直すのが適当とされる。
＊4　5 年を目安に策定している場合が多い。
＊5　平成 30 年度より 6 年ごとに改正された。居宅等での医療の確保の達成状況等については 3 年ごと。
＊6　5 年ごとに見直し。

36 34, 42, 47, 140,　35
33, 37, 46, 48, 134,　34
42, 47, 48, 58, 131,　33
42, 47, 48, 134,　32 22,
45, 46, 48, 59, 118, 132,
31 32, 44, 45, 46, 47, 48,
30 35, 46, 47, 48, 78,
29 46, 47, 48, 58,　28
46, 47, 48, 60, 127,　27
36, 46, 48

合格勉強法
一体化の関係で策定するのは介護保険事業計画と老人福祉計画だけ。あとは調和と覚える。

介護保険事業計画
介護保険の基盤整備を進めるための基本計画。厚生労働大臣が定める基本指針に即して定められる市町村介護保険事業計画と、都道府県介護保険事業支援計画がある。

老人福祉計画
1990（平成 2）年の老人福祉法改正により地方公共団体に策定が義務づけられた、老人福祉法に基づく行政計画。

✏️ **過去問チェック！**

Q：市町村地域福祉計画は、2000 年（平成 12 年）の社会福祉法への改正によって策定が義務化され、全ての市町村で策定されている。（35—37）
A：×　**市町村地域福祉計画の策定は、努力義務である。**
Q：市町村社会福祉協議会は、市町村地域福祉計画を策定するよう努めなければならない。（34—35）
A：×　**市町村地域福祉計画は、市町村が策定するよう努める。**

➡ **過去問プラス！**『国試対策 2025』（共通科目編）p.141, 159

2. 標準 老人福祉計画

老人福祉法に基づき市町村と都道府県が策定する（表2）。介護保険事業（支援）計画と一体の計画として策定される。地域福祉計画などと調和が保たれた計画でなければならない。

表2　老人福祉計画

策　定	定める事項等
国	厚生労働大臣は老人福祉事業の量の目標を定めるにあたり参酌（さんしゃく）すべき標準を定める。
市町村	①　定める事項 ・市町村において確保すべき老人福祉事業の量の目標 ・目標を定めるにあたって、介護保険事業計画の介護給付等対象サービスの種類ごとの量の見込み並びに第一号訪問事業及び第一号通所事業の量の見込みの勘案 ②　策定にあたって ・市町村介護保険事業計画と一体のものとして作成されなければならない。 ・市町村地域福祉計画その他の法律の規定による計画であって老人の福祉に関する事項を定めるものと調和が保たれたものでなければならない。 ・あらかじめ、都道府県の意見を聴かなければならない。 ・遅滞なく、都道府県知事に提出しなければならない。
都道府県	①　定める事項 ・区域ごとの養護老人ホーム及び特別養護老人ホームの必要入所定員総数その他老人福祉事業の量の目標 ・特別養護老人ホームの必要入所定員総数を定めるにあたり、地域密着型介護老人福祉施設入所者生活介護に係る必要利用定員総数及び介護保険施設の種類ごとの必要入所定員総数の勘案 ②　策定にあたって ・都道府県介護保険事業支援計画と一体のものとして作成されなければならない。 ・都道府県地域福祉支援計画その他の法律の規定による計画であって老人の福祉に関する事項を定めるものと調和が保たれたものでなければならない。 ・遅滞なく、これを厚生労働大臣に提出しなければならない。

7

地域福祉と包括的支援体制

過去問チェック！

Q：都道府県老人福祉計画は、都道府県が介護保険事業に係る保険給付の円滑な実施の支援について定める計画である。(36−42)

A：×　**設問は都道府県介護保険事業支援計画のこと。**

Q：市町村老人福祉計画では老人福祉施設の整備及び老人福祉施設相互間の連携のために講ずる措置に関する事項を定める。(35−48)

A：×　**設問は都道府県老人福祉計画に定める事項である。**

➡**過去問プラス！**『国試対策 2025』（共通科目編）p.157, 161

3. 標準 介護保険事業（支援）計画 □□□

介護保険法に基づき、市町村と都道府県が策定する。老人福祉計画と一体の計画として策定される。他の計画との関連性、各計画に盛り込む内容は表3のとおりである。

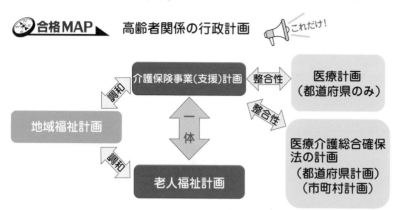

合格MAP ▶ 高齢者関係の行政計画 これだけ！

表3 介護保険事業（支援）計画に盛り込む主な内容

策定者	基本的記載事項
国	①基本指針、②市町村等が介護サービス量を見込むにあたり参酌する標準
市町村	①区域（日常生活圏域）の設定 ②各年度における種類ごとの介護サービス量の見込み（区域毎） ③各年度における必要定員総数（区域毎） 　認知症対応型共同生活介護、地域密着型特定施設入居者生活介護、地域密着型介護老人福祉施設入所者生活介護 ③各年度における地域支援事業の量の見込み ④介護予防・重度化防止等の取組内容及び目標に資する事業に関する事項
都道府県	①区域（老人福祉圏域）の設定 ②市町村の計画を踏まえて、介護サービス量の見込み（区域毎） ③各年度における必要定員総数（区域毎） 　介護保険施設、介護専用型特定施設入居者生活介護、地域密着型特定施設入居者生活介護、地域密着型介護老人福祉施設入所者生活介護 ④市町村が行う介護予防・重度化防止等の支援内容及び目標

4. 応用 障害者基本計画・障害者計画・障害福祉計画 □□□

障害者福祉に関する計画には、内閣府が策定する障害者基本計画、都道府県と市町村に策定義務がある障害者計画、障害福祉計画がある（表4）。障害者計画は障害者に関する施策分野の全般計画、障害福祉計画は障害児・者サービスの具体的な整備目標を定めている。

> 障害児福祉計画は、2018（平成30）年4月より策定が義務。

✏ **過去問チェック！** ↑

Q：市町村介護保険事業計画は計画期間が3年を1期とすると規定されている。(36-47)

A：○　**市町村障害福祉計画も基本指針では3年を1期として作成するとされている。**

➡過去問プラス！『国試対策2025』（共通科目編）p.158

表4 障害者に関する各計画

計画	策定者	意見聴取	根拠法	省庁	期間
障害者基本計画	内閣府	障害者政策委員会*	障害者基本法	内閣府	5年
障害者計画	都道府県	審議会その他の合議制の機関*	障害者基本法	内閣府	規定なし
	市町村	審議会その他の合議制の機関（設置は任意）*1			
障害福祉計画	都道府県*2	審議会その他の合議制の機関	障害者総合支援法	厚生労働省	3年
	市町村	都道府県*3			

障害者基本計画の行に吹き出し：**都道府県、市町村は策定しない。**

障害者計画の行に吹き出し：**調和が保たれたものでなければならない。**

根拠法の列に吹き出し：**根拠法をまちがえない！**

＊1 審議会その他の合議制の機関を設置している市町村は、その機関の意見を、設置していない市町村は障害者その他の関係者の意見を聴かなければならない。

＊2 都道府県障害福祉計画は、医療法に基づく医療計画と相まって、精神障害者の退院の促進に資するものでなければならない。

＊3 審議会その他の合議制の機関を設置している市町村は、あらかじめ、その機関の意見を聴かなければならない。

1 障害福祉計画　障害者計画に盛り込まれた「生活支援」の事項のうちの福祉サービスに関する実施計画的な位置づけとして、障害者計画と一体的に策定することもできる。

 **ごろあわせ**　計画と根拠法の組み合わせ

■ 障害福祉計画　　障害者総合支援法　➡　「し」が付くもの同士
　　　　し　　　　　　　　　し

障害者政策委員会
障害者基本計画の策定や変更などの調査・審議・意見具申などを行う。内閣府に設置。内閣総理大臣は、障害者政策委員会の意見を聴いて障害者基本計画の案を作成し、閣議の決定を求めなければならない。また、障害者基本計画の実施状況を監視する。

審議会その他の合議制の機関
2011（平成23）年障害者基本法改正で「地方障害者施策推進協議会」から名称変更された。

3つの類似計画は策定者、根拠法で区別する。

内容を全部暗記するのは大変なので、都道府県の計画にしか盛り込まない項目を目印で覚えておく。

7

地域福祉と包括的支援体制

過去問チェック！

Q：市町村障害者計画は、市町村が各年度における指定障害福祉サービスの種類ごとの必要な量の見込みについて定める計画である。(36−42)

A：×　**市町村障害者計画ではなく、市町村障害福祉計画が正しい。**

Q：市町村障害者計画は、計画期間が3年を1期とすると規定されている。(36−47)

A：×　**障害者計画は期間の定めがない。**

Q：都道府県障害者計画では、指定障害者支援施設の必要入所定員総数を定めている。(35−48)

A：×　**都道府県障害者計画ではなく、都道府県障害福祉計画で定める。**

Q：障害者基本法において、都道府県は、都道府県障害者計画の策定に努めなければならないと規定されている。(32−61)

A：×　**都道府県障害福祉計画の策定は義務である。**

➡ **過去問プラス！**『国試対策2025』（共通科目編）p.157, 158, 161

2 障害児福祉計画

① 障害者総合支援法及び児童福祉法の一部を改正する法律により、障害児のサービスに係る提供体制の計画的な構築を推進するため、都道府県と市町村は「障害児福祉計画」を定める。根拠法は児童福祉法。なお、「障害福祉計画」と一体のものとして作成することができる。

② 2024（令和6）年から2026（令和8）年の3年を1期として、第7期障害福祉計画・第3期障害児福祉計画が策定された。

5. 標準 次世代育成支援行動計画　□□□

職業生活と家庭生活を両立するために、雇用環境をどう整えるかなどが盛り込まれた計画。次世代育成支援対策推進法に基づき、市町村、都道府県は作成が任意であるが、従業員101人以上の企業事業主には一般事業主行動計画として策定が義務づけられている。

6. 応用 都道府県社会的養育推進計画　□□□

2016（平成28）年改正児童福祉法の理念のもと、「家庭養育優先原則」を徹底し、子どもの最善の利益を実現していくため、各都道府県・指定都市・児童相談所設置市は、2020年度末までに「都道府県社会的養育推進計画」を策定した。

7. 標準 地域福祉計画　□□□

1 地域福祉計画の拡充

① 地域福祉計画は、2000（平成12）年社会福祉事業法等の改正により、社会福祉法に新たに規定された。市町村地域福祉計画と都道府県地域福祉支援計画からなる。

② 地域福祉計画は、地域福祉推進の主体である地域住民等の参加を得て、地域生活課題を明らかにするとともに、目標を設定し、計画的に整備していくことを内容とする。

③ 地域共生社会の実現に向けた改革の一環として、2017（平成29）年5月に「地域包括ケアシステムの強化のための介護保険法等の一部を改正する法律」により、社会福祉法が改正され、地域福祉計画が拡充された。

・地域福祉（支援）計画の策定が「任意」から「努力義務」とされた。

・「地域における高齢者福祉、障害者の福祉、児童の福祉その他の福祉に関し、共通して取組むべき事項」を定め、他の分野別計画の「上位計画」として位置づけられた。

次世代育成支援対策推進法
少子化対策プラスワンを踏まえ2003年に制定。2005年4月1日から2015年3月31日までの時限立法であったが、10年間延長された（2015年4月1日～2025年3月31日まで）。

8. 標準 市町村地域福祉計画 よく出る

1 努力義務 地域福祉推進の具体策として、社会福祉法では市町村地域福祉計画を策定する努力義務が規定されている。市町村は策定した計画について、定期的に調査、分析および評価を行うよう努める。

2 策定する事項

① 地域における高齢者の福祉、障害者の福祉、児童の福祉その他の福祉に関し、共通して取り組むべき事項

② 地域における福祉サービスの適切な利用の促進に関する事項

③ 地域における社会福祉を目的とする事業の健全な発達に関する事項

④ 地域福祉に関する活動への住民の参加の促進に関する事項

3 計画の策定または変更する場合 あらかじめ、住民、社会福祉を目的とする事業を経営する者などの意見を反映させるために必要な措置を講じるように努める。

 市町村地域福祉計画に盛り込む内容

■ **サービス利用　住民参加　事業の発達**

サービス	残	業 腹立つ～

9. 応用 都道府県地域福祉支援計画

1 努力義務 地域福祉推進の具体策として、社会福祉法第108条では都道府県地域福祉支援計画の努力義務が規定されている。

2 策定する事項

① 地域における高齢者の福祉、障害者の福祉、児童の福祉その他の福祉に関し、共通して取り組むべき事項

② 市町村の地域福祉の推進を支援するための基本的方針に関する事項

③ 社会福祉を目的とする事業に従事する者の確保または資質の向上に関する事項

④ 福祉サービスの適切な利用の促進および社会福祉を目的とする事業の健全な発達のための基盤整備に関する事項

注意！

市町村地域福祉計画の策定は義務ではない。努力義務である。

住民などの意見反映は努力義務にとどまっている。

7

地域福祉と包括的支援体制

+α

地域福祉計画の策定率
市町村地域福祉計画は84.8%、市区の方が町村よりも策定済みの自治体が多い。都道府県地域福祉支援計画は100%である（2022年4月1日時点）。策定は義務ではなく努力義務。

✐ 過去問チェック！

Q：市町村地域福祉計画は、2000年（平成12年）の社会福祉法への改正によって策定が義務化され、全ての市町村で策定されている。(35—37)

A：× **策定は努力義務のため、策定していない市町村もある。**

➡過去問プラス！『国試対策2025』（共通科目編）p.159

都道府県地域福祉支援
計画に盛り込む内容

■ 都道府県地域福祉支援計画　基盤整備　従事者　基本的方針

　　どうどうどう…　　　　騎馬戦　　10　　騎！

10. 標準 民間の福祉計画 □□□

1 地域福祉活動計画

　市町村社会福祉協議会が策定する民間の活動・行動計画である。行政の計画ではない。「地域福祉計画」と混同しないように注意する。

11. 応用 審議会・会議 □□□

　内閣府や厚生労働省に設置される審議会や会議などは、表5のとおり整理できる。

 これだけ！

> 障害者政策委員会
> は内閣府に設置

表5　審議会・会議と設置される省庁

設置される省庁	審議会・会議
内閣府	高齢社会対策会議、子ども・子育て会議、障害者政策委員会、障がい者制度改革推進本部、少子化社会対策会議、消費者委員会、男女共同参画会議、中央防災会議
厚生労働省	社会保障審議会、労働政策審議会、労働保険審査会、中央社会保険医療協議会、社会保険審査会

資料：飯塚事務所

✏️ **過去問チェック！**↑

Q：厚生労働省に設置されているものについて、正しいものを1つ選びなさい。(35—42)

　　1　子ども・子育て会議　　2　障害者政策委員会　　3　中央防災会議
　　4　孤独・孤立対策推進会議　　5　社会保障審議会

A：5　**1〜4はすべて内閣府に設置されている。**

Q：市町村障害福祉計画では、指定障害者支援施設におけるサービスの質の向上のために講ずる措置を定めるよう努める。(34—47)

A：×　**設問は都道府県障害福祉計画に規定されている。**

Q：都道府県介護保険事業支援計画では、介護給付等対象サービスの種類ごとの量の見込みを基に、市町村の介護保険料を定める。(31—47)

A：×　**市町村の介護保険料を定めるのは市町村である。**

Q：厚生労働大臣は、市町村が市町村地域福祉計画を策定する際に参酌すべき基準を定める。(30—46)

A：×　**市町村が市町村地域福祉計画を策定する際の参酌すべき基準はない。**

➡️**過去問プラス！** 『国試対策2025』（共通科目編）p.145, 160

Ⅳ　現代的な地域生活課題

 合格勉強法　ニュースで取り上げられる新しい社会的リスクやそれらへの対処に関する用語について、短く正しく説明できることをめざそう。

36 33, 34 27, 28 143

1　多様化・複雑化した地域生活課題の現状とニーズ

1.　標準　地域生活課題　　　　　　　　　　　□□□

1 ニート　厚生労働省の定義では、「15〜34歳の非労働力（仕事をしていない、また失業者として求職活動をしていない者）のうち、主に通学でも、主に家事でもない独身者」となっている。

2 ヤングケアラー
① 本来大人が担うと想定されている家事や家族の世話などを日常的に行っている子どものことである。責任や負担の重さにより、学業や友人関係などに影響が出てしまうことが懸念されている。
② 近年の調査によると、世話をしている家族は、中高生調査で「きょうだい」の割合が最も高かったのに対し、大学生は「母親」、「祖母」の割合が高くなっている。

3 8050問題
① ８０５０問題とは、80歳代の親が50歳代の子どもの生活を支えるために、精神的にも経済的にも重い負担を背負わなければならない問題のことである。
② 50歳代の子はひきこもり、失業等といった多問題を抱え、80歳代の親の年金を頼りに生活しているケースが多く見られる。

4 ダブルケア　子育てと親・親族の介護が同時期に発生する状態のことである。

5 多文化共生　国籍や民族などの異なる人々が、互いの文化的ちがいを認め合い、対等な関係を築こうとしながら、地域社会の構成員として共に生きていくことをいう。

 過去問チェック！

Q：ヤングケアラー支援体制強化事業におけるヤングケアラーとは、家族への世話などを日常的に行っている18歳から39歳までの者をいう。(36—33)
A：×　**主に児童を対象としているが、18歳を超えた大学生であっても適切な支援を行うことを重要としている。**

Q：ダブルケアとは、老老介護の増加を踏まえ、ケアを受ける人と、その人をケアする家族の双方を同時に支援することを指す。(34—27)
A：×　**ダブルケアとは、子育てと介護を同時に担う状態である。**

➡ **過去問プラス！** 『国試対策2025』（共通科目編）p.77, 168

Ⅴ　災害時の支援体制

 合格勉強法　災害拠点病院、災害派遣医療チーム（DMAT）などがキーワードとして登場する。福祉避難所と一般避難所の違いを押さえておこう。

1 災害対策

1．標準　災害対策法制度 □□□

35 36, 39, 34 34, 72, 32 35, 112, 31 36, 29 40, 28 30, 38

災害の予防、発災後の応急期の対応及び災害からの復旧・復興の各ステージを網羅的にカバーする「災害対策基本法」を中心に、各ステージにおいて、災害類型に応じて各々の個別法によって対応する。

1 災害救助法　南海地震を契機に、従来の「罹災救助基金法」に代わり、1947（昭和22）年に「災害救助法」が制定された。発災後の応急期における応急救助に対応する主要な法律である。2021（令和3）年には災害発生の前段階にも適用されることとなった。

2 災害対策基本法

① 伊勢湾台風等を契機として、1961（昭和36）年に「災害対策基本法」が制定された。1995（平成7）年の阪神淡路大震災後にはボランティアや自主防災組織の活動環境の整備などが盛り込まれた。東日本大震災後は、被災者支援の充実などが図られた。

② 災害対策基本法は、市町村長が避難行動要支援者ごとに、避難支援などを実施するための個別避難計画を作成するよう努めなければならないと規定している。

③ 福祉避難所は、高齢者や障害者その他の特別な配慮を必要とする要配慮者を受け入れるための設備、器材、人材を備えた避難所施設として災害対策基本法施行令やガイドラインに規定されている。社会福祉施設である必要はない。

2．標準　災害拠点病院 □□□

災害発生時に災害医療を行う医療機関を支援する病院。各都道府県の二次医療圏ごとに1か所以上整備される。24時間対応可能な救急体制が必要であり、災害派遣医療チーム（DMAT）を保有する。

> **＋α**
> **災害ボランティアセンター**
> 被災地での防災ボランティア活動を円滑に進めるための拠点である。

二次医療圏
▶p.404, 407

DMAT
災害派遣医療チーム（Disaster Medical Assistance Team）の頭文字をとって略してDMAT（ディーマット）と呼ばれる。

🖋 過去問チェック！⤴

Q：市町村社会福祉協議会は、災害ボランティアセンターを整備しなければならない。(35−36)

A：× **整備に関する義務規定は、社会福祉法にはない。**

Q：災害対策基本法は、国及び地方公共団体が、ボランティアによる防災活動を監督し、その指揮命令下で活動するよう指導しなければならないと規定している。(35−39)

A：× **国及び地方公共団体は、その自主性を尊重しつつ、ボランティアとの連携に努めなければならないとされている。**

➡ **過去問プラス！『国試対策2025』（共通科目編）p.143, 177**

8
障害者福祉

（障害者に対する支援と障害者自立支援制度）

障害者総合支援法、手帳制度などは定番問題で確実に得点を狙いましょう。障害者総合支援法がかなり細かく問われるので、サービス別の対象者を表で整理しておきましょう。

科目の特徴

（レーダーチャート：新科目、難易度、暗記、過去問、改正　目盛 0, 10, 20, 30, 40, 50）

新科目：新科目として相当な準備が必要かどうか
難易度：問題が正解しにくいかどうか
暗記：暗記の重要性が高いかどうか
過去問：過去問題を活用する際に工夫が必要かどうか
改正：法律・制度の改正が多いかどうか

過去問題の使い方

解いておくべき過去問	活用法
3 回分 ◎	過去問題は 3 回分を目安に活用しましょう。第 36 回→第 35 回→第 34 回の順番で着手しましょう。抜本的な改正・見直しに注意です。

Ⅰ 障害者の生活実態とこれを取り巻く社会情勢

34 56, 33 56, 32 56, 31 56

合格勉強法　数字が多く登場し、時間がかかりそうであれば、本項目は障害者福祉制度の土台になる部分ではないので、後回しにしてもよい。障害者の数は年々増加傾向にある。数字は概数で覚えれば、試験で十分に通用する。

1 障害者の生活実態

1. 基本　障害者の数　□□□

　「平成28年生活のしづらさなどに関する調査（全国在宅障害児・者等実態調査）」結果によると、障害者手帳所持者数は、559万4,000人と推計される（表1）。

表1　障害の種類別にみた障害者手帳所持者数等（平成28年）

障害者手帳所持者	障害者手帳の種類（複数回答）		
	身体障害者手帳	療育手帳	精神障害者保健福祉手帳
559万4千人	428万7千人	96万2千人	84万1千人

資料：「平成28年生活のしづらさなどに関する調査」厚生労働省

2. 標準　身体障害者の実態　□□□

1 障害種別にみた在宅の身体障害者手帳所持者数（推計値）

　総数428万7,000人、障害種別では、肢体不自由の割合が最も高く、全体の45.0%を占める（図1）。年齢別では65歳以上が311.2万人で、全体の72.6%を占め、3分の2を大きく上回っている。

図1　障害の種類別にみた身体障害者手帳所持者数

総数 428万7千人		
肢体不自由 193万1千人（45.0%）	内部障害 124万1千人（28.9%）	

聴覚・言語障害 34万1千人（8.0%）
視覚障害 31万2千人（7.3%）

資料：「平成28年生活のしづらさなどに関する調査」厚生労働省

3. 基本　知的障害者の実態　□□□

1 療育手帳所持者数（推計値）

　障害程度別でみると、重度、その他ともに前回調査と比較して増加している（図2〜3）。

図2　年齢別療育手帳保持者数

総数 96万2千人						
18歳未満 22.3%	18歳〜29歳 23.8%	30〜39歳 12.3%	40〜49歳 13.2%	50〜64歳 11.0%	65歳以上 15.4%	不詳 2.2%

資料：「平成28年生活のしづらさなどに関する調査」厚生労働省

図3　障害の程度別にみた療育手帳所持者数

総数 96万2千人		
重度 37万3千人 （38.8%）	その他 55万5千人 （57.7%）	不詳 3万4千人 （3.5%）

資料：「平成28年生活のしづらさなどに関する調査」厚生労働省

4. 標準 精神障害者の実態 □□□

精神障害者保健福祉手帳所持者数（推計値）を等級別にみると、2級の手帳所持者が最も多く、全体の 53.7% となっている（図 4）。年齢別では 40 歳代が最も多く 17.9 万人（21.3%）。

図4 等級別にみた精神障害者保健福祉手帳所持者数

総数 84 万 1 千人			
1 級 13 万 7 千人 （16.3%）	2 級 45 万 2 千人 （53.7%）	3 級 20 万 4 千人 （24.3%）	不詳 4 万 8 千人 （5.7%）

資料：「平成 28 年生活のしづらさなどに関する調査」厚生労働省

5. 応用 生活のしづらさなどに関する調査 □□□

厚生労働省が実施してきた身体障害児・者等実態調査及び知的障害児（者）基礎調査等を統合・拡大し、在宅の障害児・者等の生活実態とニーズを把握することを目的とした全国在宅障害児・者等実態調査が実施され、2011（平成 23）年、2016（平成 28）年の結果が公表されている。

1 調査対象

① 在宅の障害児・者（障害者手帳所持者）

> 施設入所者は調査対象ではない。

② 障害者手帳は所持していないが長引く病気やけがなどにより生活のしづらさがある者

> 手帳を所持していなくても調査対象になる。

2 同居者の状況（2016（平成 28）年の結果）

図5 同居者の状況

65 歳未満

同居者有 81.0%				一人で暮らしている 11.4%
夫婦 26.1%	親 53.6%	子 15.4%	兄弟姉妹 18.6%	

その他 3.9%　不詳 7.6%

65 歳以上

同居者有 79.4%		一人で暮らしている 16.2%
夫婦 54.8%	子 36.9%	

親 2.6%　兄弟姉妹 1.8%　その他 3.3%　不詳 4.4%

資料：「平成 28 年生活のしづらさなどに関する調査」厚生労働省

3 介護保険法に基づくサービス利用状況（2016（平成 28）年の結果）

介護保険法に基づくサービスの利用状況についてみると、「利用している」と答えた者は 40 歳以上～65 歳未満では 8.7%、65 歳以上では 36.3% である。

> **+α**
> **精神障害者の入院・外来の構成**
> 入院では統合失調症、統合失調症型障害及び妄想性障害が 6 割近くを占めているのに対し、外来では気分障害や神経症性障害、ストレス関連障害などの割合が高い。

8

障害者福祉

2 障害者のスポーツ

1. 応用 障害者のスポーツ □□□

1 パラリンピック（Paralympics）　国際パラリンピック委員会が主催する身体障害者を対象とした世界最高峰の障害者スポーツの総合競技大会である。オリンピックと同じ年に同じ場所で開催される。

2 デフリンピック（Deaflympics）　ろう者のための国際的なスポーツ大会である。出場者が国際手話等によるコミュニケーションで友好を深められるところに大きな特徴がある。

> 2025（令和7）年には「東京2025デフリンピック」が日本で初めて開催される。

3 障害者を取り巻く社会環境

1. 標準 地域生活支援拠点 □□□

① 地域生活支援拠点等とは、障害者の重度化・高齢化や「親亡き後」を見据えた、居住支援のための機能（①相談、②緊急時の受け入れ・対応、③体験の機会・場、④専門的人材の確保・養成、⑤地域の体制づくり）を、をもつ場所や体制をいう。

② 地域の実情に応じた創意工夫により整備し、障害者の生活を地域全体で支えるサービス提供体制を構築する。地域生活支援拠点は、2023（令和5）年4月時点で1,117市町村において整備されている。

合格MAP ▶ 地域生活支援拠点

資料：「地域生活支援拠点等の整備について」厚生労働省

過去問チェック！

Q：65歳以上の障害者手帳所持者の3分の2以上が、介護保険法に基づくサービスを利用している。（33—56）

A：×　**36.3%（約3分の1）が利用している。**

Ⅱ 障害者福祉の歴史

合格勉強法 日本の発展は法律ごとにその変化を覚える。一覧で学習するのは、時間がかかるうえに試験当日役に立たないので、お勧めできない。外国の発展は表7の一覧表を活用しよう。日本との接点は1980年代がよく狙われる。

1 障害者福祉制度の発展過程

1. 標準 障害者福祉に関する法律（日本） よく出る □□□

障害者福祉制度では、理念を掲げる障害者基本法、福祉サービスの具体的給付を定める障害者総合支援法など、法律の数が多い。

表1 身体障害者福祉法

それまでの対象は傷痍軍人が中心だった。 *年号は成立年

1949	身体障害者福祉法	視聴覚障害、言語障害、運動障害のみを法律の対象とした。
1967	身体障害者福祉法改正	心臓および呼吸器の障害を追加し、内部障害まで対象を拡大した。

表2 障害者基本法

1970	心身障害者対策基本法	障害を「身体障害の一部と知的障害」と定義。精神障害は対象外
1993	障害者基本法に改正	障害を「身体障害、知的障害、精神障害」と定義
2011	障害者基本法改正	精神障害に発達障害を含める。定義に難病等が追加

表3 精神保健福祉法・発達障害者支援法 これだけ！

1900	精神病者監護法	精神病者対策は「私宅監置」が中心
1919	精神病院法	内務大臣が道府県に精神病院設置の命令権限をもつ。
1950	精神衛生法	都道府県に精神病院の設置義務 私宅監置の廃止。精神衛生鑑定医の創設
1987	精神保健法	精神医療審査会の創設、精神保健指定医 任意入院創設
1995	精神保健福祉法	（精神保健法より改称）精神障害者保健福祉手帳の創設
2004	発達障害者支援法	自閉症、アスペルガー症候群その他の広汎性発達障害などを対象として制定
2013	精神保健福祉法改正	保護者制度の廃止、医療保護入院の見直しなど
2016	発達障害支援法改正	目的に「切れ目のない支援」、定義に「社会的障壁」追加
2022	精神保健福祉法改正	市町村長の同意による保護入院を可能とする。

表4 障害者雇用促進法

1960	身体障害者雇用促進法	身体障害者の雇用が努力義務化
1987	障害者雇用促進法に改正	特例子会社の創設
2013	障害者雇用促進法改正	不当な差別的取扱を明確に禁止。精神障害者に発達障害者を含む。
2018	障害者雇用促進法改正	雇用義務の対象に精神障害者追加
2022	障害者雇用促進法改正	短時間労働者を雇用率の対象に追加

35 56, 61, 34 61, 33 57, 58, 62, 32 57, 60, 31 57, 30 23, 29 57, 61, 28 58, 27 56

+α 身体障害者の定義
1949（昭和24）年制定当時、「別表に掲げる身体上の障害のため職業能力が損傷されている18歳以上の者で、都道府県知事から身体障害者手帳の交付を受けたもの」と定義された。1951（昭和26）年の改正で、「職業能力の損傷」が削除された。

+α 精神障害者の定義
2011（平成23）年障害者基本法改正では、精神障害の定義に発達障害が含まれ、「その他の心身の機能の障害がある者」まで範囲が拡大された。

精神保健指定医
1987（昭和62）年精神保健法成立時、鑑定医の権限を拡大し、患者本人の同意に基づかない入院や行動制限の判定を行うことができる医師として、創設された。2005（平成17）年精神保健福祉法改正では、指定医の不在時に緊急対応を行う特定医師の仕組みが導入されている。

8 障害者福祉

表5　障害者総合支援法

2003	支援費制度導入	従来の措置制度から支援費制度（サービスの種類ごとに支援費の支給を受け、事業者との契約に基づいてサービスを利用できる制度）が創設された。
2005	障害者自立支援法制定	障害種別ごとに分けられていた障害者福祉サービスを市町村に一元化した。
2012	障害者総合支援法制定 （障害者自立支援法が改正）	障害者の定義に難病＊等を追加し（2013（平成25）年4月施行）、重度訪問介護の対象者の拡大、ケアホームのグループホームへの一元化などが実施された（2014（平成26）年4月施行）。
2016	障害者総合支援法改正	自立生活援助、就労定着支援の創設、重度訪問介護の訪問先拡大など
2022	障害者総合支援法改正	1.　障害者等の地域生活の支援体制の充実 2.　障害者の多様な就労ニーズに対する支援及び障害者雇用の質の向上の推進 3.　精神障害者の希望やニーズに応じた支援体制の整備 4.　難病患者及び小児慢性特定疾病児童等に対する適切な医療の充実及び療養生活支援の強化 5.　障害福祉サービス等、指定難病及び小児慢性特定疾病についてのデータベース（DB）に関する規定の整備

注意

2009（平成21）年「障がい者制度改革推進本部」を内閣府に設置

難　病
2024（令和6）年4月から、障害福祉サービスの対象となる難病が369疾病に拡大された。障害者手帳を所持していなくても利用可能。

2.　標準　障害者虐待防止法　□□□

　障害者虐待の防止、障害者の養護者に対する支援等に関する法律（表6）。2012（平成24）年10月施行。国や地方公共団体、障害者福祉施設従事者等、使用者などに障害者虐待防止等のための責務を課すとともに、虐待を受けたと思われる障害者を発見した者に通報義務が課された。

児童虐待防止法
▶p.149, 150

✏️ **過去問チェック！** ↑

Q：知的障害者福祉法における知的障害者とは、知的障害がある者であって、都道府県知事から療育手帳の交付を受けたものをいう。(36−56)

A：×　**知的障害者福祉法では、知的障害者の定義を定めていない。**

Q：2003年（平成15年）には、身体障害者等を対象に、従来の契約制度から措置制度に転換することを目的に支援費制度が開始された。(35−56)

A：×　**従来の措置制度から契約制度へと転換が図られた。**

Q：1995年（平成7年）に精神保健法が精神保健及び精神障害者福祉に関する法律に改正され、保護者制度が廃止された。(32−57)

A：×　**保護者制度が廃止されたのは2014（平成26）年の改正である。**

➡ **過去問プラス！**『国試対策2025』（共通科目編）p.186

表6 障害者虐待防止法 📢 これだけ！

項 目	説 明
障害者の定義	身体障害者・知的障害者・精神障害者（発達障害者含む）
障害者虐待	① 養護者＊による障害者虐待、② 障害者福祉施設従事者などによる障害者虐待、③ 使用者による障害者虐待
虐待の類型	① 身体的虐待、② ネグレクト（放棄・放置）、③ 心理的虐待、④ 性的虐待、⑤ 経済的虐待　・障害児は→児童虐待防止法

> 障害者基本法の定義と同じ。

> 病院、学校、保育所は定義に含まない。

> 通報や通報に対する虐待対応を規定

1 障害者虐待に係る通報

虐待を受けたと思われる障害者を発見した者は、速やかに、これを市町村に通報しなければならない。

2 障害種別

養護者、障害者福祉施設従事者等、使用者により虐待を受けた者の障害種別は、知的障害が最も多い。

3．基本 障害者福祉制度の発展過程（外国） □□□

障害者福祉制度に関する国際的な動きは表7のとおり。📢 これだけ！

表7 障害者福祉制度の発展過程（外国）

年	出来事	国
1948	世界人権宣言	国連
1959	1959年法。バンク-ミケルセンがノーマライゼーションの概念を盛り込む。	デンマーク
1960年代	自立生活運動（IL運動）介助を受けながらも自己決定に従い主体的に生きていく考え方が普及	アメリカ
1971	知的障害者の権利宣言。「可能な限り同等の権利を有する」と規定	国連
1975	障害者の権利宣言。経済的保障など障害者の基本的人権を規定	国連
1980	国際障害分類（ICIDH）採択「障害（能力不全）」と能力不全の社会的結果である「不利」を区別	WHO
	国際障害者年行動計画	国連
1981	国際障害者年。「完全参加と平等」をテーマに掲げる。	国連
1982	障害者に関する世界行動計画。差別の撤廃、リハビリテーションの実施を提案。実現のために「国連・障害者の十年」を設定	国連
1983	「国連・障害者の十年」（～1992年）	国連
1990	ADA法（障害をもつアメリカ人法）	アメリカ
1993	「アジア太平洋障害者の十年」（～2002年）	国連
2001	国際生活機能分類（ICF）採択	WHO

養護者
障害者を現に養護する者で、障害者福祉施設従事者等、使用者以外の者。具体的には障害者の家族、親族、同居人等。

8
障害者福祉

34 23, 28, 33 58, 31 57, 30 57, 95, 28 33, 27 94

合格勉強法

外国と日本との接点は1980年代に注目する。1980年代に入って「完全参加と平等」をテーマとした国際障害者年（1981年）、障害者に関する世界行動計画（1982年）などが日本の障害者施策に影響を与え、ノーマライゼーションの理念が普及し、施設入所中心の施策から地域福祉を拡充する施策に移行した。

1 障害者の権利に関する条約

① 国連では、1970 年代から『障害者の権利に関する宣言』(1975年)、『障害者に関する世界行動計画』(1982 年) などの宣言・決議を採択してきたが、法的拘束力をもつものではなかった。

② 障害者権利条約は、障害者の人権や基本的自由の享有を確保し、障害者の固有の尊厳の尊重を促進するため、障害者の権利の実現のための措置等を規定し、市民的・政治的権利、教育・保健・労働・雇用の権利、社会保障、余暇活動へのアクセスなど、様々な分野における取組を締約国に対して求めている。

③ 一般原則として、<u>障害者の尊厳、自律及び自立の尊重</u>、無差別、社会への完全かつ効果的な参加及び包容等の 8 つが定められている。

④ 日本では 2013 (平成 25) 年 12 月に国会承認を得て、2014 (平成 26) 年 1 月には批准書を寄託し、2 月に条約の効力が生じた (表8)。

表8 「障害者の権利に関する条約」に関する歴史

年	出来事
2006	「障害者の権利に関する条約」採択 (国連)
2007	「障害者の権利に関する条約」に日本が署名
2008	「障害者の権利に関する条約」発効 (批准国が 20 か国を超える)
2009	「障がい者制度改革推進本部」を内閣府に設置、国内法の整備が本格化
2013	「障害者の権利に関する条約」締結のため、国会承認を得る。
2014	「障害者の権利に関する条約」に批准 1 月「障害者の権利に関する条約」の批准書を国連に寄託

> 厚生労働省ではない。

> 「合理的配慮」が重要視された。

批 准
条約に署名した国が、条約の規定に拘束され、法的に遵守する意思があることを正式に宣言する行為。国内法の整備が必要になる。

署 名
内容に同意すること。将来的に批准する意思があることを示す行為だが、署名だけでは条約の規定には拘束されない。

合理的配慮
▶ p.223

表9 国内法整備の流れ

年　月	出来事
2009 年 12 月	内閣総理大臣を本部長とする「障がい者制度改革推進本部」を設置
2011 年 8 月	「障害者基本法」改正
2012 年 6 月	「障害者自立支援法」成立
2013 年 6 月	「障害者差別解消法」成立
	「障害者雇用促進法」改正

過去問チェック！

Q：障害者差別解消法は、障害者の権利に関する条約を締結するための国内法制度の整備の一貫として制定された。(28-56)

A：○　**「障害を理由とする差別の解消の推進に関する基本的な事項」などを定めている。**

Q：「障害者の権利に関する条約」では、自立、参加、ケア、自己実現、尊厳の五つの一般原則が定められている。(27-94)

A：×　**一般原則として、障害者の尊厳など 8 つが定められている。**

Ⅲ 障害者総合支援法

36 61, 35 57, 34 58,
33 42, 58, 59, 32 47,
59, 31 42, 59, 30 57,
59, 29 44, 57, 28 58,
60, 27 58

合格勉強法

第36回では4問が出題された本科目の中心項目である。最初に着手するとよい。範囲が広く、時間がかかるので「介護給付」「訓練等給付」に分けて進める。「利用の流れ」は試験当日思い出せるように、合格MAPを活用しよう。

1 障害者総合支援法の概要

障害者福祉サービスは、措置制度から2003（平成15）年に支援費制度に移行し、2005（平成17）年障害者自立支援法の制定（2006（平成18）年4月施行）により、障害者施策の一元化が実現した。

1. 標準 2005（平成17）年障害者自立支援法の創設　□□□

支援費制度では対象外とされた精神障害者を含め、3障害の一元化を図るとともに、利用者本位のサービス体系に再編された（表1）。

表1　障害者自立支援法のポイント

改正点	内容
①サービスの「一元化」	窓口を市町村に一元化、障害の種類にかかわらず同制度での提供
②就労支援の強化	一般企業などでの就労を目的とした取組みの開始
③社会資源の活用規制緩和	空き教室や空き店舗の活用も視野に入れた規制緩和
④手続きなどの透明化	公平なサービス利用のための手続きや基準の透明化、明確化
⑤費用などの仕組みの強化	利用したサービスの量や所得に応じた公平な負担、国の財政責任の明確化

2. 応用 2010（平成22）年障害者自立支援法の改正  □□□

1 2010（平成22）年の改正ポイント

① 利用者負担の見直し　利用者負担は「応能負担」を原則化した。

② 障害者の範囲の見直し　発達障害を対象として明文化された。

③ 市町村に基幹相談支援センターを設置し、「自立支援協議会」を法律上位置づけた。

④ 地域移行支援・地域定着支援を個別給付化した。

⑤ 障害種別などで分けられている障害児支援施設を一元化し、通所サービスの実施主体を都道府県から市町村へ移行した。

⑥ 放課後等デイサービス゛、保育所等訪問支援゛を創設した。

⑦ 重度の視覚障害者の移動を支援する同行援護の個別給付化。

✏️**過去問チェック！**

Q：2005年（平成17年）に制定された障害者自立支援法では、利用者負担は所得に応じた応能負担が原則となった。（36—57）

A：×　設問は2010（平成22）年の障害者自立支援法改正の内容である。

➡**過去問プラス！**『国試対策2025』（共通科目編）p.185

放課後等デイサービス
就学している障害児に対し、放課後や夏休みなどの長期休暇中に放課後等デイサービス事業所に通所して、生活能力向上のための訓練等を継続的に提供する。居場所の提供が目的であり、生活の見守りを行うわけではない。

保育所等訪問支援
障害児の指導に経験のある保育士等が保育所等を訪問して、障害児以外の児童との集団生活への適応のための専門的な支援等を行う。

3. 基本 障害者総合支援法 よく出る！ ☐☐☐

　2013（平成 25）年 4 月、「障害者自立支援法」は「障害者総合支援法」に改正。また、2016（平成 28）年には障害者総合支援法と児童福祉法の一部が改正され、2018（平成 30）年に施行された。

◪ 2012（平成 24）年の改正ポイント

　① 障害者の範囲に難病等を追加、② 障害程度区分の見直し、③ 重度訪問介護の対象*拡大、④ 共同生活介護の共同生活援助への一元化、⑤ 地域移行支援の対象拡大など。

◪ 2016（平成 28）年の改正ポイント

表 2　主な改正点

これだけ！

改正点	内　容
自立生活援助の創設	施設入所支援や共同生活援助を利用後、一人暮らしを希望する者などを対象として、相談・助言などを行う。
就労定着支援の創設	一般就労開始後の生活面の課題に対応
重度訪問介護の訪問先拡大	医療機関への入院時も一定の支援が可能に。
高齢障害者の介護保険サービスの負担軽減	65 歳まで長期間、障害福祉サービスを利用してきた低所得高齢障害者を対象に、介護保険サービスの利用者負担を障害福祉制度により軽減（償還）できる仕組みの創設
居宅訪問型児童発達支援の創設	外出が著しく困難な居宅の重度障害児などを支援
保育所等訪問支援の対象拡大	乳児院・児童養護施設の障害児に対象を拡大
医療的ケアの支援	医療的ケアを要する障害児に対する支援
障害児福祉計画の策定	都道府県および市町村において障害児福祉計画の策定
補装具費の支給範囲の拡大（貸与の追加）	成長に伴い短期間で交換が必要な障害児の場合などに貸与可能
情報公表制度の創設	都道府県による障害福祉サービスなどの情報公表制度の創設
調査および審査事務	障害福祉サービスの給付費の「審査・支払」事務について、「支払」を委託している国民健康保険団体連合会に、「審査」も委託可能（p.208）

◪ 2017（平成 29）年の改正ポイント

　共生型サービスが位置づけられた（p. 316）。高齢者と障害者（児）が同一の事業所でサービスを受けやすくするために創設されたサービス。介護保険サービスの指定を受けた事業所が、障害福祉（共生型）の指定を受けることができるよう基準の特例を設ける。

> **重度訪問介護の対象**
> 「重度の肢体不自由者等であって常時介護を要する障害者として厚生労働省令で定めるもの」と肢体不自由以外の障害まで拡大された（p.200）。

🖋 過去問チェック！↑

Q：自立生活援助とは、一人暮らし等の障害者が居宅で自立した生活を送れるよう、定期的な巡回訪問や随時通報による相談に応じ、助言等を行うサービスである。(33—58)

A：○　**2016（平成 28）年の障害者総合支援法改正により創設されたサービスである。**

4 2022（令和 4）年の改正ポイント

障害者の日常生活及び社会生活を総合的に支援するための法律等の一部を改正する法律のため、障害者総合支援法のほかに、精神保健福祉法、障害者雇用促進法、難病法等の改正も含まれる。

表3　主な改正点　*これだけ！*

項目	改正点	内　容
自立	共同生活援助 （グループホーム）	支援内容に一人暮らし支援などを追加
就労	就労選択支援の創設	障害者自身の希望や適性に合った職業を選択できるように支援する。
就労	短時間労働者の雇用率算定	労働時間週 10〜20 時間未満の精神障害者等を雇用した場合、雇用率に算定できる。
精神障害者	市町村長の同意による医療保護入院	家族等が意思表示を行わない場合に、市町村長の同意により医療保護入院が可能になる（ただし、入院期間 6 か月以内）。
精神障害者	入院者訪問支援事業の創設	入院者訪問支援員が、医療保護入院中の対象者を訪問し、外部との面会交流を確保する。
精神障害者	虐待通報制度の創設	精神科病院の従事者による虐待を発見した者に、都道府県等に通報を義務づける。
難病	登録者証の創設	福祉、就労等の支援を円滑に利用できるように、都道府県等に指定難病罹患を登録する。

5 障害者の利用者負担

障害福祉サービスの自己負担は、所得に応じて負担上限月額が設定され、ひと月に利用したサービス量にかかわらず、それ以上の負担は生じない。

合格MAP　障害者の利用者負担

| 福祉サービスの費用 | － | 一部負担の額
（1 割相当額と比べて低い方） | ＝ | ●介護給付費
●施設給付費
　　　　　など |

過去問チェック！

Q：障害支援区分に係る一次判定の認定調査の項目は全国一律ではなく、市町村独自の項目を追加してもよい。（36−61）
A：×　**障害支援区分の認定調査項目は、全国一律に定められている。**
Q：障害支援区分の認定は、都道府県が行うものとされている。（36−61）
A：×　**障害者支援区分の認定は市町村が行う。**
Q：市町村は、介護給付費等の支給決定に際して実施する調査を、指定一般相談支援事業者等に委託することができる。（35−57）
A：×　**市町村が行うが、指定一般相談支援事業者等に委託することができる。**

➡過去問プラス！『国試対策 2025』（共通科目編）p.192, 193

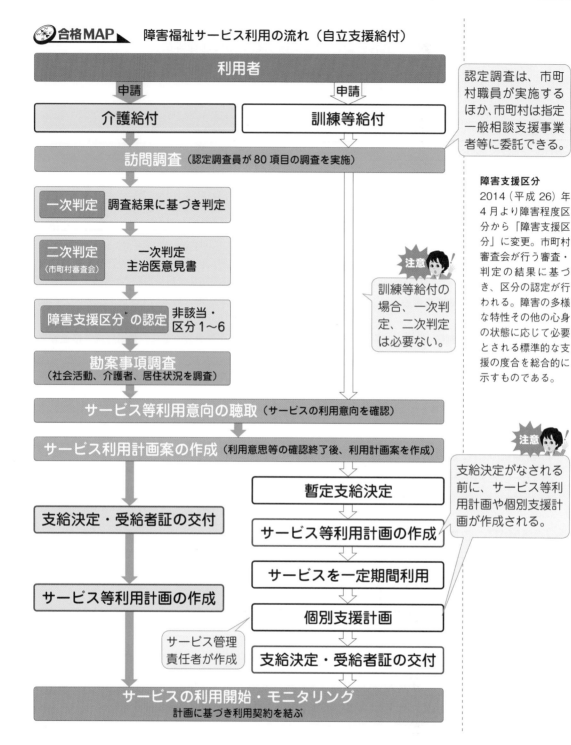

合格MAP ▶ 障害福祉サービス利用の流れ（自立支援給付）

利用者

├── 申請 → **介護給付**
└── 申請 → **訓練等給付**

訪問調査（認定調査員が80項目の調査を実施）

一次判定 — 調査結果に基づき判定

二次判定（市町村審査会） — 一次判定 主治医意見書

障害支援区分の認定 — 非該当・区分1～6

勘案事項調査（社会活動、介護者、居住状況を調査）

サービス等利用意向の聴取（サービスの利用意向を確認）

サービス利用計画案の作成（利用意思等の確認終了後、利用計画案を作成）

支給決定・受給者証の交付

サービス等利用計画の作成

訓練等給付の流れ：
暫定支給決定 → **サービス等利用計画の作成** → **サービスを一定期間利用** → **個別支援計画** → **支給決定・受給者証の交付**

サービス管理責任者が作成（個別支援計画）

サービスの利用開始・モニタリング
計画に基づき利用契約を結ぶ

注意 訓練等給付の場合、一次判定、二次判定は必要ない。

認定調査は、市町村職員が実施するほか、市町村は指定一般相談支援事業者等に委託できる。

障害支援区分
2014（平成26）年4月より障害程度区分から「障害支援区分」に変更。市町村審査会が行う審査・判定の結果に基づき、区分の認定が行われる。障害の多様な特性その他の心身の状態に応じて必要とされる標準的な支援の度合を総合的に示すものである。

注意 支給決定がなされる前に、サービス等利用計画や個別支援計画が作成される。

過去問チェック！

Q：市町村は、障害支援区分の認定のための調査を、指定一般相談支援事業者等に委託することができる。(32−59)

A：○ **認定調査は市町村職員が実施するほか、委託もできる。**

4. [基本] 障害福祉サービスの種類   □□□

5種類の自立支援給付（①〜⑤）と地域生活支援事業に分かれる。

合格MAP▶ 障害者総合支援法による障害福祉サービス

これだけ！

```
┌ 市町村 ─────────────────────────────────────┐
│            ┌─── 自立支援給付 ───┐              │
│  ┌─ ① 介護給付 ──────────┐ ┌─ ② 訓練等給付 ──────────┐ │
│  │ ●居宅介護（ホームヘルプ）│ │ ●自立訓練  ●自立生活援助 │ │
│  │ ●重度訪問介護        │ │ ●共同生活援助(グループホーム) │ │
│  │ ●同行援護  ●行動援護  │ │ ●就労移行支援 ●就労定着支援 │ │
│  │ ●重度障害者等包括支援   │ │ ●就労選択支援        │ │
│  │ ●短期入所（ショートステイ）│ │ ●就労継続支援（A型・B型）│ │
│  │ ●療養介護  ●生活介護  │ └──────────────────┘ │
│  │ ●施設入所支援       │ ┌─ ④ 自立支援医療 ────────┐ │
│  └──────────────┘ │ ●更生医療  ●育成医療   │ │
│  ┌─ ③ 相談支援 ───────┐ │ ●精神通院医療*       │ │
│  │ ●地域相談支援 ●計画相談支援│ └──────────────────┘ │
│  └──────────────┘ ┌─ ⑤ 補装具 ──────────┐ │
│                      └──────────────────┘ │
│                      ＊実施主体は都道府県等 │
└──────────────────────────────────────────┘
```

地域生活支援事業

●相談支援　●移動支援　●日常生活用具の給付又は貸与
●成年後見制度利用支援　●地域活動支援センター　●福祉ホーム　等

↑ 支援

●専門性の高い相談支援　●広域的な対応が必要な事業　●人材育成 等

都道府県

8
障害者福祉

1 実施主体・指定

① 実施主体は市町村である。

② 障害福祉サービス事業者・障害者支援施設の指定は、都道府県知事・指定都市・中核市の長が行う。

③ 介護給付費、訓練等給付費などの支給を受けようとする障害者または障害児の保護者は、市町村の支給決定を受けなければならない。

過去問チェック！↑

Q：障害児に係る介護給付費等の支給決定においては、障害支援区分の認定を必要とする。(35−57)

A：×　障害児は障害支援区分の認定は必要としない。

➡過去問プラス！『国試対策2025』（共通科目編）p.193

② 財源負担

① 自立支援給付（個別給付）の負担割合は、国が <u>1/2</u>、都道府県・市町村が <u>1/4</u> ずつである。

図1　自立支援給付に係る費用負担

国　1/2	都道府県　1/4	市町村　1/4

② 地域生活支援事業は補助金による事業である。補助割合は、市町村事業が国 1/2 以内、都道府県 1/4 以内、都道府県事業が国 1/2 以内である。

地域生活支援事業
▶p.207

③ 国民健康保険団体連合会

<u>国民健康保険団体連合会</u>は、<u>市町村</u>から委託を受けて、介護給付費、訓練等給付費、サービス利用計画作成費などの支払業務を行う。2016(平成 28)年改正により、<u>審査</u>の委託を受けることができるようになった。

まとめて攻略

■ 国民健康保険団体連合会
⇒ 高齢者福祉
　p.338
■ 共生型サービス
⇒ 高齢者福祉
　p.316

④ 児童デイサービス

障害自立支援法に位置付けられていた児童デイサービスは 2010(平成 22)年改正で、児童福祉法に基づく児童発達支援、<u>放課後等デイサービス</u>に移行した。

放課後等デイサービス
▶p.203, 350

⑤ 障害者福祉サービスと介護保険サービスの比較

表4　障害福祉サービスと介護保険サービス

	障害福祉サービス	介護保険サービス
根拠法	障害者総合支援法	介護保険法
サービス提供者	実施主体：市町村	保険者：市町村
サービス	介護給付 訓練等給付	要介護者向け介護給付 要支援者向け予防給付
費用負担	公費 100%	保険料 50%、公費 50%
区　分	障害支援区分 1〜6	要支援 1・2 要介護 1・2・3・4・5
申請先	市町村	市町村
二次判定	市町村審査会	介護認定審査会
似たような事業	地域生活支援事業 都道府県も実施	地域支援事業 市町村のみ実施
審査請求	都道府県（障害者介護給付費等不服審査会）	介護保険審査会（都道府県に設置）

合格勉強法

障害福祉サービスと介護保険サービスは制度として似ているので、セットで覚えると効果的。

審査請求
▶p.143

✏️ **過去問チェック！**

Q：国、都道府県及び市町村は、自立支援給付に係る費用をそれぞれ3分の1ずつ負担する。(34-58)

A：✕　**国 1/2、都道府県・市町村各 1/4 を負担する。**

➡ **過去問プラス！** 『国試対策 2025』（共通科目編）p.193

5. 標準 自立支援給付 よく出る □□□

35 58, 34 144, 33 146, 32 58, 146, 31 58, 61, 145, 30 59, 60, 29 56, 28 59, 27 57

自立支援給付のサービスには、① 介護給付、② 訓練等給付、③ 相談支援、④ 自立支援医療、⑤ 補装具がある。

1 介護給付 介護給付は、自立支援給付のサービスを支える柱である（表5）。

 「昼間＋夜間」を組み合わせて利用できる。

昼間 生活介護を利用 → 夜間 施設入所支援を利用

 合格勉強法

自立支援給付のサービスは5つ！
①介護給付
②訓練等給付
③相談支援
④自立支援医療
⑤補装具

表5 介護給付のサービス これだけ！

系統	サービス名		実施場所	対象者	主なサービス内容
訪問系	居宅介護		自宅	障害支援区分が1以上の者	介護
	重度訪問介護		自宅	重度肢体不自由者（障害支援区分4以上、二肢以上に麻痺などがある者など）、重度知的障害者・重度精神障害者（障害支援区分4以上など）	介護、外出支援 *2018（平成30）年4月から医療機関(入院)における重度訪問介護の利用が可能となった。
外出支援系	同行援護（2010（平成22）年改正で創設）		外出時	移動に著しい困難を有する視覚障害者・児（障害支援区分の認定は必要ない）	移動の援護
	行動援護		外出時	障害支援区分3以上の重度知的障害者、重度精神障害者	移動の援護
混合系	重度障害者等包括支援		自宅・施設など	常時介護を要する障害者などであって、意思疎通を図ることに著しい支障がある者のうち、① 四肢麻痺、寝たきりの状態にある者、② 知的障害・精神障害により行動上著しい困難を有する者	多種類の障害福祉サービスを提供
入院系（昼間）	療養介護		医療機関	筋萎縮性側索硬化症（ALS）患者等で障害支援区分6以上の者、筋ジストロフィー患者または重症心身障害者で障害支援区分5以上の者など	看護・介護
	療養介護医療			療養介護のうち医療にかかわるもの	医療
入所系（昼間）	生活介護		障害者支援施設	地域や入所施設において、常時介護などの支援が必要な者（① 障害支援区分3（障害者支援施設に入所する場合は区分4）以上の者、② 50歳以上の場合は、障害支援区分2（障害者支援施設に入所する場合は区分3）以上の者など）	介護・創作活動・生産活動
短期入所系	短期入所	福祉型	障害者支援施設	障害支援区分1以上の者	入浴、排せつ、食事などの必要な保護
		医療型	病院、診療所、介護老人保健施設	ALS患者、重症心身障害者など	
入所系（夜間）	施設入所支援		障害者支援施設	生活介護を受けている障害支援区分が4以上の者（50歳以上の場合は区分3以上）	介護、相談、支援

身体障害者は対象外

介護老人保健施設でも実施する。

8
障害者福祉

2 訓練等給付 「訓練」の名前のとおり、介護給付よりも軽度の障害者を想定したサービスである（表6）。

> 「だれを対象にしたサービスか」に注目して暗記する。

表6 訓練等給付のサービス よく出る

サービス名		実施場所	対象者	主なサービス内容
自立訓練	機能訓練	障害者支援施設/自宅	入所施設・病院を退所・退院した者で、地域移行に向けて身体的リハビリテーションの継続や機能の維持・回復などの支援が必要な者など	理学療法、作業療法、リハビリ
	生活訓練	障害者支援施設/自宅	入所施設・病院を退所・退院した者であって、地域移行に向けて生活能力の維持・向上などの支援が必要な者など	日常生活上の自立訓練
	宿泊型自立訓練	宿泊型自立訓練 旧通勤寮	自立訓練（生活訓練）対象者のうち、地域移行に向けて一定期間、居宅以外の場で生活能力の訓練が必要な障害者	家事等の日常生活能力を向上させるための支援
自立生活援助		居宅（一人暮らし）	施設入所支援や共同生活援助を利用後、一人暮らしを希望する者等	定期的な巡回訪問や随時の対応による相談・助言など
共同生活援助		グループホーム	障害者（身体障害者は、65歳未満の者または65歳に達する日の前日までに障害福祉サービス等を利用したことがある者に限る。）	主に夜間に相談、入浴、排泄、食事、その他の日常生活上の援助
就労移行支援		就労移行支援事業所	就労を希望する原則65歳未満*で、通常の事業所雇用が見込まれる者	生産活動、職場体験の機会提供、就労訓練、求職活動支援、職場の開拓、就職後の定着支援
就労継続支援	A型（雇用型）	就労継続支援事業所	企業などへの就労は困難な者で、雇用契約に基づき、継続的に就労することが可能な原則65歳未満の者*	生産活動の機会提供 就労訓練
	B型（非雇用型）	就労継続支援事業所	就労移行支援事業等を利用したが一般企業等の雇用に結び付かない者、50歳に達している者または障害基礎年金1級受給者など	生産活動の機会提供 就労訓練
就労定着支援		居宅・職場	就労移行支援などの利用を経て一般就労を行う障害者で、就労を継続している期間が6か月を経過した障害者。就労に伴い生活面の課題が生じている者など	一定期間行う事業所・家族との連絡調整などの支援

> 訪問でも実施できる。

> 利用実人員最多は就労継続支援B型

*2018（平成30）年4月から65歳以上でも要件を満たせば可。

✏️ **過去問チェック！**

Q：就労移行支援とは、通常の事業所の雇用が困難な障害者に、就労の機会を提供し、必要な訓練などを行うサービスである。（31-58）

A：× **就労移行支援とは、企業などへの就労を希望する障害者で、通常の事業所雇用が見込まれる者に対するサービス。設問は就労継続支援の説明である。**

6. [標準] 障害者総合支援法に基づく就労支援 □□□

障害者を対象とした就労支援制度は、詳しく比較すると表7のとおり。また、障害者総合支援法の改正により、障害者自身の希望や適性に合った職業を選択できるように支援する就労選択支援が創設される（2025（令和7）年10月施行予定）（図2）。

36 60, 143, 145, 34 144,
33 146, 32 58, 146, 31
58, 145, 30 59, 29 56

合格勉強法

「就労支援員は就労移行支援だけに配置される」と覚えよう。

表7 障害者総合支援法に基づく就労支援 📣 これだけ！

	就労移行支援	就労継続支援		就労定着支援
		A 型	B 型	
対象者	就労を希望する65歳未満の障害者で、通常の事業所に雇用されることが可能と見込まれる者。65歳以上も要件を満たせば利用可	企業などへの就労は困難な者で、雇用契約に基づき、継続的に就労することが可能な原則65歳未満の者（65歳以上でも条件を満たせば可）	就労移行支援事業等を利用したが一般企業等の雇用に結びつかない者、50歳に達している者または障害基礎年金1級受給者など	就労移行支援などを利用して一般就労へ移行した者で6か月経過後、生活面で課題が生じている者など
サービス内容	事業所内や企業における作業や実習、適性に合った職場探し、就職後の職場定着支援を実施	通所により、原則雇用契約に基づく就労の機会を提供し、一般就労に必要な知識、能力の向上のための支援	事業所内において、雇用契約は結ばない就労の機会や生産活動の機会を提供し、一般就労に向けた支援	連絡調整、相談、指導・助言など
利用期間	原則2年（1年延長可）	制限なし	制限なし	3年
職員 職業指導員	○	○	○	×
生活支援員	○	○	○	×
就労支援員	○	×	×	就労定着支援員配置

資料：厚生労働省（著者まとめ）

図2 就労選択支援のイメージ

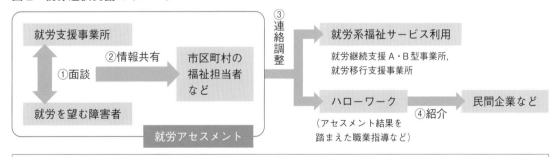

①面談：本人の強みや課題、希望を聞く。②情報共有：支援や配慮を含め情報を共有し、協議する。
③調整：事業者等との連絡調整。④紹介：民間企業への就業が見込める場合は、ハローワークが民間企業を紹介する。

資料：厚生労働省（著者まとめ）

8

障害者福祉

7. 標準 相談支援 よく出る

36 58, 35 59, 60, 34 57, 31 33, 61, 30 60, 29 59

相談支援は、計画相談支援と地域相談支援に分けられる。この2つは内容がまったく異なるサービスである。

合格MAP　障害者の相談支援体系

サービス等利用計画	指定特定相談支援事業者 （計画作成担当）	・計画相談支援（個別給付） 　・サービス利用支援 　・継続サービス利用支援 ・基本相談支援 　（障害者・障害児等からの相談）
地域移行支援・地域定着支援	指定一般相談支援事業者 （地域移行・定着担当）	・地域相談支援（個別給付） 　・地域移行支援 　・地域定着支援（24時間の相談支援体制等） ・基本相談支援 　（障害者・障害児等からの相談）

1 計画相談支援

①計画相談支援は、支給決定前後のサービス等利用計画（案）を作成、連絡調整などを行う「サービス利用支援」とサービス等利用計画の見直しなどを行う「継続サービス利用支援」がある。

②障害福祉サービス開始時には、「計画相談支援」サービスを利用して、複数のサービスに共通の支援目標や役割分担が盛り込まれた「サービス等利用計画」を先に作成し、それを受けて個別支援計画を作成する（表8）。

図3　サービス等利用計画と個別支援計画の関係

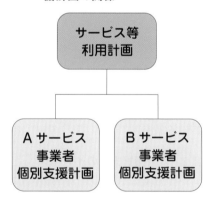

表8　障害者のサービス提供に関する計画の種類

計画	作成者	配置先	計画の内容
サービス等利用計画	相談支援専門員	指定特定相談支援事業所	指定計画相談支援として、サービス等利用計画（複数サービスに共通の支援目標、役割分担、環境調整等）を作成する。
個別支援計画	サービス管理責任者	各サービス事業所	サービス等利用計画を受けて、自分の事業所で提供できるサービスを掘り下げた計画を作成する。

③障害福祉サービスでは、支給決定の<u>前</u>にサービス等利用計画案を提出し、決定後に改めてサービス等利用計画を作成し提出する（表9）。

表9　各計画の位置づけ

制度	計画名	使い方	作成料
障害福祉サービス	サービス等利用計画案	支給決定前に提出し、これを勘案して支給決定を行う。	なし
介護保険サービス	ケアプラン	要介護認定後に作成される。	なし

2 地域相談支援

障害者支援施設等に入所している障害者や精神科病院に入院している精神障害者に対して、<u>住居の確保</u>その他の地域における生活に移行するための活動に関する相談その他の便宜を供与する（表10）。

表10　地域相談支援の種類

サービス	対象者	内容
地域移行支援	障害者支援施設、保護施設、矯正施設等に長期入所する障害者、精神科病院に長期入院する精神障害者、保護施設、矯正施設などを退所する障害者	地域での生活に移行するための、<u>住居の確保</u>や新生活の準備など
地域定着支援	地域で暮らす<u>独居の者</u>	夜間等も含む緊急時における連絡、相談などのサポート体制

注意！ 住居の確保や新生活の準備等について支援するのは、地域<u>移行支援</u>である。

3 協議会

2012（平成24）年度より、相談支援体制の構築を図り、相談支援事業を効果的に運営するため、<u>自立支援協議会</u>（現・協議会）が法制化された。

合格MAP　相談支援施設

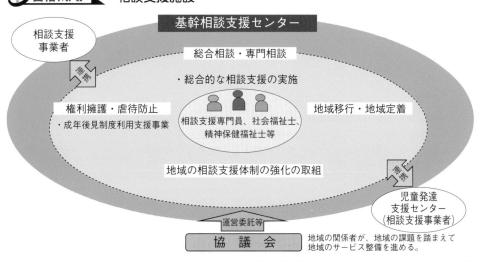

資料：「基幹相談支援センターのイメージ」厚生労働省

8

障害者福祉

8. 基本 自立支援医療

障害者自立支援法（現・障害者総合支援法）の成立により、それまで障害の種類や年齢ごとに支給されていた医療費（更生医療、育成医療、精神通院医療）の仕組みが「自立支援医療」に一本化された。

 法律と制度が一本になっただけで、利用の流れは市町村と都道府県に分かれているので注意！

育成医療
都道府県等が処理してきた育成医療の支給の認定・支給については、2013（平成25）年4月より市町村へ移譲された。

合格MAP 自立支援医療の利用の流れ これだけ！

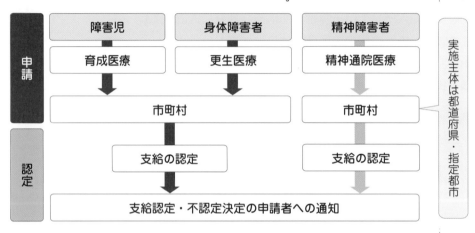

1 利用者負担

① 患者の負担が過大なものにならないよう、所得に応じて1か月あたりの上限額を設定（月額総医療費の1割がこれに満たない場合は1割）。

図4 月額医療費の負担イメージ＊医療保険加入者（生活保護世帯を除く）

| 医療保険（7割） | | 患者負担（1割または負担上限額） |

自立支援医療費（月額医療費－医療保険－患者負担）

② 費用が高額な治療を長期にわたり継続しなければならない者（重度かつ継続）については、軽減措置が実施されている。

重度かつ継続の範囲
① 疾病、症状等から対象になる者
② 疾病等にかかわらず高額な費用負担が継続することから対象になる者

表11 自立支援医療の対象

種類	対象
更生医療	身体障害者手帳の交付を受けた身体障害者福祉法に規定する身体障害者で、その障害を除去・軽減する手術などの治療により確実に効果が期待できる者（18歳以上）
育成医療	児童福祉法に規定する障害児で、その身体障害を除去・軽減する手術等の治療により確実に効果が期待できる者（18歳未満）
精神通院医療	精神保健福祉法に規定する統合失調症などの精神疾患を有する者で、通院による精神医療を継続的に要する者

 未熟児対象の医療は、育成医療ではなく「養育医療（母子保健法）」

2 指定医療機関 障害者総合支援法の指定医療機関でなければ、自立支援医療費制度を取り扱うことができない。 27 58

3 支給認定 1年の範囲内で、有効期限を設定する。

9. [標準] 補装具 □□□

1 補装具 障害者等の身体機能を補完・代替し、かつ、長期間にわたり継続して使用されるものである。義肢、車いす*等がある。

2 補装具費の支給 障害者自立支援法（現・障害者総合支援法）成立に伴い、現物支給から補装具費の支給へと変更された。利用者負担については2012（平成24）年4月から、応能負担となるとともに、障害福祉サービスの利用者負担と補装具の利用者負担を合算したうえで利用者負担の軽減が図られた。支給には所得制限がある。

車いす

2018（平成30）年4月から、短期間で交換する必要がある場合は貸与が可能

 補装具は、自立支援給付！
日常生活用具給付等事業は、市町村の地域生活支援事業！

33 93, 146, 32 59, 30 58, 28 60, 62

10. [標準] 地域生活支援事業 □□□

障害児・者が自立した日常生活を営むために、障害者自立支援法（現・障害者総合支援法）により法定化された（表12）。

注意 地域生活支援事業と自立支援給付との違いに注意する。

表12 自立支援給付・地域生活支援事業

サービス		給付方法
自立支援給付	個別給付	障害者総合支援法に基づき、障害者個人に支給される。
地域生活支援事業	補助事業	事業を担う市町村・都道府県に補助を行う。

① 地域生活支援事業は個別給付ではなく、裁量的補助により財源を確保する補助事業である（表12）。

② 地域生活支援事業には、市町村が実施する事業と都道府県が実施する事業があり、それぞれに必須事業と任意事業がある（表13）。

1 日常生活用具給付等事業

身体障害者（児）、知的障害者（児）、精神障害者、難病患者等に対し、日常生活用具を給付または貸与する事業である。特殊寝台*、ストーマ装具*等がある。

特殊寝台

ストーマ装具

✏️ 過去問チェック！

Q：指定特定相談支援事業所の相談支援専門員は、障害福祉サービスを利用する障害者等に対して個別支援計画を作成し、従業者に対して、技術指導、助言を行う。(36-58)

A：× **各事業所に配置されたサービス管理責任者の仕事である。**

➡過去問プラス！ 『国試対策2025』（共通科目編）p.200

8
障害者福祉

表13　地域生活支援事業の内容

実施主体	必須事業	主な任意事業
市町村 （都道府県が必須事業を代行可、事業の全部または一部を団体などに委託可能）	(1) 相談支援事業 　① 基幹相談支援センター等機能強化事業 　② 住宅入居等支援事業（居住サポート事業） (2) 成年後見制度利用支援事業 (3) 成年後見制度法人後見支援事業 (4) 意思疎通支援事業 (5) 日常生活用具給付等事業 (6) 移動支援事業 (7) 地域活動支援センター機能強化事業 (8) 理解促進研修・啓発事業（障害者に対する理解を深めるための研修・啓発事業） (9) 自発的活動支援事業（障害者やその家族、地域住民などが自発的に行う活動に対する支援事業） (10) 手話奉仕員養成研修事業	① 日常生活支援 ・福祉ホームの運営 ・訪問入浴サービス ・生活訓練等 ・日中一時支援等 ② 社会参加支援 ・レクリエーション活動等支援等 ③ 就業・就労支援 ・盲人ホームの運営 ・知的障害者職親委託等
都道府県 （指定都市、中核市、団体などに委託可能）	(1) 専門性の高い相談支援事業 　① 発達障害者支援センター運営事業 　② 高次脳機能障害及びその関連障害に対する支援普及事業 (2) 専門性の高い意思疎通支援を行う者の養成研修事業 (3) 専門性の高い意思疎通支援を行う者を派遣する事業 (4) 意思疎通支援を行う者の派遣に係る市町村相互間の連絡調整事業 (5) 広域的な支援事業	① サービス・相談支援者、指導者育成事業 ・相談支援従事者等研修事業等 ② 日常生活支援 ・福祉ホームの運営 ・オストメイト社会適応訓練等 ③ 社会参加支援 ・手話通訳者設置等 ④ 就業・就労支援 ・盲人ホームの運営、バーチャル工房支援等 ⑤ 重度障害者に係る市町村特別支援

✏️**過去問チェック！**↗

Q：自立支援給付や地域生活支援事業の円滑な実施を確保するための基本方針は、都道府県が定める。(34—58)

A：× **厚生労働大臣が定める。**

Q：地域生活支援事業の実施については、市町村は必ず行わなければならないが、都道府県はその判断に任されている。(26—58)

A：× **市町村、都道府県ともに必ず行わなければならない「必須事業」が定められている。**

➡ **過去問プラス！『国試対策 2025』（共通科目編）p.193**

Ⅳ　障害者関連法の概要

合格勉強法　身体障害者福祉法をはじめ、数種類の法律が登場する。バリアフリー法は範囲が狭く、出題率も高いので、ここから始めるとよい。障害者の定義や手帳は、障害種別ではなく、横断的に整理したほうが実力になる。

1　身体障害者福祉法

1．応用　種類・等級　□□□

　1949（昭和24）年制定。福祉三法の一つ。障害者総合支援法とともに、身体障害者の自立と社会経済活動への参加を促進するため、身体障害者を援助し、必要に応じて保護し、身体障害者の福祉の増進を図る。

1 定　義　身体障害者とは、別表に掲げる身体上の障害がある18歳以上の者であって、都道府県知事から身体障害者手帳の交付を受けた者と定義されている。

2 身体障害者障害程度等級表　1〜7級まで設定されている。1級が最重度。障害の種類により等級設定が異なる。

2　精神保健福祉法
（精神保健及び精神障害者福祉に関する法律）

　1995（平成7）年に精神保健法は、精神保健福祉法に改正された。この法律は精神障害者福祉の制度、体制について規定している。

1．標準　精神保健福祉センター　□□□

　精神保健福祉に関する知識の普及、調査研究、相談・指導のうち複雑困難なものへの対応、精神医療審査会の事務などを行う。都道府県、政令指定都市に必ず置かれる。

2．応用　精神医療審査会と地方精神保健福祉審議会　□□□

1 精神医療審査会　精神医療審査会は都道府県に必ず置かれる。

　① 病院の管理者から医療保護入院の届け出や、措置入院者や医療保護入院者の定期病状報告の提出があった際、入院の必要を審査する。

　② 精神科病院に入院中の者等から、退院の請求や処遇改善の請求があった際に審査する。

2 地方精神保健福祉審議会　地方精神保健福祉審議会は、都道府県知事の諮問に答え、精神保健福祉に関する意見を都道府県知事に具申する。都道府県の任意で設置される。

3．標準　精神障害者の入院形態　□□□

　精神障害者の入院形態として、次のものが規定されている（表1）。近年は任意入院が半数、医療保護入院が半数を占める（厚生労働省）。

---

35 26, 61, 33 58, 30 57, 58, 28 58

身体障害者福祉法
▶合格ドリル p.17

障害の種類
①視覚障害、②聴覚障害・平衡機能障害、③音声・言語機能障害またはそしゃく機能障害、④肢体不自由、⑤内部障害（心臓機能障害、呼吸器機能障害、じん臓機能障害、ぼうこうまたは直腸機能障害、小腸機能障害、免疫機能障害、肝臓機能障害）

8

障害者福祉

35 62, 34 60, 33 44, 58, 61, 32 57, 27 60

精神医療審査会
入院患者からの退院請求や処遇改善などについて、公正かつ専門的な見地から審査を行う機関。

表1 精神障害者の入院形態 🔊これだけ！

入院形態	同意	精神保健指定医の診察		特定医師*2	入院権限
任意入院	本人	入院時<u>なし</u>	本人の同意が必要。指定医は<u>72時間</u>まで退院制限が可能	退院制限<u>12時間</u>	病院管理者
医療保護入院	家族等*1	○	家族等の同意が必要。時間制限なし	入院期間は<u>12時間</u>まで	
応急入院	―	○	緊急時。入院期間は<u>72時間</u>まで	入院期間は<u>12時間</u>まで	
措置入院	―	<u>2名以上</u>	自傷・他害のおそれ	特定医師は診察不可	都道府県知事
緊急措置入院	―	<u>1名</u>	自傷・他害のおそれ、緊急時。入院は<u>72時間</u>まで	特定医師は診察不可	

*1 配偶者、親権者、扶養義務者、後見人または保佐人。該当者がいない場合などは、市町村長
*2 臨床経験4年以上（うち精神科2年以上）、精神科医療に従事する医師として著しく不適当でない者

4. 応用 2013年（平成25年）精神保健福祉法の改正 □□□

1 保護者制度の廃止 主に家族がなる保護者には、精神障害者に<u>治療を受けさせる義務</u>等が課されているが、家族の高齢化等に伴い、負担が大きくなっている等の理由から、保護者に関する規定を削除した。

2 医療保護入院の見直し

① 医療保護入院における<u>保護者の同意要件</u>を外し、<u>家族</u>などのうちのいずれかの者の同意を要件とした。

② 精神科病院の管理者に、以下を義務づけた。

・医療保護入院者の退院後の生活環境に関する相談及び指導を行う<u>退院後生活環境相談員</u>（精神保健福祉士など）の選任（2024（令和6）年4月から措置入院者にも選任する）

・<u>地域援助事業者</u>の紹介（努力義務→2024（令和6）年4月から義務化）

3 精神医療審査会に関する見直し 精神医療審査会に対し、退院等の請求をできる者として、<u>入院者本人</u>と<u>家族</u>などを規定した。

5. 応用 2022（令和4）年精神保健福祉法の改正 □□□

1 2022（令和4）年の改正ポイント（2024（令和6）年4月施行）

① 家族などが同意・不同意の意思表示を行わない場合にも、市町村長の同意が可能となる。

② 医療保護入院の入院期間を定め、一定期間ごとに入院の要否（病状、同意能力等）の確認を行う。

③ 入院者訪問支援事業の創設

④ 精神科病院の従事者による虐待を発見した者に、都道府県等に通報を義務づける。

家族など

配偶者、親権者、扶養義務者、後見人・保佐人、該当者がいない場合は市町村長。改正で、家族などの同意不同意がなくても市町村長の同意が可能となる（2024（令和6）年4月施行）。

入院者訪問支援事業
▶p.205

3 発達障害者支援法

32 60

2004（平成16）年、従来制度の谷間に置かれ、必要な支援が届きにくかった「発達障害」を支援する発達障害者支援法が制定され、2005（平成17）年4月に施行された。

1. [標準] 目 的　□□□

2016（平成28）年の改正で切れ目ない支援の重要性に鑑み、障害者基本法の理念にのっとり共生社会の実現に資することなどが規定された。

> 注意
> 発症年齢を「○歳以下」のように限定していない。

社会的障壁
▶p.223

2. [標準] 定 義　□□□

1 **発達障害とは**　「自閉症、アスペルガー症候群その他の広汎性発達障害、学習障害、注意欠陥多動性障害その他これに類する脳機能の障害であってその症状が通常低年齢において発現するものとして政令で定めるもの」と定義している。

2 **発達障害者とは**　「発達障害がある者であって発達障害および社会的障壁により日常生活や社会生活に制限を受けるもの」とした。

3 **発達支援とは**　発達障害者の心理機能の適正な発達を支援し、円滑な社会生活を促進するため行う特性に対応した医療的、福祉的および教育的援助のこと。

> 心理的援助、介護的援助、扶養的援助などは誤り。

4 **発達障害者支援センター**　発達障害者等への支援を総合的に行うことを目的とした専門的機関。都道府県等が任意で設置できる。設置は義務ではないが、実際にはすべての都道府県で設置されている。

🖊 過去問チェック！↑

Q：身体障害者福祉法（1949年（昭和24年））は、障害の種別を問わずすべての障害者を対象とし、その福祉の施策の基本となる事項を規定する法律と位置付けられていた。（35−26）

A：× **身体の障害のため職業能力が損傷された18歳以上の身体障害者手帳の交付を受けた者が対象であった。**

Q：医療保護入院では、精神保健指定医の診察の結果、必要と認められれば、本人の同意がなくても、本人に家族等がいない場合は検察官の同意により入院させることができる。（35−62）

A：× **検察官ではなく、家族などの該当者がいない場合は市町村長である。**

Q：知的障害者に対する入院形態として、医療保護入院が規定されている。（34−60）

A：× **医療保護入院は、知的障害者ではなく、精神障害者が対象である。**

Q：精神医療審査会は、都道府県の社会福祉協議会に設置するものとされている。（33−61）

A：× **社会福祉協議会ではなく、都道府県に設置する。**

Q：発達障害者支援法に基づき、都道府県知事は発達障害者に対する専門的な就労の支援等を障害者就業・生活支援センターに行わせることができる。（32−60）

A：× **設問は発達障害者支援センターの役割である。発達障害者に対し、相談支援のほか、専門的な発達支援及び就労の支援を行う。**

➡ 過去問プラス！『国試対策2025』（共通科目編）p.67, 184

8
障害者福祉

4 各障害者の定義

1. 標準 定 義 □□□

　知的障害者は法律上の定義がなく、身体障害者、精神障害者は表2のように定義されている。

表2 障害者の定義

障害者	根拠法	定　義
身体障害者	身体障害者福祉法	① 法律上規定された障害がある者 ② 18歳以上の者 ③ 身体障害者手帳の交付を受けた者
知的障害者	—	法律上の定義はない。
精神障害者	精神保健福祉法	統合失調症、精神作用物質による急性中毒またはその依存症、知的障害、精神病質その他の精神疾患を有する者
発達障害者	発達障害者支援法	発達障害がある者であって、発達障害および社会的障壁により制限を受ける者
障害者	障害者総合支援法	身体障害、知的障害、精神障害（発達障害を含む）、難病等、18歳以上である者
	障害者基本法 障害者差別解消法 障害者虐待防止法	身体障害、知的障害、精神障害（発達障害を含む）、その他の心身の機能の障害（難病など含む）があり、障害及び社会的障壁により継続的に日常生活又は社会生活に相当な制限を受ける状態にある者
	障害者雇用促進法	身体障害、知的障害、精神障害（発達障害を含む）その他の心身の機能の障害があるため、長期にわたり、職業生活に相当の制限を受け、職業生活を営むことが著しく困難な者

+α
知的障害者の定義
「知的障害児（者）基礎調査」では、「知的機能の障害が発達期（おおむね18歳まで）にあらわれ、日常生活に支障が生じているため、何らかの特別の援助を必要とする状態にあるもの」と定義している。

✏️過去問チェック！

Q：身体障害者の定義は、身体障害者手帳の交付を受けたかどうかにかかわらず、別表に掲げる身体上の障害がある18歳以上の者をいうと規定されている。(35—61)

A：× **身体障害者の定義の一つに「身体障害者手帳の交付を受けた者」が含まれる。**

Q：障害者基本法において、「障害者」とは、「身体障害、知的障害又は精神障害により、長期にわたり日常生活又は社会生活に相当な制限を受ける者をいう」と定義されている。(34—61)

A：× **発達障害、難病、社会的障壁が抜けている。正しくは「身体障害、知的障害、精神障害（発達障害を含む）その他の心身の機能の障害（難病等）がある者で、障害及び社会的障壁により継続的に日常生活又は社会生活に相当な制限を受ける状態にあるもの」。**

Q：障害者総合支援法における「障害者」は、20歳以上の者とされている。(29—61)

A：× **20歳以上ではなく、18歳以上が正しい。**

Q：障害者基本法の改正（2004（平成16）年）で、同法による障害者の範囲に難病等の者も含まれるようになった。(28—58)

A：× **2004（平成16）年ではなく、2011（平成23）年の改正である（p.170）。**

➡過去問プラス！『国試対策2025』（共通科目編）p.184, 195

5 障害の手帳制度

1. 標準 身体障害者手帳（根拠法：身体障害者福祉法） □□□

> サービスを利用する場合、手帳の交付を受ける。

合格MAP

申請
- 都道府県知事（指定都市市長または中核市市長含む）が指定する医師の診断書を添えて、福祉事務所等の長を経由し、都道府県知事等に申請
- 15歳未満の場合は保護者等の代理申請が可能

判定・認定
- 必要なし。等級*：1〜7級。1級が最重度

> 原則、再認定は要らない。

交付
- 都道府県知事等が交付、障害の程度に変化がなければ半永久的に有効

+α

各手帳の共通点
① 都道府県知事が交付する。
② 写真の貼付が必要である。
③ 手帳を持っている障害者は、法定雇用率算定の対象となる。

等 級
手帳が認定されるのは1級〜6級。障害等級7級は肢体不自由のみに設定され、この7級に該当する障害が2つ以上重複する場合に1級上の6級として認定される。

2. 標準 知的障害者手帳（根拠法：なし。厚生労働省通知に基づく）□□□

合格MAP

> 等級は、ビネー式知能検査により知能指数を測定して、A（重度）、B（その他）の2段階に分ける。さらに細かく3〜4段階に分けている自治体が多い。

申請
- 医師の診断書は不要

判定
- 児童相談所か知的障害者更生相談所で判定を受ける。

交付
- 都道府県知事等が交付。年齢、程度により再判定を受ける。

療育手帳

+α

税制上の優遇措置
手帳所持者は所得税、住民税、相続税の控除を受けられる。重度の場合は特別障害者として手厚い優遇措置がある。

3. 標準 精神障害者保健福祉手帳（根拠法：精神保健福祉法）□□□

合格MAP

> ① か ② のどちらかがあればよい。
> ② があれば診断書、判定を必要としない。

申請
① 精神保健指定医、主治医などの診断書
② 精神障害による障害年金を受給している場合は年金証書のコピー
- 市町村長を経由して都道府県知事（指定都市市長）に提出

判定
- 精神保健福祉センターで判定を受ける。
  等級：1〜3級。1級が最重度

交付
- 都道府県知事が交付。手帳の有効期限は2年

+α

障害者雇用促進法の雇用義務範囲
身体障害者（手帳保持者）・知的障害者（手帳保持者）のみであったが、2018（平成30）年4月から精神障害者（手帳保持者）まで拡大された。

8 障害者福祉

過去問チェック！

Q：身体障害者福祉法において、身体障害者手帳の有効期限は2年間と規定されている。(31−62)

A：×　**身体障害者手帳は有効期限の規定がない。有効期限が2年なのは精神障害者保健福祉手帳である。**

6 障害者基本法

1. 標準 障害者基本法の改正点 よく出る □□□

基本的理念を定め、国、地方公共団体などの責務を明らかにするとともに、障害者の定義や障害者週間を定めた法律である。

1 目的規定の見直し（2011（平成23）年改正）

全ての国民が、障害の有無にかかわらず、等しく基本的人権を享有するかけがえのない個人として尊重されるものであるとの理念にのっとり、全ての国民が、障害の有無によって分け隔てられることなく、相互に人格と個性を尊重し合いながら共生する社会を実現する。

2 障害者の定義の見直し（2011（平成23）年改正）

身体障害、知的障害、精神障害（発達障害を含む）その他の心身の機能の障害がある者であって、障害及び社会的障壁（障害がある者にとって障壁となるような事物・制度・慣行・観念その他一切のもの）により継続的に日常生活、社会生活に相当な制限を受ける状態にあるもの。

3 差別の禁止（2011（平成23）年改正）
社会的障壁の除去は、それを必要としている障害者が現に存し、かつ、その実施に伴う負担が過重でないときは、その実施について必要かつ合理的な配慮がされなければならない。

4 障害者政策委員会（2011（平成23）年改正）
障害者基本計画の策定に関わる機関として、内閣府に設置された。障害者等が任命される。

5 障害者計画（2004（平成16）年改正）
都道府県及び市町村における策定が義務化された。

7 障害者差別解消法
（障害を理由とする差別の解消の推進に関する法律）

2013（平成25）年に制定された法律である（施行は一部を除き2016（平成28）年4月）。

1. 標準 障害者差別解消法のポイント □□□

国連の「障害者の権利に関する条約」の締結に向けた国内法制度の整備の一環として、全ての国民が障害の有無によって分け隔てられることなく、相互に人格と個性を尊重し合いながら共生する社会の実現に向け、障害を理由とする差別の解消を推進することを目的として成立した。障害者基本法に規定されている差別の禁止を具体化するための法律である。

合格勉強法

基本原則や定義など、根本的な見直しとなっているのでキーワードに注意。

障害者本人の自立努力は明記されていない。

発達障害者も含む。

社会的障壁も含む。

注意

「障害を理由として、差別・権利利益を侵害する行為をしてはならない」という差別禁止規定は2004（平成16）年改正時に明文化されていた。社会的障壁に関する差別規定が追加された。

+α

市町村障害者虐待防止センター
根拠法は障害者虐待防止法（p.200）である。

1 **障害の社会モデル** 「社会モデル」に基づき、障害者を定義している。

> 社会モデル：「障害＝バリア」は、社会（モノ、環境、人的環境等）と心身機能の障害があいまってつくりだされているという考え
>
> 医学モデル：障害は、個人の心身機能の障害によるものであるという考え

2 **社会的障壁** 障害がある者にとって日常生活又は社会生活を営む上で障壁となるような社会における事物、制度、慣行、観念その他一切のものをいう。

3 **禁止・義務** 国の行政機関や地方公共団体等および民間事業者による「障害を理由とする差別」を禁止している（表3）。

① 「不当な差別的取扱い」と「合理的配慮*の不提供」が禁止される。

表3　禁止・義務 これだけ！

項　目	不当な差別的取扱い	障害者への合理的配慮
国の行政機関 地方公共団体	禁止	義務
民間事業者	禁止	努力義務→義務 （2024（令和6）年施行）

個人事業者、NPOを含む。

② 国の行政機関や地方公共団体、民間事業者などを対象とし、一般の人が個人的な関係で障害者と接するような場合や、個人の思想、言論といったものは、対象としていない。

2． 応用 **2021（令和3）年改正のポイント** □□□

従来、民間事業者は「社会的障壁の除去の実施」「合理的な配慮」について努力義務であったが、義務化された（2024（令和6）年4月施行）。

過去問チェック！

Q：2013年（平成25年）に成立した「障害者差別解消法」では、市町村障害者虐待防止センターが規定された。(35−56)

A：× **障害者虐待防止法の施行に基づいて規定された。**

Q：障害者基本法には、障害を理由とする差別の禁止についての規定はない。(34−61)

A：× **第4条に定められている。さらに、その理念を具体化したのが障害者差別解消法である。**

Q：障害者差別解消法は、国際障害者年（1981年）に向けて、国内法の整備の一環として制定された。(33−57)

A：× **国際障害者年ではなく、「障害者の権利に関する条約」（2014年）である。**

Q：障害者の権利に関する条約（2014年（平成26年）批准）では、「合理的配慮」という考え方が重要視された。(31−57)

A：○ **障害者差別解消法では「合理的配慮」の提供を規定しているが、事業者は義務である。**

➡ **過去問プラス！** 『国試対策2025』（共通科目編）p.184, 186

+α

障害者差別解消支援地域協議会
障害を理由とする差別に関する相談や差別解消のための取組みを効果的かつ円滑に行うためのネットワーク。国や地方公共団体の関係機関は、障害者差別解消法に基づき設置できる。

合理的配慮
個別のケースで異なるが、例えば、車いすの者が乗り物に乗るときに手助けをすることや、窓口で障害のある人の障害の特性に応じたコミュニケーション手段（筆談、読み上げなど）で対応することがあげられる。

8

障害者福祉

8 バリアフリー法

1. 標準 バリアフリー法 □□□

　高齢者や障害者などの自立した日常生活や社会生活を確保するために、ハートビル法と交通バリアフリー法が統廃合され、2006（平成18）年に制定された（図1）。

図1　バリアフリー法制定の経緯

1994年：高齢者、身体障害者等が円滑に利用
（平成6）　できる特定建築物の建築の促進に関する法律（ハートビル法）制定

2000年：高齢者、身体障害者等の公共交通機関
（平成12）　を利用した移動の円滑化の促進に関する法律（交通バリアフリー法）制定

2006年：高齢者、障害者等の移動等の円滑化の促進に関する法律
（平成18）　（バリアフリー法）制定

＋α
福祉タクシー
一般乗用旅客自動車運送事業者に含まれる。交通バリアフリー法では対象外であったが、バリアフリー法では対象に含まれた。

1 バリアフリー化の促進　バリアフリー法が制定されたことにより、従来、ハートビル法や交通バリアフリー法において対象となっていた建築物、公共交通機関、道路に加え、路外駐車場、都市公園にもバリアフリー化が促進された（表4）。

表4　バリアフリー法の対象・内容

項　目	説　明
法律の対象	高齢者、障害者（身体障害者だけでなく、知的障害者、精神障害者、発達障害者を含む）
内　容	① 旅客施設・車両等、道路、路外駐車場、都市公園、建築物の設置管理者等に対して、バリアフリー化基準（移動等円滑化基準）への適合を求める。 ② 駅を中心とした地区や、高齢者や障害者などが利用する施設が集中する地区（重点整備地区）において、住民参加による重点的かつ一体的なバリアフリー化を進める。 ③ 市町村は、国が定める基本方針に基づき、移動等円滑化基本構想を作成するように努める。 ④ 移動等円滑化基本構想に位置づけられた事業の実施状況等の調査・分析や評価は、おおむね5年ごとに行うように努める。

バリアフリー法で初めて対象とされた。

バリアフリー法では「移動の権利」は明文化されていない。

新築：義務
既存：努力

2 2018（平成30）年の改正ポイント

　公共交通事業者等に対して、スロープ板の適切な操作や照度の確保等のソフト基準の遵守を義務づけた。

🖉 過去問チェック！↑

Q：厚生労働大臣は、旅客施設を中心とする地区や高齢者等が利用する施設が集まった地区について、移動等円滑化基本構想を作成しなければならない。(34—135)

A：×　**市町村が移動等円滑化基本構想を作成するように努める。**

➡**過去問プラス！『国試対策2025』（専門科目編）p.16**

9 障害者雇用促進法

1. 応用 障害者雇用促進法 よく出る □□□

36 144, 35 143, 145,
34 62, 145, 33 58,
144, 145, 32 144, 145,
31 57, 30 143, 29
146, 27 146

障害者の雇用の促進等に関する法律（障害者雇用促進法）は、障害者の雇用と在宅就労の促進などについて定めた法律である。障害者雇用率や障害者雇用納付金制度などを設けている。制定当初は身体障害者だけを対象にしていたが、徐々に範囲を広げ拡充している（表5）。

障害者雇用率
常用労働者の数に対する身体障害者、知的障害者、精神障害者の割合。達成していない企業には、厚生労働大臣が「雇入れ計画」を作成するよう命令し、勧告する。勧告に従わない場合は、企業名を公表できる。

表5　障害者雇用促進法

年	制定・改正
1960	身体障害者雇用促進法制定　〔制定当時、雇用率は義務化されていない。〕
1976	① 雇用義務化（身体障害者のみ） ② 雇用率義務化（身体障害者のみ） ③ 重度身体障害者のダブルカウント制度創設 ④ 雇用納付金制度創設
1987	① 障害者雇用促進法に改正、② 雇用率対象に知的障害者を追加、 ③ 特例子会社制度創設
1992	① ダブルカウント制度に重度知的障害者を追加 ② 短時間労働の重度障害者を雇用率対象に追加
1997	雇用義務対象に知的障害者が追加
2006	① 雇用率対象に精神障害者が追加 ② 精神障害者の短時間労働者も同時に追加　〔短時間カウントは精神障害者が最初に追加されている。〕
2008	雇用率対象に重度以外の短時間労働者（身体・知的）を追加
2013	① 雇用率の引き上げ ② 発達障害を精神障害に含むことを明確化 (2013 年 6 月施行) ③ 障害者に対する差別の禁止、職場での支障を改善するための措置として合理的配慮の提供義務 (2016（平成 28）年 4 月施行) ④ 精神障害者を法定雇用率の算定基礎に加える (2018（平成 30）年 4 月施行)
2015	障害者雇用納付金対象範囲を拡大（101 人以上の中小企業）
2020	・国及び地方公共団体に対する措置 　① 障害者活躍推進計画の策定義務（都道府県） 　② 障害者雇用推進者および障害者職業生活相談員の選任 　③ 厚生労働大臣に通報した障害者の任免状況の公表義務 　④ 障害者である雇用者を免職にする場合には公共職業安定所長へ届け出る ・民間の事業主に対する措置 　① 障害者雇用納付金制度に基づく特例給付金制度の創設 　② 取り組みが優秀な中小事業主の認定（常用労働者 300 人以下）
2022	（2024（令和 6）年 4 月施行） ①法定雇用率の引き上げ ②短時間で働く重度の身体・知的・精神障害者の雇用率算入 　→これに伴い特例給付金廃止 ③障害者雇用調整金・報償金の支給方法の見直し

8

障害者福祉

1 障害者雇用率　民間企業、国・地方公共団体、教育委員会は雇用する労働者に占める身体障害者、知的障害者、精神障害者の割合が一定率（雇用率）以上になるよう義務づけた制度である（表6）。

2 雇用義務　身体障害者と知的障害者にだけ課されていたが、2018（平成30）年4月より精神障害者（手帳保持者）まで範囲が拡大された。発達障害者は、2011（平成23）年に精神保健福祉手帳の交付対象として明確化された。手帳を所持していれば精神障害者とみなされる。

注意
2018（平成30）年4月精神障害者（手帳保持者）の雇用が義務化。

注意
法定雇用率達成企業の割合は50.1%

表6　法定雇用率 これだけ！

事業主区分		法定雇用率*1	実雇用率*2	達　成
民間企業		2.5%	2.33%	50.1%
国		2.8%	2.92%	100.0%
地方公共団体	都道府県	2.8%	2.96%	93.3%
	市町村	2.8%	2.63%	77.6%
教育委員会		2.7%	2.34%	67.4%

＊1 法定雇用率は2024（令和6）年4月現在。　＊2 実雇用率は、2023（令和5）年6月1日現在
資料：「令和5年障害者雇用状況の集計結果」厚生労働省

2021年の雇用率の変更に伴い、障害者を雇用しなければならない事業主の範囲は、従業員40.0人以上に変更された。

3 雇用率設定基準　法定雇用率の算定における障害者数のカウントは、労働時間数や障害の重さによって異なる（表7）。 これだけ！

表7　障害者雇用率制度の障害者数のカウント（労働者1人につき1カウント）

週所定労働時間		30時間以上	20時間以上30時間未満	10時間以上20時間未満
身体障害者		1	0.5	―
	重度	2	1	0.5
知的障害者		1	0.5	―
	重度	2	1	0.5
精神障害者		1	0.5	0.5

＊新規雇入れから3年以内または精神障害者保健福祉手帳取得から3年以内、かつ、令和5年3月31日までに雇い入れられ精神障害者保健福祉手帳を取得した場合は「1」とする。

4 特定短時間労働者　雇用義務の対象外である週所定労働時間10時間以上20時間未満の重度身体障害者、重度知的障害者及び精神障害者に対し、就労機会の拡大のため、雇用率上0.5カウントとして算定できるようにする（2024（令和6）年4月施行）。これに伴い、特例給付金※は廃止。

5 障害者雇用納付金制度　雇用率未達成企業から納付金を徴収し、雇用率達成企業に対して調整金、報奨金を支給するとともに、障害者の雇用の促進等を図るための各種の助成金を支給している（表8）。

特例給付金
労働時間10時間以上20時間未満の障害者を対象に支給されていた。2024（令和6）年4月廃止。

表8　障害者雇用納付金制度

	名　称	企業規模	金　額
未達成	納付金	101人以上	5万円徴収（不足1人につき月額）
達　成	調整金	101人以上	2万7千円支給（超過1人につき月額）
	報奨金	100人以下	2万1千円支給（同上）

2.　応用　特例子会社制度　□□□

1 **特例子会社制度とは**　事業主が障害者のための特別な配慮をした子会社を設立し、一定の要件を満たす場合には、その子会社に雇用されている障害者を親会社や企業グループ全体で雇用されているものとして算定できる制度である。2023（令和5）年6月時点で、特例子会社の数は598である。事業主、障害者のメリットは以下。

① **事業主にとってのメリット**

・障害者の受け入れにあたっての設備投資を集中化できる。

・親会社と異なる労働条件の設定が可能となり、弾力的な雇用管理が可能となる。

② **障害者にとってのメリット**

・特例子会社の設立により、雇用機会の拡大が図られる。

+α
特例子会社の要件
① 親会社との人的関係が緊密である、② 雇用される障害者が5人以上で、全従業員に占める割合が20%以上である、③ 雇用される障害者に占める重度身体障害者、知的障害者及び精神障害者の割合が30%以上であることなど。

8
障害者福祉

合格MAP　特例子会社制度

〔特例子会社制度〕

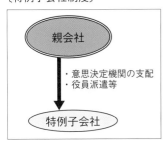

〔特例子会社のグループ適用〕

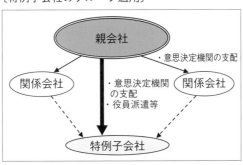

資料：厚生労働省

2 **企業グループ算定特例制度（関係子会社特例）（2009（平成21）年）**
特例子会社がない場合であっても、企業グループ全体で実雇用率を通算できる。

3 **事業協同組合等算定特例（特定事業主特例）**　中小企業が事業協同組合等を活用して協同事業を行い、一定の要件を満たすものとして厚生労働大臣の認定を受けたものについて、事業協同組合などとその組合員である中小企業（特定事業主）で実雇用率を通算できる。

企業グループ算定特例
適用には① 親会社が障害者雇用推進者を選任していること、② 各子会社が一定以上の障害者を雇用していることなどの要件を満たし、厚生労働大臣の認定を受ける。

3. 標準 公共職業安定所（ハローワーク）の役割 □□□

36 145, 146, 33 76, 32 146, 31 59, 145, 146, 30 144, 145, 29 145, 28 144, 145

ハローワークは、国民に安定した雇用機会を確保することを目的として、厚生労働省設置法に基づき国（厚生労働省）が設置する労働行政機関である。職業安定法にその業務などが規定されている。

1 障害者の就労支援 障害者試行雇用（トライアル雇用）、職場適応援助者（ジョブコーチ）による支援、障害者雇用納付金制度に基づく助成金などを実施している。

> 注意
> 職業紹介、雇用保険、雇用対策などを実施している。

合格MAP 公共職業安定所（ハローワーク）の主な業務

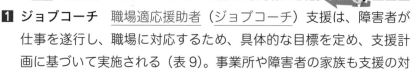

職業紹介
・職業紹介・職業相談
・求人開拓
・職業訓練の受講あっせん

雇用保険・求職者支援
・失業認定、失業給付の支給
・職業訓練受講給付金の支給　等

雇用対策
（企業指導・支援）
・障害者雇用率達成指導

資料：厚生労働省

4. 標準 職業リハビリテーションに係る専門職の役割 よく出る □□□

1 ジョブコーチ 職場適応援助者（ジョブコーチ）支援は、障害者が仕事を遂行し、職場に対応するため、具体的な目標を定め、支援計画に基づいて実施される（表9）。事業所や障害者の家族も支援の対象とする。ジョブコーチが行う障害者に対する支援は、事業所の上司や同僚による支援（ナチュラルサポート）に移行することまで含む。

表9 ジョブコーチ これだけ！

	配置先	養成研修
配置型	地域障害者職業センター	特になし
訪問型	就労支援を行う社会福祉法人等	受講必須
企業在籍型	障害者を雇用する企業	受講必須

過去問チェック！

Q：公共職業安定所（ハローワーク）は労災保険給付の支給を行う。(36—145)
A：× 労災保険給付では労働基準監督署で必要な調査を行い、国から保険給付を受ける。

➡過去問プラス！『国試対策2025』（共通科目編）p.200

❷ **障害者職業生活相談員**　障害者雇用促進法に基づき、障害者を5人以上雇用している事業所は、従業員の中から障害者職業生活相談員を選任する。障害者の適職選定、労働条件や職場の人間関係など障害者の職業生活に関することの相談・指導などを行う。なお、2020（令和2）年の障害者雇用促進法改正により、国及び地方公共団体の任命権者は、障害者職業生活相談員を選任しなければならない。

障害者の新規採用は障害者雇用推進者が行う。

5. 応用　職業リハビリテーション機関の役割と活動の実際　□□□

　ハローワーク、地域障害者職業センター、障害者就業・生活支援センター等が連携し、障害者の雇用の促進と安定に取り組んでいる。

地域障害者職業センターの目印は、「ジョブコーチ、精神障害者、リワーク」、障害者就業・生活支援センターの目印は「あっせん、連携拠点」である。

❶ **地域障害者職業センター**　専門的な職業リハビリテーションや精神障害者総合雇用支援、ジョブコーチによる支援などを行う。

❷ **障害者就業・生活支援センター**　社会福祉法人、NPO法人などが運営する。職業準備訓練・職場実習のあっせんが特徴的な役割である（表10）。

表10　職業リハビリテーション機関 🔊 これだけ！

機　　関	役　　割
高齢・障害・求職者雇用支援機構（独立行政法人） 障害者職業センター 障害者職業総合センター（全国1か所）	職業リハビリテーションに関する研究、技法の開発、専門職員の養成などの実施
広域障害者職業センター（全国2か所）	障害者職業能力開発校や医療施設等と密接に連携した系統的な職業リハビリテーションの実施
地域障害者職業センター（各都道府県1か所、支所あり）　精神障害者のリワークも支援する。	① 専門的な職業リハビリテーション ② 事業主に対する雇用管理に関する助言 ③ 精神障害者総合雇用支援（職業復帰コーディネート、リワーク支援計画） ④ ジョブコーチによる支援　ジョブコーチが配置される。 ⑤ 障害者職業カウンセラーによるカウンセリング
障害者就業・生活支援センター（社会福祉法人、NPO法人等が運営）　障害者雇用促進法に規定されている。（2023（令和5）年4月時点337か所）	雇用、保健福祉、教育などの関係機関の連携拠点として、就業面・生活面における一体的な相談支援を実施 ① 職業準備訓練・職場実習のあっせん　「あっせん」が特徴である。 ② 事業主に対する雇用管理に関する助言 ③ 職場定着支援 ④ 就業面は就業支援担当職員が、生活面は生活支援担当職員が分担　公共職業安定所ではない。
障害者職業能力開発校（国及び県が設置、都道府県、高齢・障害・求職者雇用支援機構が運営）	訓練科目・訓練方法などに特別の配慮を加えつつ、障害の特性に応じた職業訓練、技術革新の進展等に対応した在職者訓練等を実施。職業能力開発促進法に基づく。

資料：厚生労働省（著者まとめ）

✏️ **過去問チェック！** ↑

Q：職場適応援助者は、地域障害者職業センターだけでなく、社会福祉法人等が設置する就労継続支援B型事業所や民間企業にも配置されている場合がある。（25-146）

A：○　**職場適応援助者のうち、社会福祉法人などに配置される場合は訪問型、企業に配置される場合は企業在籍型と称される。**

8

障害者福祉

10 障害者優先調達法

1. 応用 障害者優先調達推進法 □□□ 27 145

　「国等による障害者就労施設等からの物品等の調達の推進等に関する法律」。障害者就労施設等の受注の機会を確保するために必要な事項などを定め、障害者就労施設等が供給する物品などに対する需要の増進を図るため、2012（平成24）年6月に公布され、2013（平成25）年4月より施行された。

■ 国等の責務及び調達の推進（第3条〜第9条）

　国・地方公共団体・地方独立行政法人には、以下のような努力義務が定められている。

⊕合格MAP▶ 国等の責務及び調達の推進

> 物品の調達や仕事の発注により、雇用率を免除されるわけではない。

＜国・独立行政法人等＞	＜地方公共団体・地方独立行政法人＞
優先的に障害者就労施設等から物品等を調達するよう努める責務	障害者就労施設等の受注機会の増大を図るための措置を講ずるよう努める責務
基本方針の策定・公表（厚生労働大臣）	調達方針の策定・公表
調達方針の策定・公表（各省各庁の長等）	
調達方針に即した調達の実施	調達方針に即した調達の実施
調達実績の取りまとめ・公表等	調達実績の取りまとめ・公表

資料：「国等による障害者就労施設等からの物品等の調達の推進等に関する法律の概要」厚生労働省（著者まとめ）

✏過去問チェック！↑

Q：国は、障害者就労施設、在宅就業障害者及び在宅就業支援団体から優先的に物品等を調達するよう努めなければならない。(34—62)

A：○ **障害者優先調達推進法に基づき、国及び独立行政法人等は、優先的に障害者就労施設等から物品等を調達するよう努めなければならない。**

Q：障害者就業・生活支援センターは、社会福祉法に基づき支援対象障害者からの相談に応じ、関係機関との連絡調整を行っている。(31—145)

A：× **社会福祉法ではなく、障害者雇用促進法第27条に規定されている。**

Q：公共職業安定所は、障害者に対して、職業能力開発促進法に基づく公共職業訓練を行っている。(29—145)

A：× **障害者に対して職業訓練を行うのは、障害者職業能力開発校である。**

➡過去問プラス！『国試対策2025』（共通科目編）p.197

9
刑事司法と福祉
（更生保護制度）

新科目になり、共通科目に移行した科目です。どこを勉強したらよいのか迷う受験生は少年法、仮釈放、保護観察、更生緊急保護、医療観察制度の対象者、実施者、注意事項を優先的に整理します。

科目の特徴

新科目：新科目として相当な準備が必要かどうか
難易度：問題が正解しにくいかどうか
暗記：暗記の重要性が高いかどうか
過去問：過去問題を活用する際に工夫が必要かどうか
改正：法律・制度の改正が多いかどうか

過去問題の使い方

解いておくべき過去問	活用法
3回分 ◎	過去問題は3回分を目安に活用しましょう。近年は「保護観察」が集中的に出題されるので、第34回、第35回を活用すると効果的に出題傾向がつかめます。

新出題基準に含まれる統計・資料・白書の種類が多いため、あまり欲張らず、このページで解説されている資料から着手しよう。

1 刑事司法における近年の動向

35 47, 149, 31 149

1．標準　犯罪統計資料 □□□

① 犯罪統計規則に基づき、全国の都道府県警察から報告された資料により作成し、刑法犯の認知状況や検挙状況、特別法犯の検挙状況等を把握して、各種警察活動に役立てている。

② 警察庁の統計では、刑法犯を「凶悪犯」、「粗暴犯」、「窃盗犯」、「知能犯」、「風俗犯」、「その他の刑法犯」の6種に分類している。

凶悪犯
殺人、強盗、放火、強制性交等（強姦・不同意性交等罪）が該当。

2．標準　令和5年版犯罪白書 □□□

新型コロナウイルス感染症による行動制限の影響を受け、刑法犯認知件数は減少していたが、2022（令和4）年、20年ぶりに増加に転じた。うち窃盗が全体の7割近くを占めた。

検挙者のうち再犯した者の割合を示す再犯者率は、47.9%であった。再犯者率は近年一貫して増え続けていたが、ここ数年は減少傾向にある。

3．応用　再犯の防止等の推進に関する法律 □□□

1 計　画

① 政府は、再犯の防止等に関する施策の推進に関する計画（再犯防止推進計画）を策定する（閣議決定）。

② 都道府県及び市町村は、再犯防止推進計画を勘案して、地方再犯防止推進計画を定める（努力義務）。

4．応用　就労支援 □□□

刑務所再入所者のうち、再犯時に無職者の割合は約7割である。また無職者の再犯率は、有職者の約3倍である（令和5年版犯罪白書）。再犯防止のための就労の確保等の重要性を鑑み、様々な支援が行われている。

1 刑務所出所者等総合的就労支援対策　厚生労働省及び法務省が、刑務所出所者等の就労の確保のため、実施している。

2 農福連携

① 農業と福祉が連携し、障害者の農業分野での活躍を通じて、農業経営の発展とともに、社会参画を実現する取組みである。

② 農福連携等推進ビジョンにより、障害者の活躍促進にとどまらず、犯罪・非行をした者の立ち直り支援等へ対象を拡大した。

Ⅱ　刑事司法

合格勉強法　2025（令和7）年2月実施の国家試験から新しく出題が予想されるポイントである。過去問題が活用できないため、このページの内容をしっかり理解することに注力しよう。

1　刑法・刑事事件

1．基本　刑法の基本原理　□□□

犯罪として処罰するためには、何を犯罪とし、これをいかに処罰するかをあらかじめ法律により明確に定めておかなければならない。これを罪刑法定主義という。

2．応用　刑事事件（犯罪）　□□□

①刑法犯と②特別法犯に大別される。

① 刑法犯とは、「刑法」に規定された罪に関し、その罪の内容に従って処罰される犯罪

② 特別法犯とは、「刑法」以外の法律に規定された罪に関し、その罪の内容に従って処罰される犯罪

❶ 刑事事件

刑事手続は、捜査の開始から逮捕、起訴、裁判という流れをたどる。

合格MAP▶　刑事手続全体の流れ

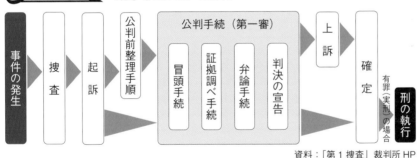

資料：「第1捜査」裁判所HP

❷ 捜　査　警察は刑事事件の第一次的な捜査を行い、検察庁は起訴・不起訴を決定するための捜査を行う。起訴は検察官に与えられた権限であり、警察官は起訴できない。

逮捕や捜索・差押えは、国民の自由、住居、財産に対する制限であるため、裁判官の令状（逮捕状、捜索差押許可状）が必要である。

📝 過去問チェック！↗

Q：特別法犯とは、刑法に規定された様々な罪に関し、その罪の内容（構成要件）に従って処罰される犯罪をいう。（予想問題）

A：✕　**刑法ではなく「刑法以外の法律」が正しい。**

Ⅲ　更生保護制度

合格勉強法　得点源になる保護観察・仮釈放から着手しよう。少年法は多科目で出題される
ボーナスポイント。非行少年の対応は「措置か、送致か」を切り口に学習すると
よい。

1 更生保護制度の概要

36 148, 34 147, 33 148,
31 147, 30 147, 149, 29
147, 150, 28 147, 149, 150

1. 基本 更生保護の内容と関連施設  □□□

1 **更生保護制度**　警察、検察、裁判、矯正と並んで刑事司法の一角を
担う制度である。犯罪者に対する処遇のうち、矯正が「施設での処
遇」であるのに対し、更生保護制度は「社会内処遇」にあたる。

2 **更生保護の内容**　① 保護観察、② 応急の救護等及び更生緊急保護、
③ 仮釈放・少年院からの仮退院等、④ 生活環境の調整、⑤ 恩赦、
⑥ 犯罪予防活動がある。更生保護行政は、法務省がつかさどる。

少年院
家庭裁判所から保護
処分として送致され
た者を収容する施設。

表1　矯正施設・更生保護施設など

施　設		説　　明
矯正施設		刑務所、少年刑務所、拘置所、少年院、少年鑑別所
刑事施設		刑務所、少年刑務所、拘置所
刑務所		主として受刑者を収容し、処遇を行う施設
少年院		家庭裁判所から保護処分として送致された少年に対し、矯正教育を行う施設。第1種、第2種、第3種、第4種、第5種がある。
少年鑑別所		主として家庭裁判所から、観護措置の決定によって送致された少年を最長8週間収容し、専門的な調査や診断を行う施設
更生保護施設（法務大臣の認可が必要）	運営	更生保護法人、社会福祉法人、NPO法人、社団法人	保護観察中の者、刑期を終えた者のうち自立更生が困難な者を対象に、一定の期間保護して社会復帰を助け、再犯を防止する施設。SST（社会生活技能訓練）や飲酒、覚せい剤使用の問題を改善する教育プログラムなどを行う施設もある。
自立準備ホーム（認可は不要）	運営	保護観察所に登録されたNPO法人、社会福祉法人など	
地域生活定着支援センター		高齢・障害により、自立が困難な矯正施設退所者等に対し、一貫した相談支援を実施する。各都道府県に設置。	

> 刑事施設には少年刑務所も含まれる。

更生保護施設
2023（令和5）年8
月時点で全国に103
施設ある。更生保護
施設などへの委託内
容（宿泊期間、食事
の提供など）の決定
については、統一的
な基準はなく、保護
観察所長の裁量に委
ねられている。更生
保護法の規定に基づ
く委託費は国が支弁
する。

自立準備ホーム
NPO法人などが管
理する施設の空きベッ
ドなどを活用した
施設。施設での集団
生活のほか、アパー
トに居住することも
ある。

2. 基本 少年法 □□□

　少年法は、非行のある少年に対して性格の矯正、環境の調整に関する
保護処分を行い、少年の刑事事件について特別の措置を講ずる。

1 **触法少年**　児童福祉法の措置が優先される。児童自立支援施設など
への入所措置がなされることもある。

2 **虞犯少年**　14歳未満は児童福祉法上の措置が優先され、14歳以上
18歳未満では児童福祉法上の措置か家庭裁判所へ送致される。18
歳・19歳の特定少年は、虞犯を理由とする保護処分は行われない。

3 **犯罪少年**　14歳以上で罪を犯した少年。罪質及び情状に照らして

刑事処分を相当と認めるときは、検察官送致の決定をする。

4 刑事処分可能年齢　14歳以上。2000（平成12）年の少年法改正により、刑事処分が可能となる年齢が16歳から14歳に引き下げられた。18歳以上であれば死刑が言い渡されることもある。14〜17歳の場合、少年の刑事事件における死刑では、無期刑を科すことになる。

5 特定少年　成年年齢の引き下げに合わせて少年法などが改正され、18歳と19歳は、引き続き保護の対象とする一方、「特定少年」と位置づけられる。逆送対象事件の拡大など、17歳以下の少年とは異なる特例が定められる。

検察官送致
▶p.236

刑事処分
少年は21歳と同じように、刑罰（死刑、懲役、禁錮、罰金）が言い渡される。

逆送
▶p.236

合格MAP▶　少年事件処理手続き

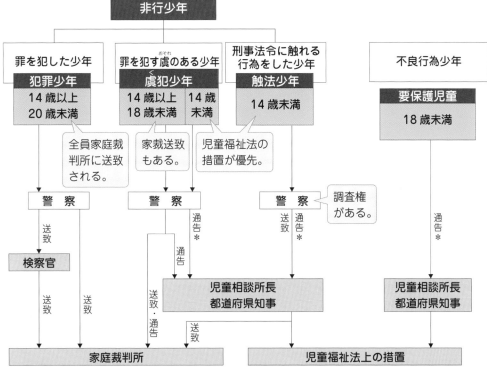

*保護者がないか、又は保護者に監護させることが不適当な者に限る。

資料：「平成30年版子供・若者白書」内閣府（著者まとめ）

過去問チェック！

Q：家庭裁判所は、18歳未満の少年については、都道府県知事又は児童相談所長から送致を受けたときに限り、これを審判に付することができる。(33-148)
A：×　**18歳未満ではなく、14歳未満が正しい。**
Q：更生保護制度は、刑事政策における施設内処遇を担っている。(30-147)
A：×　**施設内処遇ではなく、社会内処遇である。**

9
刑事司法と福祉

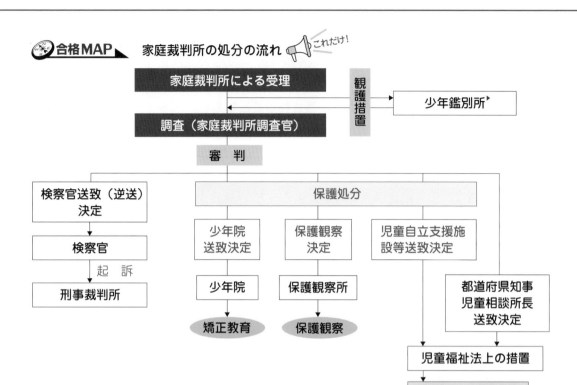

合格MAP▶ 家庭裁判所の処分の流れ これだけ！

資料：「平成 30 年版子供・若者白書」内閣府（著者まとめ）

6 家庭裁判所の保護処分 ① 少年院送致（矯正教育）、② 保護観察、
③児童自立支援施設等送致がある。

7 検察官送致

① 14 歳以上の少年については、保護処分よりも刑事裁判によって
処罰するのが相当と判断された場合には、事件を検察官に送致
（逆送）することがある。

② 16 歳以上の少年が故意に被害者を死亡させた場合には、原則と
して事件を検察官に送致（逆送）しなければならない（原則検送）。

③ 検察官は、家庭裁判所から検察官送致がされた場合、原則とし
て、少年を地方裁判所か簡易裁判所に起訴しなければならない。

少年鑑別所
鑑別や観護処遇のほかに「法務少年支援センター」として、非行・犯罪の防止活動や健全育成に関する活動支援など地域援助を行っている。

逆 送
検察官から身柄を送致された対象者を家庭裁判所が刑事処分にすべきだと判断した場合に、少年を検察官に送り返すこと。少年は 20 歳以上と同じように刑事裁判を受ける。

過去問チェック！

Q：家庭裁判所が決定する保護処分は、保護観察、児童自立支援施設又は児童養護施設送致、少
年院送致、検察官送致の 4 種類である。(33−148)

A：× **検察官送致は保護処分ではない。**

Q：警察は、触法少年を検察官に送致することができる。(30−149)

A：× **触法少年は 14 歳未満なので刑事責任を問えず、検察官に送致することはできない。**

Q：家庭裁判所は、審判を開始する前に、少年鑑別所に命じて、審判に付すべき少年の取調その
他の必要な調査を行わせることができる。(28−150)

A：× **調査は少年鑑別所ではなく、家庭裁判所調査官が行う。**

2 更生保護制度の担い手

36 148, 33 147,
32 149, 31 148,
30 148, 29 149,
28 142, 148, 149,
27 148

1. 基本 保護観察官・保護司・地方更生保護委員会 □□□

1 保護観察官 保護観察官は更生保護法に基づき、更生保護に関する専門的な知識をもち、保護観察の実施などにあたる国家公務員である。保護観察所のほか地方更生保護委員会に勤務する。

2 保護司 保護司は、保護司法及び更生保護法に基づき、法務大臣から委嘱を受けた非常勤の国家公務員（実質的に民間のボランティア）である。社会的信望を有する者等から任用され、所有する資格は特に規定されていない。

① 保護観察、生活環境の調整、犯罪予防活動において、保護観察官で十分でないところを補う。

② 地方更生保護委員会または保護観察所長の指揮監督を受ける。

3 地方更生保護委員会 全国９か所に法務省の地方支分部局として置かれる。仮釈放などを許すか否かに関する審理を行う。そのほか、保護観察所の事務を監督する。

4 保護観察所長 保護観察に付されている少年の保護者に対し、指導、助言など適当な措置をとることができる。

2. 標準 更生保護施設 □□□

保護観察に付されている者や更生緊急保護対象者に対して、食事や宿泊の提供、就職援助や生活指導を行う。

3. 基本 家庭裁判所 □□□

1 家庭裁判所 非行少年に対する調査・審判を行い、非行事実の有無について判断するとともに、再非行防止の観点から、その少年にとって適切な処遇を決定する。

① 適当と認める保護処分（少年院送致、保護観察、児童自立支援施設・児童養護施設送致）に付するほか、犯行時14歳以上の少年に係る禁錮以上の刑に当たる罪の事件について、刑事処分を相当と認めるときは、検察官に送致（逆送）する。

② 家庭裁判所調査官はその少年、保護者等の行状、経歴等について医学、心理学、教育学、社会学等の専門知識を活用して調査を行う。

保護司
60歳台が全体の約４割を占める。女性比は26.8%（令和５年版犯罪白書）。更生保護施設の補導員を兼任できる。任期は２年で再任もできる。

+α
更生保護サポートセンター
企画調整保護司が配置され、保護司の処遇活動の支援、関係機関・団体との連携、犯罪・非行の予防活動、更生保護関係の情報提供などを行い、保護司会の事務運営にあたる。

9
刑事司法と福祉

更生保護施設
▶p.234

35 82

✏️ **過去問チェック！** ⬆️

Q：保護司は、「令和５年版犯罪白書」（法務省）によると、40～49歳までの年齢層が最も多く、過半数を超えている。(32−149 改)

A：× **60歳台が４割を占め、高齢化が進んでいる。**

3 保護観察

1. 基本 保護観察の対象者とその内容　□□□

　保護観察※は、保護観察対象者の居住地を管轄する保護観察所の保護観察官と保護司が協働して、指導監督と補導援護を行う（表2）。

表2　保護観察の方法

種　類	内　容
指導監督	① 面接等により対象者の様子を把握する。 ② 対象者が遵守事項を守り、生活行動指針に即して生活・行動するよう必要な指示・措置をとる。 ③ 特定の犯罪的傾向を改善するための専門的処遇を実施する。
補導援護	① 適切な住居を得る、同所へ帰住（定住）するよう助ける。 ② 医療・療養、職業補導・就業、教養訓練を得るよう助ける。 ③ 生活環境の改善・調整、生活指導などを行う。

資料：法務省（著者まとめ）

保護観察
犯罪をした者・非行のある少年が、社会内処遇として実社会の中でその健全な一員として更生するように、国の責任において指導監督・補導援護を行うもの。

> 生活行動指針は「指導監督」、生活指導は「補導援護」に含まれる。

1 **保護観察の対象者**　① 保護観察処分少年、② 少年院仮退院者、③ 刑事施設仮釈放者、④ 保護観察付執行猶予者である。

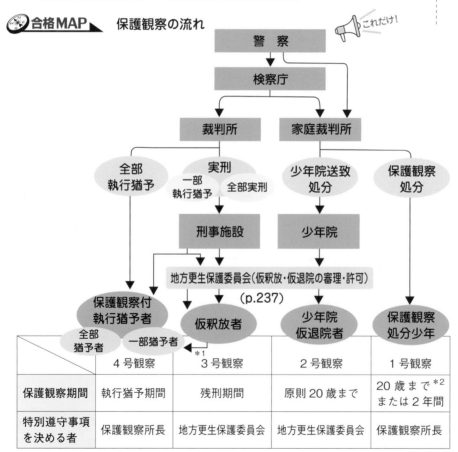

合格MAP　保護観察の流れ　これだけ！

	保護観察付執行猶予者		仮釈放者	少年院仮退院者	保護観察処分少年
	全部猶予者	一部猶予者 *1			
	4号観察	3号観察		2号観察	1号観察
保護観察期間	執行猶予期間	残刑期間		原則20歳まで	20歳まで *2 または2年間
特別遵守事項を決める者	保護観察所長	地方更生保護委員会		地方更生保護委員会	保護観察所長

*1　保護観察付一部猶予者が仮釈放を許された場合は、仮釈放中の保護観察が終了した後、一部猶予期間中の保護観察が開始される。

*2　保護処分時に特定少年であり、6か月間または2年間の保護観察に付された者はその期間

資料：「保護観察」法務省（著者まとめ）

保護観察の対象者は、一般遵守事項（じゅんしゅ）と特別遵守事項を守らなければならない（表3）。守らない場合は不良措置（仮釈放者に対する仮釈放の取消し、保護観察付執行猶予者に対する刑の執行猶予の言渡しの取消しなど）がとられることがある。逆に、確実に改善更生できると認められれば良好措置（保護観察付執行猶予者に対する保護観察を仮に解除する仮解除など）がとられることがある。

表3　遵守事項 これだけ！

種　類	対象者	説　明
一般遵守事項	全　員	保護観察対象者全員が守る事項である。 ① 再び犯罪をすることがないよう、または非行をなくすよう健全な生活態度を保持すること。 ② 次の事項を守り、保護観察官・保護司による指導監督を誠実に受けること。 　・保護観察官等の呼出しや訪問に応じ面接を受けること。 　・保護観察官等から労働・通学の状況、収入・支出の状況、家庭環境、交友関係など生活の実態を示す事実で指導監督を行うため把握すべきものを明らかにするよう求められたときは、事実を申告し、資料を提示すること。 ③ 保護観察に付されたときは、速やかに、住居を定め、その地を管轄する保護観察所長に届け出ること。 ④ ③で届け出た住居に住むこと。 ⑤ 転居または7日以上の旅行をするときは、あらかじめ、保護観察所長の許可を受けること。
特別遵守事項	個　別	・地方更生保護委員会か保護観察所長が個別に定める。 ・必要に応じて新たに足したり、取り消したりできる。 ・「犯罪性のある者との交際など、犯罪・非行に結び付くおそれのある特定の行動の禁止」などがある。
生活行動指針	個　別	保護観察所長は、保護観察の指導監督に必要な場合、個別に生活行動指針を定めることができる。定められた対象者はこれに即して生活し、行動するよう努めなければならない（努力義務）。 注意　一般遵守事項、特別遵守事項 ➡〔義務〕 　　　生活行動指針 ➡〔努力義務〕
専門的処遇プログラム	特定の保護観察対象者	ある種の犯罪的傾向を有する保護観察対象者に対しては、認知行動療法を理論的基盤として開発された専門的処遇プログラムが行われている。① 性犯罪者処遇プログラム、② 薬物再乱用防止プログラム、③ 暴力防止プログラム、④ 飲酒運転防止プログラムの4種がある。

資料：法務省（著者まとめ）

+α 刑の一部執行猶予制度
裁判所が、3年以下の刑期の懲役・禁錮を言いわたす場合に、その刑の一部について、1～5年間、執行を猶予することができる制度。

保護観察中、住所不定は認められない。

保護観察中、引越し、7日以上の旅行は事前の許可が必要。

専門的処遇プログラム
特別遵守事項として義務づけられるのは、仮釈放者及び保護観察付執行猶予者である。保護観察処分少年・少年院仮退院者に対しては、義務ではないが、自発的意思等に基づいて、専門的処遇プログラムが実施されることがある。

過去問チェック！

Q：刑の一部の執行猶予制度の導入により、執行する刑の全てを猶予する制度は廃止された。(36−150)
A：×　執行猶予期間を満了すれば刑の全部が免除される「全部執行猶予」の制度は存続している。
Q：保護観察の良好措置として、仮釈放者には仮解除の措置がある。(32−147)
A：×　仮解除の対象は、「保護観察付執行猶予者」である。

➡過去問プラス！『国試対策2025』（共通科目編）p.208

9
刑事司法と福祉

35 148, 34 148, 32 150

4 生活環境の調整

1. 応用 生活環境の調整の流れ □□□

　生活環境の調整は、更生保護法に基づき、対象者の釈放後の住居や就業先などの帰住環境を調査し、改善更生と社会復帰にふさわしい生活環境を整えることによって、円滑な社会復帰を目指すものである。

１ 対象者　矯正施設収容中の者だけでなく、保護観察中（保護観察付執行猶予者*を含む）の者、更生緊急保護を受けている者などにも行われる。

保護観察付執行猶予者の生活環境の調整
保護観察所長は、保護観察付執行猶予の裁判が確定するまでの者について、保護観察を円滑に開始するため必要があるときは、本人の同意を得て生活環境の調整を行うことができる。

合格MAP▶　生活環境の調整の流れ

```
┌─────────────────────────────────────┐
│            矯正施設に収容              │
└─────────────────────────────────────┘
                 ↓
┌─────────────────────────────────────┐      ┌──────────────┐
│ 保護観察所長の指示で保護観察官・保護司に │      │ 調整を行うのは │
│ より調整開始                          │      │ 矯正施設の職員 │
└─────────────────────────────────────┘      │ ではない。     │
                 ↓                            └──────────────┘
┌─────────────────────────────────────┐
│ 家族や引受人との話し合いによる被収容者の │
│ 家庭、近隣、交友関係、被害弁償、釈放後の │
│ 生計の見込みなどの調査・調整            │
└─────────────────────────────────────┘
                 ↓
┌─────────────────────────────────────┐      ┌──────────────┐
│ 被収容者本人との話し合いによる、現在の  │      │ 調整の対象は、 │
│ 状況や将来の希望等の調査・調整          │      │「住居・就業先・│
└─────────────────────────────────────┘      │ 通学先の確保」 │
                 ↓                            │ が中心。       │
┌─────────────────────────────────────┐      └──────────────┘
│ 保護観察所長の意見を付し地方更生保護委員 │
│ 会・矯正施設に通知                     │
└─────────────────────────────────────┘
                 ↓
┌─────────────────────────────────────┐      ┌──────────────┐
│ 仮釈放等審理、施設内の処遇、保護観察を  │      │ 調整は仮釈放等 │
│ 決める際に活用                        │      │ の決定前から  │
└─────────────────────────────────────┘      │ 開始           │
                                              └──────────────┘
```

資料：「生活環境の調整」法務省（著者まとめ）

36 147, 35 147, 34 149, 31 147, 29 150, 27 147

5 仮釈放等

1. 基本 仮釈放の対象者  よく出る □□□

　仮釈放とは、矯正施設に収容されている者を、収容期間満了前に仮に施設から釈放して社会内での更生の機会を与え、円滑な社会復帰を図ることを目的とした制度である。

１ 対象者

　① 刑事施設等からの仮釈放（刑法）、② 少年院からの仮退院（更生保護法）、③ 拘留場からの仮出場（刑法）があり、仮釈放・仮退院期間中は保護観察に付される（表4）。

表4　仮釈放等

項　目		内　容
対象者		① 刑事施設等からの仮釈放 ╮ ② 少年院からの仮退院 ┤ 保護観察に付される。 ③ 拘留場からの仮出場 ── 仮出場中の保護観察はない。
刑事施設等からの仮釈放条件	期間	有期刑の場合は刑期の 3分の1、無期刑の場合は 10年の法定期間▶を経過した後
	本人の状況	「改悛の状」があるときに許される。具体的には、悔悟の情、改善更生の意欲があり、再犯に及ぶおそれがなく、保護観察に付することが改善更生のために相当であると認められ、社会の感情もこれを是認すると認められるときである。 **注意** 2007（平成19）年から、仮釈放審理において、被害者などから意見などを聴取する制度が施行されている。

法定期間

少年院については法定期間の特則がある。保護処分の執行のため少年院に収容している者が仮退院可能な時期は、処遇の最高段階（1級上）に達し、仮退院が改善更生のため相当であると認めるときである。

合格MAP 仮釈放の流れ

注意 仮釈放の決定に際して、原則、検察庁との関わりはない。

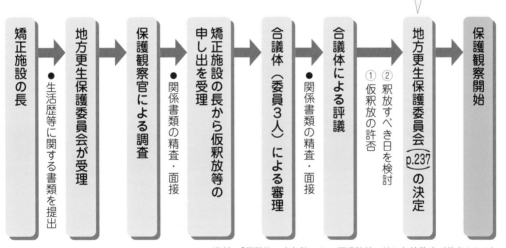

矯正施設の長 → 地方更生保護委員会が受理 → 保護観察官による調査 → 矯正施設の長から仮釈放等の申し出を受理 → 合議体（委員3人）による審理 → 合議体による評議 → 地方更生保護委員会 p.237 の決定 → 保護観察開始

●生活歴等に関する書類を提出
●関係書類の精査・面接
●関係書類の精査・面接
① 仮釈放の許否
② 釈放すべき日を検討

資料：「仮釈放・少年院からの仮退院等の流れ」法務省（著者まとめ）

9 刑事司法と福祉

過去問チェック！

Q：刑の一部の執行猶予制度の導入により、釈放後の生活環境の調整をする制度は廃止された。（36-150）

A：×　**生活環境の調整は保護観察官・保護司により行われている。**

Q：少年院に収容中の者に対する生活環境の調整は、少年院の法務技官によって行われる。（34-148）

A：×　**保護観察所の保護観察官と保護司により行われる。**

Q：保護観察の実施方法である指導監督と補導援護のうち、指導監督には、社会から逃避しがちな対象者を社会生活に適応させるために必要な生活指導を行うことがある。（25-147）

A：×　**生活指導は補導援護に含まれる。**

➡ 過去問プラス！『国試対策2025』（共通科目編）p.208, 209

6 更生緊急保護

1. 標準 更生緊急保護の概要

　実刑を終え社会に出たものの身寄りがなく、援助や保護が必要な場合に、保護観察所長の判断で食事の給与などを行っている（表5）。

1 対象者　刑の執行を終えた者だけでなく、仮釈放を終えた者、恩赦により刑の執行を免除された者も対象になる。

更生保護法人
更生保護事業法に基づき、法務大臣の認可を受けて、更生保護事業を営む民間団体である。

表5　更生緊急保護の概要

項　目	内　　容
目　的	速やかな改善更生を保護するための緊急措置を、必要な限度で国の責任において行う。
実施方法	保護観察所長が判断し、保護観察所長が自ら行うか、更生保護法人など更生保護事業を営む者に委託する。
期　間	6か月（＋6か月＝1年まで延長可能）
対象者	以下、①②③すべてにあてはまる者 ① 刑事上の手続き、保護処分による身体拘束を解かれた者 ② 親族の援助、公共の衛生福祉による保護が受けられない、またはそれだけでは改善更生できないと認められた者 ③ 緊急保護を受けたい旨を申し出た者
内　容	食事の給与、医療・療養の援助、帰住（定住）の援助、生活費などの金品の給貸与、就職の援助

検察官や地方更生保護委員会が判断するわけではない。

注意！
更生緊急保護は、保護観察中の者は対象外。保護観察対象者で緊急措置が必要な場合は、保護観察所長による応急の救護が実施される。

更生緊急保護では学校進学の費用などは支給されない。

表6　保護観察・更生緊急保護

	保護観察	更生緊急保護
対象者	① 保護観察処分少年 ② 少年院仮退院者 ③ 刑事施設仮釈放者 ④ 保護観察付執行猶予者	保護観察対象者以外で、実刑を終え、社会に出たものの身寄りがなく援助や保護が必要な者
実施者	保護観察官、保護司	保護観察所長、更生保護法人
遵守事項	一般遵守事項・特別遵守事項	なし
期　間	刑期によって異なる。	6か月（最長1年まで）
内　容	指導監督・補導援護	食事の給与など
更生保護施設	○	○

両者とも利用できる。

注意！
保護観察は主に仮釈放中の者が対象であり、更生緊急保護は刑期を終えた者が対象である。

過去問チェック！

Q：更生緊急保護は、更生保護事業を営む者に委託して行うことができる。(32−148)
A：○　**更生保護施設・自立準備ホーム等へ委託可能である。**

Ⅳ　医療観察制度

合格勉強法 医療観察制度は、社会復帰調整官ほか登場人物が多いので、合格 MAP を活用し、誰がどこでどんな役割を担うか押さえよう。本制度の精神保健観察は、保護観察とは全く異なるので、頭を切り替えて学習しよう。

1 医療観察制度の概要

36 149, 35 150, 34 150,
33 149, 32 62, 64,
31 150, 30 150, 27 149

1. 標準 医療観察制度の対象者　□□□

「心神喪失゙等の状態で重大な他害行為を行った者の医療及び観察等に関する法律（医療観察法）」に基づき、心神喪失などの状態で重大な他害行為を行った者を対象に、継続的な医療、観察、指導により、病状の改善と同様の行為の再発の防止を図り、社会復帰を目指す制度である（表 1）。

> **心神喪失**
> 精神障害などが原因で自分の行為の結果について善悪を判断する能力を全く欠いている状態。心神耗弱は、心神喪失よりも軽い状態。判断する能力が極めて低下した状態。

表 1　医療観察制度の対象者

項　目	説　明
対象者	① 警察から検察庁に送致されたが心神喪失等が理由で起訴できなかった者 警察 → 検察庁 → （心神喪失等認定） → 不起訴 ② 裁判所に起訴されたが心神喪失等が理由で無罪が確定した者 警察 → 検察庁 → 裁判所 → （心神喪失等認定） → 無罪
対象行為	重大な他害行為（殺人、放火、強盗、強制わいせつ、強制性交等及び傷害等）

（刑法では罪に問えない者が対象）

> 注意 犯罪ではなく「他害行為」と称する。

2. 基本 社会復帰調整官　よく出る　□□□

1 社会復帰調整官の役割　社会復帰調整官は、医療観察法に基づき、保護観察所に置かれる。精神保健福祉などに関する専門的知識を活かし、地方裁判所の審判では「生活環境の調査」「生活環境の調整」、地域社会での処遇゙では「精神保健観察」の業務を行う。部分的ではなく、始まりから終わりまで関与するコーディネーター役である。

2 任用資格　精神保健福祉士のほか精神障害者の保健・福祉に高い専門的知識のある社会福祉士、保健師、作業療法士などから任用される。

> **処　遇**
> 法務省管轄で決められる対象者への対応のこと。措置ではないので注意する。

3. 基本 審判の手続きと処遇内容　□□□

1 審判の流れ　検察官から地方裁判所に申立てがなされると、精神鑑定とともに、裁判官と精神保健審判員からなる合議体による審判で、本制度による処遇の要否と内容の決定が行われる。

> 審判に裁判員は参加しない。

✏️ 過去問チェック！

Q：「医療観察法」が定める医療観察制度において、社会復帰調整官は、各地方裁判所に配属されている。(35-150)

A：× **社会復帰調整官は、各保護観察所に配置されている。**

→ **過去問プラス！『国試対策 2025』（共通科目編）p.213**

2 処　遇　審判の結果、通院の決定を受けた者や退院を許可された者については、保護観察所の処遇実施計画*に基づいて、原則として3年間、指定通院医療機関（指定は厚生労働大臣）による医療を受ける。同時に、保護観察所が地域処遇に携わる関係機関と連携しながら、本制度による処遇（精神保健観察）が進められる。

処遇実施計画
保護観察所長は、指定通院医療機関の管理者、都道府県知事および市町村長と協議のうえ、処遇の実施計画を作成する。

これだけ！

合格MAP▶　医療観察制度の概要

①〜⑥の登場人物の役割を押さえよう。

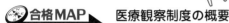

心神喪失等の状態で重大な他害行為を行った者

① 検察官による申立て

地方裁判所

通院決定　　　　　　　　　入院決定

指定入院医療機関
（国公立病院等）

地域社会における処遇

地方裁判所の審判により退院決定

指定通院医療機関
（病院・診療所等）

保護観察所
（社会復帰調整官）

ケア会議の開催　　　　　　　　精神保健観察

都道府県・市町村等
（精神保健福祉センター・保健所等）

障害福祉サービス事業者等

処遇終了決定・通院期間の終了（原則3年間（さらに2年まで延長可））

本制度による処遇の終了　（一般の精神医療・精神保健福祉の継続）

・**地方裁判所の役割**
審判：② 裁判官＋③ 精神保健審判員
精神鑑定：④ 精神鑑定医
生活環境の調査(任意)：保護観察所(⑤社会復帰調整官)
意見（任意）：⑥ 精神保健参与員*

ともに精神科医だが別人が行う。

・**地方裁判所で決定する処遇**　
入院：公立病院のみ
　　　入院期間の定めなし
通院：公立病院・私立病院
　　　原則3年（＋2年延長可）。精神保健福祉法による入院もある。

入院・通院ともに全額国費で負担。

よく出る

審判の段階で調査も実施している。

・**精神保健観察**
必要な医療を受けているか、社会復帰調整官が生活状況を見守る。精神保健観察に付された者は法に定める「守るべき事項」を守る。

*厚生労働大臣があらかじめ作成した専門的知識・技術を有する精神保健福祉士等の名簿から、地方裁判所が事件ごとに指定する。

資料：「医療観察制度」法務省（著者まとめ）

✏️過去問チェック！

Q：社会復帰調整官は、処遇の対象者の病状が安定した場合「医療観察法」による医療の終了を決定する。(34-150改)
A：✕　**決定するのは、裁判官と精神保健審判員との合議体である。**
Q：精神保健観察に付される期間は、通院決定又は退院許可決定があった日から最長10年まで延長できる。(33-149)
A：✕　**原則3年間、2年以内の延長が可能である。**
Q：社会復帰調整官は、医療刑務所入所中の者の生活環境の調整を行う。(31-150)
A：✕　**指定入院医療機関に入院中の者に対し、入院時から退院後の生活環境の調整を行う。**

➡️過去問プラス！『国試対策2025』（共通科目編）p.214

Ⅴ　犯罪被害者支援

合格勉強法 新出題基準から、大きなテーマとなったポイントである。犯罪被害者が「どんな場面でサポートを受けられるのか」に着目して学習を始めるとよい。

1　犯罪被害者支援

1．応用　犯罪被害者基本法（2004（平成16）年）　□□□

犯罪被害者等のための施策に関する基本理念や国・地方公共団体・国民の責務、施策の基本事項を規定している。犯罪被害者等のための施策を総合的かつ計画的に推進するための法律。対象は犯罪等（犯罪及びこれに準ずる心身に有害な影響を及ぼす行為）の被害者、その家族・遺族。

> **＋α**
> DV 防止法
> ▶p.355

2．応用　犯罪被害者等支援　□□□

更生保護における犯罪被害者等に対する施策は、① 仮釈放・仮退院審理での意見等聴取制度、② 裁判や更生保護に関する情報提供を行う被害者等通知制度、③ 犯罪被害者等に対する相談・支援がある。

１ 心情等伝達制度

制度利用を希望した犯罪被害者等から、心情、状況、加害者の生活や行動に関する意見を聴取した上で、保護観察を受けている加害者を別の機会に呼び出して、聴取した心情等を伝達する。

２ 被害者等通知制度（検察庁）

被害者やその親族、婚約者など親族に準ずる人または弁護士であるその代理人に対し、事件処理の結果、裁判期日、裁判の結果、起訴の場合の犯罪事実の要旨、不起訴の場合の主文・理由の骨子、加害者の身柄の状況、刑務所からの出所時期などの情報を提供する制度。ただし、事件の性質などによっては、検察官の判断で、通知を希望する事項の全部または一部について通知しない場合がある。

３ 被害者支援員制度

全国の地方検察庁に配置され、被害者や遺族など犯罪被害者への相談等を行う。被害者からの様々な相談への対応、法廷への案内・付添い、事件記録の閲覧、証拠品の返還などの各種手続などの支援のほか、生活面、経済面等の支援を行う関係機関や団体等の紹介等も行う。

４ 被害者支援センター

犯罪や交通事故などの被害者やその家族・遺族を対象に、電話相談や面接相談を通じて支援する。

3. 応用 犯罪被害者支援法 □□□

犯罪被害者等給付金の支給等による犯罪被害者等の支援に関する法律。犯罪被害者に対して、社会の連帯共助の精神に基づき、国が犯罪被害者等給付金を支給し、支援する。法律面でサポートするため、弁護士の活動費を公費負担する犯罪被害者等支援弁護士制度が2025（令和7）年に導入される予定である。

4. 標準 ストーカー規制法 □□□

「つきまとい等又は位置情報無承諾取得等」をくりかえすストーカー行為者に警告を与えたり、悪質な場合は逮捕することで被害者を守る法律である（2000（平成12）年施行）。

同一の者に対し「つきまとい等又は位置情報無承諾取得等」をくりかえして行うことを「ストーカー行為」と規定している。

✎ 過去問チェック！

Q：Nさんは少年（15歳）に自宅に押し入られ、強盗の被害にあった。この加害者少年が保護観察処分となった場合、被害者は心情等伝達制度を利用して、気持ちを加害少年に伝えることができる。（24-150改）

A：○ 保護観察所が被害者の心情などを保護観察中の加害者に伝える。

10
ソーシャルワークの基盤と専門職

（相談援助の基礎と専門職）

「相談援助の理論と方法」と出題範囲が重複することから、科目の境界線を気にせず、同時に学習すると効果的です。社会福祉士の義務・罰則は本書の図表で整理すると得点効率が上がります。

科目の特徴

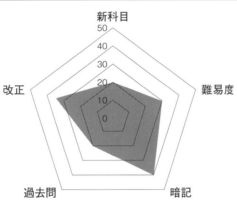

新科目：新科目として相当な準備が必要かどうか
難易度：問題が正解しにくいかどうか
暗記：暗記の重要性が高いかどうか
過去問：過去問題を活用する際に工夫が必要かどうか
改正：法律・制度の改正が多いかどうか

過去問題の使い方

解いておくべき過去問	活用法
3回分 ◎	過去問題は 3 回分を目安に活用しましょう。社会福祉士及び介護福祉士法の改正に気を付けます。事例問題は「援助姿勢＋社会資源の知識」の二側面から問われていることに注意。

Ⅰ　社会福祉士及び精神保健福祉士の法的な位置づけ

合格勉強法 条文をただ読むだけでは点にならず、罰則規定や欠格事由などネガティブな内容に立ち止まって、図表で整理することが重要である。

1　社会福祉士及び介護福祉士法

36 91, 35 91, 34 91,
33 91, 32 91, 31 91,
30 75, 91, 97, 107,
29 73, 91, 97, 28 95,
27 80, 91

社会福祉士及び介護福祉士法は、1987（昭和62）年に制定され、社会福祉士および介護福祉士を国家資格として位置づけた。

1．基本　定　義　□□□

① 社会福祉士は、登録を受け、社会福祉士の名称を用いて、専門的知識および技術をもって、身体上・精神上の障害、環境上の理由により日常生活を営むのに支障がある者の福祉に関する相談に応じる。

② 社会福祉士は、助言、指導、福祉サービスを提供する者、医師その他の保健医療サービスを提供する者その他の関係者との連絡・調整その他の援助を行う（表1）。

名称独占
例えば社会福祉士以外の人も社会福祉士の業務を行うことができるが、社会福祉士の名称を名乗ることはできないこと。

業務独占
例えば、医師以外の人が医療行為を行うことができないこと。

認定社会福祉士制度
法の定める相談援助を行う者であって、個別支援、連携、調整および地域福祉の増進などに関して質の高い業務を実践するとともに、人材育成において他の社会福祉士に対する指導的役割を果たし、かつ実践の科学化を行うことができる能力を有することを認められた者。

表1　社会福祉士の規定

項　目	説　明	注意点
手続き	試験に合格し、登録する。	必ず登録が必要である。
更　新	必要なし	介護支援専門員は5年ごとに更新する。
独　占	名称独占▶	業務独占▶ではない。
主治医の規定	なし	精神保健福祉士は主治医の指導に従う。
連　携	福祉サービス・関連する保健医療サービスその他のサービスの関係者との連携を保たなければならない。	2007（平成19）年の改正で追加された。
配　置	地域包括支援センターの必置資格である。	他には主任介護支援専門員と保健師が必置である。
認定制度	認定社会福祉士制度▶	認定社会福祉士と認定上級社会福祉士がある。

✐過去問チェック！

Q：社会福祉士でない者が社会福祉士の名称を使用した場合に罰則がある。(35-91)

A：○　**社会福祉士以外でも業務を行うことはできるが、名称独占のため、社会福祉士でない者は、社会福祉士という名称を使用してはならない。**

Q：社会福祉士の「信用失墜行為の禁止」は、2007年（平成19年）の社会福祉士法及び介護福祉士法改正によって加えられた。(33-91)

A：×　**2007年の改正では、義務規定として「誠実義務」と「資質向上の責務」が追加された。**

➡過去問プラス！『国試対策2025』（共通科目編）p.217

表2 社会福祉士の義務・罰則

規　定	罰　則		登録取消し・一定期間の名称使用停止
	罰金 30 万円以下	懲役 1 年以下	
連　携	罰則規定なし		
誠実義務			
資質向上の責務			
信用失墜行為の禁止	―	―	○
秘密保持義務	○（罰金か懲役のいずれか）		○
名称の使用制限	○	―	―
名称使用禁止中の名称使用*	○	―	―

> 連携違反に対する罰則はない。

＊社会福祉士の名称の使用の停止を命ぜられた者で、その期間中に、社会福祉士の名称を使用したもの。

2．応用 欠格事由 □□□

以下の者は、社会福祉士又は介護福祉士になることはできない。

① 心身の故障により社会福祉士又は介護福祉士の業務を適正に行うことができない者として厚生労働省令で定める者

② 社会福祉、保健医療関係の法律違反による刑の執行後、2 年を経過しない者

③ 禁錮以上の刑の執行後、2 年を経過しない者

④ 登録を取り消され、その取消しの日から 2 年を経過しない者

> 注意
>
> 欠格事由で出てくる年数
>
> すべて 2 年

3．標準 2007（平成 19）年の社会福祉士及び介護福祉士法の改正 □□□

主な改正点は以下のとおり。

① 義務規定に「誠実義務」と「資質向上の責務」が追加された（表2）。

② 連携の規定が拡充され、関係機関やボランティアなどとの連携を行い、利用者の自立生活を地域で総合的かつ包括的に支える社会福祉士の役割が期待されるようになった。

③ 従来の児童福祉司に加えて、身体障害者福祉司、知的障害者福祉司、社会福祉主事の任用資格に社会福祉士が追加された。

> 資質向上の責務
>
> 社会福祉士・介護福祉士・精神保健福祉士は、業務の内容の変化に適応するため、相談援助・介護などに関する知識や技能の向上に努めなければならない。

✏️ 過去問チェック！

Q：社会福祉士及び介護福祉士法における社会福祉士と、精神保健福祉士法における精神保健福祉士に関する次の記述のうち、これらの法律に明記されている共通する責務として、正しいものを 1 つ選びなさい。(34−91)

1　集団的責任の保持　　2　権利擁護の促進　　3　多様性の尊重　　4　資質向上

5　倫理綱領の遵守

A：4　資質向上。社会福祉士は相談援助に関する知識と技能の向上に努めなければならないと規定されている。

➡ 過去問プラス！『国試対策 2025』（共通科目編）p.218

10

ソーシャルワークの基盤と専門職

2 精神保健福祉士法

精神保健福祉士法は、1997（平成9）年に制定され、精神保健福祉士を国家資格として位置づけた。

合格勉強法

欠格事由は社会福祉士と同じと覚えてよい。

1. 標準 定義 □□□

① 精神保健福祉士は、精神保健福祉士の名称を用いて、専門的知識および技術をもって、精神科病院や施設の利用者の地域相談支援の利用に関する相談その他の社会復帰又は精神保健に関する相談に応じる。

② 精神保健福祉士は、（1）助言、（2）指導、（3）日常生活への適応のために必要な訓練その他の援助を行う。

表3 精神保健福祉士の義務・罰則

義務規定	罰則		
	罰金30万円以下	懲役1年以下	登録取消し・一定期間の名称使用禁止
主治医の指導に従う	―	―	○
連携	罰則規定なし		
誠実義務			
資質向上の責務			
信用失墜行為の禁止	―	―	○
秘密保持義務	○（罰金か懲役のいずれか）		○
名称の使用制限	○	―	―
名称使用禁止中の名称使用*	○	―	―

（連携違反に罰則はないが、主治医の指導には罰則がある。）

＊精神保健福祉士の名称の使用の停止を命ぜられた者で、その期間中に、精神保健福祉士の名称を使用したもの。

2. 応用 2010（平成22）年精神保健福祉士法の改正 □□□

主な改正点は以下のとおり。

① 定義に「精神障害者の地域生活に関する相談支援を担う」を追加

② 義務規定に「誠実義務」と「資質向上の責務」の追加（表3）

③ 連携内容が拡充され「保健医療サービス、障害福祉サービス、地域相談支援に関するサービス等の関係者」との連携保持の義務化

まとめて攻略

■ 福祉行政・民間における専門職
⇒ 地域福祉と包括的支援体制
p.179, 180

3. 応用 2022（令和4）年精神保健福祉士法の改正 □□□

1 定義 「精神障害者及び精神保健に関する課題を抱える者の精神保健に関する相談」が追加された（2024（令和6）年4月施行）。

Ⅱ 社会福祉士の職域

合格勉強法 事例問題は最初か、中間に解いてしまう。最後に残しておくと時間切れで焦って正解できなくなる。事例文で下線を引くのは、「1. 年齢、2. 疾患・障害、3. 主訴」。選択肢の末尾の動詞に注目する。「ほうれんそう（報告・連絡・相談）」に近い動詞が正解である。

1 社会福祉士の職域

29 96, 28 97

1. 基本 社会福祉士の就職先 □□□

「令和2年度社会福祉士・介護福祉士・精神保健福祉士就労状況調査結果」によると、就職先は図1のとおりである。

1 行政関係 地方公務員（福祉職）として、高齢福祉課や健康福祉課などに配属され、相談業務を行う。また、福祉事務所の現業員や査察指導員は社会福祉主事でなければならないが、同時に社会福祉士の資格を所持していることが多い。

2 福祉関係

① **高齢者領域** 高齢者福祉施設では、生活相談員等として、入所中の生活に関する相談、利用できる制度、家族との連絡調整に対応する。また、地域包括支援センターには、主任介護支援専門員、保健師とともに、必ず配置される。

② **障害者領域** 社会福祉士は「生活支援員」、「支援相談員」などの名称でよばれ、相談援助や施設の入退所手続きに対応する。「相談支援専門員」、「身体障害者福祉司」、「知的障害者福祉司」として活躍する人も多い。

③ **児童・母子領域** 「児童福祉司」、「児童指導員」、「ファミリーソーシャルワーカー」として児童相談所、児童福祉施設のほかに、母子生活支援施設などで活躍する。

④ **生活困窮者自立支援・生活保護領域** 自治体の福祉職の公務員として入職し、生活保護のケースワーカーとして働く人や、ハローワークで自立支援に携わる人もいる。

⑤ **医療関係** 「医療ソーシャルワーカー」として、医療保険の手続きや退院・転院を支援する。

⑥ **教育関係** 「スクールソーシャルワーカー」として児童や保護者の相談に応じる。

⑦ **独立型事務所** 職業倫理と十分な研修と経験を通して培^{つちか}われた高い専門性にもとづき、組織から独立して、事務所を構える人もいる。

図1 社会福祉士の就職先

学校関係（1.0%）、生活保護関係（0.7%）、就業支援関係（0.6%）、生活困窮自立支援関係（0.5%）、司法関係（0.4%）、その他（1.3%）

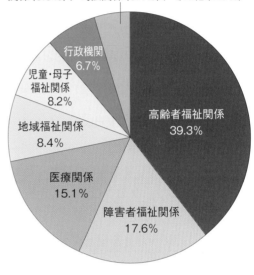

高齢者福祉関係 39.3%
障害者福祉関係 17.6%
医療関係 15.1%
地域福祉関係 8.4%
児童・母子福祉関係 8.2%
行政機関 6.7%

10

ソーシャルワークの基盤と専門職

Ⅲ ソーシャルワークの概念と範囲

合格勉強法 ソーシャルワークの定義はどれも類似しているため、特徴的な用語で見極めるしかない。赤字部分を暗唱できるようにしておこう。

1 ソーシャルワークに係る各種の定義

1．基本 国際ソーシャルワーカー連盟（IFSW）の定義 □□□

1 **ソーシャルワークの定義** ソーシャルワーク専門職は、人間の福利（ウェルビーイング）の増進を目指して、社会の変革を進め、人間関係における問題解決を図り、人々のエンパワメントと解放を促していく。ソーシャルワークは、人間の行動と社会システムに関する理論を利用して、人々がその環境と相互に影響し合う接点に介入する。人権と社会正義の原理は、ソーシャルワークの拠り所とする基盤である。

2 **「貧困撲滅とソーシャルワーカーの役割に関する国際方針文書」**(2010(平成22)年) 衣食住に対する基本的ニーズが充足されなければ、政治的そして市民としての権利はほとんど意味をなさないと断言している。

3 **ソーシャルワークのグローバル定義** 国際ソーシャルワーク学校連盟（IASSW）とIFSWの総会・合同会議で採択された定義（2014年7月）。ソーシャルワークを「社会変革と社会開発、社会的結束、人々のエンパワメントと解放を促進する、実践に基づいた専門職であり学問である」とし、社会正義、人権、集団的責任、および多様性尊重の諸原理は、ソーシャルワークの中核をなす、と定義している。

2．標準 全米ソーシャルワーカー協会の定義 □□□

1 **1958年の定義** ソーシャルワークは、価値、目的、サンクション（承認）、知識、方法の諸要素から構成され、その配列で個別化される。

2 **1973年の定義** ソーシャルワークは、個人やコミュニティーが社会的機能を強化するため、好ましい条件の創造を援助する。

3．応用 フレックスナー（Flexner, A.） □□□

専門職が成立する属性を挙げ、ソーシャルワークがいまだ専門職とはいえないことを主張した。

4．基本 リッチモンド（Richmond, M. E.） 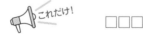 □□□

① 診断主義の源流となる治療モデル（医学モデル）を提唱した。

② 1890年代、ニューヨークで6週間におよぶ博愛事業に関する講習会が初めて開催され、専門教育へと発展していった。

③ 1917年に『社会診断（Social Diagnosis）』を著し、ソーシャル

36 93, 35 92, 95, 34 92, 94, 33 92, 98, 32 25, 92, 93, 31 92, 30 92, 29 92, 28 92, 93, 27 92, 98

IFSWの定義
2000（平成12）年、モントリオールの総会で採択された。**1**の日本語訳は2001（平成13）年に決定した定訳である。

注意
この定義は、各国および世界の各地域で展開してもよい。

自己変革ではなく、社会変革である。技術開発ではなく、社会開発である。

全米ソーシャルワーカー協会
1955年結成。これを契機としてソーシャルワークの統合化への動きが本格的となった。

合格勉強法

人物の定義・業績は「様々な実践モデルとアプローチ」とセットで学習すると同時攻略ができ、応用力もアップする。

ワークを専門職実践として位置づけ、ケースワークにおける社会的証拠の探索と収集を重視した。

④ 1922 年には『ソーシャル・ケース・ワークとは何か（What is Social Case Work？）』を著し、ケースワークを人間と社会環境との間を調整し、パーソナリティを発達させる諸過程と定義した。

5．標準 ハミルトン（Hamilton, G.） □□□

1 個別援助技術　現実に起こっている問題と利用者がそれをどう受け止めているかという問題の、両方を解決するものである。利用者の生活全体を安定させ、問題解決を通じて利用者自身が成長していくことを促す働きがある、と定義した。診断主義ケースワークの確立と発展に大きく貢献した。著書に『ケースワークの理論と実際』『児童ケースワークと心理療法』。

6．応用 グリーンウッド（Greenwood, E.） □□□

1957（昭和 32）年に専門職の条件として、①体系的な理論、②専門的権威、③社会的承認、④倫理綱領、⑤専門職的副次文化の 5 つを掲げ、「ソーシャルワークはすでに専門職である」と結論づけた。

7．基本 バートレット（Bartlett, H. M.） □□□

1『社会福祉実践の共通基盤』（1970 年）　社会生活機能という概念を用いて、社会環境からの要求と人の対処努力との間の交換・均衡関係に焦点を合わせることを提唱した。

2 社会福祉援助活動　活動の本質的要素として、価値、知識、介入方法をあげ、価値や知識を介入方法よりも優位に位置づけ、同時に三者のバランスを重視した。

8．基本 ホリス（Hollis, F.） □□□

1 個別援助技術　利用者の内面の問題と社会的な問題が互いに悪影響を及ぼしていることに目を向け、希望に満たされた生活を送れるように援助することである、と定義した。「状況の中の人」という概念を用いて、ケースワークにおける診断の特徴を明らかにした。

9．応用 ベーム（Boehm, W.） □□□

『ケースワークの基礎』の中で、ソーシャルワークの価値はその社会における支配的な価値に一致するものではないと述べている。

10．応用 ブトゥリム（Butrym, Z.） □□□

ソーシャルワーク固有の価値前提として、「人間尊重」「人間の社会性」「変化・成長の可能性」をあげている。

右端縦書き：10　ソーシャルワークの基盤と専門職

35 32, 34 104, 32 94,
31 95, 30 107,
29 112, 28 102,
27 76

2 ソーシャルワークの機能

1．基本 アカウンタビリティ よく出る □□□

　説明責任と訳され、元々は財務会計用語であるが、福祉の分野でもこの考え方が取り入れられている。介入の根拠、援助の効果、費用などの情報の開示や説明を利用者、関係者、社会に対して行うことである。

2．基本 アドボカシー  よく出る これだけ！ □□□

1 **アドボカシーとは**　権利擁護、代弁と訳される。利用者が自分の要求を表明できない場合に、援助者が利用者の主体的な生活を実現するために、それを代弁する権能のことである。

　① 援助者がクライエントの生活と権利を擁護するために、「声なき声」を聴き、それを機関や施設に反映することも含まれている。

　② 利用者に社会制度についての情報を提供し、実際の利用に結び付けていくことも含まれる。

　③ 個人または家族に対して行われる活動であるケースアドボカシー（パーソナルアドボカシー）、マイノリティなど同じような課題を抱える特定の集団に対して行われるコーズアドボカシー（クラスアドボカシー）、利用者が自らの権利を主張する活動としてセルフアドボカシー、法的な手段を用いる活動としてリーガルアドボカシーなどがある。

合格勉強法

アドボカシーは角度を変えて出題されるが、問われるポイントは共通して「援助者が自己決定を代わるわけではない」という点である。

3．応用 ソーシャルワークの予防機能 □□□

1 **予防機能**

　① 第一次予防（問題の発生を防ぐ）、② 第二次予防（問題の早期発見）、③ 第三次予防（問題の悪化を防ぐ）の三段階である。既存のサービスで対応できない新しいニーズに対してはニーズを的確に把握し、新しいサービスの創出につなげていく。

🖋過去問チェック！

Q：アドボカシーとは、自らの意思を示すことが困難なサービス利用者の権利を、その家族や友人の判断に基づいて擁護することである。(31−95)

A：× **家族や友人の判断ではなく、個別の権利を尊重し、利用者の気持ちや意向を理解したうえで代弁する。**

Q：アドボカシーは、マイノリティなど、特定のグループに属する人々の利益を主張・代弁する活動は行わない。(26−94)

A：× **マイノリティ（少数派）に対する活動もアドボカシーに含まれる。**

34 91, 28 91

3 倫理綱領と行動規範

1995（平成 7）年に公益社団法人日本社会福祉士会*が採択した「社会福祉士の倫理綱領」は 2005（平成 17）年の改定を経て、2020（令和 2）年に 15 年ぶりの改定が行われた。

1. 基本 「社会福祉士の倫理綱領」（2020（令和 2）年 6 月採択） □□□

1 前 文（略）

① 社会福祉士は社会正義、人権、集団的責任および多様性の尊重の原理に則り、人々がつながりを実感できる社会への変革と社会的包摂の実現を目指す専門職である。

② 国際ソーシャルワーカー連盟と国際ソーシャルワーク教育学校連盟が採択した、「ソーシャルワーク専門職のグローバル定義」をソーシャルワーク実践に適用され得るものとして認識し、その実践の拠り所とする。

2 原 理 2020（令和 2）年の改定では、「人権」、「集団的責任」、「多様性の尊重」、「全人的存在」の 4 つを加え、これまで規定されていた「人間の尊重」と「社会正義」とあわせ、6 つに整理された。「人間の尊重」では、出自や人種、性別、年齢、社会的地位などに、民族、国籍、性自認、性的指向などが加えられ、その違いにかかわらず、かけがえのない存在として尊重すると規定した。

3 倫理基準

① 社会福祉士は、クライエントに対する説明責任として、利用者に必要な情報を適切な方法・わかりやすい表現を用いて提供する。

② 組織・職場に対する倫理責任の一つとして、社会福祉士は組織等の方針や規則などがソーシャルワークの倫理的実践を妨げる場合は、適切・妥当な方法・手段によって提言し、改善を図る。

③ 社会に対する倫理責任の一つ（ソーシャルインクルージョン）として、あらゆる差別、貧困、抑圧、排除、無関心、暴力、環境破壊などに立ち向かい、包摂的な社会を目指す。

2. 標準 社会福祉士の行動規範 □□□

「社会福祉士の行動規範」は、「社会福祉士の倫理綱領」に基づき、社会福祉実践において従うべき行動を示したものである。① クライエントに対する倫理責任、② 組織・職場に対する倫理責任、③ 社会に対する倫理責任、④ 専門職としての倫理責任で構成される。

倫理綱領の問題は○×を判断しやすい。ただし、倫理責任がどの基準「① 利用者、② 実践現場、③ 社会、④ 専門職」に分類されるのか注意。

公益社団法人日本社会福祉士会
1993（平成 5）年に任意団体として設立され、1995（平成 7）年に社団法人化された社会福祉士の職能団体。

ソーシャルワークのグローバル定義 ▶p.252

説明責任＝アカウンタビリティのこと（p.254）。

倫理綱領問題として出た場合、「誤っている選択肢」は見つけやすいので、消去法で解くとよい。

10

ソーシャルワークの基盤と専門職

① クライエントに対する倫理責任

　クライエントとの関係、クライエントの利益の最優先、受容、説明責任、クライエントの自己決定の尊重、プライバシーの尊重と秘密の保持、記録の開示など

② 組織・職場に対する倫理責任

　最良の実践を行う責務、同僚などへの敬意、組織内アドボカシーの促進など

③ 社会に対する倫理責任

　ソーシャルインクルージョン、社会への働きかけなど

④ 専門職としての倫理責任

　専門性の向上、信用失墜行為の禁止、社会的信用の保持、教育・訓練・管理における責務など

3. 標準 倫理的ジレンマ □□□

　倫理的ジレンマとは、ソーシャルワーク実践において複数の倫理的根拠が存在し、どれもが重要と考えられる場合に、どれを優先するべきか葛藤するといった状況を指す。倫理的根拠は、「社会福祉士の倫理綱領」や「社会福祉士の行動規範」に示されたものと考えて良い。

🖊過去問チェック！↑

Q：事例を読んで、D 社会福祉士が抱える倫理的ジレンマとして、最も適切なものを 1 つ選びなさい。（32−96）

［事例］ V 病院はこの地域の急性期医療の拠点であり、複数の社会福祉士が働いており、円滑な退院支援を心掛けている。D 社会福祉士が担当した E さんは一人暮らしの 85 歳の男性で、猛暑による脱水症状のため緊急搬送された。入院して 10 日目で全身状態は落ち着き、D 社会福祉士に E さんの速やかな退院支援を行うよう依頼があった。E さんは今回の入院で一人暮らしが不安になり、当面 V 病院での入院継続を希望している。困惑した D 社会福祉士は、同僚の F 社会福祉士にも相談することにした。

1. クライエントの利益に対する責任と、記録の開示
2. クライエントに対する責任と、所属機関に対する責任
3. 同僚に対する責任と、専門性への責任
4. クライエントとの信頼関係と、信用失墜行為の責任
5. 守秘義務と、制度や法令順守に対する責

A：2　○　「クライエントに対する責任（利用者の利益の最優先）（利用者の自己決定の尊重）」と「所属機関に対する責任（実践現場における倫理責任：最良の実践を行う責務、実践現場と綱領の遵守）」の倫理的ジレンマである。

11

ソーシャルワークの理論と方法

（相談援助の理論と方法）

人物と理論さえきちんと暗記できていれば、高得点が狙える科目です。「どの理論も同じに見える」という人は、過去問で問題の出方を把握してから、覚えるポイントを押さえた方が効率的です。

科目の特徴

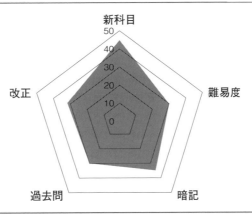

新科目：新科目として相当な準備が必要かどうか
難易度：問題が正解しにくいかどうか
暗記：暗記の重要性が高いかどうか
過去問：過去問題を活用する際に工夫が必要かどうか
改正：法律・制度の改正が多いかどうか

過去問題の使い方

解いておくべき過去問	活用法
3回分 ◎	過去問題は最大限に活用しましょう。相談援助の様々なモデル・アプローチの問題は3年分を活用すると有効です。事例問題は一問一答式の問題で十分でしょう。

I　人と環境の交互作用

合格勉強法 システム理論は「人＋環境＝システム」と置き換えればイメージしやすい。人と環境を「一体的に捉える」というのがソーシャルワークの基本である。

1 システム理論

35 97, 34 98, 33 99, 32 98, 31 100, 30 98, 29 98, 28 99

1. 応用　システム理論の視点 □□□

1 **システム理論**　個人はその環境との間で常に交互作用を行っており、ソーシャルワークは、個人と環境との適合のあり方に焦点を当てて働きかけるものである。

① 個人と環境とをシステムとして一体的に捉えることを前提としており、個人と環境を切り離して働きかけることは望ましくない。

② 個人や家族、地域を統一された1つのシステムとして捉え、関係性や相互作用に注目する。

③ システム理論は、ソーシャルワークの統合化*に大きな影響を与えた。

2. 標準　ソーシャルワークの4つのサブシステム □□□

ピンカス（Pincus, A.）とミナハン（Minahan, A.）は、ソーシャルワークを一つのシステムと捉え、システム理論に基づくソーシャルワーク実践においては、ソーシャルワーカーは以下の4つのサブシステムの相互作用に注目すべきであると唱えた（表1）。

ソーシャルワークの統合化
ケースワーク、グループワーク、コミュニティワークの共通基盤（ジェネリック）を明らかにし、一体化して捉えようとする一連の動向をさす。統合化の一形態であるジェネラリスト・アプローチは1970年代から80年代にかけて成立した。

表1　4つのサブシステム

> どれか1つではなく、4つの相互作用に注目する。

サブシステム	内　容
クライエント・システム	社会福祉サービスを利用している、もしくは必要としている個人、家族、地域
ワーカー・システム（チェンジ・エージェント・システム）	ソーシャルワーカーが所属する機関・組織、その職員
ターゲット・システム	ソーシャルワーカーが働きかけ、変化を引き起こす対象（ターゲット）となる人、組織
アクション・システム（一番間違えやすい。）	ソーシャルワーカーとともに変革努力の目標を達成するために対応していく人材、資源、援助活動

合格勉強法
アクション・システムが一番覚えにくいので、ていねいに学習しよう。

過去問チェック！

Q：ピンカス（Pincus, A.）とミナハン（Minahan, A.）の実践モデルにおけるターゲットシステムは、目標達成のために、ソーシャルワーカーと協力していく人々を指す。(36−98)

A：×　設問は、アクション・システムの説明である。

→過去問プラス！『国試対策2025』（共通科目編）p.233

2 バイオ・サイコ・ソーシャルモデル

1. [応用] Bio-Psycho-Social モデル（生物・心理・社会モデル：BPS モデル）　□□□

BPS モデルは 1970 年代に精神科医のエンゲル（Engel, G. L.）が提唱した。従来は「病気の原因→疾患」という直線的な因果関係に基づき、BiomedicalModel（生物医学モデル）が主流であった。これを覆し、多様な症状・問題を①「生物」＝身体の問題、②「心理」＝心の問題、③「社会」の問題の 3 側面から捉える考え方である。

3 ミクロ・メゾ・マクロレベルにおけるソーシャルワーク

36 92, 34 95

1. [標準] ミクロ・メゾ・マクロレベル　□□□

ブロンフェンブレンナー（Bronfenbrenner, E. K.）は、人を取り巻く環境をミクロ（マイクロ）システム、メゾシステム、エクソシステム、マクロシステムの 4 種類に分類した。のちに縦方向として、クロノシステムを追加している（表 2、図 1）。

表 2　生態学的システム

システム	説明
ミクロ（マイクロ）	自分と親・兄弟、自分と学校など、直接的に関わる対象
メゾ	家庭・学校・地域の遊び仲間との間にある関係
エクソ	親の会社など。直接関わらないが影響をもつ。例）親の会社が忙しくなると保育参観に来てもらえないなど、自分にも影響がある。
マクロ	上記の背景となる文化、習慣、法律、歴史など
クロノ	時間の経過の中で個人に影響を及ぼす出来事。進学、親の離婚、感染症の流行など。

図 1　生態学的システム

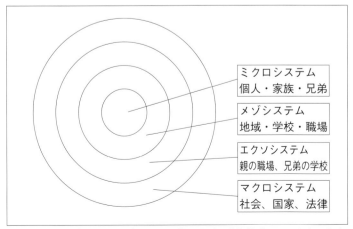

ミクロシステム
個人・家族・兄弟

メゾシステム
地域・学校・職場

エクソシステム
親の職場、兄弟の学校

マクロシステム
社会、国家、法律

参考：ユリー・ブロンフェンブレンナー『人間発達の生態学（エコロジー）―発達心理学の挑戦』川島書店，1996，『よくでる人物・年号』飯塚事務所

11
ソーシャルワークの理論と方法

Ⅱ　様々な実践モデルとアプローチ

合格勉強法

本科目の中で暗記がカギを握る、点差が開く項目である。モデル・アプローチは① 代表的な人物、② どんな理論に基づいているか、③ 援助方法の特徴の３点を覚えよう。

1　ソーシャルワークの形成過程

35 93, 99, 34 92, 100,
33 98, 30 100, 27 100

合格MAP▶　ソーシャルワーク発達の流れ 📢これだけ!

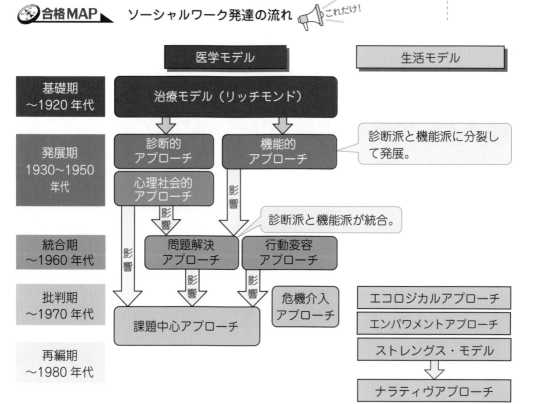

1. 基本 基礎（確立）期（1800年代後半〜1920年代）　□□□

リッチモンドによりケースワーク理論が体系化され、ケースワークの基礎が確立される。

❶ ミルフォード会議報告書（1929年）

① 1929年、ミルフォード会議の報告書において、ジェネリック・ソーシャル・ケースワークの重要性が提起され、スペシフィック・ソーシャル・ケースワークと比較した特性が示された。

② ジェネリック・ソーシャル・ケースワークとは、ケースワークの基礎である。対象者に関係なく、共通して用いられる理論や技術をさす。ソーシャルワークの統合化への先駆けとなった。

③ スペシフィック・ソーシャル・ケースワークとは、高齢者、障害者、児童といった対象者別に使い分ける専門的な技術、知識のことである。

合格勉強法

流れは「ソーシャルワークの基盤と専門職」「ソーシャルワークの理論と方法」で出題される。２科目まとめて攻略しよう。

2. 基本 発展期（1930年代〜1950年代） □□□

1920年代には診断派、1930年代には機能派が登場し、以下のような違いを互いが強調しながら、それぞれが大きく発展する（表1）。

表1　診断主義と機能主義 これだけ！

項　目	診断主義（診断派）	機能主義（機能派）
流　れ	フロイトの流れを汲む。	ランクの流れを汲む。
方　法	利用者の心理的側面を診断、治療する。	治療ではなく、援助を働きかける。
目　的	利用者のパーソナリティを発展させる。	援助機関の機能を利用し、利用者の成長を促す。
援助の中心	援助者が中心となって利用者を導く。	援助関係では利用者を中心に考える。

1 発展期　援助技術がケースワーク、グループワーク、コミュニティワークの3つに分かれて、専門化が進んだ。

3. 基本 統合期　〜1960年代 □□□

1 マイルズ（Miles, A.）　診断主義と機能主義の対立を嘆き、両者の統合を願う意味で「リッチモンドに帰れ」と主張した。

2 パールマン（Perlman, H.）　診断派の立場に立ちつつも、機能派の要素を積極的に取り入れ、両派の統合を図った。

4. 標準 批判期　〜1970年代 □□□

ケースワークの実質的な効果が疑問視され、批判が集まる中で、パールマンは1967年に「ケースワークは死んだ」と自己批判に関する論文を発表し、同時にケースワークの復活を期待している。

合格勉強法

診断主義と機能主義の違いは「診断主義＝利用者の心を治療する」「機能主義＝利用者が援助機関の機能を利用して成長する」と置き換えるとわかりやすい。

11

ソーシャルワークの理論と方法

📝 過去問チェック！⬆️

Q：ハミルトン（Hamilton, G.）は、社会科学とのつながりを意識して、「リッチモンドに帰れ」と原点回帰を提唱した。（34−92）

A：×　**設問はマイルズのことである。**

Q：社会福祉基礎構造改革時には、ソーシャルワークの統合化の考え方が外国から初めて紹介されるようになった。（27−93）

A：×　**社会福祉基礎構造改革は2000年。ソーシャルワークの統合化に関して盛んに議論されるようになったのは、1970年代である。**

Q：全米慈善矯正会議（1915年）において、フレックスナー（Flexner, A.）は、ソーシャルワークには科学的効果が認められないとし、「ケースワークは死んだ」と論じた。（25−92）

A：×　**「ケースワークは死んだ」と論じたのはパールマンである。**

➡過去問プラス！『国試対策2025』（共通科目編）p.225

2 治療モデル（医学モデル）

34 99, 33 106, 30 100

1. 基本 治療モデル よく出る □□□

人　物	影　響	方　法
リッチモンド （Richmond, M. E.）	ケースワーク理論の原点。のちの診断(主義)アプローチや心理社会的アプローチに影響を与える。	クライエントが問題をもつことを病理であると捉えて、クライエントへの診断と処遇の過程を重視した。

2. 標準 診断的アプローチ（診断主義モデル） これだけ！ □□□

人　物	影　響	方　法
トール （Towle, C.） ハミルトン （Hamilton, G.）	リッチモンドの治療モデル	① 援助者主導の長期的援助関係 ② 診断、治療の過程 ③ クライエントの心理的側面の重視 ④ パーソナリティの発達 ⑤ 生活史の重視、など

3. 標準 機能的アプローチ（機能主義モデル） よく出る □□□

人　物	影　響	方　法
ロビンソン （Robinson, V.） タフト（Taft, J.） スモーリー （Smalley, R.） ランク（Rank, O.）	ランクの流れとして、自我心理学に基づきクライエントの自由な意思を尊重する。	① 利用者のニーズを機関の機能との関係で明確化し、その機能を個別化して提供することに焦点を当てる。 ② 診断的アプローチへの批判として誕生した経緯があり、ランクの自我心理学から強い影響を受けている。

4. 標準 問題解決アプローチ □□□

35 99, 34 92, 32 101,
29 101, 28 93, 27 98

人　物	影　響	方　法
パールマン （Perlman, H.）	心理社会的アプローチと機能主義の統合を目指す。	クライエントが問題解決に取り組む能力を重視し、社会的役割（社会から期待される役割）を行ううえで生じる問題に対処できるように援助する。部分化の技法を用いる。

✐過去問チェック！

Q：タフト（Taft,J.）ら機能主義学派は、ソーシャルワーカーが所属する機関の機能に着目し、機関におけるソーシャルワーカーの役割を重視した。(32−101)

A：○　**機能主義学派はほかに、ランク、ロビンソン、スモーリーが頻出である。**

Q：ロビンソン（Robinson, V.）は、地域精神医学研究などの成果を取り入れた危機介入アプローチを提唱した。(26−99)

A：×　**ロビンソンは機能的アプローチを提唱した。**

 合格勉強法

用語としてモデルとアプローチの差はないので、同義と考えてよい。

Richmond, M
28 101

トール（Towle, C.）
診断主義の代表的提唱者。基本的な欲求の充足の重要性を主張し、ケースワークや公的扶助の体系化に貢献した。主著に『コモン・ヒューマン・ニーズ』（1987 年）。

35 99, 34 92, 33 101,
32 101, 30 103,
27 101

1 パールマン

① 6つのPとは、ケースワークの定義の中で用いた相互に関連する基本的構成要素である（表2）。

表2　パールマンの6つのP

項　目	内　容
① 人	Person（クライエント）←　援助者ではない。
② 問　題	Problem（クライエントが抱える問題）
③ 場　所	Place（援助者が所属し、個別援助が具体的に展開される場所である施設・機関）←
④ 過　程	Process（展開される援助の過程）
⑤ 専門職	Professional person（専門的知識・技術をもつ人）
⑥ 制　度	Provisions（社会福祉援助を可能とするための制度・政策）

合格勉強法

パールマンの6つのPでは特に③場所（Place）の定義に注意。問題が起こっている場所ではなく、援助者の勤め先をさす。

問題が起こっている場所ではない。

「4つのP」のあとに追加された。

② クライエントが問題解決に向かう能力と、自発的に援助を受けようとする動機づけ、問題解決の機会をワーカビリティという。MCOモデル（M：motivation（動機づけ）、C：capacity（能力）、O：opportunity（機会））と称される。

注意

ワーカビリティは、ワーカーの力ではなくクライエントの力である。

5. 標準　心理社会的アプローチ　よく出る！　 これだけ！　□□□

34 92, 33 98, 101,
32 101, 31 102,
30 103, 27 98, 100,
101

11

ソーシャルワークの理論と方法

人　物	影　響	方　法
ホリス（Hollis, F.） ハミルトン（Hamilton, G.）	診断主義 トールの流れ	① クライエントに対する社会診断に基づく。 ② クライエントと援助者の間に生じる転移や逆転移といった精神分析の概念を中心に位置づけ、確立した。

1 ホリス　『ケースワーク—心理社会療法』（1965年）の中で「状況の中の人間」という概念を示し、①人、②状況、③両者の相互作用の相互関連性に注目し、コミュニケーションや経験による人格形成の影響を提唱した。

Hollis, F.

🖉 過去問チェック！↑

Q：リッチモンドは、「人」、「状況」、「人と状況の相互作用」の三重の相互関連性を説いた。(33—98)
A：×　**設問はホリスの説明である。**
Q：パールマン（Perlman,H.）の問題解決アプローチは、精神分析や自我心理学の理論を否定し、人・状況・その双方の関連性においてケースワークを捉えた。(32—101)
A：×　**パールマンは精神分析や自我心理学の理論を否定していない。**
Q：ホリスが示した心理社会的アプローチの介入技法について、「親に心配を掛けまいとして、泣きたいのをずっとこらえていたのですね」という言葉掛けは、直接的指示である。(31—102改)
A：×　**設問は浄化法である。直接的指示とは、示唆、助言、主張などをいう。**

➡過去問プラス！『国試対策2025』（共通科目編）p.232

6. 標準 行動変容アプローチ

35 99, 33 101, 31 103, 30 103, 29 101, 28 101, 102

人　物	影　響	方　法
トーマス (Thomas, E.)	学習理論	① 問題行動の原因にさかのぼり、その解決を目的にするのではなく、学習を通じて、問題行動自体の変化を促す。 ② 精神分析の理論から強い影響を受けたソーシャルワークへの批判から生まれた。

1 **学習理論**　学習の原因や仕組みを説明する心理学の理論。オペラント条件づけやプログラム学習などを提唱したスキナーの学習理論は、行動変容アプローチに最も大きな影響を及ぼした。

他に行動変容アプローチに影響を与えたのは、バンデューラ(Bandura, A.)の社会的学習理論(social learning theory)。「モデリング(他者の行動を観察・模倣し、不適切な行動を消去する学習過程)」が特徴である。

7. 応用 危機介入アプローチ

34 100, 30 103, 28 100, 27 101, 102

人　物	影　響	方　法
ラポポート (Rapoport, L.) キャプラン (Caplan, G.) アグレア (Aguilera, D.C.) セルビイ　(Selby, D.)	重度精神障害者などに対する危機理論	感情的に混乱状態にあるクライエントに対し、援助者が積極的に介入し、その社会的機能の回復に焦点を当てた対応を行う。

 **ごろあわせ** 危機介入アプローチ これだけ！

■ **キ**ャプラン、**ア**グレア、**セル**ビイ、**危**険介入、ラポ**ボート**

キャプテンがアク　　セルふんで、危険な　　ボート

✏️過去問チェック！ ↑

Q：行動変容アプローチでは、クライエントの主体的な意思決定や自己選択が重視され、自分の行動と決定によって生きる意味を見いだすことを促す。(35−99)

A：×　**設問は実存主義アプローチの説明である。**

Q：危機介入アプローチは、教育分野から導入されたアプローチであり、早期介入の重要性を強調している。(27−102 改)

A：×　**危機理論から導入されたアプローチである。**

➡**過去問プラス！『国試対策 2025』（共通科目編）p.243**

34 100, 33 103, 31 103,
30 102, 28 93, 27 100

8. 標準 課題中心アプローチ よく出る

人　物	影　響	方　法
リード（Reid, W.） エプスタイン （Epstein, L.）	心理社会的アプローチ、問題解決アプローチ、行動変容アプローチなどの影響	クライエントの課題を抽象的ではなく、具体的に捉え、援助にかかる時間を早い段階から定めて計画的に短期支援を行う。

注意

処遇目標や面接の回数などを明確化する。

 ごろあわせ　課題中心アプローチ

■ **課題**中心アプローチ、**リード**、**エプスタイン**

課題の　　　　　　　ドリル、単位A

3　生活モデル

36 99, 34 99, 33 98,
106, 32 93, 31 99, 28
93, 27 98

　ケースワークは、リッチモンドの治療モデルに代表される「医学モデル」から、ジャーメインのエコロジカルアプローチに代表される「生活モデル」に移行した。2つのモデルの違いを表3で整理しよう。

合格勉強法

「医学モデル＝人と環境のそれぞれを治療する」「生活モデル＝人と環境のすき間を埋める」と把握すると違いがよくわかる。

表3　医学モデルと生活モデルの相違点

	モデル	人物・理論	根拠となる理論	援助方法
	医学モデル	リッチモンドの治療モデル	証拠に基づく実証主義	診断により、原因となる環境を改善し、パーソナリティを治療する。
生活環境に焦点が移行	生活モデル	ジャーメインのエコロジカルアプローチ	生態学に基づき個人・集団を総合的に捉える。	人と環境の相互作用に焦点を当て、人と環境の適合を図る。

11

ソーシャルワークの理論と方法

✏ 過去問チェック！

Q：ジャーメイン（Germain, C.）によるエコロジカルアプローチでは、問題の原因を追及するよりもクライエントの解決イメージを重視する。（34−99 改）

A：×　空間という場や時間の流れが、人々の価値観やライフスタイルに影響すると捉える。

Q：リードとエプスタインが提唱した課題中心アプローチは、クライエント自らが解決困難と考える問題を、支援対象とする。（30−102）

A：×　自らの努力で解決できる可能性をもった生活課題が対象となる。

Q：ジャーメイン（Germain, C.）らによるライフモデルでは、詳細なアセスメントによってクライエントを客観的に把握する、一方向的な関係を目指している。（22−100）

A：×　一方向的ではなく、人と環境の相互作用に焦点を当てた二方向的な関係を目指している。

➡過去問プラス！『国試対策2025』（共通科目編）p.238

1. 基本 エコロジカルアプローチ よく出る ☐☐☐

人物	影響	方法
ジャーメイン (Germain, C.) ギッターマン (Gitterman, A.)	生活モデル 生態学▶	① 生活システムにおける問題の原因について個人と環境の相互作用に焦点を当て分析し、問題解決を図る。 ② コーピング（人が環境と共存するための対処能力）が弱い場合、レスポンス（人間のニーズに対する環境の反応）が適合しない場合、生活システム上の問題が起こると考えた。

注意
このモデルでは個人と環境の両方に焦点を当てている。

生態学
生物と環境の間の相互作用を扱う学問。

 **ごろあわせ** エコロジカルアプローチ

■ **エコ**ロジカルアプローチ　**ギッ**ターマン　**ジャ**ーメイン

　エコなら　　　　　　　**切手**を捨てたら　**だめじゃ**

だめじゃ！

2. 基本 エンパワメントアプローチ よく出る ☐☐☐

35 100, 34 100, 31 103, 30 95, 103, 29 101, 28 102

人物	影響	方法
ソロモン (Solomon, B.) デュボイス (Dubois, B.) ミレイ (Miley, K.) グティエレス (Gutierrez, L.)	生態学	① クライエントが、自身が置かれているパワーレス状態と、その抑圧された構造を認識する。 ② ①に対して反発（批判）する意識を形成する。 ③ クライエントが潜在能力に気づき、個人、対人、組織、社会の四つの次元における力の獲得を目指す。 ④ クライエントが活用できる知識や技術を援助者が保持していることを、クライエント自身が認識できるように支援する。 ⑤ 援助者は、クライエントの理解者（パートナー）である。

注意
ワーカーは治療者、主導者、保護者ではない。

✏️ 過去問チェック！

Q：エンパワメントアプローチは、クライエントのパワーレス状態を生み出す抑圧構造への批判的意識を醸成する。(35−100)
A：○ **クライエントは、自身が置かれているパワーレス状態と、その抑圧された構造を認識し、それに対して反発（批判）する意識を形成する。**

Q：エンパワメントアプローチは、クライエントのニーズを援助機関の機能との関係で明確化し、その機能を個別化して提供することに焦点を当てる。(30−103)
A：× **設問は機能的アプローチの説明である。**

Q：デュボイス（Dubois, B.）とミレイ（Miley, K.）は、問題解決モデルの援助過程に基づいてエンパワメントアプローチを示した。(26−101)
A：× **問題解決モデルではなく、生態学に基づいている。**

Q：ソロモン（Solomon, B.）はストレングス視点の原則のなかですべての個人、家族、集団、コミュニティはストレングスをもつと述べた。(24−91)
A：× **ソロモンはエンパワメントアプローチを確立した人物である。なお、ストレングス・モデルを提唱したのは、サリービーである。**

➡️ 過去問プラス！『国試対策 2025』（共通科目編）p.242

 ごろあわせ　エンパワメントアプローチ

■ エンパ**ワ**メント　グ**ティ**エレス　**ソロ**モン　デュ**ボイ**ス　　**ミレイ**

　パワーのある　**グッド**な　**ソロ**の　**声（ボイス）**を聴いてみて！

1 **ソロモン**　黒人を対象にした研究で、彼らが<u>スティグマ</u>により世間から抑圧を受け、パワーが欠如した状態にあることに注目し、この無力な状態から、失った力を引き出す過程を<u>エンパワメント</u>と称した。

2 **グティエレス**　エンパワメントアプローチの目的を「個人・家族・地域が内側からパワーを拡大すること」と唱え、<u>集団の体験</u>を重要視した。

3 **マルシオ**（Maluccio, A.N.）　エンパワメントアプローチに影響を与えた「<u>コンピテンス</u>（潜在能力）」の概念を提唱した。

Solomon, B.

34 100, 33 104,
30 94, 95, 110

3．基本 ストレングス・モデル □□□

人　物	方　法
<u>サリービー</u>（サレエベイ）（Saleebey, D.）	① 援助者はクライエントを「対象」ではなく「主体」と捉え、クライエントの中に<u>強さ（ストレングス）</u>を発見し、それを評価する。 ② 援助者がクライエントの問題点などマイナスな側面に焦点を当てていたそれまでの援助姿勢を覆すモデルである。 ③ 逆境や困難な体験における苦しみは、<u>ストレングス</u>の形成を促進すると考える。

1 **地域におけるストレングス**

問題解決を行うためのストレングスは、個人や家族のみならず、地域の中にも見いだすことができる。<u>ラップ</u>（Rapp, C.）と<u>ゴスチャ</u>（Goscha, R.）は、地域を資源のオアシスとして捉えることをあげている。

 ごろあわせ　ストレングス・モデル

■ **サレエベイ**　　　　ストレングス・モデル

　エベレストに登る**強さ**

過去問チェック！

Q：ストレングスモデルは、クライエントの病理を正確に捉えることを重視する。(36−99)
A：×　病理よりも、強さを発見することを重視する。
➡**過去問プラス！**『国試対策2025』（共通科目編）p.237

11
ソーシャルワークの理論と方法

4. 応用 ナラティヴアプローチ これだけ! □□□

人物	影響	方法
ホワイト（White, M.） エプストン（Epston, D.）	家族療法、ストレングス・モデルの一つ。	① クライエントが語る物語（ドミナントストーリー）から、新しい意味の世界（オルタナティヴストーリー）を作り出し、問題の外在化を図る。 ② 伝統的な科学主義・実証主義に対する批判として誕生した。 ③ 主観性と実存性を重視し、現実は人間関係や社会の産物であり、それを人々は言語によって共有しているとする認識論（社会構成主義▼）の立場に立つ。

35 99, 34 100, 31 93, 101, 30 100, 29 98, 101, 28 10

社会構成主義
社会を構成する現実や現象（すなわち実存性）は、人間の意識や感情（すなわち主観性）によって作り出されたものであり、実存性と主観性は深く関与するという考え方。

34 98, 33 99, 32 100

5. 標準 家族システム・アプローチ □□□

人物	影響	方法
ハートマン（Hartman, A.）	生態学、家族療法	① 問題をめぐるシステムに働きかけることで解決に向かうという前提に立ち、最も身近なシステムである家族に働きかけを行う。 ② 援助者がクライエントとパートナーシップを保つ関係が、クライエントのエンパワメントにつながるとした。

ごろあわせ
ホワイト
ナラティヴ
アプローチ

白い紙に
物語を描く

36 100, 35 99, 34 99, 100, 33 101, 32 108, 31 93, 103, 30 100, 101, 29 98, 100, 101, 27 100

4 その他のアプローチ

その他のアプローチで、試験によく出るものを以下にまとめる。

1. 応用 解決志向アプローチ □□□

人物	影響	方法
シェザー（Shazer, S.D.） バーグ（Berg, I. K.）	短期療法（ブリーフセラピー）	利用者自らがもっている具体的な解決イメージを重視し、問題が解決した状態を短期間で実現することに焦点を当てる。

注意!
原因の追究より、能力や可能性などのクライエントのリソースの活用を重視する。

過去問チェック！

Q：ナラティヴアプローチでは、クライエントのドミナントストーリーを変容させることを目指し、オルタナティヴストーリーを作り上げ、人生を再構築するよう促す。(35−99)

A：○ **クライエントが語る物語（ドミナント・ストーリー）から、新しい意味の世界（オルタナティヴ・ストーリー）を作り出し、問題の外在化を図る。**

Q：ホワイト（White, M.）とエプストン（Epston, D.）のナラティヴアプローチは、クライエントの生活史や語り、経験の解釈などに関心を寄せ、希望や意欲など、肯定的側面に着目する。(34−100)

A：× **ナラティヴアプローチはクライエントの否定的な問題が浸み込んでいるドミナントストーリーに焦点を当てる。**

➡過去問プラス！『国試対策 2025』（共通科目編）p.236, 243

 **ごろあわせ** 解決志向アプローチ

■ シェザー、バーグ、ブリーフセラピー

レザーのバッグに　ブリーフケース

2．応用　フェミニストアプローチ □□□

人　物	影　響	方　法
―	フェミニズム	女性にとっての差別や抑圧などの社会的な現実を顕在化させ、個人のエンパワメントと社会的抑圧の根絶を目指す。

3．応用　実存主義アプローチ □□□

人　物	影　響	方　法
クリル（Krill, D. F.）	パスカル、シェリング、キルケゴール	孤立するクライエントに対して、自分の存在に関心を持ち、疎外感から解放することをめざす。科学的な方法ではなく、人間を主体的にとらえるのが特徴。

 **ごろあわせ** 実存主義アプローチ

■ パスカル　クルリ　シェリング　キルケゴール

パスもらい　クルリと　ヘディング　ゴール

11

ソーシャルワークの理論と方法

過去問チェック！

Q：実存主義アプローチでは、その接触段階で、クライエントの動機づけ・能力・機会についてのソーシャルワーカーからの探求がなされる。(35―99)

A：×　設問は、パールマンが唱えた MCO モデル（p.263）の説明である。

Q：フェミニストアプローチは、クライエント自らが問題を解決するための課題を設定し、あらかじめ決められた期間の中で課題を達成することを目指す。(31―103)

A：×　設問は、解決志向アプローチのことである。

Q：解決志向アプローチは、ソーシャルワークを問題解決の過程としてとらえ、クライエント自らが問題を解決することを目指す。(27―100)

A：×　設問は、問題解決アプローチの説明である。

⇒過去問プラス！『国試対策 2025』（共通科目編）p.243

Ⅲ　ソーシャルワークの過程

合格勉強法　暗記事項が少なく正答率の高い項目である。試験当日、冷静に正解が導けるように、過去問題で「デカタ」をチェックするとよい。

1　相談援助の過程の段階

35　101, 102, 103, 34
102, 103, 104, 105, 106,
118, 33　95, 102, 105,
111, 32　97, 103, 105,
110, 31　104, 111, 30
104, 109, 116, 118, 29
104, 105, 110, 28　105,
106, 107, 108, 27　105,
109, 110

ソーシャルワークにおける相談援助は、① 受理面接 → ② 事前評価 → ③ 支援の計画 → ④ 支援の実施 → ⑤ 経過観察 → ⑥ 事後評価・終結という過程をたどる。

1．基本　受理面接（インテーク）　□□□

申請者の主訴を傾聴し、ニーズを把握する。利用者が必要としているサービス提供のために、問題解決を協働して行うかどうかの契約を結ぶ段階である。クライエントとの間に信頼関係を形成することが、主な取り組み課題となる。

合格勉強法　試験当日はカタカナのままだと読み違えたりするので、日本語に直せるようにしておこう。

① 単なる事務的な受付ではなく、サービス利用を申し込んできた申請者が、そのサービスの対象となり得るかどうかの条件について検討する過程。援助者は、サービス提供ができるかどうかを判断する。

② サービス提供が可能と判断されれば、アセスメントに移行する。サービス提供が困難と判断されれば、適切な機関への紹介を行うなど、申請者の問題を解決し得る社会資源を調整することに努める。

2．基本　事前評価（アセスメント）　□□□

クライエントや家族などについて情報収集し、問題の分析を行い、解決への方向性を探る過程である。クライエントの置かれている状況だけでなく、家族、介護者の状況、近隣関係や社会参加の状況など、幅広く情報を収集する。

支援プロセスの進行とともに展開する動的なプロセスである。

アセスメントの過程において、利用者のニーズ、問題、自己ケア能力など、利用者を取り巻く状況を多面的、包括的に捉えることで、利用者にフィットしたサービスが提供できるようになる。

3．標準　支援の計画（プランニング）　□□□

アセスメントに基づいて、援助の実施へつなぐ作業。短期・長期の段階を追った目標を掲げ、継続的に問題解決につなげることを目指す。

即効性だけを追うものではない。

① 計画はクライエントとともに立案するもので、援助者のペースで進めるものではない。

注意　利用者が問題を抱えて不安定な場合でも、援助計画にクライエントを関与させないのは誤り。

② プランニングは、クライエントの問題解決のために、現実的な制度・手段や社会資源を選定する段階である。

現実とかけ離れたプランニングは実行困難に陥る危険がある。

③ 社会資源は一種類に絞り込まず、様々なものを選択的に活用して計画を立てる。

1 留意点　クライエントの要望だけに耳を貸すのではなく、問題の本質を見抜き、現実の問題解決に即していけるように、専門的な技術が求められる。

4．[標準]　支援の実施（インターベンション）　□□□

クライエントのニーズと援助目標との適合性や援助展開などを確認し、目標達成に向けて、援助計画に沿って支援を実施していく段階である。インターベンションでは、クライエントやその環境およびその両者への介入*を行い、状況に応じて社会資源の開発などを行う。

5．[標準]　経過観察（モニタリング）　□□□

計画どおりにサービスが提供されているか、援助の効果測定・判断を行う段階である。インターベンションが行われている間に実施する。

1 過程の遡及性　援助が期待されたほど効果を上げなかったと判断された場合、過程をさかのぼって再度アセスメント、プランニングが行われる。これを過程の遡及性*という。

6．[応用]　事後評価・終結（エバリュエーション）　□□□

援助活動が有効であったかどうか判断する、援助過程の最終段階。クライエントの主観にも注目しながら、客観的に判断する。

1 事後評価　問題解決の過程や利用した社会資源について、クライエントと援助者で確認を行い、同時にクライエントの努力を評価する。

2 終　結　「対象となる問題が解決された場合」「今後の課題は残るが、利用者一人で解決可能な場合」に終結となる。終結の判断は、クライエントと援助者間で合意が形成されていることが重要である。

介　入
介入は関わるレベルによって以下のように分かれている。
・ミクロレベル
　個人、家族
・メゾレベル
　学校、組織、自治体、地域
・マクロレベル
　社会、国家

遡及性
過去にさかのぼって効力を及ぼすこと。「遡＝さかのぼる」という意味。

+α
アフターケア
終結を迎えるときは、クライエントが再度、援助を求めてくる可能性に備えて、受け入れ準備があることを伝えるアフターケアを忘れずに行う。

📝 過去問チェック！

Q：サービスを新たに開始するために、クライエントの望む生活に向けた目標を設定し、その実現に向けて支援内容を決定することは再アセスメントにあたる。(36-107)

A：×　**プランニングの説明である。**

Q：相談援助の過程における介入は、クライエントや関係者とのパートナーシップを重視して進められる。(34-104)

A：○　**設問に加え、介入ではケース会議などを通じて社会資源の活用や開発を図る。**

Q：適用対象として、個人よりも家族など小集団に対する支援が適切である。(32-104)

A：×　**適用対象には個人だけでなく、家族や集団も含まれる。**

Q：コーピングとは、実施されているサービスが適切に提供されているか事実確認を行う段階である。(32-103)

A：×　**設問は相談援助過程のモニタリングの段階のことである。コーピングとはストレスへの対処行動をさす。**

➡過去問プラス！『国試対策2025』（共通科目編）p.250, 259

自己覚知や逆転移など、一見簡単そうだが、実は意味の難しい用語に注意する。自分の言葉で説明できることを目標にしよう。アウトリーチは多科目で頻出である。精神障害者施策として把握しておこう。

1 援助関係の形成方法

35 104, 34 74, 103,
105, 33 102, 105,
32 107, 110, 102,
31 111, 30 99,
28 109, 27 105

1. 基本　援助関係に関する専門用語 よく出る これだけ！ □□□

1 ラポール

援助者と利用者の間に作りあげられる信頼関係のこと。相互の信頼や理解に基づく関係を意味し、援助の基本となる。

2 パターナリズム

立場の強い者が、立場の弱い者の利益を守るために、本人の意志に反して、もしくは本人の同意を得ずに、介入や干渉することをいう。日本語では家父長主義、父権主義、温情主義と訳される。

3 自己覚知

ありのままの自己に気づき受容することをさす。援助者は、クライエントとの援助関係や状況を客観的に把握し、自分の価値観を押し付けないように深い自己覚知が求められる。

4 自己一致

自己概念（自分はこうあるべきだという考え方）と、自己経験（あるがままの自分）が一致している状態をいう。ロジャース（Rogers, C.）が唱えたクライエント中心療法における「純粋性」と同義である。

5 感情の転移

援助の過程で、クライエントの過去の経験に基づく感情が援助者に向けられること。この感情を理解することが、問題の原点につながり、解決に向け有効に作用する。フロイト（Freud, S.）が提唱した。

6 逆転移（対抗転移）

援助者がクライエントの感情に影響され、葛藤や心理的抵抗が生まれること。

✏️過去問チェック！↑

Q：転移とは、ソーシャルワーカーが、クライエントに対して抱く情緒的反応全般をいう。(35−104)
A：×　**援助の過程で、クライエントの過去の経験に基づく感情が援助者（ソーシャルワーカー）に向けられることである。**
Q：逆転移とは、被援助者が自己の感情を援助者に向けることを表す。(32−107)
A：×　**援助者がクライエントの感情に影響され、心理的抵抗が生まれることである。**

➡️**過去問プラス！**『国試対策2025』（専門科目編）p.107

2 面接技術

1. 基本 面接技術の方法

援助者による助言や提案のほか、表1の専門的な技術を用いる。

表1 面接技術の方法

面接技術		説　明	例
要　約		クライエントの発言に対して、重要な箇所に焦点を当て、短縮すること。	（クライエントの発言に対して）お話の中心は○○ということですね。
言い換え		クライエントの言葉を援助者の言葉で返すこと。クライエントの気づきを促す場合に有効。	（家族のことを思い出したくないという発言に対して）ご家族にあまり好意的ではないのですね。
感情の反射・反映		クライエントが非言語的に表した感情を、援助者が言葉で返すこと。	（突然泣き出すクライエントに対して）悲しい出来事があったのですね。
感情の明確化		クライエントの語った感情を明確にして示すこと。	（何も信じられず、会社を辞めたいと思うと語るクライエントに対して）心の整理がつかず、つらい思いをしておられるのですね。
自己開示		援助者自身の経験や感情など個人的な情報をクライエントに開示すること。	（昨年父を亡くしたという発言に対して）実は私も10年前に父を亡くしました。
I（アイ）メッセージ		「私は○○だと思います」で始まる援助者の主観的な意見を伝えること。	（息子を叱ったことを後悔するクライエントに対して）私は、叱ったことは間違っていなかったと思いますよ。
焦点化		複雑に絡み合う多くの現実の要素を、クライエントと一緒に点検・整理すること。	（有料老人ホームへの入所希望があり）家族に相談できない事情、ホームの環境、経済的なことなど、一緒に整理してみましょう。
質問	開かれた質問	「どうして、どのように」などクライエントに自由な回答を促す質問。	息子さんはなぜ行き先を告げずに家を出たのだと思いますか。
	閉じられた質問	「はい、いいえ」で答えられる質問。事実を確認する場合、クライエントが発言に消極的な場合に有効。	息子さんは行き先を告げずに家を出たのですか。

36 118, 35 104, 106, 34 108, 116, 33 109, 32 102, 105, 108, 31 108, 30 108, 29 108, 28 13, 102, 27 13, 107

合格勉強法

直視、要約、助言など日常生活上もよく使われるコミュニケーションの技法は出題されても正答率は高い。感情の反映や自己開示など、援助技術における専門の技術に注目して学習を進めよう。

＋α

非言語的な表現の観察

非言語的な表現の観察においては、クライエントのアンビバレントな感情（好きと嫌いなど相反する感情を同時に抱くこと）を理解する。

11

ソーシャルワークの理論と方法

📝 過去問チェック！↑

Q：感情の反射とは、クライエントが答える内容を限定せずに自由に述べられるように問い掛けることである。(34-108)

A：× **クライエントが表した感情をワーカー（援助者）が言葉で返すことである。**

Q：閉ざされた質問によって、クライエントに自由な語りを促す。(32-108)

A：× **記述は開かれた質問のこと。自分の考えや気持ちを表現するには、「開かれた質問」の方が有効である。**

➡**過去問プラス！**『国試対策2025』（専門科目編）p.112

2．基本 バイステックによる援助関係の7原則 □□□

35 104, 105, 108, 117,
34 94, 101, 116, 31 109,
29 95, 97, 106,
27 96, 105

バイステック（Biestek, F.）は、相談援助に携わる援助者が守るべき7つの原則をまとめた（表2）。

表2　バイステックの7原則

原　則	内　容
個別化	援助者がクライエント一人ひとりの性格や置かれている状況の違いを理解し、問題の個別性を把握すること。
意図的な感情表出	クライエントが失意や憎悪などの否定的な感情も含め、あらゆる感情を自由に表出できるようにかかわること。
統制された情緒関与	援助者が自分の感情を把握し、援助関係の目的達成のため適切な反応を示すこと。
受　容	クライエントのよい面、悪い面も含めて、あるがままを受け入れること。
非審判的態度	援助者の価値観や倫理観によって、クライエントを批判したり、それをクライエントに押し付けたりしないこと。
自己決定	クライエントの考えや意志に基づき、自分の人生に関する選択と決定を自ら行えるように援助すること。
秘密保持	援助の過程で知り得たクライエントに関する情報が、不必要に第三者に漏れることがないように留意すること。

注意

「感情表出」するのはクライエントである。

「情緒関与」するのはクライエントではなく、援助者である。

3 ケアマネジメント、アウトリーチ

35 109, 34 109, 33 35,
32 34, 97, 31 106, 110,
30 105, 29 109, 111,
27 95, 109, 110

1．基本 ケアマネジメント □□□

ケアマネジメントが導入され、ケアプランの作成やケアプランの実施が行われる。

介護保険制度のケアマネジメントでは、サービス担当者会議が開催され、クライエントの生活を支える専門職が集まり、ケアプランを検討することにより、チームアプローチを実践している。

2．標準 アウトリーチ □□□

援助者が所属機関でクライエントからの相談を待っているのではなく、援助者の側から積極的に援助を働きかけること。日本語で「手を差

+α

リファーラル
ケアマネジメントの過程において、支援が望まれると判断した人々を、地域の関係機関等が支援提供機関などに連絡し、紹介すること。

📝 過去問チェック！↑

Q：ケアマネジメントの過程において、リファーラルとは、支援が望まれると判断した人々を、地域の関係機関等が支援提供機関などに連絡し、紹介することである。(33—111)

A：○　ケアマネジメントの過程では、他にスクリーニング（対象になるかどうかを確認すること）、リンケージ（ニーズと資源の結合）等も行われる。

Q：ケアマネジメントのモニタリングには、支援が必要と判断された人を支援提供機関などに連絡し、紹介することが含まれる。(30—109)

A：×　モニタリングとは、経過観察のことであり、設問の内容（リファーラル）は含まれない。

➡️過去問プラス！『国試対策2025』（共通科目編）p.260

し伸べる」という意味。援助開始時だけでなく、援助が始まった後も有効である。

対象者は援助を利用する動機づけが低いため、援助関係の構築に時間がかかる。粘り強く、情報やサービスの提供を続ける必要がある。

3．標準 精神障害者アウトリーチ、地域生活支援プログラム □□□

❶ 地域移行支援・地域定着支援

精神障害者アウトリーチ推進事業とあわせて、退院後の再入院を防ぎ、地域での定着が進むよう、精神障害者に対する<u>地域移行支援・地域定着支援</u>が行われている。

2010（平成22）年障害者自立支援法の改正により、従来「精神障害者地域移行・地域定着支援事業」（補助金）で実施されていた地域移行推進員の活動と同様の事業が、<u>地域移行支援</u>として個別給付化された。また、「居住サポート事業」（補助金）で実施されていた事業が、<u>地域定着支援</u>として個別給付化された。

地域移行支援
地域定着支援
▶p.213

❷ ACT（包括型地域生活支援プログラム）

ACT（Assertive Community Treatment）とは、重度の精神障害をもつ人々が、住み慣れた地域で、安心して生活できるように、多職種で構成されたチームで支援を提供するプログラムのこと。

✏️ **過去問チェック！**↑

Q：アウトリーチは、慈善組織協会（COS）の友愛訪問員活動に起源を持つ。(31−110)
A：○ **友愛訪問員活動は個別に家庭訪問を行う活動を行っていた。**

事例を読んで、E家庭支援専門相談員（社会福祉士）が行った社会資源のアセスメントに関する次の記述のうち、**適切なもの**を**2つ**選びなさい。(30−112)
［事例］Y乳児院に入所しているFちゃん（2歳）の母親は、自身の慢性疾患による病状が安定したことから、引取りを希望している。そのため、E家庭支援専門相談員はFちゃんの退所を検討することとした。面談の結果、母親の状況として把握したことは以下のとおりである。退所後は、母親とFちゃんの二人で暮らす予定である。親族は他県に住む母親の姉だけである。近隣の人とは挨拶程度の付き合いである。
Q：1　近隣の人は、挨拶程度の付き合いなので社会資源に該当しないと判断する。
　　2　他県に住む母親の姉は、遠方なので社会資源に該当しないと判断する。
　　3　母親のかかりつけ医は、Fちゃんにとっても社会資源に該当すると判断する。
　　4　地域子ども・子育て支援サービスを利用するために必要な情報は、社会資源に該当すると判断する。
　　5　退所した乳児院は、社会資源に該当しないと判断する。
A：3、4
　　1　×　**挨拶程度であっても、声を掛け合う存在として相談相手や見守り役として期待できる。**
　　2　×　**遠方であっても、血縁関係であるため相談や間接的な支援が期待できる。**
　　5　×　**乳児院は一時預かりなどで利用する可能性もある。**

4 社会資源の活用・調整・開発

1．応用 社会資源の活用 □□□

　社会資源は、その性質によって、物的資源、人的資源、制度的資源などに分類することができ、これらを選択的に活用する。

1 ソーシャルワーク実践

① 社会資源の再活性化や新たな資源の創出に向けた活動が含まれる。

② 社会資源は、フォーマル*なものとインフォーマル*なものに区分される。クライエントの状況に応じて、フォーマル・インフォーマルな社会資源を組み合わせ、ソーシャルワークを実践する。

③ 社会資源と人々とをつなぐソーシャルワーク実践は、ケアマネジメントの手法が定着する前から行われている。

2 ソーシャルワークにおいて　クライエントが自らを生活問題解決の主体であることを自覚し、ニーズに応じた社会資源を活用できるように援助を展開する。

3 仲介機能　ワーカーがクライエントのニーズと社会資源を結び付ける機能を「仲介機能」という。

> **フォーマルな社会資源**
> 法律・制度に基づくサービス、国・地方公共団体、医療機関、社会福祉法人などのサービス提供者。

> **インフォーマルな社会資源**
> 家族、親族、近隣住民、ボランティア。

2．応用 ソーシャルアクション □□□

　世論を喚起しながら、新たな制度やサービスの拡充・創設を目指して、議会や行政機関に働きかける組織的な活動をさす。

1 社会福祉専門職　利用者や他の専門職などと連携し、社会資源の開発・調整のためにソーシャルアクションを起こす。

2 ソーシャルアクション　地域住民などのニーズ充足のために、制度やサービスの改善などを目指して行う組織的な活動が含まれる。

> **合格勉強法**
> 「ソーシャルアクション＝社会資源獲得のための運動」「ソーシャル・アドミニストレーション＝社会福祉運営管理」と置き換え、違いを浮き彫りにしよう。

3．応用 ソーシャル・アドミニストレーション □□□

1 社会福祉運営管理　ソーシャル・アドミニストレーションとは、社会福祉運営管理のことであり、行政機関において福祉施策に基づいたサービスの運営管理を行うことである。政策の形成・決定、資源の調達・配分についての計画などが含まれる。

✏ **過去問チェック！**↑

Q：ソーシャルアクションとは、地域の問題について、専門家を入れずに住民がグループでの取組を通じて問題解決を図れるようにするものである。(29−112)

A：×　**専門家も含め、住民と連携して問題解決を図る。**

Ⅴ　集団を活用した支援

合格勉強法
グループワークにおける援助者の姿勢や注意点が出題される。ケースワークと異なり、メンバー同士の葛藤や親和性が生まれることで、援助者がどのような点に注意して支援するのかに注目する。

1　グループワーク

36 109, 35 111, 112, 34 38, 111, 112, 33 107, 113, 32 114, 115, 31 113, 114, 30 113, 114, 29 114, 115, 116, 28 98, 115, 27 112, 113

グループワークは① 準備期 → ② 開始期 → ③ 作業期 → ④ 終結・移行期の順番で展開する。

1．基本　グループワークの展開過程 　□□□

1 準備期：援助者がメンバーと予備的な接触を行い、そこで計画を立
　　　　　　案する段階。メンバーに対する波長合わせが行われる。

2 開始期：実際にメンバー同士が顔を合わせ、グループとして活動を
　　　　　　始める段階。

3 作業期：メンバーが個人として、またグループとして課題に取り組
　　　　　　み、本格的に活動する段階。サブグループができた場合に
　　　　　　は、グループ全体の仲間意識の構築や、グループ運営によ
　　　　　　い影響を与えるかどうかを見極めて対応する。

4 終　結・移行期：メンバーと目標達成の程度や活動の評価を行い、今後の生
　　　　　　活に活かせるように、グループ体験を振り返り、感情を分か
　　　　　　ち合えるよう援助する。全体的なまとめをする段階である。

注意

メンバー同士の顔合わせは、まだ行われない。

波長合わせ
▶p.280

注意

援助者は活動の中心ではなく、サポート役に位置する。

2．基本　プログラム活動　□□□

1 プログラム活動　グループワークにおいてメンバーが行う具体的な
活動のこと。活動は目標達成のための手段であり、グループワーク
の目的ではない。

2 方　法
　① 目標は、メンバーそれぞれの目標と、グループ全体の目標の双方
　　を達成できるかどうかを基準に選択する。
　② メンバーが個別の事情に応じて参加できるように、参加方法や参
　　加頻度は１つに絞らない方がよい。
　③ プログラム活動に対しては、メンバーによって進度や満足度に差
　　が生じることを前提とする。

注意
参加メンバー全員がプログラムに満足することを基準にしない。

3．標準　グループダイナミックス　□□□

1 グループダイナミックス
　① 個人個人が集団になったとき、凝集性（ぎょうしゅう）(集団でいることによる強
　　さ)によって生まれる力のこと。集団力学ともいわれる。

11

ソーシャルワークの理論と方法

● 277

② グループワークは、グループダイナミックスが働き、個人が集団から影響を受ける構図で展開されている。

2 集団規範

① 集団において、大多数が共有する判断の枠組みや思考様式のこと。グループダイナミックスに基づく凝集性によって作用する。

② 例としては、子どもがグループワークを通じて長い時間を一緒に過ごすと、格好や仕草が似てくることである。

3 自助グループ（セルフヘルプグループ）

① 患者会、家族会などの当事者組織をさす。

② 障害、依存症、DV など、同じ問題を抱える者が自発的に集まり、特定の体験を共有し、蓄積し吟味することによって生み出される体験的知識を活用し、問題に対処する。メンバー間の対等な相互支援関係があることで、メンバーの自己肯定感を高めるなどの機能がある。

③ 悩みを共有できる仲間同士のピア・カウンセリングが用いられる。

④ ヘルパー・セラピー原則とは、援助をする人が最も援助を受けるという意味である。

✏️ **過去問チェック！** ↗

Q：開始期では、援助の枠組みを明確にする必要がないので、メンバーの行動に対して制限を加えることは避ける。(34−112)

A：× **実際にメンバー同士が顔を合わせ、グループとして活動を始める段階である。**

Q：グループワークの展開過程における準備期には、契約の締結がなされる。(30−113)

A：× **準備期は主に波長合わせを行う。契約の締結は開始期になされる。**

Q：グループワークの展開過程における作業期には、波長合わせがなされる。(30−113)

A：× **波長合わせは準備期に行われる。**

Q：グループの凝集性とは、メンバーがどのような思いや感情を持ってグループの場面にやってくるのかを、援助者があらかじめ理解しておくことである。(29−115)

A：× **波長合わせの説明である。凝集性が高まると、メンバーのグループへの所属意識は強くなる。**

Q：集団を活用したソーシャルワーカーの相談援助について、グループメンバーへの援助では、各個人の特性を認識して、個別化したアプローチを活用する。(28−98)

A：○ **メンバーによって進度や満足度に差が生じることを前提とする。**

Q：自助グループでは、ヘルパー・セラピー原則が起こらないように注意する必要がある。(27−113)

A：× **ヘルパー・セラピー原則とは、「援助をする人が最も援助を受ける」という意味である。**

Q：グループワークの準備期とは、実際にメンバーが顔を合わせ、グループとして活動を始める段階のことである。(21−114)

A：× **開始期の説明である。**

→ **過去問プラス！** 『国試対策 2025』（共通科目編）p.260

4．[基本] コノプカ（Konopka, G.）

1 『ソーシャル・グループワーク』（1963 年）　小集団がもつ<u>治療的機能</u>に着目した。<u>非行少年</u>、<u>収容施設入所者</u>、<u>情緒障害児</u>に対する治療教育的グループワークを開拓した。また、グループワークの<u>基本原則 14 項目</u>を掲げた。

5．[標準] コノプカのグループワークの原則

コノプカが理論化したグループワークの基本原則 14 項目のうち、現在でも実践的に用いられているのが、以下の 7 原則である（表 1）。

7 原則のうち、④ 制限の原則と⑥ 葛藤解決の原則が出ると難しい。特に気を付けよう。

表 1　グループワークの原則

原　則	内　容
① 個別化の原則	援助者はグループの経験を通じて、メンバー一人ひとりがどのように考え、行動しているかを観察し、同時にグループとしての特徴も理解する。 **注意！** 個人の個別化とグループの個別化は、ともに個性を尊重する視点に立つ。
② 受容の原則	援助者はメンバーのあるがままを受け入れ、また共感しているという気持ちを積極的に伝えていく。
③ 参加の原則	援助者は各メンバーの能力に応じて、無理なく参加できるような環境を整える。また、メンバー相互の交流が促進されるように参加を促す。
④ 制限の原則	グループ全体で最低限守るべきルールを、メンバーが自主的に設定し、守っていけるように援助する。 **注意！** グループワークのルールとは、メンバーやグループのニードと団体・機関の機能に照らした建設的な制限を加えることである。
⑤ 経験の原則	援助者は、グループ内の人間関係を通じて、メンバーが新しい経験を供与できるように調整する。
⑥ 葛藤解決の原則	援助者は、グループ内での葛藤に対して、メンバーが自主的に<u>解決</u>できるように導く。 **注意！** 援助者は葛藤が起きないように予防するわけではない。
⑦ <u>継続評価</u>の原則	援助者は、メンバー個人、グループ全体について、継続して評価を行う。

メンバーの行動を「許容する」ということではない。

援助者が積極的に参加することではない。

メンバー同士で助け合い、援助者と共に解決できるように援助する。

✏️ 過去問チェック！

Q：コノプカ（Konopka, G.）は、グループワークの 14 の原則を示し、治療教育的グループワークの発展に貢献した。(33−113)

A：○　情緒障害児などに対する治療教育的グループワークを広めた。

➡過去問プラス！『国試対策 2025』（共通科目編）p.262

6. 応用 **トレッカー（Trecker, H.）** □□□

日本のYMCA＊の働きに影響を与え、青少年の健全育成などの社会教育の領域で行われるグループワークの体系化に貢献した。著書に『ソーシャルグループワーク〜原理と実際』（1948年）がある。

7. 標準 **シュワルツ（Schwartz, W.）**  よく出る □□□

■ グループワーク　準備期に援助者がグループワークで表面化するかもしれない問題やメンバーの個人的な感情などを予測しておくことを波長合わせと呼んだ。グループワークは① 準備期の波長合わせ→② 開始期の契約→③ 作業期の媒介を経て、④ 終結期へ移行する。

■ 個人と社会　相互作用のある一つのシステムと捉え、援助者が個人と社会の橋渡し（媒介）を行う相互作用モデル（媒介モデル）を唱えた。主著に『グループワークの実際』（1978年）がある。

2 ソーシャルワークに関連する方法・技法

ソーシャルワークに関連する方法・技法として表2のものがある。

表2　ソーシャルワークに関連する方法・技法

コーディネーション	調　整	目的の達成のために、適合する社会資源を調整する。
ネゴシエーション	交　渉	相手との共通の目標を見つけて合意を形成する。
ファシリテーション	進行・舵取り	協議の場で、関係者の認識を一致させる。相互理解を促す。
プレゼンテーション	伝達・発表	有用な情報や具体的な実践方法を的確に言語化して、相手に伝える。

33 113, 32 93,
30 100

YMCA（キリスト教青年会）
1844年、ジョージ・ウィリアムズ（Williams, G.）らがロンドンで創設した。

ごろあわせ

波長合わせ
シュワルツ

波にあわせて
ワルツ

1・2・3

✏️**過去問チェック！**↗

Q：グループワークにおける波長合わせとは、メンバー間の親しい接触を通して、お互いに刺激し、影響し合うことである。（36-109）
A：×　**波長合わせとはグループの参加者の感情や意識、起こり得ることなどを予測し、事前準備を行うことである。**
Q：グループワークにおけるプログラム活動の実施は、手段ではなく目的である。（35-111）
A：×　**目標に向かって活動を実施しているため、目的ではなく、手段である。**
Q：トレッカー（Trecker, H.）は、セツルメントやYWCAの実践を基盤とし、グループワークの母と呼ばれた。（33-113）
A：×　**設問はコイル（Coyle, G.）のことである。**

➡️**過去問プラス！**『国試対策2025』（共通科目編）p.261, 263

Ⅵ　ネットワーキング

合格勉強法　連携の基本的姿勢を問う問題が多く、細かい知識が問われるわけではないので正答率が高い。確実に得点源にできるように、時間切れには気を付けよう。

1　ネットワーキング

35 110, 34 38, 96, 107, 33 112, 32 113, 29 113, 114, 28 76, 114

1．応用　相談援助による多職種・多機関との連携　□□□

　多職種が連携することでチームとして組織化し、援助を展開することである。場合によっては地域住民も含めて連携が行われることもある。

1　多職種チーム

　① 多職種チームの会議では、取り扱う事例や協議事項の内容によって、メンバー・リーダーが柔軟に交代する。固定的ではない。

　② 多職種チームによる連携では、チームの各メンバーが専門性を活かし、複合的な視点で各役割を果たすように努める。

　③ メンバーの専門的な立場がそれぞれ異なるために、葛藤が生じることもあるが、クライエントの目標達成のために相互理解を推し進める。

　④ メンバーが共通にアクセスできる記録システムをもつことによって、メンバー間の効率的な協力が可能となる。

> **+α**
> **ラウンドテーブル**
> 目的を固定するのではなく、気軽に参加でき、自由に意見交換できる場。

2．標準　ソーシャルサポート・ネットワーク　□□□

　インフォーマル・フォーマルな社会資源をつなぎあわせ１つのネットワークを形成すること。クライエントを取り巻く環境のうち、社会的、心理的なニーズを含めて、総合的なアセスメントを行ったうえで、ネットワークを形成する。

11
ソーシャルワークの理論と方法

📝 過去問チェック！

Q：ソーシャルサポートネットワークとは、本人を取り巻く全ての援助関係のうち、家族や友人などインフォーマルな社会資源に関するネットワークを除いたもののことをいう。(34−38)

A：×　**インフォーマル、フォーマルな社会資源を繋ぎ合わせ、１つのネットワークを形成することである。**

Q：ラウンドテーブルとは、ボランティアグループのリーダーが参加する活動代表者ネットワークである。(33−112)

A：×　**ラウンドテーブルとは、個人の自由な立場や発想が保証される意見交換の場。ファシリテーターが進行を援助する。**

Q：ネットワーキングでは、目標と価値を共有する。(29−113)

A：○　**クライエントの目標達成のために、相互理解を推進する。**

Q：多職種チームの会議では、ソーシャルワーカーはスーパーバイザーとしての役割を果たし、アドバイスなどを行う。(23−104)

A：×　**多職種間で重要なのはメンバー同士の相互理解であり、スーパービジョンではない。**

➡ **過去問プラス！**『国試対策2025』（共通科目編）p.136（専門科目編）p.116

Ⅶ　スーパービジョンとコンサルテーション

援助技術としてのスーパービジョンは、実務経験のある受験生にとっても、個人的な経験に惑わされず、以下に説明する理論上の原則に基づいて解く方がよい。

1　スーパービジョンとコンサルテーション

36 110, 35 113, 34 113, 33 114, 32 116, 31 115, 30 115, 29 117, 28 116, 27 67, 105, 114

1．基本　スーパービジョン　よく出る □□□

スーパービジョンを行う側（スーパーバイザー）が受ける側（スーパーバイジー）に対して、教育的機能、管理的機能、支持的機能を提供し、臨床の場において援助技術の技能向上を目指すことである（表1、2）。

表1　スーパービジョンとコンサルテーション これだけ！

項　目	スーパービジョン	コンサルテーション
機　能	教育的機能、管理的機能、支持的機能	専門家からの助言
両者の関係	行う人（スーパーバイザー）と 受ける人（スーパーバイジー）	原則、対等である。
職　種	同じ職種内で実施される。	同じ職種、異なる職種でも実施される。
事例への関与	直接的にかかわる。	間接的にかかわる。
形　態	個人、グループ、仲間（ピア*）、ライブ	原則、個人や組織に対して実施される。

＊　複数のスーパーバイジーがスーパーバイザーの同席なしに行うスーパービジョンの形態を指す。

表2　スーパービジョンの機能 よく出る

教育的機能	ソーシャルワークの実践に必要な知識・技術・価値倫理を伝授すること。
管理的機能	ワーカーが能力を発揮できる組織やチーム環境を整備すること。
支持的機能	ワーカーが自己覚知を促し、自己実現を支えること。他の機能の前提となる。情緒的・心理的な面をサポートする。

🖉 過去問チェック！

Q：スーパービジョンの支持的機能は、スーパーバイジーが適切に業務を行うよう目配りすることである。（35−113）

A：×　**支持的機能は、ワーカーが自己覚知を促し、自己実現を支えることである。**

Q：スーパービジョンの教育的機能は、ストレスに対応するようスーパーバイジーの精神面を支える機能である。（35−113）

A：×　**ソーシャルワークの実践に必要な知識・技術・価値倫理を伝授することである。**

Q：スーパービジョンの管理的機能は、スーパーバイジーが実践するために必要な知識や技術を高める機能である。（35−113）

A：×　**ワーカーが能力を発揮できる組織やチーム環境を整備することである。**

Q：ピア・スーパービジョンとは、複数のスーパーバイジーがスーパーバイザーの同席なしに行うスーパービジョンの形態のことである。（33−114）

A：○　**自分自身や互いの専門職としての成長を目的とする。**

➡過去問プラス！『国試対策 2025』（共通科目編）p.266, 268

Ⅷ　ソーシャルワークの記録

合格勉強法
記録が上手く書けるようになると、現場で多くの人に読んでもらい、情報が共有できる。いつも同じ書き方ではなく、時と場合に応じて変化できるとよい。

1　記録と文体

36 102, 35 115,
34 114, 33 112, 115,
32 117, 31 104, 116,
30 106, 29 104, 118,
28 117, 118,
27 103, 115

1．標準　記　録 　よく出る　□□□

1 記録の様式と文体　おもな様式と文体は表1のとおり。　これだけ！

表1　記録の様式と文体

記録の様式	
逐語記録	会話の一語一句をすべて記録する方法
過程記録	時系列に沿って整理し、記録する方法
要約記録	援助過程における内容や経過について、要点をまとめて記録する方法
項目記録	援助課題の項目ごとに整理し、結果を重点的に記録する方法
記録の文体	
説明体	記録者の説明や解釈を用いて記録する方法
会話体（逐語体）	会話の内容をそのまま記録する方法
叙述体	起こった出来事を、記録者の主観を交えず、時間的経過で記録する方法 ・圧縮叙述体：項目ごとに簡潔に記す ・過程叙述体：援助の詳細を記す
要約体	記録者が再整理して要点をまとめる方法

2 記録を図式化する方法　マッピング技法には表2の方法がある。

表2　マッピング技法

項　目	方　法
ジェノグラム（家族関係図）	家族構成や婚姻関係、ライフイベントなどを図式化し、三世代以上繰り返し起こる問題の連鎖性を分析する。
エコマップ	利用者と利用者を取り巻く社会資源を図式化する。
ファミリーマップ（家族図）	家族成員間の力関係や関心事を図式化する。
ソシオグラム	集団内の人間関係を図表化したもの。 →（有向グラフ）、―（無向グラフ）で関心度を示す。

ソシオグラム
▶p.301

過去問チェック！

Q：時間の経過に沿ってソーシャルワーク過程において起こる事実を記録する形式を説明体という。(32－117)

A：× **説明体ではなく、叙述体である。**

IX 事例分析

事例分析は数年に一度のペースの出題なので、頻出とまではいえない。しかし36回国家試験では固有事例と手段的事例の違いを問う問題が出題された。これまでの出題内容をおさえておけば、試験にも対応しやすいだろう。

1 事例分析

36 113, 29 89

1．(標準) 事例分析 □□□

ソーシャルワークにおける単一の事例、あるいは複数の事例を素材としてそれらを細分化し、理解を深め、新たな見方や考え方、援助に繋げていくための手法である。分析の対象として、固有事例と手段的事例の2種類がある。

1 固有事例 ソーシャルワーカー自身が関わった事例で、関心や問題意識を持って選定したもの。

2 手段的事例 何らかのテーマについて学ぶために選定した事例。実際の事例を加工したもの、あるいは架空の事例である場合もある。

2．(標準) 事例検討・事例研究 □□□

1 事例検討 事例分析を通して得られた知識等をもとに、今後の実践で取り組む方向性や目標について検討する。ケースカンファレンス、地域ケア会議、スーパービジョン、研修会などにおいて行われる。事例検討の意義は、サービスの質の向上や、援助に関わるソーシャルワーカーの専門性の向上にある。

2 事例研究 選定した事例に関する様々なデータを収集・分析した結果を通じて、現象や問題を明らかにしたり、実践の振り返りや評価、理論の検証等を行うことであり、質的研究の一部である。収集するデータは、質的なものには限らず、量的データも対象となる。手紙や日記などの私的文書もデータとなりうるが、収集の際には提供者に同意をとり、倫理的配慮をすることが必要である。また個人情報の取り扱いや保護にも留意が必要である。

過去問チェック！

Q：ソーシャルワーカーが担当しているクライエントの支援において、今後の方向性を考えるために、クライエントと共に事例分析をした。これは手段的事例の例である。(36-113)

A：× **ソーシャルワーカーが個々に担当しているクライエントに関するこの事例は、固有事例の例である。**

Q：ソーシャルワーカーが担当している地区で、高齢者から振り込め詐欺に関する相談が頻繁にあるため、研修を目的とした事例分析をした。これは手段的事例の例である。(36-113)

A：○ **手段的事例とは、特定の課題やテーマを学ぶために選出された事例のこと。**

➡過去問プラス！『国試対策2025』（専門科目編）p.118

12
社会福祉調査の基礎

（社会調査の基礎）

国勢調査はその対象者、調査方法が頻出です。相関係数などの量的調査は難しいので、質的調査を先に着手し、得点源にできるよう心がけましょう。質問文の作り方は点の取りやすいボーナスポイントです。

科目の特徴

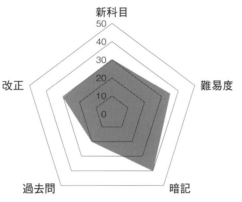

新科目：新科目として相当な準備が必要かどうか
難易度：問題が正解しにくいかどうか
暗記：暗記の重要性が高いかどうか
過去問：過去問題を活用する際に工夫が必要かどうか
改正：法律・制度の改正が多いかどうか

過去問題の使い方

解いておくべき過去問	活用法
3回分 ◎	過去問題は3回分を目安に活用しましょう。第36回→第35回→第34回の順番で解くと徐々に難易度があがり実力アップにつながります。カイ2乗検定は極端に難しいため、余裕があれば挑戦しましょう。

Ⅰ　社会福祉調査の意義と目的

合格勉強法　基幹統計調査と一般統計調査の 2 種類に大別される点から頭の中を整理すると理解が進む。2025（令和 7）年は国勢調査が実施される年にあたる。試験に出やすいので調査の中では最初に着手しよう。

1　統計法

36 84, 35 84, 85, 33 84, 32 85, 31 84, 30 84, 29 84, 27 84

1.　基本　統計法の概要　□□□

統計法は、国などの公的機関が実施する統計の整備等を目的として 1947（昭和 22）年に施行された。

1 **2007（平成 19）年の改正**　「行政のための統計」から「社会の情報基盤としての統計」へ全面的に改正された（2009（平成 21）年施行）（表 1）。

表 1　改正の内容

内　容	① 公的統計の体系的・計画的整備の推進、② 統計データの有効利用の促進（研究や教育など公益使用の場合に限る）、③ 対象者の秘密保護の強化、④ 統計委員会の設置（総務省）
対象となった統計	公的機関が作成する調査統計（統計調査により作成される統計）、業務統計（業務データの集計により作成される統計）、加工統計（他の統計結果の加工により作成される統計）

2 **基幹統計調査**　基幹統計を作成するための調査を基幹統計調査といい（表 2）、それ以外を一般統計調査という。基幹統計調査には、罰則や地方公共団体による事務の実施など、規定が定められている。両調査ともに、結果をインターネットなどで公表する。

表 2　基幹統計と調査

総務省	国勢調査に基づく国勢統計、労働力統計、家計統計、人口推計など
文部科学省	学校基本調査、学校保健統計など 4 統計。全国学力テストは対象外。
内閣府	国民経済計算
厚生労働省	調査統計（人口動態統計、毎月勤労統計、患者統計、医療施設統計、国民生活基礎統計等）、加工統計（生命表、社会保障費用統計）

3 **総務大臣**　国の行政機関が行う統計調査については、総務大臣の審査・承認を受けなければならない。

+α

センサス
公的機関などが実施する国勢調査などの大規模な人口調査のこと。
社会踏査
社会的問題を解決するための調査のこと。

罰　則
調査票情報などを統計の作成に関連する目的以外に利用・提供した者や、守秘義務規定に違反した者に対して、罰則が定められている。

国勢統計
総務大臣は、国勢調査（全数調査）を 10 年ごとに行い、国勢統計を作成しなければならない。また、5 年ごとに簡易な方法による国勢調査を行い、国勢統計を作成する。

社会福祉施設等調査は一般統計調査である。

📝 過去問チェック！↗

Q：福祉行政報告例は、基幹統計調査である。(36−84)
A：×　**一般統計調査である。**
Q：統計法において、一般統計調査には、基幹統計調査も含まれる。(35−85)
A：×　**基幹統計調査以外を一般統計調査という。**
Q：統計調査とは、社会事象を質的に捉えることを目的とした社会調査である。(31−84)
A：×　**情報を数値化して分析するといった量的に捉えることを目的とした社会調査である。**

➡**過去問プラス！**『国試対策 2025』（共通科目編）**p.271, 272**

1 社会福祉調査における倫理と個人情報保護

34 84, 33 85, 30 85, 29 85, 27 85

1. 標準 個人情報保護の留意点 □□□

　個人情報保護法は、個人の権利利益を保護することを目的として、国や地方公共団体、事業者に対して個人情報の取扱いルールを定めている。

1 属性の公表禁止　社会調査で得られたデータは公表することで目的が達成されるが、標本調査で得られた氏名、性別、年齢など対象者の属性は公表してはならない。

2 個人情報の取り扱い　事例研究など調査対象者の個人情報を取り扱う場合には、できる限り匿名化しなければならない。

① 標本抽出の目的で、選挙人名簿や住民基本台帳から自由に個人情報を得ることはできない。調査原票などの文書は、データアーカイブス（記録用の長期保存）を行い、安全に保管する。

② 2020（令和2）年改正では、提供元と提供先がそれぞれ所有するデータを照合すると個人データが生成できると想定される場合には、情報を外部に提供する際、本人の同意を義務づけた。

2. 標準 倫理規程 □□□

1 社会調査倫理規程（一般社団法人社会調査協会）　社会調査の企画から実施、結果の報告に至る全過程で守るべき基本原則と理念である。

① 調査者は、調査対象者のプライバシーの保護を最大限尊重し、調査対象者との信頼関係の構築・維持に努めなければならない。

② 調査者は、調査対象者をその性別・年齢・出自・人種・エスニシティ・障害の有無などによって差別的に取り扱ってはならない。

③ 調査対象者が満15歳以下である場合には、まず保護者もしくは学校長など責任ある成人の承諾を得なければならない。

2 社会福祉士の倫理綱領　クライエントに対する倫理責任として、プライバシーの尊重と秘密の保持が定められている。

3 社会福祉士及び介護福祉士法　社会福祉士、介護福祉士の秘密保持義務が定められており、違反した者は名称の使用停止か、1年以下の懲役または30万円以下の罰金に処することが規定されている。

エスニシティ
言語、文化、宗教などの違いに基づき、集団のメンバーが抱く主観的な帰属意識。

社会福祉士及び介護福祉士法
▶p.248, 249

✏ 過去問チェック！↑

Q：個人情報の保護に関する法律によれば、個人情報の取扱いが5,000人以下の事業者は、法律の適用対象外である。(33-116)

A：× **2015（平成27）年の法改正により、保有する個人情報が5,000件以下の事業者も対象に含まれた。**

12

社会福祉調査の基礎

2 個人情報保護の意義と留意点

1. 応用 個人情報の保護に関する法律（個人情報保護法） □□□

援助者は、個人情報保護法*に基づき、クライエントの個人情報を適切に保護しなくてはならない。

1 個人情報 氏名、性別、生年月日、職業、家族関係などの事実情報のみではなく、身体的な特徴や個人に関する判断・評価に関する情報も含め、個人と関連づけられるすべての情報を意味する。

① 「個人情報」を生存する個人に関する情報に限っており、死者に関する情報については保護の対象とはならない。

② 要配慮個人情報とは、病歴、障害、犯罪など、不当な差別、偏見その他の不利益が生じないよう取扱いに配慮を要する情報である。民間事業者が取得、第三者へ提供する場合、本人の同意が必要である。国、地方公共団体、独立行政法人などは除く。

2 個人情報取扱事業者* 個々のデータベースを構成する個人情報を事業に使用している事業者であり、個人情報保護法の義務規程の制限を受ける。

3 第三者提供の例外 本人から同意を得なくても、本人以外の者に個人情報を提供できる例外は、① 法令に基づく場合（例：警察からの照会）、② 人の生命、身体または財産の保護に必要な場合（例：災害時）、③ 公衆衛生・児童の健全育成に特に必要な場合（例：児童虐待）、④ 国などに協力する場合（例：税務署からの依頼）である。

2. 応用 相談援助における情報通信技術（IT）の活用 □□□

1 「社会福祉士の行動規範」（日本社会福祉士会） 利用者情報の電子媒体などの管理について、厳重な管理体制と最新のセキュリティへの配慮が定められている。

2 デジタル・デバイド デジタル・デバイドとは、パソコンやインターネットなどのIT を使いこなせる者と使いこなせない者の間に生じる、待遇や機会の格差のことである。

3. 応用 医療・介護関係事業者における個人情報の適切な取扱いのためのガイダンス □□□

個人情報の保護に関する法律を踏まえ、「個人情報の保護に関する法律についてのガイドライン」を基礎とし、法の対象となる病院、診療所、薬局、介護保険法に規定する居宅サービス事業を行う者等の事業者等が行う個人情報の適正な取扱いの確保に関する活動を支援するための具体的な留意点・事例等を示す（2017（平成 29）年適用）。

個人情報保護法
2003（平成 15）年制定。2015（平成 27）年の個人情報保護法の改正により、5,000 件以下の個人情報を取り扱う事業者についても対象となった。2021（令和 3）年の改正では、デジタル社会形成基本法に基づく施策を実施するため、個人情報保護の取扱いを官民一元化とし、個人情報保護委員会が全体を所管するなどの改正が行われた。

個人情報取扱事業者
個人情報データベースなどを事業に使用している者（国の機関や地方公共団体、独立行政法人などは除く）。

+α
情報リテラシー
情報を使いこなす力のこと。文部科学省は、情報および情報手段を主体的に選択し活用していくための個人の基礎的な資質、と定義している。

Ⅲ　量的調査の方法

合格勉強法

本科目の最大の難関である。相関係数やクロス集計は苦手意識の原因になりやすいので、ある程度学習が進んだら着手しよう。連続で出題されている尺度はp.292 表 5 の内容をまず押さえよう。正解に近づける。

1　全数調査と標本調査

35 86, 33 86, 32 86,
31 84, 30 86, 29 86

1. [標準]　量的調査の種類　　　　　　　　□□□

量的調査*には全数調査と標本調査があり、両者には表 1 のような長所・短所がある。

表 1　全数調査と標本調査

種　類	方　法	長　所	短　所
全数調査 （悉皆調査）	対象者すべてを調査する。	信頼性の高いデータが得られる。	費用、時間、労力がかかる。
標本調査	対象者の一部を調査する。	費用、時間、労力が軽減される。	標本を抽出する技術が求められる。全数調査と比べて誤差が生じる。

国勢調査は全数調査である。

1 全数調査

測定誤差*は生じる。

① 母集団をすべて調査対象とする調査。調査の負担は大きいが、標本誤差*が生じないという利点がある。

② 国勢調査は、全数調査である。正確な人口を把握することで、法定人口*など行政の基礎人口、人口推計などの基準人口としてのニーズに応えることができる。

2 標本調査

① 標本調査とは、調査対象者の一部を抽出し、母集団の特性を推測する方法である。抽出の方法には、確率理論に基づかない「有意抽出法（非確率抽出法）」と、確率理論に基づく「無作為抽出法（確率抽出法）」がある（表 2、3）。

② どれだけ適切に設計・実施された標本調査でも必ず標本誤差が生じる可能性がある。

③ 標本の代表性とは、母集団全体を代表する標本を選んでいるかどうかを示す基準である。無作為抽出（確率抽出）によってある程度多くの標本を集めると、標本の代表性は高くなり、精度の高い推計結果が得られる。

これだけ！

表 2　標本調査

標本調査		確率理論	抽出方法	標本誤差	代表性
無作為抽出	確率抽出	基づく	乱数表*	小さい	高い
有意抽出	非確率抽出	基づかない	人の意志	大きい	低い

資料：『過去問よくでるキーワード』飯塚事務所

量的調査・質的調査
量的調査は、調査結果の数値化を目的に行う調査。質的調査は、少数対象の調査で、事例調査ともいわれ、自由面接、観察などを用いて実施される。結果の一般化には向いていないが、探索的な調査として有効である。

測定誤差
測定者や測定器、環境・条件などを主な原因とする誤差。全数調査でも標本調査でも生じる。

標本誤差
調査対象の一部を選定することによって起こる、真の値と調査結果との差。なお、回答者の誤回答や未回答などにより生じる誤差を非標本誤差という。

法定人口
政令指定都市・中核市・特例市などの指定、地方交付税交付金の額の算定、国会議員や地方議員の選挙区の画定などに用いられる。

乱数表
0 から 9 までの数字をランダムに並べた表。どの数字も同じ確率（1/10）で現れるように作られている。

12

社会福祉調査の基礎

● 289

表3　標本抽出法

種類	抽出法	具体的方法
有意（非確率）抽出法	機縁法	調査を行う人が友人や知人などの紹介に頼って標本を集める方法。
	スノーボール法	少数の調査対象から始め、いわゆる「雪だるま式」にその数を増やしていく方法。
	割当法（クォータ法）	性・年齢・職業・地域別に、母集団に比例するように標本数を割り当てておき、調査員が条件にあった対象者を選ぶ方法。
無作為（確率）抽出法	単純無作為抽出法	母集団全員に番号をふっておき、乱数表などを使って標本を抽出する方法。信頼性は高いが手間がかかるため、標本数が<u>少ない</u>場合に有効である。
	系統抽出法（等間隔抽出法）	母集団全員に番号をふっておき、乱数表などを使って最初の標本を抽出し、あとは<u>等間隔</u>で標本を抽出する方法。 スタート番号（乱数）　　　　　抽出間隔
	層化抽出法	母集団を、いくつかの部分母集団（層化）に分割し、各部分母集団から標本を抽出する方法。 古い図書館　新しい図書館　→　古い図書館　新しい図書館　標本 母集団：○○市の図書館
	二段抽出法（多段抽出法）	抽出を二段階に分けて標本を作成する方法。例えば初めに調査区を設定し、次に抽出された調査区の中から世帯を抽出する。二段抽出法は、標本誤差が一段目と二段目に生じるため、単純無作為抽出法などの一段抽出法よりも<u>精度が低い</u>。

過去問チェック！

Q：標本調査において、確率抽出法では、標本誤差は生じない。（35−86）

A：×　**標本誤差は生じる可能性がある。**

Q：標本抽出方法の確率抽出と非確率抽出では、非確率抽出の方が母集団に対する代表性が高い方法である。（32−86）

A：×　**確率抽出の方が母集団に対する代表性が高い。**

Q：単純無作為抽出法は、母集団の規模にかかわらず作業時間が節約できる効率的な抽出法である。（29−86）

A：×　**信頼性は高いが作業に手間がかかるため、標本数が少ない場合に有効である。**

➡**過去問プラス！**『国試対策2025』（共通科目編）p.277

2 横断調査と縦断調査

36 87, 34 85, 86,
33 87, 89, 32 40,
31 85, 30 87, 88,
29 87, 28 84, 27 86

1. 基本 横断調査と縦断調査　□□□

1 横断調査　1回の調査で、属性（性別、年齢、職業など）によって調査対象を分類して実施する。1回しか調査を行わないため、因果関係まで追究するのは難しい。採取したデータを横断データ、クロスセクショナルデータという。

2 縦断調査　一定の期間間隔をおいて繰り返し行う調査である。

① 因果関係を解明するのに適当である。採取したデータを時系列データという。

② 特定の対象を継続的に調査し、その変化を捉えることにより、集団の変化とそのタイミングや、変化とニーズの分析ができる。

③ (1)コーホート分析、(2)パネル調査、(3)トレンド調査がある。

 (1)**コーホート分析**　コーホート（同時期に生まれた人口集団）を追跡して調査する「世代差分析」のこと。

 (2)**パネル調査**　同じ対象者に、期間をあけて複数回の調査を実施する。対象者を固定することで、変化を分析できる。回数を重ねるごとにサンプル数が減少することをパネルの摩耗という。

 (3)**トレンド調査**　2020年の18歳の好きな曲、2030年の18歳の好きな曲、のように定義を固定して、動向・変化を調査する。対象者は固定されない。

2. 基本 自計式調査と他計式調査　□□□

記入方法の違いにより、調査対象者が自分で調査票に記入する自計式調査と、調査者が記入する他計式調査がある（表4）。

合格勉強法

横断調査＝1回のみ調査、縦断調査＝時間をあけて複数回調査、と整理する。クロスセクションとは「横断的」という意味。「クロスする＝横断する」と覚えておこう。

パネルの摩耗
パネル調査において、2回目以降の調査で、調査対象者が脱落すること。

12
社会福祉調査の基礎

表4　自計式調査と他計式調査 これだけ！

調査法	調査例	長　所	短　所
自計式調査（自記式）	郵送調査 留置調査	調査規模を大きくできる。	質問の意味を誤解してしまう、調査対象者以外が回答してしまう。
他計式調査（他記式）	訪問（個別）面接調査 電話調査	深い内容まで質問ができる。	費用、時間がかかり、規模を拡大しにくい。調査者によって回答に誤差が生じてしまう。

過去問チェック！

Q：縦断調査のデータ分析は、横断調査に比べて、二つの変数間で原因と結果という因果関係を推論することには適していない。（34−85）
A：×　**因果関係を解明するには、パネル調査などの縦断調査の方が適している。**
Q：同じ調査票を用いて、4月にR市、5月にS市で調査を行えば、縦断調査といえる。（30−87）
A：×　**同じ調査票を用いても別の対象に調査を行うのであれば、縦断調査とはいえない。**

➡過去問プラス！『国試対策2025』（共通科目編）p.278

3 測　定

1．[応用]　信頼性と尺度　□□□

① 測定*とは調査のことである。調査で得られるデータを尺度（変数）と呼ぶ（表5）。

測　定
一定の規則や基準を用いて、調べたい対象の「経験的な特性（測ってわかった特徴）」に数値や記号を与える手続き。

表5　尺度の種類

	尺　度		内　容	具体例	大小優劣	中央値	算術平均	標準偏差	最頻値	情報量
数字で測れない尺度	質的尺度	名義尺度	名称や割り振られた数字など。尺度同士に大小や優劣の関係がない。	国籍、性別、電話番号、背番号、「はい・いいえ」の回答	×	×	×	×	○	1 最小
		順序尺度	1位から最低位までの順序を表す。尺度同士の差がバラバラである。	順位、学歴、成績「優 / 良 / 可」	○	○	×	×	○	2
数字で測れる尺度	量的尺度	間隔尺度	尺度に順序があり、尺度同士の差が等しい。絶対的な0をもたず、マイナスで表されることもある。	気温、売上高	○	○	○	○	○	3
		比例尺度	尺度に順序があり、尺度同士の差が等しい。理論上は0以下の値（マイナス）はあり得ない。絶対的な0をもつ。	身長・体重、収入、人数	○	○	○	○	○	4 最多

○：算出できる　×：算出できない

② 「絶対的な0」とは、0が「無（全く存在しない）」を意味する。例えば、収入0円なら、収入が全く存在しないことをさす。理論上は0以下の値（マイナス）はあり得ない。

③ 比例尺度では測定値が0となる点が決まっているが、間隔尺度では尺度上のどこを0とするかが自由に定められる。

④ 「名義尺度＜順序尺度＜間隔尺度＜比例尺度」の順に情報量が多くなる（尺度としての水準が高くなる）。比例尺度（例：各生徒の体重）を元にして、間隔尺度（例：40kg、50kg、60kgの生徒が何人いるか）に分けた棒グラフは作成できるが、棒グラフ（間隔尺度）から各生徒の体重（比例尺度）は作成できない。

✏️ 過去問チェック！

Q：順序尺度で測定した1と2の差と、3と4の差の等間隔性は担保されている。(36−88)

A：×　**順序尺度の一例に「順位」がある。徒競走1位と2位のタイム差、3位と4位のタイム差は等間隔とは限らない。**

Q：間隔尺度の例として、身長や体重がある。(35−87)

A：×　**身長や体重は、比例尺度の例である。**

➡ **過去問プラス！『国試対策2025』（共通科目編）p.275, 276**

2．応用　信頼性・妥当性

測定の正確さを示すものとして、尺度の信頼性や妥当性がある。

1 測定の信頼性

① 測定の信頼性とは測定の確かさのことで、何度同じ測定を実施しても同じ結果が得られる「安定性」などに基づいている。

② 信頼性は、信頼性係数 ρ によって数値の形で表すことができる。0.00〜1.00 の間で表示され、数値が高いほど信頼性が高い。

③ 信頼性係数を測定する方法として、表6の方法がある。

表6　信頼性係数の測定法

測定法	方　法	欠　点
再検査法	ある程度時期をあけて同じ調査対象者に同じ検査を2回実施し、その結果の相関から信頼性を検討する。	あける時期の設定が難しい。
平行検査法	同じ集団に対して類似した2つの検査を実施し、その結果の相関から信頼性を検討する。	2つのテストが等質とする客観的基準がない。
折半法	尺度を2等分に折半し、両者の結果の相関を比較して、信頼性を検討する。	等質に折半するのが難しい。
内部一貫法	クロンバックの α 係数により、内部一貫性（各質問が測定の目的に応じて一貫した方向性をもっているか）を調べる。 α 係数の目安は 0.80 以上であり、1.00 に近ければ信頼性が高いといえる。	質問数が増えれば、α 係数が上がる傾向がある。

折半法では尺度（得られたデータ）を折半する。調査対象者を折半するわけではない。

クロンバックの α 係数
質問（調査項目）ごとの分散（ばらつき）から計算する。複数の測定項目間に内的整合性があるかどうかを調べるためのものである。

2 測定の妥当性

測定の妥当性とは、質問紙や測定された内容が、調査者の意図をどれだけ反映していたかを示すものである（表7）。

表7　測定の妥当性

妥当性	説　明
内容的妥当性	質問紙の内容や測定の内容が、調査者の意図をどれだけ含んでいるのかを示すもの。例えば、生徒の算数の実力を測定したい場合に国語の問題を出題するのは、内容的妥当性が低いということになる。
基準関連妥当性	自分が作成した質問紙と、外的基準（関連性の高い他の質問紙）と比べて、相関するかどうかを示すもの。
構成概念妥当性（因子的妥当性）　一番難しい。	質問紙は、結果に対する要因（因子）がいくつか存在することを推測しながら作成される。これらの因子を組み合わせたときに、質問紙全体が測定の意図をどの程度測っているかどうかを示すもの。

過去問チェック！

Q：妥当性とは、同じ調査を再度行ったときに、どのくらい類似した結果を得ているかを意味する。（35—87）

A：✕　**妥当性とは、測定された内容が調査者の意図をどのくらい反映していたかを示す。**

➡過去問プラス！『国試対策 2025』（共通科目編）p.276

12
社会福祉調査の基礎

4 量的調査の集計と分析

集計と分析は、量的調査から得たデータを、より使いやすい形に変換する過程である。

1. 標準 代表値 □□□

データの分布の特徴を、一つの値で代表させたときの値である。① 最頻値、② 中央値、③ 平均値などがある（表8）。

表8 代表値

代表値	説　明	外れ値（異常値）の影響
最頻値（モード）*	データの中で最も多い値のこと。複数存在する場合は、最頻値を一つに決められないことが欠点である。	な　し
中央値（メジアン）	すべてのデータを小さい順に並べたときに真ん中にくる値のこと。真ん中にくるデータが偶数ある場合は、2つのデータの平均値が中央値となる。	な　し
平均値（算術平均値）	すべてのデータを足し合わせ、足し合わせた数で割ることで求められる値。	あ　り

最頻値（モード）
「モード（主流）」と訳される。一番多い数という意味。

注意

中央値は真ん中の値、平均値は全データを足して割った値である。

2. 応用 散布度 □□□

平均値ではわからない「散らばり」を示す値は以下のとおり。

① 偏差＝各データ－平均値。平均からどれぐらい離れているか。

② 分散＝各データが全体にどれぐらい散らばっているか。

$$= \frac{\{(各データ)-(平均)\}^2 \text{の和}}{全体の個数}$$

③ 標準偏差＝各データが平均値の周辺でどれくらい散らばっているか。

$$= \sqrt{分散}$$

過去問チェック！

Q：分散と標準偏差は、どちらも平均値からの散布度を示すが、これら二つの指標には関係はない。(31−88)

A：× **どちらも平均値からの散布度を示し、また両者は深く関係している。分散の平方根が標準偏差であり、標準偏差の2乗が分散である。**

［事例］ある「ふれあいサロン」の参加者は、男性が64歳と68歳の2名、女性が64歳、66歳、72歳、75歳、77歳、80歳、82歳の7名であった。(27−88改)

Q：女性参加者の年齢の中央値は、75である。

A：○ **小さい順に並べたときに真ん中に来るのは75である。**

Q：平均値と中央値の差は偏差と呼ばれ、散布度の指標としてしばしば用いられる。(25−88)

A：× **偏差とは、平均値と各データの差のことである。**

3. 応用 相関と回帰（量的データの関連性） □□□

1 散布図

縦軸、横軸に 2 項目の量や大きさなどを対応させ、データを点で示すことにより、データの分布を一目でわかるように表したもの。

2 回帰直線

① データに一番よく当てはまる直線のこと。例えば「算数で○点の生徒は、国語では平均△点だった」という平均点を示す。

② 回帰方程式「$y=ax+b$」で表される。a とは「直線の傾き」を示し、b（y 切片）は x（算数）が 0 点のときの y（国語）の点数」を示す。

3 ピアソンの積率相関係数

> 変数の単位で数値が変化するものではない。

① 2 つのデータ（変数）の間に何か関係があるとき、これを「相関がある」という。その関係の程度を示したものが「相関係数」である（図 1）。一般的にピアソン（Pearson, K.）の積率相関係数は、線形関係*にあると想定される 2 変数の相関の程度を算出する。

線形関係
直線でグラフ化できる関係のこと。

② 相関係数は「−1 から＋1」の値をとる。

- −1 に近い＝負の相関がある
- 0 に近い＝相関が弱い
- ＋1 に近い＝正の相関がある

> 負の相関は、「相関がない」という意味ではない。相関係数が 0 を示すと「相関がない」という意味になる。

③ 散布図からは、以下の傾向が読み取れる。

図 1 相関係数

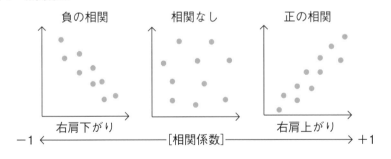

負の相関　　　相関なし　　　正の相関

右肩下がり　　　　　　　　右肩上がり

−1 ←――――[相関係数]――――→ ＋1

合格勉強法

ピアソンの積率相関係数は難解だが、散布図との関係だけは押さえておこう。理解に時間がかかりそうな場合は、図 1 だけはがんばって覚えよう。

12
社会福祉調査の基礎

✎ 過去問チェック！

Q：ピアソンの積率相関係数は、二つの変数間の非線形関係を表している。(31−88)
A：× 線形関係にあると想定される二変数の相関の程度を算出するものである。
Q：ピアソンの積率相関係数について、値は 0 から 1 の範囲の間で変動する。(28−87)
A：× −1 から＋1 の範囲で変動する。

4. 応用 クロス集計（質的データの関連性）

データの関係を相対度数*（%）によって把握する分析法である。<u>度数</u>（データの値）が大きい、小さいは必ずしも重要ではなく、<u>比率</u>（<u>パーセント</u>）が重要である。

❶ 度数分布表 一つの変数について、それぞれのカテゴリー（階級）にあてはまる度数をまとめた表。

❷ 調査データの分析 一方の変数の値によって、他方の変数の分布が異なる場合、それらの変数間に関連性があると判断する。例えば、社内アンケートのクロス集計表では、性別と賛成・反対の関係が読み取れる（表9）。

表9 クロス集計表

実数：観測度数　表頭項目

	賛成	反対	合計
男性社員	50 (33%)	100 (66%)	150 (100%)
女性社員	40 (80%)	10 (20%)	50 (100%)
全体	90 (45%)	110 (55%)	200 (100%)

表側項目　行和

%：相対度数　列和　周辺度数

例）社員食堂を一般公開することに賛成・反対
→女性の賛成は40であり、男性より度数は小さいが、女性全体の8割を占めており、賛成する傾向が強いことがわかる。

満年齢や年収実額のような間隔尺度や比例尺度のデータに対しては、<u>質的尺度</u>に変換することでクロス集計表を利用できる。例えば、満年齢であれば、20歳代、30歳代という<u>グループ</u>に分ける。

❸ オッズ比 ある事象の起こりやすさを示す尺度。A、Bの2つの群（グループ）を比べて、ある事象についてどちらの方が起こりやすいかを意味する。オッズ比は必ず0以上で、最大値は∞、最小値は0。

❹ 多変量解析（かいせき） ある対象から得られた多種類のデータを総合的に分析したり、将来の数値を予測したりする方法である。身長・体重、血圧、BMI、体脂肪率などのデータから「病気の有無や、その確率を知りたい」場合などに使う。重回帰分析やクラスター分析などがある。

過去問チェック！

Q：クロス集計表により変数間の関係を観察するには、相対度数ではなく、観測度数を表示する。(31-88)

A：×　観測度数（実際にはかった数）ではなく、相対度数（全体に対する割合）の方が適している。

5 質問紙の作成方法と留意点

35 88, 33 88,
32 88, 30 89, 28 86

1. 基本 質問文作成の注意点 よく出る □□□

質問紙は、質問項目、回答形式、配列などに配慮し、適切に作成する（表10）。作成した質問紙の構成や内容が適切かを検討するため、プリテストを実施することが望ましい。

合格勉強法
難しい本科目の中でも、ここは比較的理解しやすい。

これだけ!

表10　質問文作成の際の注意点

質問・表現	説　明	具体例
ダブルバーレル質問	1つの質問文で2つ以上のポイントを尋ねる質問。混乱を招くので避ける。	「喫煙や飲酒を毎日しますか？（はい／いいえ）」
ステレオタイプ	固定観念や思い込みをもつ用語。回答に影響することが多いので使用しない。	やまとなでしこ、道徳的しつけ、など。
あいまいな表現	質問文の意図が回答者によって何通りも解釈できてしまうような、あいまいな表現は避ける。	「スポーツ観戦をどれぐらいの頻度でしますか」→「野球のテレビ中継をどれぐらいの頻度で視聴しますか」（スポーツの種類、観戦の方法を具体化する）
キャリーオーバー効果	前の質問の回答が後ろの回答に影響を及ぼすこと。質問文を離して配列する。	「テレビが視力低下に及ぼす影響は大きいと思いますか」→「テレビを一日何時間視ますか」の順番で質問されると後者の質問に回答しづらくなる。
パーソナルな質問インパーソナルな質問	回答者本人の個人的な意見を聞くパーソナルな質問と、一般的な意見を求めるインパーソナルな質問は区別する。	「宗教は大切だと思いますか」→インパーソナルな質問「神様はいると思いますか」→パーソナルな質問
イエス・テンデンシー	回答者は質問に対して、「イエス」で回答する傾向がある。	―
フェイスシート（属性項目）	年齢、性別、学歴、職業、収入などの基本属性を把握する項目。	最後に配列するとよい。質問紙の最初の方は、調査目的に沿った質問文を配列する。

2. 標準 回答法 □□□

1 自由回答法　回答を自由に記入してもらう方法。自由な意見を採取できる長所はあるが、データを整理するのに労力がかかる。

2 選択回答法（プリコード法）　あらかじめ選択肢を用意しておき、選んで回答してもらう方法。整理分析の負荷は軽減されるが、適切な質問文を作成する技術が求められる。多肢選択肢法は以下のとおり。

① リッカート尺度　提示された文章に対して賛成、反対を5段階程度で回答する。例）質問：朝食にはカレーが向いている。回答：「1 とても向いていると思う」～「5 全く向いていないと思う」。

② SD法　「意味差判別法」である。「明るい―暗い」「平凡な―平凡でない」など対立する形容詞を用いて、商品に対するイメージ・印象を測定する。

ステレオタイプ
多くの人が共通したイメージをもつことである。「型にはまった」「紋切り型の」「画一的な」という意味。

12

社会福祉調査の基礎

Ⅳ　質的調査の方法

本科目で最初に着手するとよい。出題率も高く、理解のハードルが低いので、必ず正解を確保しておきたい項目である。KJ 法、GT 法は流れが重要。合格 MAP でイメージを広げよう。

1　観察法

36 90, 35 89, 34 89, 33 90, 31 90, 29 84, 27 90

1．基本　調査手法としての観察法 よく出る　□□□

1　観察法　観察という手法を通じて行う調査であり、文字により記録したデータだけでなく、写真や音声なども分析対象となる。

① 質的データを収集するための方法であるが、利用可能であれば量的データの収集も併用される。

② 調査者の参与の有無によって参与観察法、非参与観察法に分かれる。

非参与観察法
調査者が第三者として、外部から対象を観察する方法。

2　参与観察法　調査者自身が調査対象集団の内部で長期間生活し、その実態を多角的に観察する方法。現地で見聞したことについて、網羅的に記すことが原則である。以下の長所と短所がある。

① 長所：外部からでは見えない対象の感情や考え方を理解できる。

② 短所：調査者自身が調査対象に感情移入してしまう危険がある。客観性の維持が難しい。

注意

参与観察と非参与観察の違いは、観察にあたって、調査者が観察対象者に具体的な指示を出すか出さないかではない。

3　観察における調査者（フィールドワーカー）の立場　参加と観察の比重の置き方により、① 参加の比重が大きい「完全な参加者」、②「観察者としての参加者」、③「参加者としての観察者」、④ 観察の比重が大きい「完全な観察者」に分類される。

調査者の立場は調査の途中で変更することがある。

4　フィールドノート　観察中にメモをするなどして蓄積される。非参与観察だけでなく、参与観察でも用いられる。ただし、メモを取る際には集団行動の妨げにならないように注意し、現場の人々の不信感、警戒感を引き起こさないような工夫が必要である。

＋α
ミックス法
質的データを収集するインタビューや観察などと、量的データを収集する質問紙調査などを組み合わせて行う調査の手法のこと。

2．応用　アクションリサーチ、統制的観察法　□□□

1　アクションリサーチ　アクションリサーチは、参与観察法を発展させた手法であり、調査を行う研究者が当事者と協働して、両者が関与する問題の解決も目指しつつ調査や実践を進める。質的調査・量的調査のどちらの手法も適用される。

2　統制的観察法　調査者が事前に人為的な環境を設定するなど、観察の条件や手法を制限し、観察する方法。対して非統制的観察法は、日常的な環境でふだんと同じ様子を観察する方法である。

注意

アクションリサーチでは、観察だけでなく、質問紙法や面接法も行われる。

2 面接法

1. 基本 調査手法としての面接法 □□□

1 **面接法** 面接（インタビュー）を通じて情報を収集する社会調査の方法である。

① 1対1で行われる場合と、複数を対象に行われる場合がある。

② 面接の際には、調査者と調査対象者との間にラポールが形成されることを心がける。面接は、表1のとおり構造化面接、半構造化面接、非構造化面接に大別される。

ラポール
▶p.272

ライフストーリー・インタビュー
個人の人生、生き方に焦点を合わせ、対象者の経験や価値観、世界観などを把握する調査方法。調査者と対象者のやりとりの中で自由に構築されるものであり、構造化面接には適していない。

表1 面接法の種類 これだけ！

面接法	方 法
構造化面接	質問項目、質問順序ともに決められており、それにしたがって面接を行う。量的調査でも採用される方法である。調査者が進行の責任をもって進めていくことが望ましい。ライフストーリー・インタビューなどには適していない。
半構造化面接	ある程度、事前に質問項目を決めておき、状況に合わせて変更しながら面接を行う。対象者は構造化面接よりも自由に回答できる。
非構造化面接	詳細な質問項目や質問紙をあらかじめ用意せず、調査者が臨機応変に質問を掘り下げながら、対象者の回答を得る。

注意！ 非構造化面接では、調査者の面接技術が高く求められる。

12

社会福祉調査の基礎

2 **フォーカスグループインタビュー** 参加者が自由に話をすることによって、個人面接などでは得られないような参加者の独自性が引き出せる長所がある。グループとして一致した意見をとりまとめることよりも、異なる意見の幅広い収集が期待される。非構造化面接や半構造化面接で行われるが、インタビューガイドを準備する方がよい。

インタビューガイド
質問内容や討議のルールを示した指針・計画。

✏️ 過去問チェック！ ↗

Q：半構造化面接では、インタビューのおおむね半分程度の時間を、質問内容や質問の順番などが詳細に決められた質問紙によって面接が進められる。(36−89)

A：× **半構造化の「半」とは、時間が半分という意味ではなく、質問内容などがある程度決まっているという意味である。**

Q：認知症高齢者の家族介護者の不安を軽減する方法を明らかにするため、当事者と共にアクションリサーチを実施した。(34−39)

A：○ **アクションリサーチは、当事者と研究者が協力して問題解決を目指すものである。**

Q：観察法における「完全な観察者」は、観察に徹して、その場の活動には参加しない。(33−90)

A：○ **参加と観察の比重の置き方は、調査の途中で変更することが可能である。**

Q：非構造化面接では、通常、詳細な質問項目や質問紙をあらかじめ用意しない。(22−82)

A：○ **調査者が面接の状況に合わせて自由に質問する方法である。**

⇒過去問プラス！『国試対策2025』（共通科目編）p.167, 283

35 90, 34 39, 32 90,
30 90, 29 90, 104,
27 89, 112

3 質的調査のデータの整理と分析

1. 標準 質的データの分析方法 □□□

代表的な質的データの分析方法に、KJ法、グラウンデッドセオリーアプローチ（GT法）、エスノグラフィー、ソシオグラムがある。

1 KJ法

① カード（紙片）を用いて収集された情報・意見から、<u>新たな発想</u>や、<u>アイディア</u>を導き出す方法。KJ法の呼び名は、考案者・<ruby>川喜田二郎<rt>かわきたじろう</rt></ruby>氏のイニシャルを由来とする。

② 質的データの分析において、主として<u>仮説を新しく構築する</u>際に活用される。

 注意 KJ法は「自由な発想、新たな発見」が目的であり、仮説の「構築」には使われるが、仮説の「検証」ではあまり用いられない。また、理論的枠組みに基づいてあらかじめ設定された分類軸などは必要とされない。

 **合格MAP** KJ法の流れ これだけ！

① カード作り
- テーマに関連すると思われる事実や意見を、<u>ブレインストーミング</u>などにより、<u>できる限り多く</u>カード（紙片）に書き出す。

② グルーピング
- 内容の近いカード同士を集め、グループにまとめる。まず小グループを編成したら、グループに<u>表札</u>（タイトル）を付け、次に中グループ、そして大グループという順番で編成する。

③ 空間配置・文章化
- グループ相互の流れを組みながら、<u>論理的に整理</u>する。グループ間に論理的な関連性が成り立つように、大グループの束を並び替え、<u>図解</u>し、<u>文章</u>にまとめる。

2 グラウンデッドセオリーアプローチ（GT法）

① グレーザー（Glaser, B.）とストラウス（Strauss, A.）によって考案された<u>質的データ</u>の分析手法。社会的現象において、データの収集と分析を通じて<u>データに根ざした理論</u>（グラウンデッドセオリー）の構築を目指す。

② 事前に設定した仮説や既存の理論に沿って分析を行うのではなく、むしろ新しい理論を作り出す手法である。

ブレインストーミング
ブレイン（脳）をストーミング（フル回転）させて、自由にアイディアを出し合うこと。質より量、批判厳禁、自由奔放、連想結合が原則である。

 注意
最初から大きいグループでまとめようとしない。

合格MAP グラウンデッドセオリーアプローチの流れ

① データの収集

↓

② データの分析

社会的現象をラベルづけするコーディングという手段を用いる。コーディングの方法は、分析の進み具合により、オープン・コーディング、軸足コーディング、選択的コーディングという順番で移行する（表2）。

表2 コーディングの流れ

オープン・コーディング ⇒	軸足コーディング ⇒	選択的コーディング
収集したデータに見出しをつける。	単一のカテゴリーと複数のカテゴリーを関連づけて、一つのカテゴリー（概念）を作る。	カテゴリー同士を関連づけ仮説・理論を作る。

↓

③ 理論の完成

理論的飽和（これ以上理論が進展しないと判断される状態）を迎えた時点で、理論の完成を迎え、社会的現象を説明する理論となる。

3 エスノグラフィー

集団や社会の行動様式を、フィールドワークによって質的に記録する手法や記録文書のこと。インタビュー、参与観察、質問紙調査など複数の調査法を用いて実施される。

4 ソシオグラム

ある組織や集団の構成員同士の関係を図表化したもの。実線、点線、円、矢印のない無向グラフ（方向性のない関係）、矢印のある有向グラフ（方向性のある関係）などで表す。

合格勉強法

カテゴリーはそのままだとイメージしにくいので、「同じ考え方のまとまり」もしくは「概念グループ」と置き換えるとよい。

+α

インビボ・コーディング
対象者が使った言葉をそのままコードとして用いること。

エスノグラフィー
エスノ（ethno-）は「民族」を、グラフィー（-graphy）は「記録」を意味し、「民族誌」と訳されるが、社会学、民族学以外の分野でも用いられる手法である。

有向グラフ
辺に向きがあるグラフを有向グラフといい、辺に向きがないグラフを無向グラフという。

12

社会福祉調査の基礎

過去問チェック！

Q：KJ法では、参加者が提出したカードを並べた後、全体を眺めながら内容が類似しているものをグループとしてまとめる。(35-90)

A：○ **グルーピングし、名前を付けた後、グループ間の相互関係を検討し図解する。**

Q：コミュニティカフェの利用者の満足度を数量的に把握するため、グラウンデッド・セオリー・アプローチを用いて調査データを分析した。(34-39)

A：× **グラウンデッド・セオリー・アプローチは、質的調査の分析方法の一つであり、コード化と分類を行い理論の構築等を図る。**

Q：ソシオグラムは、クライエントと複数世代の家族メンバーとの関係性を表す。(29-104)

A：× **家族だけでなく、ある組織や集団の構成員同士の関係を図表化したものである。設問はジェノグラム（p.283）のこと。**

⇒過去問プラス！『国試対策2025』（共通科目編）p.167, 286

Ⅴ　ソーシャルワークにおける評価

合格勉強法 インターベンション期、グランプリ調査などのカタカナ用語は、簡単な日本語になおして暗記しましょう。

1　効果測定

32 104, 31 46, 30 29, 28 106, 27 115

1．応用　効果測定　□□□

援助者は、実施したソーシャルワークやケアマネジメントを振り返り、どのような効果があったかを測定する。

1 単一事例実験計画法（シングル・システム・デザイン）

① 1事例について、効果を測定する方法の一つ。事例には個人だけでなく、<u>家族</u>や<u>集団</u>も含まれる。結果を<u>一般化</u>するのには向いていない。

② <u>介入（援助）開始前</u>に分析対象となる行動や意識を一定期間、継続的に測定する段階を「<u>基礎線（ベースライン期）</u>」という。

③ インターベンション期とは、<u>介入</u>（援助）を受けた後をさす。特定の介入を行うことによって、効果が現われているかどうかを検討する。

④ A–Bデザインは、以下の「A」と「B」の比較を行う方法。最もシンプルで基礎的な単一事例の実験方法である。

　・「A」＝<u>基礎線（ベースライン）</u>期＝介入開始前

　・「B」＝<u>インターベンション</u>期＝介入終了後

2 断面的（cross-sectional）事例研究法

① 複数の事例を対象として、調査時間を一時点に固定し、その時点の<u>断面的（横断的）</u>なデータを研究する方法。

② ある一時点で調査した健康診断の受診率の結果を、男女別や年齢階級別、収入階級別などに分類して、集団の断面を分析する。

③ 調査は<u>1回しか実施</u>されず、時間経過の要素が含まれていないため、因果関係を検討するのには適さない。

3 グランプリ調査法　異なる援助方法を実験した<u>複数のグループ</u>を比較検討する方法。A対Bを比較し、C対Dを比較するので、試合のグランプリ（勝ち抜き戦のトーナメント）に近いイメージである。

4 メタ・アナリシス法　今まで行われてきた<u>複数の研究結果</u>を<u>統合</u>し、より精度の高い相談援助の効果を分析する方法。

5 集団比較実験計画法　対象・被験者を2グループに分けて、介入の効果を明らかにする方法。

　・「<u>実験群</u>」＝介入（援助）を実施するグループ

　・「<u>統制群</u>」＝援助を実施しないグループ

合格勉強法 単一事例実験計画法（シングル・システム・デザイン）や断面的（cross-sectional）事例研究法は「社会調査の基礎」でも出題されるポイントである。

注意

比較対象として、基礎線の設定は必ず必要である。

メタ・アナリシス
メタとは「より高い所から（広い目で）見た」という意味であり、アナリシスは「分析」という意味。すなわちメタ・アナリシスとは、研究の枠を越えて複数の研究結果を分析すること。

1
高齢者福祉

（高齢者に対する支援と介護保険制度）

第 36 回試験では 10 問中 6 問が介護保険制度から出題されました。「①制度の仕組み→②各サービスの内容→③市町村の役割」の順番で学習すると頭に整理されるでしょう。

科目の特徴

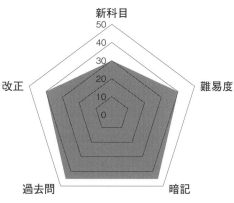

新科目：新科目として相当な準備が必要かどうか
難易度：問題が正解しにくいかどうか
暗記：暗記の重要性が高いかどうか
過去問：過去問題を活用する際に工夫が必要かどうか
改正：法律・制度の改正が多いかどうか

過去問題の使い方

解いておくべき過去問	活用法
3 回分 ◎	介護保険法の改正に気を付けながら過去問題を活用しましょう。第 34 回国家試験は介護保険制度の基礎を問う良問です。第 34 回→第 36 回→第 35 回の順番で演習すると理解が進みます。

高齢者関連のデータは多種類あるので、まず最近連続出題された「国民生活基礎調査」を優先的に学習しておくと的中率が高まる。

1　高齢者世帯の状況

36 126, 35 126, 34 126,
33 126, 32 126

1．標準　国民生活基礎調査（令和4年）　よく出る □□□

　国民生活基礎調査によれば、要介護者等のいる世帯の状況や要介護者、主な介護者の状況は図1、表1のとおり。

図1　国民生活基礎調査（令和4年）

要介護者等のいる世帯

単独世帯 30.7%	核家族世帯 42.1%	夫婦のみの世帯 25.0%	三世代世帯 10.9%	その他 16.4%

要介護者等の年齢階級別

70〜74歳 7.1%	75〜79歳 12.9%	80〜84歳 20.9%	85〜89歳 27.1%	90歳以上 26.2%

40〜64歳
2.6%　65〜69歳
3.4%

主な介護者（続柄別）

同居 45.9%		別居の家族等 11.8%	事業者 15.7%	不詳 26.0%
配偶者 22.9%	子 16.2%			

子の配偶者
5.4%　　　父母 0.1%、
その他 1.2%　　　その他
0.6%

同居の主な介護者の介護時間

ほとんど終日 19.0%	半日程度 11.1%	2〜3時間程度 10.9%	必要なときに手をかす程度 45.0%	その他 10.3%	不詳 3.8%

　「要支援1」〜「要介護2」までは「必要な時に手をかす程度」が最多。「要介護3」以上では「ほとんど終日」が最多。

表1　介護が必要となった主な原因

要介護者	「認知症」 23.6%	「脳血管疾患（脳卒中）」 19.0%	「骨折・転倒」 13.0%
要支援者	「関節疾患」 19.3%	「高齢による衰弱」 17.4%	「骨折・転倒」 16.1%

過去問チェック！

Q：「令和4年版高齢社会白書」（内閣府）によれば、2025年に後期高齢者数と前期高齢者数が逆転し、後期高齢者数が上回ると予測されている。（32-126改）

A：×　**2018（平成30）年にすでに逆転した。**

2. 基本 令和5年版高齢社会白書 □□□

① 我が国の総人口は、2022（令和4）年10月現在、1億2,495万人である。65歳以上人口は、<u>3,624</u>万人となり、総人口に占める割合（高齢化率）も<u>29.0</u>％となった。

② 「65〜74歳人口」は1,687万人（13.5％）、「75歳以上人口」は1,936万人（15.5％）であり、75歳以上人口のほうが多い。

③ 2021（令和3）年の65歳以上の者のいる世帯は全世帯の<u>約半分</u>、そのうち「単独世帯」＋「夫婦のみ世帯」（60.8％）が全体の<u>約6</u>割を占める。

2 高齢者の介護需要

1. 基本 介護保険事業状況報告（令和3年度） □□□

1 第1号被保険者のいる世帯数　<u>2,538</u>万世帯となっている（2021（令和3）年度末）。

2 第1号被保険者数　2021（令和3）年度末現在で<u>3,589</u>万人となっている（図2）。

図2　第1号被保険者数

第1号被保険者 3,589万人	
前期高齢者1,715万人 47.8％	後期高齢者1,873万人 52.2％

3 要介護（要支援）認定者数　2021（令和3）年度末現在で約<u>690</u>万人となっている（図3）。

図3　要介護（要支援）認定者数

要介護（要支援）認定者 690万人						
要支援1 14.1％	要支援2 13.8％	要介護1 20.7％	要介護2 16.9％	要介護3 13.3％	要介護4 12.7％	要介護5 8.5％

4 サービス受給者数（1か月あたり平均）　居宅サービスが<u>405</u>万人、施設サービスが総数<u>96</u>万人（介護老人福祉施設56万人、介護老人保健施設35万人、介護療養型医療施設1.3万人、介護医療院3.7万人）、地域密着型サービスが<u>88</u>.7万人となっている。

✏️過去問チェック！⤴

Q：「令和3年度介護保険事業報告」によれば、介護保険制度における要介護又は要支援の認定を受けた人は、第一号被保険者全体の3割を超えている。(35-125改)

A：✕　**認定を受けた人は第一号被保険者全体の18.9％である。**

➡過去問プラス！『国試対策2025』（専門科目編）p.140

1

高齢者福祉

Ⅱ　高齢者に対する法制度〜介護保険法

本科目の5〜6割を占める重要ポイントである。範囲が広く、一気に終わらせようとすると大変なので、項目ごとに振り返りながら、小刻みに進めていこう。

1　介護保険法の概要

36 127, 35 28, 51, 131, 33 76, 131, 32 132, 30 127, 131, 133, 29 43, 74, 132, 28 42, 67, 131, 27 43, 127, 130, 133

1．標準　介護保険制度の目的 ☐☐☐

　要介護状態となり、介護、機能訓練、看護、医療を要する者に対して、尊厳を保持し、自立した日常生活を営むことができるよう、必要な保健医療サービス・福祉サービスの給付を行うため、国民の共同連帯の理念に基づき介護保険制度を設ける。

> 世界人権宣言と同じ「尊厳」という用語が用いられている。

2．基本　見直し期間 ☐☐☐

　介護保険事業計画は3年、保険料は3年、介護報酬は3年ごとに見直される。なお、2024（令和6）年度は第9期介護保険事業（支援計画）と第8次医療計画の同時改定が行われた。

3．標準　保険者と被保険者 ☐☐☐

1 保険者　市町村と特別区（以下、市町村）である。

① 小さな市町村などが、隣接する市町村と共同して構成する広域自治体（広域連合や一部事務組合）も保険者となることができる。

② 国の基本指針に即して、保険者は市町村介護保険事業計画を、都道府県は、都道府県介護保険事業支援計画を、策定しなければならない。両計画ともに3年を1期とする。

2 被保険者　第1号被保険者と第2号被保険者がある（表1）。

表1　被保険者の要件

> 国籍は関係ない。

項　目		第1号被保険者	第2号被保険者
被保険者の要件	住　所	市町村の区域内に住所を有する者	
		注意　外国人も住所等の要件に当てはまれば被保険者となる。	
	年　齢	65歳以上	40〜64歳
	医療保険	加入の必要なし（介護保険料は医療保険者ではなく市町村が集める）	医療保険加入者（介護保険料を医療保険者が集めるため）
保険料	計算方法	所得段階別定額保険料	医療保険者によって異なる。
	徴収方法	特別徴収・普通徴収	医療保険者が集め、社会保険診療報酬支払基金に納付する。
サービスを受けるための要件		要介護・要支援状態になること（原因は問わない）。	特定疾病が原因で要介護・要支援状態になること。

特定疾病（16種類）
①末期がん、②関節リウマチ、③筋萎縮性側索硬化症、④後縦靭帯骨化症、⑤骨折を伴う骨粗鬆症、⑥初老期における認知症、⑦進行性核上性麻痺・大脳皮質基底核変性症・パーキンソン病（パーキンソン病関連疾患）、⑧脊髄小脳変性症、⑨脊柱管狭窄症、⑩早老症、⑪多系統萎縮症、⑫糖尿病性神経障害・糖尿病性腎症・糖尿病性網膜症、⑬脳血管疾患、⑭閉塞性動脈硬化症、⑮慢性閉塞性肺疾患、⑯両側の膝関節・股関節に著しい変形を伴う変形性関節症

4. 標準 要介護状態・要支援状態 □□□

介護保険法では要介護・要支援状態を表2のとおり定義している。

表2 要介護状態・要支援状態

> 区分を定めているのは
> 法律（国）である。

区　分	定　義
要介護状態	身体上・精神上の障害のため、日常生活における基本的な動作の全部または一部について、6か月以上継続して、常時介護を要すると見込まれる状態で、要介護状態区分に該当するもの。
要支援状態	① 身体上・精神上の障害のため、日常生活における基本的な動作の全部もしくは一部について、6か月以上継続して、常時介護を要する状態の軽減もしくは悪化の防止に特に資する支援を要すると見込まれる状態。 ② 身体上・精神上の障害のため、6か月以上継続して、日常生活を営むのに支障があると見込まれる状態。

1 **事実発生主義**　介護保険では、適用要件となる事実が発生した日に被保険者資格を取得したとみなす「事実発生主義」に基づいている。

5. 応用 住所地特例 □□□

介護保険では原則、住所のある市町村が保険者となるが、住所地特例対象施設に入所・入居して住所を変更した場合は、施設に入所・入居する前の住所地の市町村が保険者となる（図1）。これは施設所在地の市町村に被保険者が集中し財政の不均衡が生じるのを防ぐためである。

住所地特例の対象は、① 介護保険施設（介護老人福祉施設（特別養護老人ホーム）、介護老人保健施設、介護療養型医療施設、介護医療院）、② 特定施設（有料老人ホーム（サービス付き高齢者向け住宅を含む）、軽費老人ホーム）、③ 老人福祉法第20条の4に規定する養護老人ホームである。

事実発生主義
一定の年齢に到達したときや住民基本台帳の届出をしたときは、同時に介護保険法による届出をしたこととみなされる。医療保険資格の取得・喪失も含めて、市町村に改めて届出をする必要がない。

養護老人ホーム
▶p.332, 333

図1 住居地特例

A市 ⬆ 自宅　B市に住民票を移しても、A市が保険者となる　→　B市 特別養護老人ホーム

✎ **過去問チェック！**

Q：介護保険の保険者は国である。(35−50)

A：×　**介護保険の保険者は、市町村と特別区である。**

Q：認知症対応型共同生活介護は、介護保険制度における住所地特例の適用がある。(ケアマネ22再−5)

A：×　**認知症対応型共同生活介護には、住所地特例の適用はない。**

➡過去問プラス！『国試対策2025』（共通科目編）p.101

1
高齢者福祉

6. 応用　介護保険適用除外者　□□□

障害者総合支援法上の指定障害者支援施設（生活介護・施設入所支援に限る）、児童福祉法上の医療型障害児入所施設、生活保護法上の救護施設などの適用除外施設の入所者は、介護保険の適用除外となる。

合格勉強法

適用除外施設を全部覚えるのは大変なので、左にあげた施設を覚えよう。

7. 標準　生活保護と介護保険　□□□

生活保護受給者が要介護状態となった場合、65歳以上であれば第1号被保険者として介護保険サービスを受給できるが、40〜64歳の場合は医療保険に加入していないと第2号被保険者にはなれないため、介護保険サービスは利用できず、代わりに介護扶助を利用する（表3）。

注意　第2号被保険者の要件の一つに、医療保険に加入していることがある。生活保護受給者で医療保険未加入者は、第2号被保険者にはなれない。

表3　生活保護受給者と介護保険サービス

生活保護受給者		介護保険法	介護保険料	介護サービス
65歳以上		第1号被保険者	生活扶助の介護保険料加算から支給	9割 →介護保険から支給 1割（自己負担分） →介護扶助から支給
40〜64歳	医療保険加入	第2号被保険者	医療保険料と一緒に徴収	
	医療保険未加入	第2号被保険者には該当しない。	保険料は発生しない。	10割 →介護扶助から支給

自己負担分が免除になるわけではない。

介護保険サービスとほぼ同じ内容

8. 応用　施設等給付費と居宅給付費　□□□

介護保険にかかる主な費用は表4のとおりである。

表4　施設等給付費と居宅給付費

費用	内訳
施設等給付費	介護老人福祉施設、介護老人保健施設、介護医療院、特定施設入居者生活介護、介護予防特定施設入居者生活介護にかかる給付費
居宅給付費	上記以外。主に居宅サービスにかかる費用

過去問チェック！

Q：第一号被保険者が被保護者（生活保護受給者）であって第一号保険料が普通徴収となる場合、その保険料は介護扶助として支給される。（35−131）

A：×　**保険料は生活扶助の介護保険料加算から支給される。**

Q：介護保険の給付に要する費用は、65歳以上の者が支払う保険料と公費の二つで賄われている。（34−52）

A：×　**40歳以上64歳未満の者が支払う保険料も含まれる。**

Q：介護保険の要介護認定を受ければ生活費が支給される。（34−76改）

A：×　**要介護認定を受けても生活費は支給されない。**

➡過去問プラス！『国試対策2025』（共通科目編）p.100,（専門科目編）p.9, 92

9. 基本 介護保険制度の仕組み よく出る

介護保険制度は次の図のように構成されている。

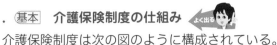

合格MAP 介護保険制度の仕組み これだけ！

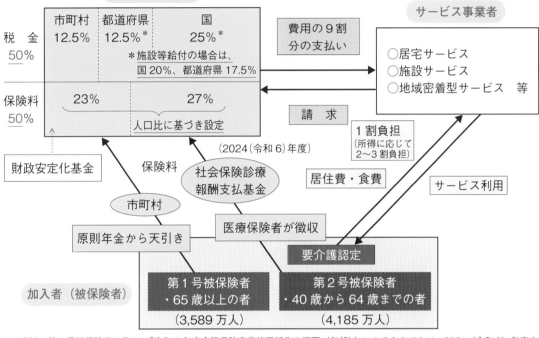

（注） 第1号被保険者の数は、「令和3年度介護保険事業状況報告の概要（年報）」によるものであり、2021（令和3）年度末現在の数である。第2号被保険者の数は、社会保険診療報酬支払基金が介護給付費納付金額を確定するための医療保険者からの報告によるものであり、2021（令和3）年度内の月平均値である。

資料：「介護保険制度の仕組み」厚生労働省（著者まとめ）

10. 標準 介護保険の費用

介護保険の財源は図2のとおり。

35 131, 34 52, 33 43, 132, 32 132, 31 49, 130, 30 27, 127, 29 43, 27 51

図2 介護保険の財源

	第1号 保険料	第2号 保険料	国	都道府県	市町村
居宅給付費（介護予防・日常生活支援総合事業）	23%	27%	25%	12.5%	12.5%
施設等給付費	23%	27%	20%	17.5%	12.5%

	第1号 保険料	国	都道府県	市町村
包括的支援事業	23%	38.5%	19.25%	19.25%

財政安定化基金 → 市町村へ貸付・交付

調整交付金 → 市町村へ交付

・国、都道府県、市町村が1/3ずつ負担

1

高齢者福祉

調整交付金*は、市町村ごとの介護保険財政の調整を行うため、以下の2種類が国から市町村に交付される（表5）。

表5　調整交付金

普通調整交付金	「第1号被保険者に占める後期高齢者の割合」と「第1号被保険者の所得状況の格差」を調整する。
特別調整交付金	災害等の特別な事情を勘案する。

1 財政安定化基金*

見込みを上回る給付費増や保険料収納不足により、市町村の介護保険特別会計に赤字が出ることとなった場合に、市町村の一般財源から財政補填（ほてん）をする必要のないよう、市町村に対して資金の交付・貸付を行う（図3）。

図3　財政安定化基金の財源

国　1/3	都道府県　1/3	市町村　1/3

2 特別会計

保険者である市町村は、介護保険特別会計を設置して、介護保険の収入と支出を管理する（表6）。主な収入は、介護保険料や国・都道府県からの支出金、市町村の一般会計からの繰入金であり、主な支出は介護給付費である。

表6　特別会計・一般会計の違い

	特別会計	一般会計
目　的	特定の事業を他の事業と区別して管理する	様々な事業を網羅する
原　則	区分経理	単一会計
収　入	保険料や支出金など	税金など

11. 標準 保険料　□□□

1 第1号被保険者の保険料

① 2015（平成27）年度からは、第1号被保険者の所得段階別定額保険料の所得区分は、標準の段階設定を6段階から9段階に見直された。なお、市町村は条例でさらに細分化することや各段階の保険料率を変更することができる。

② 徴収方法は以下の2種類があり、原則特別徴収とする（表7）。

表7　保険料の徴収方法

	対象者	徴収方法
特別徴収	年金*が年額18万円以上の場合	年金から天引き
普通徴収	年金*が年額18万円未満の場合など	納付書により個別納付

*対象とする年金は、老齢・退職年金、障害年金、遺族年金（老齢厚生年金以外）

調整交付金
後期高齢者が多い市町村や所得の低い第1号被保険者が多い市町村では、すべての負担を第1号被保険者の保険料でまかなうとすると保険料が高くなってしまう。調整交付金は、このようなことが起きないために交付される。

財政安定化基金
赤字に陥った市町村の財政を安定化させるために都道府県が設置する基金のこと。

特別会計
▶p.181

遺族年金、障害年金も含まれる。

2 第2号被保険者の保険料

第2号被保険者の保険料*は、第1号被保険者の保険料とは異なり、各医療保険者が医療保険料と一緒に徴収する。

3 保険料の流れ 第1号・第2号被保険者の保険料の流れを整理する（表8）。

表8 第1号被保険者保険料・第2号被保険者保険料

被保険者	保険料決定	徴 収	交 付
第1号被保険者	市町村 ⇒	市町村 ⇒	市町村（第1号被保険者の居住する市町村に交付）
第2号被保険者	国 ⇒	医療保険者 ⇒	市町村（各市町村の介護給付費の27%分を交付）

第2号被保険者の介護保険料
健康保険の場合は「標準報酬×介護保険料率」で計算される。事業主負担分がある。国民健康保険の場合は所得割（所得に比例して高くなる）と均等割（全員が一律に負担する）等で計算される。

合格MAP 第2号被保険者の介護保険の保険料

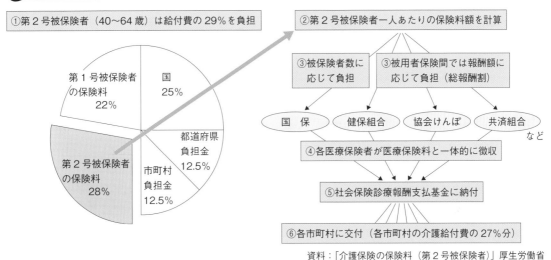

資料：「介護保険の保険料（第2号被保険者）」厚生労働省

過去問チェック！

Q：第一号保険料は、被保険者の前年の所得に応じて、原則として3段階を標準とした保険料率が定められている。(35−131)

A：× **標準の段階設定は9段階である。**

Q：第一号保険料が特別徴収となるのは、公的年金の受給額が年額120万円以上の第一号被保険者である。(35−131)

A：× **年額18万円以上である。**

Q：介護保険法に基づき、介護給付費には国庫負担金が含まれる。(33−43)

A：○ **国庫負担金とは国が地方公共団体に支出するお金のこと。国庫補助金との違いはp.124参照。**

➡過去問プラス！『国試対策2025』（共通科目編）p.152,（専門科目編）p.9

1

高齢者福祉

12. 基本 要介護認定の仕組みとプロセス よく出る □□□

36 131, 35 133, 34 42, 33 132, 31 130, 30 133, 27 68, 127, 133

要介護認定では、申請者が要介護状態や要支援状態にあるかどうか、また要介護状態にある場合の介護サービスの必要度を判定する。

1 判 定 客観的で公平な判定を行うため、コンピュータによる一次判定と、それを原案として、保健・医療・福祉の学識経験者より構成される介護認定審査会が行う二次判定の二段階で行う。

 注意

要介護認定等基準時間は、1分間タイムスタディという特別な方法による時間であり、実際に家庭で行われる介護時間とは一致しない。

2 訪問調査における基本調査（74項目）

市町村は、職員を派遣し、全国一律の基準に基づき、① 身体機能・起居動作、② 生活機能、③ 認知機能、④ 精神・行動障害、⑤ 社会生活への適応、⑥ その他、について調査し、この結果から要介護認定等基準時間を算出し、一次判定を行う。

3 二次判定 介護認定審査会がコンピュータ判定の結果（一次判定）と訪問調査時の特記事項、主治医の意見書などに基づき、厚生労働大臣が定める認定基準に従って審査・判定を行う。介護サービスの種類や回数が加味されるわけではない。

主治医の意見書は、市町村が申請者の主治医に提出を求める。障害者手帳申請時とは異なり、申請者が個別に入手するものではない。

4 認 定 市町村が審査判定結果を受けて行い、申請日から30日以内にその結果を通知する。認定は申請日にさかのぼって有効である。

5 申請代行

被保険者が要介護認定を申請する際に、申請を代行できる者は次のとおり。① 成年後見人、② 家族・親族、③ 民生委員・介護サービス相談員、④ 地域包括支援センター、⑤ 事業者（指定居宅介護支援事業者、地域密着型介護老人福祉施設、介護保険施設）

まとめて攻略

■ 審査請求
⇒権利擁護を支える法制度
p.143, 144

 注意！ 特定施設や地域密着型特定施設は、申請代行はできない。

✏️ 過去問チェック！

Q：介護認定審査会は、市町村長が定める認定基準に従って審査・判定を行い、その結果を申請者（被保険者）に通知する。(35−133)

A：× **認定基準は、省令により定められ全国一律である。また結果は市町村より通知される。**

Q：認定調査員は、申請者である被保険者若しくは同居家族が自記式で記入した調査票の回答に基づいて調査結果を取りまとめる。(35−133)

A：× **自記式ではなく、調査員の聞き取りによる他記式で実施する。**

Q：厚生労働大臣は介護保険法に基づき、要介護認定の結果を通知する。(34−42)

A：× **厚生労働大臣ではなく、市町村が通知する。**

Q：介護認定審査会では、一次判定結果を基礎としながら、審査対象の要介護者等が利用している介護サービスの種類や利用回数を加味した上で審査・判定を行う。(27−133)

A：× **特記事項、主治医の意見書などに基づき判定する。**

⇒**過去問プラス！** 『国試対策 2025』（共通科目編）p.22,（専門科目編）p.10

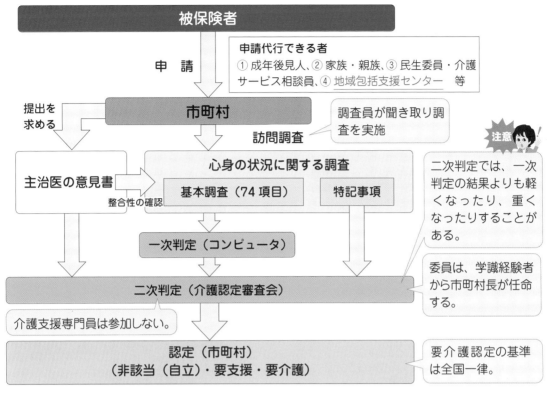

合格MAP 要介護認定の流れ

被保険者

申　請

申請代行できる者
① 成年後見人、② 家族・親族、③ 民生委員・介護サービス相談員、④ 地域包括支援センター　等

市町村

提出を求める

訪問調査

調査員が聞き取り調査を実施

主治医の意見書

整合性の確認

心身の状況に関する調査

基本調査（74項目）　特記事項

一次判定（コンピュータ）

二次判定では、一次判定の結果よりも軽くなったり、重くなったりすることがある。

二次判定（介護認定審査会）

介護支援専門員は参加しない。

委員は、学識経験者から市町村長が任命する。

認定（市町村）
（非該当（自立）・要支援・要介護）

要介護認定の基準は全国一律。

13. 応用 要介護認定の有効期間　□□□

要介護認定には、厚生労働省令にて有効期間の定めがある（表9）。期間満了の60日前から満了日までに要介護更新認定の申請を行う。

表9　要介護認定の有効期間

申請区分		原　則	変更可能な範囲
新　規 区分変更	要支援	6か月	3〜12か月
	要介護	6か月	3〜12か月
更　新	要支援	12か月	3〜48か月*
	要介護	12か月	3〜48か月*

2回目以降は12か月が原則。

14. 標準 認定調査員の役割　□□□

要介護認定における認定調査は原則、市町村職員が対象者を訪問して聞き取り調査を行う。表10のとおり、調査を委託できる。

これだけ！

表10　認定調査の調査員

調査の実施者	新規申請	更新申請	変更申請	調査員の資格
市町村	◯	◯	◯	（特段の規定なし）
委託の受託者	×	◯	◯	介護支援専門員
指定市町村事務受託法人	◯	◯	◯	介護支援専門員*

＊介護支援専門員のほかに、保健、医療又は福祉に関する専門的知識を有する者

1　高齢者福祉

15. 標準 介護認定審査会 □□□

1 構　成　要介護者等の保健、医療、福祉に関する学識経験者 5 名程度で構成される。市町村長が任命する。任期は 2～3 年である。

2 役　割　要介護認定の二次判定において、審査・判定を行う。被保険者の要介護状態の軽減・悪化の防止のために必要な療養に関する事項などの意見を、市町村に述べることができる。

> 認定・通知は市町村

2　介護保険サービス

36 74, 128, 35 43, 34 43, 52, 127, 33 42, 43, 131, 29 128, 28 42, 130

1. 基本 介護給付と予防給付 よく出る □□□

　介護保険サービスは、要介護者向けの介護給付と要支援者向けの予防給付に大別され、それぞれ、都道府県が指定監督するサービスと市町村が指定監督するサービスがある（表 11 - 1、2）。

表 11 - 1　介護保険サービスの種類 これだけ!　指定監督

給付名	都道府県	市区町村
介護給付 （要介護者 向け）	■居宅介護サービス 【訪問サービス】 ・訪問介護（ホームヘルプサービス） ・訪問入浴介護 ・訪問看護 ・訪問リハビリテーション ・居宅療養管理指導 【通所サービス】 ・通所介護（デイサービス） ・通所リハビリテーション 【短期入所サービス】 ・短期入所生活介護（ショートステイ） ・短期入所療養介護 【その他】 ・特定施設入居者生活介護 ・福祉用具貸与 ・特定福祉用具販売	■地域密着型介護サービス ・定期巡回・随時対応型訪問介護看護 ・夜間対応型訪問介護 ・地域密着型通所介護 ・認知症対応型通所介護 ・小規模多機能型居宅介護 ・認知症対応型共同生活介護（グループホーム） ・地域密着型特定施設入居者生活介護 ・地域密着型介護老人福祉施設入所者生活介護 ・複合型サービス（看護小規模多機能型居宅介護）
	■施設サービス ・介護老人福祉施設 ・介護老人保健施設 ・介護医療院 （・介護療養型医療施設*）	■居宅介護支援

＊ 2024（令和 6）年 3 月末で廃止

表11-2　介護保険サービスの種類と指定監督 これだけ！

給付名	都道府県	市区町村
予防給付 （要支援者 向け）	■介護予防サービス 【訪問サービス】 ・介護予防訪問入浴介護 ・介護予防訪問看護 ・介護予防訪問リハビリテーション ・介護予防居宅療養管理指導 【通所サービス】 ・介護予防通所リハビリテーション 【短期入所サービス】 ・介護予防短期入所生活介護（ショートステイ） ・介護予防短期入所療養介護 【その他】 ・介護予防特定施設入居者生活介護 ・介護予防福祉用具貸与 ・特定介護予防福祉用具販売	■地域密着型介護予防サービス ・介護予防認知症対応型通所介護 ・介護予防小規模多機能型居宅介護 ・介護予防認知症対応型共同生活介護（グループホーム） ■介護予防支援

1 市町村特別給付

① 市町村特別給付　介護保険法に定められた介護給付、予防給付のほかに、市町村が条例で定め独自に提供するサービスである。介護給付、予防給付に対して「横だし」サービスといわれる（表12、図4）。

② 区分支給限度基準額の上乗せ　厚生労働大臣は要介護状態区分別に、介護保険から給付される上限額（区分支給限度基準額）を定める。市町村は条例によって、この基準を上回る額を設定することができる。上乗せ額は第1号被保険者保険料でまかなう。

市町村特別給付
寝具乾燥サービス、移送サービス、配食サービスなど市町村の実情に合わせて実施されている。

表12　介護給付・予防給付・市町村特別給付

給付名	対象者	基準	財源
介護給付	要介護者	全国共通	公費・保険料（第1号被保険者・第2号被保険者）
予防給付	要支援者	全国共通	公費・保険料（第1号被保険者・第2号被保険者）
市町村特別給付	要介護者 要支援者	市町村独自	第1号被保険者の保険料のみ
保健福祉事業	本人、介護者等の家族	市町村独自	

公費（税金）が使えないのであまり大規模ではない。

 合格勉強法

介護保険サービスのうち、ほぼすべてのサービスにおいて条例で基準を定めることが可能になった。

✎ 過去問チェック！ ↑

Q：認定調査員は、新規申請の場合も、更新・区分変更申請の場合も、市町村職員以外の者が担うことはできない。（35-133）

A：× 　**受託法人等に委託が可能である。**

➡ **過去問プラス！**『国試対策2025』（専門科目編）p.10

1
高齢者福祉

図4 横出しサービス

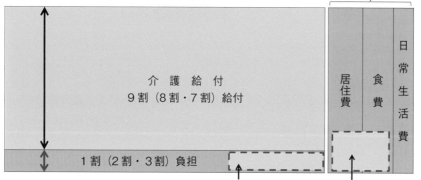

区分支給限度 基準額の上乗せ （上乗せサービス）	超過分	
介護保険サービス （介護給付・予防給付）		市町村特別給付 （横だしサービス）

2 特例サービス 要介護認定申請前に緊急でサービスを利用した場合、基準該当サービス事業者からサービスを受けた場合などは、やむを得ずその必要があったと保険者が認めた場合に限り、利用者に対し特例的にサービス費を支給できる。

基準該当サービス事業者
事業者として指定を受けるべき要件の一部を満たしていない事業者のこと。市町村の判断で保険給付の対象とすることができる。

図5 介護保険給付における利用者負担

施設サービス利用時

介 護 給 付
9割（8割・7割）給付

居住費　食費　日常生活費

1割（2割・3割）負担

高額介護サービス費
等による負担の軽減

介護保険3施設・ショートステイにおいては、「補足給付」による居住費、食費の軽減

資料：「介護保険における利用者負担」厚生労働省

3 特定入所者介護サービス費（補足給付） 介護保険施設に入所している低所得者の要介護者などについて、入所中の居住費・食費の負担に関し、介護保険から補足給付される。介護保険施設、地域密着型介護老人福祉施設入所者生活介護、短期入所生活介護、短期入所療養介護が対象となる。

4 共生型サービス 2018（平成30）年4月より、高齢者と障害者が同一事業所でサービスを受けやすくするため、障害福祉サービスの指定事業所と介護保険事業所が、お互いの指定を受けやすくなる特例が創設された。

2. ［標準］ 居宅サービス よく出る□ □□□

要介護者の在宅介護を支えるサービスである。居宅サービスには訪問系のサービス、通所系のサービス、短期入所系のサービス、入居系のサービス、福祉用具関連のサービスがある（表13～15）。

34 132, 33 120, 27 131, 132

表13 居宅サービス

形態	サービス	呼称	内容	主な人員基準
訪問系	訪問介護	ホームヘルプサービス	訪問による身体介護・生活援助サービス 医師の指示は不要。	訪問介護員（ホームヘルパー）、介護福祉士
	訪問入浴介護	訪問入浴サービス	自宅に浴槽を持ち込んで受ける入浴サービス 自宅浴槽で受ける入浴サービスは「訪問介護」。	介護職員、看護職員
	訪問看護	訪問看護サービス	自宅に看護師等が訪問する看護サービス。医師の指示が必要	看護職員
	訪問リハビリテーション	訪問リハビリテーション	医師の指示の下で行う自宅での機能訓練等	理学療法士、作業療法士
	居宅療養管理指導	居宅療養管理指導	訪問による診療行為、口腔ケア、服薬指導、栄養指導	医師、歯科医師、歯科衛生士、薬剤師、管理栄養士
通所系	通所介護	デイサービス	デイサービスセンター等に通って受ける入浴、排泄、食事などの介護や機能訓練等	生活相談員、看護職員、介護職員、機能訓練指導員
	通所リハビリテーション	デイケア	介護老人保健施設、介護医療院、病院・診療所に通って受ける入浴、排泄、食事などの介護や機能訓練等	医師、理学療法士、作業療法士、言語聴覚士、看護師、介護職員
短期入所系	短期入所生活介護	ショートステイ	短期間、介護老人福祉施設等に入所して受ける入浴、排泄、食事などの介護や機能訓練等 特養で実施されると「生活介護」	医師、生活相談員、介護職員、看護職員、栄養士、機能訓練指導員 医師の配置が必要
	短期入所療養介護	ショートステイ	短期間、介護老人保健施設等に入所して受ける入浴、排泄、食事などの介護や機能訓練等。医療も含む。	（介護老人保健施設の場合）医師、薬剤師、看護職員、介護職員、支援相談員、理学療法士または作業療法士、栄養士
入居系	特定施設入居者生活介護	特定施設	特定施設（有料老人ホーム、養護老人ホーム、軽費老人ホーム等）に入居して受ける入浴、排泄、食事などの介護、日常生活上の世話、機能訓練等	生活相談員、看護職員、介護職員、機能訓練指導員、計画作成担当者（介護支援専門員）
福祉用具	特定福祉用具販売	福祉用具販売	福祉用具の販売	福祉用具専門相談員
	福祉用具貸与	福祉用具レンタル	福祉用具の貸与	福祉用具専門相談員

合格勉強法

居宅サービスはサービス内容が名称から容易に想像できる。「①どこで、②誰が」提供するかを中心に覚えよう。

病院、診療所、介護老人保健施設も提供可能。

栄養士は担当できない。

医師の配置は必要ない。

通所介護
2014（平成26）年の介護保険制度の改正により、通所介護のうち小規模型については、地域密着型サービスへ移行した。

小規模多機能型居宅介護事業所に併設可。

特定施設は施設に入居しているように見えるが、介護保険法では「居宅」と同じ扱い。

福祉用具サービス計画を作成しなければならない。

1

高齢者福祉

36 130, 35 75, 33 131, 133, 29 129

① 福祉用具貸与

在宅の要介護者、要支援者に福祉用具の貸与を行うサービスである。要介護度によって貸与できる種目が制限される（表14）。

表14 福祉用具貸与品目（13種類）

福祉用具	具体例	要支援1、2 要介護1	要介護2〜5
車いす（付属品を含む）	自走用、介助用がある。電動式のものも対象	×	○
車いす付属品（クッション、電動補助装置など）	クッションなど車いすと一体になって使うもの	×	○
特殊寝台（付属品を含む）	背上げ機能やベッド自体の昇降機能があるもの	×	○
特殊寝台付属品（マットレス、サイドレールなど）	特殊寝台と一体になって使用するマットレス、サイドレールなど。2012（平成24）年から介助用ベルトが追加	×	○
床ずれ防止用具	エアーマットレス、ウォーターマットレスなど、床ずれを防止する用具	×	○
体位変換器	体位を変換するための道具	×	○
認知症老人徘徊感知機器	玄関や居室の出入り口に設置して、認知症の人が出入りしたことを感知して通報する機器	×	○
手すり	取り付けに工事を伴わない手すり	○	○
スロープ	段差解消をするスロープのうち、取り付けに工事を伴わないもの	○	○
歩行器	フレーム内に身体などの一部が入るもの	○	○
歩行補助つえ	松葉杖、カナディアン・クラッチ、ロフストランド・クラッチ、多点杖	○	○
移動用リフト（つり具の部分を除く）	移動を補助する機能を有するもの。床走行式、固定式、据置式がある。	×	○
自動排泄処理装置	尿・便が自動的に吸引されるもので、経路の分割ができ、自宅でも容易に使用できるもの 貸与：装置本体、購入：交換部分（レシーバー、チューブなど）	×	△

○：給付される、×：例外給付あり、△：排便用は要介護4・5のみ給付される

① 2018（平成30）年介護保険法の改正により、福祉用具貸与価格の適正化がなされた。国が商品ごとに全国平均の貸与価格及び貸与価格の上限を公表する。事業者は設定価格を利用者に伝え、機能・価格の異なる商品は複数の商品を提示しなければならない。

② 一部の福祉用具について貸与と販売の選択制を導入する。固定用スロープ、歩行器（歩行車を除く）、単点杖（松葉づえを除く）及び多点杖を対象とする（2024（令和6）年4月施行）。

✎ **過去問チェック！** ↱

Q：福祉用具貸与の介護報酬では、貸与価格の下限の設定が行われることとなっている。(33-131)

A：× **下限ではなく、上限の設定が行われる。**

➡過去問プラス！『国試対策2025』（専門科目編）p.7

33 133, 32 131, 29 129

2 特定福祉用具販売

① 在宅の要介護者、要支援者に衛生上、レンタルに適していない排泄や入浴で使用する福祉用具を販売することである。

② 特定福祉用具販売では上限10万円が支給されるが、福祉用具貸与では支給限度基準額の範囲内で他のサービスと組み合わせて利用する（表15）。

特定福祉用具販売の対象品目
① 腰掛便座、② 簡易浴槽、③ 入浴補助用具、④ 移動用リフト（つり具部分）、⑤ 自動排泄処理装置の交換部品、⑥ 排泄予測支援機器（2022（令和4）年追加）

表15 福祉用具貸与・特定福祉用具販売

	福祉用具貸与	特定福祉用具販売
給付割合	サービス利用料の9割	購入費の9割
	一定以上の所得者8割、そのうち高所得者は7割	
支給限度基準額	要介護度別の支給限度基準額の範囲内で他のサービスと組み合わせる。	上限10万円（一年度） 要介護度にかかわらず定額
福祉用具サービス計画作成	「（介護予防）福祉用具貸与計画」作成、モニタリングの実施時期を記載	「特定（介護予防）福祉用具販売計画」作成

福祉用具専門相談員が作成する。

サービス名に「居宅」とつくが、居宅サービスの一つではない。

福祉用具サービス計画
福祉用具専門相談員が、目標、具体的なサービスの内容等を記載し作成する。事前に保険者への提出・承認は必要ない。

3 居宅介護支援・介護予防支援（ケアマネジメント）

① 居宅介護支援と介護予防支援は、介護保険制度においてケアマネジメントに相当するサービスである。

② 居宅介護支援は要介護者にケアプランを作るサービス、介護予防支援は要支援者にケアプランを作るサービスである。

③ 居宅サービス計画は介護支援専門員（ケアマネジャー）が作成するなど、居宅介護支援と介護予防支援には表16の違いがある。

35 132, 32 113, 28 134, 27 68, 130

表16 居宅介護支援・介護予防支援 これだけ！

	居宅介護支援	介護予防支援
ケアプランの名称	居宅サービス計画	介護予防サービス計画
ケアプランの作成者	介護支援専門員（ケアマネジャー）と利用者自らが作成できる。	介護支援専門員のほか、社会福祉士、保健師でも作成できる。
その他のサービス内容	事業者との連絡調整、施設の紹介など。	本人、家族も作成可能 事業者との連絡調整
実施機関	居宅介護支援事業者	介護予防支援事業者（地域包括支援センター）
指定・監督	市町村	市町村
サービス利用時の負担	自己負担はない（全額介護保険から給付される）。	
訪問	月に1回以上訪問する（義務）	

居宅サービス計画・介護予防サービス計画
本人や家族が作成することもできるが、自己負担がないため介護支援専門員などの専門職に任せる利用者が多い。

1 高齢者福祉

● 319

④ 介護支援専門員は、サービス担当者会議（居宅サービス計画の原案に位置づけた指定居宅サービスなどの担当者を召集して行う会議）の開催により、情報を担当者と共有し、居宅サービス計画の原案の内容について、担当者から専門的な見地からの意見を求める。

4 住宅改修（居宅介護住宅改修、介護予防住宅改修）

要介護者、要支援者が、自宅に手すりを取り付けるなどの住宅改修を行うとき、実際の住宅改修費の9割相当額が償還払いで支給される。支給額は、支給限度基準額（20万円）の9割（18万円）が上限となる。支給対象となる住宅改修は以下のとおり。

注意

住宅改修の支給限度基準額は要介護者、要支援者に共通する。

36 129, 35 130, 33 128, 130, 32 131, 27 129

2018（平成30）年8月から、高所得者層は7割（14万円）

> **住宅改修費の支給対象**
> ① 手すりの取付け　（福祉用具貸与の「手すり」は対象外）
> ② 段差の解消
> 　（福祉用具貸与の「スロープ」、特定福祉用具の「浴室内すのこ」は対象外）
> ③ 滑りの防止・移動の円滑化等のための床または通路面の材料の変更
> ④ 引き戸等への扉の取替え
> 　（自動ドアに取替えた場合の、動力部分の設置は対象外）
> ⑤ 洋式便器等への便器の取替え
> 　（特定福祉用具の「腰掛便座」は対象外、便器の位置変更・向きの変更のための改修も2015（平成27）年4月に追加）
> ⑥ ①〜⑤に付帯して必要となる住宅改修

+α

住宅改修費申請の流れ
事前に必要な書類（① 住宅改修が必要な理由書（介護支援専門員等が作成）、② 見積書、③ 平面図、④ 住宅改修前の状況がわかる写真（日付入り）、⑤ 完成予定の状態がわかるもの（写真または簡単な図））を添えて、申請書を提出し、工事完成後、領収書などの費用発生の事実がわかる書類などを提出する。

表17　住環境の整備における注意点

項　目	注意点
浴　室	浴槽を立位でまたぐ場合、縁（エプロン）の高さは40〜45cm程度がよい。浴室と脱衣室などの室温差を抑え、ヒートショックを予防する。脱衣所は引き戸がよい。
手すり	円形のもので、握ったときに指が重なる程度の太さ（35mm程度） 廊下：大腿骨の大転子部の高さに設置する。 トイレ・浴室：立ち上がりや姿勢保持のために水平及び垂直の手すりを複数設置する。
廊下幅	建築物移動等円滑化基準によれば、車いす利用の場合、有効な廊下幅は120cm以上
戸	引き戸か、レバー式ハンドルがよい。握り式のノブは使いにくい。
床	滑り止め効果の高い材質・加工を用いる。 例）車いす走行のためフローリングに変更
段　差	5mm以下がよい。勾配は12分の1を超えない。
色　彩	赤・黄系統の色を使用。白・黄色の組み合わせ、青・緑系統は区別しにくい。

12分の1勾配

1 ◢ 12

✏️ 過去問チェック！↑

Q：立位でまたぐ場合、浴槽の縁（エプロン）の高さは65cm程度がよい。(35-130)

A：× 　40〜45cm（車椅子の座面の高さ）程度がよい。

➡ **過去問プラス！**『国試対策2025』（専門科目編）p.26

3. 基本 施設サービス

35 73, 91, 134, 34 134, 32 71, 95, 31 44, 53, 29 44, 27 131

介護保険施設は、介護老人福祉施設、介護老人保健施設、介護医療院（介護療養型医療施設）*であり、表18のとおりまとめられる。

介護療養型医療施設
2024（令和6）年3月末に廃止。

注意　軽費老人ホームや特定施設は、介護保険施設ではない。

表18　介護保険施設 これだけ!

項　目		介護老人福祉施設 （特別養護老人ホーム）	介護老人保健施設*	介護医療院*	介護療養型医療施設 （2024（令和6）年3月末廃止）
設置者		地方公共団体 社会福祉法人	地方公共団体、社会福祉法人、医療法人	地方公共団体、医療法人、社会福祉法人等	地方公共団体 医療法人
手続き		都道府県知事指定	都道府県知事許可	都道府県知事許可	都道府県知事指定
保険適用		介護保険	介護保険	介護保険	介護保険
対象	要介護者	◯	◯	◯	◯
	要支援者	×	×	×	×
入所者		常時介護が必要で在宅生活が困難な要介護者。2015（平成27）年4月より、原則、新規入所者は要介護度3以上に限定。軽度（要介護1・2）の要介護者は、やむを得ない事情により、特例的に入所を認めることができる。	病状が安定期にあり、入院治療をする必要はないが、リハビリテーションや看護・介護を必要とする要介護者	長期療養のための医療と介護を必要とする要介護者。医療機能と生活施設の機能とを兼ね備えた施設	カテーテルを装着している等の常時医療管理が必要で病状が安定期にある要介護者 管理者は医師
居室面積	一般	10.65 m² 以上	8 m² 以上	8 m² 以上	6.4 m² 以上
	ユニット型	10.65 m² 以上	10.65 m² 以上	10.65 m² 以上	10.65 m² 以上 おおむね10人以下
他サービスのみなし指定		なし（短期入所生活介護のみなし指定はない。）	短期入所療養介護通所リハビリテーション	短期入所療養介護、通所リハビリテーション	短期入所療養介護
人員基準（入所定員100人当たり）		医師（非常勤可）1人 看護職員 3人 介護職員 31人 介護支援専門員 1人 機能訓練指導員 1人 生活相談員 1人　等（薬剤師の配置は不要。）	医師（常勤）1人 看護職員 9人 介護職員 25人 理学療法士、作業療法士または言語聴覚士 1人、介護支援専門員 1人、支援相談員 1人、薬剤師　等	Ⅱ型　医師1人 看護職員 17人 介護職員 17人 介護支援専門員1人 薬剤師 1人 栄養士 1人、リハビリ専門職　等	医師 3人 看護職員 17人 介護職員 17人 介護支援専門員 1人 理学療法士、作業療法士、言語聴覚士、薬剤師　等

10、8、6（偶数）で覚える。

＊管理者：都道府県知事の承認を受け、医師以外の者でも可

資料：厚生労働省医政局調べ（著者まとめ）

1 介護医療院　要介護者向けの長期療養・生活施設。介護保険法に基づく施設であるが、医療を提供するため、医療法の医療提供施設でもある。施設基準はⅠ（介護療養病床相当）とⅡ（老人保健施設相当以上）に区分される。開設許可は6年ごとに更新を受ける。

1 高齢者福祉

2 **緊急やむを得ない場合に認められる身体拘束**　介護保険指定基準上、「切迫性」「非代替性」「一時性」の３つの要件を満たし、それらの要件の確認等の手続きが極めて慎重に実施されるケースに限られる。

４．応用　地域密着型サービス　　　□□□

33 42, 30 33, 27 131

認知症高齢者や中重度の要介護高齢者などが、住み慣れた地域での生活が継続できるように、2006（平成 18）年４月の介護保険制度改正により創設されたサービス体系である（表 19）。

1 **指定監督**　市町村が事業者の指定や監督を行う。また、原則事業者が所在する市町村に居住する要介護者が利用対象者となる。

注意！

特例として、事業者が所在する市町村が指定に同意すれば、他の市町村に住む者も地域密着型サービスを利用できる。

表 19　地域密着型サービスの種類

サービス	内　容	要支援者
定期巡回・随時対応型訪問介護看護 事業所同士の連携可能	日中・夜間を通じて１日複数回の定期訪問と随時（通報）の対応を介護・看護が一体的にまたは密接に連携しながら提供する。中重度の在宅生活を可能にするうえで重要な役割を担う。	×
看護小規模多機能型居宅介護 一つの事業所から一体的に提供（連携不可）	小規模多機能型居宅介護と訪問看護を組み合わせることで、通所・訪問・短期間の宿泊で介護や医療・介護のケアが受けられる。	×
小規模多機能型居宅介護（登録定員 29 人（サテライト型 18 人）以下）	小規模な居住系サービスの施設で、通いを中心としながら訪問、短期間の宿泊などを組み合わせて食事、入浴などの介護が受けられる。	○
夜間対応型訪問介護	夜間の定期巡回や、24 時間態勢での随時訪問が受けられる。緊急時の対応も可能。	×
認知症対応型通所介護（定員単位ごとに 12 人以下）	認知症高齢者を特別養護老人ホームや老人デイサービスセンター等に通わせ、入浴、排せつ、食事等の介護、機能訓練を行う。	○
認知症対応型共同生活介護（グループホーム）（定員 5〜9 人）	認知症高齢者が、その共同生活を営むべき住居において、入浴、排せつ、食事等の介護、機能訓練を行う。	要支援 2のみ
地域密着型介護老人福祉施設入所者生活介護（定員 29 人以下）	小規模な特別養護老人ホームで、入浴、排せつ、食事等の介護、日常生活上の世話、機能訓練、療養上の世話を行う。	×
地域密着型特定施設入居者生活介護（定員 29 人以下）	小規模な特定施設（有料老人ホーム、養護老人ホーム、軽費老人ホーム）で、入浴、排せつ、食事等の介護、日常生活上の世話、機能訓練、療養上の世話を行う。	×
地域密着型通所介護（定員 18 人以下）	小規模の通所介護。少人数で生活圏域に密着したサービスを行う（2016（平成 28）年４月施行）。療養通所介護▶を含む。	×

○：要支援者も利用できる（地域密着型介護予防サービスとして提供される）

×：要支援者は利用できない（地域密着型介護予防サービスとして提供されない）

注意！

入所は原則要介護３以上の高齢者に限定

療養通所介護
施設では食事や入浴、機能訓練等のサービスを日帰りで行う。対象は難病、認知症、脳血管疾患後遺症等の重度要介護者またはがん末期患者。要支援者は利用できない。

3 介護保険法の改正

33 127, 32 48, 31 41, 126, 30 37, 131, 29 37, 49, 132, 28 35, 42

1. 基本 2014（平成26）年介護保険法改正の主な内容 □□□

1 地域包括ケアシステムの構築

① 在宅医療・介護連携の推進を介護保険法の地域支援事業の包括的支援事業に位置づけ、市町村が主体となり、地区医師会等と連携する。

② 地域ケア会議を介護保険法で制度的に位置づける。

③ 全国一律の予防給付（訪問介護・通所介護）を市町村が取り組む地域支援事業に移行し、多様化を図る。

④ 特別養護老人ホームの新規入所者を、原則、要介護3以上に限定。

合格MAP 在宅医療・介護連携の推進

市町村
（地域の現状把握・連絡調整等）

在宅医療連携拠点機能
（地区医師会等）
　　連携　　地域包括支援センター

⬆

都道府県
（後方支援・広域調整等）

資料：「地域包括ケアシステムの構築に向けた地域支援事業の見直し」厚生労働省（著者まとめ）

地域ケア会議
地域包括支援センター等が主催し、医療、介護等の多職種が協働して、個別ケースの課題分析等を積み重ね、地域に共通した課題を明確化する。

2. 基本 2017（平成29）年介護保険法改正の主な内容 □□□

高齢者の自立支援と要介護状態の重度化防止、地域共生社会の実現を図る（2018（平成30）年施行）。

1 地域包括ケアシステムの深化・推進

① 自立支援・重度化防止に向けた保険者機能の強化等の取組の推進（介護保険法）

(1) 介護保険事業（支援）計画の策定。介護予防・重度化防止等の取組内容と目標を記載する。

(2) 都道府県による市町村に対する支援事業の創設

(3) 地域包括支援センターの機能強化（市町村による評価の義務づけ等）

(4) 居宅サービス事業者の指定等に対する保険者の関与強化（小規模多機能等を普及させる観点からの指定拒否の仕組み等の導入）

② 医療・介護の連携の推進等（介護保険法、医療法）「日常的な医学管理」や「看取り・ターミナル」等の機能と、「生活施設」としての機能とを兼ね備えた、新たな介護保険施設「介護医療院」を創設。

③ 地域共生社会の実現に向けた取り組みの推進等（社会福祉法、介護保険法、障害者総合支援法、児童福祉法）

(1) 市町村による地域住民と行政等との協働による包括的支援体制作り、福祉分野の共通事項を記載した地域福祉計画の策定の努力義務化（都道府県地域福祉支援計画についても同様）

(2) 高齢者と障害児者が同一事業所でサービスを受けやすくするための共生型サービス（表20）の位置づけ

2017（平成29）年の改正
地域包括ケアシステムの強化のための介護保険法等の一部を改正する法律（地域包括ケアシステム強化法）により、介護保険法、社会福祉法、医療法、障害者総合支援法等が改正された。

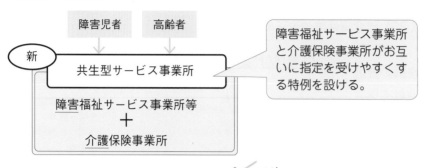

合格MAP 共生型サービス

障害児者 → 共生型サービス事業所 ← 高齢者

新

障害福祉サービス事業所等
＋
介護保険事業所

> 障害福祉サービス事業所と介護保険事業所がお互いに指定を受けやすくする特例を設ける。

表20 共生型サービスの対象サービス これだけ！

	介護保険サービス		障害福祉サービス等
ホームヘルプサービス	訪問介護	⇔	居宅介護、重度訪問介護
デイサービス	通所介護 （地域密着型を含む）	⇔	生活介護、自立訓練（機能訓練・生活訓練）、 児童発達支援、放課後等デイサービス
ショートステイ	短期入所生活介護 （予防を含む）	⇔	短期入所
「通い・訪問・泊まり」サービスの組み合わせを一体的に提供するサービス	（看護）小規模多機能型居宅介護（予防を含む） ・通い	→	生活介護 自立訓練 児童発達支援 放課後等デイサービス （通い）
	・泊まり	→	短期入所　　　　　　（泊まり）

⇔：介護保険、障害福祉相互の給付対象となる。
→：障害児者がサービスを受けた場合、障害福祉の給付対象となる。

④ 有料老人ホームの入居者保護のための施策の強化（事業停止命令の創設、前払金の保全措置の義務の対象拡大等）

⑤ 障害者支援施設等を退所して介護保険施設等に入所した場合の保険者の見直し（障害者支援施設等に入所する前の市町村を保険者とする）

3. 基本 介護保険制度の持続可能性の確保 □□□

1 負担割合の改定 2割負担者のうち特に所得の高い層の負担割合を3割とする（介護保険法）。

2 介護納付金への総報酬割の導入（介護保険法） 各医療保険者が納付する介護納付金（40〜64歳の保険料）について、被用者保険間では「総報酬割」（報酬額に比例した負担）とする（2017（平成29）

2021（令和3）年
介護報酬改定
▶p.330

過去問チェック！

> Q：2018年度（平成30年度）に創設された共生型サービスの対象となるサービスとして、正しいものを1つ選びなさい。（介護32—13）
> 　1　訪問看護　　2　共同生活援助（グループホーム）　　3　同行援護
> 　4　通所介護（デイサービス）　　5　通所リハビリテーション
> A：4　ほかにはホームヘルプサービスなどが対象となった。

年8月分の介護納付金から適用）。

4. 標準 2024（令和6）年介護保険法改正の主な内容 □□□

介護保険法等改正
2021（令和3）年施
行内容
▶p.74

① 介護情報基盤の整備
・介護保険者が医療・介護情報の収集・提供等を行う事業を医療
保険者と一体的に実施。

② 介護サービス事業者の財務状況の見える化
・財務諸表などの経営情報の都道府県知事への報告の義務化。

③ 都道府県を中心に介護サービス事業所等における生産性向上に資
する取組を努力義務化

④ 看護小規模多機能型居宅介護のサービス内容の明確化
・サービス拠点での「通い」「泊まり」における看護サービスが
含まれる旨を明確化。

⑤ 地域包括支援センターの体制整備等
・要支援者に行う介護予防支援について、居宅介護支援事業所
（ケアマネ事業所）も市町村の指定を受けて実施可能となる。

4 地域支援事業

36 134，33 93，32 133，
29 131

1. 応用 地域支援事業の概要 □□□

　地域支援事業とは、要介護・要支援状態になる前から、一人ひとりの
状況に応じた予防対策を図るとともに、要介護状態になった場合におい
ても、地域で自立した日常生活を送ることを目的として、市町村が実施
する事業である（表21）。地域包括支援センターが地域支援事業の拠
点となる。

表21　地域支援事業の内容

介護予防・日常生活支援総合事業	■介護予防・生活支援サービス事業 ①訪問型サービス、②通所型サービス、③その他の生活支援サービス（配食、見守り等）、④介護予防ケアマネジメント ■一般介護予防事業 ①介護予防把握事業、②介護予防普及啓発事業、③地域介護予防活動支援事業、④一般介護予防事業評価事業、⑤地域リハビリテーション活動支援事業
包括的支援事業・任意事業	■包括的支援事業 ①地域包括支援センターの運営（介護予防ケアマネジメント業務、総合相談支援業務、権利擁護業務（虐待の防止、虐待の早期発見等）、包括的・継続的マネジメント支援業務（生活困難事例に関するケアマネジャーへの助言、地域のケアマネジャーのネットワークづくり等））、②社会保障の充実（認知症施策の推進、在宅医療・介護連携の推進、地域ケア会議の実施、生活支援コーディネーター等の配置） ■任意事業 介護給付等費用適正化事業、家族介護支援事業等

資料：令和5年版厚生労働白書

1
高齢者福祉

また、介護保険法等が改正され、後期高齢者の保健事業は、後期高齢者医療広域連合と市町村の連携内容を明示し、市町村において、介護保険の地域支援事業や国民健康保険の保健事業と一体的に実施するように努める（2020（令和2）年4月施行）。

2. 応用 介護予防・日常生活支援総合事業の内容 □□□

32 133, 31 41, 29 37, 128, 28 35, 61, 130, 27 134

2011（平成23）年の介護保険法改正により、介護予防・日常生活支援総合事業（総合事業）が創設され、2014（平成26）年の医療介護総合確保推進法の成立により、予防給付が再編された。

1 **総合事業**　「介護予防・生活支援サービス事業」と「一般介護予防事業」から構成される。

　① 2017（平成29）年度末までに、予防給付の訪問介護、通所介護は総合事業のサービスにすべて移行した。訪問介護、通所介護以外のサービスは従来どおり、予防給付によるサービスを利用する。

　② 対象者は、ケアマネジメントを行い、総合事業によるサービス（訪問型・通所型サービスなど）と、予防給付によるサービスを適切に組み合わせて利用する。

　③ 総合事業のみ利用する場合、要支援認定は不要であり、基本チェックリストで判断を行う。

2 **一般介護予防事業**　対象者は、第1号被保険者のすべての者及びその支援のための活動に関わる者である。内容は表22のとおり。

表22　一般介護予防事業

事 業	内 容
介護予防把握事業	閉じこもり等の何らかの支援を要する者を把握し、介護予防活動へつなげる。
介護予防普及啓発事業	介護予防活動の普及・啓発を行う。
地域介護予防活動支援事業	住民主体の介護予防活動の育成・支援を行う。
一般介護予防事業評価事業	介護保険事業計画に定める目標値の達成状況等を検証し、一般介護予防事業の評価を行う。
地域リハビリテーション活動支援事業	介護予防の取組を機能強化するため、通所、訪問、地域ケア会議、住民主体の通いの場等へのリハビリ専門職等による助言等を実施

過去問チェック！

Q：介護予防・生活支援サービス事業における通所型サービス（第一号通所事業）では、保健・医療専門職による短期間で行われるサービスが実施可能となっている。(32−133)

A：○　**短期集中予防サービスとして提供される。**

合格MAP 介護予防・日常生活支援総合事業

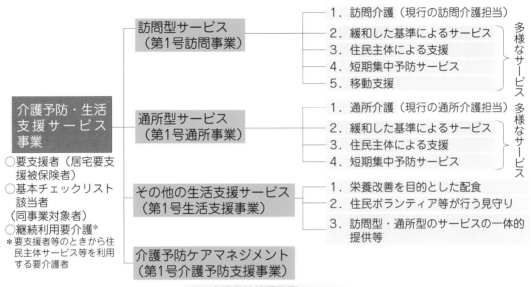

合格MAP 介護予防・日常生活支援総合事業の対象者

対象者は基本チェックリスト該当者

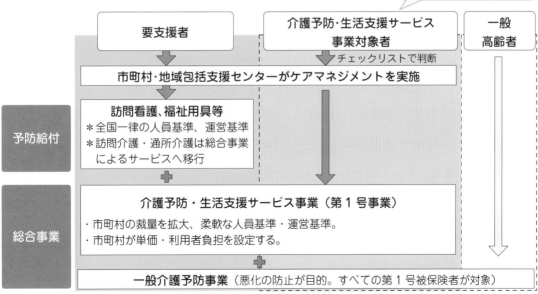

資料：「予防給付の見直しと地域支援事業の充実について」厚生労働省

1

高齢者福祉

35 45, 34 46, 131, 33
44, 93, 97, 102, 32 48,
95, 31 60, 133, 30 135,
29 39, 45, 48, 114, 28
39, 27 41, 134

5 地域包括支援センター

1. 標準 地域包括支援センターの役割 よく出る □□□

1 目 的 2005（平成17）年の介護保険法改正により、地域住民の心身の健康の保持・生活の安定のために必要な援助を行うことにより、地域住民の保健医療の向上・福祉の増進を包括的に支援することを目的として、設置された。 〔設置することが「できる」〕

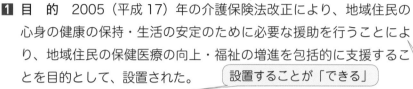

注意

市町村は事業の実施状況の評価を行わなければならない。

2 設置主体 市町村または市町村から委託を受けた法人である。

3 担当圏域 市町村の人口規模、業務量、運営財源や専門職の人材確保の状況、地域における保健福祉圏域（日常生活圏域）との整合性に配慮し、最も効果的・効率的に業務が行えるよう、市町村の判断により設定する。〔各市町村に1か所設置されるわけではない。〕

主任介護支援専門員、社会福祉士、保健師が区域内の第1号被保険者数に応じて配置される。

4 地域包括支援センターの主な事業

市町村からの一括委託にて実施する事業は、表23のとおり。

表23 地域包括支援センター事業の内容

業 務	内 容
介護予防ケアマネジメント業務 （第1号介護予防支援事業（要支援者を除く））	介護予防・生活支援サービス事業対象者に、自立保持のために身体的・精神的・社会的機能の維持向上を目標として、介護予防・生活支援サービス事業の利用を通じてマネジメントを行う業務
総合相談支援業務	高齢者・家族等からの介護・福祉などの相談に応じ、支援を把握し、適切なサービス、関係機関・制度の利用につなげる等の支援を行う業務
権利擁護業務	高齢者の権利を守るため、成年後見制度の活用、老人福祉施設等への措置、高齢者虐待への対応、消費者被害の防止に関する諸制度を活用し、生活の維持を図る業務
包括的・継続的ケアマネジメント支援業務	地域の介護支援専門員の日常的な業務を支援するため、介護支援専門員からの相談に応じ個別の指導・助言を行い、介護支援専門員同士のネットワークを構築する業務

5 包括的支援事業の委託 市町村は、老人介護支援センター（地域包括支援センター）の設置者、医療法人、特定非営利活動法人などに委託することができる。なお、委託する場合は、包括的支援事業のすべてを一括して委託しなければならない。

6 地域包括支援センター運営協議会 各市町村に1つ設置され、地域包括支援センターの運営の中立性・公平性のチェックを行う。

6 苦情処理、審査請求

34 131, 33 132, 30 78, 127, 29 132, 28 43, 27 127

1．[標準] 苦情処理 □□□

1 **介護サービスに対する苦情**　以下の流れで解決することが望ましい。

① サービスを提供した<u>サービス事業者・施設</u>に対して行われ、当事者間の協議・調整により解決することが望ましい。

② 当事者間の協議・調整で十分対応ができない場合は、身近な窓口機関である<u>居宅介護支援事業者・介護予防支援事業者</u>や<u>市町村</u>が責任をもって対応し、解決できるように努める。

③ 市町村において対応が困難な場合は、サービス利用者からの苦情の内容に応じて<u>国民健康保険団体連合会</u>や<u>都道府県</u>が対応する。

2．[標準] 審査請求 □□□

1 **審査請求の対象**　市町村が行った介護保険に関する以下の<u>処分</u>について不服がある者は、<u>都道府県</u>に設置された<u>介護保険審査会</u>に審査請求をすることができる。

① <u>保険給付</u>に関する処分（被保険者証の交付の請求に関する処分および<u>要介護認定</u>または<u>要支援認定</u>に関する処分）

② <u>保険料・徴収金</u>（財政安定化基金拠出金、納付金、延滞金を除く）に関する処分

 注意 介護保険サービスに関する苦情は、審査請求の対象ではない。

2 **審査請求の流れ**　処分（決定）が通知された日の翌日から数えて、3か月以内に行わなければならない。介護保険制度の場合、再審査請求機関が設置されていないため、<u>再審査請求はできない</u>。審査請求の裁決を経た後であれば、<u>処分取消訴訟</u>を裁判所に提起できる。

国民健康保険団体連合会
利用者からの苦情を受け、調査、助言、指導を行う。他には介護保険の審査・支払い業務を行う。

審査請求
▶p.142, 143

処　分
行政庁が行ったこと。
例）要介護認定。

介護保険審査会
保険者である市町村が行った行政処分に対する不服申立ての審理・裁決を行う第三者機関として都道府県に設置される。

1
高齢者福祉

🖊過去問チェック！

Q：都道府県は、老人福祉圏域ごとに地域包括支援センターを設置する。(34−131)

A：×　**市町村は地域包括支援センターを設置することができる。**

Q：国民健康保険団体連合会の介護保険制度における役割として、介護サービスの苦情処理等の業務や事業者・施設への指導・助言のための機関として、運営適正化委員会を設置する。(33−132)

A：×　**運営適正化委員会は、都道府県社会福祉協議会に設置する。**

Q：国民健康保険団体連合会の介護保険制度における役割として、介護保険審査会を設置し、市町村の処分に対する不服申立ての審理・裁決を行う。(29−132)

A：×　**設問は都道府県の役割である。**

→過去問プラス！『国試対策 2025』（専門科目編）p.8, 19

7 介護報酬

1. 基本 介護報酬の概要 よく出る □□□

33 131, 32 122, 30 133, 28 131

介護保険制度において、介護サービス事業者や施設が、利用者にサービスを提供した場合、その対価として事業者に支払われる報酬である。厚生労働大臣が、社会保障審議会の意見を聴いて3年ごとに見直す（表24）。

1 負担割合 原則として介護報酬の1割は利用者の負担で、9割は国民健康保険団体連合会を経由して市町村に請求し、支払いを受ける。

2 地域割区分 介護報酬は1単位10円が基本となり、その単位に「地域割り（上乗せ割合）」と「人件費割合」が上乗せされる。

2015（平成27）年度の介護報酬改定により、介護報酬の地域割区分が7級地とその他の8つに区分された。

3 2021（令和3）年度介護報酬の改定

新型コロナウイルス感染症や大規模災害が発生する中で「感染症や災害への対応力強化」を図るとともに、団塊の世代の全てが75歳以上となる2025（令和7）年に向けて、「地域包括ケアシステムの推進」などを図る。

4 2024（令和6）年度介護報酬の改定

「地域包括ケアシステムの深化・推進」「自立支援・重度化防止に向けた対応」「良質な介護サービスの効率的な提供に向けた働きやすい職場づくり」「制度の安定性・持続可能性の確保」を基本的な視点として、介護報酬改定を実施する。

表24　介護報酬改定の経緯

> 介護従事者の処遇改善のための緊急特別対策として初めてのプラス改定

> 介護人材のキャリアアップの仕組みの構築のためのプラス改定

> 介護・福祉職員の処遇改善のためのプラス改定

改定年度	2009年	2012年	2015年	2017年	2018年	2019年	2021年	2022年	2024年
改定率	プラス +3.0%	プラス +1.2%	マイナス −2.27%	プラス +1.14%	プラス +0.54%	プラス +2.13%	プラス +0.70%	プラス +1.13%	プラス +1.59%

> 介護職委員の処遇改善のためのプラス改定

過去問チェック！

Q：都道府県は、介護サービス事業者を代表する委員、介護の専門職を代表する委員、医療の専門職を代表する委員で組織される介護保険審査会を設置する。（34−131）

A：× **被保険者を代表する委員、市町村を代表する委員、公益を代表する委員で構成される。**

Q：介護報酬の1単位当たりの単価は10円を基本とした上で、事業所・施設の所在地及びサービスの種類に応じて減額が行われている。（33−131）

A：× **その単位に地域割りと人件費割合が上乗せされる。**

➡過去問プラス！『国試対策2025』（専門科目編）p.7, 8

Ⅲ 高齢者に対する法制度〜関連法

合格勉強法 近年は「高齢者住まい法」から専門的な制度が出題されている。制度の概要と合わせて「利用者にどんなメリットがあるのか」を押さえる工夫で、関連問題が解けるようになる。

1 老人福祉法

36 127, 35 26, 43, 127, 134, 34 134, 33 42, 127, 134, 32 128, 31 126, 134, 30 131, 29 127, 134, 28 127, 27 135

1. 標準 老人福祉法の概要　□□□

1963（昭和 38）年に老人の福祉増進と社会参加の促進を目的として制定された。国、地方公共団体等の責務を規定するとともに、老人福祉施設、老人福祉の措置に関する具体的な施策を規定している（表 1）。

表 1　老人福祉法の概要

項　目	内　容
目　的	老人の福祉に関する原理を明らかにするとともに、老人に対し、その心身の健康の保持及び生活の安定のために必要な措置を講じ、もって老人の福祉を図る。
基本的理念	老人への敬愛、生きがいをもてる生活の保障、心身の健康保持、社会的活動への参加、適切な仕事に従事する機会
老人の定義	老人の定義は規定がない。 介護保険法には「要介護者・要支援者」の定義がある。
老人の日等	老人の日（9 月 15 日）、老人週間（9 月 15 日〜21 日）を定める。
措　置	措置の実施者は居住地（もしくは現在地）の市町村である。

老人福祉法では「敬愛」、介護保険法では「尊厳」が使われている。

介護保険の利用が困難な対象者に市町村は措置ができる。

2. 標準 老人福祉施設 　□□□

老人福祉法に定める老人福祉施設、老人福祉施設ではない施設、介護保険法に定める介護保険施設を以下に整理する（表 2）。

表 2　老人福祉施設・介護保険施設

分　類	施　設
老人福祉施設	老人デイサービスセンター、老人短期入所施設、養護老人ホーム、特別養護老人ホーム、軽費老人ホーム、老人福祉センター、在宅（老人）介護支援センター
老人福祉施設ではない施設	地域包括支援センター、介護老人保健施設、有料老人ホーム、老人休養ホーム、老人憩の家、生活支援ハウス（高齢者生活福祉センター）
介護保険施設	指定介護老人福祉施設（老人福祉法の特別養護老人ホーム） 介護老人保健施設（旧・老人保健法の老人保健施設） 介護医療院（医療法上は医療提供施設）

地域包括支援センター、介護老人保健施設は、老人福祉施設ではない。

特別養護老人ホームのみ老人福祉法に規定されている。

過去問チェック！

Q：老人福祉施設の一つとして、介護老人保健施設が規定されている。(35−134)

A：×　**介護老人保健施設は、介護保険施設として規定されている。**

→**過去問プラス！**『国試対策 2025』（専門科目編）p.13

1
高齢者福祉

1 特別養護老人ホーム・養護老人ホームの設置　都道府県（届出・認可不要）、市町村・地方独立行政法人（都道府県知事に事前の届出）、社会福祉法人（都道府県知事の認可）が設置できる（表3）。

> 医療法人・民間営利法人は設置できない。

> **合格勉強法**
> 老人福祉施設はサービス内容よりも、施設ごとに異なる「対象者」に時間をかけて覚えよう。

表3　老人福祉施設

施設	社会福祉事業	利用形態	サービス内容	
			年齢	対象者
特別養護老人ホーム（介護保険法の指定介護老人福祉施設）	1	措置	65歳〜	常時介護が必要で、居宅で介護を受けることが困難な者
養護老人ホーム	1	措置（入所）	65歳〜	環境上の理由や経済的理由により居宅で養護を受けることが困難な者
軽費老人ホーム	1	契約	60歳〜	身体機能の低下等により自立した日常生活を営むことについて不安があると認められる者で、家族による援助を受けることが困難な者
老人短期入所施設	2	短期入所	65歳〜	介護者の疾病等により、居宅で介護を受けることが一時的に困難となった者
老人デイサービスセンター	2	通所	65歳〜	身体上・精神上の障害があるため日常生活を営むのに支障がある者
在宅（老人）介護支援センター	2	利用	要援護高齢者の介護ニーズに対応するため市町村、事業所と連絡調整を行う。	
老人福祉センター	2		相談受付、健康増進、教養の向上、レクリエーション	

> 市町村が行う

> 指定介護老人福祉施設は契約に基づく施設。

> 入所理由に「経済的理由」が明記されているのは養護老人ホームだけ。

1：第一種社会福祉事業、2：第二種社会福祉事業

> **+α**
> **養護老人ホームの年齢規定**
> 原則65歳以上だが、①老衰が著しく救護施設に入所できない、②初老期認知症、③配偶者が老人ホームの入所措置を受ける場合は、65歳未満でも措置が行われる。

3. 応用　養護老人ホーム　□□□

1 目　的　入所者を養護するとともに、入所者が自立した日常生活を営み、社会的活動に参加するために必要な指導および訓練等の援助を行うことを目的とする施設である。

2 入所措置基準　老人福祉法上の施設として措置制度が適用される施設である。65歳以上の高齢者で、①環境上の理由や②経済的理由により、居宅で養護を受けられなくなったことが条件となる。

①環境上での理由とは、入院や加療を必要とする状態ではないこと。

②経済的理由とは、高齢者の属する世帯が生活保護法による保護を受けていることなど。

3 入所定員　20人以上。ただし、特別養護老人ホームを併設する場合は10人以上。

> 居室1部屋の定員は1人。処遇上必要と認められる場合には2人

4 **2005（平成 17）年介護保険法の改正**　養護老人ホームが<u>特定施設入居者生活介護</u>の対象施設に追加された。老人福祉法上の基準とは異なり、<u>計画作成担当者</u>などを配置しなければならない。施設内における介護サービスについては、訪問介護など外部の介護サービス事業者を利用することができる。

5 **特別養護老人ホーム**　入所定員が 30 人以上のものを介護保険法上では「介護老人福祉施設」といい、入所定員が 29 名以下の場合は、「地域密着型介護老人福祉施設」という（表 4）。

外部サービス利用型
指定特定施設入居者生活介護のサービス形態には「包括型」と「外部サービス利用型」がある。養護老人ホームのうち、介護を提供していない施設は、外部の介護サービスを利用することができる。

表 4　特別養護老人ホーム・介護老人福祉施設

定員		老人福祉法	介護保険法
設置手続き		認可	指定
定員	〜 29 人まで	特別養護老人ホーム	指定介護老人福祉施設
	30 人〜		地域密着型介護老人福祉施設入所者生活介護

4. 応用　**軽費老人ホーム**　□□□

<u>1963</u>（昭和 38）年、<u>老人福祉法</u>制定時に制度化された。<u>無料</u>または<u>低額</u>な料金で、老人を入所させ、食事の提供その他日常生活上必要な便宜を供与することを目的とする施設である。

5. 標準　**有料老人ホーム**　□□□

1 **老人福祉法の定義**　老人を入居させ、入浴、排せつ、食事の介護、食事の提供その他の日常生活上必要な便宜等を供与する事業を行う施設で、<u>老人福祉施設</u>、<u>認知症対応型老人共同生活援助事業</u>を行う住居その他厚生労働省令で定める施設でないものと定義されている。

2 **特定施設入居者生活介護の事業者指定**　<u>都道府県知事</u>から指定を受けた有料老人ホームは、介護保険の給付対象となる。

注意！
有料老人ホームは老人福祉法に規定があるが、老人福祉施設には含まれない。

1
高齢者福祉

✏️**過去問チェック！**

Q：1963 年（昭和 38 年）の老人福祉法では、養護老人ホーム、特別養護老人ホーム、軽費老人ホームを含む、老人福祉施設が規定された。(36-127)

A：○　**現在、老人福祉法に規定されている老人福祉施設は p. 331 表 2 のとおり。**

Q：特別養護老人ホームの設備及び運営について、市町村が条例で基準を定める。(34-43)

A：×　**都道府県が条例で基準を定める。**

Q：老人福祉法に規定される養護老人ホームの入所者の居室 1 室当たりの定員は、2 人と定められている。(27-135)

A：×　**原則、1 室当たりの定員は 1 人である。**

➡️**過去問プラス！**『国試対策 2025』（共通科目編）p.149,（専門科目編）p.5

2 高齢者虐待防止法

1. 基本 高齢者虐待防止法　☐☐☐

　2005（平成 17）年制定、2006（平成 18）年施行。虐待を定義し、虐待を受けたと思われる高齢者を発見した場合の市町村への通報が義務づけられている（表5、6）。

　市町村長は、重大な危険が生じているおそれがあると認めるときは、地域包括支援センターの職員等に立入り調査をさせることができる。その際、警察署長に対し援助を求めることができる。

表5　定　義

高齢者	65 歳以上の者
高齢者虐待	①身体的虐待、②介護・世話の放棄・放任、③心理的虐待、④性的虐待、⑤経済的虐待

表6　通報の義務

虐待発生場所	状況	通報の義務
家　庭	生命・身体に重大な危険	通報義務
	上記以外	努力義務
施　設	状況に関わらず	通報義務

3 高齢者住まい法等

1. 基本 高齢者住まい法（高齢者の居住の安定確保に関する法律）　☐☐☐

　2001（平成 13）年に制定され、高齢者円滑入居賃貸住宅の登録制度や終身建物賃貸借制度を設けるとともに、高齢者向け優良賃貸住宅の供給を促進し、高齢者の居住の安定の確保を図った。また、民間賃貸住宅市場の整備が行われた。

1 **2011（平成 23）年の改正**　高齢者円滑入居賃貸住宅（高円賃）の登録制度、高齢者専用賃貸住宅（高専賃）の登録制度、高齢者向け優良賃貸住宅（高優賃）の認定制度を廃止し、「サービス付き高齢者向け住宅」に一本化された。また、終身建物賃貸借制度が見直された。

2 **終身建物賃貸借***　高齢者がバリアフリー化された住宅を生涯にわたって賃貸しようとする場合、賃借人の死亡時に賃貸借が終了するように契約を結ぶ制度である。借地借家法ではなく、高齢者住まい法に基づく制度である。公正証書など、書面による契約が必要である。

3 **基本方針**　国土交通大臣および厚生労働大臣は、高齢者に対する賃貸住宅および老人ホームの供給目標の設定や供給促進に関する基本

終身建物賃貸借
原則、賃借人は 60 歳以上の高齢者に限定。配偶者が 60 歳以上の高齢者で、配偶者と同居する場合は 60 歳未満でも入居可能。

的な事項などについて、基本方針を定めなければならない。また、都道府県および市町村は基本方針（市町村は、都道府県が定めている場合は、都道府県高齢者居住安定確保計画）に基づき高齢者居住安定確保計画を定めることができる。

2. 基本 サービス付き高齢者向け住宅 □□□

高円賃・高専賃・高優賃を廃止し、サービス付き高齢者向け住宅に一本化し、都道府県知事の登録制度を創設した（表7）。

表7　サービス付き高齢者向け住宅の登録基準 これだけ!

> 有料老人ホームも登録できる。

項　目	規　定
規模・構造	専用部の床面積原則 25 m² 以上、便所・洗面設備などの設置、バリアフリー構造
サービス	少なくとも安否確認と生活相談を提供
契　約	賃貸借契約などの居住の安定が図られた契約、前払家賃などの返還ルールおよび保全措置▶を講じる。

1 届　出　老人福祉法との調整規定として、サービス付き高齢者向け住宅の登録を受けた場合には有料老人ホームの届出が不要になる。

 注意　サービス付き高齢者向け住宅のうち、食事、介護、家事、健康管理のいずれかのサービスを提供している場合は有料老人ホームに該当するが、安否確認・生活相談しか提供していない場合は、有料老人ホームに該当しない。

2 住所地特例　2015（平成27）年以降、サービス付き高齢者向け住宅のうち、有料老人ホームに該当するものはすべて住所地特例が適用されることとなった。

3 リバースモーゲージ　住宅金融支援機構の保険の特例として、サービス付き高齢者向け住宅の入居一時金に係るリバースモーゲージ▶を住宅金融支援機構の保険の対象に追加した。

表8　有料老人ホームとサービス付き高齢者向け住宅の違い

項　型	有料老人ホーム		サービス付き高齢者向け住宅
類　型	介護付	住宅型	賃貸住宅
根拠法	老人福祉法、介護保険法		高齢者住まい法
入居金	あ　り	あ　り	な　し
面　積	施設により異なる		25 m² 以上
サービス	①食事、②介護（入浴・排泄など）、③洗濯・掃除等の家事、④健康管理のうち、いずれかのサービス（複数可）		安否確認、生活相談
介護保険サービス	施設が特定入所者介護サービスとして提供	外部の介護保険サービスを利用	

保全措置
住宅を経営する事業者が倒産するなどの不測の事態に陥った場合、入居者が支払った前払家賃を返還してもらえる措置のことである。具体的には事業者が銀行などの連帯保証、保険事業者との保証保険契約などを結んで保全措置をとる。

住所地特例
▶p.307

リバースモーゲージ
自宅を担保にして金融機関から借金をし、入居一時金を支払う仕組み。モーゲージとは「担保をとって金を貸す」こと。

1
高齢者福祉

3．［標準］ シルバーハウジング □□□

　住宅施策と福祉施策の連携により規定された、高齢者等の生活特性に配慮したバリアフリー化された<u>公営住宅</u>等と<u>生活援助員</u>（ライフサポートアドバイザー）による日常生活支援サービスの提供を併せて行う、高齢者世帯向けの公的賃貸住宅。身体介護などは提供しない。住宅の供給主体は<u>地方公共団体</u>、<u>都市再生機構</u>、<u>住宅供給公社</u>。入居者は原則、60歳以上の高齢者が対象。

4．［標準］ 住宅セーフティネット法（住宅確保要配慮者に対する賃貸住宅の供給の促進に関する法律） □□□

１ **居住支援法人**　住宅確保要配慮者（低額所得者、被災者、高齢者、障害者、子どもを養育する者など）の民間賃貸住宅への円滑な入居の促進を図るため、対象者へ家賃債務保証の提供、賃貸住宅への入居に係る住宅情報の提供・相談、見守りなどの生活支援等を実施する。<u>都道府県</u>が指定できる。

２ **賃貸住宅供給促進計画**　都道府県・市町村は、「賃貸住宅供給促進計画」を<u>策定することができる</u>。義務ではない。

まとめて攻略
■ バリアフリー法
　⇒障害者福祉
　　p.224

住宅セーフティネット法
▶p.96

---

4 高年齢者雇用安定法

1．［標準］ 高年齢者雇用安定法 □□□

　70歳までの就業機会の確保について、多様な選択肢を整え、事業主としていずれかの措置を制度化する努力義務を設けた（2021（令和3）年改正法の施行）

28 127

図1　高年齢者雇用安定法

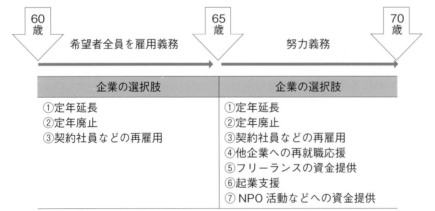

	企業の選択肢	企業の選択肢
	①定年延長 ②定年廃止 ③契約社員などの再雇用	①定年延長 ②定年廃止 ③契約社員などの再雇用 ④他企業への再就職応援 ⑤フリーランスの資金提供 ⑥起業支援 ⑦NPO活動などへの資金提供

60歳／65歳／70歳　希望者全員を雇用義務　努力義務

🖊 **過去問チェック！** ↑

Q：高齢者の居住の安定確保に関する法律に基づき、都道府県は、サービス付き高齢者向け住宅の認可を行う。（28−30）

A：× **認可ではなく、登録を行う。**

Ⅳ 高年齢者と家族等の支援における関係機関と専門職の役割

介護保険法において中核となるのは市町村である。市町村を軸として役割を整理すると問題が解きやすい。国民健康保険団体連合会は役割が多岐にわたっているうえ、業務ごとの関連性が薄いことを踏まえて学習しよう。
合格勉強法

35 43, 34 131, 32 132, 30 127, 132

1 組織及び団体の役割

1. 標準 市町村・都道府県の役割 よく出る □□□

市町村は介護保険制度の保険者としての役割を果たし、都道府県は市町村を支援する立場にある。両者の役割は表１のとおり。

表1 市町村・都道府県の主な役割

項　目	市町村	都道府県
要介護認定	介護認定審査会の設置	介護認定審査会の共同設置の支援 指定市町村事務受託法人の指定
保険給付	保険給付の審査・支払い （実際は国保連に委託） 市町村特別給付の実施	国保連の指導監督
基準額	区分支給限度基準額の上乗せ額の設定	―
苦情処理 審査請求	利用者からの苦情処理	介護保険審査会（審査請求機関）の設置
財　政	特別会計の設置 介護給付費の費用負担 地域支援事業の費用負担	介護給付費の費用負担 地域支援事業の費用負担 財政安定化基金の設置
事業所	地域密着型サービス事業所、介護予防支援事業所、居宅介護支援事業所の指定・監督	居宅サービス事業所、介護保険施設、介護予防サービス事業所の指定・監督、指示居宅サービス事業者に不正があった場合等の指定の取消・効力停止
計画策定	市町村介護保険事業計画の作成	市町村介護保険事業計画の作成への助言 都道府県介護保険事業支援計画の作成
介護サービス 情報の公表	―	介護サービス事業者の調査と結果の公表、指定情報公表センターの指定
介護支援専門員	―	登録、試験・更新研修
地域支援事業	地域支援事業の実施 地域包括支援センターの設置・実施状況の評価	地域支援事業の費用負担

> 指定は都道府県が行う。

> 国が決める。

> 計画の策定時、変更時はあらかじめ、都道府県の意見を聴かなければならない。

> 都道府県は市町村に助言はするが、認可は不要

> 介護サービス情報と介護支援専門員関連業務は、都道府県の役割

指定市町村事務受託法人
保険者から委託を受けて保険者事務の一部を実施する法人として、都道府県が指定した法人のことである。

1 高齢者福祉

✏️過去問チェック！

Q：国は、介護保険に関する収入及び支出について特別会計を設ける。(32―132改)

A：× **特別会計は、市町村が設ける。**

2. 標準 国民健康保険団体連合会の役割　□□□ 33 132, 32 132, 30 133, 29 132, 28 43

国保連は各都道府県に1団体が設置され、**1**〜**4**の役割を担う。

合格MAP　介護給付費の審査・支払いの流れ

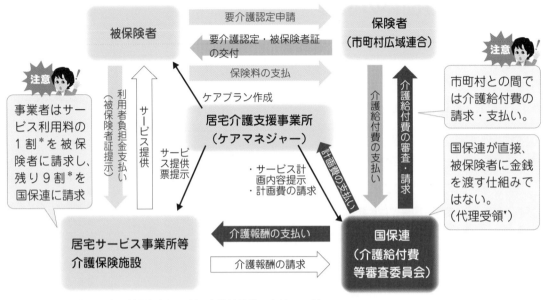

*一定以上所得者の場合：利用者負担2割、介護給付費の支払い8割
　特に所得の高い層の場合：利用者負担3割、介護給付費の支払い7割

1 介護給付費等の審査・支払い

①国保連（介護給付等審査委員会）は、市町村から委託を受けて、介護給付費等の請求に関する審査・支払いに関する事務を行う。

②事業者は利用者に提供した介護給付費を、介護報酬として国保連に請求する。国保連では、事業者からの請求を審査し、事業者に介護報酬を支払う。

2 苦情処理

国保連は**1**の審査・支払いの業務以外に利用者からの苦情を受け、調査、必要な助言、指導を行う。苦情の中でも国保連は介護保険サービスに関する苦情処理を行う。要介護認定などの処分に関する審査請求は介護保険審査会（都道府県に設置）に対して行う。

3 事業・施設の運営

居宅サービスなどの事業や介護保険施設の運営を行う。

4 総合事業の費用の支払い

国保連は、介護予防・日常生活支援総合事業の実施に関する費用の支払いを行う。

代理受領
介護給付費、介護報酬ともに被保険者の手元を通らずに、支払われる。

国保連は、調査は行うが、「立入検査」「勧告・指定の取消」は行わない。市町村・都道府県の業務である。

介護保険審査会
▶p.329

国保連はサービスを調査するだけでなく、自ら提供することができる。

2 専門職の役割

1. 標準 介護保険法における専門職の役割 □□□

要介護者などが居宅サービス、施設サービスなどを適切に利用できるように、介護支援専門員をはじめ各種の専門職が役割を担う（表2）。

36 129, 35 132, 34 43, 132, 133, 33 40, 96, 127, 133, 32 124, 134, 31 91, 131, 132, 30 36, 134, 135, 29 39, 133, 28 35, 134, 27 34, 57, 109, 126, 132

表2 介護保険法における専門職の役割

専門職	役割	資格要件
介護支援専門員	相談に応じ、サービス利用に向けて事業者などと連絡調整を行う。居宅サービス計画の作成にあたって、サービス担当者会議を招集する。	都道府県知事が行う介護支援専門員実務研修受講試験に合格し、実務研修の課程を修了した者。
主任介護支援専門員	地域包括支援センターに配置され、地域における包括的・継続的なケアシステムを構築する。	介護支援専門員の実務経験が5年以上ある者等で、所定の専門研修課程を修了した者　認定ケアマネジャー専任として3年以上の者
訪問介護員	要介護者などに、入浴、排せつなどの介護その他の日常生活上の世話を行う。	① 介護福祉士、② 指定研修の課程を修了し、証明書の交付を受けた者
介護職員	施設サービス、居宅サービス、地域密着型サービスなどで介護に従事する。	① 介護福祉士、② 指定研修の課程を修了し、証明書の交付を受けた者、③ 未経験者
福祉用具専門相談員	福祉用具を貸与・購入する際に選び方や使い方を助言する。また、指定福祉用具貸与・購入時には、目標、サービスの内容などを記載した福祉用具サービス計画を作成しなければならない。	福祉用具専門相談員指定講習修了者のほか、社会福祉士・介護福祉士・保健師・看護師・准看護師・理学療法士・作業療法士・義肢装具士
介護サービス相談員 小学生もなれる。	介護サービス相談員派遣等事業において、介護サービスの提供の場を訪ね、サービスを利用する者などの話を聞き、相談に応じるなどの活動を行う。	一定水準以上の養成研修を受けた者　介護職関連の資格を所有している必要はない。
認知症サポーター	認知症について正しく理解し、認知症の人や家族を温かく見守り、支援する応援者。実践的な介護はしない。	認知症サポーター養成講座を受けた者。キャラバンメイトが、認知症サポーター養成講座の企画・立案・実施を行う。
認知症地域支援推進員	市町村において、医療機関・介護サービス事業所や地域の支援機関をつなぐ。	保健師、看護師、精神保健福祉士、社会福祉士など
就労的活動支援コーディネーター（就労的活動支援員）	地域支援事業において、就労的活動を提供できる民間企業・団体と、就労的活動を実施したい事業者とをマッチングし、役割がある形での高齢者の社会参加等を促進する（配置先や市町村ごとの配置人数等は限定しない）	特定の資格要件は定めないが、地域の産業に精通している者、または中間支援を行う団体等で地域でのコーディネート機能を適切に担える者

1 高齢者福祉

過去問チェック！

Q：介護サービス相談員の登録は、保健・医療・福祉分野の実務経験者であって、その資格を得るための試験に合格した者について行われる。(31-132)
A：× **実務経験や資格の有無は問われない。**

2. 基本 介護職員の役割 □□□

35 128, 129, 133, 32 130, 31 128, 30 128, 129, 29 130, 27 128

介護職員は、ボディメカニクス（人体力学）を活用し、介護に従事する（表3）。

1 ボディメカニクス

① 支持基底面積を広くとる、② 利用者と介護職の重心を近づける、③ 大きな筋群を使い、水平移動を使う、④ 利用者の身体を小さくまとめる、⑤ 利用者を押すのではなく手前に引く、⑥ 介護職の重心移動で利用者を動かす、⑦ 身体をねじらない、⑧ てこの原理を活用する。てこの原理を使い、動かす部分（利用者の身体など）と、力を入れる部分（筋肉）の間に支点を置き、少ない力で大きな作用を得る。

・**支持基底面積** 介護者の体重を支える面積。両足を適度に広げたほうが安定する。

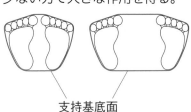

支持基底面

表3　介護の技法

項　目	内　容
移　動	① 杖歩行の場合、介護者は利用者の患側か患側の斜め後ろでいつでも支えられるようにする。平地の場合は、杖→患側→健側の順に動かす。 ② 杖歩行で階段を昇降する場合、昇るときは杖→健側→患側の順に、降りる時は杖→患側→健側の順に出す。 ③ ベッドから車いすの移乗は、健側に車いすを斜めに置き、自分の重心の高さを利用者に合わせる ④ てこの原理を使い、動かす部分（利用者の身体など）と、力を入れる部分（筋肉）の間に支点を置き、少ない力で大きな作用を得る。 ⑤ 麻痺のある利用者の階段昇降は、健側から上がり、患側から降りる。 ⑥ 視覚障害者の歩行介助を行う場合、介助者は視覚障害者の前方を歩く。
着　脱	麻痺のある利用者の場合、健側から脱がせ、患側から着せる（脱健着患）。
睡　眠	安易に睡眠剤に頼らず、高齢者の睡眠パターンを理解する。

麻　痺
片麻痺：左右どちらかの上肢・下肢
単麻痺：左右どちらかの上肢
対麻痺：両下肢
四肢麻痺：四肢全体

高齢者の睡眠
▶p.3

✏️過去問チェック！↗

Q：左片麻痺者が階段を上る時は、杖の次に左足を上げる。(36−129)

A：× 　杖→健側（右足）→患側（左足）の順に上げる。

Q：介護者が効率的かつ安全に介護を行うためのボディメカニクスの原則によれば、支持基底面は広くとる。(介34−102)

A：○ 　**身体を安定させるため、身体の重心線を支持基底面の中に確保するためには、支持基底面を広くとる必要がある。**

➡**過去問プラス！『国試対策2025』（専門科目編）p.29**

2
児童・家庭福祉

（児童や家庭に対する支援と児童・家庭福祉制度）

> 児童福祉法は範囲が広く多角的に出題されるため、時間がかかります。児童虐待防止法から着手すると進みが早いでしょう。児童発達支援は改正・創設があり、出題が予測されるテーマです。

科目の特徴

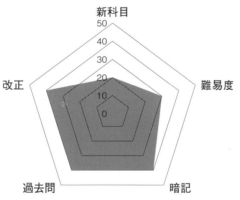

新科目：新科目として相当な準備が必要かどうか
難易度：問題が正解しにくいかどうか
暗記：暗記の重要性が高いかどうか
過去問：過去問題を活用する際に工夫が必要かどうか
改正：法律・制度の改正が多いかどうか

過去問題の使い方

解いておくべき過去問	活用法
3回分 ◎	過去問題は3回分を目安に活用しましょう。近年は法律、制度、条約の内容が細かく問われています。児童相談所（p.367）は共通科目でも出題されるので、多科目ポイントとして得点源にしましょう。

合格勉強法 子どもの貧困対策の推進に関する法律が施行され、近年の国家試験では複数の科目で出題されている。「子どもの貧困率」「相対的貧困率」も含め、関連事項も広く理解しておくとよい。

1 子どもの貧困

33 136, 141, 29 30,
27 30

1. 基本 子どもの貧困率 □□□

1 相対的貧困率 貧困線に満たない世帯員の割合。OECD（経済協力開発機構）では、等価可処分所得（世帯の可処分所得を世帯人数の平方根で割って算出）が全人口の中央値の半分未満の世帯員を相対的貧困者としている。所得の格差に注目した指標である。

可処分所得
収入のうち、税金や社会保険料などを除いた所得。自分で自由に使える手取りのこと。

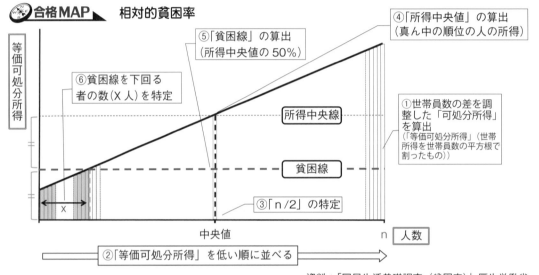

合格MAP▶ 相対的貧困率

④「所得中央値」の算出（真ん中の順位の人の所得）
⑤「貧困線」の算出（所得中央値の50%）
⑥貧困線を下回る者の数（X人）を特定
①世帯員数の差を調整した「可処分所得」を算出（「等価可処分所得」（世帯所得を世帯員数の平方根で割ったもの））
所得中央線
貧困線
③「n/2」の特定
等価可処分所得
X
中央値　　　　　　n 人数
②「等価可処分所得」を低い順に並べる

資料：「国民生活基礎調査（貧困率）」厚生労働省

子どもの貧困率は、1990年代半ば頃からおおむね上昇傾向であったが近年は2012（平成24）年の16.3%から、2015（平成27）年は13.9%となり、2018（平成30）年は13.5%、その後2021（令和3）年には11.5%となった。「子どもがいる現役世帯」の貧困率は10.6%であり、そのうち「大人が1人」の世帯の割合は2015（平成27）年の50.8%から44.5%に低下した。なお、相対的貧困率は15.4%である（2022（令和4）年国民生活基礎調査の概況）。

子供の貧困対策に関する大綱
貧困の世代間連鎖を断ち切るため、必要な環境整備と教育の機会均等を目的とし、教育費の負担軽減、学校教育の学力保証などの重点施策を掲げている。

2. 応用 子どもの貧困対策の推進に関する法律 □□□

2013（平成25）年6月公布、2014（平成26）年1月に施行された。第8条に基づき「子供の貧困対策に関する大綱」が同年8月に閣議決定され、内閣府には子どもの貧困対策会議が置かれた。

1 2019（令和元）年子どもの貧困対策の推進に関する法律の改正

① 子どもの貧困対策に関する大綱の記載事項の拡充等

② 市町村による貧困対策計画の策定（努力義務）

Ⅱ　児童の定義と権利

合格勉強法 年齢の定義は定番の出題ポイントである。まずは18歳なのか、20歳なのか、気を付けて暗記しよう。日本と海外の年号が同じ問題で出題されるので、年号は西暦で覚えるとよい。

1 児童の定義

36 139, 31 138,
28 138, 27 137, 141

1. 基本 各法律による児童の定義 □□□

1 児童の定義　児童の定義は「18歳未満」であるが、表1のとおり他の法律は少しずつ異なる。2016（平成28）年の改正により、18歳以上20歳未満の者のうち、条文の児童の年齢を超えた場合でも必要な支援が継続できるようになった。児童は乳児・幼児・少年の3区分に分けられ、表2のとおり定義されている。

> **児童福祉法**
> 児童の福祉を担当する公的機関の組織や、各種施設および事業に関する基本原則を定める法律。福祉六法の一つ。1947（昭和22）年制定。

表1　児童の定義

用語	法律	定義
児童	児童福祉法	18歳未満
	児童虐待防止法	18歳未満
	児童の権利に関する条約	18歳未満
	子ども・子育て支援法	18歳を迎えた年の3月31日まで
	児童手当法／児童扶養手当法	
	母子及び父子並びに寡婦福祉法	20歳未満
	児童買春・ポルノ禁止法	18歳未満
	少年法	なし
	母子保健法	なし
	子ども基本法	なし

> **注意**
> 旧・児童虐待防止法（1933（平成5）年施行）の対象年齢は14歳未満であった。現行の刑法に規定する刑事責任年齢も14歳である。

> 子が20歳を過ぎると母が「寡婦」になる。

> 少年の定義はあるが児童の定義はない。

合格勉強法 誕生日の早い遅いで不公平にならないようにお金が絡むと児童は「3月31日まで」という定義がつく。

表2　児童（乳児・幼児・少年）等の定義

用語	定義	法律
乳児	誕生～1歳未満	児童福祉法・母子保健法
新生児	誕生～出生後28日	母子保健法
幼児	満1歳～小学校就学	児童福祉法・母子保健法
少年	小学校就学～18歳未満	児童福祉法
	20歳未満	少年法
未成年	18歳未満。2022（令和4）年改正	民法

> 母子保健法では、乳児・幼児まで定義がある。

🖊️ 過去問チェック！

Q：児童福祉法における「妊産婦」とは、妊娠中又は出産後3か月以内の女子をいう。 (28−138)

A：×　**妊娠中または出産後1年以内の女子をいう。**

Q：児童手当法では、「児童」を16歳未満の者と定めている。 (27−137)

A：×　**18歳を迎えた年の3月31日までである。**

2．[標準] 児童福祉関連用語

□□□ 32 137, 28 138

　障害児などの児童福祉関連用語は、表3のとおり定義される。

表3　児童福祉関連用語の定義

用　語		定義など	法　律
障害児		身体障害、知的障害、精神障害（発達障害を含む）、難病等のある児童	児童福祉法 障害者総合支援法
		20歳未満で、障害等級（1級及び2級）に該当する程度の者	特別児童扶養手当法
未成年		18歳未満。2022（令和4）年4月施行	民法
低体重児		出生時2,500g未満の乳児	母子保健法
	未熟児	身体発達が未熟のまま出生した乳児で正常な機能を得るまでの者	母子保健法
		注意 未熟児養育医療は2,000g以下の者などが対象。	
妊産婦		妊娠中と出産後1年以内の女子	児童福祉法 母子保健法など
保護者		親権を行う者（親権者：父母・養親）、未成年後見人その他児童を現に監護する者	民法、児童福祉法、母子保健法

（吹き出し）精神障害（発達障害）も含む。

（吹き出し）注意 障害者基本法には障害児の定義はない。

（吹き出し）生活扶助の妊産婦加算は産後6か月まで支給

（吹き出し）注意 特定妊婦とは、出産後の養育について出産前に支援を行うことが特に必要と認められる妊婦のこと。

（吹き出し）親権者以外に、未成年後見人や監護者も含まれる。

（吹き出し）養親も保護者である。

32 137, 30 138, 29 138, 28 137, 27 94

2 児童の権利

1．[標準] 児童の権利に関する条約

□□□

　児童の権利に関する条約は、前文と本文第54条からなり、子どもの基本的人権を国際的に保障するために定められた（表4）。

表4　児童の権利に関する条約の内容

項　目		内　容
前　文		基本的人権の尊重を規定
児童の権利		生きる権利、育つ権利、守られる権利、参加する権利（市民的自由権）
	能動的権利	児童の意見表明権、表現の自由、思想・良心・宗教の自由、結社・集会の自由

（吹き出し）能動的権利の一つ

（吹き出し）ただし、能動的権利の行使には制約が規定されている。

📝 過去問チェック！

Q：児童福祉法における「保護者」とは、児童の扶養義務を負う者をいう。(28-138)

A：× 扶養義務者でなく、親権者、未成年後見人などで児童を現に監護する者をいう。

Q：特別児童扶養手当等の支給に関する法律では、障害児を18歳未満と規定している。(27-141)

A：× 20歳未満で、障害等級（1級及び2級）に該当する程度の者である。

国際連盟の児童の権利に関するジュネーブ宣言が、最初に児童の権利の理念を明文化した。その後、児童の権利宣言を経て、児童の権利に関する条約に至るまで一連の流れを組み発展する（表5）。

表5　児童の権利に関する年表

年	宣言・条約等	内　容
1909	「要保護児童の保護に関する会議」（第1回ホワイトハウス（白亜館）会議）開催	セオドア・ルーズベルトが開催。「家庭は文明の最高の創造物」と宣言した。
1911	ユダヤ人のための孤児院「ドム・シェロト」開院	翌年ヤヌシュ・コルチャック（Korczak, J.）が院長に着任。のちに児童の権利に関する条約の精神に多大な影響を与えた
1922	世界児童憲章案	ジュネーブ宣言に継承した。
1924	ジェネバ児童権利宣言	発達権、保護の保障、救済、搾取からの保護、人類への奉仕を目指す児童の育成を規定した。
1947	児童福祉法（日本）	すべて児童は、等しくその生活を保障され、愛護されなければならない、と規定した。
1948	世界人権宣言	人間の平等と自由な権利を規定した。
1951	児童憲章（日本）	憲法の精神に従い児童福祉法の基本理念を徹底した。
1959	児童の権利に関する宣言（児童権利宣言）	人類は児童に対し最善のものを与える義務を負うと規定した。
1979	国際児童年	スローガン：わが子への愛を世界のどの子にも
1989	児童の権利に関する条約を国連が採択	初めて子どもの能動的権利を盛り込む。
1994	児童の権利に関する条約に日本が批准	児童の権利に関する条約は、国連が採択してから5年後に日本は批准している。

注意　ジュネーブ宣言では、子どもの余暇や遊びの権利は定められていない。

注意　児童権利宣言よりも児童憲章の方が先に策定された。

2．[標準]　こども基本法

日本国憲法、児童の権利に関する条約の精神にのっとり、こども施策を総合的に推進する。こどもが個人として尊重されること・基本的人権が保障されることなどを定めた（2023（令和5）年4月施行）。

1 **こども家庭庁**　こどもが自立した個人として等しく健やかに成長することのできる社会の実現に向け、内閣府の外局として設置された。

2 **こども政策推進会議**　こども家庭庁に設置する。こども大綱の案を作成し、こども施策の重要事項の審議等を行う。

✏️過去問チェック！

Q：児童が「自由に自己の意見を表明する権利を確保する」と明記しているのは、児童福祉法である。(30-138)

A：×　**児童の権利に関する条約が正しい。意見表明権として能動的権利に盛り込まれた。**

2

児童・家庭福祉

Ⅲ　児童・家族に対する法制度～児童福祉法

合格勉強法

本科目の中で一番範囲の広い項目。「児童福祉施設」と「子育て支援系サービス」と区切って学習しよう。児童福祉法については最新の改正を優先的に着手するとよい。

1 児童福祉法の概要

36 137, 34 137, 141,
33 137, 30 138, 139,
29 139, 27 61, 138

1. 標準 児童福祉法の目的 □□□

1 児童福祉法　全て児童は、児童の権利に関する条約の精神にのっとり、適切に養育されることなど、その他の福祉を等しく保障される権利を有する（第1条）。全て国民は、児童の意見が尊重され、最善の利益が優先して考慮され、心身ともに健やかに育成されるよう努めなければならない（第2条第1項）。国及び地方公共団体は、児童の保護者とともに、児童を心身ともに健やかに育成する責任を負う（第2条第3項）。

> 第2条第2項では児童の保護者は育成の第一義的責任を負う、と定めている。

2 児童福祉法の改正　主な改正点は表1のとおり。

表1　児童福祉法等の改正

項　目	内　容
2010（平成22）年	
障害児施設・事業の一元化	障害児を対象とした施設・事業の根拠規定を一元化するなど、障害児支援の強化を図った。
2016（平成28）年	
児童福祉法の理念の明確化等	第1条のほか、親権者は、児童のしつけに際して、監護・教育に必要な範囲を超えて児童を懲戒してはならない旨を明記。
児童虐待の発生予防	市町村は母子健康包括支援センター(p.358)の設置に努める。
児童虐待発生時の迅速・的確な対応	市町村が設置する要保護児童対策地域協議会への、専門職の配置。政令で定める特別区への児童相談所の設置。都道府県は、児童相談所に①児童心理司、②医師または保健師、③指導・教育担当の児童福祉司、弁護士などの配置を行う。
被虐待児童への自立支援	養子縁組里親（p.351）の法定化。都道府県（児童相談所）に里親支援、養子縁組に関する相談・支援を業務として位置づける。
2019（令和元）年	
児童の権利擁護	親権者、児童福祉施設長は児童のしつけに際して体罰を加えてはならない旨を明文化。民法上の懲戒権の在り方の見直し。都道府県（児童相談所）の業務として、児童の安全確保を明文化する。児童の意見表明権を保障する仕組みの見直し。
児童相談所の体制強化等	児童相談所の体制強化及び関係機関間の連携強化等。児童相談所が措置決定その他の法律関連業務について、弁護士の配置又はこれに準ずる措置を行うものとする。医師及び保健師を配置する。
2022（令和4）年	
子育て世帯に対する包括的な支援のための体制強化等	こども家庭センターの設置（子ども家庭総合支援拠点と、子育て世代包括支援センターを見直し）。一時保護所及び児童相談所による支援の強化。児童養護施設の自立支援、年齢制限を弾力化。児童の意見聴取等の仕組みの整備（都道府県は「児童福祉審議会」を設置）。児童相談所の「一時保護」に「司法審査」を導入。こども家庭ソーシャルワーカーを認定資格として導入。保育士のわいせつ行為、資格管理の厳罰化、日本版DBS＊の導入。

＊DBS：Disclosure and Barring Service の略。英国内務省が管轄する、性犯罪歴等の証明を求める仕組み。

2. 標準 児童福祉施設の種類　□□□

1 児童福祉施設　児童福祉施設*は利用方式（表2、3）と措置制度（表5）に分けられる。そのほか障害児入所施設、児童発達支援センター、里親支援センターも児童福祉施設である。

35 137, 34 137, 140, 141, 33 146, 32 95, 31 42, 136, 141, 30 112, 139, 141, 29 44, 140, 28 140, 142, 27 138, 140, 142

> 児童家庭支援センターは独立した施設ではなく児童福祉施設に併設されることが多い。

表2　児童福祉施設（利用方式）

施　設	配置職員	役　割
保育所 第二種社会福祉事業	保育士 嘱託医	共働き、傷病などが理由で保育を必要とする乳児・幼児を保育する。
幼稚園	児童福祉施設ではない。	学校教育法に基づき満3歳以上に就学前教育を行うことを目的とする施設
助産施設 第二種社会福祉事業	助産師 児童福祉施設である。	① 経済的な理由で入院助産ができない場合に助産を受けさせる。 ② 健康保険に加入していないため、出産育児一時金等が支給されない生活保護受給者が利用対象となる。
母子生活支援施設 第一種社会福祉事業	母子支援員 少年指導員	① 母子家庭の母と子を入所させて保護する。子は原則満18歳（必要に応じて満20歳）まで在所可能。 ② 入所者の自立の促進のためにその生活を支援する（1997（平成9）年改正で追加）。 ③ 施設長は自立支援計画を立てる。 ④ 退所者についても相談援助を行う。
幼保連携型認定こども園 第二種社会福祉事業	保育教諭 学校医 学校歯科医 学校薬剤師	認定こども園の一つ。学校かつ児童福祉施設である。幼稚園的機能と保育所的機能の両方の機能をあわせ持つ単一の施設。

> 2000（平成12）年に措置から利用方式に移行。

> 父子家庭は利用できない。

表3　実施・措置の決定先

> 1997（平成9）年に措置から利用方式に移行

施　設	決定する機関	入　所
保育所	市町村	利用方式
母子生活支援施設、助産施設	福祉事務所	利用方式
その他の児童福祉施設	都道府県 （児童相談所）*	措置制度

*児童相談所長は都道府県知事から、調査、判定に基づいて児童を措置する権限を委任され、施設への入所決定等の措置をとる。

2 児童の就学　児童養護施設、児童自立支援施設、児童心理治療施設、障害児入所施設の施設長や里親、小規模住居型児童養育事業を行う者は、学校教育法に規定する保護者に準じて、その施設に入所中や受託中の児童を就学させなければならない（表5）。

認定こども園 ▶p.361

児童福祉施設
児童福祉法に基づく施設をさす。助産施設、乳児院、母子生活支援施設、保育所、幼保連携型認定こども園、児童厚生施設、児童養護施設、障害児入所施設、児童発達支援センター、児童心理治療施設、児童自立支援施設および児童家庭支援センター、里親支援センター

表4　児童福祉施設（第二種社会福祉事業）

施　設	配置職員	役　割
児童厚生施設	児童の遊びを指導する者	児童遊園、児童館など。児童に健全な遊びを与えて、その健全育成を図る。
児童家庭支援センター	相談・支援を担当する職員	① 地域の児童福祉問題につき、相談に応じ、必要な助言、指導を行う。 ② 児童相談所、児童福祉施設などとの連絡調整その他厚生労働省令の定める援助を総合的に行うことを目的とする。

表5　児童福祉施設（第一種社会福祉事業・措置制度） これだけ！

施　設	主な配置職員	役　割
乳児院 退所後相談援助あり 通所はできない。	・医師・看護師 ・栄養士・保育士 ・家庭支援専門相談員 ・里親支援専門相談員 ・個別対応職員 ・心理療法担当職員	① 乳児を入院させてこれを養育する。 ② 安定した生活環境の確保などの理由があれば、幼児も入院できる。 ③ 退所者についても相談援助を行う。
児童養護施設 20歳まで在所可能 退所後相談援助あり （小規模あり） 児童養護施設は「虐待」 児童自立支援施設は「不良行為」 入所理由として規定されている。	・児童指導員 ・保育士 ・家庭支援専門相談員 ・里親支援専門相談員 ・個別対応職員 ・心理療法担当職員	① 保護者のない児童、虐待されている児童、その他養護を要する児童を入所させて養護する。 ② 虐待を理由に入所する者が4割以上となっている[*1]。 ③ 約6割が家庭から、約2割が乳児院（措置変更）から入所する[*1]。 ④ 乳児を除く児童が対象であるが、安定した生活環境の確保などの理由があれば、乳児も入所できる。 ⑤ 原則、利用期間は満18歳までであるが、満20歳まで。 ⑥ 退所者についても相談援助を行う。 ⑦ 家庭環境調整は、児童の家庭の状況に応じ親子関係の再構築などが図られるように行う。
児童自立支援施設 20歳まで在所可能 通所可能 退所後相談援助あり	・児童自立支援専門員 ・児童生活支援員 ・医師 ・家庭支援専門相談員 ・個別対応職員	① 不良行為をし、またはなすおそれのある児童、家庭環境などの理由により生活指導などを必要とする児童を入所させて、必要な指導を行い自立を支援する。 ② 原則、利用期間は満18歳までであるが、満20歳まで在所可能。 ③ 入所だけでなく通所も可能である。 ④ 退所者についても相談援助を行う。
児童心理治療施設 20歳まで在所可能 通所可能 退所後相談援助あり 障害児入所施設ではない。	・医師 ・看護師 ・心理療法担当職員 ・児童指導員 ・家庭支援専門相談員 ・個別対応職員	① 家庭環境、学校における交友関係その他の環境上の理由により社会生活への適応が困難となった児童を、短期間、入所・通所させて、社会生活に適応するために必要な心理に関する治療および生活指導を主として行うことを目的とする。 ② 原則、利用期間は満18歳までであるが、満20歳まで在所可能。 ③ 退所者についても相談援助を行う。

*1 「児童養護施設入所児童等調査結果（平成30年）」厚生労働省

3 児童自立生活援助事業　義務教育終了後、施設などを退所し、就職する児童などに対し、共同生活を営む住居（自立援助ホーム）において、相談、日常生活上の援助、就業支援を行う（表6）。

表6　自立援助ホーム・ファミリーホーム（第二種社会福祉事業）

事　業	住居の名称	対象者・内容
児童自立生活援助事業	自立援助ホーム	義務教育を終了した20歳未満の児童*で、児童養護施設、児童自立支援施設などを退所し、就職・就学する児童に日常生活上の援助や就業支援などを行う。
小規模住居型児童養育事業	ファミリーホーム	要保護児童を里親経験のある養育者がその住居で養育を行う。

*自立援助ホームは大学などで修学中の者について、22歳の年度末まで入所可能とする。

注意

両方とも「ホーム」とつくが、対象者がまったく違うので注意する。

養育者
ファミリーホームには、2人以上の養育者（夫婦）・1人以上の補助者を置かなければならない。養育者はホームに住んでいること、養育里親としての経験などが要件となる。

3. 標準 障害児施設の種類 □□□

障害児支援の強化を図るため、2010（平成22）年児童福祉法改正により、障害の種別ごとに分けられていた施設を、通所・入所の利用形態の別により一元化した（2012（平成24）年4月施行）（表7）。

35 139, 34 137, 33 56, 140, 31 136, 141, 29 58, 59, 27 61

障害児施設の利用
原則、契約によるが、虐待などにより利用契約が困難と児童相談所が判断した場合、措置による利用を行う。

表7 障害児入所施設（第一種社会福祉事業）

サービス		主な配置職員	支援内容
障害児入所施設	福祉型	・嘱託医 ・児童発達支援管理責任者 ・児童指導員	保護、日常生活の指導、独立自活に必要な知識技能の付与を行う。
	医療型	・診療所に必要な従業員 ・児童発達支援管理責任者 ・児童指導員	保護、日常生活の指導、独立自活に必要な知識技能の付与を行う。加えて、「治療」を提供する。

医療法に規定する病院として、必要な設備を設ける。

合格MAP 障害児施設  これだけ！

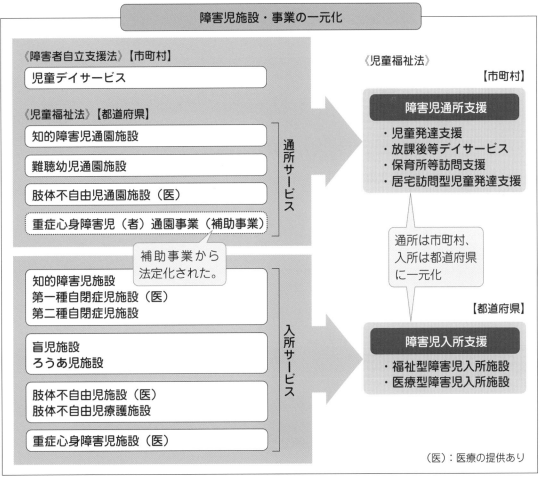

資料：「障害児支援の強化について」厚生労働省（著者まとめ）

2

児童・家庭福祉

1 障害児のためのサービス　児童福祉法と障害者総合支援法のサービスが利用できる（表8）。

表8　障害児が利用できるサービス

法　律	サービス分類	サービス名
児童福祉法	障害児通所支援	・児童発達支援 ・放課後等デイサービス ・居宅訪問型児童発達支援 ・保育所等訪問支援
	障害児通所給付費を市町村が支給する。	
	障害児入所支援	・福祉型障害児入所施設 ・医療型障害児入所施設
	障害児入所給付費を都道府県が支給する。	
障害者総合支援法	介護給付	・居宅介護　・同行援護　・行動援護 ・短期入所　・重度障害者等包括支援
	介護給付費を市町村が支給する。	
	訓練等給付	なし
	相談支援	計画相談支援

福祉型・医療型が一元化

注意 類似したサービス。医療型だけ「治療」が提供される。

ここだけ都道府県が支給する。

訓練等給付のうち障害児が利用できるサービスはない。

居宅訪問型児童発達支援
重度の障害などにより外出が著しく困難な障害児に対し、居宅を訪問して発達支援を提供するサービス。日常生活における基本的な動作の指導、知識技能の付与などの支援を実施する。

2 障害児通所支援　障害種別による区分をなくし、一元化された（表9）。

表9　障害児通所支援（第二種社会福祉事業）　これだけ！

サービス	対象者	実施場所	支援内容
児童発達支援	すべての障害児（肢体不自由児を含む）	児童発達支援センター	・福祉的支援 ・肢体不自由児の治療（医療型で行ってきた治療・リハビリテーションは継続）
放課後等デイサービス	就学中の障害児	児童発達支援センター	生活能力の向上に必要な訓練、社会交流の促進を放課後、休日に行う。
居宅訪問型児童発達支援	外出が著しく困難な障害児	居宅	重度の障害等により外出が著しく困難な障害児の居宅を訪問して発達支援を行う。
保育所等訪問支援	保育所などに通う障害児	保育所、幼稚園、小学校、特別支援学校、乳児院、児童養護施設など	保育士や児童指導員などが訪問し、障害児が集団生活に適応するための専門的な支援を行う。

2024（令和6）年4月より福祉型・医療型が一元化

注意 放課後等デイサービスは活動場所・居場所の提供であり、見守り系のサービスではない。

過去問チェック！

Q：放課後等デイサービスは、小学校に通う児童を対象に、放課後、小学校の空き教室や児童館等の公共施設において「学童保育」を実施する取組である。(34−137)

A：×　**放課後児童健全育成事業（放課後児童クラブ）の説明である。**

➡過去問プラス！『国試対策2025』（専門科目編）p.37

4. 標準 里親制度

34 141, 32 138, 31 140,
30 141,142, 27 138

特別養子縁組
▶p.138

里親は、都道府県知事が要保護児童の養育を委託する制度である。養子縁組里親、養育里親、専門里親、親族里親がある（表10）。

これだけ！

表10　里親の種類

養子縁組里親（養育里親）に区別される。ない里親（養子縁組を前提とし

	種　類	対象児童	委託上限	登録有効期間
→	養子縁組里親	要保護児童（保護者のいない児童、保護者に監護させることが不適切であると認められる児童）	4人（委託児童とそれ以外の児童の人数を含めると6人まで）	5年（更新可能）
→	養育里親（養子縁組を前提としない）			
	専門里親*	都道府県知事が特に支援が必要と認めたもの ① 児童虐待などの行為により心身に有害な影響を受けた児童 ② 非行などの問題がある児童 ③ 身体・知的・精神に障害がある児童	2人	2年（更新可能）
	親族里親*	以下に該当する要保護児童 ① 扶養義務のある3親等内の児童 ② 児童の両親などに養育が期待できない児童	4人（委託児童とそれ以外の児童の人数を含めると6人まで）	なし

＊申請には児童相談所長の許可が必要。　　　　資料：厚生労働省（著者まとめ）

+α
里親の年齢・要件
養育里親、専門里親は、養育可能な年齢であるかどうかを判断し、年齢の上限については柔軟な対応をする。養子縁組を前提とする里親は、子どもが20歳に達したときに、里親の年齢がおおむね65歳以下であることが望ましい。なお、独身でも認定の可能性はある。

専門里親
専門里親には、① 養育里親として3年以上の経験を有する者、② 3年以上児童福祉事業に従事した者などから任用される。

合格MAP　**里親になるまでの流れ**

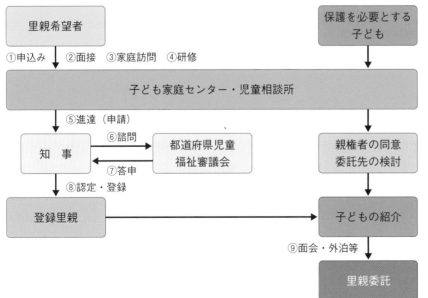

+α
育児休業等の対象となる範囲
法律上の親子関係がある実子・養子に加え、2017（平成29）年1月より、特別養子縁組の監護期間中の子、養子縁組里親に委託されている子なども新たに対象となった。

2
児童・家庭福祉

1 **里親支援センター**　里親の普及啓発、里親の相談に応じた必要な援助、入所児童と里親相互の交流の場の提供、里親の選定・調整、委託児童等の養育の計画作成といった里親支援事業や、里親や委託児童等に対する相談支援等を行う。児童福祉施設の一つ（2024（令和6）年4月施行）。

2 **里親養育包括支援（フォスタリング）事業**　里親支援にあたり、①里親の開拓、②研修等による育成、③子どもと里親のマッチング、④委託後の支援、⑤委託児童自立支援をすべて実施するフォスタリング機関に対する包括的な補助メニューを創設する。

3 **里親制度の推進**

① 2008（平成20）年の児童福祉法改正で、「養育里親」を「養子縁組を希望する里親」などと法律上区分するとともに、養育里親・専門里親の里親手当を倍額に引き上げた。

② 2011（平成23）年4月には一層の里親委託の推進を図るため、「里親委託ガイドライン」が策定された。

③ 2012（平成24）年4月から児童養護施設、乳児院に里親支援専門相談員（里親支援ソーシャルワーカー）を配置した。

④ 小規模住居型児童養育事業（ファミリーホーム）では、児童の自立支援を目的に、里親経験者などの家に児童を迎え入れて養育を行う。

⑤ 2016（平成28）年児童福祉法の改正で、里親支援、養子縁組に関する相談・支援を都道府県（児童相談所）の業務（民間への委託可能）とした。また養子縁組里親（登録制）が法定化された。

里親委託ガイドライン
社会的養護をできる限り家庭的な環境で行うために、児童の措置を行う場合、里親委託を優先して検討するべきであるとの原則が通知された。

5. 標準 2022（令和4）年児童福祉法の改正 □□□

子育て世帯に対する包括的な支援のための体制強化及び事業の拡充において、以下の3つの事業を創設。地域子ども・子育て支援事業に位置づけられた（2024（令和6）年4月施行）。

1 **子育て世帯訪問支援事業**　要保護児童とその保護者、特定妊婦等が対象。訪問し、家事・養育に関する援助等を行う。

2 **児童育成支援拠点事業**　養育環境等の課題（虐待リスク高、不登校等）を抱える主に学齢期の児童が対象。居場所や食事の提供、学習支援、関係機関との調整等を行う。

3 **親子関係形成支援事業**　要保護児童とその保護者、特定妊婦等が対象。親子間の適切な関係性の構築を目的とし、子どもの発達の状況等に応じた支援を行う。

Ⅳ　児童・家庭に対する法制度～関連法

合格勉強法　児童虐待防止法が最頻出。法律上の規定は幅広く出題されるので、図表を活用して頭に整理しよう。児童福祉関連の法律は、利用者像をイメージしながら制度を把握すると、事例問題にも通用する知識が身に付く。

1 児童虐待防止法

35 138, 142, 34 138, 33 137, 138, 32 83, 136, 141, 31 83, 137, 142, 30 138, 140, 29 77, 28 38, 136, 139, 27 142

児童虐待防止法
児童虐待の防止等に関する法律。2000（平成12）年施行。

1．基本　児童虐待防止法と虐待の動向　□□□

1 児童虐待防止法　2000（平成12）年、児童虐待の件数が17,000件超まで増加する中、議員立法により成立した（表1、3）。

2 児童虐待相談の対応件数　2022（令和4）年度中に児童相談所が対応した対応件数は、表2のとおり。警察等からの虐待通告が増加している。

＋α
旧・児童虐待防止法
1933（昭和8）年に制定された同名の児童虐待防止法は児童福祉法に統合・廃止された。家計を助けるために児童に曲芸などをさせてはいけない禁止事項を規定していた。

表1　児童虐待防止法

項　目	内　容
制　定	2000（平成12）年5月
定義（第2条）	保護者が児童（18歳未満）に行う虐待
虐待の種類	① 身体的虐待、② 心理的虐待、③ 保護の怠慢・拒否（ネグレクト）、④ 性的虐待
国・地方公共団体の責務（第4条）　努力義務	① 児童虐待の予防・早期発見 ② 迅速かつ適切な児童虐待を受けた児童の保護・自立の支援 ③ 児童虐待を行った保護者に対する親子の再統合の促進への配慮 ④ 児童虐待を受けた児童が良好な家庭的環境で生活するために必要な配慮をした適切な指導・支援 ⑤ 関係地方公共団体相互間並びに市町村、児童相談所、福祉事務所、配偶者暴力相談支援センター、学校及び医療機関の間の連携強化のための体制の整備 ⑥ 児童虐待を受けた児童が住所等を移転する場合に、移転前の住所等を管轄する児童相談所長による移転先の児童相談所長への速やかな情報提供（⑤⑥ 2020（令和2）年4月施行）

施設内虐待の禁止は「児童福祉法」。

同居人による①、②、④を放置することは③に含まれる。また配偶者への暴力は②に含まれる。高齢者や障害者と異なり、経済的虐待は含まれない。

表2　児童虐待相談の対応件数 これだけ！

項　目	結　果
総　数	約22万件（219,170件）　前年比5.5％増
虐待の相談種別順位	① 心理的虐待（約13万）、② 身体的虐待（約5万） ③ 保護の怠慢・拒否（ネグレクト） ④ 性的虐待
虐待者*	① 実母（47.5％）　② 実父（41.5％）
被虐待者*	① 3歳（6.8％）　② 1歳（6.5％）

心理的虐待が最も多い。

注意 児童虐待の相談は、児童相談所が対応する相談のうち「養護相談」に含まれる。

＊「令和3年度福祉行政報告例の概況」厚生労働省の数値
資料：「令和4年度児童相談所における児童虐待相談対応件数（速報値）」子ども家庭庁

過去問チェック！

Q：2021年度（令和3年度）の児童相談所における児童虐待相談対応件数（「福祉行政報告例」（厚生労働省））によれば、心理的虐待は、5年前と比べて減少している。（34-138）

A：×　**心理的虐待が半分以上を占め、増加傾向にある。**

➡過去問プラス！『国試対策2025』（専門科目編）p.34

2
児童・家庭福祉

表3　児童虐待防止法

項　目		内　容
早期発見 （第5条）	努力 義務	① 学校、児童福祉施設、病院等の団体、学校の教職員、児童福祉施設職員、医師、看護師、弁護士その他児童福祉に職務上関係のある者等は、児童虐待を発見しやすい立場にあることを自覚し、児童虐待の早期発見に努めなければならない。 ② 児童虐待の早期発見に努めなければならない団体や人に、都道府県警察、婦人相談所、教育委員会及び配偶者暴力相談支援センター、警察官、婦人相談員が含まれることを明確化。 ③ 学校の教職員、児童福祉施設の職員等は、正当な理由がなく、知り得た児童虐待を受けたと思われる児童に関する秘密を漏らしてはならない。（② ③ 2019（令和元）年改正）
通告義務 （第6条）	義務	児童虐待を受けたと思われる児童を発見した者は、福祉事務所、児童相談所、児童委員に通告しなければならない。秘密保持義務よりも優先する。
通告・送致を受けた場合の措置 （第8条）	義務	福祉事務所が通告を受けたとき、市町村・福祉事務所の長は、必要に応じ近隣住民、学校の教職員、児童福祉施設職員等の協力を得つつ、児童との面会その他の児童の安全確認を行うための措置を講ずるとともに、必要に応じて児童相談所に送致する。
臨検、捜索等 （第9条 の3）　義務ではない。	任意	都道府県知事は、以下の場合、児童の福祉に関する事務に従事する職員に児童の住所を臨検させ、児童を捜索させることができる。 ① 保護者が立入や調査を拒み、妨げ、児童虐待の疑いがある。 ② 安全の確認・安全の確保のためである。 ③ 地方裁判所等の裁判官が発した許可状がある。
警察署長に対する援助要請等 （第10条）	任意	① 児童相談所長は、安全の確認または一時保護を行おうとする場合、必要があると認めるときは、管轄する警察署長に対し援助を求めることができる。都道府県知事が、立ち入り、調査、質問、臨検等をさせようとする場合についても、同様。 ② 児童相談所長・都道府県知事は、児童の安全の確認及び安全の確保に万全を期する観点から、必要に応じ迅速かつ適切に、警察署長に対し援助を求めなければならない。
一時保護 （第12条 の2）	任意	施設入所等の措置が採られた児童に対し、保護者が引渡しを求めているが、引き渡したら再び児童虐待が行われるおそれがある場合など、児童相談所長は、一時保護を行うことができる。一時保護期間は原則2か月までである。都道府県は一時保護の解除後の児童の安全を確保しなければならない。また、改正により児童相談所は、一時保護開始時に家庭裁判所に一時保護状を請求しなければならない（2024（令和6）年6月施行）。
命令等 （第12条 の4）	任意	都道府県知事は、保護者に対し、児童へのつきまといや児童の居場所付近での徘徊の禁止を命令できる（命令違反には罰則あり）。一時保護や同意のもとでの入所措置の場合も接近禁止命令ができる（2017（平成29）年改正）。
親権の行使に関する配慮等 （第14条）	義務	児童の親権を行う者は、児童のしつけに際して、体罰を加えることその他民法の規定による監護及び教育に必要な範囲を超えて児童を懲戒してはならない。

早期発見は努力義務。

虐待と断定できなくても通告する。

児童福祉法にも「要保護児童の通告義務」の規定がある。

臨　検
強制的な立ち入り検査。2007（平成19）年の児童虐待防止法の改正により、児童虐待が疑われる場合、児童相談所の職員などは児童の住所に立ち入ることができるようになった。

一時保護
親権者等の意に反して2か月を超えて一時保護を行うときは、2か月を経過するごとに、家庭裁判所の承認を得る必要がある。（p.367）

35 142, 32 142

2. 標準 親権停止・親権喪失 □□□

児童虐待の件数が増加する中で 2011（平成 23）年 6 月に民法が改正され、親権を最長 2 年間停止する親権停止の制度が創設された（表4）。

表4 親権喪失・親権停止

制　度	要　件	内　容	申立て
親権喪失	父又は母による虐待又は悪意の遺棄があるときその他父又は母による親権の行使が著しく困難又は不適当であることにより子の利益を著しく害するとき	従来、親権を制限するには、期限を定めずに親から親権を奪う「親権喪失制度」があったが、親子関係への影響が大きいため、児童虐待の対応策としてはあまり活用されていなかった。	・子 ・その親族 ・未成年後見人 ・未成年後見監督人 ・検察官 ・児童相談所長
親権停止	父又は母による親権の行使が困難又は不適当であることにより子の利益を害するとき	親権停止の制度は、親族や検察官らが家庭裁判所に親権の停止を申立て、家庭裁判所の審判により 2 年以内の期間に限って親権を行うことができないようにする、親権喪失より柔軟な制度である。	

> 親権喪失より柔軟な制度である。

33 138, 32 83, 30 67, 27 30, 139

2 DV 防止法／困難女性支援法

2001（平成 13）年に DV 防止法が制定され、配偶者暴力相談支援センターを中心に体制が整備されている。

1. 標準 DV 防止法（配偶者からの暴力の防止及び被害者の保護等に関する法律） □□□

暴力には、身体的暴力のみならず、精神的・性的暴力も含まれる。

■1 配偶者暴力相談支援センター

① 都道府県は、婦人相談所などにおいて、配偶者暴力相談支援センターとしての機能を果たすようにする（市町村は努力義務）。

② 相談・相談機関の紹介、安全の確保、一時保護などを行う。

図1 配偶者からの暴力が関係する相談件数（令和4年度内閣府男女共同参画局）

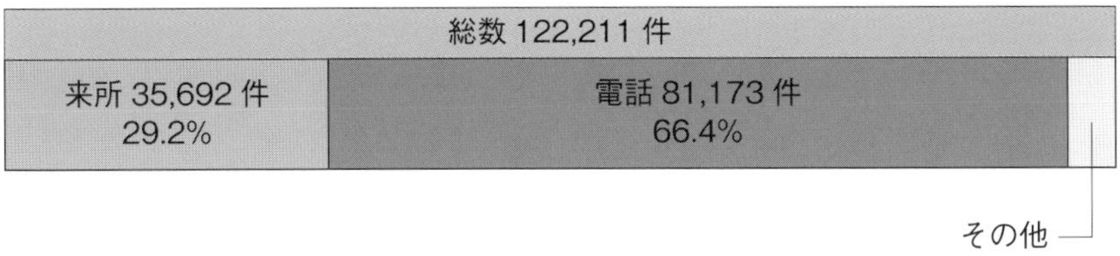

総数 122,211 件		
来所 35,692 件 29.2%	電話 81,173 件 66.4%	

その他

2

児童・家庭福祉

2 **保護命令** 地方裁判所が、暴力を振るったあるいは生命・身体に対する脅迫をした配偶者に対し、申立て人に近寄らないよう命じる決定である（図2）。① 接近禁止命令（期間1年間）、② 退去等命令（期間2か月）、③ 電話等禁止命令（期間1年間）、④ 子への接近禁止命令（1年間）、⑤ 親族等への接近禁止命令（期間1年間）がある。

3 **2024（令和6）年4月の改正**
被害者への電話等禁止命令の対象行為に、以下が追加された。
① 緊急時以外の連続した文書の送付・SNS等の送信、② 緊急時以外の深夜早朝のSNS等の送信、③ 性的羞恥心を害する電磁的記録の送信、④ GPSを用いた位置情報の無承諾取得。また、被害者の子への電話等禁止命令が新設された。

> 住居の所有者または賃借人が被害者のみである場合は申立てにより6か月の特例あり。

> **注意**
>
> 保護命令の申立ては身体に対する暴力と生命などに対する脅迫のみが対象。

図2　令和4（2022）年における認容（保護命令発令）件数の内訳

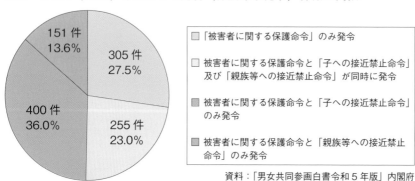

- ☐「被害者に関する保護命令」のみ発令
- ☐ 被害者に関する保護命令と「子への接近禁止命令」及び「親族等への接近禁止命令」が同時に発令
- ◪ 被害者に関する保護命令と「子への接近禁止命令」のみ発令
- ◪ 被害者に関する保護命令と「親族等への接近禁止命令」のみ発令

資料：「男女共同参画白書令和5年版」内閣府

2．応用 困難女性支援法（2024（令和6）年4月施行） ☐☐☐

婦人保護事業を担ってきた売春防止法を大幅に見直し、家庭内暴力（DV）や性被害、貧困など様々な困難を抱える女性への支援を強化する法律。国には女性支援の基本方針、都道府県には基本計画の策定義務がある。婦人相談所などの名称が変わる（表5）。

表5　売春防止法・困難女性支援法

法的根拠	売春防止法	➡ 困難女性支援法
目　的	売春を行うおそれのある女子の補導処分・保護更生の措置→削除	DVや性被害など困難を抱える女性への支援
相談機関	婦人相談所	女性相談支援センターに改称
自立支援施設	婦人保護施設	女性自立支援施設に改称
補導処分	婦人補導院	補導処分及び婦人補導院も廃止
専門職	婦人相談員	女性相談支援員

資料：『よくでる法律・白書・調査』飯塚事務所

売春防止法
売春を助長する行為などを処罰するとともに、売春を行うおそれのある女子に対する補導処分や保護更生の措置を講じ、売春の防止を図ることを目的として1956（昭和31）年に制定された。

女性相談支援員
困難な問題を抱える女性の発見に努め、その立場に立って相談に応じ、専門的技術に基づいて必要な援助を行う。

✏️ **過去問チェック！** ⬆

Q：家庭裁判所は、「DV防止法」に基づく保護命令事件を取り扱う。(35−82)
A：× **家庭裁判所ではなく、地方裁判所が正しい。**

➡ 過去問プラス！『国試対策2025』（共通科目編）p.120

3 母子及び父子並びに寡婦福祉法

35 26, 137, 31 138, 30 67, 29 140, 27 140

母子及び父子並びに寡婦福祉法
母子・父子家庭や寡婦に対する福祉資金の貸付け・就業支援事業等の実施・自立支援給付金の給付などの支援措置について定める。

1. 標準 母子及び父子並びに寡婦福祉法 ☐☐☐

1964（昭和39）年に母子家庭の福祉増進を図ることを目的として制定された。制定当初は母子家庭だけを法律の対象としていたが、徐々に拡大され、現在では父子家庭も含む（表6）。

表6 対象の拡大

年	法律名	対　象
1964	母子福祉法	母子
1981	母子及び寡婦福祉法	母子・寡婦
2002	母子及び寡婦福祉法	母子・寡婦・父子
2014	母子及び父子並びに寡婦福祉法	

> 法律名にも父子が加わる。

寡婦
配偶者のない女子で、児童を扶養していたことのあるもの。母子家庭の母は、子どもが満20歳を超えると寡婦になる。

ごろあわせ 母子及び父子並びに寡婦福祉法の対象

■ 1964年 母子福祉法制定、1981年 寡婦追加、2014年 父子家庭追加

黒字 **倍** **おいしい**

福祉事務所には、表7の専門職が配置され、保育所・公営住宅の優先入所、母子生活支援施設への入所、資金の貸付など、母子・父子福祉についての相談・指導を行う。

表7 福祉事務所の専門職

専門職	主な配置先	役　割
母子・父子自立支援員（母子父子寡婦福祉法）	福祉事務所	対象者の精神的安定を図り、その自立に必要な情報提供、相談指導等、職業能力の向上及び求職活動に関する支援を行う。
女性相談支援員（困難女性支援法）	福祉事務所	困難な問題を抱える女性の発見に努め、専門的技術に基づいて必要な援助を行う。2024（令和6）年4月「婦人相談員」から改称。

1 母子・父子福祉施設 母子及び父子並びに寡婦福祉法に基づく施設には、母子・父子福祉センターと母子・父子休養ホームの2つがあり、第二種社会福祉事業である（表8）。

表8 母子・父子福祉施設

	役　割	社会福祉事業
母子・父子福祉センター	母子家庭などに対する各種の相談に応じるとともに生活指導や生業の指導を行う	第二種
母子・父子休養ホーム	母子家庭などに対し、レクリエーションなど、休養のための便宜を供与する	第二種

> 注意 名称に「ホーム」とつくが第二種社会福祉事業である。

2 児童・家庭福祉

4 母子保健法

1. 基本 母子保健法 □□□

1965（昭和40）年、母性および乳幼児の健康の保持と増進を図ることを目的として制定された。母子健康手帳*の交付、妊産婦や乳幼児に対する保健指導、母子健康包括支援センターの設置などを定めている。

1 母子保健法に基づく健康診査 妊産婦健康診査、乳児健康診査、1歳6か月児健康診査、3歳児健康診査がある（表9）。

表9　健康診査

健康診査		対　　象	説　　明	
妊産婦健康診査		妊産婦	原則14回分が公費負担になる。	母子保健法
乳児健康診査	前期	3～6か月	実施する月齢は市町村により異なる。	
	後期	9～11か月		
1歳6か月児健康診査		1歳6か月～2歳	1歳6か月以降に実施する。	
3歳児健康診査		3歳～4歳		
就学時の健康診査		小学校に就学する前	学校保健安全法に基づき、教育委員会が実施する。	

2 訪問指導 妊産婦、新生児、未熟児を対象に行われる。すべて必要な場合にのみ実施される。実施主体は市町村。

3 子育て世代包括支援センター 2017（平成29）年4月より、市町村は母子保健に関し、支援に必要な実情の把握などを行う子育て世代包括支援センター（法律上は母子健康包括支援センター）を設置するように努める。2022（令和4）年児童福祉法改正により、子ども家庭総合支援拠点と合わせて見直され、こども家庭センターとして一体化する（令和6（2024）4月施行）。

36 138, 35 75, 137, 139,
34 139, 33 44, 140, 142,
32 139, 31 139, 141, 30
141, 29 72, 28 140, 27
74

母子健康手帳
母子保健法では、市町村に対し、母子健康手帳交付の義務を規定している。妊婦に対し、妊娠を届け出る義務を規定している。

児童福祉法の乳児家庭全戸訪問事業は全員が対象。

✏️ **過去問チェック！**↗

Q：Cさん（2歳）の母親であるDさんは、他の子どもと比べてCさんの言葉が遅れていると気に病むようになり、外に出かけにくくなった。相談に対応した相談員が紹介するサービスとして、子育て援助活動支援事業（ファミリー・サポート・センター事業）は適切である。（36−138改）

A：×　**母子健康包括支援センター（子育て世代包括支援センター）などの紹介が適切である。**

Q：母子福祉法（1964年（昭和39年））は、妻と離死別した夫が児童を扶養している家庭（父子家庭）を、その対象外としていた。（35−26）

A：○　**父子家庭が法律上の対象になったのは2002（平成14）年のことである。**

➡️**過去問プラス！『国試対策2025』（共通科目編）p.67，（専門科目編）p.40**

4 こども家庭センター

母子保健機能（「子育て世代包括支援センター」が果たしてきた機能）および児童福祉機能（「市区町村子ども家庭総合支援拠点」が果たしてきた機能）の一体的な運営を通じて、①妊産婦及び乳幼児の健康保持・増進に関する包括的な支援、②子どもとその家庭（妊産婦を含む）の福祉に関する包括的な支援を、切れ目なく、漏れなく提供する。

5 産後ケア事業　産後ケアを必要とする出産後1年を経過しない女子及び乳児に対して、心身のケアや育児のサポート等（産後ケア）を行い、支援体制を確保する。予算事業として実施していた市町村事業の産後ケア事業を母子保健法上に位置づけ、事業の実施を各市町村の努力義務として規定する（2019（令和元）年改正、2021（令和3）年4月施行）。

34 43，33 140，30 44，
136，29 44，136，27 139

5 子ども・子育て支援法

1. 応用　子ども・子育て関連3法　□□□

子ども・子育て支援法などの子ども・子育て関連3法*が2012（平成24）年に制定され、2015（平成27）年4月から「子ども・子育て支援新制度」が全国的にスタートした（表10）。

1 子ども・子育て支援法

①**目　的**　子ども・子育て支援給付など、子ども及び子どもを養育している者に必要な支援を行い、もって一人一人の子どもが健やかに成長することができる社会の実現に寄与すること（第1条）。

②**基本理念**　子ども・子育て支援は、父母その他の保護者が子育てについての第一義的責任を有するという基本的認識の下に、家庭、学校、地域、職域その他の社会のあらゆる分野における全ての構成員が、各々の役割を果たすとともに、相互に協力して行われなければならない（第2条第1項）。

③**子ども・子育て支援給付**　子どものための現金給付（児童手当の支給）、子どものための教育・保育給付（施設型給付*、地域型保育給付*）、子育てのための施設等利用給付がある。なお、法定代理受領*の仕組みを導入する。

④**地域子ども・子育て支援事業**　放課後児童クラブを、地域子ども・子育て支援事業として位置づけ、対象を「おおむね10歳未満の児童」から「小学校に就学している児童」へ拡大した。

子ども・子育て関連3法
「子ども・子育て支援法」「就学前の子どもに関する教育、保育等の総合的な提供の推進に関する法律の一部を改正する法律」「子ども・子育て支援法及び就学前の子どもに関する教育、保育等の総合的な提供の推進に関する法律の一部を改正する法律の施行に伴う関係法律の整備等に関する法律」。

施設型給付
認定こども園、幼稚園、保育所を通じた共通の給付。

地域型保育給付
小規模保育、家庭的保育、居宅訪問型保育、事業所内保育への給付。

法定代理受領
利用者に金銭を給付するのではなく、施設が利用者の代理で金銭・給付を受け取る仕組み。施設に直接金銭が支払われることで、公費が確実に本来の目的に使われるメリットがある。

2

児童・家庭福祉

表10 「子ども・子育て支援新制度」給付・事業の全体像

子ども・子育て支援給付			地域子ども・子育て支援事業
子どものための現金給付（児童手当）			・利用者支援、地域子育て支援拠点事業、一時預かり、乳児家庭全戸訪問事業等 ・養育支援訪問事業その他要支援児童、要保護児童等の支援に資する事業 ・ファミリー・サポート・センター事業 ・子育て短期支援事業 ・延長保育事業 ・病児・病後児保育事業 ・放課後児童クラブ ・妊婦健診
子どものための教育・保育給付	施設型給付	・認定こども園・幼稚園 ・保育所	
	地域型保育給付	・小規模保育 　（定員6～19人） ・家庭的保育 　（定員～5人） ・居宅訪問型保育 ・事業所内保育	
子育てのための施設等利用給付（施設等利用費）			

2. 応用 地域子ども・子育て支援事業　□□□

1 乳児家庭全戸訪問事業（こんにちは赤ちゃん事業）

第二種社会福祉事業。生後4か月までの乳児のいるすべての家庭を訪問し、様々な不安や悩みを聞き、子育て支援に関する情報提供などを行う。

2 養育支援訪問事業　乳児家庭全戸訪問事業の実施結果等から、養育支援が特に必要であると判断した家庭に対し、保健師・助産師・保育士等がその居宅を訪問し、養育に関する指導、助言等を行う。

3 子育て短期支援事業

① 第二種社会福祉事業。保護者の急病、事故、出産、災害、出張、冠婚葬祭、看護など、家庭で児童を養育することが一時的に困難になった場合に、乳児院、児童養護施設、里親、保育所などで一定期間、養育・保護する。

② 短期入所生活援助事業（ショートステイ）と夜間養護等事業（トワイライトステイ）がある。 ← ひとり親家庭以外でも利用できる。

4 地域子育て支援拠点事業

第二種社会福祉事業。市町村や社会福祉法人などが実施。公共施設や保育所、児童館などの地域の身近な場所で、乳幼児のいる子育て中の親子の交流や育児相談、情報提供などを行う。

5 放課後児童健全育成事業（放課後児童クラブ）

① 第二種社会福祉事業。保護者が労働などにより昼間家庭にいない小学生に対し、授業の終了後に児童館などを利用して適切な遊び・生活の場を与えて、その健全な育成を図る。放課後児童支援員を配置。

② 実施主体は市町村、社会福祉法人、保護者会、運営委員会などである。

ファミリー・サポート・センター事業
子育て中の主婦など児童の預かりなどの「援助を受けたい者」と、退職して時間的に余裕があるので「援助を行いたい会員」との相互援助活動に関する連絡、調整を行うものである。

訪問スタッフ
保健師、看護師、保育士のほか、愛育班員、母子保健推進員、児童委員、子育て経験者などを幅広く登用する。

養育支援訪問事業
育児ストレス、産後うつ病、育児ノイローゼなどの問題によって、子育てに対して不安や孤立感などを抱える家庭などが対象。

児童養護施設
▶p.348

認定こども園の地域における子育て支援事業とは別の事業である。

6 一時預かり事業

第二種社会福祉事業。家庭で保育を受けることが一時的に困難となった乳幼児について、保育所、地域子育て支援拠点、駅ビルなどの駅周辺等利便性の高い場所などにおいて一時的に預かり、必要な保護を行う。

3. 標準 保育所等 □□□

1 保育所

① 認可保育所と認可外保育施設に分類できる。認可保育所は第二種社会福祉事業の児童福祉施設であり、児童福祉法に基づき都道府県知事などが設置を認可した施設である。

② 設置者は、地方公共団体、社会福祉法人、宗教法人、学校法人、NPO法人、株式会社などの法人、個人である。

③ 1997（平成9）年改正により従来の措置制度から利用方式となった。

④ 利用対象者は、保育を必要とする児童である。「保育を必要とする事由」とは、⑴保護者の居宅外就労（フルタイム労働・パート労働）、⑵保護者の居宅内労働（自営・内職）、⑶出産前後、⑷傷病または心身障害、⑸同居親族の介護、⑹災害の復旧、⑺就職活動、⑻就学、⑼虐待やDVのおそれ、⑽育児休業取得時にすでに保育を利用している子どもがいて継続利用が必要である、など。

2000（平成12）年、設置主体制限が撤廃され、株式会社や個人も保育所を設置できるようになった。

2 病児・病後児保育事業

病児対応型・病後児対応型、体調不良児対応型（保育中の体調不良に対応）がある。市町村が地域の実情に応じて実施する。乳幼児、小学校に就学している児童が対象。

3 認定こども園

① 保護者や地域の多様化するニーズに応えるために創設された。

②⑴就学前の子どもに幼児教育・保育を提供する機能（保護者が働いている、いないにかかわらず受け入れる）、⑵地域における子育て支援を行う機能がある。利用にあたって、保護者は市町村から支給認定を受けなければならない。

③ 幼保連携型、幼稚園型、保育所型、地方裁量型がある。

・幼保連携型：幼稚園的機能と保育所的機能の両方の機能をあわせ持つ単一の施設。

・幼稚園型：認可幼稚園が、保育所的な機能を備える。

・保育所型：認可保育所が、幼稚園的な機能を備える。

・地方裁量型：幼稚園・保育所いずれの認可もない地域の教育・保育施設が、認定こども園として必要な機能を果たす。

④ 認定基準は、内閣総理大臣、文部科学大臣、厚生労働大臣が定める基準に従い、また参酌して各都道府県等が条例で定める。

4. 応用 実施主体 □□□

① 市町村が制度の実施主体として子ども・子育て支援事業計画を定め、計画的に幼児期の学校教育・保育、地域子育て支援を提供する責務を負う。

② 都道府県は、認定こども園、幼稚園、保育所の認可などを行い、都道府県子ども・子育て支援事業支援計画を定める。

③ 国は市町村および都道府県が策定する計画の作成に関する事項を含む「基本指針」を定め、新制度の制度設計を行う。

④ 社会保障・税一体改革　「子ども・子育て」は、社会保障・税一体改革において社会保障分野の一つに位置づけられ、新制度の財源として、消費税率引上げに伴う増収分の一部が充てられた。

まとめて攻略

■ 児童手当
■ 児童扶養手当
■ 特別児童扶養手当
　⇒社会保障
　　p.124, 125
■ 次世代育成支援対策推進法
　⇒地域福祉と包括的支援体制
　　p.189

6 少子化社会対策基本法

1. 標準 少子化社会対策基本法の概要 □□□

2003（平成15）年、少子化対策を総合的に推進するために制定された。雇用環境の整備、保育サービスなどの充実、地域社会における子育て支援体制の整備などの基本的施策などを定める。

7 子ども・若者育成支援推進法

1. 応用 子ども・若者育成支援推進法 □□□

子ども・若者育成支援施策の総合的推進のための枠組みを整備する。2010（平成22）年施行。

■ こども政策推進会議　会議や白書等が一本化される（表11）。こども政策推進会議は、① こども大綱案の作成、② 重要事項の審議等を司（つかさど）る。

表11　会議や白書等の一本化

根拠法	会議	白書
子ども・若者育成支援推進法	子ども・若者育成支援推進本部	子ども・若者白書
少子化社会対策基本法	少子化社会対策会議	少子化社会対策白書
子どもの貧困対策法	子どもの貧困対策会議	子供の貧困の状況及び子供の貧困対策の実施の状況

一本化

こども基本法	こども政策推進会議	年次報告「こども白書（仮）」

こども基本法
▶p.345

8 いじめ防止対策推進法

1. 標準 いじめ防止対策推進法 □□□

いじめへの対応と防止について学校や行政等の責務を規定している（2013（平成25）年施行）。

「いじめ」を「児童生徒に対して、当該児童生徒が在籍する学校に在籍している等当該児童生徒と一定の人的関係にある他の児童生徒が行う心理的又は物理的な影響を与える行為（インターネットを通じて行われるものを含む）であって、当該行為の対象となった児童生徒が心身の苦痛を感じているもの」と定義する。小学校、中学校、高等学校、中等教育学校及び特別支援学校（幼稚部を除く）が対象。

9 ひとり親家庭に対する就労支援制度

1. 応用 ひとり親家庭に対する就業支援 □□□

ひとり親家庭を対象にした就労支援施策には、ハローワークによる支援のほか、母子家庭等就業・自立支援事業などがある。

35 96, 33 45, 31 138, 30 67, 97, 29 140, 27 140

合格MAP ひとり親家庭に対する主な就業支援について（令和5年度）

就業相談・職業紹介等	職業訓練等	給付金等	雇用保険給付（被保険者）
ハローワークにおける職業紹介等	国及び都道府県が行う公共職業訓練	職業転換給付金（訓練手当、職場適応訓練費）	基本手当
マザーズハローワーク事業	高等職業訓練促進給付金等事業		再就職手当
ハローワークに福祉人材コーナーを設置	高等職業訓練促進資金貸付事業		教育訓練給付制度
母子家庭等を対象にした特別対策 ＊白字の事業が母子家庭等に係る特別対策	自立支援教育訓練給付金事業		母子家庭の母等を雇用する事業主に対する支援（助成金）
母子家庭等就業・自立支援センター事業	高等学校卒業程度認定試験合格支援事業		○特定求職者雇用開発助成金
被保護者就労支援事業　被保護者就労準備支援事業	母子父子寡婦福祉貸付金		○トライアル雇用助成金
母子・父子自立支援プログラム策定事業	求職者支援制度		○キャリアアップ助成金 ○両立支援等助成金

資料：「ひとり親家庭に対する主な就業支援について」厚生労働省（著者まとめ）

過去問チェック！

Q：母子・父子自立支援員は、家庭における児童養育の技術及び児童に係る家庭の人間関係に関する事項等に関する相談に応じる。（35—96）

A：× 設問は、福祉事務所の子ども（家庭）相談員の役割である。

➡過去問プラス！『国試対策2025』（専門科目編）p.98

1 母子・父子自立支援員　ひとり親家庭を対象として、仕事や子育てなど、生活上の様々な相談に応じ、利用できる制度を紹介する。

2 母子家庭等就業・自立支援センター事業

① 事業の種類は表 12 のとおりである。

> 母子及び父子家庭の児童も対象

表 12　母子家庭等就業・自立支援事業

事　業	実施主体
母子家庭等就業・自立支援センター事業（表12）	都道府県、指定都市、中核市
一般市等就業・自立支援事業▶	市、福祉事務所設置町村（特別区を含む）

② 事業の実施にあたっては、都道府県などと一般市などとの共同実施もできる。また、母子・父子福祉団体などへ委託できる。

一般市等就業・自立支援事業
一般市などを実施主体として、母子家庭等就業・自立支援センター事業と同様の事業を実施可能としたもの。

表 13　母子家庭等を対象とした特別対策

支援施策	説　明
母子家庭等就業・自立支援センター事業	都道府県・指定都市・中核市が実施主体となり、就業相談から就業支援講習会、就業情報の提供等までの一貫した就業支援サービスや養育費相談など生活支援サービスを提供する。
母子・父子自立支援プログラム策定事業 ハローワークと福祉事務所が連携。	自立支援プログラムにおいて児童扶養手当受給者の状況・ニーズに応じ自立支援計画を策定し、ハローワーク等と連携の上、きめ細かな自立・就労支援を実施する。就業に至らない母子家庭を戸別訪問する職員を福祉事務所に配置し、生活相談を行うとともに、就業支援施策などへと結び付ける。
自立支援教育訓練給付金事業	地方公共団体が指定する教育訓練講座を受講した者に対して、講座修了後に受講料の一部を支給する。
高等職業訓練促進給付金等事業 生活費を助成する。	ひとり親家庭の親が看護師、介護福祉士等の経済的自立に効果的な資格を取得するために修学する場合に、生活費の負担軽減のため高等技能訓練促進費を支給する。入学支援修了一時金も別途支給される。
母子父子寡婦福祉資金貸付金▶	母子家庭及び父子家庭並びに寡婦の経済的自立と生活意欲の助長を図り、児童の福祉を推進することを目的として、修学資金をはじめとした12種類の資金からなる。

資料：厚生労働省（著者まとめ）

母子父子寡婦福祉資金貸付金
事業開始資金、事業継続資金、技能習得資金、修業資金、就職支度資金、医療介護資金、生活資金、住宅資金、転宅資金、結婚資金、修学資金、修学支度資金の12種類がある。

✏️ **過去問チェック！**

Q：母子及び父子並びに寡婦福祉法に基づき、都道府県は、母子家庭の母親が事業を開始・継続するのに必要な資金を貸し付けることができる。(31-138)

A：○　**母子福祉資金の説明として正しい。同法には父子福祉資金の貸し付けも規定されている。**

合格勉強法

専門職はその名称と配置先を表で整理しながら覚えよう。「家庭」「児童」で始まる類似した専門職が数多く登場するので、最初の2文字ではなく、最後の2〜3文字で見分けるようにすると頭に入りやすい。

1 専門職、組織及び団体の役割

35 59, 96, 141, 34 46, 136, 140, 33 45, 93, 142, 32 38, 31 96, 30 34, 141, 142, 29 38, 45 27 138, 140, 142

1. 標準 児童福祉審議会（児童福祉法）　□□□

1 児童福祉審議会

① 児童、妊産婦、知的障害児などの福祉と保健に関する事項について調査・審議する機関である。

② 児童・知的障害児などの福祉向上を図るため、玩具や遊戯（ゆうぎ）、各種出版物などを推薦し、製作者などに対し必要に応じて勧告を行うことができる。

③ 都道府県、指定都市には必置だが、市町村は任意設置である。中央児童福祉審議会は省庁再編により社会保障審議会に統合された。

+α

地方社会福祉審議会
地方社会福祉審議会に児童福祉に関する事項を調査審議させる場合は、児童福祉審議会を置かなくともよい。なお、地方社会福祉審議会は都道府県、指定都市に必置である。市町村には設置の規定自体がない。

2. 応用 要保護児童対策地域協議会　□□□

　虐待を受けた児童などに対する体制強化を固めるため、関係機関が連携を図ることを目的に、2004（平成16）年の児童福祉法の改正により創設された。都道府県、市町村ともに設置は努力義務である。

1 機　関　児童福祉関係、教育関係、保健医療関係、警察・司法関係の機関の職員など、地域の実情に応じて幅広い機関が参加している。

2 市町村の設置した同協議会に係る要保護児童対策調整機関　業務に係る事務を行う者として厚生労働省令で定めるところにより、調整担当者を置くものとする（市町村を除く地方公共団体は努力義務）。

調整担当者は、厚生労働大臣が定める研修を受けなければならない。

3. 基本 児童福祉関連の各専門職　□□□

　保育所等に配置される保育士をはじめ、要保護児童やひとり親家庭、障害児などを対象に各専門職が配置されている（表1〜3）。

1 保育士　1999（平成11）年、「保母」「保父」から「保育士」に名称が変更され、2003（平成15）年の児童福祉法改正により名称独占資格として規定、国家資格となった。登録は都道府県が行う。更新はない。

2 家庭支援専門相談員　児童福祉施設に配置され、入所前から退所後にかけて一貫した家庭と施設の連絡調整を行う。

3 里親支援専門相談員　2012（平成24）年から、里親支援の充実を図るため、児童養護施設、乳児院に配置された。

まとめて攻略

■ 家庭裁判所の役割
⇒刑事司法と福祉
p.237

2

児童・家庭福祉

表1 児童福祉の専門職

専門職	配置先・役割
保育士	保育所、乳児院
保育ママ（家庭的保育者・家庭福祉員）	保育ママの居宅などで保育所待機児童に対して家庭的保育事業を実施する。
家庭（児童）相談員	家庭児童相談室（福祉事務所内）
家庭生活支援員	ひとり親家庭等日常生活支援事業 ← 「生活」が共通
婦人相談員	婦人相談所・福祉事務所
母子支援員	母子生活支援施設 〈 自立と事務をつなげる。 〉
母子・父子自立支援員	福祉事務所に配置され、ひとり親家庭及び寡婦に対し、法律及び生活一般についての相談指導などを行う。
児童福祉司	児童相談所。数は人口、虐待の相談件数、里親委託状況等を総合的に勘案して政令で定める基準を標準として都道府県が定める。児童福祉司の中には、指導教育担当児童福祉司が含まれなければならない。
指導教育担当児童福祉司（スーパーバイザー）	児童福祉司として約5年以上勤務した者であって、厚生労働大臣が定める基準に適合する研修の課程を修了した者。
児童心理司	児童相談所で心理判定業務を担当
児童指導員	児童相談所、児童養護施設、児童心理治療施設など
児童自立支援専門員	児童自立支援施設 〈 「支援」が共通 〉
児童生活支援員	児童自立支援施設
児童発達支援管理責任者	障害児入所施設、障害児通所施設に配置され、地域の関係機関と連携しながら適切な支援を提供する。任用条件：実務経験と指定研修修了
スクールソーシャルワーカー	不登校、いじめなど教育現場での問題に携わる。社会福祉士、精神保健福祉士、教職経験者などが任用される。

（母子支援員の行に）非常勤規定が削除された。

合格勉強法

専門職は「どんな役割か」よりも「どこに配置されるか」を覚えると点差がつく。|の箇所の違いに注意する。

表2 民生委員・児童委員

民生委員	児童委員を兼ねる。
児童委員	子どもたちを見守り、子育ての不安や妊娠中の心配ごとなどの相談・支援等を行う。
主任児童委員	児童委員から選任。児童福祉に関する支援を専門的に担当する。

過去問チェック！

Q：民生委員は、児童委員を兼務するが、本人から辞退の申出があれば、その兼務を解かなければならない。(34-36)

A：× **兼務を辞退できるという規定はない。**

Q：市町村に設置される要保護児童対策地域協議会は、主として児童及びその家族について必要な調査及び指導を行う。(27-138)

A：× **要保護児童の適切な保護のための情報交換や援助内容に関する協議を行う。**

➡過去問プラス！『国試対策2025』（共通科目編）p.141

表3　児童福祉施設の専門相談員

名　称	役　割	主な配置先
家庭支援専門相談員（ファミリーソーシャルワーカー）	入所児童の早期家庭復帰、里親委託などを可能とするため総合的な相談援助を行う。入所児童の早期の退所を促進し、親子関係の再構築を図る。 任用条件：社会福祉士もしくは精神保健福祉士の資格を有する者、5年以上の実務経験がある者、児童福祉司となる資格を有する者など	児童養護施設、乳児院、児童心理治療施設、児童自立支援施設
里親支援専門相談員（里親支援ソーシャルワーカー）	里親の新規開拓、里親委託の推進、レスパイト・ケアの調整など。 任用条件：社会福祉士か精神保健福祉士の資格を有する者、児童福祉司資格、児童養護施設など（里親を含む）において児童の養育に5年以上従事した者で、里親制度への理解およびソーシャルワークの視点を有するもの。	児童養護施設、乳児院
個別対応職員	被虐待児などの個別の対応が必要な児童への1対1の対応、保護者への援助など 任用条件：配置施設の規定のみで資格要件はない。	児童養護施設、乳児院、児童心理治療施設、児童自立支援施設、母子生活支援施設

> 母子生活支援施設には配置されない。

2　児童相談所

35 142, 34 142, 33 137, 32 142, 31 140, 142, 30 45, 141, 144, 27 142

1. 標準 児童相談所の機能と業務内容　□□□

　児童相談所は、市町村と連携を図りつつ、子どもや家庭に援助を行い、子どもの権利を擁護することを主たる目的としている。

1 設　置　都道府県、指定都市に設置義務がある。特別区、中核市は設置することができる。

2 職　員

　① 教育・訓練・指導担当児童福祉司（スーパーバイザー）、児童福祉司、相談員、精神科を専門とする医師、児童心理司、心理療法担当職員が配置される。そのほか、規模に応じて小児科医、保健師、理学療法士等が配置される。

　② 弁護士の配置または準ずる措置を行う。

3 相談機能　子どもに関する家庭その他からの相談のうち、専門的な知識および技術を必要とするものに、援助指針を定め総合的に調査、診断、判定（総合診断）を行う。

4 一時保護

　① 必要に応じて子どもを一時保護する（原則18歳まで、20歳まで延長可能）。外出、通学、通信、面会に関する制限は、安全の

2

児童・家庭福祉

確保が図られ、一時保護の目的が達成できる範囲で必要最小限とする。

② 期間は 2 か月を超えてはならない。児童相談所長等は、引き続き一時保護を行うことができる。2 か月を超えて一時保護を継続するためには、親権者の同意が必要であり、親権者が同意をしない場合には、家庭裁判所の承認の審判が必要となる。

③ 一時保護を行う場合、親権者等の同意がある場合等を除き、その開始から 7 日以内または事前に家庭裁判所裁判官に対して一時保護状を請求しなければならない（2022（令和 4）年改正、2024（令和 6）年 6 月施行）。保護者の反対で一時保護が解除された後、虐待死につながった事案を受け、防止策として、中立的な立場の裁判所が関与する。

親権停止・親権喪失
▶p.355

5 措置等
子どもや保護者を児童福祉司、児童委員、児童家庭支援センターなどに指導させる機能。または子どもを児童福祉施設、指定医療機関に入所させたり、里親に委託したりする機能。

6 民法上の権限 親権者に対する親権停止・親権喪失などの審判の請求、未成年後見人選任および解任の請求を家庭裁判所に対して行うことができる。

7 相談業務 養護相談、障害相談、育成相談、非行相談、保健相談に分類される（表 4）。2021（令和 3）年度中に児童相談所が対応した相談件数は 571,961 件となり増加傾向にある。種類別では養護相談が最も多い（図 1）。

図 1 児童相談所における相談の種類別対応件数

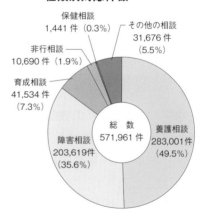

保健相談
1,441 件（0.3%）

その他の相談
31,676 件
（5.5%）

非行相談
10,690 件（1.9%）

育成相談
41,534 件
（7.3%）

障害相談
203,619件
（35.6%）

総　数
571,961 件

養護相談
283,001件
（49.5%）

表 4 児童相談所が対応する相談の種類

種　類	内　　　容
養護相談	虐待を受けた児童、親権を喪失した親の子、後見人をもたぬ児童等環境的問題を有する児童、養子縁組、保護者の家出、離婚、入院等による養育困難児、棄児等に関する相談
障害相談	身体障害、知的障害、自閉症等の児童に関する相談
育成相談	性格行動、不登校、進学適性、職業適性に関する相談
非行相談	ぐ犯行為、問題行動のある児童、触法行為のあったとされる児童等に関する相談
保健相談	未熟児、虚弱児、内部機能障害、小児喘息、その他の疾患（精神疾患を含む）等を有する児童に関する相談

資料：「令和 3 年度福祉行政報告例の概況」厚生労働省

＋α
市町村から児童相談所への送致
一時保護、児童福祉施設入所などへの入所措置、専門的な判定を要すると認める者は、市町村から児童相談所に送致する。

3
貧困に対する支援

（低所得者に対する支援と生活保護制度）

難問奇問が少なく、解きやすい科目。生活保護制度は8種類の扶助がありますが、最頻出の生活扶助からまず学習すると受給者像がイメージしやすいです。

科目の特徴

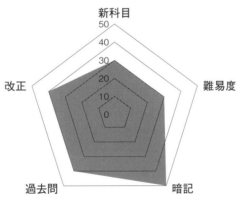

新科目：新科目として相当な準備が必要かどうか
難易度：問題が正解しにくいかどうか
暗記：暗記の重要性が高いかどうか
過去問：過去問題を活用する際に工夫が必要かどうか
改正：法律・制度の改正が多いかどうか

過去問題の使い方

解いておくべき過去問	活用法
3回分 ◎	過去問題は3回分を目安に活用しましょう。頻出の生活福祉資金貸付制度は細かい点が問われますので、過去問題で「問題の出方」を把握してから着手すると進みが早いでしょう。

合格勉強法

増加が著しい生活保護では「特に何が増えているか」が問われる。受給率の高い扶助の種類や年齢階級を覚えておこう。動向や実態は、1位を速答できるように押さえよう。

1 低所得者層の生活実態

35 63, 31 63, 30 64,
29 64, 27 70

1．**基本** 生活実態　□□□

　高齢者世帯、傷病・障害者世帯、母子世帯は全世帯平均に比べ、所得が低く、生活保護受給者も多い。高齢者世帯の所得は、「公的年金・恩給等」に依存している割合が高いことが特徴である（表1）。

表1　世帯の平均所得等

種　類	平均所得	内　訳		
全世帯	545万7千円	1位	稼働所得（73.2%）	
高齢者世帯	318万3千円	1位	公的年金・恩給等（62.8%）	
		2位	稼働所得（25.2%）	
母子世帯	373万円	母自身の平均所得	272万円	
父子世帯	606万円	父自身の平均所得	518万円	

資料：「令和4年国民生活基礎調査」「令和3年度全国ひとり親世帯等調査」厚生労働省

2 生活保護費と保護率の動向

35 63, 33 63, 32 63,
31 63, 30 64, 29 64

1．**基本** 保護率の動向　よく出る　□□□

1 被保護世帯と保護率

　保護率は2022（令和4）年度（月平均）で1.62%。バブル崩壊後1995（平成7）年に過去最低0.7%を記録して以来、その後増加している。過去最高は1947（昭和22）年の3.77%である。

合格MAP 　被保護人員・保護率・被保護世帯数の年次推移

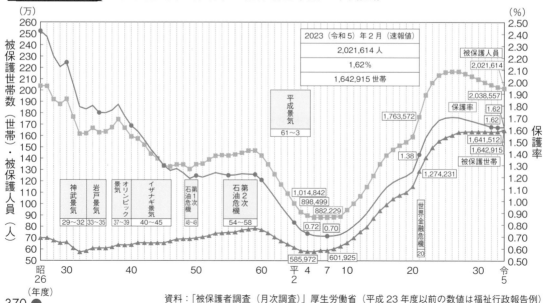

資料：「被保護者調査（月次調査）」厚生労働省（平成23年度以前の数値は福祉行政報告例）

2．標準 保護の開始理由・廃止理由 よく出る □□□

保護の開始は、1位「貯金等の減少・喪失」、2位「傷病による」、3位「働きによる収入の減少・喪失」である。2009年度以降「働きによる収入の減少・喪失」が1位であったが、2012（平成24）年度より「貯金等の減少・喪失」が1位となった（表2）。

表2　生活保護の動向

生活保護率は1.62%

項　　目		結　　果
保護率	全国	1.62%（人口100人あたり）
被保護世帯数		約164万世帯
世帯類型別被保護世帯数		1位　高齢者世帯 55.6%（＋0%） 2位　障害者・傷病者世帯 24.9%（＋0.5%） 3位　その他の世帯 15.5%（＋1.6%） 4位　母子世帯 4.1%（−5.3%）
被保護実人員		約202万人（1か月平均）
種類別扶助人員		1位　「生活扶助」約177万人 2位　「住宅扶助」約174万人 3位　「医療扶助」約171万人
保護費決算額 （令和4年度） 財務省		1位　「医療扶助」約49.6% 2位　「生活扶助」約29.5% 3位　「住宅扶助」約17.1%
開始理由		1位　「貯金等の減少・喪失」46.1%
廃止理由		1位　「死亡」50.6%

高齢者世帯が5割以上

人数1位：生活扶助
お金1位：医療扶助

一度保護を開始すると、亡くなるまで保護を受給する者が多い。

資料：「令和4年度被保護者調査 月次調査（確定値）」厚生労働省

年齢階級別では、65歳以上が半分を占める。

合格勉強法

保護の開始理由1位は「貯金等の減少・喪失」、廃止理由1位は「死亡」。開始と廃止の理由がかみあっていないことを把握しよう。

✏️過去問チェック！↗

Q：「生活保護の被保護者調査（令和4年度（月次調査確定値））」によると、保護率（人口百人当）は、16.2%である。（35−63）

A：×　**保護率（人口百人当）は1.62%である。**

Q：「生活保護の被保護者調査（令和4年度（月次調査確定値））」によると、保護廃止世帯の主な理由別構成割合をみると、「働きによる収入の増加・取得・働き率の転入」の割合が最も多い。（35−63）

A：×　**廃止理由の最多は「死亡」（50.6%）である。**

Q：世帯類型別にみた被保護者世帯の構成比をみると、「母子世帯」の割合が一貫して増加している。（32−63）

A：×　**「母子世帯」は減少傾向にある。**

➡過去問プラス！『国試対策2025』（専門科目編）p.57

Ⅱ　貧困に対する法制度〜生活保護制度

合格勉強法 基本原理、原則は生活保護制度全体を支える基礎である。最初に学習しておくと、他の項目が理解しやすい。理解の落とし穴からよく出題されるので注意！を把握すること。

1 生活保護法

36 63，35 26，28，64，
34 63，64，33 64，32
64，30 65，29 67，69，78，
28 64，65，27 25，45，64

　生活保護法（1950（昭和25）年施行）は、日本国憲法第25条に規定する「生存権」保障の理念を具体化するために制定された。4つの基本原理と4つの原則がある。

1．[標準] 基本原理　　　　　　　　　　　　　□□□

表1　保護の基本原理

原　理	内　容
国家責任の原理 （第1条）	国民の最低生活の保障および自立助長を図ることを目的とし、生活に困窮する国民の保護を、国家の責任において実施することを規定している。 **注意** 生活保護法の目的は「最低限度の生活保障」と「自立の助長」である。目的と原理を混同しないように。「社会的包摂」の助長ではない。 **注意** 生活保護制度は原則、外国人には適用されないが、行政措置として国民に準ずる保護が行われている。ただし、不服申立ての権利はない。生活保護法は、就労目的での在留資格で在留する外国人に適用されることはない。
無差別平等の原理 （第2条）	すべて国民は、法に定める要件を満たす限り、身分や生活困窮に陥った原因による差別なく、生活に困窮しているかどうかという経済状態だけに着目して保護を行うということを規定している。 **注意** 無差別平等とは生活に困窮した国民は無条件で保護を受ける資格があるという意味ではない。一定の条件を満たして初めて受給できる。
最低生活保障の原理 （第3条）	この原理により保障される最低限度の生活は、健康で文化的な生活水準を維持できるものでなければならないと規定している。
保護の補足性の原理 （第4条）	① この原理による保護は、生活困窮者の資産（土地・家屋・生活用品）、能力（労働能力）、その他あらゆるもの（例えば恩給受給権など）を、その最低限度の生活の維持のために活用することを要件とする。 ② 民法に定める扶養義務者*の扶養および他の法律に定める扶助（老人福祉法、身体障害者福祉法の措置など）は、すべて生活保護法による保護に優先して行われなければならないと規定している。

（最低生活保障の原理の注記）肉体的に生存することが可能かどうかではない。

扶養義務者
① 絶対的扶養義務者（親・子などの直系血族、兄弟姉妹）、② 相対的扶養義務者（3親等以内の親族で家庭裁判所が扶養義務者に選んだ者）がいる。扶養義務者の扶養は、保護に優先して行われるものであり、保護を受給するための条件ではない。

2．基本 保護の原則 □□□

表2　保護の原則

原　理	内　容
申請保護の原則 （第7条）	保護は要保護者*、その扶養義務者またはその他の同居の親族の申請に基づいて開始する。要保護者が急迫した状況の場合は、申請がなくても保護の実施機関（福祉事務所）が職権で保護しなければならない。ちなみに福祉事務所のない町村も職権で保護しなければならない。
基準および程度の原則 （第8条）	保護は、厚生労働大臣の定める基準により測定した要保護者の需要を基とし、そのうち金銭・物品で満たすことのできない不足分を補う。その基準は、要保護者の年齢別、性別、世帯構成別、所在地域別その他保護の種類に応じた最低限度の生活の需要を満たし、これをこえないものでなければならないと定められている。
必要即応の原則 （第9条）	保護は、年齢、性別、健康状態など、各個人や各世帯の必要性に基づき、有効かつ適切に行う。
世帯単位の原則 （第10条）	保護は世帯を単位としてその要否や程度を定める。たとえ、親族でなくとも同居し生計を一つにしている者ならば同一世帯と解釈される。例外的に世帯分離*がある。

要保護者
現に保護の有無にかかわらず保護を必要とする状態にある者。ちなみに、被保護者とは、現に保護を受けている者。

> 保護基準は、社会保障審議会が決めるわけではない。

> 基準および程度の原則と間違えやすい。

世帯分離
両親を介護するため同居しているが、両親だけ生活保護を受給したい場合など、一部の世帯員だけを切り離して生活保護基準に当てはまるかどうかを判断する。これは要保護者が希望することではなく、福祉事務所が考慮することである。

3．応用 生活保護制度の見直し □□□

2013（平成25）年8月「生活困窮者の生活支援の在り方に関する特別とりまとめ」が発表され、同年12月には生活保護法の改正と生活困窮者自立支援法の公布が実現した。生活困窮者対策および生活保護制度の見直しに総合的に取り組むとともに、生活保護基準の見直しを行った（2014（平成26）年7月施行（一部1月施行））。

✐ 過去問チェック！ ↑

Q：保護は、生活困窮に陥った原因に基づいて決定される。(36─63)

A：×　**無差別平等の原理に基づき、原因による差別はなく、経済的に困窮しているかどうかに着目して保護を行う。**

Q：生活保護は、日本国憲法第21条が規定する理念に基づいて行われる。(35─64)

A：×　**日本国憲法第25条の生存権の理念に基づいている。**

Q：必要即応の原則とは、要保護者の需要を基とし、そのうち、その者の金銭又は物品で満たすことのできない不足分を補う程度において保護を行うことをいう。(33─64)

A：×　**設問は「基準及び程度の原則」の説明である。**

Q：民法に定める扶養義務者の扶養及び他の法律に定める扶助は、すべてこの法律による保護に優先して行われる。(33─64)

A：○　**4つの基本原理の一つである「保護の補足性」の説明である。**

➡過去問プラス！『国試対策2025』（専門科目編）p.53, 54

1 2013（平成25）年生活保護法の改正

① 不正・不適正受給対策の強化（福祉事務所などの調査権限の拡大、就労指導の強化、罰則の引上げ、返還金の上乗せ*、扶養義務者への通知*、扶養義務者への報告徴収*など）

② 医療扶助の適正化（医療機関が受給者に対し後発医薬品の使用を促すことの法制化、医療機関の指定の更新性の導入など）

③ 就労による自立の促進（就労自立給付金*の創設など）

④ 被保護者就労支援事業の創設

2 2018（平成30）年生活保護法の改正（p.376～377）

4. 応用 保護の種類と内容

生活保護制度には8種類の扶助がある（表3）。併給が可能である。

表3 生活保護の扶助一覧

全部で8つ

種類	内容		給付方法	創設		
			注意点	救	旧	新
①生活扶助	生活費（第1類：個人向けの食費、被服費、第2類：世帯向けの光熱水費、家具什器費）を前払いする	金銭	救護施設、更生施設、日常生活支援住居施設利用、移送費は現物給付	○		
②教育扶助	義務教育に必要な学用品費	金銭	被保護者、親権者、未成年後見人、学校長に金銭給付を行う			◎
③住宅扶助	家賃・間代・地代、住宅維持費	金銭	宿所提供施設利用は現物給付			◎
④医療扶助	診察、施術、看護	現物	医療券・給付券により現物給付	○		
⑤介護扶助	基本的に介護保険サービスと同内容＋移送費	現物	1割：介護扶助から給付、9割：介護保険から給付*			◎
⑥出産扶助	分娩費、衛生材料費	金銭	病院等施設分娩、自宅分娩も対象	○		
⑦生業扶助	生業費、技能習得費、就職支度費	金銭	授産施設の利用は現物給付	○		
⑧葬祭扶助	葬祭に必要な費用	金銭	―		●	

○ 救：救護法施行時（1929年）に創設　● 旧：旧生活保護法施行時（1946年）に創設

◎ 新：新生活保護法施行時（1950年）に創設。ただし、介護扶助は2000年に創設

＊生活保護受給者で、介護保険の第1号被保険者の場合

返還金の上乗せ
都道府県・市町村の長は、不正受給に係る徴収金額に加え、不正受給を受けた金額に最大40%の金額を上乗せして徴収できるようになった。

扶養義務者への通知および報告徴収
保護の実施機関は、保護の開始決定の際に一定の扶養義務者に対し書面による通知を行う。また、必要な限度で扶養義務者に対し報告を求めることができる。

就労自立給付金
安定した職業に就いた者などに対して、保護廃止時に保護受給中の就労収入の一部を支給する。税・社会保険料などの負担がきっかけで再度保護に至らないように自立を促進することが目的である。

36 64, 65, 35 65, 33 65, 32 65, 31 64, 65, 30 67, 29 63、65、66、67、69, 27 65

1 生活扶助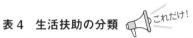

日常における必要な食費・光熱水費など。1か月以内を限度に世帯主等への前渡しが原則。生活基準額は、食費等の個人的費用、光熱水費などの世帯共通費用を合算して算出する（表4）。原則、金銭給付。居宅での生活扶助が行えない場合、生活扶助を行う施設として<u>救護施設</u>、<u>更生施設</u>、<u>日常生活支援住居施設</u>がある。

表4 生活扶助の分類 これだけ！ 注意！

	種　類	内　容	ポイント
(1)基準生活費	第1類費	食費・被服費など（<u>個人</u>単位の経費）	年齢別、<u>級地</u>別に算定される。
	第2類費	・光熱水費・家具など（世帯単位経費） ・地区別冬季加算あり	世帯人員別、級地別に算定される。
(2)自宅以外	入院患者 日用品費	1か月以上病院などに入院している要保護者の一般生活費	入院中や入所中など自宅以外にいても生活扶助は受給可能。
	<u>介護施設入所者 基本生活費</u>	介護施設に入所している要保護者の身の回り品等一般生活費	
(3)加算	<u>介護保険料加算</u>	介護保険の第1号被保険者で低年金・無年金の者に支給	保険料が免除されるわけではない。
	介護施設 入所者加算	介護施設に入所している要保護者の教養娯楽など特別な需要に対応	基本生活費との違いに注意
	母子加算	母子家庭の母、父子家庭の父に支給	父子家庭も対象
	児童養育加算	子ども健全育成に係る費用（学校外活動費用）、高等学校卒業まで支給	児童手当との違いに注意
	障害者加算	身体障害者障害程度等級1〜3級（4〜7級の者は対象外である）、障害基礎年金1・2級、それに準ずる者	常時介護が必要な者には重度障害者加算がある。
	その他の加算	妊産婦加算、在宅患者加算、放射線障害者加算	
(4)一時扶助	期末 一時扶助費	年末の特別需要に対する費用	12月のみ支給
	一時扶助費	出生、入学、入退院時など、物資が足りず緊急やむを得ない場合に対応	臨時的最低生活費。一時的に必要となる経費を一時扶助といった形で支給。
	移送費	転居時の移送費、施設入所（退所）時の移送費、求職活動時の交通費、（必要最低限度の額が支給）	通院時の交通費は医療扶助から支給される。

小・中学校の入学準備金は、生活扶助に含まれる。

 注意！

合格勉強法

一番よく出る「生活扶助」から学習開始。

日常生活支援住居施設
福祉事務所が、良質なサービスの基準を満たす無料低額宿泊所（p.385）等に対し、単独で居住が困難な生活保護受給者への日常生活上の支援を委託する施設。2020（令和2）年新設。

級　地
物価や生活水準の差を反映して全国を6段階に設定。なお介護保険の地域割り区分は8区分なので注意（p.330）。

入院患者日用品費は、医療扶助ではなく<u>生活扶助</u>から支給。

介護保険料加算は、介護扶助ではなく<u>生活扶助</u>。

児童手当 ▶p.124

妊産婦加算
「妊婦と産後6か月までの産婦」が対象。なお、児童福祉法の「妊産婦」は「妊婦と産後1年以内の産婦」をさすので注意。

2 教育扶助 よく出る

義務教育で必要になる鉛筆、ノートなどの学用品費や教科外活動費が対象。教科書はもともと無償だが、副読本や辞書の購入費、学校給食費も支給される。被保護者、親権者、未成年後見者、学校長に直接支給されることもある。生活扶助と同時支給を原則とする。原則、金銭給付。

> **注意**
> 教育扶助は幼稚園、高等学校、大学は対象外。

3 住宅扶助 被保護者の住居にかかる家賃・間代・地代、雨漏りの修繕など住宅維持費のほか、敷金や更新料、不動産手数料なども一定の限度額内で支払われる。現物給付として、宿所提供施設が提供される。

4 医療扶助

> 入退院、通院時の交通費は医療扶助に含まれる。

(1)診察、(2)薬剤・治療材料、(3)医学的処置、手術、施術、(4)居宅療養上の管理、世話、看護、(5)病院・診療所への入院、世話、看護、(6)移送がある。給付は医療保護施設や指定医療機関等に委託して実施される。原則、現物給付。

① ほとんどの生活保護受給者は国民健康保険の被保険者から除外されているため、医療費はその全額を医療扶助で負担する。

② 生活保護受給者のうち、入院と入院外を比べると、入院外（通院）は入院の約 19 倍。

③ 2006（平成 18）年度には障害者自立支援法の自立支援医療（精神通院医療）が実施され、精神疾患数が約 20 万人から約 14 万人に減少している。

④ 2018（平成 30）年の生活保護法改正により、医療扶助の適正化が図られ、後発医薬品の使用について、努力義務から原則給付となった。また「被保護者健康管理支援事業」を創設し、データに基づいた生活習慣病の予防等、健康管理支援の取組を推進。

5 介護扶助 被保護者で介護保険制度上の要介護および要支援の認定を受けた者が対象。居宅介護、福祉用具、住宅改修、施設介護、移送（要支援者は対象外）のサービスがある。原則、現物給付。

指定医療機関制度
生活保護受給者に対し医療の給付を行う医療機関は、生活保護法の指定を受ける。指定には更新が必要。

> 障害者総合支援法等の公費負担医療が適用される者は、公費負担医療が適用されない部分に対して医療扶助が支給される。

精神通院医療
障害者総合支援法に基づき、精神障害（統合失調症、精神作用物質による急性中毒、その他の精神疾患（てんかんを含む））を有する者に、通院医療にかかる自立支援医療費の支給を行う。

✏️ **過去問チェック！** ↑

Q：生活扶助は、衣食住その他日常生活の需要を満たすために必要なものを給付する。(35—65)
A：× 「衣食」は生活扶助から、「住」は住宅扶助より支給される。
Q：生活扶助基準第一類は、年齢によらず設定されている。(29—66)
A：× 年齢別、級地別に算定される。ただし、男女別ではない。

➡ 過去問プラス！『国試対策 2025』（専門科目編）p.55

・**介護保険での扱い**　生活保護受給者で医療保険未加入の場合、介護保険の第2号被保険者（医療保険加入が要件）にはなることができない（表5）。

注意

> 介護保険料は、介護扶助ではなく、<u>生活扶助の介護保険料加算</u>で支給される。

表5　生活保護受給者で医療保険未加入の場合

対象年齢	介護保険	介護保険サービス	介護扶助からの給付
65歳以上	第1号被保険者に該当	利用可	介護扶助：自己負担分1割 介護保険：残りの9割
40歳以上 65歳未満	第2号被保険者ではない。	利用不可 代わりに介護扶助を受給	10割給付

> 保護の補足性の原理により<u>介護保険が優先！</u>

6　出産扶助　分娩費、衛生材料費が対象。従来は自宅での出産のみが対象だったが、現在の実施要領では病院などの施設分娩も対象としている。

注意

> 生業扶助は収入の増加、自立の助長の見込みがある場合のみ支給される。

7　生業扶助

①　<u>生業費</u>（生業に必要な資金、器具・資料）、<u>技能習得費</u>（生業に就くため学校等に通う費用）、<u>就職支度費</u>（就職に必要なスーツ代など）である。

②　2005（平成17）年度より<u>高等学校等就学費</u>として学用品費、授業料、入学費・入学考査料などが支給されている。ただし、2010（平成22）年から授業料が無償化された公立高校に通学している場合は、授業料は支給されない。

③　2018（平成30）年10月より、教育扶助・生業扶助で支給されている学習支援費は、対象を<u>クラブ・部活動費</u>に限定された。地域住民や生徒の保護者が密接に関わっている活動やボランティア活動も対象となる。

注意

> 高等学校等就学費は義務教育外なので、教育扶助ではなく<u>生業扶助</u>である。

8　葬祭扶助　検案、運搬、火葬・埋葬、納骨などに必要な経費が級地別、大人・小人別に基準額が支給される。その葬祭を行う扶養義務者がない場合（単身世帯）でも給付を受けることができる。

3

貧困に対する支援

✎ **過去問チェック！**

Q：介護扶助には、介護保険の保険料が含まれる。(36-65)
A：×　**介護保険料加算は生活扶助に含まれる。**

Q：生業扶助には、高等学校等就学費が含まれる。(35-65)
A：○　**高等学校等就学費は、教育扶助ではなく生業扶助から支給される。**

Q：教育扶助には、小中学校への入学準備金が含まれる。(31-65)
A：×　**教育扶助ではなく、生活扶助の一時扶助から支払われる。なお、小学生の子どもの校外活動参加費は、生活扶助ではなく教育扶助である。**

➡ **過去問プラス！**『国試対策2025』（専門科目編）p.53, 55

5. 応用 保護の実施機関と実施体制 □□□

34 67, 68, 146, 33 65, 68, 31 66, 29 44, 63, 65, 68, 69, 28 66, 27 66

合格MAP▶ 生活保護 申請から受給までの流れ

面接相談
↓
・福祉事務所の生活保護担当者に相談

申請
↓
・本人、扶養義務者、同居の親族が福祉事務所に申請

調査
↓
・生活状況などを把握するための家庭訪問（申請書などを受理した日から7日以内）
・資力調査▶・各種調査（預貯金、保険、不動産等の資産調査、仕送り等の援助の可否の調査、年金等の社会保障給付、就労収入等の調査等）

決定
↓
・保護の要否判定

通知
↓
・申請のあった日から14日以内に書面で通知。30日以内に通知がないときは申請が却下されたものとみなす。

保護受給

扶養義務者
▶p.372

資力調査
要保護者や扶養義務者の資産・収入について、税務署などに調査を依頼したり、銀行・雇用主などにその報告を求めることができる。また、官公署などに必要な書類の閲覧や資料の提供を求めることができる。

まとめて攻略
■ 福祉事務所
　⇒地域福祉と包括的支援体制
　　p.180
■ 不服申立て
　⇒権利擁護を支える法制度
　　p.142, 143

1 生活保護に関する事務 都道府県、市、福祉事務所を設置する町村が行う。福祉事務所を設置していない町村においては、その町村がある都道府県知事が行う。実質的に保護の決定・実施を担うのは都道府県、市、町村の福祉事務所であり、どこが責任を負うかは要保護者の居住地によって決まる（表6）。

① 都道府県、市は条例で福祉事務所を設置しなければならないが、町村は任意。福祉事務所を設置しない町村は、都道府県の福祉事務所が代わりに業務を行う。

② 保護の決定・実施に関する事務は法定受託事務である。一方、要保護者に対する相談・助言は自治事務である。

③ 福祉事務所は要保護者が急迫した状況にあるときは、保護開始の申請がなくても職権で保護を開始しなければならない。これは福祉事務所がない町村も同じである。

2 生活保護費 最低生活費（厚生労働大臣が定める基準）と収入認定額（就労・年金などの収入）を比べて、その差額が給付される。実際の収入から就労に伴う経費（控除額）を差し引いて収入認定を計算する（勤労控除）。これには就労を促す自立助長の目的もある。恩給・年金、仕送り・贈与など就労以外の収入には特別な控除はない。

表6　保護の実施機関（保護の実施責任を負う機関）

居住地		実質的な保護の実施機関
市		市の福祉事務所
町村	福祉事務所あり	町村の福祉事務所（設置は全国で2～3%）
	福祉事務所なし	都道府県の福祉事務所 （福祉事務所のない町村長は保護開始申請受理から5日以内に都道府県の福祉事務所に送付）
救護施設・更生施設等入所者		入所前の居住地の福祉事務所
居住地がわからない者		現在いる場所を管轄する福祉事務所（現在地保護）

合格MAP 支給される保護費

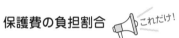

最低生活費に足りない部分が保護費として支給される。

最低生活費
食費などの常に必要な経常的最低生活費と、入学、入院等で必要になる臨時的最低生活費に分けられる。

33 43, 30 44, 29 63, 27 66

6. [応用] 保護の財源 □□□

　保護にかかる費用には、保護費、保護施設事務費、委託事務費などがある。保護費は以下のとおり。国、都道府県、市町村等が負担する。

合格MAP 保護費の負担割合 これだけ！

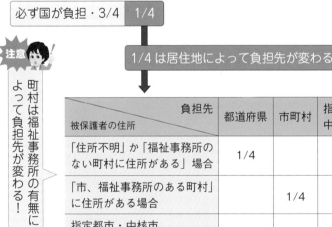

負担先 被保護者の住所	都道府県	市町村	指定都市 中核市
「住所不明」か「福祉事務所のない町村に住所がある」場合	1/4		
「市、福祉事務所のある町村」に住所がある場合		1/4	
指定都市・中核市			1/4

注意！町村は福祉事務所の有無によって負担先が変わる！

国庫負担金
▶p.183

3
貧困に対する支援

1 保護費用の徴収　被保護者に民法に基づく扶養義務者がいるときは、保護費を支弁した都道府県または市町村の長は、その費用の全部または一部をその者から徴収することができる。

✏️ **過去問チェック！** ↑

Q：生活保護法に基づき、保護費には国庫補助金が含まれる。(33-43)
A：×　**国庫補助金ではなく、国庫負担金が正しい。**

➡️過去問プラス！『国試対策2025』（共通科目編）p.152

7. 基本 保護施設の種類と内容 □□□

36 66, 34 66, 29 134, 27 66

1 保護施設 救護施設、更生施設、医療保護施設、授産施設、宿所提供施設の5種類。施設によって対象者が異なる（表7）。医療保護施設は第二種社会福祉事業、それ以外は第一種社会福祉事業である。

表7 保護施設の種類

施 設	対象者	扶 助	施設数	在所者数
救護施設（入所・通所）	身体上または精神上著しい障害があるために日常生活を営むことが困難な要保護者	生活扶助	182	16,036
更生施設（入所・通所）	身体上または精神上の理由により養護・生活指導を必要とする要保護者		20	1,196
医療保護施設	医療を必要とする要保護者 医療保護施設のみ、第2種社会福祉事業	医療扶助	56	—
授産施設（施設・家庭）	身体上または精神上の理由、世帯の事情により就業能力の限られている要保護者	生業扶助	15	299
宿所提供施設	住居のない要保護者世帯	住宅扶助	15	282

資料：「令和3年社会福祉施設等調査の概況」厚生労働省

2 保護の決定権 保護施設の長は、その施設を利用する被保護者について、保護の変更、停止または廃止を必要とする事由が生じたと認めるときは、すみやかに、保護の実施機関にこれを届け出なければならない。保護の決定権は実施機関にある。

3 設置主体 都道府県、市町村、地方独立行政法人、社会福祉法人、日本赤十字社に限られる。設置主体により手続きが異なる（表8）。利用定員などは都道府県が定める基準を遵守する。

注意 医療法人は設置できない。

表8 設置主体とその手続き

設置主体	手続き	認 可
都道府県	—	—
市町村	事前に必要事項を都道府県知事に届け出る。	—
地方独立行政法人		—
社会福祉法人	事前に申請書を都道府県知事に提出、認可を受ける。	○
日本赤十字社		○

○：認可が必要

注意 都道府県・市町村以外も設置することができる。

過去問チェック！

Q：国、都道府県及び市町村以外は、保護施設を設置することはできない。(27—66)

A：× **地方独立行政法人、社会福祉法人、日本赤十字社も設置できる。**

8. [基本] 被保護者の権利と義務　□□□

35 64, 34 65, 32 68, 28 68

　生活保護法には、被保護者に対し、3種類の権利と5種類の義務が規定されている（表9、10）。義務規定を守らなければ、保護の停止などが行われることもある。

表9　権　利

事　項	内　容
不利益変更の禁止（第56条）	正当な理由がない限り、すでに決定された保護を不利益に変更されることはない。
公課禁止（第57条）	保護金品および進学準備給付金を標準として租税・公課を課せられることはない。
差押禁止（第58条）	すでに給与を受けた保護金品および進学準備給付金またはこれらを受ける権利を差し押さえられることはない。

表10　義　務

事　項	内　容
譲渡禁止（第59条）	保護または就労自立給付金もしくは進学準備給付金の支給を受ける権利は、他者に譲り渡すことができない。
生活上の義務（第60条）	能力に応じて勤労に励み、健康の保持及び増進に努め、収入、支出の節約を図るなどして、生活の維持・向上に努めなければならない。
届出の義務（第61条）	収入や支出など、生計の状況に変動があったとき、あるいは居住地または世帯構成に変更があったときは、速やかに実施機関か福祉事務所長へ届け出なければならない。
指示等に従う義務（第62条）	保護の実施機関が、被保護者に対して生活の維持・向上その他保護の目的達成に必要な指導や指示を行った場合や、適切な理由により救護施設などへの入所を促した場合は、これらに従う。
費用返還義務（第63条）	緊急性を要するなど、本来生活費に使える資力があったにもかかわらず保護を受けた場合は、その受けた保護金品に相当する金額の範囲内において定められた金額を返還しなければならない。

進学準備給付金
2018（平成30）年創設。世帯分離に基づき、大学等に進学する者に対し新生活等の費用として支給される。課税や差押えはない。進学した子の分の生活保護費は支給されないが、自宅から通学する子の世帯については住宅扶助費を減額しない。

就労自立給付金
▶p.374

生活上の義務は被保護者への義務であり、生活保護の申請条件ではない。

勤労を怠っている場合の返還義務はない。

✏️ 過去問チェック！↑

Q：能力に応じて勤労に励み、支出の節約を図り、生活の維持及び向上に努めなければ、保護を申請できない。（35−64）

A：× 　設問は「被保護者に対する生活上の義務」であり、生活保護の申請条件ではない。

Q：被保護者が能力に応じて勤労に励むことを怠っていると認められる場合、被保護者は受けた保護金品に相当する金額の範囲内において保護の実施機関の定める額を返還しなければならない。（34−65）

A：× 　返還義務があるのは、急迫の場合等、資力があるにもかかわらず保護を受けた場合である。

➡️ 過去問プラス！『国試対策2025』（専門科目編）p.54, 56

3

貧困に対する支援

9. 標準 生活扶助基準

35 66, 31 64

生活扶助基準の算定方式は、表11のとおり変遷してきた。

表11 生活扶助基準の算定方式

年	方式	内容
1946（昭和21）年～ 1947（昭和22）年	標準生計費▶方式	経済安定本部が定めた世帯人員別の標準生計費に基づき算出する方式。
1948（昭和23）年～ 1960（昭和35）年	マーケット・バスケット方式（ラウントリー▶）	最低生活を営むために必要な必需品（飲食物費や衣類など）をバスケットに入れるように一つひとつ積み上げて、最低生活費▶を算出する方式。
1961（昭和36）年～ 1964（昭和39）年	エンゲル方式（エンゲル）	エンゲル係数▶から逆算して総生活費を算出する方式。貧困世帯はエンゲル係数（飲食物費÷総支出）が高くなる。
1965（昭和40）年～ 1983（昭和58）年	格差縮小方式	一般国民の消費水準の伸び率以上に生活扶助基準を引き上げ、一般国民と被保護世帯との消費水準格差を縮小させていく方式。
1984（昭和59）年～ 現在	水準均衡方式	当時の生活扶助基準が、一般国民の消費実態とほぼ妥当な水準であると考え、一般国民の消費動向を想定し、前年度までの一般国民の消費実態との調整を図る方式。

10. 応用 国・都道府県の役割

国の生活保護事務は厚生労働省の社会・援護局が担当する。国（厚生労働省）と都道府県の各関係機関に対する役割は、生活保護法において表12のとおり規定されている。国は全国的な生活保護の基準設定のほかに、都道府県や市町村の事務に係る監査等の役割がある。

表12 国・都道府県の役割

	対象	主な役割
国	都道府県知事・市町村長	生活保護事務の監査・指導
	都道府県知事	保護施設の設備・運営の改善や廃止、事業停止
都道府県	市町村・独立行政法人	
	社会福祉法人・日本赤十字社	設備・運営の改善、事業停止、認可取り消し
	市町村長	生活保護事務の監査・指導
	医療扶助の指定医療機関	指定、立入検査
	介護扶助の指定介護機関	
	保護施設	運営指導、立入検査
	審査請求の申請者	裁決

過去問チェック！

Q：エンゲル係数は所得格差を示す指標である。（29—15）

A：× **家計の消費支出に占める食料費の比率のことである。**

標準生計費
国民の一般的な水準を求めるための費目。現在は「家計調査（総務省）」に基づき計算されている。

ラウントリー
ヨークで貧困調査を行い、貧困線を用いて第一次貧困と第二次貧困を設定した。

Rowntree, B. S.

貧しければ貧しいほどエンゲル係数は高くなる。

最低生活費
最低限度の生活を営むのに必要とされる生活費。

エンゲル係数
栄養学の観点から科学的、客観的に貧困を定義する絶対的貧困の概念。

29 63

＋α
地域別最低賃金
生活保護に係る施策との整合性に配慮して決定する（p.431）。

裁決、立入検査は都道府県だけの役割である。

11. 応用 福祉事務所における専門職の役割 □□□

被保護者の相談援助活動は、福祉事務所が実施機関の中心となる。福祉事務所には、社会福祉法第15条に基づき、表13の職員が配置されている。身体障害者福祉司、知的障害者福祉司などが配置されている福祉事務所もある。

35 96, 34 46, 67, 68, 33 68, 32 66, 67, 145, 31 67, 140, 30 67, 29 63, 28 44, 144, 27 67, 68, 69

 注意 福祉事務所の社会福祉主事は、生活保護法の施行について、市長、都道府県知事の事務の執行を補助する。

表13 専門職の役割 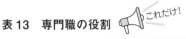 これだけ！

所員等	職務	資格
査察指導員	現業事務の指導監督を行う。福祉事務所の長の指揮監督を受ける。	社会福祉主事
現業員	家庭訪問、面接、資産・環境等調査、生活指導を行う。保護の措置の必要性や種類を判断する。福祉事務所の長の指揮監督を受ける。	
福祉事務所の長	都道府県知事または市町村長（特別区長）の指揮監督を受けて、所務を掌理する。	なし
事務員	所長の指揮監督を受けて、庶務を行う。	なし

🖊️過去問チェック！↑

Q：都道府県知事は、地域の実情を踏まえて生活保護法上の保護基準を変更することができる。（36−66）

A：× **生活保護法上の保護基準の設定、改定は国（厚生労働省）が行う。**

Q：都道府県知事は、生活保護法に定めるその職権の一部を、その管理に属する行政庁に委任することができる。（36−66）

A：○ **生活保護法第20条に規定されている。**

Q：生活扶助基準の設定方式における、エンゲル方式とは、旧生活保護法の下で、経済安定本部が定めた世帯人員別の標準生計費を基に算出し、生活扶助基準とした方式である。（35−66）

A：× **設問は、標準生計費方式のこと。エンゲル方式とは、栄養審議会の答申に基づく栄養所要量を満たし得る食品を理論的に積み上げて最低生活費を計算する方式である。**

Q：指導監督を行う所員（査察指導員）は、都道府県知事の指揮監督を受けて、生活保護業務の監査指導を行う。（35−96）

A：× **指導監督を行う所員（査察指導員）は、所の長の指揮監督を受けて、現業事務の指導監督を行う。**

➡️過去問プラス！『国試対策2025』（専門科目編）p.56, 67, 98

Ⅲ　その他の貧困に対する制度・対策

合格勉強法　生活困窮者自立支援法は、生活保護受給「手前」の人が対象である。セーフティネットとしての役割を大前提として捉える。

1　生活困窮者自立支援法

36 33, 68, 35 28, 67, 69, 34 42, 97, 33 37, 42, 43, 93, 32 69, 31 32, 36, 68, 149, 30 44, 63, 144, 29 30, 39, 28 31, 39, 146

1. 標準　**生活困窮者自立支援法（2015（平成 27）年 4 月施行）**□□□

　生活保護に至る前の段階の自立支援策の強化を図るため、<u>自立相談支援事業の実施</u>、<u>住居確保給付金の支給</u>、その他の生活困窮者に対する自立の支援に関する措置を講ずることにより、自立の促進を図る。実施主体は福祉事務所設置自治体であり、<u>住居確保給付金の支給</u>を除き、<u>委託</u>して実施することができる。

> 更生保護の対象者が支援の対象

　① **必須事業**　福祉事務所の設置自治体は、表 1 の事業を必ず行う。

表 1　必須事業 これだけ！

	事　業	内　　容	国庫負担
必須事業	<u>自立相談支援事業</u>	就労その他の自立に関する相談支援、事業利用のためのプラン作成などを行う。自立相談支援機関には、<u>主任相談支援員、相談支援員、就労支援員</u>を配置することを基本とする。2018（平成 30）年の法改正により、生活困窮者及びその家族からの相談に応じ、同事業の利用勧奨を行うことが<u>努力義務</u>として規定された（同年 10 月施行）。	3/4
	<u>住居確保給付金</u>	離職により住宅を失った生活困窮者などに対し家賃相当の「住居確保給付金」（有期）を支給する。	3/4

✎ 過去問チェック！ ↑

Q：生活困窮者自立支援法の目的規定は、社会、経済文化その他あらゆる分野の活動に参加する機会が確保されるよう施策を講ずることにより、生活困窮者の自立の促進を図ることである。(35−28)

A：×　**設問は障害者基本法の目的規定である。**

Q：生活困窮者自立相談支援事業は、委託することができないとされている。(35−67)

A：×　**住居確保給付金の支給を除き、委託することができる。**

Q：生活困窮者自立相談支援事業と生活困窮者家計改善支援事業は、必須事業である。(35−67)

A：×　**自立相談支援事業は必須事業であるが、家計改善支援事業は任意事業である。**

Q：生活困窮者自立支援法に基づく就労準備支援事業は、3 年を限度として訓練を提供する事業である。(30−63)

A：×　**期間は 1 年を限度としている（生活困窮者自立支援法施行規則）。**

➡**過去問プラス！**『国試対策 2025』（共通科目編）p.75,（専門科目編）p.61

② 任意・努力義務事業

福祉事務所の設置自治体は、表2の事業を行うことができる。

表2 任意事業・努力義務事業

	事　業	内　容	国庫補助
努力義務	① 就労準備支援事業	就労に必要な訓練を日常生活自立、社会生活自立段階から有期で実施する（最長1年）。2018（平成30）年の法改正により、実施が努力義務となった（同年10月施行）。	2/3
	② 家計改善支援事業	家計に関する相談、家計管理に関する指導、貸付のあっせんなどを行う。2018（平成30）年の法改正により、実施が努力義務となった（同年10月施行）。	1/2*
任意事業	③ 一時生活支援事業	住居のない生活困窮者に対して一定期間宿泊場所や衣食の提供等を行う。2018（平成30）年の法改正により、シェルター等の退所者や地域社会から孤立している者に対して、見守り生活支援を行う（2019（平成31）年4月施行）。	2/3
	④ 子どもの学習・生活支援事業	生活困窮家庭の子どもへ学習支援を行う。2019（平成31）年4月より、「子どもの学習・生活支援事業」として強化を図る。	1/2以内
	⑤ 就労訓練事業（中間的就労*）	都道府県等の認定を受けた社会福祉法人、株式会社等が、生活困窮者に対し就労の機会を提供し、就労に必要な知識及び能力向上のために必要な訓練などを行う。	1/2

> 貸付の「あっせん」はするが資金の「貸付」はしない。

注意
> ホームレス緊急一時宿泊事業（シェルター事業）は、生活困窮者自立支援法に基づく、一時生活支援事業に移行した。

中間的就労
すぐに一般企業等で働くことが難しいため、訓練として、就労体験や支援付きの雇用を提供する。労働と福祉の中間にあることから、中間的就労と呼ばれる。

*2018（平成30）年の法改正により、①と②の両事業を効果的・効率的に実施した場合は、②の事業の国庫補助が2/3以内となる（同年10月施行）。

2．応用　生活困難者に対する制度　□□□

社会福祉法に基づき無料または低額な料金で、以下の事業を行うことができる。すべて第2種福祉事業である。

1 無料低額宿泊所　簡易住宅を貸し付け、または宿泊所その他の施設を利用させる事業。社会福祉法の改正により、2020（令和2）年4月より「社会福祉住居施設」として規制が強化され、管理者の設置、設備及び運営に関する最低基準、改善命令、事前届出（民間等が開設する場合）が規定された。

2 無料低額診療事業　無料・低額な料金で診療を行う事業。

3 無料低額介護老人保健施設利用事業・無料低額介護医療院利用事業　介護老人保健施設または介護医療院を利用させる事業。

過去問チェック！

Q：生活困窮者自立相談支援事業では、相談支援員と地域福祉コーディネーターを配置することとされている。（28—39）

A：×　**主任相談支援員、相談支援員、就労支援員を配置することを基本としている。**

3
貧困に対する支援

2 生活福祉資金等

36 67, 35 68, 69, 97,
34 34, 69, 33 69, 104,
29 40, 28 39

1. 基本 生活福祉資金貸付制度 □□□

　生活保護を受給するほどではない低所得者世帯などに対して、低利または無利子での資金の貸し付けを行う。外国人世帯も利用できる。実施主体は<u>都道府県社会福祉協議会</u>（表3）。

> 業務の一部を市町村社会福祉協議会に委託できる。

 生活保護制度とは異なり、お金を「借りる」制度。借りたお金は返済する。

市町村民税非課税程度
生活保護受給世帯は、自立更生のために必要と認められる場合に限って、生活福祉資金貸付制度の一部を利用できる。

表3　貸し付け対象者 これだけ！

資　金	対象者		実施主体
生活福祉資金	低所得者世帯	市町村民税非課税程度▸	都道府県社会福祉協議会
	障害者世帯	障害者手帳の交付を受けた者が属する世帯	
	高齢者世帯	65歳以上の高齢者の属する世帯	
母子父子寡婦福祉資金貸付金	母子家庭の母・父子家庭の父		都道府県・指定都市・中核市

> 父子家庭の父、母子家庭の母ともに、低所得者に該当すれば生活福祉資金貸付制度の対象となる。

母子父子寡婦福祉資金貸付金
▸p.364

合格MAP　生活福祉資金　相談〜決定の流れ

相談 ・民生委員・市町村社会福祉協議会 ← 福祉事務所ではない。

↓

申込み ・市町村社会福祉協議会（経由）→都道府県社会福祉協議会会長

↓

決定 ・都道府県社会福祉協議会会長が生活福祉資金運営委員会の意見を聴いて決定する。

↓

据置期間 ・据置期間▸の翌月から返済が始まる。

↓

返済（償還） ・貸付金を償還期限までに返却しなかった場合、延滞利子を上乗せして返済しなければならない。

据置期間
お金を借りてすぐ返し始めるのは大変なので、返済を猶予してもらえる期間のこと。

1 資金の種類と利子

　複数の種類の資金を同時に貸し付けることができる。連帯保証人を立てる場合は無利子、立てない場合は1.5%となる（表4）。

2 相談支援

　資金貸付と同時に必要な<u>相談支援</u>が行われる。<u>民生委員</u>が都道府県社会福祉協議会等と連携し、資金の<u>相談</u>や貸付世帯への<u>訪問活動</u>を行い、対象者の経済的自立、生活意欲の助長を支援している。

← 指導計画を立てる。

表4 生活福祉資金の種類 これだけ！

資金の種類		内　容	保証人	利子%(年)
総合支援資金*	生活支援費、住居入居費、一時生活再建費▶	生活再建までに必要な生活費など	あり	0%
			なし	1.5%
福祉資金	福祉費▶	生業を営むために必要な費用、技能習得に必要な費用など 580 万円以内	あり	0%
			なし	1.5%
	緊急小口資金*▶	緊急かつ一時的に生計維持困難になった場合。原則 10 万円以内	不要	0%
教育支援資金	教育支援費, 就学支度費	修学・入学に際し必要な経費	不要	0%
不動産担保型生活資金	不動産担保型生活資金	居住用不動産を担保として生活資金を貸し付ける資金	必要	3%
	要保護世帯向け不動産担保型生活資金		不要	3%

＊貸付にあたって、原則、生活困窮者自立支援制度の自立相談支援事業の利用を要件とする。

3 不動産担保型生活資金　現在居住している「居住用不動産」を売らずに担保にして資金を借りる制度。貸す側はもし資金が戻らない場合でも不動産を担保としているため、不動産により債権を回収できる。要保護世帯も福祉事務所が認めればこの制度でお金を借りることができる。

一時生活再建費
就職・転職を前提とした技能習得に要する経費、滞納している公共料金などの立て替え費用、債務整理をするために必要な経費等。

福祉費
住宅の増改築、補修などおよび公営住宅の譲り受け、福祉用具などの購入、障害者用の自動車の購入、介護サービス・障害者サービスなどを受けるのに必要な経費等も対象。

緊急小口資金
緊急かつ一時的に生計の維持が困難となった場合に貸し付ける少額の費用。貸付上限額は 10 万円以内。

3

貧困に対する支援

✏️**過去問チェック！**↑

Q：生活福祉資金の貸付対象世帯は、高齢者世帯、傷病者・障害者世帯、ひとり親世帯とされている。(35−68)

A：✕　**ひとり親世帯ではなく、低所得者世帯が正しい。また傷病者世帯は含まれない。**

Q：住宅を喪失した人への支援策として、無料低額宿泊所は全ての市町村が設置しなければならない。(32−69)

A：✕　**設問の規定はない。なお、民間でも知事への届け出で開設できる。**

Q：生活福祉資金貸付事業の相談は、社会福祉士が行うこととされている。(28−39)

A：✕　**民生委員と社会福祉協議会が相談支援を行う。**

➡過去問プラス！『国試対策 2025』（専門科目編）p.62, 64

3 生活保護制度における就労支援制度

1. 基本 生活保護受給者に対する就労支援 ☐☐☐

生活保護制度における就労支援*施策には、以下の種類がある。

① 授産施設における生業扶助（保護施設）

② 自立支援プログラム（福祉事務所）

③ 被保護者就労支援事業（就労支援員による就労に関する相談・助言、個別の求人開拓やハローワークへの同行等の支援）

④ 生活保護受給者等就労自立促進事業（ハローワーク）

就労支援
就労支援の基本的な考え方は、経済的自立だけではなく、福祉的就労や社会参加に結びつく就労、家事などの賃金の支払われない就労も含まれる。
生業扶助
▶p.377

2. 標準 自立活動確認書 ☐☐☐

就労可能と判断する被保護者であって、保護受給開始後一定期間内に就労自立が見込まれる者を対象に、本人の同意を得て、求職活動の具体的な目標、内容を決定し、本人との共通認識のもとで福祉事務所が就労活動を的確に支援するために作成する。

3. 基本 自立支援プログラム ☐☐☐

2005（平成17）年度に生活保護制度に導入されたプログラム。被保護者に対し自立を促し、経済的な給付に加え、多様な対応、早期の対応、システム的な対応を充実させる（表5）。

34 146, 30 68, 29 68

1 個別支援プログラムの種類　被保護者の意思と選択に基づき、個別支援プログラムの中から選び自立支援を行う。もし被保護者が参加を拒否した場合には、文書で指導・指示を行うが、これに従わない場合は保護の変更、停止、廃止を考慮する。

表5　個別支援プログラムの種類

自立支援の種類	目標	例
① 経済的自立	就労による経済的自立	就労支援、進学支援
② 日常生活自立	健康の回復・維持、生活管理	退院促進支援、在宅療養支援、多重債務者の債務整理
③ 社会生活自立	社会的なつながりを回復・維持し、地域社会の一員として充実した生活を送ることを目指す。	ボランティア活動への参加、ひきこもり児童への支援

✐ **過去問チェック！**↑

Q：自立支援プログラムへの参加が生活保護を継続する条件になる。（34-146）

A：×　**参加を拒否した場合は、指導・指示が行われる。参加が生活保護を継続する条件ではない。**

➡**過去問プラス！**『国試対策2025』（専門科目編）p.69

4
保健医療と福祉

（保健医療サービス）

専門用語と数字が多く低得点に陥りやすい科目です。制度はまず合格 MAP や図表で全体の体系をつかむことからスタートしましょう。役割が問われる「専門職」は暗記を定着させれば得点源になります。

科目の特徴

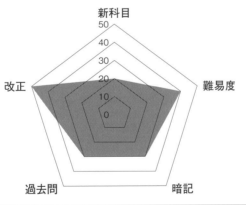

新科目：新科目として相当な準備が必要かどうか
難易度：問題が正解しにくいかどうか
暗記：暗記の重要性が高いかどうか
過去問：過去問題を活用する際に工夫が必要かどうか
改正：法律・制度の改正が多いかどうか

過去問題の使い方

解いておくべき過去問	活用法
2 回分 △	改正や数値の更新が多いので予想問題も活用しましょう。国民医療費は数値の変動に注意です。診療報酬の概要は過去問題で出たところに絞ると得点効率が高まるでしょう。

Ⅰ 保健医療に係る政策・制度・サービスの概要

健康保険、国民健康保険は加入者数も多く、医療保険制度の中心に位置づけられる。出題率も高いので制度名、医療保険者、加入者数など、表を使って相違点を整理しよう。

1 医療保険制度の概要

35 52, 70, 34 70, 33
51, 70, 32 53, 31 49,
30 51, 28 55, 27 55

1. 基本 医療保険制度の概要 □□□

　日本の医療保険制度は大別して、健康保険、船員保険、共済組合、国民健康保険、後期高齢者医療制度の5制度に分けられる。加入者が最も多いのは健康保険（約6,800万人）であり、全体の半分以上を占める。次いで国民健康保険（約2,800万人）である（表1）。

表1　医療保険制度

制　　度		医療保険者	加入者	加入者数 （千人）	保険給付	
					医療給付 （一部負担）	現金給付
被用者保険	健康保険	協会けんぽ	全国健康保険協会　47	中小企業に勤務する者	40,265	0～小学校入学 2割 小学校入学～70歳未満 3割 70～75歳未満 2割 （現役並み所得者は3割）	傷病手当金、出産育児一時金　等
被用者保険	健康保険	組合管掌健康保険	健康保険組合　1,388	大企業に勤務する者	28,381		同上（附加給付あり）
被用者保険	船員保険		全国健康保険協会　47	船員	113		傷病手当金、出産育児一時金　等
被用者保険	各種共済	国家公務員	20共済組合	国家公務員	8,690		同上（附加給付あり）
被用者保険	各種共済	地方公務員	64共済組合	地方公務員			
被用者保険	各種共済	私学教職員	1事業団	私学に勤める者			
国民健康保険	都道府県・市町村国民健康保険		都道府県・市町村　1,716	農業従事者、自営業者、無業者等	28,051 市町村 25,369 国保組合 2,683		出産育児一時金、葬祭費
国民健康保険	国民健康保険組合		国保組合　160	同業者の多い自営業者			
国民健康保険	被用者保険の退職者		市町村　1,716	被用者保険の退職者			
後期高齢者医療制度			後期高齢者医療広域連合　47	75歳以上の者*	18,434	75歳以上1割（一定以上所得者は2割*、現役並み所得者は3割）	葬祭費　等

保険者数は最多

一部負担割合は全制度共通

後期高齢者医療制度創設で減少

*2022（令和4）年3月末
*65～74歳で、寝たきりなどの状態にあり広域連合の認定を受けた者も含む。

資料：「令和5年版厚生労働白書」厚生労働省

2. 基本 被用者保険の概要 □□□

1 被用者保険　会社員や公務員を対象にした医療保険。協会けんぽ、組合管掌健康保険、船員保険、共済組合がある。

2割負担の改正
団塊の世代が後期高齢者となるため、従来の1割負担のうち、一定所得以上の者は2割負担となる。(2022（令和4）年10月施行)

合格MAP 医療保険制度の体系 これだけ!

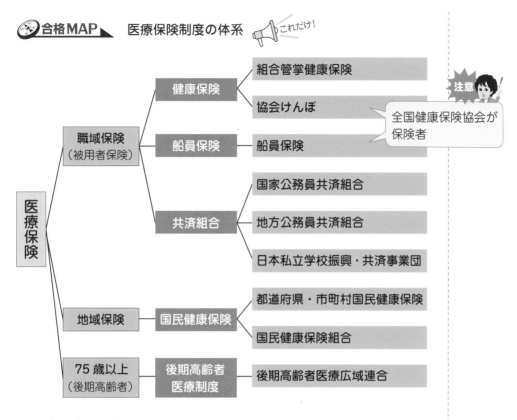

注意 全国健康保険協会が保険者

2 給付の主な要件

被保険者*や被扶養者も保険給付を受けることができる。

① 被保険者の直系尊属、配偶者、子、孫、兄弟姉妹で、主として被保険者に生計を維持されている人

② 認定対象者の年間収入が一定額未満で、被保険者の年間収入の2分の1未満である場合（別居の場合は仕送り額よりも少ない場合）

> 同居でなくとも収入要件のみ満たせば被扶養者となる。

3 健康保険

健康保険は、被用者（会社に雇われている人）を対象にした医療保険の一つである。会社の規模によって以下の2つの保険者がある。

① （組合が作れない）中小企業に勤める人→協会けんぽ

② （組合が作れるほど）大企業に勤める人→組合管掌健康保険

> **被保険者**
> 国籍・性別・年齢・賃金の額などに関係なく、適用事業所（常時5人以上を雇用する事業など）に使用されている人。

3. 標準 協会けんぽ（全国健康保険協会管掌健康保険） □□□

全国健康保険協会を保険者とする健康保険のこと。中小企業などで働く従業員やその家族が加入する。

1 全国健康保険協会 健康保険（政府管掌健康保険）は、従来、国（旧：社会保険庁）で運営していたが、2008（平成20）年に全国健康保険協会が設立、運営することとなった。本部と47都道府県支部で構成される。

注意 船員保険も全国健康保険協会を保険者とする。

4 保健医療と福祉

2 協会けんぽの被保険者

① 被用者で、健康保険組合の組合員でない、<u>中小企業</u>に雇用される者が対象である。強制適用になる事業所は以下のとおり。

⑴常時<u>5</u>人以上の従業員を使用する事業所（一部の業種を除く）

⑵常時従業員を使用する国・地方公共団体または法人の事業所

② 強制適用事業所以外であっても一定の要件を満たせば、任意適用事業所として協会けんぽに加入できる。

③ 保険料率は、都道府県ごとの地域の医療費を反映し、設定している。2023（令和5）年度の全国平均の保険料率は<u>10.00%</u>である。

4．標準 組合管掌健康保険（健康保険組合） □□□

<u>大企業</u>を対象とした健康保険である。近年は不景気の影響から保険者、被保険者ともに減少し、多くの健康保険組合が赤字である。

1 設 立

① 企業が単独で設立する場合（単一）は、被保険者が常時<u>700</u>人以上、2以上の事業所または2以上の事業主が共同して設立する場合（総合）は、合計で被保険者が常時<u>3,000</u>人以上必要。

② 被保険者の<u>2分の1</u>以上の同意（事業所が2つ以上の場合には、事業所ごとにそれぞれの事業所の2分の1以上の同意）を得たうえで、厚生労働大臣の<u>認可</u>を受けることが必要。

2 保険料率　標準報酬月額と標準賞与額の<u>3%</u>〜<u>13%</u>の範囲で、組合規約で決定する。原則、労使折半であるが、事業主負担割合を被保険者の負担割合よりも<u>多く</u>設定することができる。ただし厚生労働大臣の<u>認可</u>が必要。2023（令和5）年度の平均保険料率<u>9.27%</u>。

5．応用 共済組合 □□□

1 組合数

① 国家公務員の共済組合は、原則各省庁に1つの組合が設けられており、現在<u>20</u>組合ある。地方公務員の共済組合は、<u>64</u>組合ある。

② 私立学校教職員の共済組合保険者は、日本私立学校振興・共済事業団の<u>1</u>事業団だけである。

2 各共済組合の医療保険　<u>短期</u>給付として給付されている。疾病やけがに対して給付される短期給付に対して、<u>年金</u>は、組合員や家族の生活を保障することを目的とした<u>長期</u>給付である。

3 保険料率

各共済組合で決定する。負担割合は原則として労使折半である。

注意

⑵は人数にかかわらず、強制適用である。

任意適用事業所
事業所で働く者の2分の1以上が適用事業所となることに同意し、厚生労働大臣の認可を受けると適用事業所となり、同意した者だけでなく、働いている人は全員、加入することになる（p.108）。

短時間労働者に対する適用範囲の拡大
▶p.108

+α
2015（平成27）年10月から従来の共済年金は、厚生年金に一元化された。

6. 標準 国民健康保険

35 50, 51, 52, 54, 70,
34 49, 33 51, 70, 32
49, 53, 31 53, 30 51,
29 78, 28 67

都道府県および市町村が運営するものと、同一都道府県内の同業者が集まった国民健康保険組合（国保組合）が運営するものがある。

1 国民健康保険（都道府県・市町村保険者）

① 2018（平成30）年度から市町村に加えて、都道府県も国民健康保険の保険者となった。都道府県が財政運営の責任主体である（表2）。また、国は財政支援（公費拡充）を行う。

表2　都道府県と市町村の役割分担

	都道府県	市町村
財　政	財政運営の責任主体、保険給付費等交付金の市町村への支払い	国保事業費納付金を都道府県に納付
保険料等	市町村ごとの標準保険料率を算定・公表	資格を管理（被保険者証などの発行）、標準保険料率などを参考に保険料率を決定、保険料の徴収、保険給付の決定など

② 都道府県および市町村が保険者となり、自営業者、農業従事者、被用者保険の退職者、無職者などが加入する制度である。

③ 被保険者は、被用者保険、後期高齢者医療制度、生活保護適用者以外の住所を有するすべての人である。適法に3か月を超えて日本に在留する外国人は、国民健康保険に加入する。

2 国民健康保険組合

自営業者のうち同業者の多い、医師、歯科医師、弁護士、美容師、大工、芸能などに従事する人が、同業者間で国民健康保険組合を設立する。設立には都道府県知事の認可が必要。

3 被用者保険との違い

被用者保険と比較して、保険料、被扶養者に違いがある（表3）。

表3　被用者保険と国民健康保険の違い　これだけ！

	被用者保険	国民健康保険	
	健康保険、共済組合等	都道府県・市町村国民健康保険	国民健康保険組合
保険料	給与に比例	条例で定める	規約で定める
被扶養者分の保険料負担	なし	あり（被扶養者ではなく各人が被保険者として加入する）	
退職後の任意継続	あり	なし	なし

資料：『過去問よくでるキーワード』飯塚事務所

過去問チェック！

Q：国民健康保険の被保険者に扶養されている者は、被扶養者として、給付を受けることができる。(35—70)

A：×　**被扶養者としてではなく、各人が被保険者として給付を受ける。**

Q：健康保険組合の保険料は、都道府県ごとに一律となっている。(32—53)

A：×　**健康保険組合ごとに異なる。2023年度平均は9.27%である。**

→過去問プラス！『国試対策2025』（専門科目編）p.78

4

保健医療と福祉

7. 標準 医療給付 よく出る

36 70, 75, 34 70, 33 71, 31 70, 28 55, 70

　療養の給付、入院時食事療養費、入院時生活療養費、保険外併用療養費、療養費、訪問看護療養費、高額療養費、高額介護合算療養費などがある（表4）。

表4　医療給付　これだけ！

> 特定健康診査の費用は対象外

医療給付	内　容
療養の給付	受診した際にかかった費用から一部負担金を除いた金額を医療保険者が医療機関へ支払う給付。① 診察、② 薬剤または治療材料の支給、③ 処置・手術その他の治療、④ 在宅看護、⑤ 病院・診療所への入院、看護
入院時食事療養費	保険医療機関に入院したときに、療養の給付とあわせて受ける食事の給付。標準負担額1食460円を支払い、残りが支給（現物給付）される。
入院時生活療養費	療養病床に入院する65歳以上の者の生活療養にかかる費用（食費、居住費）のうち定額（食費1食460円、居住費1日370円）の標準負担額を支払い、残りが支給（現物給付）される。
保険外併用療養費	通常、保険外診療は保険が適用される診療も含めて、医療費の全額が自己負担となるが、先進医療（高度医療を含む）などの「評価療養」と特別の療養環境（差額ベッド）などの「選定療養」は保険診療との併用が認められており、通常の治療と共通する部分（診察・検査など）の費用は、保険診療となる。2016（平成28）年度より「患者申出療養▶」が創設された。
療養費	保険証が未交付など、やむを得ない事情で、保険医療機関で保険診療を受けることができず、自費で受診したときなど特別な場合に支給される。医療保険者に支給申請をすることで現金が償還払いされる。
訪問看護療養費	訪問看護ステーションの訪問看護師から療養上の世話や必要な診療の補助を受けた場合に支給される。　注意 訪問看護は介護保険が、医療保険の給付に優先する。
高額療養費	ひと月の医療費の自己負担額が自己負担限度額を超えた場合、超えた額が払い戻される制度。限度額認定証等の交付を受け、提示すれば窓口支払いは自己負担限度額のみでよい。
高額医療・高額介護合算療養費	1年間にかかった医療保険と介護保険の自己負担額が基準額を超えた場合、超えた額が払い戻される。

一部負担割合

年　齢	一部負担
0〜小学校入学前	2割
小学校入学〜70歳未満	3割
70歳〜75歳未満	2割（現役並み所得者3割）
75歳〜	1割（現役並み所得者2割か3割）

患者申出療養
患者が国内で未承認・適用外の医療機器・医薬品などを望んだ場合に、患者からの申出によって保険外診療の併用ができる制度。健康保険法に現行の評価療養とは別に、新たな保険外併用療養の仕組みとして規定された。

+α
給付の対象外
美容目的の整形、健康診断、予防接種などは保険給付の対象にはならない。なお、業務上の傷病は労働者災害補償保険による給付が行われる。

8. 基本 特定健康診査・特定保健指導 〔前期高齢者も対象〕 □□□

32 72, 31 4 28 44

1 対象者　40歳から75歳未満のすべての被保険者・被扶養者

2 目的　特定健康診査は、糖尿病等の生活習慣病の予防するため、メタボリックシンドローム（内臓脂肪症候群）該当者及び予備群の減少を目的として実施する。そのため該当者と予備群に対しては特定保健指導を行う。

メタボリックシンドローム
▶p.10

9. 基本 高額療養費 □□□

34 70, 33 71, 32 70, 31 70, 27 70

長期入院や治療が長引く場合に、家計の負担を軽減できるように、自己負担限度額を超えた部分が払い戻される制度である。

1 対象　後期高齢者医療制度を含むすべての医療保険制度が対象だが、保険外併用療養費の差額部分や入院時食事療養費、入院時生活療養費（食費・居住費）の自己負担額は対象にならない。消滅時効が規定されている。

消滅時効
診療を受けた月の翌月の初日から数えて2年の間に申請しないと、高額療養費の支給を受ける権利が消えてしまう。

2 自己負担限度額　被保険者、被扶養者ともに同一月内の医療費の自己負担限度額は、年齢・所得に応じて70歳未満は5段階、70歳以上は6段階（外来個人のみの場合は5段階）で算出される。75歳以上は70歳台前半よりも自己負担限度額が低く設定されている。

① 自己負担限度額に達しない場合であっても、同一月内に同一世帯で2万1,000円以上（70歳以上は自己負担額をすべて合算できる）の自己負担が複数あるときは、これらを合算して自己負担限度額を超えた金額が支給される（世帯合算）。

② 同一世帯で1年間に3回以上高額療養費の支給を受けている場合、4回目からは自己負担限度額が減額になる（多数回該当）。

③ 人工透析を行う慢性腎不全、血友病、抗ウイルス薬を投与している後天性免疫不全症候群の高額長期疾病の患者は、特定疾病療養受療証を受けることで、自己負担の限度額が10,000円となる。

世帯合算
異なる住所でも合算できるが、同じ医療保険に加入していることが条件。

4

保健医療と福祉

📝過去問チェック！↑

Q：1か月の医療費の一部負担金が限度額を超えた場合、保険外併用療養費制度により払戻しが行われる。(36—70)

A：×　**高額療養費により払戻しが行われる。**

Q：保険診療を受けたときの一部負担金の割合は、義務教育就学前の児童については1割となる。(35—52)

A：×　**義務教育就学前の児童は2割負担である。**

Q：療養の給付により医療費の一部負担金が全額免除される。(34—76)

A：×　**療養の給付は、医療費から一部負担金を除いた額である。**

Q：入院時生活療養費は、特別の病室に入院した場合に限り支給される。(33—71)

A：×　**入院時生活療養費とは、食費や居住費など生活療養にかかる費用をさす。**

➡ **過去問プラス！**『国試対策2025』（共通科目編）p.104,（専門科目編）p.80, 92

10. 応用 医療給付以外の現金給付 □□□

36 75, 35 75, 34 54, 76, 33 71, 76, 32 51, 54, 31 54, 70, 30 54, 29 54, 74, 28 55

医療給付以外の現金給付として、傷病手当金、出産育児一時金、出産手当金、葬祭費・埋葬料（家族埋葬料）、移送費（家族移送費）がある（表5）。

表5 医療給付以外の現金給付 📢 これだけ！

制度 \ 給付	被用者保険（健康保険・共済組合等）	国民健康保険	
		都道府県・市町村	国保組合
傷病手当金▸	○	△	△
実際	支給金額	実施なし	約7割が実施
出産育児一時金▸	○	○	○
金額	原則50万円	条例で決める	組合で決める
出産手当金▸	○	△	△
実際	支給金額	実施なし	ほとんど実施
葬祭費・埋葬料	○	○	○
金額	定額5万円	条例で決める	組合で決める

○：法定給付（必ず実施）、△：任意給付（付加給付）、—：規定がない

1 傷病手当金

① 被保険者が病気やけがのために働くことができず、会社を休んだ日が連続して4日間以上続く場合、4日目から支給される。

② 給与（支給開始月を含む直近12か月の各月の標準報酬月額を平均した額÷30日）の3分の2に相当する額が、支給開始日から通算1年6か月▸支給される。国民健康保険では任意給付である。

2 出産育児一時金

被保険者・被扶養者が出産したときに50万円が支給される。国民健康保険では条例や組合で金額を決定する。

> 家族（妻）の出産も対象。

傷病手当金・出産手当金
手当金は給与ではないので、課税されない。

出産育児一時金
医療保険制度改革として、2023（令和5）年4月1日以降の出産より、従来の42万円から50万円に引き上げられた。

1年6か月
健康保険法等が改正され、傷病手当金の支給期間が最長1年6か月から「通算1年6か月」に変更（2022年（令和4）年4月施行）。

✏️過去問チェック！↑

Q：公的医療保険の保険給付のうち傷病手当金には所得税が課せられる。(35—52)
A：×　傷病手当金を含め保険給付は所得ではないので、課税されない。

Q：健康保険の被保険者が病気やケガのために会社を休んだときは、標準報酬月額の2分の1に相当する額が傷病手当金として支給される。(32—51)
A：×　2分の1ではなく、3分の2が正しい。

Q：高額療養費における自己負担額の「世帯合算」では、家族が別々の医療保険に加入していても合算できる。(27—70)
A：×　同じ医療保険に加入していることが条件である。

Q：高額医療費の支給申請を忘れていても、消滅時効はなく、いつでも支給を申請できる。(27—70)
A：×　消滅時効があり、一定期間内に申請しないと高額療養費の支給を受ける権利が消える。

➡️過去問プラス！『国試対策2025』（共通科目編）p.104

3 **出産手当金** 家族（妻）の出産は対象外。

① 被保険者本人が出産のため会社を休み、事業主から報酬が受けられないときに支給される。女子被扶養者*が出産した場合は支給されない。

② 給与（支給開始月を含む直近 12 か月の各月の標準報酬月額を平均した額 ÷30 日）の 3 分の 2 に相当する額が、出産の日以前 42 日目（多胎妊娠の場合は 98 日目）から、出産の日の翌日以後 56 日目までの間で休んだ期間に支給される。

女子被扶養者
被保険者の収入により生計を維持されている者。例えばサラリーマンの夫の収入で生計を維持されている妻のこと。

 **ごろあわせ** 出産手当金

■ **出産手当金** 出産前 42 日目から、出産の日の翌日以後 56 日目

出産予定は　4 時　ごろ

11. [標準] 後期高齢者医療制度 よく出る □□□

35 51, 70, 74, 34 52, 33 70, 32 49, 53, 31 53, 30 50, 131, 29 43, 49, 27 51, 55, 72

老人保健法に基づく老人保健制度が改正され、2008（平成 20）年、「高齢者の医療の確保に関する法律」に基づく制度として発足した。

1 **運営主体** 財政を安定化させるため、各市町村から、都道府県の区域ごとにすべての市町村が加入する広域連合に移行した（表 6）。

表6 後期高齢者医療制度の運営主体

改　正	根拠法	運営主体
～2007 年	老人保健法	各市町村
2008 年～	高齢者の医療の確保に関する法律	後期高齢者医療広域連合

財政が安定する

2 **被保険者** 生活保護世帯に属する者は被保険者としない。
① 区域内に住所を有する 75 歳以上の者すべて
② 区域内に住所を有する 65 歳以上 75 歳未満で寝たきりなどの者で広域連合の認定を受けた者

3 **対象外** 前期高齢者（65 歳以上 75 歳未満の者）は、寝たきりなどの者で広域連合の認定がない限り、後期高齢者医療制度の対象とはならず、健康保険・国民健康保険などの対象となる。

注意 後期高齢者医療制度へ加入後は、健康保険・国民健康保険などの被保険者・被扶養者ではなくなる。

4 保健医療と福祉

✎ **過去問チェック！**

Q：後期高齢者医療制度は、60 歳以上の者が対象である。(35-74)
A：× **65 歳以上 75 歳未満で、広域連合の認定を受けた者もしくは、75 歳以上のすべての者である。**
Q：出産手当金は、女子被保険者及び女子被扶養者が出産した場合に支給される。(33-71)
A：× **出産手当金は、女子被扶養者が出産した場合は支給されない。**

➡過去問プラス！『国試対策 2025』（専門科目編）p.78

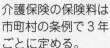

4 **保険料** 被保険者個人単位で算定し、「均等割額」と被保険者の前年所得に応じて負担する「所得割額」を合計した額である。各広域連合の条例で２年ごとに定める。

5 **財源** 公費が約５割（国：都道府県：市町村＝4：1：1）、高齢者の保険料が約１割、現役世代の後期高齢者支援金が約４割である。

6 **後期高齢者支援金** 0～74歳の若年者から各医療保険者が徴収し、社会保険診療報酬支払基金に一括納付された後、各広域連合に拠出する。

> **注意**
> 介護保険の保険料は市町村の条例で３年ごとに定める。
>
> **総報酬割**
> 従来は加入者の人数で算定していたが、2017（平成29）年より加入者の所得に応じて算定する「総報酬割」が全面導入された。保険者間で生じた保険料率格差が是正される。

合格MAP 後期高齢者の医療にかかる費用

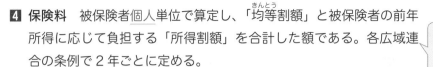

公費（約５割） ［国：都道府県：市町村＝4：1：1］

後期高齢者支援金（若年者の保険料）約４割

高齢者の保険料約１割

総報酬割・人数に応じて、一括納付　拠出

医療保険者 健保組合、国保など → 社会保険診療報酬支払基金

口座振替・銀行振込等　年金から天引き

保険料

各医療保険（健保、国保など）の被保険者 **0～74歳**

後期高齢者医療制度の被保険者 **75歳以上**

患者負担

医療給付
後期高齢者の心身特性に応じた医療サービス

---

2 医療費に関する政策動向

36 71, 35 71, 34 71, 31 71, 30 70, 29 70, 28 71, 27 71

1. 基本 国民医療費 よく出る ☐☐☐

医療機関等における、保険診療の対象となり得る傷病の治療に要した費用を推計したものである。この費用には、医科診療や歯科診療にかかる診療費、薬局調剤医療費、入院時食事・生活医療費、訪問看護医療費等が含まれる。なお、保険外診療に要した費用は含まない（図1）。

✏️ **過去問チェック！**

Q：各医療保険者から拠出される後期高齢者支援金が財源の一部となっている。(35-74)

A：○ **後期高齢者支援金は財源の約４割を占める。**

Q：2009年度（平成21年度）から2021（令和３年度）における国民医療費に占める後期高齢者医療費の割合は、増加している。(30-70改)

A：○ **30%を超える水準で一貫して増加し続けている。**

Q：後期高齢者医療制度における公費負担は、国、都道府県、市町村において２：１：１の割合で負担することとされている。(21-85)

A：× **国、都道府県、市町村において4：1：1である。**

➡ **過去問プラス！**『国試対策2025』（専門科目編）p.78

1 2021（令和3）年度の国民医療費

① 45兆359億円（前年度より4.8%増加）、人口一人当たりの国民医療費は35万8,800円である。これを年齢階級別にみると、65歳未満の19万8,600円と比べ、65歳以上は75万4,000円であり、約4倍となっている。

② 国民医療費の国内総生産（GDP）に対する比率は8.18%、国民所得（NI）に対する比率は11.06%（2019（令和元）年度）となっている。

＋α

都道府県別一人当たりの国民医療費
人口10万人あたりの病院病床数が多いことなどが影響し、高知県が全国最多である。

注意！

GDP比：8%台
（10%超えていない）
NI比　：11%台
（10%超えている）

GDP
▶p.81

図1　国民医療費（令和3年度）「約45兆円」の内訳 これだけ！

制度区分別				
医療保険給付分 45.7%		後期高齢者医療給付分 34.9%	公費負担医療給付分 7.4%	患者負担分 12.1%
被用者保険 24.8%	国民健康保険 20.2%			

その他

財源別				
保険料 50.0%		公費 38.0%		その他 12.1%
被保険者 28.3%	事業主 21.6%	国庫 25.3%	地方 12.7%	

年齢階級別			
65歳未満 39.4%		65歳以上 60.6%	
15～44歳 11.9%	45～64歳 22.1%	65～74歳 22.3%	75歳以上 38.3%

0～14歳　5.4%

診療種類別		歯科 7.0%	薬局調剤 17.5%
医科診療医療費 71.9%			
入院 37.4%	入院外 34.5%		

その他

2 医科診療医療費　主傷病による傷病分類別にみた順位は以下のとおり。

① 「循環器系の疾患」6兆1,116億円（18.9%）

② 「新生物」4兆8,428億円（14.9%）

③ 「筋骨格系及び結合組織の疾患」2兆6,076億円（8.0%）

④ 「損傷、中毒及びその他の外因の影響」2兆4,935億円（7.7%）

⑤ 「腎尿路生殖器系の疾患」2兆3,143億円（7.1%）

4

保健医療と福祉

✏️ **過去問チェック！** ↑

Q：国民医療費の総額は40兆円を超えている。(36-71)

A：○　**約45兆円である。**

Q：65歳以上の国民医療費の割合は、国民医療費の50%を超えている。(35-71)

A：○　**65歳以上の国民医療費の割合は60.6%である。**

Q：国民医療費の国民所得に対する比率は3%に満たない。(34-71改)

A：×　**比率は約11%である（「令和元年度国民医療費の概況」）。**

➡ **過去問プラス！『国試対策2025』（専門科目編）p.76, 77**

3 診療報酬

1. 基本 保険診療のしくみ よく出る □□□

　保険診療は、医療保険の被保険者（患者）、医療保険者、保険医療機関、審査支払機関*の中で、サービスやお金のやり取りが行われている。

合格MAP　保険診療のしくみ

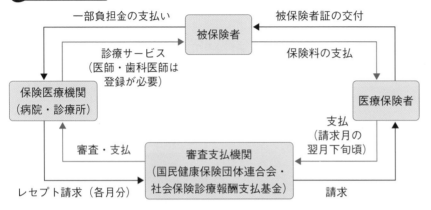

審査支払機関
国民健康保険に関する診療報酬の審査・支払いを行う国民健康保険団体連合会、健康保険に関する診療報酬の審査・支払いを行う社会保険診療報酬支払基金をさす。

① **保険料の支払い**　被保険者（患者）は医療保険者に保険料を支払う。

② **診療サービスの提供**　保険料を支払う被保険者・被扶養者の医療費に対して保険給付を行う。被保険者・被扶養者本人は直接、現物（サービス）という形で受け取る（現物給付）。医師、歯科医師、薬剤師は、地方厚生局長に申請、登録が必要となる。

注意
国家資格だけでは保険診療は行えない。

🖊 過去問チェック！↑

Q：請求された診療報酬は、中央社会保険医療協議会が審査する。(36—72)

A：×　**診療報酬は、社会保険診療報酬支払基金か国民健康保険団体連合会が審査を行う。中央社会保険医療協議会は、診療報酬を2年に1回見直す際に、審議する機関である。**

Q：医療機関が診療報酬を請求してから報酬を受け取るまで約6か月掛かる。(36—72)

A：×　**請求月の翌月下旬頃に報酬を受け取る。6か月はかからない。**

Q：診療報酬制度について、診療報酬の点数は、通常3年に1度改訂される。(35—72)

A：×　**2年に1度改訂される。**

Q：社会保険診療報酬支払基金は、保険診療の審査支払機能を担う保険者である。(31—72)

A：×　**保険者の委託を受けて実施する審査支払機関であり、保険者ではない。**

Q：診療報酬の改定の基本方針及び個々の具体的な点数の設定は、社会保障審議会において決定されている。(25—72)

A：×　**改定の基本方針は社会保障審議会で決定するが、具体的な点数の設定は、中央社会保険医療協議会の答申を受けて厚生労働大臣が決定する。**

Q：診療報酬の改定率は、中央社会保険医療協議会が決定する。(31—73)

A：×　**厚生労働大臣が中央社会保険医療協議会に諮問し、その答申を受けて決定する。**

➡ **過去問プラス！**『国試対策2025』（専門科目編）p.81, 82

3 一部負担金の支払い 　被保険者・被扶養者は、病院の会計窓口で<u>一部負担金</u>を支払う。一部負担金の割合は年齢・所得によって異なる。

 注意　加入する医療保険の種類によって一部負担金の割合が変わることはない。

4 診療報酬の請求（各月分）

①診療報酬は、<u>医科</u>、<u>歯科</u>、<u>調剤報酬</u>に分類する。

②提供した医療行為（診療サービス）ごとに、1点の単価を10円として計算される。

③保険医療機関は、その合計額から患者の一部負担分を差し引いた額を審査支払機関にレセプトとして請求し、受け取る。

④診療報酬は、<u>中央社会保険医療協議会</u>が厚生労働大臣の諮問を受けて協議、答申し、厚生労働大臣が決定する（表7）。

 注意　診療報酬点数表において、1点単価は全国共通10円である。

表7　診療報酬と介護報酬

	診療報酬	介護報酬
1点単価	一律10円	10円 ＋上乗せ（地域割り・人件費割合）
分　類	医科、歯科、調剤	介護保険サービスごと
対象外	評価療養、選定療養 食費、居住費	食費、居住費
請求を審査する機関	社会保険診療報酬支払基金 国民健康保険団体連合会	国民健康保険団体連合会
見直し	2年に1回	3年に1回
見直し時に諮問する機関	中央社会保険医療審議会	社会保障審議会（介護給付費分科会）
報酬を決定する者	厚生労働大臣	厚生労働大臣

レセプト（診療報酬明細書）
医療費の請求明細のこと。保険医療機関が医療保険者に医療費を請求する際に使用する。従来の紙のレセプトから、電子レセプトによる請求が主流。

5 審査済請求書の送付 　審査支払機関は、審査済請求書を医療保険者に送付する。

6 請求金額の支払い 　医療保険者は請求金額を<u>審査支払機関</u>に支払う（請求月の翌月下旬頃）。

 注意　保険医療機関や患者本人に直接、支払うわけではない。

7 診療報酬の支払い 　審査支払機関は<u>レセプト</u>が保険医療の規則に適合しているかどうか、保険医療機関で行われた<u>医療行為</u>が妥当であったかを審査し、療養の給付にかかった費用を保険医療機関に支払う。

✏️過去問チェック！

Q：療養の給付に要した費用の一部負担金の割合は、一律3割である。(36−70)

A：× **年齢によって異なる。p.394 表4参照。**

➡**過去問プラス！『国試対策2025』（専門科目編）p.80**

4

保健医療と福祉

2．応用　診療報酬の計算方法　☐☐☐

大別すると、<u>出来高払い制度</u>と、<u>包括払い制度</u>がある（表8）。

35 72, 34 70, 31 73, 28 55, 70, 72

表8　出来高払い制度・包括払い制度

方　式	適　用	説　明
出来高払い制度	外来（通院）	一つひとつの医療行為ごとに点数を設定し、それらを合計して計算する方法。<u>外来診療では主流である。</u>
包括払い制度 （DPC/PDPS）	入院	疾病の種類によって入院1日当たりの費用が決められた計算方式。実施した治療の内容に関係なく、定額を支払う。主に入院診療で実施されている。<u>診断群分類別包括評価（DPC/PDPS）</u>とよばれる。

包括払い制度
入院料、投薬、検査、注射等が対象である。手術やリハビリテーション、在宅医療等は個人差があるため、出来高払いの対象となる。

1 混合診療（保険診療と保険外診療の併用）

原則として禁止されており、保険適応の医療行為も含めた全体が<u>自由診療</u>（保険外診療、自費診療）となる。ただし、「<u>評価療養（先進医療など）</u>」と「<u>選定療養（差額ベッドや金歯など）</u>」、「<u>患者申出療養</u>」については保険診療との併用が認められる。通常の治療と共通する部分（診察・入院料など）の費用は、保険診療と同様に一部負担金を支払い、残りの額が「<u>保険外併用療養費</u>」として給付される。

患者申出療養
▶p.394

保険外併用療養費
▶p.394

3．応用　社会福祉士に関連する診療報酬　よく出る　☐☐☐

医科診療報酬区分において、社会福祉士は<u>相談系</u>、<u>リハビリテーション系</u>、<u>退院支援系</u>の診療報酬で登場する。

4．応用　診療報酬改定　☐☐☐

1 2024（令和6）年度の診療報酬改定

<u>＋0.88</u>%（診療報酬本体）の改定である。各科においては、医科<u>＋0.52</u>%、歯科＋0.57%、調剤<u>＋0.16</u>%、薬価<u>－1.0</u>% であった。

✏️ 過去問チェック！ ↑

Q：療養病棟入院基本料の算定は、出来高払い方式がとられている。(35−72)
A：×　**療養病棟入院基本料の算定は、包括払い方式である。**
Q：地域包括ケア病棟入院料の算定は、1日当たりの包括払い方式がとられている。(35−72)
A：○　**地域包括ケア病棟入院料の算定は、包括払い方式である。**
Q：DPC/PDPS は、分類ごとに月ごとの入院費用を定めている。(31−73)
A：×　**入院1日当たりの定額の点数からなる包括評価部分と出来高評価部分を組み合わせて費用を計算する。**
Q：外来診療報酬については、1日当たり包括払い制度がとられている。(31−73)
A：×　**外来診療報酬は、出来高払い制度である。**

➡ **過去問プラス！**『国試対策 2025』（専門科目編）**p.82**

35 73, 34 73, 130, 33 73, 32 71, 30 71, 72, 74, 76, 29 71, 28 72, 73, 27 72

4　医療施設の概要

1.　基本　医療提供施設　 よく出る　□□□

　医療法に定める医療提供施設とは、病院、診療所、介護老人保健施設、介護医療院、調剤薬局をさす（表9）。

 注意　医療提供施設には、調剤薬局も含まれる。

これだけ！

表9　医療施設の数

医療施設		施設数	病床	
			数	種　類
病院	一般病院	7,100	20床〜	一般病床、療養病床、感染症病床
	精神科病院	1,056		精神病床
一般診療所		105,182	0〜19床	
	有　床	5,958	1〜19床	一般病床、療養病床
	無　床	99,224	0	病床なし
歯科診療所		67,755	歯科診療所のほとんどが無床（67,734）	

感染症病床も一般病院に含む。

診療所は療養病床も設置可能。

資料：「令和4（2022）年医療施設（動態）調査・病院報告の概況」厚生労働省

精神科病院
精神疾患の患者を入院させるための病床のみの病院。

1 病　院　公衆・特定多数人のため医業・歯科医業を行う場所で、20人以上の患者を入院させるための施設を有する。

① 病院には、一般病院、精神科病院がある。精神科病院は病院全体の 12.9％ を占める（「令和4（2022）年医療施設（動態）調査・病院報告の概況」厚生労働省）。

② 病院は医療法の非営利原則に基づき、地方公共団体、独立行政法人、事務組合や日本赤十字社など公的組織以外には、医療法人を中心とした非営利組織（公益法人）にしか設立が認められていない。設置には、都道府県知事の開設許可が必要である。

医療法人
1950（昭和25）年の医療法により創設。法人税課税法人。社団、財団のどちらでも設立可能。1985（昭和60）年の改正により常勤の医師1人以上での医療法人の設立が可能となった。

4
保健医療と福祉

📝 過去問チェック！

Q：診療所は、最大30人の患者を入院させる施設であることとされている。(35—73)

A：×　**診療所は最大19人までの患者を入院させる施設である。**

Q：調剤薬局は、医療法上の医療提供施設には含まれない。(24—65)

A：×　**調剤薬局も医療提供施設の一つである。**

➡ 過去問プラス！『国試対策2025』（専門科目編）p.87

2 **診療所** 医師・歯科医師が、公衆・特定多数人のため医業・歯科医業を行う場所であって、患者を入院させるための施設を有しないもの、または 19 人以下の患者を入院させるための施設を有するものをいう。20 人以上の入院設備を備える施設は病院である。

3 **設置の手続き** 病院と診療所は病床の数だけでなく、その種類、設置の手続き等が異なる（表 10）。

表 10　病院・診療所の開設

> 病院の管理者は、原則、医師、歯科医師でなければならない。

項　目		病　院	診療所
設置の手続き	医師	×（設置不可）	届け出（事後）
	法人	都道府県知事の許可	
病床	数	20 床以上	0〜19 床
	種　類	一般病床、療養病床、感染症病床、結核病床、精神病床	一般病床、療養病床

> 有床なら要許可。

> 感染症病床、結核病床、精神病床は設置できない。

合格MAP▶　医療圏と病院

医療圏 ▶p.407

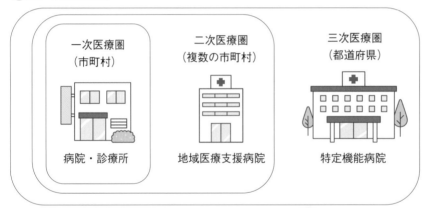

一次医療圏（市町村）　病院・診療所
二次医療圏（複数の市町村）　地域医療支援病院
三次医療圏（都道府県）　特定機能病院

2. 標準 **特定機能病院・地域医療支援病院** よく出る □□□

1 **特定機能病院** 一般の病院などから紹介された高度先端医療行為を必要とする患者に対応する病院（表 11）。

2 **地域医療支援病院** 医療施設機能の体系化の一環として、紹介患者に対する医療提供、医療機器などの共同利用の実施等を通じて、かかりつけ医、かかりつけ歯科医などを支援する病院。

合格勉強法

役割を「特定機能病院＝高度な○○を提供する、地域医療支援病院＝かかりつけ医を支援」と一言でまとめると頭に整理しやすい。

過去問チェック！

Q：2014 年（平成 26 年）の医療法改正（第六次）では、地域的単位として、新たに区域（医療圏）が創設された。(34−73)

A：× **第一次医療法改正のときである。**

➡**過去問プラス！『国試対策 2025』（専門科目編）p.85**

表11　特定機能病院・地域医療支援病院 これだけ！

項　目	特定機能病院	地域医療支援病院
承　認	厚生労働大臣	都道府県知事
役　割	高度な医療を提供し、高度な医療技術を開発する。	地域の病院、診療所と連携し、後方支援する。
医療機器の共同利用	－	○
病床数	400床以上	200床以上
紹介率	○	○
創　設	1992（平成4）年医療法改正（第2次）	1997（平成9）年医療法改正（第3次）
単　位	規定なし	原則二次医療圏に一か所
病院数	88（2022（令和4）年12月）	685（2021（令和3）年9月）
救急医療の提供	－	○
臨床研修病院の能力	△	－
臨床研修	高度の医療に関する研修	地域の医療従事者の資質の向上を図るための研修

地域の医師などは医療機器の利用が可能。

地域医療支援病院のみ要件となる。

○：承認要件である、－：承認要件ではない、△：病院の判断で決定

紹介率
他院から紹介されて来院する患者の割合。

臨床研修
診療に従事する医師は2年以上、大学病院か臨床研修病院で臨床研修を受けなければならない。臨床研修医を募集するかどうかは、特定機能病院としての要件ではなく、病院が判断する。

3. 標準 回復期リハビリテーション病棟 よく出る □□□

ADL能力の向上と寝たきり防止および在宅復帰を目指してリハビリテーションを集中して行う病棟。医師、理学療法士、作業療法士、管理栄養士が適切に配置されており、病床ではなく、一般病棟や療養病棟の病棟単位で回復期リハビリテーションが実施される。

1 対　象 脳血管疾患、大腿骨頸部骨折などの患者に対して、回復期リハビリテーションを要する状態の患者が常時8割以上入院していることや入院期間が診療報酬加算の条件である。

 合格勉強法

発症後の日数などが疾患別に規定されているが、その日数までは細かく出ないので「疾患ごとに日数が異なる」という点だけ押さえておこう！

🖊 過去問チェック！ ↑

Q：地域医療支援病院は、第1次医療法の改正（1985年（昭和60年））に基づき設置された。（35-73）

A：×　**1997年医療法改正（第3次）で創設された。**

Q：2014年（平成26年）の医療法改正（第六次）で、地域医療支援病院制度が創設された。（34-73）

A：×　**1997年医療法改正（第3次）で創設された。**

Q：回復期リハビリテーション病棟の利用は、高度急性期医療を受けた後、終末期と判断された者を対象としている。（32-71）

A：×　**脳血管障害や大腿骨頸部骨折などの患者がリハビリを集中して行う病棟である。**

Q：地域医療支援病院の承認要件には、救急医療を提供する能力を有することが含まれる。（26-73）

A：○　**一方で、救急医療は特定機能病院の承認要件ではないので注意する。**

➡過去問プラス！『国試対策2025』（専門科目編）p.85, 87

保健医療と福祉

4

4. 応用 その他の病棟・診療所など □□□

1 地域包括ケア病棟 一定期間の治療やリハビリが行われる病棟。在宅復帰率がおおむね7割以上で、入退院支援及び地域連携業務を担う部門が設置され、専従の看護師・社会福祉士が配置されている。

2 障害者施設等一般病棟

① 重度の肢体不自由者（脳卒中の後遺症、認知症の患者を除く）、② 脊髄損傷などの重度障害者、③ 重度の意識障害、④ 筋ジストロフィー、⑤ 難病などの者が7割以上入院し、機能維持とQOLの向上、在宅復帰を目指しリハビリテーションを行う病棟。障害者施設等入院基本料が算定される。

3 緩和ケア病棟 悪性腫瘍や後天性免疫不全症候群の患者を対象に緩和ケアを行い、在宅への移行を支援する。

4 がん診療連携拠点病院 全国どこでも質の高いがん医療を提供することができるよう、地域がん診療連携拠点病院など全国に456か所が指定されている（2023（令和5）年4月）。

5 在宅療養支援病院˙ 診療所のない地域においては、病院が在宅医療の担い手になっている現状を踏まえて創設された。病床数200床未満、または病院を中心とした半径4km以内に診療所が存在しないことなどが要件となる。

6 助産所 医療法に基づき助産師が助産を行う場所。妊婦、褥婦に対する保健指導も行うが、医療行為はできない。

5 保健医療対策の概要

1. 基本 医療計画 　市町村は策定義務なし　□□□

① 医療法に基づき、都道府県を策定主体として作られる。
② 医療連携体制として、5疾病6事業˙、在宅医療に係る医療提供施設相互間の機能の分担・連携を確保するための体制を定める。
③ 基準病床数制度（地域で必要とされる病床数の基準を算定し、基準を超えた場合は、それ以上の病院の開設や病床の増床を認めない仕組み。いわゆる病床規制）が実施されている。
④ 6年ごとに見直される。

+α

地域連携クリティカルパス
急性期病院から回復期病院を経て早期に自宅に帰るために作成される診療計画表。治療を受けるすべての医療機関で共有する。

在宅療養支援病院・診療所
訪問看護ステーション等と連携し、24時間体制で在宅医療を支える。24時間連絡を受ける医師などを事前に指定する。

36 73, 35 73, 34 73, 33 73, 31 44, 30 58, 74, 29 41, 72, 28 73, 27 73

5疾病6事業
5疾病（がん、脳卒中、急性心筋梗塞、糖尿病、精神疾患）と6事業（救急医療、災害時における医療、へき地の医療、周産期医療、小児医療（小児救急医療を含む）、新興感染症等の感染拡大時における医療）のこと。

✏ **過去問チェック！**↗

Q：在宅療養支援診療所は、24時間、往診が可能な体制を確保することとされている。(29−71)
A：○ 他には24時間訪問看護が可能な体制でなければならない。

2. 標準 地域医療構想 □□□

2025（令和 7）年に向け、医療提供体制を整備するために、各<u>都道府県</u>は<u>二次医療圏</u>等（在宅医療・地域包括ケアについては市町村）ごとの医療機能別の必要量を推計し、策定する。

3. 標準 救急医療体制 □□□

都道府県が作成する<u>医療計画</u>に基づいており、重症度に応じて<u>初期</u>（第一次）、第二次、第三次救急医療の 3 段階体制をとる（表 12）。

表 12 救急医療体制

体 制	医療機関	受け入れ対象者
初期救急医療	<u>在宅当番医制、休日夜間急患センター</u>	比較的軽症の救急患者を受け入れる。
第二次救急医療	病院群輪番制病院 共同利用型病院	入院治療を必要とする重症救急患者を二次医療圏単位で受け入れる。
第三次救急医療	<u>救命救急センター</u>、ドクターヘリ	心筋梗塞、脳卒中など重篤な救急患者を 24 時間体制で受け入れる。

4. 応用 医療圏 □□□

<u>都道府県</u>が<u>医療計画</u>において、病床の整備を図るにあたって設定する地域的単位のこと。表 13 のとおり規定されている。

これだけ！

表 13 医療圏

医療圏	単 位	提供される医療	医療法
一次医療圏	市町村	身近な医療	規定なし
二次医療圏	複数の<u>市町村</u>	特殊な医療を除く一般的な医療サービス	規定あり
三次医療圏	都道府県	高度な技術を提供する特殊な医療	規定あり

日常生活圏とは一致しない。

5. 標準 関連施設 □□□

1 保健所　公衆衛生や健康危機管理業務などを担う。地域保健法により都道府県、政令指定都市、中核市、政令で定める市、特別区に設置が義務づけられている。市町村は、市町村保健センターを設置できる。

2 保健センター　健康相談・保健指導・乳幼児健診・予防接種・各種検診など、地域住民により身近な対人保健サービスを行う。

✏️過去問チェック！

Q：医療圏は、一次医療圏と二次医療圏の 2 つから構成されている。(36−73)
A：× **三次医療圏を含め、3 つから構成されている。**
Q：医療計画は市町村が策定義務を負っている。(35−73)
A：× **医療計画は、都道府県が策定義務を負っている。**
Q：地域包括支援センターは、地域における高齢者医療の体制を整えるため、地域医療構想を策定する義務を負う。(35−73)
A：× **地域医療構想は、各都道府県が策定する義務を負う。**

➡️過去問プラス！『国試対策 2025』（共通科目編）p.86, 87

4

保健医療と福祉

Ⅱ　保健医療に係る倫理

合格勉強法

医療倫理の4原則の中に、医師の「説明責任」が含まれない。表1で整理しよう。医療法を網羅する必要はなく、よく出るカタカナ用語を短く日本語にできれば合格！

1　自己決定権の尊重

1. 基本　インフォームドコンセント　□□□

医療法では「医療を提供するに当たり、適切な説明を行い、医療を受ける者の理解を得るよう努めなければならない」と努力義務が規定されている。患者の権利については規定がない。

1 インフォームドチョイス　十分な説明を受けたうえで、患者自身が自らの意思で選択すること。

2 インフォームドアセント　子どもを対象に治験を行う際、子どもにもわかるように内容等を説明し、子どもや家族が了承すること。

3 セカンドオピニオン　主治医の示す治療方針に関して、別の医師に意見を聴くこと。目的は患者が納得して治療に取り組むことにある。

4 入院診療計画書　病院・有床診療所では、入院診療計画書を作成のうえ、説明を行わなければならない。

2　医療倫理の4原則

1. 応用　医療倫理の4原則　□□□

原則は、医療従事者が倫理的な問題に直面した時に、どのように解決すべきかを判断するときの指針となっている（表1）。

表1　医療倫理の4原則

自律性の尊重（respect for autonomy）	患者自身の決定や意思を大切にする。患者の行動を制限したり、干渉したりしない
無危害（non-maleficence）	患者に危害を及ぼさない。今ある危害や危険を取り除き、予防する。
善　行（beneficence）	患者のために善をなすこと。最善を尽くすこと。医療従事者側が考える善行ではなく、患者が考える最善の善行を行う。
正義・公正（justice）	患者を平等かつ公平に扱うこと。医療においては限られた医療資源（医療施設・医療機器・医薬品・医療従事者など）をいかに適正に配分するかも含まれている。

予想問チェック！

Q： T. L. Beauchamp と J. F. Childress が提唱した医療倫理の4原則に該当しないものを1つ選べ。（公認心理師2021年問題39）

　　1 正義、2 説明、3 善行、4 無危害、5 自律尊重

A：2　「説明」は医療倫理の4原則には該当しない。

---

34 74, 30 74, 29 75, 124, 28 73, 27 76

インフォームドコンセント
医師が患者に情報を提供し（インフォーム）、患者がその情報を理解し、同意する（コンセント）こと。

セカンドオピニオンの目的は主治医を変えることではない。

退院療養計画書の作成、交付は努力義務である。

医療倫理の4原則
1979年、ビーチャム（T. L. Beauchamp）とチルドレス（J. F. Childress）が『生命医学倫理の諸原則』の中で提唱した。

Ⅲ 保健医療領域における専門職の連携と役割

合格勉強法
出題される専門職は医療とリハビリテーションに大別される。後者は難しい。
① 他職種との役割の違い、② 業務独占か名称独占か、の2ポイントを表で整理しよう。

1 保健医療領域における専門職

35 135, 34 75, 33 74, 142, 32 73, 74, 75, 76, 31 75, 76, 30 75, 76, 29 73, 28 74, 75, 27 74

1. [基本] 医療職の役割　□□□

医師は、医療・保健指導により公衆衛生の向上・増進に寄与し、国民の健康的な生活を確保するものとする。保健医療サービスにおいては、医師の指示の下、各専門職が診療の補助、看護、介護にあたっている（表1）。

表1　医療の専門職

全員、厚生労働大臣から免許を受ける（准看護師は都道府県知事）。

職　種	役　　割	独　占	
		業務	名称
医　師	医業、処方箋の交付	○	○
歯科医師	歯科医業、歯科技工、処方箋の交付	○	○
薬剤師	調剤、医薬品の供給、薬事衛生	○	○
看護師	傷病者、じょく婦に対する療養上の世話、診療の補助	○	○
保健師	保健指導	－	○
助産師	妊婦、じょく婦、新生児の保健指導	○	○
救急救命士	医師の指示の下に救急処置を行う。	○	○
歯科衛生士	歯科保健指導、歯科医師の指示の下に歯牙・口腔の疾患予防措置を行う。	○	○
歯科技工士	歯科技工	○	－

> 共通して「療養上の世話、診療の補助」が行える（准看護師含む）。

> 保健師は業務独占ではない。

> 救急車内の気道の確保、心拍の回復などもできる。

> 歯科技工は歯科医師もできる。

2. [標準] リハビリテーションの専門職の役割　　□□□

35 135, 34 75, 32 74, 31 75, 30 73, 29 73, 28 74

リハビリテーション医療では、患者の生命の尊重と個人の尊厳を保持しつつ、医療や福祉の情報を交換し、多職種で対応する（表2）。

📝 過去問チェック！↑

Q：医師は、患者に対し治療上、薬剤を調剤して投与する必要があると認めた場合、薬剤師に処方箋を交付させなければならない。（29－73）

A：× **処方箋の交付は医師、歯科医師、獣医師が行う。**

Q：作業療法士の行う作業療法は、身体又は精神に障害のある者を対象としている。（28－74）

A：○ **理学療法士及び作業療法士法の規定である。一方、理学療法は「身体に障害のある者」に行われる。**

Q：保健師に対して、療養上の世話又は診療の補助が行える旨の規定が設けられているが、助産師には設けられていない。（27－74）

A：× **保健師・助産師・看護師・准看護師は共通して「療養上の世話又は診療の補助」が行える。**

4

保健医療と福祉

● 409

表2　リハビリテーションの専門職

職　種	役　割
理学療法士	身体に障害のある者に対し、基礎的動作能力の回復を図る。温熱療法を含む。
作業療法士	身体・精神に障害のある者に対し、応用的動作能力・社会的適応能力の回復を図る。
言語聴覚士	言語訓練、検査、助言、指導を行う。嚥下訓練、人工内耳の調整もできる。
視能訓練士	視機能回復のための矯正訓練、検査を行う。
臨床工学技士	生命維持管理装置の操作、点検を行う。
義肢装具士	義肢・装具の製作、適合を行う。

合格勉強法

例えば、言語聴覚士の役割に「人工内耳の調整」がある。特に「調整」の部分に注目しよう。「調整」はするが「推奨」はしない。

注意

人工内耳を勧めるのは医師である。

3. 応用　医療ソーシャルワーカーの役割 □□□

32 76, 30 76, 130 29 75, 99, 28 75, 27 75

　医療ソーシャルワーカー（MSW）は、患者、家族の心理的社会的な問題の解決、調整援助を行う。

1 医療ソーシャルワーカー業務指針

　①業務の範囲、方法などを定め、資質の向上を図るとともに、専門性を十分発揮できるよう、関係者の理解の促進に資することを目的としている。

　②病院、診療所、介護老人保健施設、精神障害者社会復帰施設、保健所、精神保健福祉センター等様々な保健医療機関に配置されている医療ソーシャルワーカーについて標準的業務を定めたものである。

合格勉強法

業務指針は範囲が広いので、過去問題で何を問われているか、把握してから学習をスタートすると効率がよい。

4. 応用　チームアプローチ □□□

35 76, 33 97, 32 7, 28 76, 27 7

　専門職の役割のあり方に応じて、表3のとおりアプローチが大別される。

表3　チームアプローチ

モデル	特　徴	例
マルチディシプリナリモデル	各専門職の役割を固定し、各々目標を設定する	急性期、救急、災害派遣
インターディシプリナリモデル	1つの目標に対して、多職種が相互に連携する	慢性期、リハビリテーション
トランスディシプリナリモデル	専門分野を超えて、横断的に役割を共有する	地域医療、慢性期リハビリテーション、精神科医療

🖊過去問チェック！↑

Ｑ：作業療法士が、看護師の指導の下で外来患者の採血をする。(34−75)

Ａ：× 　**作業療法士は看護師、医師の指導・指示の下であっても採血はできない。**

Ｑ：業務指針では、医療ソーシャルワーカーが配置される保健医療機関に、保健所、精神保健福祉センターは示されていない。(精神16−155)

Ａ：× 　**保健所、精神保健福祉センターも含まれる。**

➡過去問プラス！『国試対策2025』（共通科目編）**p.89**

5
福祉サービスの組織と経営

社会福祉法人と特定非営利活動法人の比較問題で確実に点数を取ります。人物問題は、人物ではなく理論の名前を軸にして学習すると効率がよいでしょう。

科目の特徴

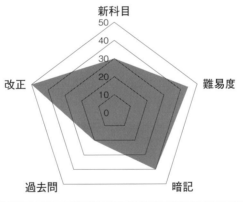

新科目：新科目として相当な準備が必要かどうか
難易度：問題が正解しにくいかどうか
暗記：暗記の重要性が高いかどうか
過去問：過去問題を活用する際に工夫が必要かどうか
改正：法律・制度の改正が多いかどうか

過去問題の使い方

解いておくべき過去問	活用法
3回分 ◎	過去問題は3回分を目安に活用しましょう。最初は過去問題をざっと見て「何が問われるか」を把握すると科目の特徴がつかめます。組織など「働くこと」に関する理論は難解なので、本書の身近な例でイメージを広げると理解しやすくなります。

Ⅰ 福祉サービスに係る組織や団体の概要と役割

合格勉強法 試験に出題される法人は社会福祉法人、特定非営利活動法人である。その役割と要件の相違点は、表9で整理しておこう。

1 社会福祉法人制度

1.（基本）福祉サービスと社会福祉法人 □□□

一般の商品を売り買いする「市場」に対して、福祉サービスが提供される場を準市場や社会市場と称することがある。福祉サービスは社会福祉法人、特定非営利活動法人、その他多くの法人によって提供されている。

1 社会福祉法人 1951（昭和26）年に社会福祉事業を行うことを目的として、社会福祉事業法（現・社会福祉法）の定めるところにより設立された法人。

① 社会福祉法人は、自主的にその経営基盤の強化を図るとともに、福祉サービスの質の向上、事業経営の透明性の確保を図らなければならない。

② 社会福祉法人は、支援を必要とする者に対して、無料又は低額な料金で、福祉サービスを積極的に提供するよう努めなければならない。

2.（標準）社会福祉事業 □□□

社会福祉法における社会福祉事業とは、規制と助成を通じて、公明かつ適正な実施の確保が図られるべきものとして、特定の事業を示したものである。第一種と第二種に分類されている（表1、2）。

36 119, 123, 35 40,
119, 34 66, 33 38, 119,
32 22, 29, 39, 119, 122,
128, 31 30, 37, 69, 30
33, 38, 119, 29 24, 119,
124, 28 119, 123, 27
38,119

準市場
▶p.93

表1 第一種社会福祉事業と第二種社会福祉事業の相違点

項目		第一種社会福祉事業	第二種社会福祉事業
特徴		入所施設など、利用者への影響が大きく、経営安定を通じた利用者の保護の必要性が高い事業	在宅サービスなど、比較的利用者への影響が小さいため、公的規制の必要性が低い事業
経営主体		国・地方公共団体・社会福祉法人＊	経営主体の制限はない（ただし、届出が必要）。
名称		○○ホーム、入所とつくと第一種が多い。	○○センター、短期とつくと第二種が多い。
	例	特別養護老人ホーム、障害児入所施設など	老人短期入所施設、児童家庭支援センターなど
	例外	母子・父子休養ホーム（第二種）、福祉ホーム（第二種）、社会福祉住居施設（第二種）、老人短期入所施設	共同募金（第一種）

＊国、都道府県、市町村、社会福祉法人以外の者が、第一種社会福祉事業を経営する場合は、事業開始前に、都道府県知事の許可を受けなければならない。

📝 過去問チェック！

Q：第二種社会福祉事業の経営主体は、社会福祉法人に限られる。（29−119）

A：× **第二種社会福祉事業は、事業の経営主体に制限はない。**

表2 第一種社会福祉事業

根拠法	施設・事業
生活保護法	救護施設、更生施設、宿所提供施設、生計困難者に助葬を行う事業
児童福祉法	乳児院、母子生活支援施設、児童養護施設、障害児入所施設、児童心理治療施設、児童自立支援施設
老人福祉法	特別養護老人ホーム、養護老人ホーム、軽費老人ホーム
障害者総合支援法	障害者支援施設
困難女性支援法	女性自立支援施設
その他	授産施設、生計困難者に対して無利子・低利で資金を融通する事業、共同募金

> 助産施設は第二種

> 障害者支援施設で実施する短期入所事業は第二種

1 公益事業・収益事業 社会福祉法人は、社会福祉事業のほか、一定の条件下であれば公益事業や収益事業を行うことができる（表3）。

表3 公益事業・収益事業

事業	内容	例
公益事業	① 社会福祉と関係のある公益を目的とする事業である。 ② 社会福祉事業の円滑な遂行を妨げるおそれがあってはならない。 ③ 公益事業の剰余金は社会福祉事業・公益事業に充てなければならない。	介護老人保健施設の経営 有料老人ホームの経営
収益事業	① 収益を社会福祉事業・公益事業に充てることを目的とする事業である。 ② 社会福祉事業の円滑な遂行を妨げるおそれがあってはならない。 ③ 事業の種類に特別な制限はないが、法人の社会的信用を傷つけるおそれがあるものや投機的なものは適当ではない。	貸ビルの経営 駐車場の経営 公共的な施設内の売店の経営

> 施設の経営は収益事業ではなく、公益事業である。

3．標準 社会福祉法人の設立 □□□

社会福祉法人を設立するためには、定款を定め、所轄庁に申請し、認可を受ける必要がある。設立の認可後、登記し、法人として成立する。

1 社会福祉法人の所轄庁 原則、法人の主たる事務所が所在する都道府県である。法人の主たる事務所がA市にあり、事業がA市の区域を越えない場合はA市となる（表4）。

登記
公示（広く公衆に周知）するため、法務局（登記所）に備える登記簿に記載すること。

表4 社会福祉法人の所轄庁

		主たる事務所	事業を行う場所	所轄庁
原則		法人の主たる事務所の所在地の都道府県知事		
例外	A市だけで事業を行う法人	A市	A市	A市
	2以上の市町村で事業を行う法人	指定都市	同じ都道府県内の2以上の市町村	指定都市
		指定都市以外		都道府県

過去問チェック！↑

Q：社会福祉法人は、主たる事務所の所在地において設立の登記をすることによって成立する。
（36-119）

A：○ 認可を受けたあと、法務局で登記する必要がある。

➡過去問プラス！『国試対策2025』（共通科目編）p.131

4. 標準 社会福祉法人制度の改革 よく出る □□□

社会福祉法等の一部を改正する法律（2016年3月成立）により、福祉サービスの供給体制の整備および充実を図るため、以下の改革が行われた。①経営組織のガバナンスの強化（議決機関としての評議員会必置など）（表5）、②事業運営の透明性の向上（定款、貸借対照表、資金収支計画書、役員報酬基準などの公表義務化）、③財務規律の強化、④地域における公益的な取組みを実施する責務（社会福祉事業および公益事業において無料・低額料金での提供）を規定など。　これだけ！

ガバナンス
組織を統治すること、管理すること。

牽制機能
適切に業務を分担することで、事務の不正・誤りを組織内部で防止する仕組み。

表5　社会福祉法人経営組織の改正

項　目	改正前	改正後
理　事 理事長 理事会	・理事会による理事・理事長に対する牽制機能が制度化されていない。 ・理事、理事長の役割、権限の範囲が明確でない。 ・理事定数は3人以上	・理事会を業務執行に関する意思決定機関として位置づけ、理事や理事長に対する牽制機能を働かせる。 ・理事などの義務と責任を法律上規定 ・理事定数は6人以上でなければならない。 ・監事、評議員との兼務不可。職員との兼務可
評議員 評議員会	評議員会は、任意設置の諮問機関であり、理事・理事長に対する牽制機能が不十分	・評議員会を法人運営の基本ルールや体制の決定と事後的な監督を行う機関として位置づけ、必置の議決機関とする。 ・評議員は理事の員数を超える数でなければならない。 ・理事、監事、職員との兼務不可 ・選任・解任の方法は、定款で定める。理事や理事会の決定は無効。
監　事	・義務が定められていない。 ・監事定数は1人以上	・監事の権限、義務（理事会への出席義務、報告義務など）、責任を法律上規定 ・監事定数は2人以上でなければならない。 ・理事、評議員、職員との兼務不可 ・評議会の決議で選任する。
会計監査人	・義務化されていない。	・一定規模以上の法人への会計監査人による監査の義務づけ

5. 応用 解　散 □□□

法人は社会福祉法の規定事由によって解散する。事由により、所轄庁の認可、認定などが必要である（表6）。清算の後に残った残余財産は他の社会福祉法人など定款で定めた者か国庫に帰属する。

残余財産は、設立時の寄附者に帰属するわけではない。

表6　必要としている手続き

認　可	評議員会の議決による解散	認　定	目的事業の成功の不能による解散
届　出	定款に定めた解散事由の発生、破産手続きの開始の決定、所轄庁の解散命令などによる解散		

過去問チェック！

Q：社会福祉法人における評議員の選任・解任は、定款に定めることにより、理事長や理事会が決定することが可能である。（35−119）

A：×　**評議員は定款の定めるところにより選任するが、理事長や理事会が決定することはできない。**

➡過去問プラス！『国試対策2025』（専門科目編）p.131

2 特定非営利活動法人制度

36 38, 122, 35 33, 120, 34 119, 33 39, 32 120, 122, 30 33, 38, 119, 29 120, 27 36

1．基本 特定非営利活動法人（NPO法人） □□□

特定非営利活動促進法＊に基づき法人格を取得した法人をさす。福祉、教育、まちづくりなど多くの分野で、社会の多様化したニーズに応える役割を果たすことが期待されている。

特定非営利活動促進法
1995（平成7）年1月の阪神・淡路大震災におけるボランティア活動をきっかけとして、1998（平成10）年に施行された。

2．標準 NPO法人の設立 □□□

1 **設　立**　所轄庁に申請し、認証を受けることが必要。設立の認証後、登記することにより法人として成立する。

2 **所轄庁**　原則として主たる事務所が所在する都道府県の知事である。その事務所が一つの指定都市の区域内のみに所在する場合は、その指定都市の長である。

認証主義
▶p.418

3．標準 NPO法人の活動の範囲 □□□

1 **特定非営利活動の範囲**　特定非営利活動促進法では、保健、医療又は福祉の増進を図る活動（全体の過半数を占める）、社会教育の推進を図る活動など20分野を限定している。1つの法人で複数の活動分野の活動を行うことができるが、宗教活動や政治活動は主目的にできない。

2 **特定非営利活動20分野**
①保健、医療又は福祉の増進、②社会教育の推進、③まちづくりの推進、④観光の振興、⑤農山漁村又は中山間地域の振興、⑥学術、文化、芸術又はスポーツの振興、⑦環境の保全、⑧災害救援、⑨地域安全、⑩人権の擁護又は平和の活動の推進、⑪国際協力、⑫男女共同参画社会の形成の促進、⑬子どもの健全育成、⑭情報化社会の発展、⑮科学技術の振興、⑯経済活動の活性化、⑰職業能力の開発又は雇用機会の拡充を支援、⑱消費者の保護、⑲前各号に掲げる活動を行う団体の運営又は活動に関する連絡、助言又は援助、⑳前各号に掲げる活動に準ずる活動として都道府県又は指定都市の条例で定める活動

✎ 過去問チェック！↑

Q：特定非営利活動促進法において、特定非営利活動法人は、内閣府の認可により設立される。
（36―36）

A：×　**所轄庁は原則、都道府県知事である。**

➡過去問プラス！『国試対策2025』（共通科目編）p.142

5

福祉サービスの組織と経営

4．応用　NPO法人の役員等　□□□

特定非営利活動法人は社員総会が最高の議決機関であり、そのほか業務の決定権をもつ理事と監査を行う監事が置かれている（表7）。

表7　特定非営利活動法人の役員等の要件・役割

役　員	要件・役割
理　事*	① 3人以上（必置） ② 定款で定められた範囲で業務の代表権をもつ。
監　事*	① 1人以上（必置） ② 理事の業務執行、法人の財産状況を監査する。
社員総会	① 理事は年1回以上、通常社員総会を開かなければならない。 ② 法人にとって最高意思決定機関である。
社　員	① 10名以上 ② 加入・脱退の自由を保障する必要がある。

> 理事の役割は社会福祉法人と異なる。

> 役員報酬は役員総数の3分の1まで。

> 出席できない社員は電磁的方法により表決可能

> 各社員の表決権は、平等とする。

5．応用　解　散　□□□

解散にはその理由に応じて所轄庁の認定か届出が必要である。残余財産は、特定非営利活動法人、国、地方公共団体、社会福祉法人、更生保護法人などのうち定款で定めた者に帰属する。

> 注意
> 従来は国税庁長官が認定を行っていたが、2012（平成24）年度より所轄庁が認定を行う新たな認定制度に移行した。

6．標準　認定NPO法人制度　□□□

1 認定NPO法人　運営組織や事業活動が適正かつ公益の増進に資することにつき一定の要件を満たしていることで所轄庁の認定を受けている特定非営利活動法人である。スタートアップ支援のため、設立後5年以内の法人を対象とした特例認定NPO法人がある。

2 寄附金　認定NPO法人への寄附金は課税上の恩典が受けられる。

個人→所得税の控除を受けられる。

法人→一般のNPO法人に寄附した場合の一般損金算入限度額とは別に、特別損金算入限度額が設けられており、その範囲内であれば損金の額に算入できる。

特例認定NPO法人
設立5年以内の場合、パブリックサポートテスト（PST：市民からの支援を受けているかどうかの基準）を免除し、一定の基準により1回に限り税制上の優遇措置が認められる。有効期間3年。

7．標準　2016（平成28）年特定非営利活動促進法の改正　□□□

主な改正点は、表8のとおりである。

表8　2016年の主な改正点

		改正前	改正後
認証申請の添付書類	方法	公告（登記）	＋ インターネット公表も可能になった
貸借対照表		－	公告が義務化
事業報告書などを事務所に備え置く期間		翌々事業年度の末日までの間	延長
認定制度・仮認定制度		仮認定NPO法人	特例認定NPO法人

8. 基本 社会福祉法人・特定非営利活動法人 　□□□

合格勉強法
社会福祉法人とNPO法人は同じ問題で出題されるので、セットで学習しておくと試験で迷わない。

1 相違点　社会福祉法人と特定非営利活動法人は、同じ福祉サービスの分野でサービス提供を行う法人だが、その性格が大きく異なる。表9で相違点を確認する。

表9　社会福祉法人と特定非営利活動法人の相違点 これだけ!

項目		社会福祉法人	特定非営利活動法人
所轄庁	原則	主たる事務所のある都道府県知事	主たる事務所のある都道府県知事
	例外	法人の主たる事務所がA市にあり、事業がA市の区域を越えない場合はA市	主たる事務所が一つの指定都市のみに所在する場合は指定都市の長
法人格の取得		認可主義	認証主義
資産要件		あり（居宅介護等事業等は要件緩和）	規定なし
評議員会		設置（2017（平成29）年度より必置）	規定なし
社員		規定なし	10名以上
解散		認可か認定か届け出が必要	認定か届出が必要

2 法人税など　社会福祉法人には税制優遇措置があるが、特定非営利活動法人にはほとんどない。特定非営利活動法人が行う事業のほとんどが収益事業に該当するため、株式会社などと同じ税率で法人税が課税される（表10）。

表10　税制優遇措置

	項目		社会福祉法人			特定非営利活動法人	
			社会福祉事業	公益事業	収益事業	収益事業	収益事業以外
国税	法人税 すべて非課税		—	△	○	○	—
	所得税（利子・配当など）		—	—	—	○	○
地方税	事業税		—	—	○	○	—
	市町村・都道府県民税	均等税	—	—	○	○	○
		法人税割	—	—	○	○	—
	固定資産税		—	○	○	○	○
消費税（7.8％国税/2.2％地方税）			—	△	○	○ 原則すべて課税	○

○：課税、—：非課税、△：一部非課税

5
福祉サービスの組織と経営

✏️**過去問チェック！**↗

Q：特定非営利活動法人における最高意思決定機関は、評議員会である。(35−120)
A：×　**設問は社会福祉法人のことである。**

➡過去問プラス！『国試対策2025』（専門科目編）p.132

3 その他の組織や団体

1. 標準 営利法人と非営利法人 よく出る □□□

　法人は営利法人*と非営利法人に分けられる（表11）。営利法人は、税制の優遇措置はないが、事業の目的を自由に設定でき、また認定も不要である。これに対して、非営利法人のうち社会福祉法人は、事業の目的が制限され、所轄庁の認可が必要になるが、税制上は優遇される。

表11　営利法人と非営利法人

目 的	法人種類	内 訳	事業目的制限	税制優遇	認 定	
営 利	営利法人	株式会社、合資会社、合名会社、合同会社	―	―	―	準則主義
非営利	公益法人	一般社団法人*	―	―	―	
		一般財団法人*	―	―	―	
		公益社団法人	○	○	○：認定	
		公益財団法人	○	○	○：認定	
	医療法人		○	○	○：認可	
	社会福祉法人		○	○	○：認可	
	特定非営利活動法人（NPO）		○	―	○：認証	

○：あり・必要、―：なし・不要

2. 基本 法人の設立 □□□

1 設立の手続き方法や基準　基準を規制の緩い順に並べると、準則主義＜認証主義＜認可主義＜特許主義となる（表12）。

表12　認可主義・認証主義・準則主義

基 準	内 容	例
認可主義	法律に定める要件を満たし、それに対して主務官庁の認可を得て設立する、規制が厳しい方式	社会福祉法人 医療法人、学校法人
認証主義	設立のための要件が緩く、主務官庁は法律に定める要件の確認と認証を行うだけという方式	特定非営利活動法人
準則主義	法律上の要件を満たしている限り、主務官庁の関与を経ることなく、当然に設立が認められる、規制が最も緩い方式	営利法人 一般社団法人 一般財団法人

3. 標準 医療法人 □□□

1 医療法人　従来医師または歯科医師が常時3人以上勤務する病院・診療所だけに認められていたが、1985（昭和60）年に一人医師医療法人制度が創設され、医師または歯科医師が常時1人ないし2人

営利法人
営利法人は、会社法に規定する① 株式会社、② 合名会社、③ 合資会社、④ 合同会社の4種類。このうち、合名会社、合資会社、合同会社は「持分会社」と総称される。

社団法人
業界団体が多い。例えば、一般社団法人日本福祉用具供給協会は、福祉用具の普及促進を目的に、全国の福祉用具販売店が社員（会員）となって運営されている。

財団法人
特定の個人や企業などの法人から出された財産（基本財産）で設立され、これによる運用益である金利などを原資として運営する法人。社会福祉振興・試験センターは公益財団法人の一例である。

35 121, 33 120, 29 120
医療法人
▶p.403

勤務する診療所も医療法人を設立できることになった。医療法人全体の8割以上を占める（2023（令和5）年3月現在、厚生労働省）。医療法人の経営については、表13のとおり制限がある。

表13　医療法人と社会福祉法人の経営・開設

社会福祉連携推進法人
▶p.75

法律	施設			医療法人	社会福祉法人
社会福祉法	第一種社会福祉事業		児童福祉施設すべて	△	○
		老人福祉施設	特別養護老人ホーム	×	○
			養護老人ホーム	×	○
			ケアハウス	○	○
		保護施設	救護施設	×	○
			更生施設	×	○
			助葬	△	○
	第二種社会福祉事業すべて			○	○
	有料老人ホーム			○	○
医療法	病院・診療所			○	○
	介護老人保健施設			○	○
	介護医療院			○	○
	調剤薬局			○	×

○：経営できる、×：経営できない、△：社会医療法人のみ経営できる

> 医療法人は、剰余金の配当禁止！

2 社会医療法人　既存の特定医療法人の要件に加え、救急医療等の確保事業の実績などにより都道府県から認定を受けて設立される法人のこと。

3 医療介護総合確保推進法　社団たる医療法人と財団たる医療法人とが合併できることとなった。

4 地域医療連携推進法人　医療機関相互間の機能分担・業務の連携を推進し、地域医療構想を達成するための新たな法人の認定制度である。

社会医療法人
公益性の高い認定医療法人であり、「医療保健業」に係る法人税が非課税となり、それ以外の収益事業の法人税率も軽減される。

⚙合格MAP▶　　**地域医療連携推進法人**

地域医療連携推進法人

○医療連携推進区域（原則地域医療構想区域内）を定める。

○医師等の共同研修，医薬品等の共同購入等

参画（社員）	参画（社員）	参画（社員）	参画（社員）
（例）医療法人A病院	（例）公益法人B診療所	（例）NPO法人C介護事業所	区域内の個人開業医

資料：「地域医療連携推進法人制度の概要」厚生労働省

Ⅱ　福祉サービスの組織と経営に係る基礎理論

本科目で問われる基礎理論は、理論自体が難解で、頭に入りにくい。過去問を先に眺め、問題では何を問われるのかを把握してから本文に戻るとよい。

1 組織に関する基礎理論

36 120, 34 120,
33 121, 30 121, 28 19

1．標準 組 織　　　　　　　　　　　　　　　　　□□□

1 テイラー（Taylor, F.W.）　科学的な方法によって標準作業量を定め、そこから賃金を算出する科学的管理法を提唱した。

　①課業管理は、時間研究・動作研究に基づき、一日の標準作業量を課業する（ノルマとして課す）。この算出方法は勘や経験に頼るのではなく、要素的賃率決定制度（工場内の作業を要素に分け、必要な時間数を計算する方法）に基づき、公正に求められる。

　②差別的出来高給制度は、課業（ノルマ）を達成できたら高い賃金を支給し、課業を達成できなかったら低い賃金とする。労働者の意欲を高めるのが目的である。

専門的すぎる経営用語は出る可能性は低いが、一般名詞に置き換えられる程度の専門用語はよく出るので注意。

ごろあわせ　テイラー

■ 科学的　管理法　　テイラー

科学的に管理されたテーラーメード

2 メイヨー（Mayo, G.）とレスリスバーガー（Roethlisberger, F.J.）

　①シカゴのホーソン工場で実験を行い、作業能率は物理的な作業条件よりも人間関係や人間的満足度が大きく影響すると唱えた。

　②集団内には、公式組織（フォーマル組織）と非公式組織（インフォーマル組織）が存在することを突き止め人間関係論を展開した。

非公式組織
意識的で、計画的で、目的をもつような人々相互間の協働。

ごろあわせ　メイヨーとレスリスバーガー

■ レスリスバーガー　　　　　ホーソン工場　　　　メイヨー

ハン　　バーガー　（食が）細いから　食べられないよ

3 バーナード（Barnard, C.）

　①組織では人の協働システムが働いていると唱え、この協働システムが持続するための条件として「コミュニケーション」「共通目的」「貢献意欲」の3要素がバランスよく成立することをあげた。

　②組織が存続するためには、組織の有効性と能率を同時に高める必要があると主張した。

4 アダム・スミス（Smith, A.）　組織における経済的合理性を追及する、経済人モデルを提唱した。

5 サイモン（Simon, H.A.）　人間はできる限り合理的に意思決定しようとするが、合理性に限界が存在するために、完全に合理的な意思決定をすることはできないと唱えた（限定合理性）。ただし、組織を通して各個人が連鎖することで合理性の高い意思決定が可能になる。

6 マーチ（March, J.）とオルセン（Olsen, J.）　組織の意思決定は合理的に行われておらず、選択機会、課題、解決策、参加者などの諸要素が（ごみ箱のように）投げ込まれて、偶然結び付き決定しているだけだと考え、「ごみ箱モデル」を唱えた。

 **ごろあわせ**　オルセンとマーチ

■ マーチ、ごみ箱モデル、　　オルセン

　街に　　ごみを捨てるなんて許せん

7 アージリス（Argyris, C.）

組織学習論において、新しい可能性を探るダブルループ学習を提唱した。

① シングルループ学習：既存の枠組みだけで考え、行動する。
② ダブルループ学習：既存の枠組みとは異なる新しい枠組みを取り入れる。

✏️ **過去問チェック！**

Q：テイラー（Taylor, F.）は科学的管理法を提唱し、作業現場の管理について、合理的な規則と手続きによる管理の重要性を強調した。(36−120)
A：○　**課業管理は、時間研究・動作研究に基づく。**
Q：ホーソン実験では、物理的作業条件よりも人間関係の側面が生産性に影響を与えることが明らかにされた。(34−120)
A：○　**労働条件や作業環境といった物理的作業条件よりも、人間関係が生産性に大きく影響すると唱えた。**
Q：ダブルループ学習とは、既存の枠組みとは異なる新しい可能性を探る組織学習の形態である。(26−121)
A：○　**アージリスの理論である。**
Q：サイモンは、一人の孤立した個人は、極めて合理性の程度の高い行動をとることが可能であると主張した。(22−113)
A：×　**組織を通して個人が連鎖することで合理性が高まると主張した。**

➡ **過去問プラス！**『国試対策 2025』（専門科目編）p.137, 139

8 ヘドバーグ（Hedberg, B.）　組織学習論において、古い考え方を意識的に棄て去り、新たに学び直す<u>アンラーニング</u>（学習棄却・学びほぐし）という手法を提唱した。

アンラーニング
学習棄却、学びほぐしのこと。古い考え方を意識的に棄て去り、新たに学び直すこと。

9 代表的な組織の形態

① 職能別組織　中小企業に多い。経営者（トップ）に権限が集中するシンプルな階層構造で統制を図りやすい。また、各部署は専門性を発揮できる。

② 事業部制組織　企業が複数の事業を手掛けるようになると、<u>職能別組織</u>から<u>事業部制組織</u>に移行する。事業部はプロフィットセンター（利益責任単位）とよばれ、事業単位の利益に対して責任を負うため、責任の所在が明確である。事業部ごとに営業や生産といった機能が重複するので、無駄が多く非効率的という欠点をもつ。

合格MAP　**職能別組織と事業部制組織**

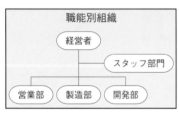
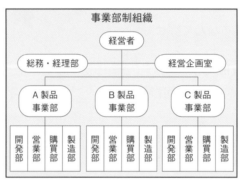

---

2 **経営に関する基礎理論**

35 123, 33 125, 31 119, 30 121, 28 120

1. 応用　経　営　□□□

1 チャンドラー（Chandler, A.）

「組織構造は<u>経営戦略</u>に従う」という命題を導き、経営戦略とは長期の目標を定めたうえで、その目標を実現するために行動を起こしたり、経営資源を配分したりすることであると『経営戦略と組織』（1962 年）で定義している。

注意

経営戦略は長期目標であり、短期目標ではない。

2 アンゾフ（Ansoff, I.）

経営の意思決定について、次のように 3 つに分類した。

① <u>戦略的意思決定</u>　企業のトップが決定する。

② <u>管理的意思決定</u>　管理職層が①を受けて決定する。

③ <u>業務的意思決定</u>　スケジュールの決定や資材調達量の決定など。

3 ユヌス（Yunus, M.）

ソーシャル・ビジネス*の可能性を、① 社会問題解決のために、利益をすべて再投資する企業、② 貧しい人々により所有され、最大限の利益を追求して彼らの貧困を軽減するビジネス、に分けて考えている。

4 バランス・スコアカード　① 財務の視点、② 顧客の視点、③ 業務プロセスの視点、④ 従業員の学習と成長の視点といった視点から、企業の実績を総合的に評価する経営戦略の手法。

> **ソーシャル・ビジネス**
> 社会問題の解決を目的として収益事業に取り組む事業体のこと。

3 管理運営に関する基礎理論

1．基本　管理運営　□□□

1 PDCA サイクル　① 計画(Plan)、② 実行(Do)、③ 評価(Check)*、④ 改善（Act）の順番を繰り返すことで品質の向上を図るマネジメントサイクルの一つ。提唱者の名前からデミングサイクルともよばれる。

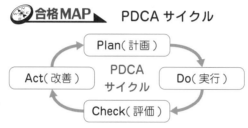

合格MAP▶　PDCA サイクル

2 ドナベディアン（Donabedian, A.）　ヘルスケア（医療）の質は、① 構造（施設、設備、専門家）、② 過程（診断、治療、患者などの参加）、③ 結果（健康状態の変化、満足度）によって評価されるとした。

> 31 119, 123, 27 120

> **評価**
> 事実データに基づいて、計画と結果のズレを確認する。

4 集団の力学に関する基礎理論

1．標準　モチベーション　□□□

1 モチベーション理論　大きく 2 つの立場があり、1 つは人が何によって動機づけられるか「動機づけの内容」を明らかにする内容理論、もう 1 つは人がどのようにして動機づけられるか「動機づけの過程」を明らかにする過程理論である（表 1）。

> 36 121, 35 122, 34 120, 33 121, 122, 32 121, 31 29, 30 121, 29 122, 125, 28 19, 121

🖉 過去問チェック！↗

Q：バランス・スコアカード（Balanced Score Card）とは、財務だけでなく、顧客、業務プロセス、従業員の学習・育成といった各視点から企業実績を評価する仕組みである。(35−123)

A：○　**財務面だけでなく、業務プロセスや顧客などの視点から総合的に評価する経営管理手法である。**

Q：経営戦略とは、チャンドラー（Chandler,A.）によれば、長期的目的を決定し、これらの目的を遂行するための行動方式を採択し、諸資源を割り当てることである。(33−125)

A：○　**『経営戦略と組織』（1962 年）で定義している。**

➡過去問プラス！『国試対策 2025』（専門科目編）p.136

5

福祉サービスの組織と経営

表1　モチベーション理論

種　類	人物・理論	内　容
内容理論	ハーズバーグ （Herzberg, F.） 二要因理論	職務満足と職務不満足を引き起こす要因が異なっていると考え、満足に関わる「動機づけ要因（達成、昇進、仕事そのものなど）」と不満足に関わる「衛生要因（監督技術、人間関係、作業条件、給与など）」に分類した。
過程理論	ブルーム （Vroom, V.） 期待理論	動機づけは「がんばったらがんばっただけ」努力が報酬につながるであろうという期待と、報酬に対する主観的価値の2つの要因で決まるとした。努力すれば報酬が得られると感じる期待が高ければ高いほど、人はより一層努力する。

Herzberg, F.

注意！

動機づけ＝自分の内部
衛生＝自分の外部にあるもの
と置き換える。

マズローの欲求階層説
▶p.31

2 マグレガー（McGregor, D.）　マズローの欲求階層説に影響を受け、「XY理論」を提唱した（表2）。

表2　XY理論 これだけ！

理　論	考え方	対応する経営手法
X理論	人間は本来怠け者で、仕事をしない	労働者に対する強制・命令
Y理論	人間は本来自ら進んで働く	労働者の自主性を尊重

McGregor, D.

X理論＝×（怠け者）
と覚える。

2．応用　集団の凝集性　□□□

1 アッシュ（Asch, S.）やジャニス（Janis, I.L.）　集団の凝集性（結束力）がマイナスに働く場合の理論を唱えている（表3）。

表3　集団の凝集性がマイナスに働く理論

人　物	理　論
アッシュ	個人では正しい判断を下していても、集団（実験で仕組まれたサクラ）の圧力によって、誤った判断に流されてしまう集団圧力（同調圧力）を提唱した。サクラの中に1人でも自分と同意見の者がいると同調を免れる。
ジャニス	集団思考（集団浅慮）として、集団で思考すると、立場の強いメンバーの意見に流されてしまうなど、個人で思考するよりも誤った決定を下す傾向があると唱えた。

✏️ **過去問チェック！**

Q：アッシュ（Asch, S.）は、個人として正しい判断ができていれば、多数派の力には負けることはないという現象を明らかにした。（36−120）

A：×　**アッシュは、集団の圧力によって誤った判断に流されてしまう集団圧力を提唱した。**

Q：ハーズバーグ（Herzberg, F.）によれば、仕事への満足感につながる要因と仕事への不満足につながる要因とは異なる。（33−122）

A：○　**満足に関わる動機づけ要因と不満足に関わる衛生要因の二要因理論を唱えた。**

Q：ドナベディアンによるヘルスケアの質を評価するための3つのアプローチの1つである「構造（ストラクチャー）」の要素として、診断、処方などの医療行為があげられる。（31−123）

A：×　**医療行為は、過程（プロセス）に該当する。**

➡**過去問プラス！『国試対策2025』（専門科目編）p.139**

2 組織内コンフリクト（葛藤・対立）

① 組織を構成するグループ間の目標が一致しないと、コンフリクトが生じることがある。

② コンフリクトは、組織の活性化に役立つことがあるため、肯定的な影響を与えるコンフリクトを積極的に活用する。

5 リーダーシップに関する基礎理論

34 121, 33 123,
31 120, 29 123,
28 122

1．基本 リーダーシップ よく出る □□□

1 **リーダーシップのあり方** 状況に合わせたスタイルや行動が重視される。中でも変革型リーダーシップは、業績が著しく悪化した企業などにおいて、大きな変化を促し、好転に向けた変革の機動力をもつ。

2 **フォロワーシップ** フォロワーがリーダーを支えるフォロワーシップが、リーダーシップに影響を与えることがある。

3 **サーバント・リーダーシップ** リーダーがメンバーに奉仕することで部下の能力を発揮しやすい環境を整えていくリーダーシップのこと。

4 **シェアード・リーダーシップ** それぞれのメンバーが必要に応じてリーダーのように振る舞い、他のメンバーに影響を与える。

5 **三隅二不二のPM理論** リーダーシップはP：Performance（目標達成能力）とM：Maintenance（集団維持能力）の2つの能力要素で構成されるとした（表4）。また、その2つの能力の大小によって、リーダーを類型化した。

表4 PM理論

機 能	能 力
P機能	目標設定や計画立案、指示などにより目標を達成する能力
M機能	人間関係を良好に保ち、集団のまとまりを維持する能力

📝 過去問チェック！

Q：コンフリクトは、集団に肯定的な影響を与えることはなく、組織運営に非生産的な結果をもたらすので回避する必要がある。(35-122)

A：× **肯定的な影響を与えるコンフリクトは積極的に活用する。**

Q：集団浅慮とは、集団が外部からの圧力により長期的視野に立つ戦略的な意思決定が起きる現象である。(32-121)

A：× **集団浅慮（集団思考）とは、集団の場合に不合理あるいは危険な意思決定に陥りやすいこと。**

Q：変革型リーダーシップ論では、メンバー個々の動機づけや知的刺激を排除するリーダーの行動を重視する。(29-123)

A：× **与えることを重視する状況に合わせたスタイルや行動が特徴である。**

➡ **過去問プラス！**『国試対策2025』（専門科目編）p.135

6 オハイオ州立大学の研究 リーダーシップ行動は、メンバーを手順に従わせる「構造づくり」とメンバーに対する「配慮」で構成される。

 **ごろあわせ** オハイオ州立大学

■ 構造	づくり	オハイオ州立大学	配慮
笑顔を	つくり	「おはよう」の	配慮

7 フィードラー（Fiedler, F.）
① 条件適合理論（コンティンジェンシー理論）*において、状況特性に応じた有効なリーダーシップのスタイルをまとめた（表5）。
② 状況特性（リーダーに対するメンバーの態度）は、① リーダーとメンバーの信頼関係、② 仕事の内容、③ リーダーの権限の強さが影響するとした。

表5 フィードラーの条件適合理論

リーダーに対するメンバーの態度	有効なリーダーシップのスタイル
好意的	タスク志向型
中 間	人間関係志向型
非好意的	タスク志向型

> 状況が中間のときだけ、人間関係を重視する。

8 パス・ゴール理論 ハウス（House, R.）が唱えたコンティンジェンシー理論の一つ。メンバーの目標達成のための道筋を明示することが、リーダーシップの本質であるとしている。

9 ハーシー（Hersey, P.）とブランチャード（Blanchard, K.）
部下の成熟度によって有効なリーダーシップスタイルが異なるという状況的対応リーダーシップ理論（Situational Leadership；SL理論）*を唱えた。

条件適合理論（コンティンジェンシー理論）
リーダーシップ行動は、状況（環境条件）に適合した行動のみが、適切に効果を発揮するという考え方。

SL理論
縦軸を「仕事志向」、横軸を「人間志向」として4つのグループ（参加的・委任的・説得的・教示的）に分け、それぞれの状況でリーダーシップの有効性を高めていく方法を示している。

✏️ **過去問チェック！**

Q：コンティンジェンシー理論の特徴は、環境が変動したとしても唯一最善の不変的な組織タイプがあることを明らかにした点にある。（34−120）
A：× **状況に応じて、最適なリーダーシップは変わると考えた。**
Q：三隅二不二は、リーダーシップの行動面に注目して、「指示的リーダーシップ」と「支援的リーダーシップ」の2次元で類型化したPM理論を提唱した。（33−123）
A：× **P（目標達成能力）とM（集団維持能力）の2因子で類型化した。**

➡ **過去問プラス！『国試対策2025』（専門科目編）p.137**

Ⅲ　福祉サービス提供組織の経営と実際

合格勉強法　組織の経営で実際に使われる専門用語が数多く登場する。用語解説で意味を確認しながら少しずつ進めよう。

1　福祉サービス提供組織のコンプライアンスとガバナンス

36 123, 34 38,
32 123, 31 119,
28 33

1. 基本　コンプライアンスとガバナンス　□□□

コンプライアンスとは、企業が法律や規則を守る行動やその心構えのことであり、ガバナンスとは、組織内の管理、統治、組織の円滑な運営のためになされる意思決定や合意形成のシステムのことである。

> コンプライアンスを達成するにはガバナンスが重要

1 企業の監査　誰が行うかによって以下の3種類がある。

> 注意　監査は、経営者が従業員をチェックする仕組みではない。

①「外部監査」公認会計士などの外部の第三者が行う

②「監査役等監査」監事・監査役が取締役の職務全般を監査する

③「内部監査」内部の組織・担当者が経営効果のため監査する

2. 標準　危機管理（リスクマネジメント）　□□□

34 124, 33 121,
28 124, 27 76

福祉サービスにおける危機管理（リスクマネジメント）は、リスクが発生した後の適切な対処と将来的なリスクの予防が目的である。

注意　発生した事故による利用者への損害賠償に限らない。

1 ヒヤリ・ハット　重大な事故には至らなかった「ヒヤリ・ハット」の事例を分析することは、事故を事前に防ぐのに有効である。

2 ハインリッヒ（Heinrich, H.W.）の法則　1件の重大事故（重傷以上）があれば、その背後に29件の軽度の事故、300件のヒヤリとするような異常事態が潜んでいる。

3 軌道モデル　リーズン（Reason, J.）の軌道モデルでは、事故は複数の原因が重なって発生すると前提し、それぞれの要素の弱点が一列に連なったときに、事故が発生するとした。

✏️ 過去問チェック！

Q：ハインリッヒ（Heinrich, H.）は、軽微な事故への対策を実施しても、重大な事故を未然に防ぐことはできないことを明らかにした。（36-120）

A：×　**軽微な事故への対策が、重大な事故の防止につながると説明した。**

Q：コンプライアンスとは、組織が法令や組織内外のルールを守ることにより、社会的責任を果たすことをいう。（36-123）

A：○　**コンプライアンスを達成するためにはガバナンスが重要である。**

➡ **過去問プラス！**『国試対策 2025』（専門科目編）p.135, 139

5　福祉サービスの組織と経営

2 福祉サービス提供組織の経営の実際

1. 応用 福祉サービスの収支・会計　□□□

1 社会福祉法人会計基準

① 法人全体での資産、負債（ふさい）などの状況を把握できるようにするため、公益事業・収益事業を含め、法人で一本の会計単位とする。

② 社会福祉法人は、定款（ていかん）、収支計算書▶、事業活動計算書▶、貸借対照表、役員報酬基準、財産目録等を公表しなければならない。

　・貸借対照表　会社の調達した資金（負債・純資産）の使い道（資産）を表したもの。会社がどのくらい安定しているかわかる。「バランスシート」ともよばれる。

合格MAP　貸借対照表

左：資金の運用	右：資金の調達
⇩	⇩

資産 { 流動資産 固定資産	負債
	純資産

資料：経済産業省（著者まとめ）

③ 減価償却とは、固定資産（土地と建設仮勘定を除く）の取得原価をその耐用年数にわたり費用化する手続きであり、過去に投下した資金を回収するものである。

④ 流動資産とは、貸借対照表の「資産」のうち、基本的に1年以内に現金化が見込まれる資産をいう。

⑤ 社会福祉法人が保有する財産については、事業継続に必要な財産（控除対象財産）を控除した（ひいた）（こうじょ）上で、再投下可能な財産（社会福祉充実残額）を明確化する。社会福祉充実残額が生じる場合には、法人が策定する社会福祉充実計画に基づき、既存事業の充実や新たな取組に有効活用する仕組みを構築する。

合格MAP　社会福祉充実残額

活用可能な財産	−	事業継続に必要な財産	=	社会福祉充実残額
負債等をひいた財産		控除対象財産		残額があれば社会福祉充実計画を策定する

収支計算書
支払資金の収入、支出の内容を明らかにするための書類。事業活動による収支、施設整備などによる収支、その他の活動による収支に区分する。

事業活動計算書
法人の事業活動の成果を把握するための書類。

過去問チェック！

Q：賃借対照表は、バランスシートと呼ばれるように、負債及び純資産の部合計と資産の部合計の金額は一致する。(32−125)

A：○　**負債及び純資産の部合計は事業に必要な資金をどのように集めたかを示し、資産の部合計は集めた資金をどのように運用し、保有しているかを示す。**

➡**過去問プラス！『国試対策2025』（専門科目編）p.142**

IV 福祉人材のマネジメント

1 福祉人材の確保と養成

34 122, 32 124, 134

1．標準 福祉人材の確保の促進 □□□

社会福祉法等の一部を改正する法律（2016（平成28）年3月成立）による。① 介護人材確保に向けた取り組みの拡大、② 福祉人材センターの機能強化、③ 介護福祉士の国家資格取得方法の見直しによる資質の向上等、④ 社会福祉施設職員等退職手当共済制度の見直し（退職手当金の支給乗率を長期加入者に配慮したものに見直し、障害者支援施設等に係る公費助成を介護保険施設等と同様の取扱いに見直し）

2．標準 介護人材の確保の推進 □□□

1 介護人材不足の現状

①介護人材の必要数の推計：2019（令和元）年度約211万人
→2023（令和5）年度約233万人→2025（令和7）年度約243万人→2040（令和22）年度約280万人）。

2025（令和7）年度まで、年間5.5万人程度の介護人材の確保が必要とされ、国は今後、介護職員の処遇改善、外国人材の受入環境整備など、総合的な介護人材確保対策に取り組む。

②「職業安定業務統計」によると、介護関係職種の有効求人倍率は、2009（平成21）年1.48（全職種は0.44）に対し、2023（令和5）年4.20（全職種は1.23）であり、人手不足傾向にある。

③「令和4年度介護労働実態調査」によれば、訪問介護員、介護職員の1年間の離職率は14.4%、採用率は16.2%であった。

2 EPA 経済連携協定（EPA）に基づき、インドネシア、フィリピン、ベトナムから介護福祉士候補者を受け入れている。

3 研 修 「介護に関する入門的研修」では、介護未経験者の参入を促進するため、入門的研修の実施に関する基本的な事項を定めている。

4 届出制度 社会福祉法の改正により、離職した介護福祉士は、各都道府県福祉人材センターに名前等の登録が必要となる（努力義務）。

✎ **過去問チェック！**

Q：経済連携協定に基づく介護福祉士候補者等の受入れの対象となる国は、東南アジア6か国である。（介30−17）

A：× **インドネシア、フィリピン、ベトナムの3か国である。**

2 働きやすい労働環境の整備

1. 基本 労働力調査　　　　　　　　　　　□□□

労働力調査（総務省）では、完全失業率などが景気判断や雇用対策等の基礎資料として利用されている（以下、基本集計 2023（令和 5）年平均結果）。

1 労働力人口とは　① 15 歳以上で、② 就業者と完全失業者（働く能力と意志があり求職活動をしているが職がない者）の合計。労働力人口は 6,925 万人で、前年に比べ 23 万人の増加（2 年ぶりの増加）となった。

2 就業者の区分　基本集計と詳細集計に共通して、① 自営業主、② 家族従業員、③ 雇用者に区分される。

3 雇用者の割合　就業者は 6,747 万人で、そのうち 6,076 万人が雇用者であり、就業者に占める雇用者の割合は 90.1% で、前年比 0.2 ポイント上昇となった。就業者を産業別にみると「医療、福祉」は 910 万人と 2 万人の増加となった。

① 正規の職員・従業員数は 3,615 万人と、前年に比べ 18 万人の増加（9 年連続の増加）となった。男女別にみると、男性は 2,346 万人と 2 万人の減少、女性は 1,268 万人と 18 万人の増加となった。

② 非正規の職員・従業員数は 2,124 万人と 23 万人の増加（2 年連続の増加）となった。

③ 2023（令和 5）年平均の就業者のうち、前年に比べ最も増加した産業は「宿泊業、飲食サービス業」であった。

4 就業率　15 歳以上人口に占める就業者の割合は 61.2% である。

5 完全失業者　178 万人であり、完全失業率（労働力人口に占める完全失業者の割合）は、2.6% である。

6 若年無業者の動向　若年層（15〜34 歳）の完全失業者は 59 万人（前年比 2 万人増加）で、若年無業者の人口に対する割合は 2.4% である。

7 休業者　2020（令和 2）年に新型コロナウイルス感染症の影響で

労働力調査
就業・不就業の状況を把握するため、抽出方法に基づき選定された約 4 万世帯を対象に、毎月調査している。

注意

完全失業者も労働力人口である。

+α
雇用保険法における失業
被保険者が離職し、労働の意思及び能力を有するにもかかわらず、職業に就くことができない状態をいう。

若年無業者
年齢 15 歳〜34 歳の非労働力人口のうち、家事も通学もしていない者。いわゆる「ニート」に近い概念。

✎ **過去問チェック！**

Q：「労働力調査」（総務省）における労働力人口について、正しいものを 1 つ選びなさい。（26-143）
　　1　非正規の職員は含まれない。　2　休業者は含まれない。　3　15 歳未満の者は含まれない。　4　内職者は含まれない。　5　完全失業者は含まれない。
A：3　**労働力人口は 15 歳以上である。**

258万人まで急増し、2021年は208万人、2022年は213万人、2023（令和5）年は189万人と推移している。

2. 標準 労働基準法等の規定 □□□

1 労働基準法 労働者[*]の賃金、労働時間、休暇などの主な労働条件についての<u>最低限の基準</u>を定めたもので、就業規則や労働契約に優先する。また、<u>外国籍</u>の労働者にも適用される。

 注意 憲法では賃金などの労働者の基準を明記していない。

2 2018（平成30）年働き方改革関連法成立
① 時間外労働の上限規制（原則月 45 時間、年 360 時間）
② 年次<u>有給休暇</u>の確実な取得（10日以上の年次有給休暇が付与される全労働者に対し、時季を指定して毎年5日の有給休暇を与える）
③ <u>同一労働同一賃金</u>（正規雇用と非正規雇用の間で、基本給や賞与などの個々の待遇ごとに不合理な待遇差を禁止する）

3 男女同一賃金の原則 <u>労働基準法</u>に定められている。

4 憲 法
憲法は勤労の権利（<u>勤労権</u>）と義務の両方を定めている。
① 勤労の義務に違反しても、具体的な罰則を課するよう立法や行政に義務づけてはいない。
② 憲法が規定する勤労者の権利は、労働三権（<u>団体交渉権</u>、<u>団体行動権</u>（<u>争議権</u>）、<u>団結権</u>）である。ストライキ権は<u>争議権</u>に含まれる。

 **ごろあわせ** 労働三権

■ **団体交渉権、団体行動権、団結権**

 団 子、 団 子、 だけ

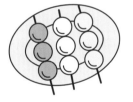

③ 公務員は<u>全体の奉仕者</u>であり、争議権（ストライキなどをする権利）などが制限される。

5 最低賃金法 最低賃金には<u>地域別最低賃金</u>と<u>特定最低賃金</u>がある。
① 地域最低賃金は、労働者の生計費[*]を考慮し、<u>厚生労働大臣</u>または<u>都道府県労働局長</u>が決定する。都道府県別である。
② 特定最低賃金は、特定の産業について設定されている。

6 パートタイム・有期雇用労働法 正社員とパートタイム労働者、有期雇用労働者との<u>不合理な待遇差</u>を禁止する法律である。

7 労働契約法[*] 有期労働契約が反復更新されて通算5年を超えたとき、労働者の申込みにより期間の定めのない労働契約に転換できる。

---

36 77, 35 31, 144,
34 143, 33 31, 32 143,
31 29, 31, 64, 29 78,
28 125

労働者
労働基準法においては、職業の種類を問わず、事業または事務所に使用される者で、賃金を支払われる者のこと。労働力調査の「労働力人口」には完全失業者も含まれるので、注意。

 注意
憲法や男女雇用機会均等法には男女同一賃金の定めがない。

まとめて攻略
■ 労働者災害補償保険（労災保険）
■ 雇用保険
⇒社会保障
p.118〜123

5
福祉サービスの組織と経営

労働者の生計費
労働者が健康で文化的な最低限度の生活を営むことができるよう、生活保護に係る施策との整合性に配慮する。

労働契約法
労働契約の基本的な理念・原則、判例法理に沿った労働契約の内容の決定・変更に関する民事的なルール等を一つにまとめた法律。

8 男女雇用機会均等法

婚姻、妊娠・出産等を理由とする不利益取扱いの禁止など、職場における男女の均等取扱い等を規定する。

9 育児・介護休業法

「育児休業、介護休業等育児又は家族介護を行う労働者の福祉に関する法律」。育児休業や介護休業について定めている（表1）。育児休業、介護休業ともに、契約社員などの期間雇用者でも一定の要件を満たせば取得可能である。

+α
育児休業の取得率
女性80.2%、男性17.13%で、男性の取得率は近年急増している（令和4年度雇用均等基本調査）。

表1　育児・介護休業制度 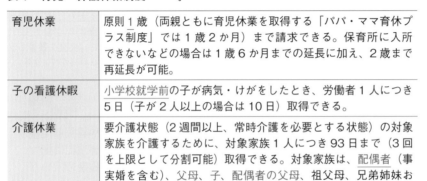 これだけ!

育児休業	原則1歳（両親ともに育児休業を取得する「パパ・ママ育休プラス制度」では1歳2か月）まで請求できる。保育所に入所できないなどの場合は1歳6か月までの延長に加え、2歳まで再延長が可能。
子の看護休暇	小学校就学前の子が病気・けがをしたとき、労働者1人につき5日（子が2人以上の場合は10日）取得できる。
介護休業	要介護状態（2週間以上、常時介護を必要とする状態）の対象家族を介護するために、対象家族1人につき93日まで（3回を上限として分割可能）取得できる。対象家族は、配偶者（事実婚を含む）、父母、子、配偶者の父母、祖父母、兄弟姉妹および孫。

・2021（令和3）年の改正ポイント

①育児休業を取得しやすい雇用環境整備などの義務づけ、有期雇用労働者の育児・介護休業取得要件の緩和（2022（令和4）年4月施行）

②出生時育児休業（産後パパ育休）の創設、育児休業の分割取得（上限2回）（2022（令和4）年10月施行）

③育児休業取得状況公表の義務化（2023（令和5）年4月施行）

出生時育児休業（産後パパ育休）
子の出生後8週間以内に4週間まで取得可能。育児休業とは別に取得でき、2回まで分割できる。

🖊️ 過去問チェック！

Q：育児休業を取得できるのは、期間の定めのない労働契約を結んだフルタイム勤務の労働者に限られている。(35-31)

A：× **契約社員などの期間雇用者でも取得可能である。**

Q：総合職の労働者を募集・採用する場合は、理由のいかんを問わず、全国転勤を要件とすることは差し支えないとされている。(35-31)

A：× **すべての労働者の募集、採用、昇進、職種の変更をする際に、合理的な理由がないにもかかわらず転勤要件を設けることは、「間接差別」として禁止されている。**

Q：日本国憲法では、男女同一賃金の原則を明記している。(34-143)

A：× **労働基準法第4条で明記されている。**

➡️**過去問プラス！**『国試対策2025』（共通科目編）p.90, 113

3．応用 人事管理・人事評価・人材育成 □□□

1 ドラッカー（Drucker, P.F.）

① 「目標による管理」とは、経営者、従業員が自らの業務目標を決め、目標達成度を判定して、賞与や昇給、昇進に反映させる制度のことである。

② 成果主義に基づく人事制度の根幹をなす仕組みであり、従業員満足と組織業績向上の両方を目指す。

2 職場研修（OJT、OFF-JT）

① OJT（On-the-Job Training）とは、職務遂行を通じて管理者が部下に対し、指導・育成を行うことである。

② OFF-JT（Off-the-Job Training）とは、一定期間職務を離れて行う研修のことで、職場内で実施される場合と職場外に派遣される場合がある。

③ SDS（Self Development System）とは、職員の職場内外での自主的な自己啓発活動に対し、受講料の援助といった経済的援助、職務調整などの時間的援助や施設の提供などを行うものである。

3 人事考課

① 人事考課とは、一定の基準に従い、従業員の勤務態度や実績などについて、管理者が適正に評価を行うことである。賃金、昇進異動に役立てるだけでなく、能力開発や人材育成にも適用する。

② 人事制度におけるコンピテンシーとは、ある職務や状況において、期待される業績を達成できる行動特性のことである。

③ 人事考課における考課者は、知らないうちにハロー効果や、寛大化・厳格化の誤差の影響といった心理的なバイアス（歪み）がかかる場合がある。

4 対比誤差

評価者が自分を基準にして、対象者を評価することで生じるエラー（失敗）のことである。対象者を過大評価、もしくは過小評価してしまう危険性がある。

5 考課者訓練

考課者が評価・考課において必要な能力を高めるために行う訓練。

6 360度評価（多面評価制度）

上司や部下・同僚、仕事上で関連する取引先や利用者など、各方面の関係者が被評価者を評価する。

---

36 124, 35 124,
34 122, 33 143,
31 125, 30 125,
29 121, 125, 27 123

+α

労働施策総合推進法
2022（令和4）年4月の改正で、パワーハラスメント防止対策が大企業に加えて、中小企業でも義務化された。

ハロー効果
対象者を評価する際、目立ちやすい特徴に引きずられて他の特徴についての評価が歪められること。

寛大化・厳格化の誤差
寛大化傾向とは評価が甘くなる傾向、厳格化傾向とは厳しくなる傾向をさす。公平な評価との誤差が生じる。

5

福祉サービスの組織と経営

4. 標準 **メンタルヘルス対策** □□□ 34 125, 33 31, 27 125

1 労働安全衛生法

① 労働安全衛生法の一部を改正する法律（2014（平成26）年6月
公布）により、ストレスチェックと面接指導の実施などを事業者
に義務づける制度（従業員数50人未満は努力義務）が創設され
た（2015（平成27）年12月に施行）。

・ストレスチェック　事業者が労働者に対して行う心理的な負担
の程度を把握するための検査のこと。常時使用する労働者に対
し、年1回実施する。

・公認心理師　保健医療、福祉、教育その他の分野において、心
理学に関する専門的知識及び技術をもって、心理に関する支援
等を行うことを業とする者をいう。必要な研修を受講し、スト
レスチェック実施者になることができる。

② 事業者は、時間外・休日労働が一定時間以上で、疲労の蓄積が認
められるときは、労働者の申し出を受けて、医師による面接指導
を行わなくてはならない。

2 心理的負荷による精神障害の労災認定基準

業務による心理的負荷を原因とする精神障害については、2011
（平成23）年に策定した「心理的負荷による精神障害の認定基準に
ついて」に基づき労災認定を行っている。2019（令和元）年5月
の「労働施策総合推進法」の改正により、パワーハラスメント防止
対策が法制化されたことなどを踏まえ、「業務による心理的負荷評価
表」が見直された。

・心理的負荷による精神障害の労災認定基準のポイント

① ストレスの強度の評価表を定めた、② いじめなど、繰り返され
るものはその開始時からのすべての行為を対象として心理的負荷
を評価することにした、③ 精神科医の合議による判定を判断が難
しい事案のみに限定した。

✎ **過去問チェック！**↑

Q：360度評価（多面評価）とは、評価者である上司が、職員の能力や業績だけでなく、性格、
志向、特技などを多面的に評価する手法を指す。（35−124）

A：×　**上司だけでなく、部下・同僚、仕事上で関連する取引先や利用者など、各方面の関係者
が被評価者を評価する。**

Q：人事考課においては、ある対象を評価する際に、部分的で際立った特性が、全体の評価に及
んでしまうハロー効果が起こることがある。（35−31）

A：○　**ハロー効果とは、対象者を評価する際、目立ちやすい特徴に引きずられて他の特徴につ
いての評価が歪められることである。**

➡**過去問プラス！**『国試対策2025』（共通科目編）p.90,（専門科目編）p.144, 145

索 引

■ 参考文献

岡村重夫『地域福祉論』光生館、1974.

阿部志郎他『社会福祉教室』有斐閣、1989.

奥田道大『都市コミュニティの理論』東京大学出版会、1983.

牧里毎治『地域福祉教室』「地域福祉の概念」有斐閣、1984.

岡村栄一『地域福祉研究 No.30』「場－主体の地域福祉論」日本生命済生会、2002.

岡村重夫『社会福祉原論』全国社会福祉協議会、1997.

大河内一男『社会政策の基本問題』日本評論新社、1954.

『孝橋正一全訂 社会事業の基本問題』ミネルヴァ書房、2009.

竹内愛二『専門社会事業研究』（関西学院大学研究叢書第9篇）弘文堂、1959.

真田是『社会福祉労働－労働と技術の発展のために』法律文化社、1975.

仲村優一『社会福祉概論改訂版』誠信書房、1991.

岸勇『公的扶助とケースワーク－公的扶助批判』風媒社、1965.

一番ケ瀬康子『現代社会福祉論』時潮社、1971.

一番ケ瀬康子『社会福祉とは何か』労働旬報社、1994.

三浦文夫『社会福祉政策研究－福祉政策と福祉改革』全国社会福祉協議会、1995.

メアリー・E・リッチモンド（佐藤哲三監訳）『社会診断』あいり出版、2012.

メアリー・E・リッチモンド（小松源助訳）『ソーシャル・ケース・ワークとは何か』中央法規出版、1991.

G. ハミルトン（三浦賜郎訳、仲村優一訳）『ケースワークの理論と実際』有斐閣、1960.

H.M. バートレット（小松源助訳）『社会福祉実践の共通基盤』ミネルヴァ書房、2009.

フローレンス・ホリス（黒川昭登ほか訳）『ケースワーク心理社会療法』岩崎学術出版社、1966.

ジゼラ・コノプカ（前田ケイ訳）『ソーシャル・グループ・ワーク－援助の過程』全国社会福祉協議会、1967.

H.B. トレッカー（永井三郎訳）『ソーシアル・グループ・ワーク－原理と実際』日本YMCA同盟、1957.

シュワルツ（前田ケイほか訳）『グループワークの実際』相川書房、1978.

岩間伸之、白澤政和、福山和女『ソーシャルワークの理論と方法 I・II』ミネルヴァ書房、2010.

キッダーマン、ジャーメイン（田中禮子ほか訳）『ソーシャルワーク実践と生活モデル 上・下』ふくろう出版、2008.

フェリックス・P. バイステック（尾崎新ほか訳）『ケースワークの原則－援助関係を形成する技法』誠信書房、2006.

ヘレン・ハリス・パールマン（松本武子ほか訳）『ソーシャル・ケースワーク－問題解決の過程』全国社会福祉協議会、1966.

マレー・G. ロス（岡村重夫訳）『コミュニティ・オーガニゼーション－理論・原則と実際』全国社会福祉協議会、1968.

カール・R. ロジャーズ（保坂亨ほか訳）『クライアント中心療法（ロジャーズ主要著作集）』岩崎学術出版社、2005.

日本社会学会社会学事典刊行委員会編集『社会学事典』丸善、2010.

大澤真幸ほか編集『現代社会学事典』弘文堂、2012.

山之内靖『マックス・ヴェーバー入門』岩波書店、1997.

イエスタ　エスピン-アンデルセン（岡沢憲芙ほか訳）『福祉資本主義の三つの世界』ミネルヴァ書房、2001.

アンソニー　ギデンズ（佐和隆光訳）『第三の道－効率と公正の新たな同盟』日本経済新聞社、1999.

大山正ほか編集『心理学小辞典（有斐閣小辞典シリーズ）』有斐閣、1978.

フレデリック W. テイラー（有賀裕子訳）『新訳　科学的管理法』ダイヤモンド社、2009.

C.I. バーナード（山本安次郎訳）『経営者の役割』ダイヤモンド社、1968.

ハーバート A・サイモン（稲葉元吉ほか訳）『意思決定の科学』産業能率大学出版部、1979.

J.G. マーチ、J.P. オルセン（遠田雄志ほか訳）『組織におけるあいまいさと決定』有斐閣、1986.

チャンドラー（有賀裕子訳）『組織は戦略に従う』ダイヤモンド社、2004.

H. イゴール　アンゾフ（中村元一監訳、田中英之ほか訳）『戦略経営論 新訳』中央経済社、2007.

ムハマド　ユヌス（岡田昌治監修、千葉敏生ほか訳）『ソーシャル・ビジネス革命－世界の課題を解決する新たな経済システム』早川書房、2010.

A. ドナベディアン（東尚弘訳）『医療の質の定義と評価方法』NPO法人健康医療評価研究機構、2007.

フレデリック・ハーズバーグ（ハーバードビジネス・レビュー編集）『モチベーションとは何か－二要因理論：人間には二種類の欲求がある－』ダイヤモンド社、2003.

三隅二不二『リーダーシップ行動の科学』有斐閣、1984.

フレッド・エドワード・フィードラー（吉田哲子訳）『リーダー・マッチ理論によるリーダーシップ教科書』プレジデント社、1996.

P.F. ドラッカー（上田惇生訳）『新訳　現代の経営〈上・下〉』ダイヤモンド社、1996.

ユリー・ブロンフェンブレンナー『人間発達の生態

学（エコロジー）―発達心理学の挑戦』川島書店、1996.

社会福祉士養成講座編集委員会編『最新　社会福祉士養成講座／精神福祉士養成講座【共通科目】①～⑬』、『最新　社会福祉士養成講座【専門科目】①～⑧』中央法規出版、2021.

『社会福祉士国試対策過去問題集2025』（共通科目編）,（専門科目編）エムスリーエデュケーション株式会社、2024.

木下康仁『グラウンデッド・セオリー・アプローチの実践―質的研究への誘い』弘文堂、2003.

「医療ソーシャルワーカー業務指針」厚生労働省保健局長通知、2002.

「民法等の一部改正と新しい親権制限の制度―児童虐待を防ぐために―」法務省、2012.

「社会保障費用統計（令和3年度）」国立社会保障・人口問題研究所、2021.

障害保健福祉関係主管課長会議資料「障害児支援の強化について」、厚生労働省社会・援護局障害保健福祉部、2011.

「市町村・都道府県における障害者虐待の防止と対応の手引き」、厚生労働省社会・援護局障害保健福祉部、2022.

「里親委託ガイドライン」厚生労働省雇用均等・児童家庭局長発、2021.

「介護保険制度改革の概要―介護保険法改正と介護報酬改定―」厚生労働省、2006.

「支援費制度Q&A集」厚生労働省社会・援護局障害保健福祉部、2003.

「令和5年版厚生労働白書」厚生労働省、2023.

「平成9年版厚生労働白書」厚生労働省、1997.

「2022（令和4）年国民生活基礎調査の概況」、「令和3年度福祉行政報告例の概況」、「令和4（2022）年医療施設（動態）調査・病院報告の概況」以上、厚生労働省大臣官房統計情報部、2022、2023.

「令和4年度被保護者調査」厚生労働省社会・援護局保護課、2024.

「平成28年生活のしづらさなどに関する調査（全国在宅障害児・者等実態調査）」厚生労働省社会・援護局障害保健福祉部、2018.

「令和3年度介護保険事業状況報告の概要（年報）」厚生労働省老健局介護保険計画課、2021.

「令和5年度厚生年金保険・国民年金事業の概況」厚生労働省、2023.

「2022年度年金制度のポイント」厚生労働省、2022.

「相談支援従事者指導者養成研修「行政説明（相談支援）」厚生労働省社会・援護局障害保健福祉部、2012.

「発達障害の理解のために」厚生労働省社会・援護局障害保健福祉部、2008.

「平成23年度版障害者の雇用支援のために」独立行政法人高齢・障害・求職者雇用支援機構、2011.

「人間開発報告書2022」国連開発計画（UNDP）、2022.

「令和5年版男女共同参画白書」、「令和5年版高齢社会白書」、「令和5年版自殺対策白書」、「令和4年版少子化社会対策白書」、「平成30年版子供・若者白書」以上、内閣府、2018、2022、2023.

「令和2年国勢調査　人口等基本集計」総務省統計局、2021.

「労働力調査（基本集計）2023年平均（結果）」総務省統計局、2023.

「令和5年版地方財政白書」総務省自治財政局、2023.

■ 参考ホームページ

一般社団法人全国福祉用具専門相談員協会
http://www.zfssk.com/
全国健康保険協会
http://www.kyoukaikenpo.or.jp/
日本年金機構
http://www.nenkin.go.jp/n/www/index.html
特定非営利活動法人日本相談支援専門員
http://nsk09.org/
国立社会保障・人口問題研究所
「生活保護」に関する公的統計データ一覧
http://www.ipss.go.jp/s-info/j/seiho/seiho.asp
一般社団法人回復期リハビリテーション病棟協会
http://www.rehabili.jp/
独立行政法人国立特別支援教育総合研究所
http://www.nise.go.jp/portal/index.html
地域ケア政策ネットワーク
http://www.caravanmate.com/
公益財団法人長寿科学振興財団
http://www.tyojyu.or.jp/
日本私立学校振興・共済事業団
http://www.shigakukyosai.jp/
国連開発計画（UNDP）
http://www.undp.or.jp/
大阪府民生委員児童委員協議会連合会
http://www.osakafusyakyo.or.jp/minkyo/
一般社団法人日本臨床心理士会
http://www.jsccp.jp/
厚生労働省
http://www.mhlw.go.jp/
法務省
http://www.moj.go.jp/
総務省
http://www.stat.go.jp/data/kokusei/2010/
内閣府
http://www.cao.go.jp/
財務省
http://www.mof.go.jp/index.htm

（順不同）

社会福祉士のネットワーク

公益社団法人 日本社会福祉士会

公益社団法人日本社会福祉士会は、「社会福祉士」の職能団体です。
「社会福祉士」とは 1987（昭和 62）年に定められた国家資格で、専門的
知識および技術を用い、福祉に関する相談に応じ、助言、支援、関係者等と
の連携・調整などを行う専門職です。

○組　織

全都道府県に法人格を有する社会福祉士会があります。
都道府県社会福祉士会の会員は、2024 年 2 月末現在、45,488 人です。

○沿　革

1987 年 5 月	「社会福祉士及び介護福祉士法」公布
1989 年 3 月	第 1 回社会福祉士国家試験実施（登録開始）
1993 年 1 月	日本社会福祉士会（任意団体）を設立
1994 年 12 月	全都道府県に社会福祉士会を設置
1995 年 1 月	「ソーシャルワーカーの倫理綱領」を採択
1996 年 4 月	社団法人日本社会福祉士会を設立（任意団体から組織変更）
1998 年 7 月	国際ソーシャルワーカー連盟に正式加盟
2005 年 6 月	「社会福祉士の倫理綱領」採択
2007 年 12 月	「社会福祉士及び介護福祉士法」改正
2010 年 3 月	47 都道府県すべての社会福祉士会が法人格を取得
2011 年 10 月	認定社会福祉士認証・認定機構設立
2012 年 4 月	連合体組織に移行
2014 年 4 月	公益社団法人に移行
2015 年 6 月	公益社団法人日本社会福祉士会憲章制定
2020 年 6 月	「社会福祉士の倫理綱領」改定
2021 年 3 月	「社会福祉士の行動規範」改定

○目　的

本会は、社会福祉士の倫理を確立し、専門的技能を研鑽し、社会福祉士の資質と社会的
地位の向上に努めるとともに、社会福祉の援助を必要とする人々の生活と権利の擁護お
よび社会福祉の増進に寄与することを目的としています。

○経済規模

◆収支（2022 年度実績）
　収支規模：約 3 億 3 千 1 百万円

◆事務局職員
　15 人

◆助成事業（主要助成元）
　会費収入による事業展開の他、さまざまな公的団体及び民間団体からの助成を受け、
事業を実施しています。

○活　動

◆研修・調査・研究

・専門性の維持・向上

社会福祉士は、より良い相談支援ができるよう、知識・技術の向上に努める義務があります。日本社会福祉士会は「生涯研修制度」を通して、社会福祉士の自己研鑽をサポートしています。

・さまざまな研修の開催

日本社会福祉士会では、社会福祉士が共通に必要とされる力量を身につけるための研修や専門性を深める研修を開催しています。

- ・地域包括ケアに関する研修や全国実践研究集会
- ・後見に関する研修　　　　　　　　　・虐待対応のための研修
- ・独立型社会福祉士に関する研修　　　・生活困窮者支援に関する研修
- ・保健医療分野のソーシャルワークに係る研修

その他、全国 47 の都道府県社会福祉士会でさまざまな研修を開催

・豊富な e-ラーニング講座を無料もしくは会員価格で視聴できます。

・認定社会福祉士制度の運用の推進

認定社会福祉士制度は、社会福祉士のより高い実践力や専門性を認定する制度です。この制度は、認定社会福祉士認証・認定機構が運営をしています。本会は機構の正会員として、機構の運営に参画するとともに、その活用が進むよう、取得のためのフォローアップや環境整備を行っています。また、認定社会福祉士登録機関として、機構の審査に合格した社会福祉士の登録を行っています。

・調査・研究事業

ソーシャルワーク実践に関する調査・研究やそれに基づく援助ツールの開発、マニュアルの作成、国の調査事業等の受託を行っています。

・研究成果の発表

毎年 1 回、実践を共有する研究発表の場として、全国大会に合わせて「社会福祉士学会」を開催しています。また、研究誌『社会福祉士』を毎年発行しています。

・世界のソーシャルワーカーとの連携

日本社会福祉士会は、国際ソーシャルワーカー連盟（IFSW）に加盟しています。IFSW を通じて、諸外国との交流や情報交換を行っています。

・独立型社会福祉士の研修・名簿登録等

行政や既存の福祉サービス提供者に所属せず、地域で独立し、社会福祉士としての専門性に基づいて相談援助を提供する「独立型社会福祉士」に関する研修・名簿登録等を行っています。

◆事　業

・権利擁護センターぱあとなあ事業

権利擁護センターぱあとなあは、後見活動（成年・未成年）や虐待防止に関する広報、人材育成、調査研究、政策提言等の取組をはじめ、広く人びとの権利を擁護するための地域の権利擁護体制の整備を推進していくための取組を行っています。

・出版事業

ソーシャルワークに関する書籍を幅広く出版しています。

◆広　報

・日本社会福祉士会ニュース（年 4 回発行）

社会福祉士に必要な最新情報や日本社会福祉士会の活動について掲載しています。

・ホームページ

社会福祉士のこと、日本社会福祉士会の情報や研修情報を見ることができます。

公益社団法人　日本社会福祉士会

〒160-0004 東京都新宿区四谷 1-13 カタオカビル 2 階
TEL 03-3355-6541　FAX 03-3355-6543
URL: https://www.jacsw.or.jp/
E-Mail: info@jacsw.or.jp

著者

飯塚　慶子（いいづか けいこ）

神奈川県出身。慶應義塾大学文学部、全国社会福祉協議会中央福祉学院卒業。慶應義塾大学大学院修士課程修了。介護老人保健施設での勤務経験を活かしバリアフリー設計に関する研究を行う。卒業時に SFC STUDENT AWARD を受賞。

現在、大学・養成施設で社会福祉士、介護支援専門員、精神保健福祉士、介護福祉士等の受験対策講座を担当し教鞭を執る。合格教科書を使った受験対策セミナーでは忙しい受験生の合格をきめ細くサポートし、連日満席となるほどの人気である。基礎理解、暗記、効率よい過去問題演習を軸にした講義が特徴。

保有資格は、社会福祉士、介護支援専門員、社会福祉士実習指導者、福祉住環境コーディネーター、福祉用具専門相談員、宅地建物取引士。東京社会福祉士会会員。「受験生の気持ちを忘れない」をモットーに、公認心理師や保育士試験に挑戦、合格。次なる目標に向けて猛勉強中である。

著書に『こんなにおもしろい社会福祉士の仕事』（中央経済社）、『7日間完成　社会福祉士試験合格塾』（日本実業出版社）、『イラストでみる 社会福祉用語事典』第 2 版（共著・エムスリーエデュケーション）、『社会福祉士養成基本テキスト国試対応』（共著・日総研出版）、『よくでる法律・白書・調査』『よくでる人物・年号』『模擬試験　全問解説』『でるとこ的中予想』（飯塚事務所）

自身のホームページ上で受験対策コンテンツを更新中。

http://keikoiizuka.com/

社会福祉士の合格教科書 2025

2013 年 5 月 23 日　　第 1 版第 1 刷発行
2024 年 4 月 25 日　　2025 年版第 1 刷発行

　　　著　者　　飯塚事務所　飯塚　慶子
　　　編　集　　エムスリーエデュケーション株式会社
　　　　　　　　福祉教育カレッジ
　　　　　　　　〒103-0015 東京都中央区日本橋箱崎町 24 番 1 号
　　　　　　　　日本橋箱崎ビル 6 階
　　　　　　　　　TEL 03(6879)2995　FAX 050(3153)1426
　　　　　　　　　URL https://www.m3e.jp/fukushi/
　　　発　行　　エムスリーエデュケーション株式会社
　　　　　　　　〒103-0015 東京都中央区日本橋箱崎町 24 番 1 号
　　　　　　　　日本橋箱崎ビル 6 階
　　　　　　　　　(営業)TEL 03(6879)3002　FAX 050(3153)1427
　　　　　　　　　URL https://www.m3e.jp/books/
　　　印刷所　　大日本法令印刷株式会社

ISBN978-4-86399-580-2 C3036　　　　　　イラスト 菅原美佐子/フクイヒロシ

社会福祉士の
合格教科書
2025

別冊

合格ドリル

飯塚 慶子 著

M3 Education

合格ドリル

本書の図表から抜粋した穴埋め問題で復習しましょう。

1 医学概論

高齢者の変化 (p.3)

器官・項目		現　象
骨	骨　量	低下→〔①〕の増加
循環器	心　室	〔②〕なる。
	血　圧	収縮期（最高）血圧が〔③〕する。 拡張期（最低）血圧は〔④〕する。
呼吸器	肺の弾力性	〔⑤〕する。
	肺活量	〔⑥〕する。
	一秒率	〔⑦〕する。
泌尿器	糸球体ろ過量	〔⑧〕する。
	腎血流量	〔⑨〕する。

① 骨粗鬆症
② 大きく
③ 上昇
④ 低下
⑤ 低下
⑥ 減少
⑦ 減少
⑧ 低下
⑨ 低下

失語の種類 (p.13)

種　類	障害される部位	障　害
〔①〕失語	ウェルニッケ中枢	入力
〔②〕失語	ブローカ中枢	出力

① 感覚性
② 運動性

尿失禁の種類 (p.17)

種　類	患　者
〔①〕尿失禁	脊髄損傷
〔②〕尿失禁	認知症高齢者
〔③〕尿失禁	経産婦、中高年女性
〔④〕尿失禁	高齢者
〔⑤〕尿失禁	前立腺肥大症

① 反射性
② 機能性
③ 腹圧性
④ 切迫性
⑤ 溢流性

アルツハイマー型認知症と脳血管性認知症 (p.22)

項　目	アルツハイマー型認知症	脳血管性認知症
原　因	不明	〔①〕〔②〕（順不同）
人　格	平板化	〔③〕
症　状	記憶障害、〔④〕	神経症状（片麻痺、言語障害）
好　発	70歳以降	〔⑤〕歳以降
治　療	ドネペジル塩酸塩により進行を遅らせる。	〔⑥〕の再発予防

① 脳血管疾患
② 生活習慣病
③ 感情失禁
④ 視空間認知機能障害
⑤ 50
⑥ 脳血管疾患

2 心理学と心理的支援

長期記憶の種類 (p.36)

種　類		説　明
陳述記憶	〔①〕記憶	イベント記憶。ある期間と場所での出来事の記憶
	〔②〕記憶	幼い頃の自分自身の記憶・思い出
	〔③〕記憶	一般常識・客観的事実や数式・定義など
非陳述記憶	〔④〕記憶	技能・やり方などいわゆる「身体で覚える」記憶
〔⑤〕記憶		これから行う予定についての記憶

① エピソード
② 自伝的
③ 意味
④ 手続き
⑤ 展望的

防衛機制 (p.39)

名称	説　明
〔①〕	都合のよい理屈で自分を正当化すること。
〔②〕	今より前の発達段階へさかのぼり未熟な行為を始めること。
〔③〕	夢をかなえている人に自分の姿を重ね、かなわぬ夢を達成しようとすること。
〔④〕	本心とは正反対の態度や発言をすること。

① 合理化
② 退行
③ 同一視
④ 反動形成

ピアジェの発達段階説 (p.40)

発達段階	年　齢	特　徴
〔①〕期	0〜2歳頃	見たり触れたりして、感覚に頼って知識を増やす時期。 循環反応、対象の〔⑤〕性
〔②〕期	2〜4歳頃	象徴的・前概念的思考の段階。
	4〜7歳頃	直観的思考の段階。 アニミズム、〔⑥〕性
〔③〕期	7〜11歳頃	〔⑦〕性、保存概念
〔④〕期	11〜15歳頃	論理的思考

① 感覚運動
② 前操作
③ 具体的操作
④ 形式的操作
⑤ 永続
⑥ 自己中心
⑦ 思考の可逆

3　社会学と社会システム

解　答

AGIL 図式 (p.48)

機　能	分　担	機　能	分　担
A	適応機能	〔①〕	I	統合機能	〔③〕
G	目標達成機能	〔②〕	L	潜在機能	〔④〕

①経済、②政治
③法律
④動機づけ・
　文化

三段階の法則（コント）(p.52)

コント	対　象	1	2	3
	人　間	〔①〕的	〔②〕的	〔③〕的
	社　会	〔④〕的	〔⑤〕的	〔⑥〕的

①神学
②形而上学
③実証、④軍事
⑤法律、⑥産業

国勢調査・国民生活基礎調査 (p.59)

調　査	調査の種類
国勢調査	〔①〕調査（悉皆調査）
国民生活基礎調査	〔②〕調査（層化無作為抽出法）

①全数
②標本

役割概念 (p.66)

概　念	説　明
役割〔①〕	他者からの期待と少しずらした形で行動を取り、平静心を保ち自己の主体性を表現すること。ゴッフマンの用語。
役割〔②〕	他者からの期待を自分の内部に取り込むことで、役割を取得すること。さらに適応することを役割適応という。
役割〔③〕	他者からの期待をそのまま実行するのではなく、自分なりの解釈を加えて実現すること。
役割〔④〕	複数の矛盾する期待に板ばさみになり、心理的な緊張が起こること。

①距離
②取得
③認知
④葛藤

福祉国家レジーム　　　　　　　　　　　　　　　　　　　　(p.81)

レジーム （モデル）	代表国	社会保障の特徴	中心的な役割	社会的階層化
自由主義 （リベラル）	〔①〕	低所得者のみを対象とする。	〔②〕	〔③〕
保守主義 （コーポラティズム）	〔④〕	職業によって給付が不平等である。	〔⑤〕	〔⑥〕
社会民主主義 （普遍主義的）	〔⑦〕	全市民に高福祉を給付するため税金が高い。	〔⑧〕	〔⑨〕

ブラッドショーのニード分類　　　　　　　　　　　　　　(p.87)

ニード	内　容	特　徴
〔①〕ニード （フェルト・ニード）	本人が感知しているニードだが、まだ表明されていないニード	〔⑤〕的
〔②〕ニード （エクスプレスト・ニード）	「感得されたニード」を本人が申し出ることで表明されるニード	〔⑥〕的
〔③〕ニード （ノーマティブ・ニード）	専門職や行政官などが、社会的な規範や基準との対比において判断したニード	〔⑦〕的
〔④〕ニード （コンパラティブ・ニード）	サービスを利用している人と受けていない人を比べてその必要性が判断されるニード	〔⑧〕的

普遍主義・選別主義の相違点　　　　　　　　　　　　　　(p.91)

項　目	普遍主義	選別主義
対象者	〔①〕	特別なニーズをもつ人
資力調査	実施しない。	実施〔②〕。
スティグマ感	なし。もしくは弱い。	〔③〕。
財政負担	大きい。	〔④〕。
レジーム	〔⑤〕	〔⑥〕

5 社会保障

社会保険と民間保険の比較　　　　　　　　　　　　　　　(p.105)

項　目		社会保険	民間保険
加　入		〔①〕	〔②〕
保険給付		〔③〕	〔④〕
	保険給付額の決定	社会的にみて平均的な必要量が決定される。	給付・反対給付均等の原則により決定される。
	所得再配分	〔⑤〕	〔⑥〕

社会保険の範囲 (p.106)

対象＼保険	年金保険	医療保険	労働保険		介護保険
			労災保険	雇用保険	
非被用者（自営業者等）	〔①〕	〔②〕	特別加入の対象*	対象外*	
被用者　一般企業勤務者	〔③〕	〔④〕	〔⑤〕	〔⑥〕	介護保険
被用者　船員		船員保険			
被用者　国家公務員		国家公務員共済組合	国家公務員災害補償制度	国家公務員退職手当制度	
被用者　地方公務員		地方公務員共済組合	地方公務員災害補償制度	条例で定める	

＊労働者を1人でも雇用すれば、原則として労働保険が適用される。

① 国民年金
② 国民健康保険
③ 国民年金、厚生年金
④ 協会けんぽ、組合管掌健康保険
⑤ 労働者災害補償保険
⑥ 雇用保険

国民年金と厚生年金の比較 (p.108)

		国民年金（基礎年金）	厚生年金（被用者年金）
窓　口		市町村	会社（管轄：年金事務所）
保険料		〔①〕	〔②〕（報酬比例）
	保険料	〔③〕円/月（令和6年度）	標準報酬月額×保険料率〔④〕％
	負　担	〔⑤〕	〔⑥〕（本人と事業主で折半）
	納付方法	振込・振替・窓口	給料から天引き

① 定額
② 定率
③ 1万6,980
④ 18.3
⑤ 本人のみ
⑥ 労使折半

家族手当等の種類 (p.125)

名称		受給対象者	所得制限	児童・障害者・障害児		
				施設入所	在宅	年齢
〔①〕手当	父母	ひとり親家庭（父子家庭・母子家庭）の親または養育者	あり	×*1	○	18歳まで*2
〔②〕手当	父母	精神・身体に障害を有する20歳未満の児童を家庭で監護、養育している父母など	あり	×*1	○	20歳未満
〔③〕手当	本人	精神・身体に著しく重度の障害を有し常時特別の介護を必要とする状態の者	あり	×	○	20歳以上
〔④〕手当	本人		あり	×	○	20歳未満
〔⑤〕給付金		国民年金に任意加入していなかったことにより障害基礎年金などを受給できない障害者	あり	―	―	―

○：対象、×：児童が施設に入所していると対象外

① 児童扶養
② 特別児童扶養
③ 特別障害者
④ 障害児福祉
⑤ 特別障害

＊1　母子生活支援施設等に親子で入所している場合は手当を受給できる。

＊2　18歳になって最初の年度末までの子または20歳未満で障害の状態にある子

6 権利擁護を支える法制度

基本的人権 (p.133)

社会権	〔①〕：人間としての最低限度の生活を国に保障してもらう権利	
	〔②〕：教育を受ける環境と機会を国に保障してもらう権利	
	勤労の権利、児童酷使禁止	
労働三権	〔③〕	労働組合を作る権利
	〔④〕	労働組合が経営者と話し合う権利
	〔⑤〕（争議権）	労働組合がストライキなどを起こす権利

解 答

① 生存権
② 教育を受ける権利
③ 団結権
④ 団体交渉権
⑤ 団体行動権

各制度の審査請求機関・再審査請求機関 (p.144)

制　度	審査請求機関	再審査請求機関
障害者総合支援法	〔①〕*	―
介護保険	〔②〕	―
国民年金、厚生年金健康保険、船員保険	〔③〕	社会保険審査会
国民健康保険	〔④〕	―
労働者災害補償保険	労災保険審査官	労働保険審査会

*審査の実施主体は都道府県知事である。都道府県知事は、条例で定めるところにより、審査請求の事件を取り扱わせるため、障害者介護給付費等不服審査会を置くことができる。

① 障害者介護給付費等不服審査会
② 介護保険審査会
③ 社会保険審査官
④ 国民健康保険審査会

成年後見制度と日常生活自立支援事業 (p.158)

類　型	成年後見制度	日常生活自立支援事業
根拠法	〔①〕	〔②〕
位置づけ	法律の定めによる制度	第二種社会福祉事業（福祉サービス利用援助事業として規定）
対象者	判断能力が低下した者	判断能力は低下しているが、契約能力はある者
保護者（援助者）	成年後見人、保佐人、補助人、任意後見人	〔③〕、〔④〕（順不同）
支援の内容	〔⑤〕、〔⑥〕（順不同）	日常的な法律行為と事実行為
利用の開始	家庭裁判所に〔⑦〕	実施主体に申込み

① 民法
② 社会福祉法
③ 専門員
④ 生活支援員
⑤ 財産管理
⑥ 身上監護
⑦ 申立て

7 地域福祉と包括的支援体制

解 答

アメリカのセツルメントハウス (p.163)

セツルメントハウス	年	設立者	設立地
ネイバーフッドギルド	〔①〕	〔②〕	ニューヨーク
ハルハウス	〔③〕	〔④〕	シカゴ

① 1886
② コイト, S.
③ 1889
④ アダムス, J.

民生委員の役割と要件 (p.171)

項　目	説　明
根拠法	民生委員法
任　期	〔①〕年
着　任	〔②〕が推薦、〔③〕が委嘱
行政機関との関係性	行政機関の〔④〕機関

① 3
② 都道府県知事
③ 厚生労働大臣
④ 協力

地方公共団体の種類 (p.175)

種　類	内　容	
普通 地方公共団体	〔①〕	
	〔②〕（中核市、政令指定都市を含む）、〔③〕	
特別 地方公共団体	〔④〕	東京 23 区
	組　合	広域連合、一部事務組合
	財産区	

各計画の種類と根拠法 (p.186)

計　画	義　務		期間 （1 期）	根拠法
	都道府県	市町村		
介護保険事業計画 ⟶一体	○	○	〔①〕	介護保険法
老人福祉計画	○	○	—	老人福祉法
障害者計画 ⟵調和	○	○	—	〔②〕
障害福祉計画	○	○	〔③〕	障害者総合支援法
地域福祉計画	△	△	—	〔④〕
医療計画	○	—	6 年	〔⑤〕

—：規定なし、○：義務、△：努力義務、◇：任意

8 障害者福祉

解　答

障害者虐待防止法 (p.201)

項　目	説　明
障害者の定義	〔①〕・〔②〕・〔③〕（発達障害者含む）
障害者虐待	1. 養護者による障害者虐待、2.〔④〕等による障害者虐待、3. 使用者による障害者虐待

「障害者の権利に関する条約」に関する歴史 (p.202)

年　号	出来事
2006	「障害者の権利に関する条約」〔①〕（国連）
2007	「障害者の権利に関する条約」に日本が〔②〕
2013	「障害者の権利に関する条約」締結のため国会〔③〕を得る。
2014	「障害者の権利に関する条約」に〔④〕 1 月「障害者の権利に関する条約」の批准書を国連に寄託

地域相談支援の種類 (p.213)

サービス	対象者	内　容
〔①〕支援	障害者支援施設、保護施設、矯正施設等に長期入所する障害者、精神科病院に長期入院する精神障害者、保護施設、矯正施設などを退所する障害者	地域での生活に移行するための、住居の確保や新生活の準備など
〔②〕支援	地域で暮らす独居の者	夜間等も含む緊急時における連絡、相談等のサポート体制

身体障害者手帳　申請の流れ　　　　　　　　　　　　　　　　　　　　(p.221)

申請

- 都道府県知事（指定都市市長または中核市市長含む）が指定する〔①〕を添えて、福祉事務所などの長を経由し、都道府県知事等に申請
- 15 歳未満の場合は保護者などの代理申請が可能

判定・認定

- <u>必要なし</u>。等級：1〜7 級。〔②〕級が最重度

交付

- 都道府県知事等が交付、障害の程度に変化がなければ<u>半永久的</u>に有効

> ① 医師の診断書
> ② 1

知的障害者（療育）手帳　申請の流れ　　　　　　　　　　　　　　(p.221)

申請

- 医師の診断書は不要

判定

- 〔①〕か〔②〕で判定を受ける。

交付

- 都道府県知事などが交付。年齢、程度により再判定を受ける。

> ① 児童相談所
> ② 知的障害者更生相談所

精神障害者保健福祉手帳　申請の流れ　　　　　　　　　　　　　(p.221)

申請

- ① 精神保健指定医、主治医などの〔①〕
- ② 精神障害による〔②〕を受給している場合は年金証書のコピー
- 市町村町を経由して都道府県知事（指定都市市長）に提出

判定

- 〔③〕で判定を受ける。
- 等級：1〜〔④〕級。1 級が最重度

交付

- 都道府県知事が交付。手帳の有効期限は〔⑤〕年

> ① 診断書
> ② 障害年金
> ③ 精神保健福祉センター
> ④ 3
> ⑤ 2

法定雇用率　　　　　　　　　　　　　　　　　　　　　　　　　(p.226)

団　体	項　目 法定雇用率 2023 年
民間企業	〔①〕 %
国	〔②〕 %
教育委員会	〔③〕 %

団　体		項　目 法定雇用率 2023 年
地方公共団体	都道府県	〔④〕 %
	市町村	〔⑤〕 %

> ① 2.5
> ② 2.8
> ③ 2.7
> ④ 2.8
> ⑤ 2.8

障害者雇用率制度の障害者数のカウント（労働者１人につき１カウント）

(p.226)

週所定労働時間	30 時間以上	20 時間以上 30 時間未満	10 時間以上 20 時間未満
身体障害者	1	〔①〕	―
重度	〔②〕	〔③〕	〔④〕
知的障害者	1	〔⑤〕	―
重度	〔⑥〕	〔⑦〕	〔⑧〕
精神障害者	〔⑨〕	〔⑩〕	〔⑪〕

＊1 新規雇入れから３年以内または精神障害者保健福祉手帳取得から３年以内、かつ、令和５年３月31 日までに雇い入れられ精神障害者保健福祉手帳を取得した場合は「1」とする。

合格ドリル

① 0.5
② 2
③ 1
④ 0.5
⑤ 0.5
⑥ 2
⑦ 1
⑧ 0.5
⑨ 1
⑩ 0.5
⑪ 0.5

障害者雇用納付金制度

(p.227)

	名称	企業規模	金　額
未達成	納付金	〔①〕人以上	5 万円徴収（不足１人につき月額）
達　成	調整金	〔②〕人以上	2 万 7 千円支給（超過１人につき月額）
	報奨金	〔③〕人以下	2 万 1 千円支給（同上）

① 101
② 101
③ 100

9　刑事司法と福祉

解　答

矯正施設

(p.234)

施　設	説　明
矯正施設	〔①〕、〔②〕、〔③〕、〔④〕、〔⑤〕（順不同）
刑事施設	刑務所、少年刑務所、拘置所

① 刑務所
② 少年刑務所
③ 拘置所
④ 少年院
⑤ 少年鑑別所

家庭裁判所の処分の流れ

(p.236)

（順不動）

① 少年院送致
② 保護観察
③ 児童自立支援施設等送致

保護観察・更生緊急保護

(p.242)

	保護観察	更生緊急保護
対象者	〔①〕〔②〕〔③〕〔④〕（順不動）	〔⑤〕対象者以外で、実刑を終え、社会に出たものの身寄りがなく援助や保護が必要な者
実施者	〔⑥〕、〔⑦〕（順不同）	〔⑧〕、〔⑨〕（順不同）
期　間	刑期によって異なる。	〔⑩〕か月（最長 1 年まで）
内　容	〔⑪〕・補導援護	食事の給与など

① 保護観察処分少年
② 少年院仮退院者
③ 刑事施設仮釈放者
④ 保護観察付執行猶予者
⑤ 保護観察
⑥ 保護観察官
⑦ 保護司
⑧ 保護観察所長
⑨ 更生保護法人
⑩ 6
⑪ 指導監督

10 ソーシャルワークの基盤と専門職

社会福祉士の規定 (p.248)

項　目	説　明	注意点
手続き	試験に合格し、登録する。	必ず登録が必要である。
更　新	必要〔①〕	介護支援専門員は〔②〕ごとに更新する。
独　占	〔③〕	〔④〕ではない。
主治医の規定	〔⑤〕	〔⑥〕は主治医の指導に従う。

社会福祉士の義務・罰則 (p.249)

義務規定	罰　則		登録取消し・一定期間の名称使用停止
	罰金 30万円以下	懲役 1年以下	
連　携	罰則規定なし		
誠実義務			
資質向上の責務			
信用失墜行為の禁止	〔①〕	〔②〕	〔③〕
秘密保持義務	○（罰金か懲役のいずれか）		〔④〕
名称の使用制限	〔⑤〕	〔⑥〕	〔⑦〕

11 ソーシャルワークの理論と方法

診断主義と機能主義 (p.261)

項目	診断主義（診断派）	機能主義（機能派）
流れ	〔①〕の流れを汲む。	〔②〕の流れを汲む。
方法	利用者の心理的側面を〔③〕、治療する。	治療ではなく、〔④〕を働きかける。
目的	利用者の〔⑤〕を発展させる。	援助機関の機能を利用し、利用者の成長を促す。

医学モデルと生活モデルの相違点 (p.265)

モデル	人物・理論	根拠となる理論
医学モデル	リッチモンドの〔①〕	証拠に基づく実証主義
生活モデル	ジャーメインの〔②〕	生態学に基づき、個人・集団を総合的に捉える。

記録の様式と文体 (p.283)

記録の様式	
〔①〕	会話の一語一句を<u>すべて</u>記録する方法
〔②〕	<u>時系列</u>に沿って整理し、記録する方法
〔③〕	援助過程における内容や経過について、<u>要点をまとめて記録</u>する方法
項目記録	援助課題の項目ごとに整理し、結果を重点的に記録する方法
記録の文体	
〔④〕	記録者の説明や<u>解釈</u>を用いて記録する方法
〔⑤〕（逐語体）	会話の内容を<u>そのまま</u>記録する方法
〔⑥〕	起こった出来事を、記録者の主観を交えず、<u>時間的経過</u>で記録する方法 ・圧縮叙述体：項目ごとに簡潔に記す ・過程叙述体：援助の詳細を記す
〔⑦〕	記録者が再整理して<u>要点をまとめる</u>方法

① 逐語記録
② 過程記録
③ 要約記録
④ 説明体
⑤ 会話体
⑥ 叙述体
⑦ 要約体

12 社会福祉調査の基礎

標本調査 (p.289)

標本調査		確率理論	抽出方法	標本誤差	代表性
無作為抽出	確率抽出	〔①〕	〔②〕	小さい	〔③〕
有意抽出	非確率抽出	〔④〕	〔⑤〕	〔⑥〕	低い

解 答

① 基づく
② 乱数表
③ 高い
④ 基づかない
⑤ 人の意志
⑥ 大きい

面接法の種類 (p.299)

面接法	方 法
〔①〕面接	質問項目、質問順序とも決められており、それにしたがって面接を行う。量的調査でも採用される方法である。
〔②〕面接	ある程度、事前に質問項目を決めておき、状況に合わせて変更しながら面接を行う。対象者は構造化面接よりも自由に回答できる。
〔③〕面接	詳細な質問項目や質問紙をあらかじめ用意せず、調査者が臨機応変に質問を掘り下げながら、対象者の回答を得る。

① 構造化
② 半構造化
③ 非構造化

1 高齢者福祉

被保険者の要件 (p.306)

項　目		第1号被保険者	第2号被保険者
被保険者の要件	年　齢	〔①〕以上	〔②〕
	医療保険	加入の必要なし	〔③〕
保険料	徴収方法	<u>特別徴収・普通徴収</u>	医療保険者が集め、〔④〕に納付する。
	サービスを受けるための要件	要介護・要支援状態になること（原因は問わない）。	〔⑤〕が原因で要介護・要支援状態になること。

解 答

① 65歳
② 40～64歳
③ 医療保険加入者
④ 社会保険診療報酬支払基金
⑤ 特定疾病

認定調査の調査員 (p.313)

調査の実施者	新規申請	更新申請	変更申請
市町村	〔①〕	〔②〕	〔③〕
委託の受託者	〔④〕	〔⑤〕	〔⑥〕
指定市町村事務受託法人	〔⑦〕	〔⑧〕	〔⑨〕

介護保険サービスの種類 (p.314, 315)

給付＼指定監督	都道府県	市町村
介護給付（要介護者向け）	〔①〕、〔②〕（順不同）	地域密着型介護サービス、〔③〕
予防給付（要支援者向け）	介護予防サービス	〔④〕、介護予防支援

① 居宅介護サービス
② 施設サービス
③ 居宅介護支援
④ 地域密着型介護予防サービス

介護保険施設 (p.321)

項　目	介護老人福祉施設（特別養護老人ホーム）	介護老人保健施設	介護医療院
手続き	都道府県知事〔①〕	都道府県知事〔②〕	都道府県知事〔③〕
入所者	常時介護が必要で在宅生活が困難な要介護者	病状が安定期にあり、入院治療をする必要はないが、リハビリテーションや看護・介護を必要とする要介護者	長期療養のための医療と介護を必要とする要介護者
居室面積　一般	〔④〕m² 以上	〔⑤〕m² 以上	〔⑥〕m² 以上
他サービスのみなし指定	〔⑦〕	〔⑧〕、〔⑨〕（順不同）	短期入所療養介護、通所リハビリテーション

① 指定
② 許可
③ 許可
④ 10.65
⑤ 8
⑥ 8
⑦ なし
⑧ 短期入所療養介護
⑨ 通所リハビリテーション

2 児童・家庭福祉

児童の定義 (p.343)

用語	法　律	定　義
児童	児童福祉法	〔①〕
	児童虐待防止法	〔②〕
	児童の権利に関する条約	〔③〕
	子ども・子育て支援法	〔④〕
	児童手当法／児童扶養手当法	
	母子及び父子並びに寡婦福祉法	〔⑤〕
	児童買春・ポルノ禁止法	〔⑥〕
	少年法	〔⑦〕
	母子保健法	〔⑧〕
	子ども基本法	〔⑨〕

解　答

① 18歳未満
② 18歳未満
③ 18歳未満
④ 18歳を迎えた年の3月31日まで
⑤ 20歳未満
⑥ 18歳未満
⑦ なし
⑧ なし
⑨ なし

里親の種類　　　　　　　　　　　　　　　　　(p.351)

種　類		委託上限	登録有効期間
養育里親 （養子縁組を前提としない）		〔①〕人	〔②〕年
	専門里親	〔③〕人	〔④〕年
親族里親		4人	なし

児童虐待相談の対応件数　　　　　　　　　(p.353)

項　目	結　果
総　数	約〔①〕件
虐待の相談種別順位	1位〔②〕虐待、2位〔③〕虐待 3位〔④〕（ネグレクト） 4位 性的虐待
虐待者	1位 実母、2位 実父
被虐待者	1位〔⑤〕、2位 1歳

3 貧困に対する支援

生活保護の動向　　　　　　　　　　　　　　(p.371)

項　目		結　果
保護率	全国	〔①〕％（人口100人あたり）
世帯類型別被保護世帯数		1位 高齢者世帯　　2位 障害者・傷病者世帯 3位 その他の世帯　4位 母子世帯
種類別扶助人員		1位「〔②〕」 2位「住宅扶助」 3位「医療扶助」
保護費決算額 （令和4年度） 財務省		1位「〔③〕」 2位「生活扶助」 3位「住宅扶助」
開始理由		1位「〔④〕」
廃止理由		1位「〔⑤〕」

生活福祉資金の種類　　　　　　　　　　　(p.387)

資金の種類		保証人	利子
総合支援資金*	生活支援費、住居入居費、 一時生活再建費	〔①〕	0％
		なし	〔②〕％
福祉資金	福祉費	あり	0％
		〔③〕	〔④〕％
	緊急小口資金*	不要	0％
教育支援資金	教育支援費、就学支度費	〔⑤〕	0％

＊貸付にあたって、原則、生活困窮者自立支援制度の自立相談支援事業の利用
　を要件とする。

4 保健医療と福祉

療養の給付　一部負担割合　　　　　　　　　　　　　　　　　　(p.394)

年　齢	一部負担
0～小学校入学	〔①〕割
小学校入学～70歳未満	〔②〕割
70～75歳未満	〔③〕割（現役並み所得者3割）
75歳～	〔④〕割（現役並み所得者2割か3割）

国民医療費　診療種類別　　　　　　　　　　　　　　　　　　　(p.399)

医科診療医療費　〔①〕%			〔④〕7.0%	〔⑤〕17.5%
入院〔②〕%	入院外〔③〕%			

その他

特定機能病院・地域医療支援病院　　　　　　　　　　　　　　　(p.405)

項　目	特定機能病院	地域医療支援病院
承　認	〔①〕	〔②〕
役　割	高度な医療を提供し、高度な医療技術を開発する。	地域の病院、診療所と連携し、後方支援する。
病床数	〔③〕以上	〔④〕以上

5 福祉サービスの組織と経営

第一種社会福祉事業と第二種社会福祉事業の相違点　　　　　　　(p.412)

項目	第一種社会福祉事業	第二種社会福祉事業
特徴	〔①〕など、利用者への影響が大きく、経営安定を通じた利用者の保護の必要性が高い事業	〔②〕など、比較的利用者への影響が小さいため、公的規制の必要性が低い事業
経営主体	〔③〕〔④〕〔⑤〕（順不同）	経営主体の〔⑥〕（ただし、届け出が必要）。

社会福祉法人と特定非営利活動法人の相違点　　　　　　　　　　(p.417)

項　目		社会福祉法人	特定非営利活動法人
所轄庁	原　則	法人の主たる事務所のある都道府県知事	主たる事務所のある〔①〕
	例　外	法人の主たる事務所がA市にあり、事業がA市の区域を越えない場合はA市	主たる事務所が一つの指定都市のみに所在する場合は〔②〕の長
法人格の取得		〔③〕主義	〔④〕主義
資産要件		〔⑤〕（居宅介護等事業は要件緩和）	規定なし
評議員会		設置（2017（平成29）年度より必置）	規定なし
社　員		〔⑥〕	10名以上
解　散		認可か認定か届け出が必要	〔⑦〕か〔⑧〕が必要（順不同）

パッと見！暗記表 年表編

■ 暗記のしかた

① 10年ごとに出来事を一読し、どんな時代だったかをイメージする。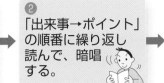

→ ② 「出来事→ポイント」の順番に繰り返し読んで、暗唱する。

→ ③ 赤シートをかざし、ポイントをヒントにして「出来事」を暗記する。

注意！ 第36回でも日本の年号が出題。科目をまたいだ問題に注意！

■ 明治〜大正

年	出来事	ポイント
1869	慈善組織協会（COS）（英）	ロンドンに慈善組織協会（COS）が創設され、救済の適正化、慈善団体の組織化が促進された。
1874	恤救規則	対象は「無告の窮民」のみ。一定の米代を支給した。 **貧困を1874（言わなし）無告の窮民**
	浦上養育院	岩永マキが長崎に孤児院を創設
1877	慈善組織協会（COS）（米）	ニューヨークに創設。「施しではなく友人として」をモットーとする友愛訪問活動はケースワークに継承された。
1883	疾病保険法（独）	世界最初の社会保険制度としてビスマルク宰相が制定
1887	岡山孤児院	石井十次が小規模な孤児院として創設
1891	岡山博愛会	アダムスによる日本初のセツルメント **博愛会＝1891**
1894〜1895　日清戦争		
1895	聖ヒルダ養老院	日本で最初の養老院 **日本で最初の養老院はビルだ（聖ヒルダ）**
	救世軍	山室軍平が日本での布教活動を開始⇒「軍」が共通
1897	キングスレー館	片山潜が東京にセツルメントを創設
1898	免囚保護所	原胤昭が出獄人の保護所として創設
1899	家庭学校	留岡幸助が東京に児童自立支援施設として創設。1914年には北海道にも開校
	『日本の下層社会』	横山源之助が下層社会の実態調査から労働者、小作農民の労働と生活の実態を描いた。
1900	感化法	感化院として辛亥救済会、小野慈善院を創設
	二葉幼稚園	野口幽香、森島美根が貧困児の保育所として創設
1904〜1905　日露戦争		
1906	廃兵院法	傷痍軍人を保護するための施設を設置 **注意！太平洋戦争の傷痍軍人ではない。**
1908	中央慈善協会	現在の全国社会福祉協議会。初代会長は渋沢栄一。1921年に社会事業協会に改称 **全国から渋谷へ行く親（1908）**

※ 出来事の法律はすべて制定年

1911	工場法	日本では工場労働者の最低就業年齢や最長労働時間など労働者の保護を定めた。 注意12歳未満の児童労働を禁止していた。 **工場で働いて（1911）いい時間**
	国民保険法（英）	健康保険と失業保険からなるものとして創設

1914～1918　第一次世界大戦

1917	『貧乏物語』	河上肇。大阪朝日新聞に連載開始。貧乏退治が主題
1917	内務省に救護課設置	衛生・社会・地方行政などを管轄。救護課⇒社会課⇒社会局と改称し、1947年には内務省が廃止 注意厚生省ではなく内務省に設置
	済世顧問制度	岡山県笠井知事が創設。ドイツのエルバーフェルト制度を参考 **山（岡山）では日向（1917）でも傘（笠井）をさせ（済世）**
1918	方面委員制度	大阪府 林知事、小河滋次郎により創設 **大阪方面の林と小川**
	富山県で米騒動が起こる	米の価格急騰による暴動。社会連帯責任を強調した社会事業行政発展の一因となる。
1919	マハヤナ学園	長谷川良信がセツルメントを創設。同年、『社会事業とは何ぞや』を刊行
1921	共同募金開催	日本で最初の共同募金が長崎県で開催。全国一斉は1947年より。
1922	健康保険法	労働者の健康管理のため制定された。 **（1922）夫婦で健康。健康保険**　国民健康保険法制定は1938年

■ 昭　和

年	出来事	ポイント
1929	救護法	制限扶助主義に基づき、労働能力がある困窮者は対象者から排除された。全国の方面委員を中心とした実施促進運動の結果、財政難であったが競馬法改正により財源を得たとして、1932年施行。65歳以上の老衰者、13歳以下の幼者、妊産婦などを対象とした。
1933	旧児童虐待防止法	その後児童福祉法に合併され、廃止となる。 注意対象年齢は14歳未満であった。
1935	社会保障法（米）	世界最初の社会保障という言葉が採用された法律として、世界恐慌の中、ルーズベルト大統領が制定
1938	国民健康保険法	制定当初は農山漁村の住民のみを対象としていたが、1958年自営業者まで拡大した。
	社会事業法	社会福祉事業法の前身。救貧事業などを助成
	厚生省	内務省から衛生局・社会局が分離される形で設置。2001年、労働省と統合。 **差は（1938）追い（2001）越せ（厚生省）**

1939～1945　第二次世界大戦

1941	医療保護法	民間の社会事業への助成が制度化された。
1942	ベヴァリッジ報告（英）	ナショナル・ミニマムの原則、定額拠出（保険料）の原則などを掲げた。

1946	『社会救済に関する覚書』GHQ	GHQ（連合国軍総司令部）が公的扶助の原則を日本政府に示した（SCAPIN 第 775 号）。
	近江学園	糸賀一雄が知的障害児の施設として創設
	旧生活保護法	1950 年、現行の生活保護法に全面改正される。勤労を怠る者や勤務の意思のない者などの欠格事項が定められていた。 **世論（1946）困る（1950）生活保護**
1947	児童福祉法	戦後の困窮児童を保護・救済する目的で制定された。 **いくよな（1947）こどもの服買いに**
1948	少年法	1922 年制定の少年法が GHQ の影響を受け改正された。
	世界人権宣言（国連）	すべての人間とすべての国が達成すべき人権の共通基準として採択された。採択された 12 月 10 日が世界人権デーであり、4 日～10 日が人権週間である。
	民生委員法	当初は名誉職規定があったが、2000 年に削除される。
1949	身体障害者福祉法	対象を戦後の傷痍軍人限定から国民全員まで拡大し制定された。手帳の交付、補装具の支給、更生援護施設や更生相談所の設置などを定めた。
1950	精神衛生法	精神病院の設置が義務化。現・精神保健福祉法
	生活保護法	貧困者に対する最低生活保障と自立助長を目的とした生活保護制度を創設。最低生活費としての保護基準を設けた。
1951	児童憲章	憲法の精神に従い、児童の幸福のために制定された。 **ひつこい（1951）化粧（憲章）**
	社会福祉事業法	社会福祉の増進を目的とした。2000 年、社会福祉法に改正
1955 頃～1973　高度経済成長期		
1959	児童権利宣言（国連）	「児童の最善の利益」を基本理念に掲げた。
1960	精神薄弱者福祉法	1998 年、知的障害者福祉法に改正
	身体障害者雇用促進法	身体障害者の雇用が努力義務化された。
1961	児童扶養手当法	当初は母子家庭の母のみ児童扶養手当の支給対象だったが、2010 年改正で父子家庭まで拡大された。
	国民皆保険・皆年金確立	皆保険・皆年金は制度として確立されたが、生活保護の役割は依然として高かった。 **黒い（1961）ホッケ（保険）とネギ（年金）**
1963	びわこ学園	糸賀一雄が重症心身障害児施設として創設
	老人福祉法	老人の福祉を図ることを目的として制定 **老人に苦労さ（1963）せない法律誕生**
1964	重度精神薄弱児扶養手当法	当初は重度精神薄弱児のみ対象。その後、身体障害、精神障害まで拡大。現・特別児童扶養手当法
	母子福祉法	1981 年、母子及び寡婦福祉法に改正。2014 年、法律名に父子が加わり、母子及び父子並びに寡婦福祉法となった。 **（1964）（1981）虫歯いたい母子**
1965	母子保健法	乳幼児、妊産婦に対する健康診査について規定

1967	朝日訴訟最高裁判決	生存権と生活保護基準についての訴訟。朝日氏死亡により終結 **朝日氏の志、（1967）むなしく訴訟終結**
1970	心身障害者対策基本法	障害を「身体障害の一部と知的障害」と定義。精神障害は対象外。現・障害者基本法
	高齢化社会到来	高齢化率が7％を超える。
	社会福祉施設緊急整備5か年計画	施設増設の方向で福祉施策が拡充される。 高齢化社会⇒非貨幣的ニードに対応⇒施設増設
1971	中高年齢者等の雇用の促進に関する特別措置法	就職が困難な年齢層として45歳以上の者を対象に、労働機会の確保や労働環境の整備を目的に制定された。現・高年齢者雇用安定法
	児童手当法	当初は第3子以降が対象。1986年に第2子以降、1992年に第1子まで対象拡大 **（手当）当たら（71）ない（1986）悔やむ（92）クジ**
	知的障害者の権利宣言（国連）	知的障害者であっても、可能な限り他の人間と同等の権利を有すると宣言した。
1973	第一次オイルショック	
1973	福祉元年 経済社会基本計画	日本列島改造による均衡ある発展と活力ある福祉社会の実現が国の政策目標として掲げられた。
	老人医療費無償化	老人福祉法の改正により導入。1983年、老人保健法施行により廃止
1975	障害者の権利宣言（国連）	障害の原因、性質、程度にかかわらず、同年齢の市民と同一の基本的権利を有すると宣言した。これは、可能な限り通常かつ十分に満たされた相当の生活を享受する権利を意味する。
1979	新経済社会7か年計画	「日本型福祉社会」の実現を目指し、個人の自助努力、近隣の相互扶助を重視する。
1979	第二次オイルショック	
1981	国際障害者年（国連）	「完全参加と平等」をスローガンに、理念から行動に移すことを決議した。
1982	堀木訴訟最高裁判決	障害福祉年金と児童扶養手当の併給禁止についての訴訟。堀木氏敗訴で終結したが、その後に改正され併給可能となる。
	老人保健法	老人保健制度では高齢者に定額の自己負担が導入され、老人医療費無償化が廃止
1985	基礎年金制度	全国民給付の基礎年金（1階部分）を創設 **1階部分の基礎を運ぶ（1985）**
	男女雇用機会均等法	職場における男女の均等取扱いなどを規定した法律として制定 暴力に関しては2001年DV防止法に規定
1987	社会福祉士及び介護福祉士法	社会福祉士、介護福祉士が国家資格として規定された。1989年1月に第1回目の国家試験が実施
	身体障害者雇用促進法改正	障害者雇用促進法に改正。特例子会社が創設され、身体障害者のみであった実雇用率に知的障害者の算出が可能となった。
1988	福祉ビジョン	「長寿・福祉社会を実現するための施策の基本的考え方と目標について」では高齢者、障害者、児童を対象に具体的なサービスの整備目標量を提示した。

■ 平　成

年	出来事	ポイント
1989	ゴールドプラン	大蔵・厚生・自治３大臣の合意による。高齢者福祉施策の目標
	児童の権利に関する条約（国連）	1959 年、児童権利宣言の 30 周年に採択された。子どもの最善の利益などを規定。1994 年に日本が批准
1990	老人福祉法等の一部を改正する法律（福祉関係八法改正）	高齢者・身体障害者の入所決定事務が都道府県から町村に移譲、在宅福祉サービスと施設福祉サービスの一元化
	障害をもつアメリカ人法(米)	雇用、州・地方自治体の公共サービス・施設における障害者差別を禁止する公民権法
1991	老人保健法改正	老人の一部負担金の改定、老人訪問看護制度の創設等が行われた。
	育児・介護休業法	育児休業・介護休業、看護休暇・介護休暇に関する制度を設ける。
1992	医療法改正	長期入院患者のための療養型病床群新設
1994	エンゼルプラン	文部、厚生、労働、建設の４大臣合意による今後 10 年間に取り組むべき基本的方向と重点施策の計画
	高齢社会到来	高齢化率が 14% を超える。日本の倍化年数は 24 年
	21 世紀福祉ビジョン報告	① 年金、医療、福祉などの給付構造を 5：3：2 程度へと転換していくこと、② 新ゴールドプランの策定、③ 子育てを社会的に支援していくための総合的な計画（エンゼルプラン）を策定することが決定した。 **5：3：2　年金、医療、福祉の給付構造** **小 さ じ を念　入りに拭く**
	新ゴールドプラン	緊急に行うべき高齢者介護サービス基盤の整備目標
	児童の権利に関する条約批准	1989 年国連で採択。その５年後に日本は批准
1995	「社会保障体制の再構築ー安心して暮らせる 21 世紀の社会を目指してー」(1995 年の勧告)	社会保険方式による公的介護保険の導入を提言し、公的介護保険への相当な公費負担の導入は不可欠であるとした。
	高齢社会対策基本法	国は介護サービスの基盤整備を推進するよう、必要な施策を講ずるものとすると定めている。介護保険法導入を提唱
1996	高齢社会対策大綱	高齢社会対策基本法に基づいて政府が推進する高齢社会対策の中長期にわたる基本的かつ総合的な指針
1997	介護保険法	2000 年施行以来、在宅サービスを中心にサービス利用が急速に拡大している。
1998	社会福祉基礎構造改革について（中間まとめ）	社会福祉事業法および関係法令の改正を含め、制度の抜本的な改革が必要であると指摘した。
	特定非営利活動促進法	1995 年阪神淡路大震災が制定のきっかけとなる。
1999	新エンゼルプラン	少子化対策推進基本方針に基づき、従来のエンゼルプランと緊急保育対策等５か年事業を見直した内容
	ゴールドプラン 21	介護サービスの基盤の整備に加え、介護予防、生活支援を推進する。
	地方分権一括法	機関委任事務等が法定受託事務、自治事務に再編

2000	児童虐待防止法	児童虐待の早期発見努力や通告義務を規定
	社会福祉事業法 社会福祉法に改正	自立支援、利用者による選択の尊重、サービスの効率化などの方向性が示された。
2001	高齢者の居住の安定確保に関する法律（高齢者住まい法）	高齢者円滑入居賃貸住宅の登録制度や終身建物賃貸借制度が導入された。2011 年改正でサービス付き高齢者向け住宅を創設
	国際生活機能分類（ICF）（WHO）	国際障害分類（ICIDH）の改訂版。視点を生活機能というプラス面に転換し作成された。
	DV 防止法	その後の改正で生命等に対する脅迫も保護命令の対象となり、親族等への接近禁止が追加されるなど、保護命令制度が拡充された。
2002	少子化対策プラスワン	少子化対策推進基本方針の下で、少子化対策を推進
	身体障害者補助犬法	盲導犬、介助犬、聴導犬の同伴受け入れを規定
	ホームレスの自立の支援等に関する特別措置法	官民協働体制による自立支援を促進。10 年間の時限立法であったが、2027 年 8 月まで延長。
2003	次世代育成支援対策推進法	少子化対策プラスワンに基づき制定。地方公共団体や事業主による行動計画の策定を規定。10 年間の時限法であったが、2025 年 7 月まで延長。
	少子化社会対策基本法	内閣府に少子化社会対策会議を設置した。
	支援費制度	障害者施策が従来の措置制度から支援費制度に移行した。
	医療観察法	心神喪失等の状態で重大な他害行為を行った者に対して、適切な医療を提供し、社会復帰を促進する。
2004	少子化社会対策大綱	人口減少時代を前に、少子化の流れを変える取組として策定された。
	子ども・子育て応援プラン	少子化社会対策大綱の重点課題にならい、若者の自立とたくましい子どもの育ちなどを盛り込む。
	発達障害者支援法	自閉症、アスペルガー症候群などの発達障害を定義
2005	高齢者虐待防止法	2006（平成 18）年施行。国と地方公共団体、国民の責務、被虐待高齢者の保護措置、養護者への指導などの支援措置を規定
	障害者自立支援法	障害種別ごとに異なる法律に基づいて提供されてきた福祉サービスを一元化した。
2006	バリアフリー法	バリアフリー化基準（移動等円滑化基準）を規定
2007	更生保護法	社会内処遇全般の制度的な強化を目指し、犯罪者予防更生法と執行猶予者保護観察法が整理・統合される。更生保護法の目的（第 1 条）は、犯罪をした者及び非行のある少年に対し、社会内において適切な処遇を行うことにより、再び犯罪をすることを防ぎ、又はその非行をなくし、自立と改善更生を助ける。
	障害者の権利に関する条約署名	2009 年「障がい者制度改革推進本部」を内閣府に設置。2013 年に締結のための国会承認を経て、2014 年に批准
2008	後期高齢者医療制度	老人保健法が高齢者医療確保法に改正され、後期高齢者医療制度が創設された。特定健康診査・特定保健指導の実施などを規定
2010	子ども・子育てビジョン	男性の育児休業の取得促進などが盛り込まれる。
	医療保険改革法（米）	民間医療保険やメディケアなどの医療保障制度に加入することを全国民に義務付けた。公的医療保険制度の創設は見送られた。

2011	障害者虐待防止法	施設従事者や使用者に対する、障害者虐待の防止等の責務や障害者虐待発見者の通報義務を規定
2012	障害者総合支援法	障害者自立支援法改正。障害者の範囲や重度訪問介護対象拡大等
	高年齢者雇用安定法改正	60歳未満定年禁止、65歳までの「高年齢者雇用確保措置」を講じる義務を制定。なお2021年改正では、70歳までの定年引き上げ、定年制の廃止等5つの「高年齢者就業確保措置」が追加され、事業主はそのうち1つを導入する努力義務がある。
2013	子どもの貧困対策法	子どもの貧困の解消・教育の機会均等・健康で文化的な生活の保障、次世代への貧困の連鎖の防止などを規定
	障害者差別解消法	「障害者の権利に関する条約」締結に向け国内法制度の整備の一環として制定
	災害対策基本法等の一部を改正する法律	市町村長による、高齢者等の災害時の避難に特に配慮を要する者の名簿の作成と関係者への情報提供等（2013年6月公布・施行）。災害対策基本法は1961年制定
	生活困窮者自立支援法	生活保護制度の見直しと併せて、生活困窮者支援のために制定された。生活困窮者自立相談支援事業の相談員について、社会福祉士等の支援業務に精通する人員を十分に配置することを検討し、適切な措置を講ずる、などの規定がある。2014年施行。
2014	障害者の権利に関する条約	2006年に国連が採択、2008年に発効。日本は2007年に署名し2014年1月に批准書を寄託。同年2月に効力を発生
	医療介護総合確保推進法	地域における医療及び介護の総合的な確保を推進するための関係法律の整備等に関する法律。医療法、介護保険法等の関係法律について改正が行われた（一部施行）。
	難病法	持続可能な社会保障制度の確立を図るための改革の推進に関する法律に基づく措置として、医療費助成の法定化によりその費用に消費税の収入を充てるなど、公平かつ安定的な制度を確立した。
2015	介護保険法改正	予防給付（訪問介護・通所介護）の総合事業への再編、在宅医療と介護連携の推進、特養への新規入居者を要介護3以上に限定するなどの地域包括ケアシステムの構築のほか、一定以上の所得がある人の自己負担を2割とする、居宅介護支援事業所の指定権限の市町村への移譲などの改正が行われた。
2016	社会福祉法改正	社会福祉法人制度について経営組織のガバナンスの強化、事業運営の透明性の向上、財務規律の強化、地域における公益的な取組みを実施する責務（無料又は低額による高齢者の生活支援等）などの改革を進め、介護人材の確保を推進するための措置、社会福祉施設職員等退職手当共済制度の見直しの措置を講ずる。
	育児・介護休業法改正 男女雇用機会均等法改正	妊娠・出産・育児期や家族の介護が必要な時期に、男女ともに離職することなく働き続けることができるよう、仕事と家庭が両立できる社会の実現を目指し、雇用環境を整備した。
2017	民法改正	「社会・経済の変化への対応」、「国民一般に分かりやすい民法」の観点から改正
2018	働き方改革関連法成立	時間外労働の上限規制などが導入される。

■ 令　和

2019	児童福祉法改正 児童虐待防止法改正	児童の権利擁護、児童相談所の体制強化及び関係機関間の連携強化等の所要の措置を講ずる。
2020	新型インフルエンザ等対策特別措置法改正	新型コロナウイルス感染症を、新型インフルエンザ等対策特別措置法に規定する新型インフルエンザ等とみなし措置を実施する。
	パートタイム・有期雇用労働法全面施行	働き方改革関連法により改正されたパートタイム・有期雇用労働法が中小企業にも適用され、全面施行に至る。
	障害者雇用促進法改正	雇用率が段階的に引き上げられる。
2021	育児・介護休業法改正	育児休業を取得しやすい雇用環境整備などの義務付け、有期雇用労働者の育児・介護休業取得要件の緩和。出生時育児休業（産後パパ育休）の創設、育児休業の分割取得（上限2回）。育児休業取得状況公表の義務化などを講じる。
	障害者差別解消法改正	事業者による障害者への合理的配慮の提供の義務化（2024年4月施行）。
2022	こども基本法	日本国憲法、児童の権利に関する条約の精神にのっとり、こども施策を総合的に推進する。こどもが個人として尊重されること・基本的人権が保障されることなどを定める。
	こども家庭庁設置法	こどもが自立した個人としてひとしく健やかに成長することのできる社会の実現に向け、こども家庭庁を内閣府の外局として設置する。
	困難女性支援法	婦人保護事業を担ってきた売春防止法を大幅に見直し、家庭内暴力（DV）や性被害、貧困など様々な困難を抱える女性への支援を強化する。国には女性支援の基本方針、都道府県には基本計画を策定する義務がある。
	児童福祉法改正	こども家庭センターの設置（子ども家庭総合支援拠点と、子育て世代包括支援センターを見直し）。一時保護所及び児童相談所による支援の強化。児童養護施設の自立支援、年齢制限を撤廃。児童の意見聴取等の仕組みの整備（都道府県は「児童福祉審議会」を設置）。児童相談所の「一時保護」に「司法審査」を導入。子ども家庭福祉ソーシャルワーカーを認定資格として導入。保育士のわいせつ行為、資格管理の厳罰化、日本版DBSの導入。
	障害者総合支援法改正	障害者等の地域生活や就労支援の強化等により、障害者等の希望する生活を実現することを目的とする。共同生活援助の支援内容の追加。短時間労働者の雇用率算定。市町村長の同意による医療保護入院。就労選択支援、入院者訪問支援事業、虐待通報制度、登録者証の創設などを講ずる。
	障害者総合支援法改正	障害者等の地域生活や就労支援の強化等（2024年4月施行）。
	厚生年金保険法・健康保険法改正	51人以上の事業所で短時間労働者が社会保険の適用対象になる（2024年10月施行）。
2023	介護保険法改正	①介護情報基盤の整備、②介護サービス事業者の財務状況の見える化、③都道府県を中心に介護サービス事業所等における生産性向上に資する取組を努力義務化、④看護小規模多機能型居宅介護のサービス内容の明確化、⑤地域包括支援センターの体制整備等（一部を除き2024年4月施行）
2024	トリプル改定	2024年度は介護報酬（3年に1回）、診療報酬（2年に1回）、障害福祉サービス等報酬（3年に1回）の改定が重なるトリプル改定。

パッと見！暗記表 人物編

過去10年間によく出題されている人物のまとめです。
暗記の総仕上げで活用し、人物問題を確実に正解しましょう。

■ 暗記のしかた

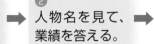 ➡ 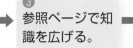 ➡  ➡ 苦手な人物問題でプラス５点！

❶ 業績を見て、人物名を答える。 ➡ ❷ 人物名を見て、業績を答える。 ➡ ❸ 参照ページで知識を広げる。

■ 心理学と心理的支援

欲求・動機づけと行動		頁
マズロー	欲求階層説を唱え、人間の欲求を「① 自己実現、② 承認欲求、③ 社会的欲求、④ 安全欲求、⑤ 生理的欲求」の５つに整理した。	31

学習・記憶・思考		
パブロフ	犬を使った実験により、条件刺激に対する条件反応の関係を研究し、条件反射、レスポンデント（古典的）条件づけを提唱した。	34
スキナー	ネズミと箱を使った実験により、行動を活発化させる強化子を研究し、オペラント条件づけを提唱した。	34
ソーンダイク	効果の法則（満足の法則、不満足の法則、強度の法則）に基づき、失敗を繰り返すことで無駄な反応が少なくなる試行錯誤説を唱えた。	34

人　格			
ユング	類型論	リビドー（心的エネルギー）に注目し、エネルギーが外側に向かう外向型と、エネルギーが内面に向かう内向型に分類した。	36
オールポート	特性論	心誌（サイコグラフ）を作成し、14の人格特性を示した。	37
キャッテル		人の行動特徴を表す特性を因子分析することにより、35の表面特性（見た目）と12の根源特性（内面）を抽出した。	37
ギルフォード		因子分解により性格特性を抽出し、これに基づき矢田部がY-G性格検査（矢田部・ギルフォード性格検査）を作成した。	37

発　達			
ゲゼル	遺伝説	遺伝説（成熟優位説）の立場で、人の発達では準備性（レディネス）が重要であり、成熟を待って訓練すべきであると主張した。人の発達は個体の遺伝が優位で、環境の影響は少ないと考える。	40
ワトソン	環境説	環境優位説の立場で、発達には周囲からの働きかけが重要であり、早くから訓練・しつけを開始すべきであると主張した。人の発達は、生後の学習が優位で、遺伝の影響は少ないと考える。	40
シュテルン	輻輳説	遺伝説と環境説の折衷案の立場で、人の発達は、遺伝と環境の両者が相互に作用すると考える。	40
ピアジェ		認知発達理論において、人の発達は「① 感覚運動期 → ② 前操作期 → ③ 具体的操作期 → ④ 形式的操作期」の順番をたどると唱えた。	40
エリクソン		身体の成長と社会との相互作用を重視し、自我は各年齢における発達課題を克服することで発達すると考え、８区分の発達段階を唱えた。	41

心理検査		
ロールシャッハ	ロールシャッハテストの考案者。ほぼ左右対称のインクのしみが何に見えるかを質問し、反応を総合的に分析する投影法である。	43

クレペリン	内田・クレペリン精神作業検査の考案者。簡単な一桁の足し算を実施し、作業量や誤答から能力、性格等を測定する作業検査法である。	43
知能検査		
ウェクスラー	知能偏差値（DIQ）を求めるウェクスラー式知能検査の考案者。検査の対象範囲は幼児から高齢者まで幅広い。	44
ビネー	知能指数を求めるビネー式知能検査の考案者。検査の対象範囲は幼児〜成人まで。日本版には田中・ビネー式、鈴木・ビネー式がある。	44
心理療法		
森田正馬 （もりたまさたけ）	森田療法の考案者。何もしない臥褥（がじょく）期から始まることが特徴である。	45
モレノ	心理劇の考案者。台本のない即興劇を行う集団心理療法である。	45
精神分析		
フロイト	意識と無意識の研究から、精神分析を確立した。精神構造を①エス、②自我、③超自我の３つに分類した。	46

■ 社会学と社会システム

古典社会学		頁
パーソンズ	「構造-機能」分析において社会全体を一つのシステムとして捉えた。他に主意主義的行為理論、AGIL理論、家族の機能、家族の性別役割分業モデルを提唱した。	48 65
マートン	パーソンズと同じく「構造-機能主義」を主導した。とりわけ、機能主義の立場で、社会システムの機能の分析に注力した。他に準拠集団、官僚制の逆機能。	49 62 63
コント	スペンサーとともに社会学の創設期を支える。社会有機体説の立場に立ち、実証主義に基づき、「三段階の法則」を唱えた。	51
スペンサー	自由放任主義（＝レッセフェール）の立場から「社会進化論」を唱え、軍事型社会から産業型社会へ移行するとした。	52
デュルケム	社会における人々の協力体制（分業）に注目し、機械的連帯から有機的連帯という社会の変化をまとめた。『社会分業論』（1893年）。	53
ヴェーバー	社会を全体として捉えるマクロな視点に立ったデュルケムに対して、ミクロな視点に立ち、個人に注目した理解社会学を展開した。支配の３類型、人間の行為の４類型、資本主義のエートス、官僚制の問題を提唱した。	53 63
ジンメル	社会的地位による上下関係、愛情による親密な関係など、個人と個人が関わり合う様式（形式）を研究する、形式社会学を提唱した。『社会分化論』（1890年）。	54
マルクス	同時代を生きたスペンサーとは異なり、資本主義に対して批判的な立場をとり、産業化と切り離して社会変動論を展開した。	54

現代社会学		
トフラー	大きな社会変動を「波」に例えて、① 第一の波（農耕社会）、② 第二の波（産業社会）、③ 第三の波（脱工業社会・情報社会）に分類した。	55
マクルーハン	電子メディアの発展・普及により、地球はまるで小さな村のような環境「グローバルヴィレッジ（地球村）」になると例えた。	56
都市化		
ワース	アーバニズムに関する理論の中で、都市化に伴い第一次的関係よりも第二次的関係が優位になると唱えた。また都市化によるコミュニティ喪失論を主張。	60
バージェス	都市における土地利用がドーナツの輪のように広がることを示す同心円地帯理論を唱えた。中心から①中心業務地区（CBD）、②住商複合地となる遷移地帯（スラム街）、③労働者の住宅地帯、④中産階級の住宅地帯、⑤上級階級の通勤者住宅地帯という順番で円状に広がる。	61
社会集団		
テンニース	近代化を、本質意志により結合するゲマインシャフトから、選択意志により結合するゲゼルシャフトへの移行の過程だと説明した。	61
マッキーヴァー	人間の態度と利害関心を基礎概念にしてコミュニティとアソシエーションの類型にもとづく社会集団の理論を展開した。	61
クーリー	個人と集団の接触の度合いや親密度に注目し、① 家族などの第一次集団、② 会社などの第二次集団に分類した。	62
サムナー	成員の帰属意識に注目し、集団を ① 内集団、② 外集団に分けた。	62
家　族		
マードック	家族の基本的な単位は、夫婦と未婚の子からなる核家族であるとして、その組み合わせにより拡大家族、複婚家族を定義した。	65
リトウォク	核家族の存在を見直し、同居はしていないが強い親族ネットワークを築く家族をさす修正拡大家族を定義した。	65
オグバーン	「家族機能縮小説」の中で、家族の機能のうち、愛情以外の6つの機能は学校などに移譲され、愛情の重要性が高まったと唱えた。	55 65

■ 社会福祉の原理と政策

福祉の原理をめぐる理論		頁
エスピン-アンデルセン	福祉国家レジームを ① 自由主義（リベラル）、② 保守主義（コーポラティズム）、③ 社会民主主義（普遍主義的）に分類した。	81
アダム・スミス	主著『国富論』において、市場経済においては個人が自己利益を追求すれば、（神の）見えざる手に導かれて社会全体が豊かになると唱えた。	82
ティトマス	「福祉の社会的分業」の考え方に基づき、福祉制度を財政福祉、社会福祉、企業福祉の3つに分けた。	82
ハイエク	『自由の条件』では、新自由主義の立場から、国家は経済に介入するべきではなく、市場は自由にしておくべきだと主張した。	83
ギデンズ	イギリスのブレア政権において「第三の道」という考え方を提唱し、福祉施策にポジティブ・ウェルフェアを導入した。	83

ウィレンスキー	経済成長にともなって福祉国家が発展するという福祉国家 収 斂説を唱えた。一方、政治体制は国家発展に影響を与えないと指摘した。	84
マーシャル	シティズンシップ（市民の権利）を ① 市民的権利、② 政治的権利、③ 社会的権利の３つに区分した。	84
岡村重夫	地域福祉研究の先駆者である。個人と社会制度との関係を「社会関係」と呼び、生活上の困難を社会福祉の固有の対象領域とした。	85
大河内一男	社会政策と社会事業を区別して考える立場をとる。社会政策は「労働政策」であり、社会事業は「貧困者を対象とする施策」と区別した。	85
孝橋正一	大河内一男の理論を受け継ぎつつも、独自の理論を展開し、社会政策と社会事業の関連性を強調した。それぞれの対象を「社会問題」と「社会的問題」に区別した。	85
仲村優一	機能主義ケースワークの立場に立ち、公的扶助において、自己決定の原理を尊重したケースワークの必要性を主張した。	85
一番ケ瀬康子	『現代社会福祉論』（1971 年）で、生活権を起点に据えた実践論・運動論を組み入れた社会福祉学が総合的に体系化されるべきであると主張した。	86
三浦文夫	社会福祉の供給組織を行政型供給組織、認可型供給組織などに区分し、社会福祉の供給主体の多元化を主張した。	86

需要とニーズの概念

三浦文夫	ニードを貨幣的ニードと非貨幣的ニードに分類した。前者は金銭給付で充足し、後者は物品や人的サービスなどの現物給付で充足する。	87
ブラッドショー	ニードに関する判断の主体や基準に着目し、ニードを感得されたニード、表明されたニード、規範的ニード、比較ニードに分類した。	87

福祉政策の構成要素と過程

ゴッフマン	『スティグマの社会学』で「スティグマ（他と比べて劣っているというレッテルを貼られること）」の用語を初めて定義づけた。	91
イリイチ	「シャドーワーク（shadow work）」の造語を唱えた。家事、育児、通勤など、生活の基盤を支えるために必要不可欠な無報酬の労働である。	92
ピンカー	ソーシャルワークの役割として、カウンセリングとソーシャル・プランニングの両方を位置づけた「バークレイ報告」を批判し、個別援助を重視する。	
ルグラン	「準市場」の概念を打ち出し、民間企業における市場競争を公共のサービスにも取り込むことが望ましいと主張した。	93

■ 社会保障

社会保障制度の発達		頁
ビスマルク	プロイセンの宰相。1880 年代、世界で初めての社会保障制度として、疾病保険法、災害保険法、養老・廃疾保険法を導入した。	98
ウェッブ夫妻	1909 年、『救貧法及び失業救済に関する勅命委員会』少数派報告において、救貧法の廃止を主張した。1920 年、『大英社会主義社会の構成』ではナショナル・ミニマムの概念を展開した。	99
ルーズベルト	アメリカの大統領。世界恐慌の中、1935 年に社会保障法を制定する。世界で最初に社会保障という言葉の用いられた法律である。	99

ベヴァリッジ	ナショナル・ミニマムの理論に基づき、1942年、定額給付、定額拠出に基づく社会保障計画（ベヴァリッジ報告）を提案した。	99
ラロック	1945年、フランスで全国民を対象とした総合的な社会保障計画「ラロック・プラン」を提唱した。	99
アメリカの社会保障制度		
オバマ	アメリカの第44代大統領。2010年、医療保険改革法により、無保険者に対して、民間医療制度の加入を義務づけた。	128

■ 地域福祉と包括的支援

地域福祉の理論と概念		頁
岡村重夫 おかむらしげお	地域福祉の構成要素として、① 地域組織化活動、② コミュニティケア、③ 予防的社会福祉の3要素をあげた。また、地域組織化活動を一般的地域組織化活動と福祉組織化活動に区別した。	85 160
右田紀久惠 うだきくえ	地域福祉の基礎要件を体系化し、『自治型地域福祉の展開』（1993年）の中で自治型地域福祉論を提唱した。	161
奥田道大 おくだみちひろ	地域住民の意識と行動から、地域社会を ① 地域共同体モデル、② 伝統的アノミーモデル、③ 個我モデル、④ コミュニティモデルに分類した。	161
牧里毎治 まきさとつねじ	地域福祉理論を、構造的アプローチ（構造的概念）と機能的アプローチ（機能的概念）という2つのアプローチ論に分類した。	161
地域福祉の歴史		
チャルマーズ	1820年代、教区での友愛訪問や社会資源を活用した組織的な援助などの慈善活動を開始した。慈善組織協会（COS）に継承される。	163
バーネット夫妻	1884年、ロンドン郊外のスラム街に、セツルメント活動の拠点となるトインビーホールを設立した。	163
コイト	1886年、アメリカの先駆的なセツルメントハウスとして、ネイバーフットギルドをニューヨークに設立した。	163
アダムス	1889年、シカゴにセツルメントハウスとして、ハルハウスを設立した。1931年、ノーベル平和賞を受賞した。	163
シーボーム	1968年、「シーボーム報告」で、社会サービスを統一的に提供できるように地方自治体のソーシャルワーク担当部局の再編成を提案した。	164
ウルフェンデン	1978年、「ウルフェンデン報告」で、公的セクターの役割も重視しながら、ボランタリー・セクターの今後の方向性を位置づけた。	164
バークレイ	1982年「バークレイ報告」で、コミュニティ・ソーシャルワークの業務は社会的ケア計画とカウンセリングであるとまとめた。	165
グリフィス	1988年、「グリフィス報告」で、サッチャー政権下において、高齢者施設の財源を国から地方へ移譲することなどを提言した。	165
コミュニティ		
ヒラリー	94種類のコミュニティ概念を比較し、① 地理的領域（地域性）、② 社会的相互作用、③ 共通の絆の3つを共通要素として抽出した。	

ウェルマン	産業化・都市化に伴うコミュニティの変容を「コミュニティ問題」と呼び、社会システムの大規模な分業が、第一次的な絆に与えた影響を研究した。コミュニティ解放論では、交通通信手段の発達によって、コミュニティは地域という空間に限定されない形で新しく展開している。	
コミュニティ・オーガニゼーション理論		
レイン	1939年、全米社会事業会議で「ニーズ・資源調整説」に基づく報告書を提出。コミュニティ・オーガニゼーションを提唱した。	166
ニューステッター	1947年、全米社会事業会議でコミュニティ・オーガニゼーション（CO）の主要技術として、インターグループワーク説を提唱した。	166
ロス	住民組織化説を提唱し、日本の地域福祉、特に社会福祉協議会の実践に大きな影響を与えた。	166
ロスマン	コミュニティ・オーガニゼーションを① 小地域開発モデル、② 社会計画モデル、③ ソーシャルアクションモデルに分類した。	166
民生委員		
笠井信一 （かさいしんいち）	1917年、岡山県知事として済世顧問制度を創設した。当時、ドイツのエルバーフェルト市などで行われていた「救貧委員制度」を参考にした。	172
林 市蔵 （はやしいちぞう）	1918年、大阪府知事として、政治顧問の小河滋次郎とともに方面委員制度を創設した。「民生委員の父」と称される。	172
児童・障害者福祉制度の発展過程		
岩永マキ （いわなが）	1874年、長崎に孤児院である浦上養育院を創設した。	
石井十次 （いしいじゅうじ）	1887年、岡山孤児院を創設した。	
留岡幸助 （とめおかこうすけ）	1899年、感化院として家庭学校を東京に創設した。1914年、北海道家庭学校を創設。感化法の制定にも貢献する。	
野口幽香 （のぐちゆか）	1900年、貧困者向けの幼稚園である二葉幼稚園を創設した。	
渋沢栄一 （しぶさわえいいち）	1908年に創設された中央慈善協会（現・全国社会福祉協議会）の初代会長。東京府養育院の創設に貢献。大蔵省など経済界でも活躍した。	167
糸賀一雄 （いとがかずお）	1946年、知的障害児施設「近江学園」、1963年、重症心身障害児施設「びわこ学園」を創設した。「この子らを世の光に」の言葉を残す。	
貧困研究・低所得者支援の発展過程		
片山潜 （かたやません）	1897年、セツルメントハウスであるキングスレー館を東京に創設した。	163
横山源之助 （よこやまげんのすけ）	1899年、下層社会の実態調査から労働者、小作農民の労働と生活の実態を描いた『日本の下層社会』を刊行した。	
長谷川良信 （はせがわりょうしん）	1919年、セツルメントハウスであるマハヤナ学園を創設。同年、『社会事業とは何ぞや』を刊行する。淑徳大学の創設者・初代学長	163

■ ソーシャルワークの基盤と専門職／ソーシャルワークの理論と方法

実践モデルとアプローチ		頁
リッチモンド	ケースワークの母。クライエントが問題をもつことを病理であると捉えて、クライエントへの診断と処遇の過程を重視した。『社会診断』（1917 年）、『ソーシャル・ケース・ワークとは何か』（1922 年）	252 260 262 265
ハミルトン	リッチモンドの治療モデルに基づき、援助者主導の長期的援助関係、診断・治療の過程などを重視する診断的アプローチを確立した。	253 262 263
ロビンソン	機能的アプローチの代表的研究者。援助機関の機能を個別化して提供することに焦点を当てる。診断的アプローチへの批判として誕生した。	262
パールマン	心理社会的アプローチと機能主義の統合を目指し、問題解決アプローチを確立。ケースワークの構成要素「6 つの P」を提唱した。『ソーシャル・ケースワーク―問題解決の過程』（1957 年）。『ケースワークは死んだ』（1967 年）	261 262 263
ホリス	心理社会的アプローチの代表的研究者。『ケースワーク―心理社会療法』（1965 年）の中で「状況の中の人間」という概念を示す。	253 263
ジャーメイン	エコロジカルアプローチの代表的研究者。生態学に基づき、個人・集団を総合的に捉え、人と環境の相互作用に焦点をあて、人と環境の適合を図る。	265 266
ソロモン	エンパワメントアプローチの代表的研究者。クライエントの能力を重視し、主体的に問題に対処できるように支援する方法を構築した。	266 267
サリービー	ストレングスモデルの代表的研究者。援助者はクライエントを「主体」と捉え、「強さ（ストレングス）」を発見し、それを評価する。	267
クリル	孤立するクライエントに対して、自分の存在に関心を持ち、疎外感から解放することをめざす。科学的な方法ではなく、人間を主体的にとらえるのが特徴。	269
集団援助技術		
コノプカ	個別化の原則など、グループワークの基本原理 14 項目を理論化した。『ソーシャル・グループワーク』（1963 年）	279
シュワルツ	グループワークの準備期に、援助者がグループワークで表面化するかもしれない問題を予測しておくことを波長合わせと呼んだ。	280
一般システム論		
ベルタランフィ	一般システム理論の概念において、システムを外部環境に対して開かれている開放システムと捉えた。相談援助の分野では、人と環境を全体的に捉える理論として注目された。	

■ 貧困に対する支援

貧困研究		頁
マルサス	『人口論』（1798 年）で、貧困は自然現象であり、救貧法では貧困そのものを抑制することができないと論じた。新救貧法（1834 年）に影響を与えた。	
ブース	1886 年からロンドンにて貧困調査を行い、約 3 割の生活が貧困線以下であり、その原因は雇用・環境など社会的要因が大きいと論じた。	
ラウントリー	1889 年からヨークで貧困調査を行い、労働者の収入に注目し収入が肉体的維持にも足りない第一次貧困と、浪費しなければ肉体的維持には足りる第二次貧困に設定した。結果を『貧困―都市生活研究』（1901 年）で発表し、後に最低生活費の考え方の基礎となった。	88 382
エンゲル	19 世紀末に、エンゲル係数（飲食物費 ÷ 総支出）を考案した。所得が高くなると、食料費の占める割合が小さくなる傾向を指摘した。	382
タウンゼント	『イギリスにおける貧困』（1979 年）。生活資源と生活様式という基本的概念を基礎とする「相対的剥奪」という、より広範な貧困概念を提示した。	88

■ 福祉サービスの組織と経営

組織		頁
メイヨー	レスリスバーガーらとシカゴのホーソン工場で実験を行い、作業能率は物理的な作業条件よりも人間関係や人間的満足度が大きく影響すると唱えた。	420
アージリス	既存の枠組みに従い行動するシングルループ学習と、新しい枠組みを取り入れ行動するダブルループ学習を提唱した。	421
ヘドバーグ	アンラーニング（学習棄却）とは、時代遅れとなった知識を意識的に棄却し、新しく学び直すことであり、組織学習では重要なプロセスであると説いた。	422
リーダーシップ		
三隅二不二 （みすみじふじ）	PM 理論により、リーダーシップを P：Performance（目標達成能力）と M：Maintenance（集団維持能力）の 2 つの能力要素で構成されると説明した。	38 425
フィードラー	コンティンジェンシー理論において、状況特性は、① リーダーとメンバーの信頼関係、② 仕事の内容、③ リーダーの権限の強さが影響すると説いた。	426
マーケティング		
コトラー	現代マーケティングの第一人者。STP マーケティング理論により、顧客に対する分析、選定、位置づけを説いた。『ソーシャル・マーケティング 貧困に克つ 7 つの視点と 10 の戦略的取り組み』（2010 年）	